W0328451

Bernhard Thum

Topoführer Nördlicher Frankenjura

6., völlig überarbeitete und erweiterte Auflage

ISBN 3- 932064-01-1

Verlag Bernhard Thum
Freising

Thum, Bernhard:
Topoführer Nördlicher Frankenjura
6. Auflage 1998
ISBN 3- 932064-01-1
Freising: Verlag Bernhard Thum, 1998

Copyright © 1998 by Verlag Bernhard Thum, Freising
All rights reserverd / Alle Rechte vorbehalten
Printed in Germany

Der Verlag macht darauf aufmerksam, daß jegliche, auch auszugsweise Wiedergabe in gedruckten oder auch elektronischen Medien der ausdrücklichen Genehmigung bedürfen, wobei in jedem Fall ein mit dem Verlag zu vereinbarendes Honorar fällig wird.

Titelbild: Patrick Matros in "Luftballondach" (9) an der Schüttersmühler Wand
Alle Fotos ohne Bildquellennachweis von Bernhard Thum

Vorwort

Schneller als erwartet wurde eine neue Ausgabe dieses Kletterführers notwendig, so daß er nunmehr in der 6. Auflage vorliegt. Dabei war es unumgänglich, das gesamte Buch neu zu überarbeiten. Auch wenn nicht mehr so viele völlig neue Wände entdeckt und erschlossen werden, so finden die aktiven Erstbegeher doch noch zahlreiche lohnende Linien an bereits bestehenden Massiven. Ein Blick in die „Top 100"-Liste zeigt, daß auch die Anzahl der Routen auf sehr hohem Schwierigkeitsniveau in den Jahren 1995-1998 deutlich gestiegen ist. So waren in der 5. Auflage dieses Führers noch einige Routen im Bereich 9+ in der Liste vertreten. Dagegen endet sie jetzt (sehr willkürlich) mitten im Bereich 10-. Eine exakte Grenze zu ziehen, dürfte fast unmöglich sein. Über 30 weitere Wege in diesem Schwierigkeitsgrad fanden keinen Platz mehr und hätten wohl ebenso gut in der Liste erscheinen können.
Auffällig ist aber, daß Wolfgang Güllichs Spitzenroute „Action directe" noch immer an Nummer 1 steht, inzwischen dicht gefolgt von Guido Köstermeyer's „Shan-gri-la". Eine absolute Steigerung des Schwierigkeitsgrades ist somit in den letzten 7 Jahren nicht mehr gelungen, worin sich einmal mehr die ehemalige Vorreiterrolle von Wolfgang Güllich dokumentiert. Angesichts der eindrucksvollen Leistungen der jungen Spitzenkletterer darf man jedoch gespannt sein, ob wir nicht doch bei Erscheinen der 7. Auflage dieses Führers auch neue Toprouten sehen werden.

Konzeptionell stellt sich diese Buch ähnlich wie die 5. Auflage dar. Auf jeder Doppelseite finden sich die kleinen Lageskizzen, die zugehörigen Zugangsbeschreibungen sowie die Seitenzahl der betreffenden Übersichtskarte (Karten 1-4). Überflüssiges Blättern dürfte damit entfallen. Zusätzlich ist noch eine Übersichtskarte für das gesamte Gebiet enthalten (Seite 14), in der die Ausschnitte der Karten 1-4 eingezeichnet sind. Neben den Karten finden sich im 1. Kapitel „Allgemeine Information" alle weiteren benötigten Zusatzinformationen (Übernachtungen, Rettungsdienste, Naturschutz etc.). Die Beschreibung der einzelnen Felsen in diesem Führer gliedert sich wiederum in 4 Kapitel: Hersbrucker Alb, Trubachtal (und Seitentäler), Wiesenttal (und Seitentäler) und die Bamberger Gebiete. In welchem Teil man sich befindet, erkennt man sofort am Eintrag neben der Seitenzahl. Die 4 Hauptgebiete werden nochmals in einzelne Teilgebiete unterteilt. Diese werden sowohl im Inhalt als auch auf jeder Seite rechts der jeweiligen Felsüberschrift genannt. Neu hinzugekommen sind die Genußklettergebiete Bärental und Niesten in den Bamberger Gebieten. Bereits aus vergangenen Auflagen bekannt sind die Symbole wie z.B. die „Bierkrug-Bewertung" für lohnende Routen. Hier stehen verschiedentlich gefüllte „Seidla" (erkennbar an der Schaumkrone) für lohnende, sehr lohnende und Traumtouren.

Bouldern erfreut sich seit einiger Zeit einer steigenden Beliebtheit. Aus diesem Grund wurden bedeutende Bouldermassive in diesen Führer mit aufgenommen. Einzelne, z.T. schwer zugängliche Blöcke mit extremen Problemen für die „Creme de la creme" wurden nur in ihrer Existenz erwähnt. Auch auf die Beschreibung stark definierter Boulder wurde verzichtet. Hier sollten sich Interessierte in der einheimischen Boulderszene erkundigen. Der Sorge um Sperrung auch der Bouldergebiete wird am besten entgegnet, indem man sich vor Ort entsprechend rücksichtsvoll verhält. Die meisten Probleme lassen sich vermeiden, wenn man Verständnis für die Interessen der Anlieger zeigt. Deshalb finden sich bei den beschriebenen Gebieten zahlreiche und deutliche Hinweise zur Vermeidung von Konfliktpotential. Meines Erachtens ist dies sinnvoller, als ein Klettergebiet nicht zu veröffentlichen, da dies im Zeitalter der Kommunikation und Informationsbeschaffung über das Internet dann andere besorgen. Auch die Mundpropaganda hat schon immer dafür gesorgt, daß sich nichts geheimhalten läßt.
Bei Boulderproblemen wird meist nur noch die Bewertung nach Fontainebleau-Skala angewendet. Hierauf wird im Text bei den entsprechenden

Gebieten hingewiesen. Für einige ältere Boulder wird sowohl die klassische Bewertung (UIAA) als auch die moderne nach Fontainebleau angegeben. Diese erhält den Zusatz „Fb" oder „Fbtr" (Traversenbewertung).

Hinsichtlich der Naturschutz- und Anliegerproblematik hat sich in den letzten Jahren eine interessante Entwicklung abgezeichnet. Auf der Basis gegenseitiger Kompromißbereitschaft zwischen Kletterverbänden, Behörden und Naturschutzverbänden wurden zahlreiche Zonierungskonzepte erarbeitet. Diese mögen vielleicht auf den ersten Blick etwas bürokratisch erschienen, bilden jedoch momentan eine breit akzeptierte Grundlage eines vernünftigen Miteinanders von Klettersport, Naturschutz und Anliegerinteressen. Die Zonenregelung wird auf Seite 21 ausführlich beschrieben. Der momentane Stand der Zonierung wurde in diesen Führer durchwegs eingearbeitet. Man entnimmt folglich ein für einen Felsen bestehendes Konzept einfach dem Topo oder dem Text auf der betreffenden Seite.
Es wird dringend angeraten, in aller Interesse diese (i.a. sehr vernünftigen!) Konzepte zu befolgen. Sperrungen einzelner Massive, die unbegründet erscheinen, sollten nicht darüber hinwegtäuschen, daß in Lösungsansätzen wie dem Zonenkonzept versucht wird, die Zukunft des Klettersports zu sichern. Viele phantastische neue Wege in diesem Führer konnten gerade deshalb erschlossen werden, weil im gegenseitigen Einvernehmen die entsprechenden Felsbereiche der Zone 3 zugeordnet wurden.
Bei Kletterrouten, die sich in Zone 1 (Kletterverbot) befinden, wurden zwar zur besseren Orientierung die Haken eingezeichnet, auf eine weitere Beschreibung (Routenverlauf, Name, Schwierigkeit) aber verzichtet. Sollten in Zone 2 gegenüber dem letzten Führer neue Routen beschrieben sein, so möchte ich ausdrücklich betonen, daß diese vor der Umsetzung des Zonenkonzeptes entstanden sind. Haken, die in einem für Neutouren gesperrten Bereich gesetzt werden, dürften alsbald wieder entfernt werden.

Für die Meldung von Erstbegehungen (Name; Schwierigkeit; Haken etc.) wäre ich sehr dankbar. Leider gibt es immer noch zu viele Fragezeichen bei den Routennamen in diesem Führer. Informationen bitte an folgende Adresse schicken:
Bernhard Thum; Leobschützer Str. 32;
90473 Nürnberg
E-Mail: KletterThum@gmx.de

Zuletzt wünsche ich allen, die sich diesen Führer erwerben, schöne Stunden am Fels damit zu verbringen oder auch viel Spaß beim abendlichen Schmökern in den fränkischen Wirtshäusern zu haben.
Bedanken möchte ich mich bei allen, die zum Gelingen beigetragen haben, insbesondere bei Klaus Bauernschmitt und Karl Daut.

Nürnberg, den 25.9.1998

Bernhard Thum

Inhalt

1 Allgemeine Information

2 Hersbrucker Alb

4 Fränk. Schweiz / Wiesenttal und Seitentäler

5 Fränk. Schweiz / Bamberger Gebiete

Übersichtskarte

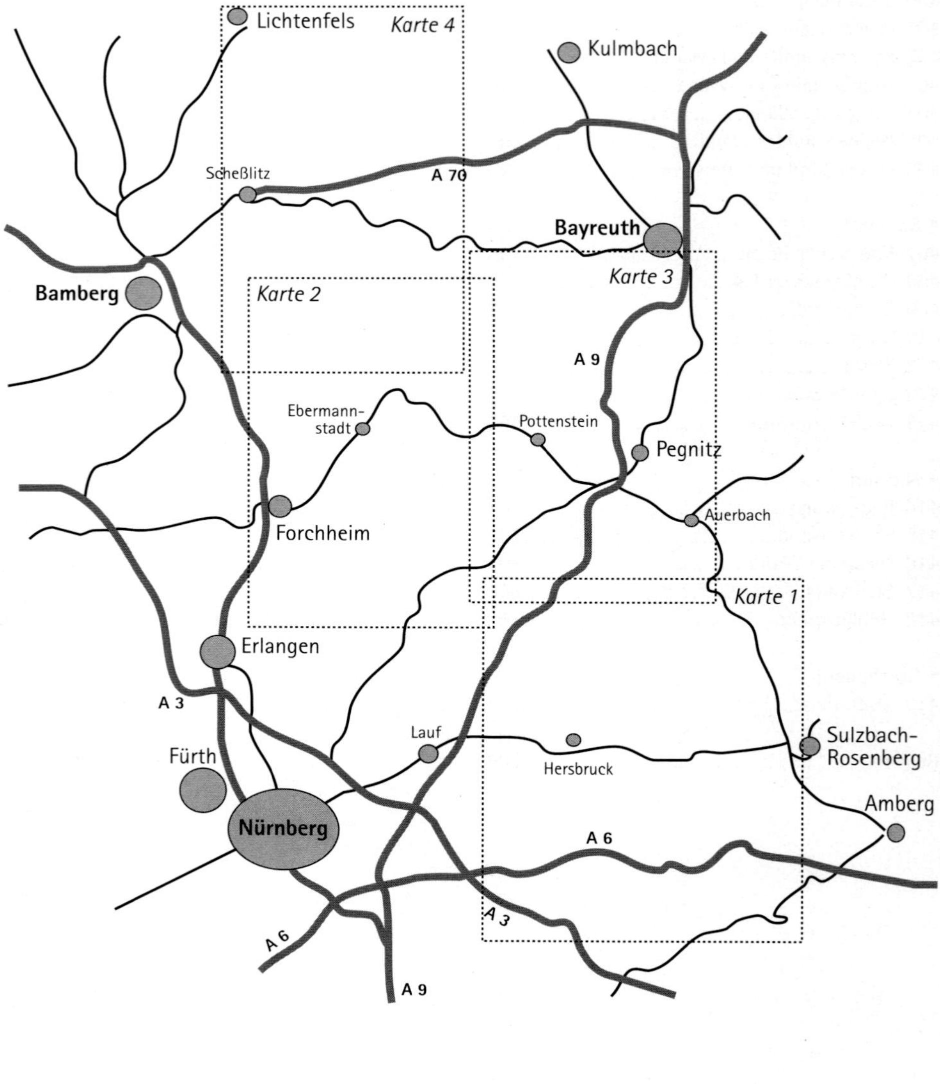

Karte 1

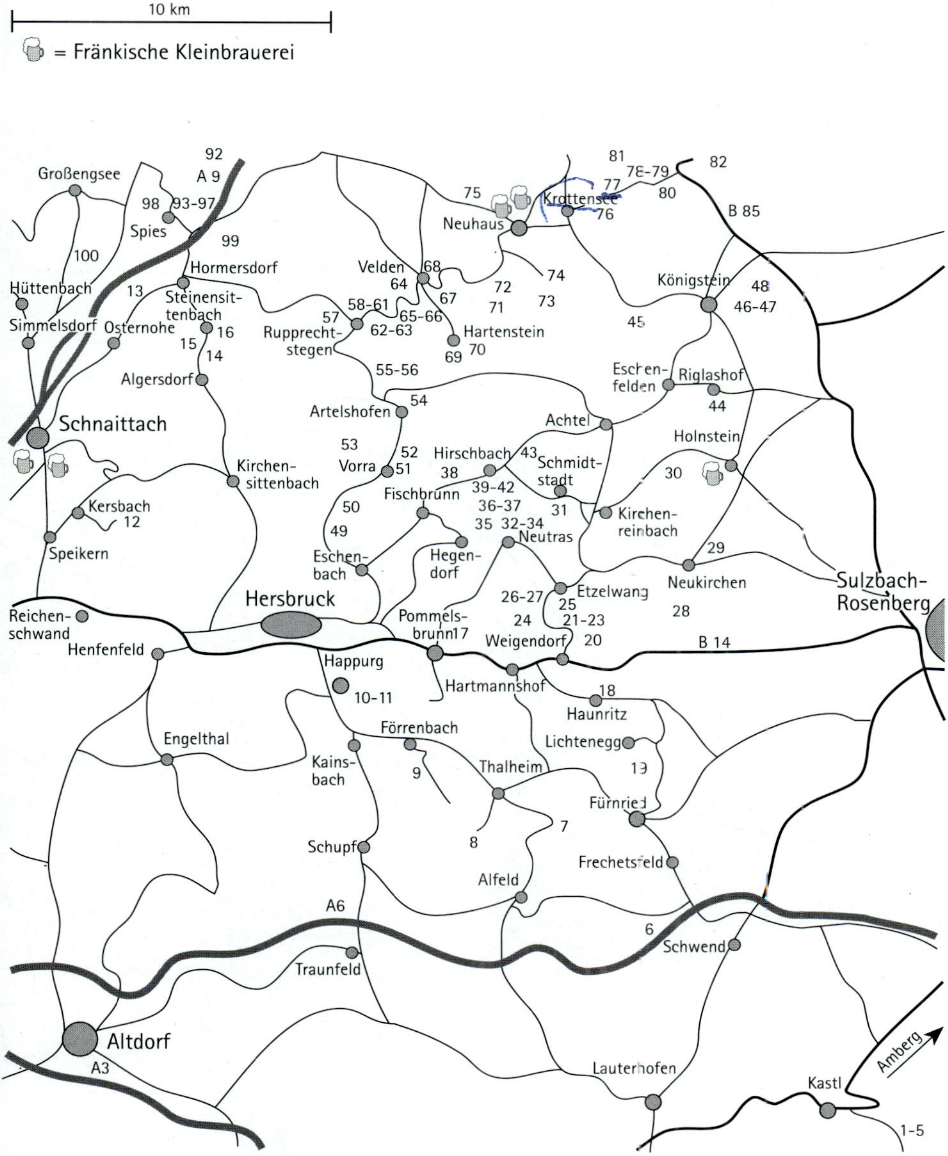

10 km
= Fränkische Kleinbrauerei
Großengsee
92
A 9
98
93-97
Spies
99
100
Hüttenbach
13
Hormersdorf
Steinensittenbach
Simmelsdorf
Osternohe
16
15
14
Algersdorf
Schnaittach
Kirchensittenbach
Kersbach
12
Speikern
Reichenschwand
Henfenfeld
Hersbruck
Velden
68
64
58-61
57
65-66
67
62-63
Rupprechtstegen
Hartenstein
69
70
55-56
Artelshofen
54
53
52
Vorra
51
50
49
Eschenbach
Fischbrunn
Hegendorf
Hirschbach
38
43
39-42
36-37
35
32-34
Neutras
Schmidtstadt
31
75
Neuhaus
Krottensee
76
77
81
80
82
B 85
74
72
71
73
Königstein
48
46-47
45
Eschenfelden
Riglashof
44
Achtel
Holnstein
30
Kirchenreinbach
29
Neukirchen
28
Sulzbach-Rosenberg
Etzelwang
26-27
25
24
21-23
20
Pommelsbrunn17
Weigendorf
B 14
Happurg
10-11
Hartmannshof
18
Haunritz
Lichtenegg
Förrenbach
Engelthal
Kainsbach
9
Thalheim
Fürnried
7
8
Schupf
Alfeld
Frechetsfeld
A6
6
Schwend
Traunfeld
Altdorf
A3
Lauterhofen
Kastl
Amberg
1-5

Karte 2

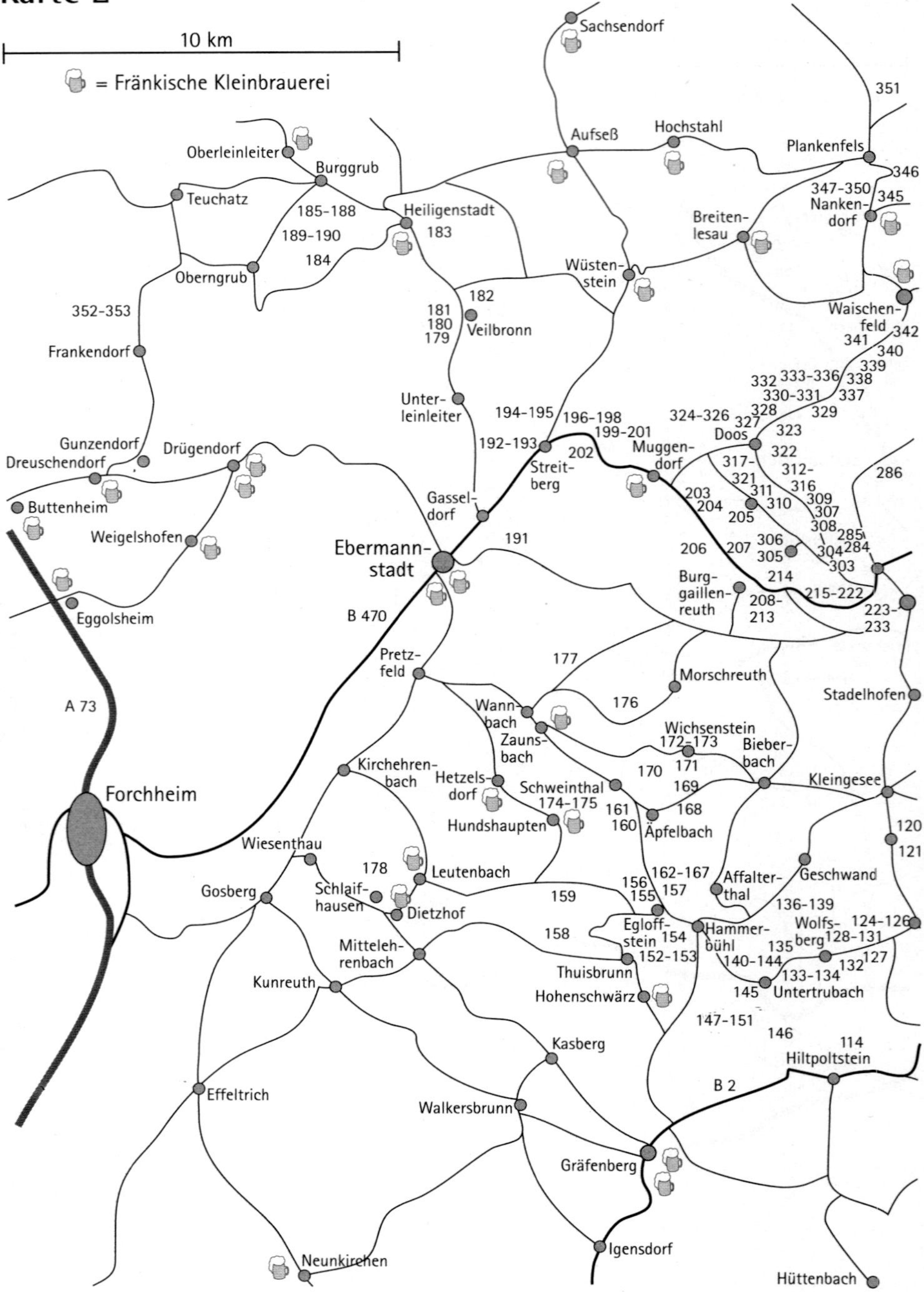
10 km
= Fränkische Kleinbrauerei
Sachsendorf
351
Aufseß
Hochstahl
Plankenfels
346
Oberleinleiter
Burggrub
347-350
Nankendorf
345
Teuchatz
185-188
Heiligenstadt
183
189-190
Breitenlesau
184
Wüstenstein
Oberngrub
182
Waischenfeld
352-353
181
180
179
Veilbronn
342
341
340
Frankendorf
339
332
333-336
338
330-331
337
Unterleinleiter
328
329
194-195
196-198
324-326
327
199-201
Doos
323
Gunzendorf
192-193
Muggendorf
322
Drügendorf
202
Streitberg
317-321
312-316
Dreuschendorf
286
203
311
204
310
309
307
Buttenheim
Gasseldorf
205
308
285
Weigelshofen
191
206
207
306
305
304
284
Ebermannstadt
303
Burggaillenreuth
214
215-222
Eggolsheim
208-213
223-233
B 470
177
Pretzfeld
Morschreuth
A 73
Stadelhofen
176
Wannbach
Zaunsbach
Wichsenstein
172-173
Bieberbach
171
170
Kirchehrenbach
Hetzelsdorf
Schweinthal
169
Kleingesee
Forchheim
174-175
161
168
Hundshaupten
160
Äpfelbach
120
Wiesenthau
121
178
Leutenbach
162-167
Affalterthal
Geschwand
156
155
157
Gosberg
Schlaifhausen
159
Dietzhof
136-139
124-126
Egloffstein
154
Hammerbühl
Wolfsberg
128-131
158
Mittelehrenbach
152-153
135
127
140-144
132
Thuisbrunn
133-134
Kunreuth
145
Untertrubach
Hohenschwärz
147-151
146
114
Kasberg
Hiltpoltstein
B 2
Effeltrich
Walkersbrunn
Gräfenberg
Igensdorf
Neunkirchen
Hüttenbach

Karte 3

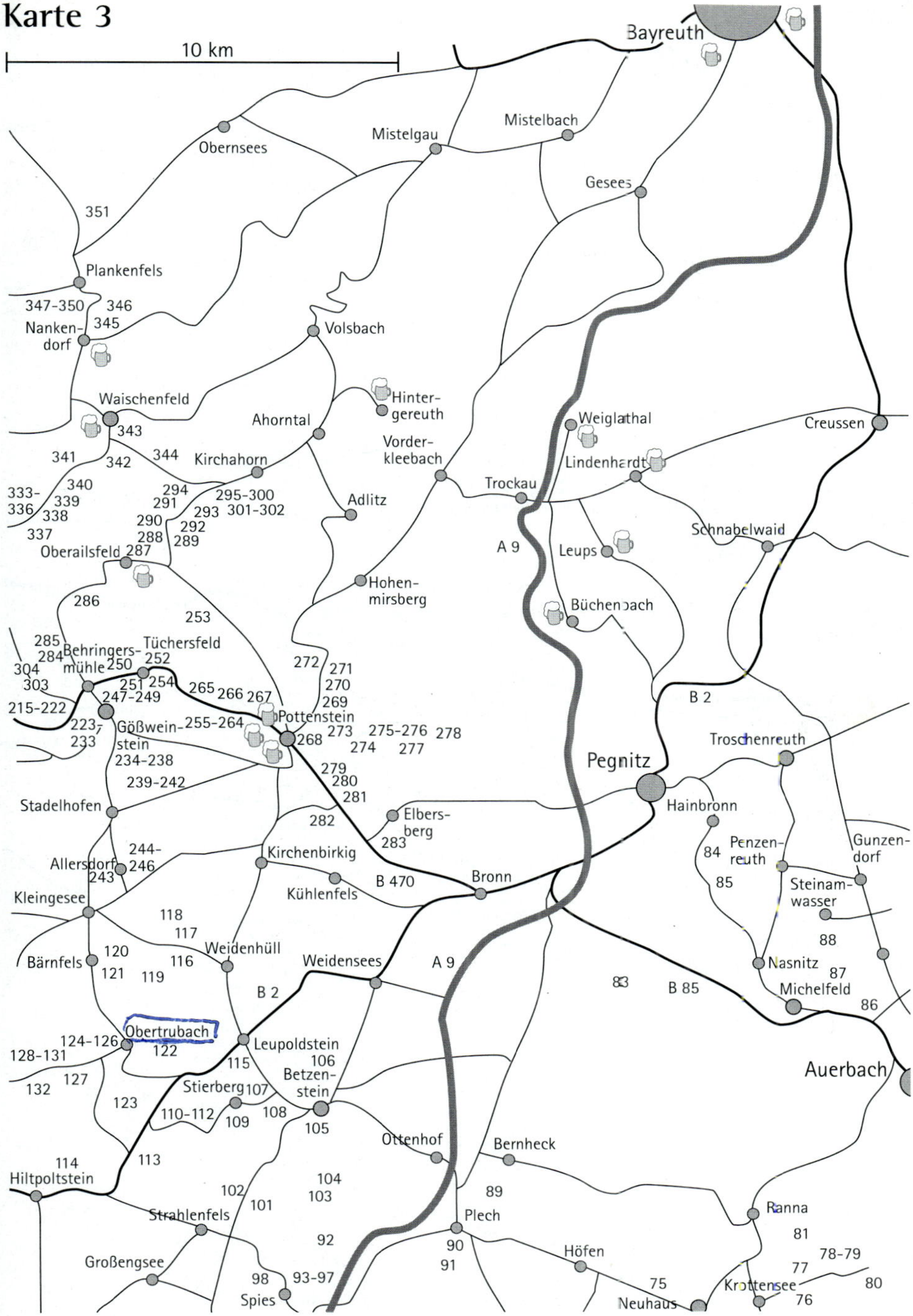

10 km
Bayreuth
Mistelbach
Mistelgau
Obernsees
Gesees
351
Plankenfels
347-350
346
345
Nanken-
dorf
Volsbach
Waischenfeld
343
Ahorntal
Hinter-
gereuth
Vorder-
kleebach
Weiglathal
Creussen
341
342
344
Kirchahorn
Lindenhardt
340
333-
336
339
338
337
294
291
290
288
293
292
289
295-300
301-302
Adlitz
Trockau
A 9
Leups
Schnabelwaid
Oberailsfeld
287
Hohen-
mirsberg
286
253
Büchenbach
285
284
Behringers-
mühle
Tüchersfeld
252
304
303
250
251
254
247-249
215-222
223
233
Gößwein-
stein
234-238
255-264
265
266
267
272
271
270
269
Pottenstein
268
273
274
275-276
277
278
B 2
Troschenreuth
Pegnitz
239-242
279
280
281
Stadelhofen
282
Elbers-
berg
283
Hainbronn
84
Penzen-
reuth
85
Gunzen-
dorf
244-
246
Allersdorf
243
Kirchenbirkig
Kühlenfels
B 470
Bronn
Steinam-
wasser
Kleingesee
118
117
116
Weidenhüll
120
121
119
Bärnfels
Weidensees
A 9
83
B 85
88
Nasnitz
87
Michelfeld
86
B 2
Obertrubach
124-126
122
128-131
Leupoldstein
115
106
Betzen-
stein
Auerbach
132
127
123
Stierberg
107
110-112
109
108
105
Ottenhof
Bernheck
114
Hiltpoltstein
113
102
101
104
103
89
Plech
Strahlenfels
Ranna
81
92
90
91
Höfen
78-79
77
80
Großengsee
98
93-97
Spies
75
Neuhaus
Krottensee
76

Karte 4

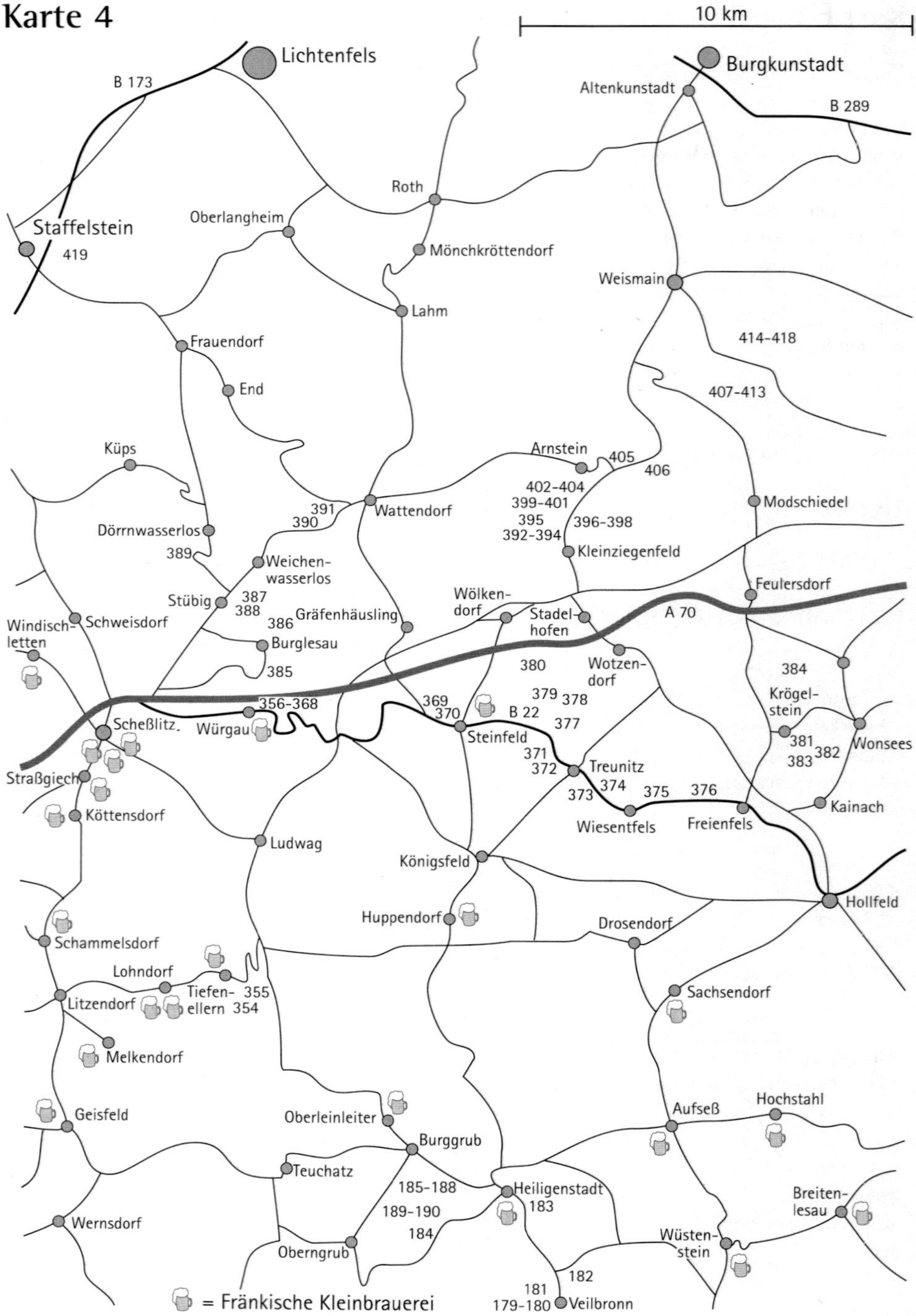
10 km
Lichtenfels
Burgkunstadt
B 173
Altenkunstadt
B 289
Roth
Staffelstein
419
Oberlangheim
Mönchkröttendorf
Weismain
Lahm
Frauendorf
414-418
End
407-413
Küps
Arnstein
405
406
402-404
399-401
395
392-394
396-398
Modschiedel
391
390
Wattendorf
Dörrnwasserlos
389
Kleinziegenfeld
Weichen-
wasserlos
Feulersdorf
Stübig
387
388
386
Gräfenhäusling
Wölken-
dorf
Stadel-
hofen
A 70
Windisch-
letten
Schweisdorf
Burglesau
385
380
Wotzen-
dorf
384
356-368
369
370
379
378
B 22
Krögel-
stein
Scheßlitz
Würgau
377
Steinfeld
381
383
382
Wonsees
371
372
Treunitz
Straßgiech
373
374
375
376
Kainach
Köttensdorf
Wiesentfels
Freienfels
Ludwag
Königsfeld
Hollfeld
Huppendorf
Drosendorf
Schammelsdorf
Lohndorf
Tiefen-
ellern
355
354
Sachsendorf
Litzendorf
Melkendorf
Aufseß
Hochstahl
Geisfeld
Oberleinleiter
Burggrub
Teuchatz
185-188
Heiligenstadt
183
Breiten-
lesau
189-190
Wernsdorf
184
Wüsten-
stein
Oberngrub
182
181
179-180
Veilbronn
= Fränkische Kleinbrauerei

ÜBER DAS KLETTERN IM FRANKENJURA....

von Michael Eitel

Das Klettern im Frankenjura ist leider mittlerweile auch bei uns eine zunehmend bedrohte Sportart. Die *IG FRANKENJURA* bemüht sich in zahlreichen Behördengesprächen, weitere Beschränkungen unseres Sports zu verhindern oder diese auf einem erträglichen Maß zu halten. Dabei ist es jedoch unumgänglich, daß auch auf Seiten der Kletterer einige Punkte beachtet werden müssen, um unsere Bemühungen nicht von vornherein zum Scheitern zu verurteilen.

Im Interesse unserer Sportart bitten wir Euch daher, die folgenden Punkte beim Klettern im Frankenjura unbedingt zu beachten:

1 Verhaltet euch vernünftig bei Zufahrt oder Parken! Im Zweifel lieber ein paar Meter länger zu Fuß, als Bauern, Förster oder Einheimische durch Großparkplätze in der Botanik bis aufs Blut zu reizen.

2 In Wohnortnähe Störungen der Anwohner vermeiden! Der markerschütternde Schrei "Seil naaach!" wird am Sonntag vormittag auf der Veranda oft als störend empfunden.

3 Hinterlaßt keinen Müll, verzichtet soweit möglich auf Biwakieren und wenn, bitte ohne Lagerfeuer!
Leider leben wir in Mitteleuropa, einem dichtbevölkertem Teil der Welt. Nächtliche Saufforgien mit gigantischen Lagerfeuern und Ghettoblaster sind als Extrembeispiele immer wieder vorgekommen. Aber auch die gesellige Runde aus 4-5 Campingbussen im Forst wird vom Jäger nicht als amüsant empfunden.

4 Beachtet örtliche Hinweise und Beschilderungen!
Die IG hat an vielen Felsen dauerhaft oder zeitlich begrenzt Hinweisschilder auf örtliche Beschränkungen o.ä. angebracht.

5 Rupf nichts raus und störe keine Tiere! Kein Beklettern von Routen, in denen Vögel brüten. Kein Entfernen von Pflanzen am Fels. Bessere Gründe für fanatische Naturschützer, die Kletterer als Ökorambos darzustellen, können wir nicht liefern.

6 Informiert euch vorher über Kletterverbote! Und haltet diese vor allem auch ein.

7 Informiert uns vor der Errichtung einer Neutour! Telefonanruf bei *IG KLETTERN*-Stephan Haase (09156/1730) oder Jürgen Kollert (0911/547568) oder *DAV*-Günther Bram (09131/33818) genügt. Wir informieren euch, ob das Projekt in einer bedenklichen Zone liegt, oder nicht.

Wir appellieren an eure Vernunft, Euren und unseren Sport auch in Zukunft noch weiter betreiben zu können!!!!!!

Flora und Fauna in fränkischen Klettergebieten (G. Bram)

Felsen sind ein so prägender Bestandteil des Nördlichen Frankenjura, daß sie ihm zum Namen "Fränkische Schweiz" verhalfen. In unserer dicht besiedelten Kulturlandschaft sind sie aber auch noch letzte Reste nahezu unberührter Natur. Weil wirtschaftlich nicht nutzbar, konnten sich in den ökologischen Nischen" der vielfältig strukturierten fränkischen Felsen über Jahrtausende hinweg Planzen vom Menschen unbeeinflußt entwickeln.

Von besonderer Bedeutung sind die Felsbänder und Felsköpfe der die umgebende Vegetation überragenden Felsmassive. Hier existiert auf einer dünnen und lückenhaften Humusdecke eine speziell angepasste Flora mit bundesweit gefährdeten Pflanzenarten, die das lebensfeindliche Mikroklima dieser Standorte ertragen können. Habichtskraut, Immergrünes Felsenblümchen, Pfingstnelke und vieles mehr halten trotz Temperaturen von bis zu 60° C im Sommer und -40° C im Winter und trotz austrocknender Winde mit ihren Wurzeln die kargen Erdschichten fest. Ist diese Pflanzendecke einmal zertreten, werden die wenigen Zentimeter Erde von Wind und Regen rasch verweht und weggespült. Der Aufbau neuer Humusschichten an diesen exponierten Stellen dauert Jahrzehnte. Viele dieser Pflanzen wachsen hier seit der letzten Eiszeit vor etwa 8000 Jahren (Eiszeitreliktflora), als die Alpen eisbedeckt waren und sich alpine Pflanzen auf die unvergletscherte Alb zurückzogen. Sie können an einzelnen Felsen durchaus in großer Anzahl vorhanden sein, aber die entsprechenden Felsstandorte selbst sind selten und weit verstreut. Sind Pflanzen an einem Felsen einmal verschwunden, werden sie sich dort nur sehr langsam oder gar nicht mehr ansiedeln.

Nicht nur Pflanzen, auch Tiere haben sich auf das Leben an Felsen spezialisiert. So sind beispielsweise die Larven zweier Schmetterlingsarten auf ganz bestimmte Pfalnzen angewiesen, die nur an Felsen vorkommen. Der Apollofalter ernährt sich ausschließlich vom Weißen Mauerpfeffer, einer Pflanze der Felsköpfe und der Schwalbenschwanz ist ständig auf der Suche nach Doldengewächsen. Schnecken sind auf den Kalk (Bausubstanz für das Gehäuse) und Algen und Flechten als Futter angewiesen. Einige Spinnen halten sich fast das ganze Jahr über nur an Felsen auf.

Neben diesen Lebenskünstlern benötigen Vögel die Felsen als Brutplätze. Dort sind die wehrlosen Jungtiere sicher vor Beutegreifern wie Fuchs und Marder, die sich nur am Boden bewegen können. Zu den bekanntesten Felsbrütern zählt der Wanderfalke, der an den Felsen der Mittelgebirge seine einzige Brutmöglichkeiten außerhalb der Alpen findet. Er bevorzugt hohe Felsen mit Nischen und weitem Blick ins Land um von dort aus mit Geschwindigkeiten von bis zu 200 km/h auf Jagd nach anderen Vögeln zu gehen. Der Uhu sucht nicht unbedingt die ganz hohen und exponierten Felsen als Horstplatz, macht sie aber dennoch dem Wanderfalken als Rupfplätze streitig. Im Gegensatz zum Wanderfalken wird der Uhu im Nördlichen Frankenjura häufiger angetroffen. Störungen während der Horstsuche, Balz und Bruttätigkeit können zur Aufgabe des Horstes, zum Erkalten des Geleges oder zum Verlust der wehrlosen Jungvögel durch natürliche Feinde führen.

Außer diesen beiden bekannten Vogelarten finden auch unbekanntere Tierarten wie Dohle und Hohltaube, Kautz und Fledermaus, Siebenschläfer und Schlingnatter oder Insekten, z. B. der Ameisenlöwe gerade unter den extremen Lebensbedingungen der Felslandschaft einen Lebensraum.

Zum Schutz und Erhalt der fränkischen Felsbiotope müssen menschliche Einflüsse eingeschränkt werden. Die äußerst empfindlichen Pflanzenstandorte sind nur zu erhalten, wenn sie möglichst wenig betreten werden. Dies ist durch konsequentes Benutzen von Umlenkhaken zu erreichen. Kleinräumige Lösungen ermöglichen hier bei Beachtung der entsprechenden Regelungen ein direktes Nebeneinander von Klettern und Naturschutz. Vögel hingegen brauchen während der Brut- und Aufzuchtzeit zeitlich befristet relativ großräumige Ruhezonen. Sperrungen müssen allenfalls von etwa Anfang Februar bis Ende Juli ausgesprochen werden. In begründeten Einzelfällen kann eine prophylaktische Sperrung möglicher Brutfelsen sinnvoll sein.

Zonenregelung

Nach der erfolgreichen Umsetzung des Zonenkonzeptes im Naturschutzgebiet "Eibenwald" und der Wiesenttal-Südseite wurde inzwischen eine Vielzahl von Klettergebieten „zoniert".
Die IG Klettern und der DAV haben in Zusammenarbeit mit den zuständigen Behörden die *Zonierungskonzepte* erarbeitet, welche die Ausübung des Klettersports dort weiterhin ermöglichen. Dies setzt allerdings voraus, daß jene Konzepte auch strikt befolgt werden!
Am umfassendsten dürfte das Pegnitztal-Konzept sein, welches inzwischen für das gesamte Nürnberger Land gilt und auch gedruckt vorliegt.
Bei der Überarbeitung dieses Führers wurden alle zum gegenwärtigen Zeitpunkt bekannten Zonenkonzepte mit eingearbeitet. Es ist aber sinnvoll, sich über die Organe von IG Klettern und DAV oder die Kletter-Zeitschriften über kommende Regelungen zu informieren.

Die Zonenregelung im einzelnen:

Zone 1:

• *Kletterverbot*
Es dürfen weder Neutouren eröffnet noch alte Wege beklettert oder saniert werden.

Zone 2:

• *Status Quo*
Klettern ist im bisherigen Umfang bis zum Umlenkhaken erlaubt, aber keine Erstbegehungen.

Zone 3:

• *Freie Zone*
Erstbegehungen mit Umlenkhaken außerhalb der Vegetationszone möglich.

Bislang noch nicht bekletterte Felsen innerhalb des zonierten Gebietes gehören zur Zone 1.

Die Zonenregelung wird vor Ort auf entsprechenden Hinweistafeln erläutert. Zusätzlich existieren folgende Schilder:

Zugang	kein Durchgang
Zustieg	gesperrter Felsbereich
bekletterbarer Felsbereich	Ruhezone
Abseilen	

Eine weitere Besonderheit wird durch folgendes Schild zum Ausdruck gebracht:

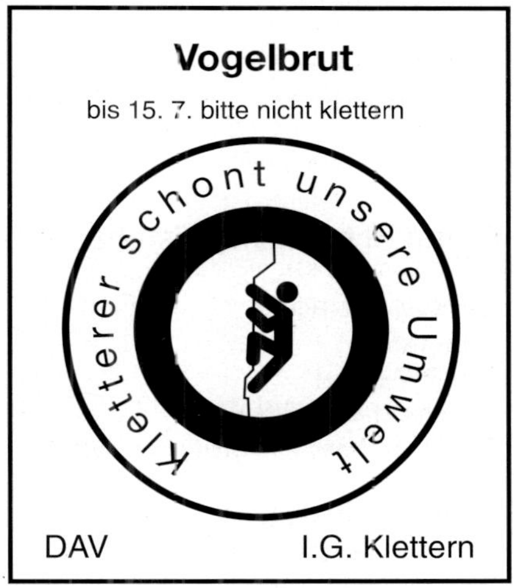

Es besagt, daß als Alternative zu behördlich verfügten Sperrungen IG KLettern und DAV im Falle einer Brutansiedelung durch das Anbringen dieser Schilder den Schutz der bedrohten Vogelarten gewährleisten. Das funktioniert selbstverständlich auch nur unter der Voraussetzung der Mitarbeit aller Kletterer. Die IG Klettern und der DAV stehen andererseits dafür gerade, daß die Schilder nur in begründeten Fällen angebracht werden.

Wichtige Adressen

Rettungsleitstellen:

Nürnberg	0911/19222
Forchheim	09191/19222
Bamberg	0951/19222
Bayreuth	0921/19222
Feuerwehr	112
Polizei	110

Von Feuerwehr und Polizei wird ein Notruf an die nächste Rettungsleitstelle weitergeleitet.

Bergwachtposten

Bereitschaft Nürnberg	0911 / 574681
Bergwacht-Bereitschaft Frankenjura	0911 / 579190

Sonstige Bergwacht-Posten:

- Kersbach (BW-Hütte)
- Schermshöhe
- Oed (BW-Hütte)
- Unterhirschbach (BW-Hütte)
- Schwarzer Brand (Prellstein; BW-Hütte)
- Alfalter
- Enzendorf (BW-Hütte)
- Untertrubach (BW-Hütte)
- Walberla (BW-Hütte)
- Veilbronn (BW-Hütte)
- Stempfermühle (BW-Hütte)
- Pottenstein (BW-Hütte)
- Frankendorf (BW-Hütte)
- Burglesau (BW-Hütte)
- Würgau (BW-Hütte)
- Kleinziegenfeld

Campingplätze:

- Gasthof Eichler; Wolfsberg 43; 91286 Obertrubach(09245/383 Fax: 9116)
- Camping "Bärenschlucht"; Pottenstein (Tel.: 09243/206)
- Camping "Betzenstein"; Hauptstr. 69 Betzenstein (Tel.: 09244/7305)
- Camping "Bieger"; Rothenbühl bei Ebermannstadt (Tel.: 09194/9534)
- Camping "Etzelwang"; Etzelwang
- Camping "Fränkische Schweiz"; Tüchersfeld (Tel.: 09242/440 bzw /1788)
- Camping "Steinerner Beutel"; Waischenfeld (Tel.: 09202/359)

Matratzenlager:

- Gasthof Kroder; Schlaifhausen am Walberla; Lager und Zimmer (Tel.: 09199/416)
- Gasthaus "Zur guten Einkehr"; Morschreuth; Lager und Zimmer (Tel.: 09194/9140)
- Gasthof Eichler; Wolfsberg 43; 91286 Obertrubach(09245/383 Fax: 9116)
- Camping "Betzenstein"; Hauptstr. 69 Betzenstein (Tel.: 09244/7305)

DAV-Hütten:

Diese Hütten sind nicht ständig bewirtschaftet und meist von der betreffenden Sektion belegt:

Thuisbrunn; Egloffstein; Thalheim; Gasseldorf; Streitberg; Almos; Rabeneck; Würgau

Naturfreundehäuser:

Diese sind der Allgemeinheit zugänglich, wobei den Mitgliedern der "Naturfrunde" Vergünstigungen gewährt werden. Es empfiehlt sich in jedem Fall, sich über die jeweiligen Öffnungszeiten zu informieren.

- NFH Nürnberg-Mitte; Adolf-Braun-Str. 40; Nürnberg
- NFH Eibach; Castellstr. 99; Nürnberg

- NFH Fürth-West; Adalbert-Stifter-Str. 37; Fürth
- NFH Erlangen Regnitzstuben; Wöhrmühle 6; Erlangen (Tel.: 09131/25303)
- NFH Rothenberghaus; Markt Schnaittach (Tel.: 09153/4365)
- NFH Am Hohen Kreuz; Zum Hohen Kreuz; Schnaittach (Tel.: 09153/8983)
- NFH Ernhüll; Ernhüll über Weigendorf (Tel.: 09661/4788)
- NFH Pommelsbrunn; Wied 3; Pommelsbrunn (Tel.: 09154/8555)
- NFH Falkenberg; Artelshofen, Haus Nr. 69 (Tel.: 09152/8771)
- NFH Am Kreuzfelsen; AM Kreuzfelsen 4; Ortsteil Großengsee; Simmelsdorf
- NFH Flembachhütte; Auerbach
- NFH Forchheim; Auf den Kellern 12; Forchheim
- NFH Veilbronn; Veilbronn Nr. 17; Heiligenstadt i. Ofr. (Tel.: 09198/234)
- NFH Bamberg; Am Kellerberg; Scheßlitz/ Demmelsdorf (Tel.: 09542/8776)
- NFH Stadtheim Staffelstein; Angerstr. 57; Staffelstein (Tel.: 09573/5733)
- NFH Kulmbach; Mangersreuther Str. 43; Kulmbach (Tel.: 09221/7243)

Jugendherbergen

- Nürnberg (an der Burg)
- Hartenstein (bei der Hartensteiner Wand)
- Gößweinstein
- Streitberg (beim Streitberger Schild)

IG Klettern

Georg-Strobel-Str. 73; 90489 Nürnberg
1. Vorsitzender:
Stephan Haase;
(Tel.: 09156/1730)

DAV Klettern und Naturschutz

Beauftragter für Nordbayern:
Günther Bram; Friedrich-Bauer-Str. 14;
91058 Erlangen (Tel.: 09131/33818)

Kletterhallen

- Sportzentrum Nürnberg; Schüblerstr. 15 Nürnberg; (Tel.: 0911/544911)
  Betreiber der Kletterwand:
  Kletterschule Frankenjura;
  (Tel.: 0911/499320)
- The Wall; Andernacher Str. 15; Nürnberg (Tel.: 0911/527753)
- Match Point; Schulstr.; Altdorf (Tel.: 09187/1606)

Bademöglichkeiten (Freibäder)

- Auerbach
- Bamberger Baggerseen
- Betzenstein
- Egloffstein
- Etzelwang
- Forchheim
- Gräfenberg
- Gößweinstein
- Happurg
- Hersbruck (Baggersee und Freibad)
- Hirschbach
- Königstein
- Muggendorf
- Pegnitz
- Schnaittach
- Streitberg

Erstbegehungen, Projekte

Die rasante Entwicklung des Klettersports hat auch eine enorme Erschließungstätigkeit nach sich gezogen. Zunehmende Konflikte mit dem Naturschutz sind eine Folge. Da ein lebendiger Klettersport nicht auf Erstbegehungen verzichten kann, wird nach Kompromißlösungen gesucht. Zu diesem Zweck haben sich im Sommer 1994 verschiedene Erschließer und Spitzenkletterer sowie IG Klettern- und DAV-Mitglieder in Morschreuth zusammengefunden und einen gemeinsamen Appell verfasst. Danach sollten in Zukunft bei Erschließungen folgende Punkte beachtet werden:

1 *Umlenkhaken*: Jeder Neutourenerschließer sollte Umlenkhaken anbringen, um ein Aussteigen in sensible Felskopfvegetationszonen zu vermeiden.

2 *Information*: Vor der Erschließung einer Neutour soll ein Vertreter der Kletterverbände telefonisch über das Vorhaben informiert werden. Im Frankenjura Stephan Haase/Jürgen Kollert (IG Klettern) oder Günther Bram (DAV). Der Erschließer wird informiert, ob sein Projekt in einem kritischen Bereich liegt oder nicht *(die IG Klettern wünscht inzwischen, daß die Zustimmung der zuständigen Behörde oder des Grundstückeigentümers eingeholt wird; Anm. des Verfassers).*

3 *Vegetationsputzen*: Das Putzen von zusammenhängenden Vegetationszonen zur Errichtung einer Neutour soll unterbleiben. In einem solchen Fall sollte von der Neutour abgesehen werden.

4 *Auswahl*: Die Erschließung von Felsen geringer Höhe soll unterbleiben *(wobei reines Bouldern wohl nicht als Erschließung in diesem Sinne betrachtet werden kann; Anm. des Verfassers)*

Werden diese Punkte entsprechend beachtet, so steigen zumindest die Chancen, daß unser Sport im Frankenjura nicht aufgrund umfassender Reglementierungen zur Stagnation verdammt wird.

Was *Projekte* betrifft, so hat sich der Brauch eingebürgert, diese durch ein in den 1. Haken geknüpftes Schlinglein zu kennzeichnen. Damit soll deutlich gemacht werden, daß der Erschließer weiter an seinem Vorhaben arbeitet, es aber noch nicht verwirklichen konnte. Es wird darum gebeten, dies zu berücksichtigen; auch wenn man das Projekt ohne weiteres klettern könnte.

Allerdings sollten auch Erstbegeher die eingebohrten Projekte nicht jahrelang als "Hakenfriedhöfe" stehen lassen. In solchen Fällen darf man sich jedenfalls nicht wundern, wenn von Seite anderer Anwärter keine Rücksicht mehr genommen wird.

Öffentliche Verkehrsmittel

Da die Busverbindungen auf dem Lande meist recht bescheiden sind, sind für die Anreise mit öffentlichen Verkehrsmitteln vor allem die Bahnlinien interessant. Hier sind folgende Strecken von Bedeutung:

- Nürnberg - Simmelsdorf (Schnaittach, Sittenbachtal)
- Nürnberg - Sulzbach-Rosenberg (Pegnitztal, Högenbachtal, Lehenhammertal)
- Nürnberg - Bayreuth (Hirschbachtal, Pegnitztal)
- Nürnberg - Gräfenberg (Großenoher Tal)
- Nürnberg - Ebermannstadt (Walberla, Wannbach, Unteres Wiesenttal)

Es empfiehlt sich, die aktuellen Sonderangebote der Verkehrsverbunde und der Bundesbahn einzuholen. Gerade an Wochenenden und in Gruppen sind meist sehr günstige Tarife möglich. Beispiele werden an dieser Stelle nicht gegeben, da solche Daten schnell an Aktualität verlieren.

Einige Felsen liegen nur 1-2 km vom Bahnhof entfernt, dies trifft praktisch nur auf das Pegnitztal zu. Bei allen anderen muß ein längerer Fußmarsch eingeplant werden oder ein Fahrrad mitgenommen oder ausgeliehen werden.

Ausrichtung der Felsen

In diesem Führer ist bei jeder Felsüberschrift ein entsprechendes Symbol plaziert, falls ein Massiv besonders *sonnig*, *schattig* oder *regengeschützt* ist. Die Abgrenzung ist hier allerdings oft schwierig. Ein im Frühjahr oder Herbst sonniger Fels entwickelt sich schnell zum Schattenloch, wenn das Laub auf den Bäumen ist. Dazu muß bemerkt werden, daß die allermeisten fränkischen Felsen im Wald stehen und der Kletterer auch in mancher Südwand die Sonne erst an der Umlenkung erblickt.
Abgesehen davon ist der verwöhnte Sportkletterer selten Frühaufsteher und wird somit eine Westwand meist als sonnig, eine Ostwand hingegen meist als schattig erleben, da er gewöhnlich nicht vor Mittag am Fels ist. Diesem Umstand wurde bei der Einteilung Rechnung getragen.
Auch der Begriff "regengeschützt" ist relativ: Einen kurzen Schauer verträgt fast jeder Fels, da sie alle relativ steil sind. Bei längerem Schlechtwetter läuft aber bald das Wasser in die meisten Wände oder drückt aus den Löchern heraus. Andererseits können exponierte Wände auch schnell wieder abtrocknen. Deshalb seien hier nur einige typische Beispiele für den schnellen Überblick erwähnt. Schattige Felsen werden nicht extra aufgeführt, da dies für den größten Teil der fränkischen Massive zutrifft. Bei den Überschriften über den Topos findet man aber immer das entsprechende Symbol. Kein Symbol wird vergeben, wenn es nicht eindeutig zuzuordnen ist (z.B. je nach Jahreszeit).

Sonnig: ☼

Hersbrucker Alb:
Lauterachtal; Kirchtalwände; Hohler Fels; Glatzenstein; Weiße Wand; Riffler; Düsselbacher Wand; Kleine Wacht; Student; Freudenmauer; Weißenstein; Maximilianswand; Rabenfels; Felslandl; Hohe Reute; Stierberger Gemsenwand

Trubachtal und Seitentäler:
Schlöttermühle; Dachlwand; Richard-Wagner-Fels; Zehnerstein; Klagemauer; Haselstaudener Wände; Brüchige Wand; Egloffsteiner Gemsenwand; Mostviele Tal; Röthelfels; Rodenstein

Wiesenttal und Seitentäler:
Fürther Wand; Traindorfer Wand; Krankenhaus, Hunnenstein; Dülfer Ged.-Wand; Streitberger Schild; Glatte Wand, Brocksfels; Matterhornwand; Eichner Ged.-Wand; Graue Wand und Turm; Hanni Kerschbaum Ged.-Wand; Sachsenmühler Südwand; Knochenwand; Anna Fritz Ged.-Wand; Norisbabawand; Sachsenturm; Weiße Wand; Behringer Ged.-Wand; Napoleon (Westseite); Gernerfels; Föhrenstein (z.T.); Geißleinwand; Tüchersfelder Wand; Ringlerwand (früh); Bärenschluchtwände; Jules-Verne-Massiv; Predigtstuhl; Glawe-Wand; Hohe Nase; Teufelwand; Dromedar (z.T.); Schüttersmühler Wand; Oberailsfelder Boulderblock; Rabenstein; Witchcraft; Aschenbrenner Wand; Walter Schell Ged.-Wand; Schottertaler Wand; Schottersmühler Wand; Abendleite; Jubiläumswand Morgenleite; Schwarze Wand (früh); Bandstein (früh); Zwergenschloß; Hacke Ged.-Wand; Bayreuther Riß; Gockerlwand; Waischenfelder Turm; Loreley; Geckofels; Aalkorber Wände („Freudenhaus")

Bamberger Gebiete:
Annastein (z.T.); Annasteinseite; Eulenwand; Würgauer Gebiet (zum größten Teil nachmittags sonnig); Steinfelder Turm und Wand; Steinfelder Wändchen; Treunitzer Klettergarten; Kuhkirchner Wand; Dachstein; Wüstenstein (z.T.); Dohlenstein; Kainachtaler Riesenüberhang; Kuhleutner Wand; Burglesauer Gebiet; Katzenbuckel; Alpenvereinswand; Ziegenfelder Wände (früh); Geierwand; Rote Wand; Altbabawand; Rolandfels; Weihersmühler Wand; Wunkendorfer Eck; Diagonalriß; Kraftriß; Felsentor (z.T.); Bärentalwächter; Regenwand; Sonnenwand; Niestener Wand; Efeuwand; Höhlenwand; Staffelberg (z.T.)

Regengeschützt:

Hersbrucker Alb:
Breitenstein; Student; Roter Fels; Stadeltenne; Weißenstein; Pölze; Krottenseer Turm; Plecher Wand; Hohe Reute

Trubachtal und Seitentäler:
Eldorado (wenn trocken); Dachlwand; Richard-Wagner-Fels; Klagemauer; Grüne Hölle; Röthelfels (z.T.)

Wiesenttal und Seitentäler:
Matterhornwand; Schloßbergwand (z.T.); Gernerfels; Tüchersfelder Wand; Pferdsloch; Püttlacher Wand (z.T.); Bärenschluchtwände; Marientaler Wand (z.T.); Schüttersmühler Wand; Terminatordach; Power (z.T.); Witchcraft; Boy's Tempel; Zauppenberger Wand; Hardcore-Wändchen; Wolkensteiner Wand; Megalumania; Bandstein; Zwergenschloß; Nankendorfer Block (z.T.)

Bamberger Gebiete:
Allgemein regenempfindlicher, trocknen aber auch schnell wieder ab!
Dohlenstein; Kainachtaler Riesenüberhang; Torbogen; Burglesauer Block; Holzgauer Wand

Verwendete Symbole:

unlohnend	lohnend
sehr lohnend	Traumtour
Zwergenschreck (Längenzug)	sonnig
schattig	regengeschützt, schnell trocken
× Bühlerhaken, Bohrhaken	Normalhaken
Schlinge	Klemmkeil
Sanduhr	Umlenkung
Schlüsselstelle	Wandbuch, Kasette

! = kühn

Optimal geeignet für die Schwierigkeitsgrade....

Hersbrucker Alb

Nr.		2-6	7-8	9-11
• **Lauterachtal**				
1	Lauterachfelsen	***	*	
2	Dachlwand	***	*	
3	Welzenbach Ged.-Wand	**	**	*
4	Kleine Wand	***	*	
5	Ransbacher Block	***		
• **Schwend**				
6	Schwender Wand	**	**	
• **Förrenbachtal**				
7	Kirchtalwände	***	***	*
8	Gotzenberger Wand	***	**	*
9	Kanzelfels		***	*
10	Hohler Fels	***	**	**
11	Happurger Wand	**	***	
• **Schnaittach**				
12	Glatzenstein	***	**	
13	Rabenstein	**	**	*
• **Sittenbachtal**				
14	Algersdorfer Wand	*	**	*
15	Algersdorfer Schattenwand		**	
16	Bolzenstein		***	*
• **Högenbachtal**				
17	Zankelstein	**	***	**
18	Alter Fritz	**	**	
19	Hoher Fels	***		
• **Lehenhammertal**				
20	Dohlenwand	**	**	
21	Oeder Wand	**	*	
22	Brosinnadel	**	*	
23	Oeder Schlucht		***	
24	Lehenstein	**		
25	Riesturm	**		
26	Hammertalwand	**	**	***
27	Lehenhammertalwände	**	**	*
• **Neukirchen**				
28	Buchenstein	***	**	
29	Hartenfels	**	***	**
• **Reinbachtal**				
30	Grundfels		*	***
31	Schmidtstadter Wand	*	***	
• **Schwarzer Brand**				
32	Gemeindefels	**	*	
33	Starenfels	*	*	
34	Bodenbergwand	**	*	
35	Weiße Wand	***	**	
36	Prellstein	**	***	*
37	Sepp Bader- Ged.- Wand		**	*
• **Hirschbachtal**				
38	Sprungstein	***	**	*
39	Mittelbergwand	***	***	**
40	Castellwand	**	***	**
41	Norisbrettl	*	***	**
42	Schlaraffenland	*	***	***
42a	Teufelsrißmassiv	**	**	***
42b	Rote (Hirschbacher) Wand	*	***	**
42c	Rabensteiner Wand	**	***	
42d	Schmidbergwand	*	**	**
43	Klausener Wand	*	***	
• **Königstein**				
44	Riglashofer Wand		***	
45	Nußbergwand		***	
46	Breitenstein	*	**	*
47	Steinberg	**	***	*
48	Kühlochfels		**	***
• **Pegnitztal**				
49	Riffler	***	***	
50	Düsselbacher Wand	**		
51	Kleine Wacht	***		
52	Große Wacht		**	**
53	Langenstein	***	*	
54	Artelshofener Wand	**		
55	Pavian	***		
56	Student	*	*	***
57	Freudenmauer		***	
58	Ankatalwand		***	**
59	Ochsenstein		**	
60	Brückenwand	*	**	*
61	Roter Fels	**	***	**
62	Emporwand	*	*	***
63	Zsigmondy Ged.-Wand	*	**	**
64	Immer Höher- Turm	**	*	
65	Löwenstein	*	*	
66	Hängender Stein			*
67	Veldener Turm	*	**	
68	Veldener Wand		***	**
69	Hartensteiner Wand	***	**	

Hersbrucker Alb

Nr.	Name	2-6	7-8	9-11
70	Rabensberger Wand	*	**	
71	Zimmerbergwände	***	***	
72	Stadeltenne	*	***	**
73	Katzenlöcher	***	**	
74a	Stefansturm	**	**	
74b	Vöderreuther Wand	**	*	
75	Weißenstein	**	***	**
76	Maximiliansgrotte (Boulder)			***
77	Steinerne Stadt		*	***
78	Krottenseer Turm		**	***
79	Maximilianswand	***	**	*
80	Erdenkäuferwand		**	
81a	Pölze			**
81b	Kanzelstein		*	***
81c	Rabenfels	*	***	***
81d	Bladerunner-Wand		*	***
81e	Folterkammer	*	**	***
81f	Moskito Rock			**
82	Teddywand			**
83	Großer Lochstein		*	
84	Wachberg	**	**	***
85	Weidlwanger Wand		**	***
	• Auerbach			
86	Felslandl (Boulder)		**	**
87	Geheimaktion	*	***	*
88	Flembachtal	**	**	
	• Plech			
89	Plecher Klippen	*	**	*
90	Plecher Wand und Turm	***	*	*
91	Schöne Aussicht		***	*
	• Spies			
92	Schimmelecke	**	**	
93	Hohe Reute	***	*	
94	Spieser Wand	*	**	*
95	Leonhardsturm	**	*	
96	Vogler Ged.-Wand	**	**	
97	Kanzelwand	***	*	
98	Spieser Felsen	*	*	
99	Illafelder Wand			**
100	Fichtenpark	***	**	*
101	Hühnersteinwand	*	**	
102	Ittlinger Wand	***	*	
	• Betzenstein			
103	Laughparade			*
104	Hetzendorfer Wand	**	**	
105	Dreistaffelfels	***	**	
106	Vergessene Welt (Boulder)		*	**
107	Parkplatzwand	**		
108	Betzenst. Sportkletterwand	**	***	*
	• Stierberg			
109	Stierberger Wand	**	**	
110	Stierberger Gemsenwand	***	*	
111	Münchser Wand	***	*	
112	Langer Berg Wände	***	**	
	• Hiltpoltstein			
113	Almoser Wand		**	
114	Hexenküche	***	**	
	• Leupoldstein			
115	Leupoldsteiner Wand	***	***	
116	Graischer Nadel	*	**	
117	Graischenstein	**	**	
118	Graischer Bleisteinwände	**	*	
119	Ruine Leienfels	**	**	

Trubachtal und Seitentäler

Nr.	Name	2-6	7-8	9-11
	• Oberes Trubachtal			
120	Linke Reibertsbergwand	*	**	
121	Bärnfelswände	**	*	*
122	Neudorf (Boulder)		*	***
123	Juraelefant		**	
124	Eldorado		*	***
125	Schlöttermühle	**		
126	Dachlwand	*	**	**
127	Bleisteine	*	**	
128	Zauberberg			*
129	Reichelsmühler Wand	*	***	
130	Richard-Wagner-Fels	**	***	***
131	Hartelstein	***	*	*
132	Wolfsberger Wand	*	**	**
133	Wolfsberger Block	**	*	
134	Wolfsberger Grotte	*	*	**
135	Zehnerstein	***	***	
136	Klagemauer (z.T. Boulder)		*	***
137	Signalstein	**		
138	Rondell (Boulder)			**
139	Grüne Hölle	*	**	***
140	Nonne	**	**	
141	Kleiner Mönch	***		
142	Topfstein	*	**	

Trubachtal+Seitentäler	2-6	7-8	9-11
143 Großer Mönch	***	**	
144 Haselstaudener Wände	***	**	
145 Fürther Turm	**	*	
• Großenoher Tal			
146 Drei Zinnen	***		
147 Großenoher Wand	*	**	
148 Hohe Geisel		**	
149 Höfleser Wand und Turm	*	**	
150 Waldmannspitze	*	*	
151 Kurfürst	***		
• Todsfelder Tal			
152 Nebelsteiner Wand	**	*	
153 Brüchige Wand	***		
• Unteres Trubachtal			
154 Albrecht-Dürer-Fels	*		**
155 Egloffsteiner Wand	**		
156 Egloffsteiner Felsentor	**		
157 Egloffsteiner Gemsenwand	***	*	
158 Haidhofer Schloßbergwand	**	*	
159 Fuchsloch		**	**
160 Erlanger Felsentor	*	***	
161 Mostvieler Talwand		**	
• Mostvieler Tal			
162 Mostvieler Kletterblock	***	*	
163 Affalterthaler Spitze	**		
164 Stubaier Wand	**		
165 Unentwegtenwand	***	*	
166 Mostvieler Turm	**		
167 Mostvieler Klettergarten	**	***	
• Äpfelbacher Tal			
168 Jakl Kilian Ged.-Wand	*	**	
169 Schlehenmühler Wand	**	***	
• Schweinthal			
170 Hängender Block			***
171 Spitzenstein	**	*	**
172 Angerstein	*	*	*
173 Lochturm	**		
• Zaunsbachtal			
174 Hutzelturm	**	**	
175 Enteignungswand	**	*	
• Wannbach			
176 Röthelfels	***	***	*
177 Urspringer Wand	*	**	
• Walberla			
178 Rodenstein	***	***	

Wiesenttal+Seitentäler	2-6	7-8	9-11
• Leinleitertal			
179 Adlersteiner Nadel	**		
180 Delago Ged.-Wand		**	*
181 Totensteinwände	***	***	
182 Fürther Wand	*	***	
183 Traindorfer Wand	*	**	
184 Pfarrfels		***	
185 Rotenstein	*	**	***
186 Burggruber Wand	*	**	*
187 Burggruber Block		*	***
188 Luisenwand		**	***
189 Oberngruber Wand		***	**
190 Feierabendwand	**	*	
• Unteres Wiesenttal			
191 Krankenhaus	*	*	*
192 Hunnenstein	**	***	
193 Dülfer Ged.-Wand	**		
194 Schauertaler Ostwand		**	
195 Schauertaler Turm	***	*	
196 Streitberger Schild	**	***	*
197 Glatte Wand	*	***	
198 Brocksfels	**	**	
199 Matterhornwand	*	***	**
200 Freundschaftsturm	**	*	
201 Eichner Ged.-Wand	*	***	
202 Neidecker Wand	*	*	*
203 Graue Wand und Turm	**	**	
204 Vergessene Wand	**		
205 Kammer	***	***	
206 Kolosseum		*	**
207 H. Kerschbaum Ged.-Wand	**	**	*
208 Schloßzwergwand	**		
209 Schloßbergwand	**	***	***
210 Heinrichsgrotte	*	***	*
211 Fritz Teifel Ged.-Wand		**	
212 Kolumbuswand	*	**	
213 Sachsenmühler Nordwände	***	**	
214 Sachsenmühler Südwand	**	*	
215 Knochenwand	*	*	
216 Anna Fritz Ged.-Wand	*	**	
217 Norisbabawand	***	*	
218 Sachsenturm	**	*	
219 Weiße Wand	*	***	
220 Behringer Ged.-Wand	***		
221 Stempfermühler Wand		**	*

Wiesenttal+Seitentäler

		2-6	7-8	9-11
222	Lorenzturm	*		
• Gößweinstein				
223	Ob. Gößweinsteiner Wände	**	***	***
224	Unt. Gößweinsteiner Wände	*	***	
225	Martinswand	*	***	
226	Schwalbenstein	*	***	
227	Napoleon	***	***	
228	Emporwand	**	***	
229	Fehensteine	***		
230	Eibenwände	***	**	
231	Wickenstein		**	
232	Gernerfels		***	
233	Bärenstein		**	
234	Breitenberg Nordwand		***	
235	Fellner Dolinenwand	**	**	
236	Parkplatzwandl		*	
237	Lustige Wand/Vogeltränke	**	**	
238	Prügeldorfer Wand	**	**	
239	Vord. Stadelhofener Wände	*	***	
240	Hint. Stadelhofer Wände	**	***	
241	Stadelh. Dunkelkammer	*	***	*
242	Prügeldorfer Turm	*	*	
243	Östliche Förstelsteinkette	***		
244	Rabenleite		**	
245	Föhrenstein	**	**	**
246	Wasserstein	*	*	***
• Püttlachtal				
247	Dornröschenwand	*	***	*
248	Märchenwand		***	
249	Schonunger Wand		**	
250	Geißleinwand	*	*	
251	Christinenwand	**	**	*
252	Tüchersfelder Wand	*	***	
253	Pferdsloch			**
254	Tüchersf. Campingplatzwand		*	
255	Schloßbergwände	***	**	
256	Mäusewand		**	
257	Püttlacher Wand		***	***
258	Piazwand	*	**	
259	Frankenjogger Turm		**	
260	Teufelskrallenturm	*	**	*
261	Püttlachkamin		**	
262	Erinnerungswand			**
263	Weidener Wand	*	**	
264	Trockauer Wand	*	***	**
265	Ringlerwand	*	***	**
266	Bärenschluchtwände	*	**	***
267	Universum		**	***
268	Pottensteiner Wand	*	**	*
269	Marientaler Wand	**	**	***
270	Schöfflblock			*
271	Jules-Verne-Massiv		*	**
272	Totentaler Wand	*	**	
273	Brotzeitwand	**	**	
274	Trautner Ged.-Wand		**	*
275	Predigtstuhl			*
276	Glawe-Wand			***
277	Bleisteinwand	**		
278	Hohe Nase		**	
• Weihersbachtal				
279	Teufelwand		*	
280	Dromedar		**	*
281	Schüttersmühler Wand		*	***
282	Terminatordach (Boulder)			**
283	Orakel	*	**	
• Ailsbachtal				
284	Wagnerfels	*	***	
285	Schweigelstein	*	**	
286	Steinerne Welt		***	
287	Oberailsfelder Boulderblock			**
288	Power (Boulder)			***
289	Felsenlabyrinth (Boulder)		*	**
290	Schlupflochfels	*	**	
291	Rabenstein		***	*
292	Burn for you			**
293	Witchcraft			**
294	Einstein		**	
295	Boy's Tempel (Boulder)			***
296	Zauppenberger Wand		**	
297	Heldwand		***	**
298	Hulk-Blöcke (Boulder)			***
299	Re. Schweinsmühler Wand		**	
300	Li. Schweinsmühler Wand	*	**	
301	Hardcore-Wändchen (z.T. Boulder)			**
302	Rockpalast (Boulder)			**
• Oberes Wiesenttal				
303	Aschenbrenner Wand		**	
304	Walter Schell Ged.-Wand	*		
305	Räuberburg	**	**	
306	Moritzer Turm	*	*	*

Wiesenttal+Seitentäler	2-6	7-8	9-11
307 Schottertaler Wand	*	**	
308 Schottertaler Turm	*	*	
309 Gelber Turm	**	**	
310 Wolkensteiner Wand	**	*	**
311 Schiefer Tod		*	
312 Schottersmühler Wand	**	***	
313 Abendleite	**	*	
314 Jubiläumswand	**	**	
315 Morgenleite	*	**	
316 Mittagsleite	**		
317 Riesenburg	**	*	
318 Obere Riesenburgwand	**	*	
319 Grünbauer Ged.-Wand	**	*	
320 Altherrnwand	***		
321 Dohlenwand	**		
322 Galawand		**	**
323 Sonnwendwand	***	*	
324 Neppwand		***	*
325 Werner Brösel Ged. -Wand	*	**	*
326 Berglerturm	*	***	
327 Megalumania		*	**
328 Eigerwand	**		
329 Leykauf Ged. -Wand	**	**	
330 Schwarze Wand	*	***	*
331 Bandstein	*	***	
332 Zwergenschloß	*	**	***
333 Hacke Ged.-Wand	**	**	
334 Alitzstein	*	**	
335 Bayreuther Riß	*	**	*
336 Treusteiner Wand		**	***
337 Schrollwand	*	**	**
338 Rabenecker Wand	**	**	
339 Mariandlwand		**	
340 Dooser Wand	**	**	
341 Gockerlwand		***	
342 Pulverfaß		*	
343 Freistein		**	**
344 Waischenf. Turm (z.T. Boulder)		**	***
345 Nankendorfer Block		**	**
346 Loreley		*	**
347 Geckofels		**	
348 Aalkorber Wände	*	**	**
349 Mader Ged.-Wand			**
350 Rupertuswand		*	
351 Plankenstein	**	**	*

Bamberger Gebiete	2-6	7-8	9-11
• Frankendorfer Klettergarten			
352 Annastein	**	**	*
353 Annasteinseite	**	*	**
• Tiefenellerner Gebiet			
354 Herzogenreuther Wand	*	**	**
355 Eulenwand	***	*	
• Würgau			
356 Würgauer Nadel	**		
357 Würgauer Wand	**	**	
358 Bamberger Turm	**		
359 Fermeda	**		
360 Gewitterriß	**		
361 Kreuzstein	***		
362 Bayreuther Wand	***		
363 Nürnberger Turm	**	**	**
364 Bayerl Ged.-Wand	*	**	
365 Dolomit	*	*	
366 Edelweißwand	**	**	
367 Fiechtlwand	***	*	
368 Frankenwand	**	*	
• Oberstes Wiesenttal			
369 Steinf. Turm,und Wand	***	***	
370 Steinfelder Wändchen	**	*	
371 Treunitzer Wand	***		
372 Treunitzer Pfeiler	*	**	
373 Trizmann Ged. -Wand	*	**	
374 Treunitzer Klettergarten	***	**	*
375 DTC		**	*
376 Kuhkirchner Wand	*	**	
• Paradiestal			
377 Vorderer Paradiestalwächter	**		
378 Dachstein			**
379 Gelbe Wand	*	**	
380 Wüstenstein			***
• Krögelstein			
381 Dohlenstein		*	**
382 Kainacht. Riesenüberhang		**	**
383 Torbogen			*
384 Kuhleutner Wand	*	**	**
• Burglesau			
385 Burglesauer Block		**	
386 Burglesauer Wand	***	***	
• Stübig			
387 Großer Stübiger Turm	**	**	*
388 Kleiner Stübiger Turm	**	***	

Bamberger Gebiete	2-6	7-8	9-11
389 Katzenbuckel	***	**	
• **Wattendorf**			
390 Alpenvereinswand	**	***	
391 Wattendorferwand		**	*
• **Ziegenfelder Tal**			
392 Ziegenfelder Wände	*	**	**
393 Leumer Ged.-Wand		**	*
394 Lichtenfelser Dach		*	*
395 Geierwand	*	***	
396 Altbabawand	**	**	
397 Rote Wand	**	***	
398 Rolandfels		**	
399 Roter Mönch	***	*	
400 Diebesloch	*	***	*
401 Hammerschmiedturm	**	**	
402 Bauernschmitt Ged.-Wand	*	**	*
403 Toni Schmid Ged.-Wand	*	***	*
404 Holzgauer Wand	*	**	***
405 Weihersmühler Wand		**	
406 Emporwand und Uhustein	*	**	
• **Bärental**			
407 Krassacher Türme	**	*	
408 Wunkendorfer Eck	**	**	
409 Diagonalriß	**		
410 Kraftriß	*		
411 Felsentor	**	*	
412 Bärentalwächter	**	**	
413 Großer Juraturm	*	**	
• **Niesten**			
414 Regenwand	*		
415 Sonnenwand	***	**	
416 Niestener Wand	***	**	
417 Efeuwand	**		
418 Höhlenwand	**		
• **Staffelberg**			
371 Staffelfels	***	**	

Schwierigkeitsskala

Da in Europa sowohl die UIAA-Skala als auch die französischen Bewertungen verwendet werden, soll diese Tabelle Anhaltspunkte für einen Vergleich bieten. Wer selbst schon einmal verschiedene südeuropäische Klettergebiete bereist hat, dem dürfte klar sein, daß es sich hier nur um Richtwerte handeln kann. Die Bewertung ist gewöhnlich gebietsspezifisch strenger oder weicher, hinzu kommen die bereits erwähnten subjektiven Faktoren.

UIAA	Französisch
11	8c+/9a
11-	8c/8c+
10+	8b+
10	8b
10-	8a/8a+
9+	7c+/8a
9	7c/7c+
9-	7b/7b+
8+	7a+/7b
8	7a
8-	6c+
7+	6c
7	6b+
7-	6b
6+	6a+
6	6a
6-	5c
5+	5b
5	5a

Gesperrte Felsen (Stand: September 1998)

• Ganzjährig per Verordnung:

Hohenstädter Block*
Leitenbergwände*
Teufelsfinger / Alfaltergrat*
Artelshofener Platte*
Tischfels*
Schlanke Agnes*
Neuhauser Turm*
Zeckenstein*
Hainkirche*
Neue Stadeltenne*
Zwei Schwestern*
Johannesburg*
Teufelskanzel*
Wachfelsen*
Kapuzinersessel*
Walberla (Ausnahme Rodenstein)
Fischbrunner Wand *
Staffelberg (Ausnahme für die hier beschriebenen Routen)
Breitenstein bei Hundshaupten *
Rittlerkante*
Dorlstein *
Tafelwand*
Gasseldorfer Wände*
Schießenfels *
Kleines Schwalbenloch*
Ameisenhaufen*

• 1.2.–30. 6. per Verordnung:

Dohlenwand
Heinrichsgrotte = Heidenkirche (Teilbereich*)
Hammerschmiedturm
Hohe Wand (Ziegenfeld) *
Kainachtaler Wand *

• 1.2.–15. 7. per Verordnung:

Weiße Wand (Röthelfels Teil 6)
Matterhornwand
Richard Vogel Ged.-Wand
Freundschaftsturm

• 1.2.–31. 7. per Verordnung:

Sprungstein
Uhustein

• Freiwilliger Kletterverzicht im Zuge des Konzeptes Eibenwände/Wiesenttal:

Untere Gößweinsteiner Wände (einzelne Routen)
Lichtenfelser Wand *
Comici Ged.-Wand *, Fürther Wand *, Erlanger Wand *, Champion *, Pascha *, Hollerstein *
Grottenwand*
Pfister Ged.-Wand*
Sachsenturm (rechter Teil)
Forchheimer Hauswand*

Grundsätzlich in diesem Bereich keine Neutouren!

• Kurzfristige Sperrung wegen Vogelschutz im Zeitraum 1.1.–31.7. möglich:

Roter Fels
Folterkammer
Moskitorock
Heinrichsgrotte = Heidenkirche
Röthelfels (Teilbereiche)

• Klettern auf Antrag beim Landratsamt erlaubt:

Hunnenstein
Dülfer Ged.-Wand

** nicht in diesem Führer beschrieben*

"Top 100" (Stand September 1998)

Bitte beachten: Schwierigkeitsbewertungen sind meist subjektiv, auch wenn man versucht, sich auf einen Konsens zu einigen. Insofern sollte man vor allem bei Routen mit identischen Bewertungen diese Liste nicht als Rangfolge verstehen!

1	Action Directe	11	Güllich 91	Waldkopf	8c+/9a
2	Shan-gri-la	11-/11	Köstermeyer 95	Schlaraffenland	8c+
3	Wallstreet	11-	Güllich 87	Krottenseer Turm	8c
4	Powerplay	11-	Thon 96	Zwergenschloß	8c
5	Burn for you	11-	Ordnung 93	Burn for you	8c
6	Showdown	11-	Thon 94	Trautner Ged.-Wand	8c
7	Space Invader	10+/11-	Thon 92	Kleinziegenfelder Wände	8bc
8	Level 52	10+	Güllich 87	Klagemauer	8b+
9	Drive by shooting	10+	Ordnung 95	Bärenschluchtwände	8b+
10	Raise the Roof	10+	Elsässer 98	Kleinziegenfelder Wände	8b+
11	Smalltalk	10+	Thon 94	Bärenschluchtwände	8b+
12	Oshoween*	10+	Adler 93	Kleines Schwalbenloch	8b+
12	Stonelove	10+	Moffat 88	Eldorado	8b+
13	Drecksack	10+	Elsässer 97	Sprungstein	8b+
14	Wüsterman	10+	Wüstermann 89	Krottenseer Turm	8b+
15	Desaster	10+	Eichhorn 90	Bärenschluchtwände	8b+
16	Headcrash	10/10+	Thon 93	Wasserstein	8b+
17	Back to nature	10/10+	Köstermeyer 94	Kainacht. Riesenüberhang	8b+
18	Deadline	10/10+	Güllich 86	Klagemauer	8b+
19	Desmos	10/10+	Köstermeyer 94	Holzgauer Wand	8b+
20	Jagdfieber	10/10+	Windisch 96	Folterkammer	8b+
21	Fred Feuerstein	10/10+	Windisch 96	Kanzelfels	8b+
22	Trailer*	10/10+	Thon 97	Großer Lochstein	8b+
23	Lila Eule	10/10+	Seidel C. 93	Kainacht. Riesenüberhang	8b+
24	Ghettoblaster	10/10+	Güllich 86	Rabenfels	8b+
25	Land of confusion	10/10+	Thum 90	Emporwand	8b+
26	Der Thon macht....	10/10+	C. Bindhammer 98	Grundfels	8b+
27	Underdog	10/10+	Windisch 96	Pölze	8b+
28	Highlight	10/10+	Güllich 90	Hängender Block	8b+
29	Momento Mori	10/10+	Windisch 98	Bladerunner-Wand	8b+
30	Donnerkuppel	10/10+	Röker 98	Schloßbergwand	8b+
31	Hot Knifes	10/10+	Gräbner 94	Bärenschluchtwände	8b+
32	Ring frei	10/10+	Meier 92	Grundfels	8b+
33	Nightmare	10	Thon 90	Eldorado	8b
34	Pharao	10	Schlotter 93	Bärenschluchtwände	8b
35	Kamasutra 218	10	Güllich 86	Luisenwand	8b
36	Subway	10	Ordnung 90	Bärenschluchtwände	8b
37	Bladerunner	10	Windisch 98	Bladerunner-Wand	8b
38	Linie 1	10	Sykora 96	Zwergenschloß	8b
39	Killer	10	Güllich 87	Schüttersmühler Wand	8b
40	Castor	10	Schlotter 97	Klagemauer	8b

kletterführer · kalender · videos · bildbände · kundenclub · infoservice · hotline · kletterführer · kalender · videos · bildbände · kundenclu

ALLES ÜBERS KLETTERN

Roccia 1

• 31 neue Klettergebiete: • Viele neue Sektoren und Kletterrouten.
• Umfang: 320 Seiten. • Format 13 x 20 cm. • DM 46,90; sfr 46,90; öS 350.

Roccia 2

• 33 neue Klettergebiete:
Juval, Marder Platte, La Vela, Toblino, Arco, Marciaga, Ceredo, Stallavena, Lumingnano, Rocca Pendice, Covolo, Costa, Schievenin, Fonzaso, Igne, Podenzoi, Erto, Val di Landro, Crepe de Oucera, Pal Piccolo, Villa Santina, Monte Strabut, Verzegnis, Somplago, Braulins, Gemona, Bosplans, Maniago, Trafvesio, Anduins, San Quirino, Triest, Osp
• Viele neue Sektoren und Kletterrouten. • Umfang: 320 Seiten
• Format 13 x 20 cm. • DM 46,90; sfr 46,90; öS 350.

NEU!

Roccia 3 erscheint im Frühjahr/Sommer '99

Österreich

Vorarlberg, Reutte, Affenhimmel, Ötztal, Chinesische Mauer, Dschungelbuch, Östl. Martinswand, Ewige Jagdgründe, Tufler, Kufstein, Schleier Wasserfall, Hohlwegen, Falkenstein, Rettenbach, Bad Goisern, Burgstall, Kleiner & Großer Falkenstein, Lienzer Dolomiten, Malta, Dobratsch, Kanzianiberg, Graz, Unteres Ennstal, Rettenstein, Scheibbs, Wachau, Helenental, Peilstein, Thalhofergrat, Hohe Wand

• DM 46,90; sfr. 46,90; öS 350

Mistral 1

• 31 Klettergebiete. • Viele neue Sektoren und Kletterrouten.
• Umfang: ca. 400 Seiten. • Format 13 x 20 cm. • DM 46,90; sfr 46,90; öS 350.

Mistral 2

• 30 neue Klettergebiete.
• Viele neue Sektoren und Kletterrouten.
• Umfang: ca. 400 Seiten.
• Format 13 x 20 cm.
• DM 46,90; sfr 46,90; öS 350.

ROTPUNKT VERLAG

ROTPUNKT VERLAG
GmbH & Co. KG
Medien für Aktive
Postfach 18 28
70708 Fellbach
Tel.: 07 11/95 79 75-0
Fax: 07 11/95 79 75-9
Verlag@rotpunkt.de
www.rotpunkt.de

41	Odin's Tafel	10	Sykora 96	Schlaraffenland	8b
42	Drecksteil	10	Elsässer 96	Sprungstein	8b
43	Halloween*	10	Sykora 90	Kleines Schwalbenloch	8b
44	Härte 10	10	Sykora 97	Galawand	8b
45	Morlock Shocker	10	Dimmler 95	Schlaraffenland	8b
46	Planet der Affen	10	Meier 92	Grundfels	8b
47	Mikrowelle	10	Güllich 91	Glawewand	8b
48	Syphon	10	Güllich 90	Hängender Block	8b
49	Riesenslalom direkt	10	Adler 91	Püttlacher Wand	8b
50	Parallele	10	C. Bindhammer	Grundfels	8b
51	Hart 9	10-/10	Borschert 91	Student	8b
52	Max und Moritz	10-/10	Dümig 96	Holzgauer Wand	8b
53	Delicate News	10-/10	Fickert 93	Zwergenschloss	8a+
54	Die dicken Kinder....	10-/10	Thon 98	Teddywand	8a+
55	Nice Boys	10-/10	Eichhorn 91	Grüne Hölle	8a+
56	Adrenalin	10-/10	Güllich 85	Burggruber Block	8a+
57	Soulless	10-/10	Ordnung 95	Predigtstuhl	8a+
58	Bastard	10-/10	Moffat 89	Grüne Hölle	8a+
59	Plastikfieber	10-/10	Kies 91	Holzgauer Wand	8a+
60	Nautilus	10-/10	Sykora 93	Jules-Verne-Massiv	8a+
61	Masterblaster	10-/10	Hofmann 94	Schloßbergwand	8a+
62	Akira	10-/10	Windisch 96	Schlaraffenland	8a+
63	After Eight	10-	Kies 97	Altbabawand	8a+
64	Centre Court	10-	Güllich 87	Bärenschluchtwände	8a+
65	Highlander	10-	Seidel C. 93	Holzgauer Wand	8a+
66	Grand Slam	10-	Claus 89	Bärenschluchtwände	8a+
67	Nikita	10-	Seidel C. 90	Holzgauer Wand	8a+
68	Skywalk	10-	Thon 89	Bärenschluchtwände	8a+
69	Kaum Zeit zum Atmen	10-	Güllich 84	Luisenwand	8a+
70	Das Phantom	10-	Joisten 98	Bladerunner-Wand	8a+
71	Amadeus Schwarzene.	10-	Güllich 85	Richard-Wagner-Fels	8a+
72	Kombination	10-	Schlotter 87	Klagemauer	8a+
73	Massada	10-	Windisch 96	Pölze	8a+
74	Bizeps von Beruf	10-	Meier 92	Grundfels	8a+
75	Position 69	10-	Thum 88	Mittelbergwand	8a+
76	Die uralte Morla	10-	Schönfisch 95	Märchenland	8a+
77	Silberhaar	10-	Sykora 96	Luisenwand	8a+
78	Holyfield	10-	Sykora 97	Marientaler Wand	8a+
79	Vis a vis	10-	Maier 94	Krottenseer Turm	8a+
80	Misery	10-	Bendig 91	Wasserstein	8a+
89	Ozon	10-	Sykora 92	Universum	8a+
90	Bad Brain	10-	Eichhorn 90	Maximilianswand	8a+
91	Amok	10-	Fickert 91	Sepp Bader Ged.-Wand	8a+
92	Body Counts	10-	Bendig/Claus 92	Galawand	8a+
93	Westside Story	10-	Güllich 85	Rabenfels	8a+

Bild Seite 37: Damaris Wagner klettert den „Krampfhammer" (9) am Weißenstein

94	Sodom	10-	Häusler 94
95	Milan goes Bearh.	10-	Sykora 89
96	Melanom	10-	Seidel H.89
97	Thriller	10-	Güllich 87
98	Desperate Fool	10-	Ordnung 95
99	Boiling Point	10-	Ordnung 94
100	Amboss	10-	Schlotter 88

Witchcraft	8a+
Luisenwand	8a+
Rotenstein	8a+
Schüttersmühler Wand	8a+
• Hardcore-Wändchen	8a+
Maximilianswand	8a +
Bärenschluchtwände	8a

* wegen Sperrung hier nicht näher beschrieben

Spezielle Ernährung des Kletterers im Frankenjura

Bild 1: Stärkung im Cafe Kraft

Für eine gesunde Ernährung sowie zur Leistungssteigerung der Kletterer ist die fränkische Küche hervorragend geeignet. Tagsüber wird der Sportler durch schmackhaften, hausgemachten Kuchen verwöhnt. Dieser befriedigt aber nicht nur den Gaumen, er ist auch ein ausgezeichneter Lieferant für schnell verwertbare Kohlenhydrate. Etwaige Ermüdungserscheinungen vermag eine Portion Kaffee zu beseitigen (Bild 1).
Abends wird die Mineralstoffbilanz durch das gute fränkische Bier wieder ausgegeglichen. Die beruhigenden Hopfeninhaltsstoffe wirken wohltuend auf die angespannten Nerven nach kühnen Vorstiegsversuchen. Die anregende Wirkung des Ethanols spornt die Phantasie zu neuen Vorhaben an.
Um die Eiweißversorgung zu gewährleisten, haben sich vor allem Schäuferle bewährt. Die Glykogenspeicher werden dank der dazugehörigen Klöße wieder gefüllt. Aber auch herzhafte Brotzeitplatten erfüllen diesen Zweck.
Bild 2 zeigt eine typische fränkische Wurstplatte der Metzgerei Daut, wobei hier sämtliche Produkte aus eigener Schlachtung sind und das Fleisch von Bauernhöfen aus der Umgebung stammt (keine Massentierhaltung). Der leistungsbetonte Kletterer sollte allerdings die besonders fetthaltigen Wurstsorten meiden und eher den mageren Schinken bevorzugen.

(Staatlich gepr. Lebensmittelchemiker Dr. B. Thum)

Bild Seite 40: Lungsdorf im Pegnitztal

Bild 2: Fränkische Wurstplatte

1 Lauterachfelsen (15 m, SW) ☼

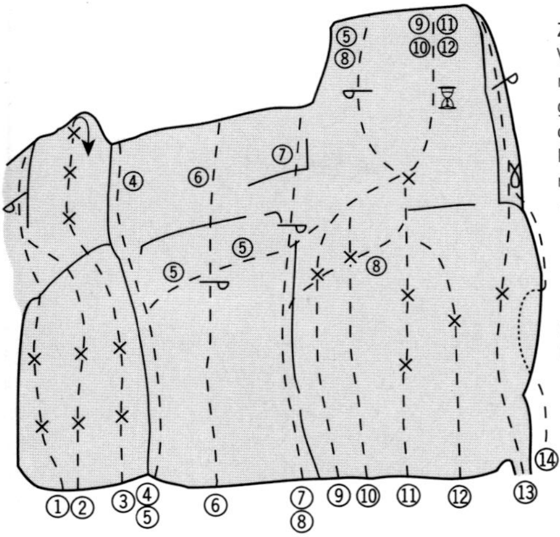

Zugang:
Von Kastl Richtung Schmidmühlen. 1,4 km nach Ortausgangsschild Kastl ist links oben der Lauterachfelsen sichtbar. Nach weiteren 1,3 km kommt rechts ein Parkplatz; 200 m weiter links oben die Dachlwand (Pfad); 300 m weiter die Welzenbach- und die Kleine Wand (Pfad). Vom Parkplatz 1,3 km talabwärts liegt, ebenfalls auf der linken Seite, der Ransbacher Block (10 km vor rot/ weißem Kurvenschild Pfad hinauf).

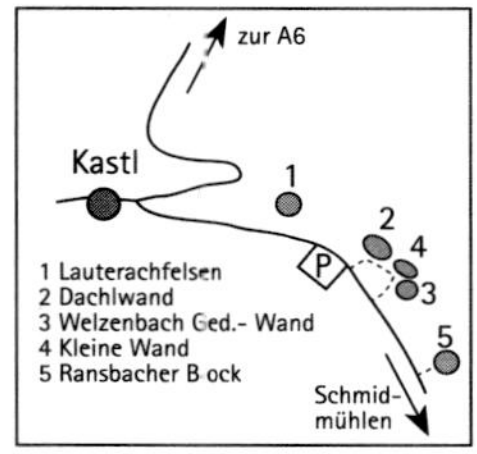

Übersichtskarte: 1 (Seite 15)

Besonderes:
Im Lauterachtal finden sich vor allem sehr viele, meist sonnige Genußrouten in recht rauhem Fels.

① ? 7-
② ? .... 6+
③ ? .... 6+
④ Kleiner Kamin 3
⑤ Diagonalweg .... 5+
⑥ Klettern Verboten .... 5+
⑦ Kamin .... 4+
⑧ Lauterachweg 6
⑨ Vergessene Kante 7
⑩ Ikarus 7-
⑪ Donhauser Weg 6
⑫ Dadälus .... 6+
⑬ Direkter Einstieg .... 6+
⑭ Schleierkante .... 4+

2 Dachlwand (10 m, SW) ☼

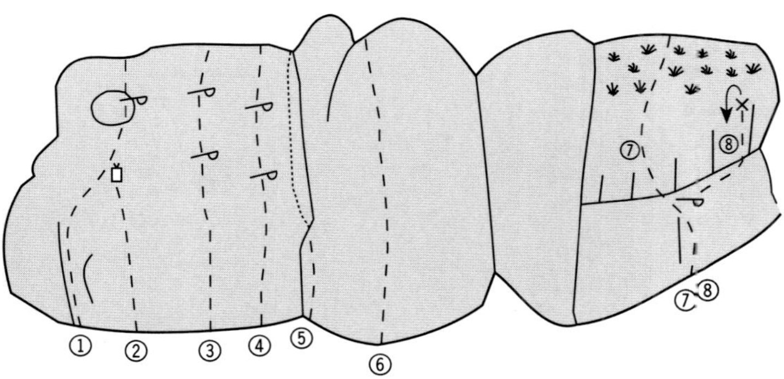

① Höhlenweg 5-
② Schleichweg 6-
③ Linker Weg .... 5+
④ Rechter Weg .... 5+
⑤ Verschneidung 2
⑥ Pfeiler .... 5+
⑦ Linkes Dach .... 5+
⑧ Rechtes Dach .... 7+

3 Welzenbach Ged.-Wand

Bergseite (16 m, N)

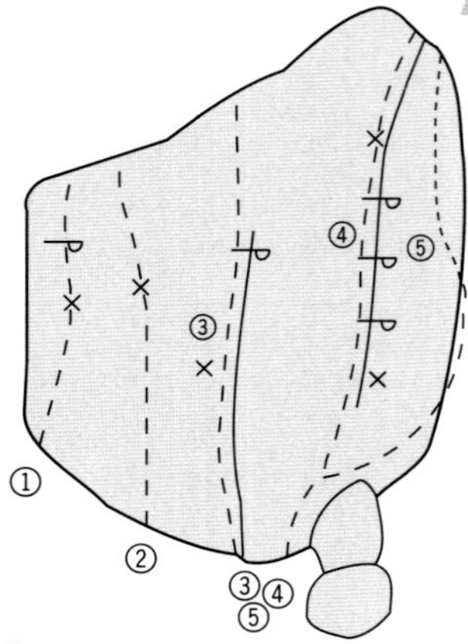

Talseite (17 m, W)

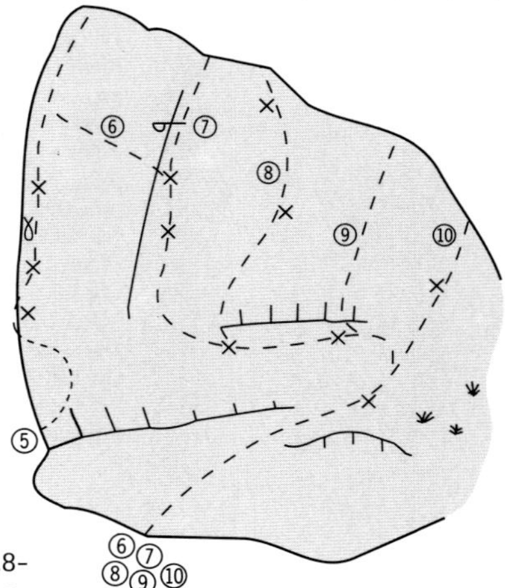

① Linke Nordwand 8-
② Nordplatte 6
③ Nordwand 6
④ Eishakenweg 7-
⑤ Nose 9
⑥ Orion 7
⑦ S- Weg 7-
⑧ ? .... 7+
⑨ Dach 6
⑩ Rechter Weg 6

Zugang:
Von Kastl Richtung Schmidmühlen. 1,4 km nach Ortausgangsschild Kastl ist links oben der Lauterachfelsen sichtbar. Nach weiteren 1,3 km kommt rechts ein Parkplatz; 200 m weiter links oben die Dachlwand (Pfad); 300 m weiter die Welzenbach- und die Kleine Wand (Pfad). Vom Parkplatz 1,3 km talabwärts liegt, ebenfalls auf der linken Seite, der Ransbacher Block (10 km vor rot/ weißem Kurvenschild Pfad hinauf).
Übersichtskarte: 1 (Seite 15)
Besonderes:
Im Lauterachtal finden sich vor allem sehr viele, meist sonnige Genußrouten in recht rauhem Fels.

4 Kleine Wand (10 m, SW)

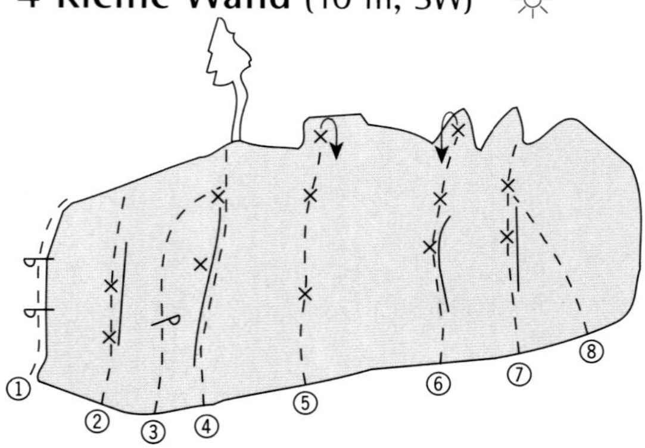

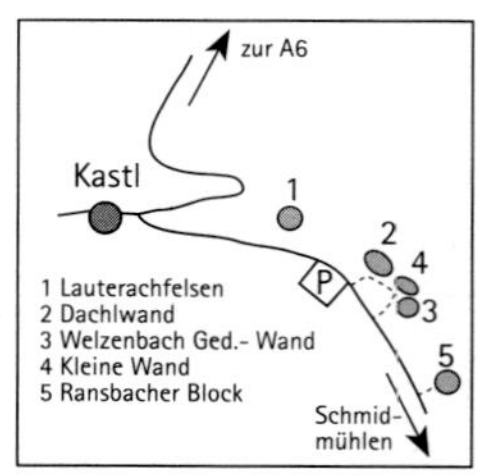

① Südwestkante .... 6+
② Linker Weg 5
③ Shuttle Pfeiler .... 5+
④ Mittlerer Weg .... 5+
⑤ Calf 7-
⑥ Rechter Weg 5
⑦ Uhuriß 5
⑧ Rote Wand 7

5 Ransbacher Block (23 m, SW)

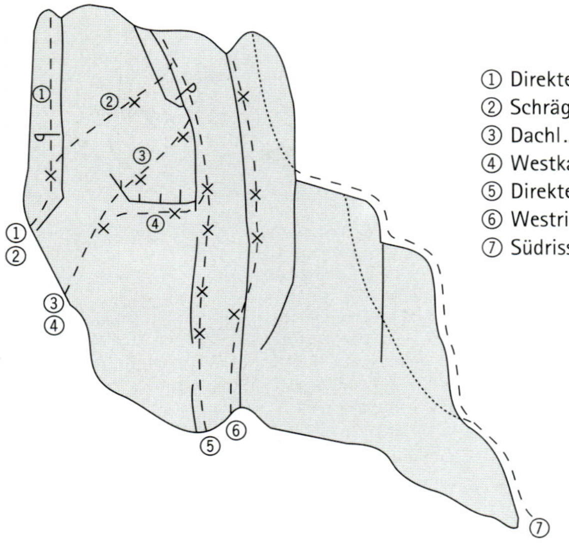

① Direkter Schräger Riß 5
② Schräger Riß 4
③ Dachl .... 5+
④ Westkante .... 5+
⑤ Direkte Westkante 6
⑥ Westriß .... 5+
⑦ Südrisse 3

Karl Daut in einem Boulderquergang in Neudorf

6 Schwender Wand (15 m, SO)

Nebenmassiv

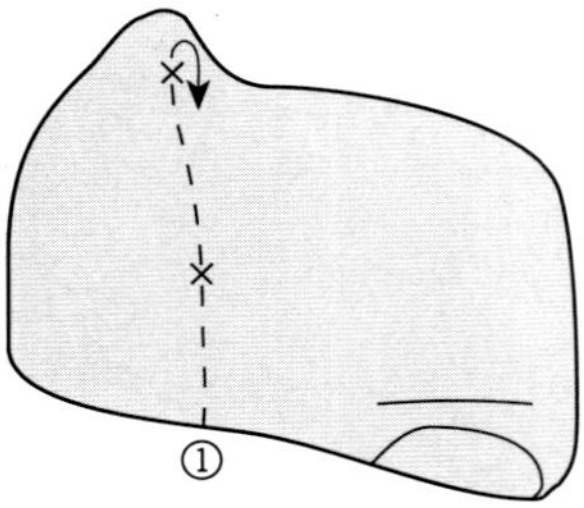

Zugang:
Auf der Autobahn Nürnberg-Amberg bis Ausfahrt Schwend fahren, weiter Richtung Schwend, dann rechts abbiegen in Richtung Frechetsfeld. Vor der Autobahn-Unterführung rechts parken (Parkplatz). Gegen-über auf Feldweg in den Wald hinein, dann gleich rechts gut markiertem Wanderweg (Nr. 6) folgen. Auf der Anhöhe in felsigem Gelände ca. 500 m auf und ab. Bevor der Weg wieder absteigt, lichtet sich der Wald etwas. Hier steigt man links hinab zu den Felsen. Das Nebenmassiv befindet sich 50 m links des Hauptmassivs.
Übersichtskarte: 1 (Seite 15)

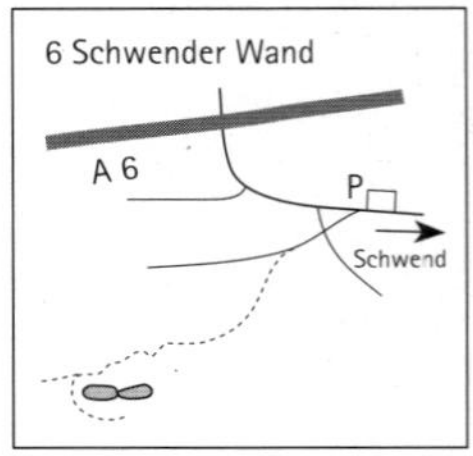

Hauptmassiv

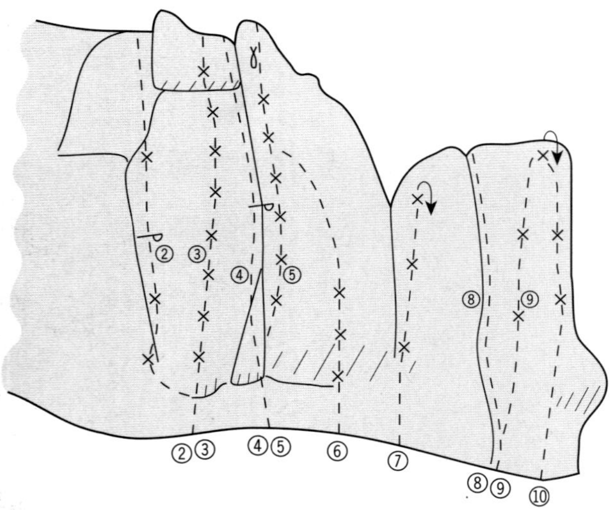

① ? (moosig) 5
② Big Foot...7-
③ Wandtanz 8-
④ Südverschneidung 5 a2
⑤ Eva is the best 8

⑥ Projekt
⑦ ?...7-
⑧ Parallelriß 5
⑨ Duck Tales..6+
⑩ Nasenkante 6

Bild Seite 45: Alexander Adler in „Wallstreet" (11-) am Krottenseer Turm

7 Kirchtalwände, linke Wand (17 m, S) ☼

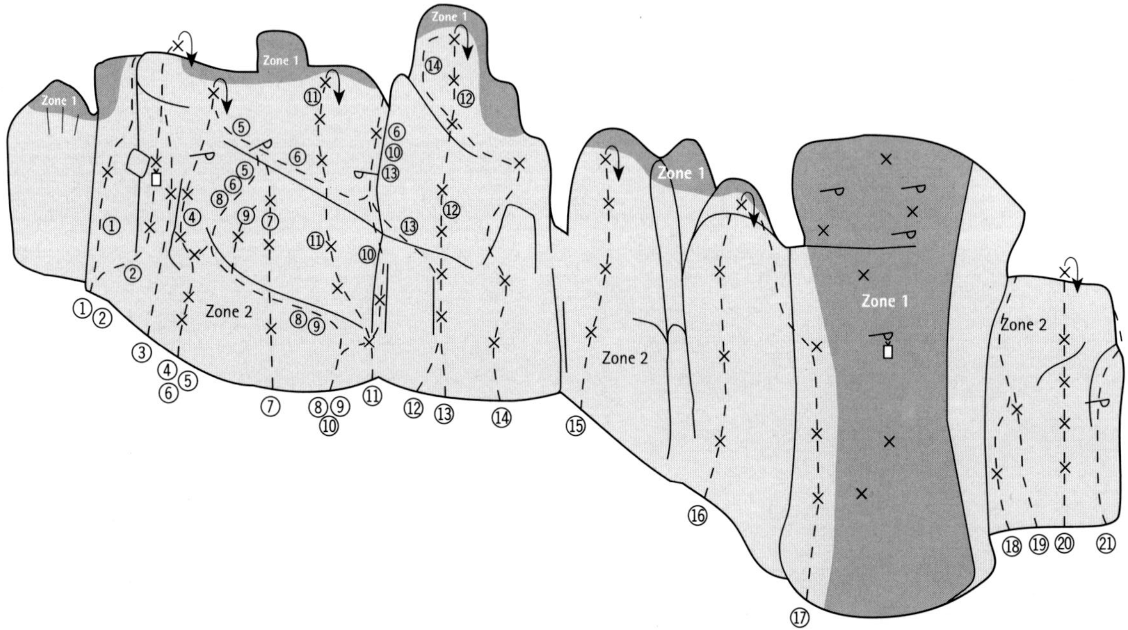

① R 1 *(Klemmkeil möglich)*	4+	
② R 2 = B.- und W.- Weg	5	🍺
③ R 2a	7-	🍺
④ R 2b = Schindelschwinger	7	
⑤ R 3, linker Ausstieg	7	
⑥ R 3, rechter Ausstieg	7	
⑦ Muttersöhne	7+	
⑧ R 3a *(Einstiegsvariante)*	7	🍺
⑨ Der dressierte Mann	7-	
⑩ R 3b	7	
⑪ Black + White	7	
⑫ Sonnenturm	7+/8-	🍺
⑬ R 4	7	
⑭ Sylvesterweg	5+	🍺
⑮ Doppelriß	4	🍺
⑯ ?	5	🍺
⑰ Beerenweg	6	
⑱ Verschneidung	4	
⑲ Riß	6-	
⑳ Andromeda	7-	
㉑ Südostkante	6-	

7 Kirchtalwände Linke Wand, Bergseite (8 m, O) Förrenbachtal

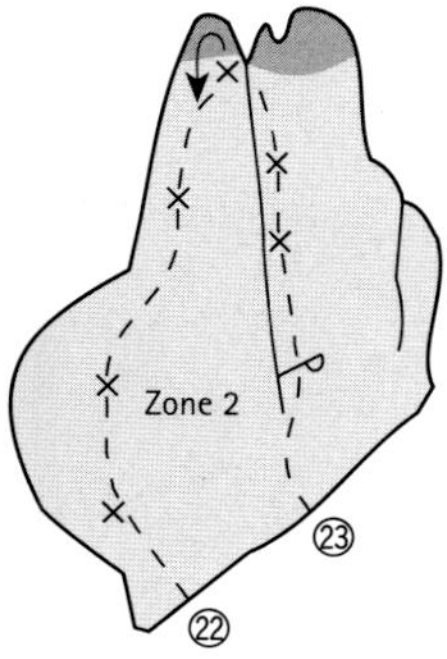

Zugang:
Bei der Claramühle abbiegen zur Kirchtalmühle; spätestens hier parken. Auf Wanderweg weiter ins Tal hinein und nach 100m links einem Trampelpfad folgen, der durch den Wald hinauf zu den Felsen führt.
Übersichtskarte: 1 (Seite 15)

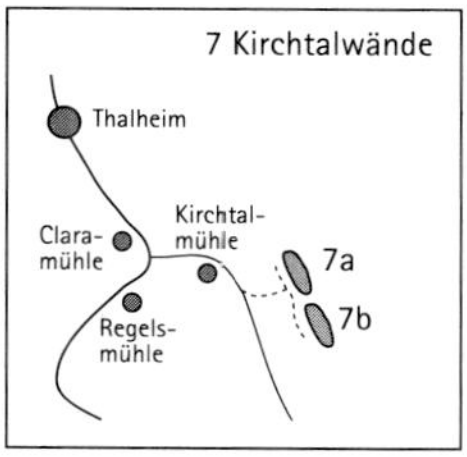

Besonderes:
Für die Zukunft sollen für sämtliche Routen Umlenkhaken gesetzt werden, so daß die Felsköpfe generell Zone 1 werden.

Rechte Wand (16 m, W)

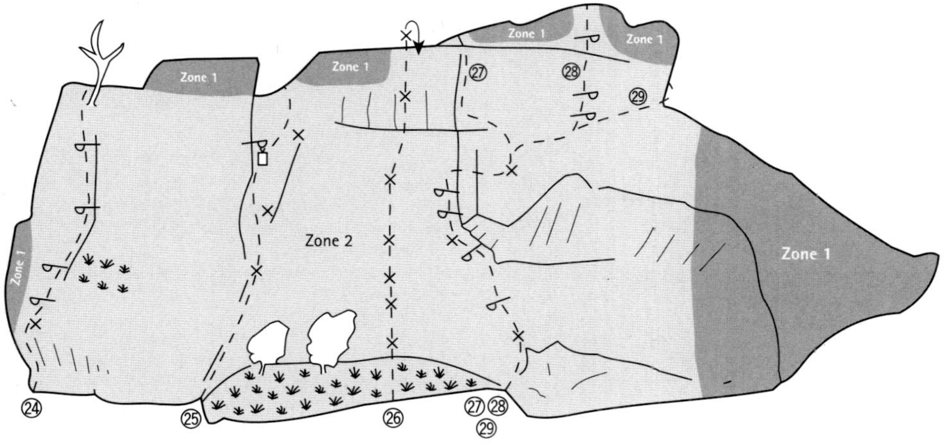

㉒ Linke Backe .... 5+	㉖ Erogene Zone 9
㉓ Bobo- Riß .... 6+	㉗ Alfelder Wand 7
㉔ Günther Messner Ged.-Weg 7	㉘ Direktausstieg .... 7+
㉕ Alfelder Riß .... 6+	㉙ Rechter Ausstieg .... 6+

8 Gotzenberger Wand (10m, N)

Gotzenberger Turm (12 m, N)

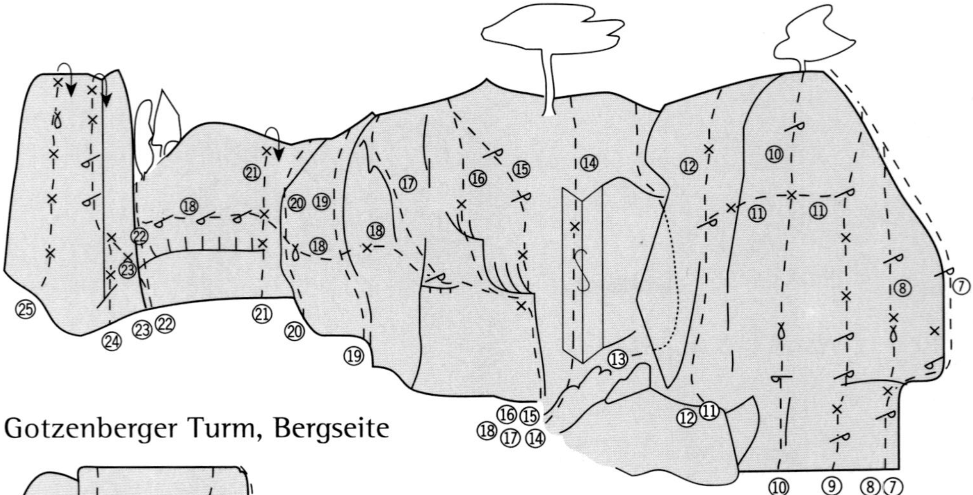

Gotzenberger Turm, Bergseite

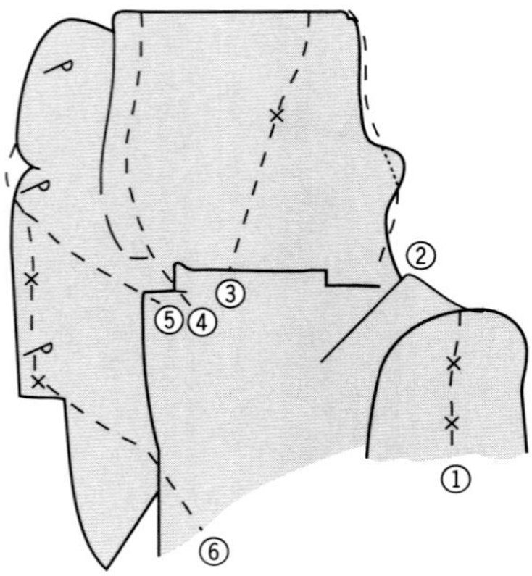

Zugang:
Parken in Gotzenberg. Nach Ortsausgang (Richtung Thalheim) ist eine scharfe Kurve. In der Kurve rechts ab und auf schmaler Straße an einer Scheune vorbei in Richtung Süden. Wo der Asphalt endet, gabelt sich der Feldweg. Auf dem rechten Ast bis zum Waldrand und auf "Grünstrich" markiertem Wanderweg im Wald immer den Berg hinauf zu den Felsen.
Übersichtskarte: 1 (Seite 15)

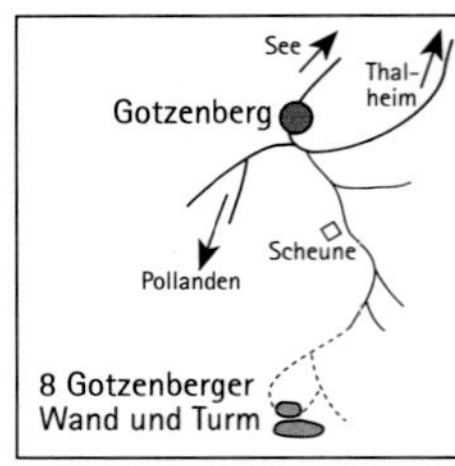

① Süßling 7-
② Ostkante .... 4+
③ Bergseite .... 5+
④ Linke Bergseite .... 5+
⑤ Kratzerquergang .... 5+
⑥ Brilluskante .... 7+
⑦ Nasenkante 9-
⑧ Nasenkante direkt 9-/9
⑨ Neue Talwand 7
⑩ Altdorfer Weg .... 7+
⑪ Talquerung 5
⑫ Alte Talwand 5
⑬ Einserriß 1
⑭ Piazverschneidung 5
⑮ Ha-He-Verschneidung .... 5+
⑯ Überhang .... 5+
⑰ Hangelplatte 5
⑱ Großer Quergang .... 5+ a2
⑲ Dreierriß 3
⑳ Höhlenriß .... 5+
㉑ Let it be 8-
㉒ Moosiger Riß 5
㉓ Nassauer Pfeiler 7-
㉔ The Fall Guy 8-
㉕ Vom Zauberer 6

9 Kanzelfels (14 m, W) ☼

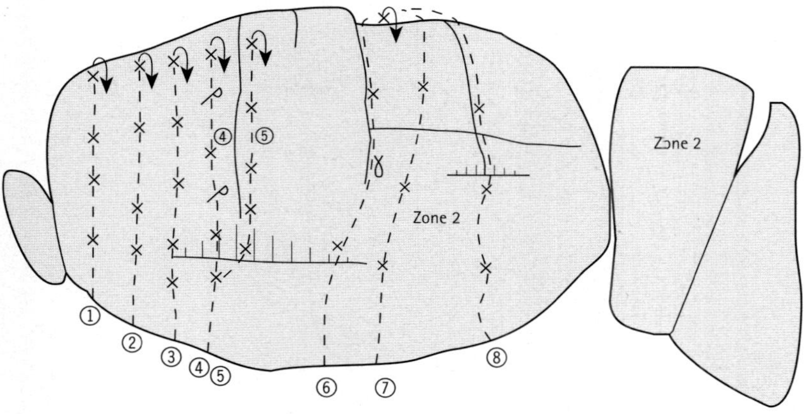

① Schaunerhie 8-
② Mogs'd des, do hosd des, oho .... 8+
③ Warzenschwein 9-
④ Franz Diewald Ged.-Weg .... 8+
⑤ Größenwahn 8
⑥ Hersbrucker Weg 6-
⑦ Herbstkind .... 6+
⑧ ? .... 7+

Zugang:
Von Förrenbach Richtung See, auf Kuppe parken (links Schild: "Rundweg nach See"). Auf der Straße 50 m zurück und links abbiegen auf Feldweg. Nach 3 min erreicht man eine naturkundliche Tafel. Rechts unterhalb befindet sich der Kanzelfels.

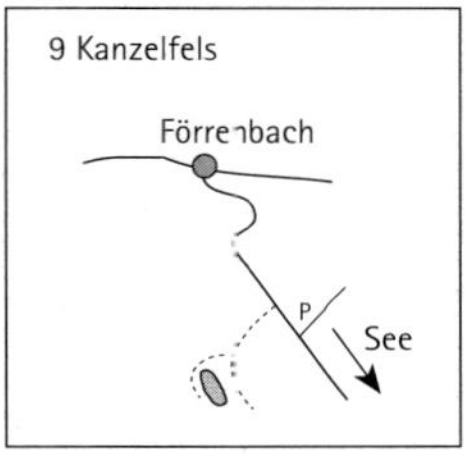

Übersichtskarte: 1 (Seite 15)
Besonderes:
Senkrechte, kleingriffig Wandkletterei in festem, weißen Kalk mit eingebackenen Kristallen.

10 Hohler Fels (18 m, S und W) ☼

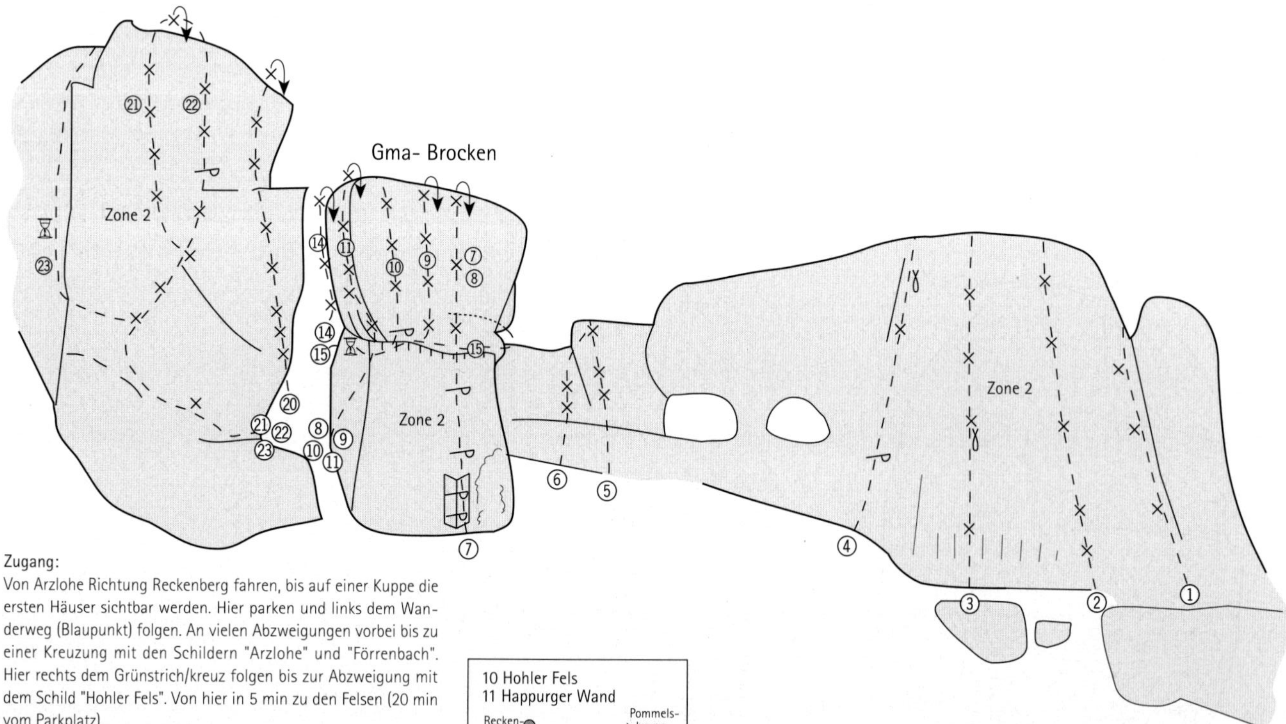

Zugang:
Von Arzlohe Richtung Reckenberg fahren, bis auf einer Kuppe die ersten Häuser sichtbar werden. Hier parken und links dem Wanderweg (Blaupunkt) folgen. An vielen Abzweigungen vorbei bis zu einer Kreuzung mit den Schildern "Arzlohe" und "Förrenbach". Hier rechts dem Grünstrich/kreuz folgen bis zur Abzweigung mit dem Schild "Hohler Fels". Von hier in 5 min zu den Felsen (20 min vom Parkplatz).
Übersichtskarte: 1 (Seite 15)
Besonderes:
Längerer Zustieg, dafür landschaftlich sehr schön und sonnig.

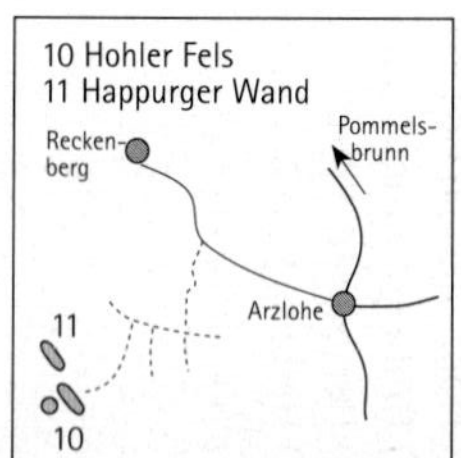

11 Happurger Wand (14 m, S und O) ☼

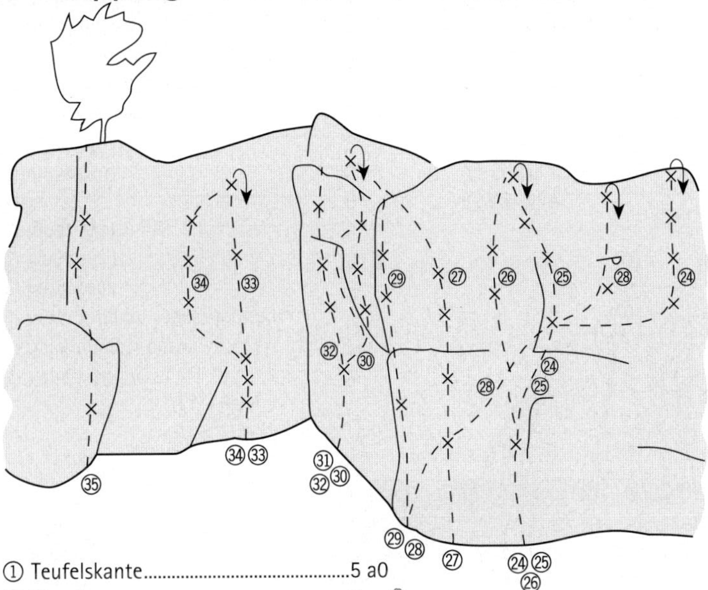

10 Hohler Fels

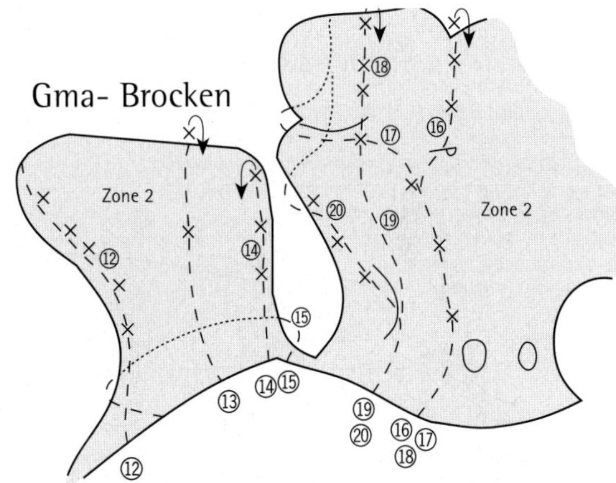

① Teufelskante 5 a0
② Piranha 8+
③ Barrakuda 8
④ Felsentorweg 4
⑤ Bellas Artes 7
⑥ Räucherkammer 7-
⑦ Alte Talseite 5 a1
⑧ Neue Talseite 8
⑨ Feuer im Bauch 8/8+
⑩ Ameisen im Blut 8/8+
⑪ Tarzan 9-
⑫ Projekt
⑬ Bergseite 5-
⑭ Westkante 7-
⑮ Halskrause 5+
⑯ Variante zu ⑯ 7+
⑰ Direkter Korkenzieherweg 7+
⑱ Ausstiegsvariante 8
⑲ Projekt
⑳ Hermann Buhl Ged.-Weg 9
㉑ Frauen über 30 7
㉒ Südwand 7
㉓ Südwestkante 4
㉔ Posen 7+
㉕ Goude Haud 6
㉖ Zwischendurch 6
㉗ Nachtgeselle 7-
㉘ Trauriger Zopf 6
㉙ Scharfmacher 8
㉚ Angsthase 7
㉛ Variante 7-
㉜ Rock am See 8-
㉝ Johannes I 6+
㉞ Unten pfui, oben hui 7+
㉟ Luftriß 4+

12 Glatzenstein (28 m, W) ☼

Kersbacher Turm

㉕ Südwand ....4+
㉖ Ostkante.............6

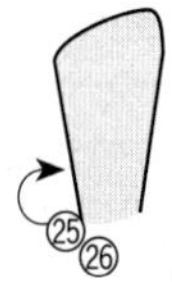

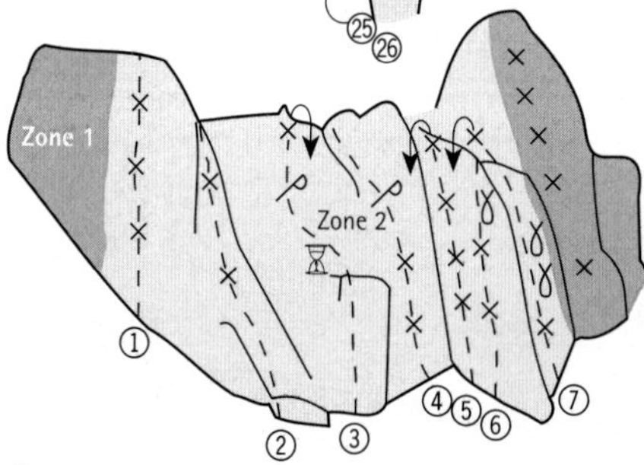

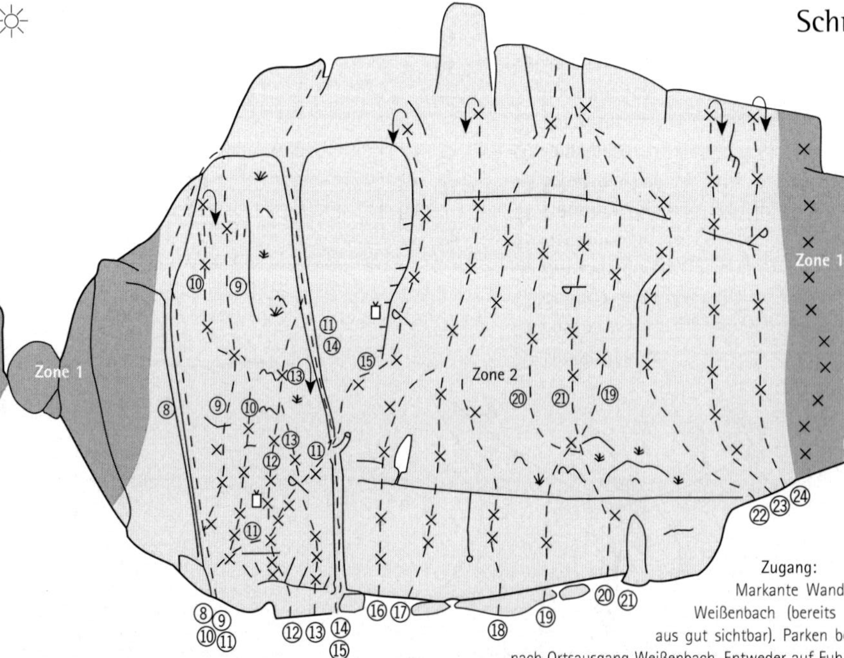

① Käpt'n Küppers..9-
② Spiel ohne Grenzen...................................7+
③ Krampfingers Todeswindung...............7-
④ Ententanz 5-
⑤ Fingerziager ....8+
⑥ Ignaz Wurm 8-
⑦ ?..6-
⑧ Vollratriß..5
⑨ Fernweh 8-
⑩ Nix fiehr verwehnde Bubis 9-/9
⑪ Naturfreundevariante 6
⑫ Franz Brenner Ged.- Weg 8
⑬ Unschuldsengel......................................8-/8
⑭ Glatzensteinkamin 4
⑮ Tausendpfundweg ....6- 🍺
⑯ Variante...7+
⑰ Sintflut 8-
⑱ Heimatlos ....7 🍺
⑲ Projekt
⑳ Gaffende Proleten ....7+
㉑ Weißenbacher Weg ....6 🍺
㉒ Purtscheller Ged.- Weg ....6- 🍺
㉓ Heimspiel ....6+
㉔ Weißenbacher Backers ....6- 🍺

Zugang:
Markante Wand oberhalb von Weißenbach (bereits von Kersbach aus gut sichtbar). Parken bei Rechtskurve nach Ortsausgang Weißenbach. Entweder auf Fuhre in den Wald und rechts auf Pfadspuren den Hang hoch zum Fels oder (besser) die Straße noch etwas hinauf und links auf Wanderweg zum Glatzenstein.

Übersichtskarte: 1 (Seite 15)

Besonderes:
Da die Felsköpfe Zone 1 werden, sind für alle Routen Umlenkhaken geplant!

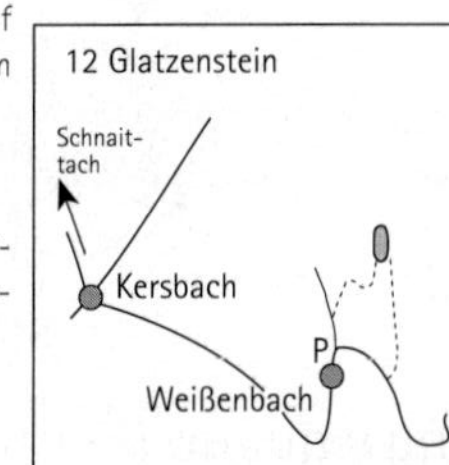

13 Rabenstein

Talseite (20 m, S und W)

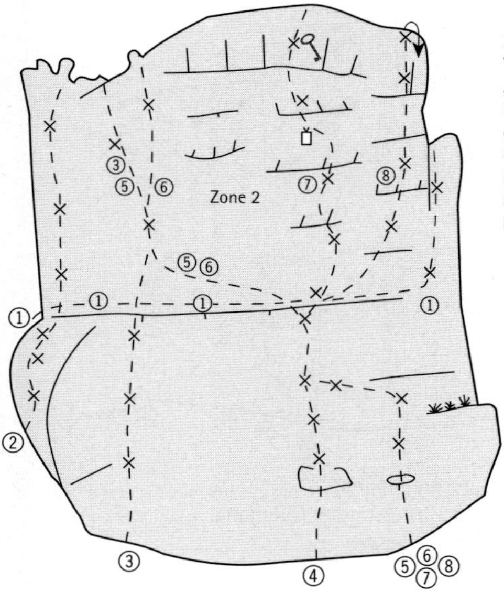

Zugang:
Von Osternohe in Richtung Hormersdorf nach Haidling, parken. Am Ortsausgang hinter dem Haus Nr. 17 links Feldweg ca. 200 m bergauf folgen, dann links in leicht verwachsener Feldweg abbiegen. Nach 150 m stehen die Felsen rechts vom Weg.
Übersichtskarte: 1 (Seite 15)
Besonderes:
Da die Felsköpfe Zone 1 werden, ist die Anbringung von Umlenkhaken für sämtliche Routen geplant!

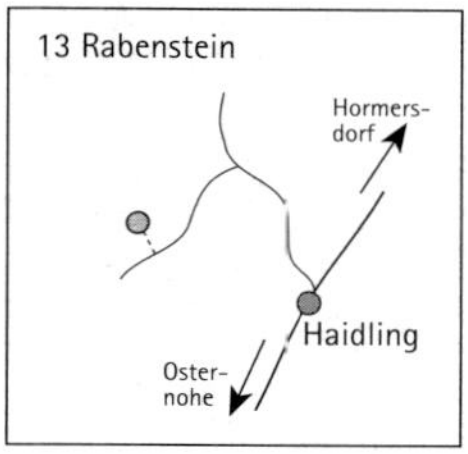

Bergseite (8-18 m, N und O)

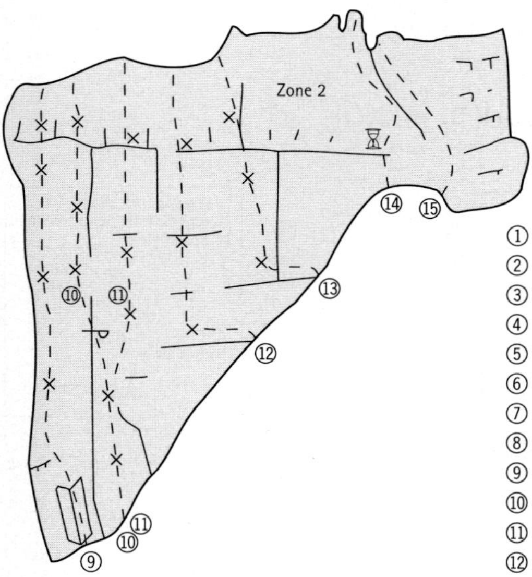

① Schluchtweg 3
② Wasserfallkante 7
③ Rübezahlstiege 8
④ Magische Linie .... 8+
⑤ Variante .... 6+
⑥ Haidlinger Weg 7-
⑦ Schonungslose 9-
⑧ Schonungsvolle .... 8+
⑨ Nordostkante .... 5+
⑩ Fürther Weg 7
⑪ Nürnberger Weg .... 6+
⑫ Spaziergang 5
⑬ Glockenriß 6
⑭ Purzelbaum 3
⑮ Bergseite 2

14 Algersdorfer Wand (22 m, W)

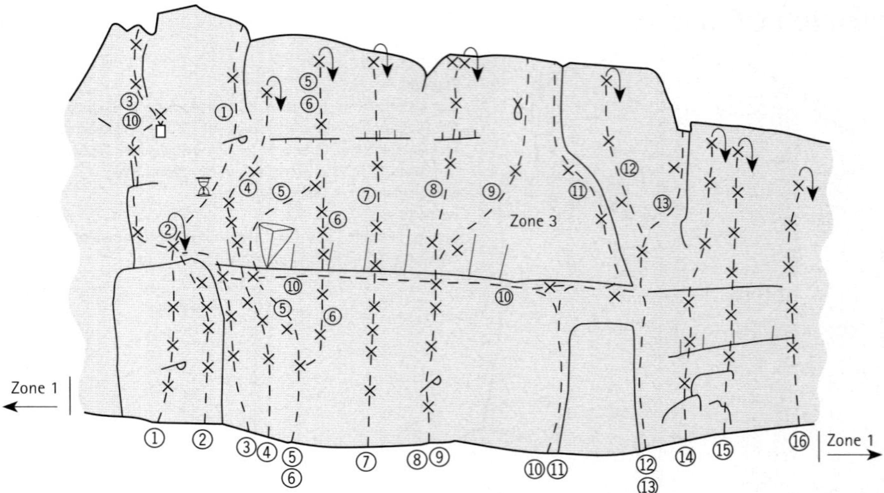

① Streiflicht 7-
② Petit Fleur .... 7/7+
③ Paul Preuß Ged.-Weg 6-
④ Polyphem 8-/8
⑤ Haasenhochzeit 8-
⑥ Dynamo 9-
⑦ Brent Spar 9-
⑧ Brennpunkt direkt 9
⑨ Brennpunkt .... 8/8+
⑩ Hinterstoisser Quergang .... 7+
⑪ Pfeilerweg .... 5+
⑫ Spontan 8-/8
⑬ Aufreißer .... 6+
⑭ Robontop 8-
⑮ Limbus Enterprise 8
⑯ Frevel 8

15 Algersdorfer Schattenwand(10 m, NO)

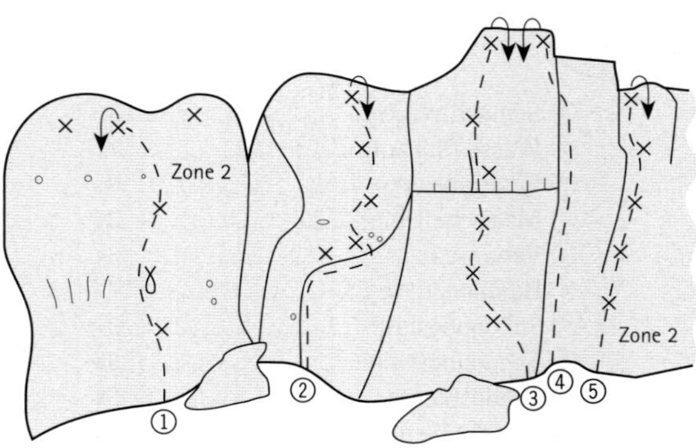

Zugang:
Parken bei Obermühle. Die Algersdorfer Wand befindet sich gegenüber bei km 20,5 im Wald. 500 m talaufwärts bei der Abzweigung zu den Fischweihern links runter und auf Steigspuren den Hang hoch zur bereits sichtbaren kleinen Felsgruppe.
Übersichtskarte: 1 (Seite 15)

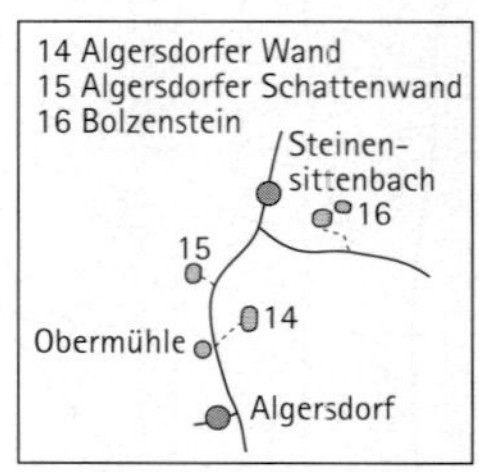

① Crying Girl 7
② Orpheus 7
③ Lucky Guys .... 7+
④ Hakenlose .... 6+
⑤ Außenseiter 6-

16 Bolzenstein

Südseite (bis 14 m)

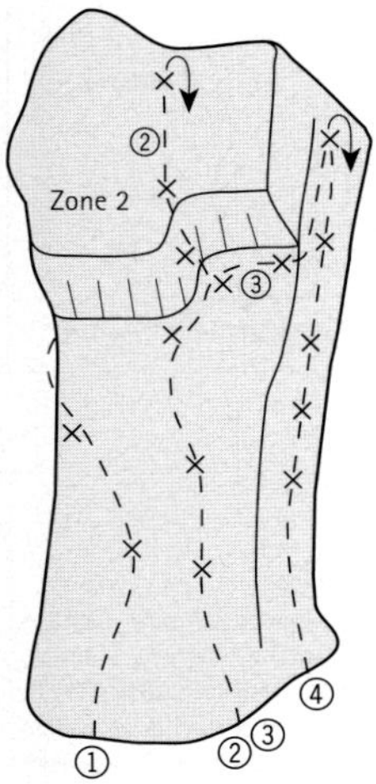

Hohensteiner Kletterblock

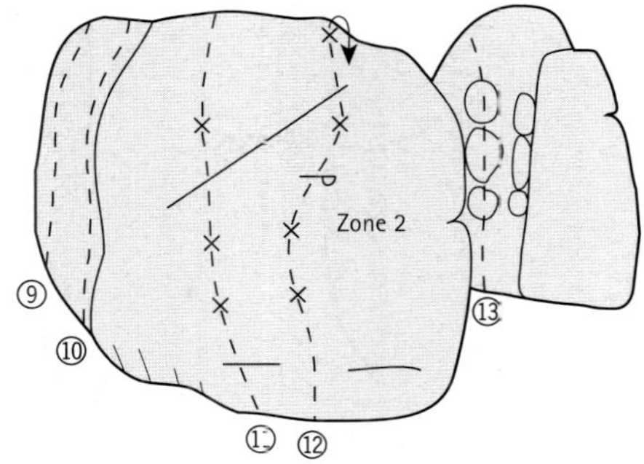

Zugang:
Parken in Steinensittenbach. Weiter talabwärts und am Ortsende links gesperrte Straße hoch; nach 400 m scharf links auf Feldweg; nach 250 m stehen rechts davon die Felsen.
Übersichtskarte: 1 (Seite 15)

Nordseite (bis 10 m)

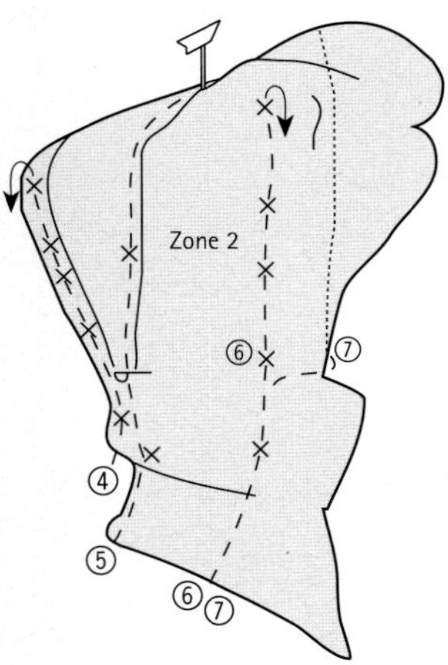

Westseite (bis 12 m)

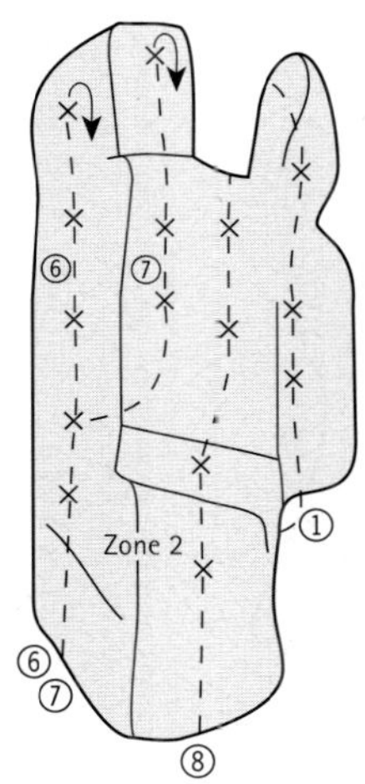

① Günther Notdurft Ged.-Weg 5 a1
② Franz Mayer Ged.-Weg .... 8+
③ Stefano Longie Ged.-Weg 8-
④ Gargamel 9-
⑤ Bergseite .... 7+
⑥ Irrweg 8-
⑦ Die Unwiderstehliche .... 8+

⑧ Fingerhakler 8-
⑨ ? .... 8/8+
⑩ Westriß 9-
⑪ ? .... 8+
⑫ ? 7-
⑬ Südwestverschneidung .... 4+

17 Zankelstein (10-15 m)

Bergseite (N)

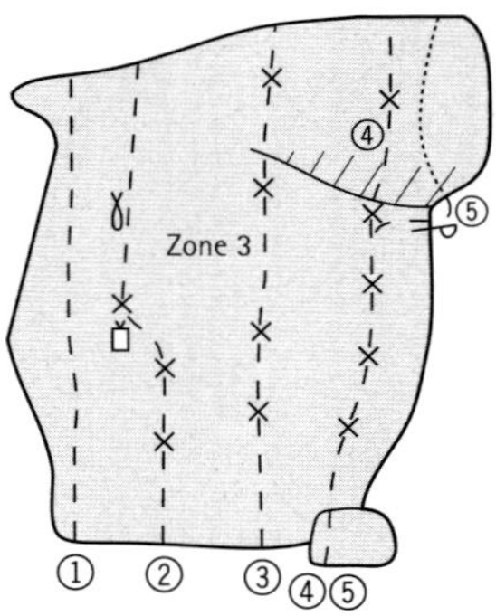

Westseite

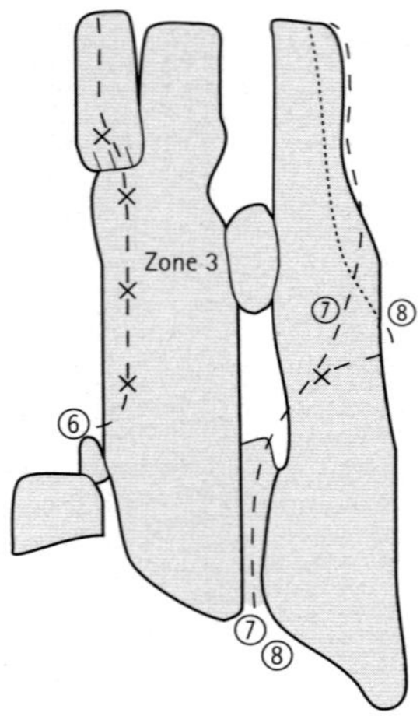

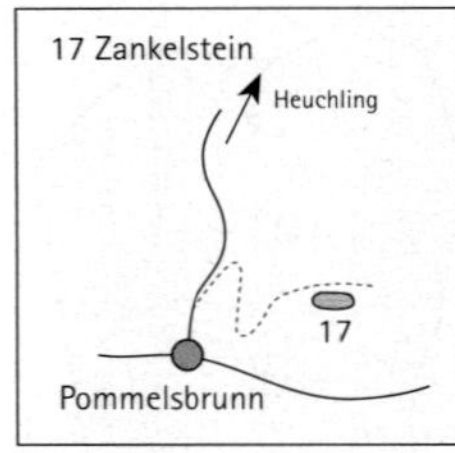

Zugang:
In Pommelsbrunn Richtung Heuchling fahren, kurz vor Ende der Ortschaft parken. Bei "Felsenweg" rechts bezeichnetem Wanderweg folgen. Nach einigen 100 m zweigt rechts ein mit "Z" markierter Weg ab, der dirket zum Zankelstein führt (15 min).
Übersichtskarte: 1 (Seite 15)

Talseite (S)

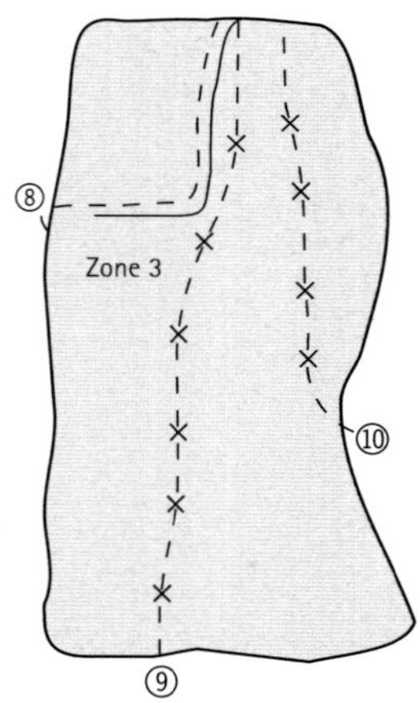

Ostseite

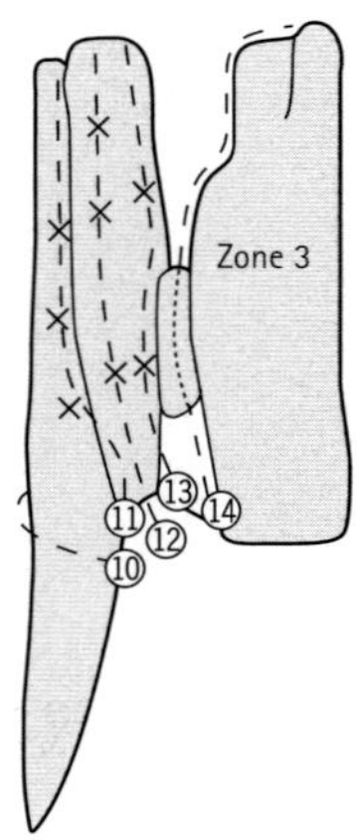

① Z.D. 5 a1
② Fürther Weg .... 7+
③ Spieglein, Spieglein an der Wand 9
④ Zankapfel 9-
⑤ Nordwand .... 7+
⑥ Drachentöter .... 8+
⑦ Westkante .... 5 !
⑧ Westwand 4
⑨ Direkte Talseite 8-
⑩ Talseite 5 a1
⑪ Ostkante .... 6+
⑫ Tabaluga .... 8/8+
⑬ Kaminwand .... 6+
⑭ Kamin 3

18 Alter Fritz (25 m)

Südwestseite

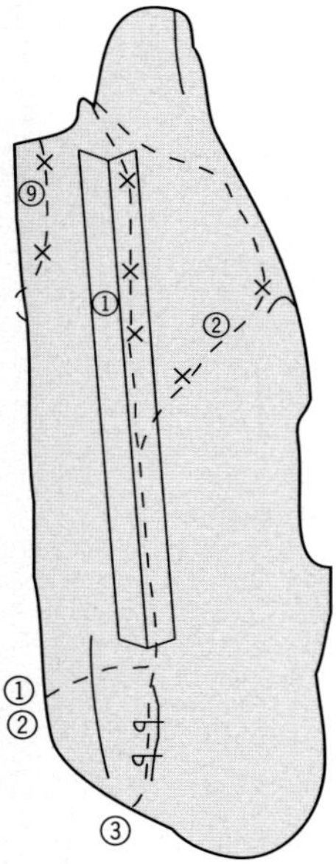

Südostseite

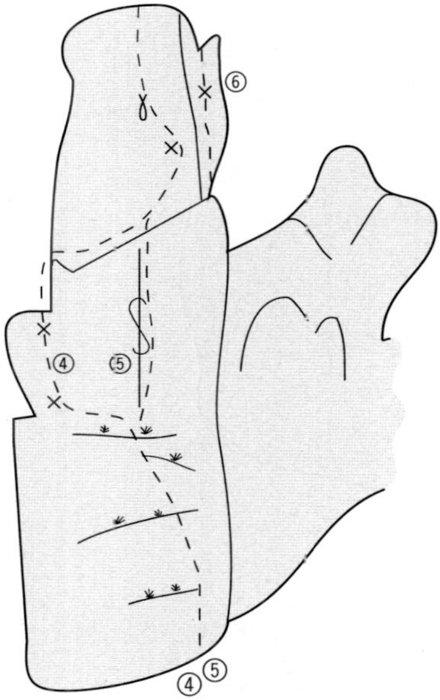

Bergseite (NW)

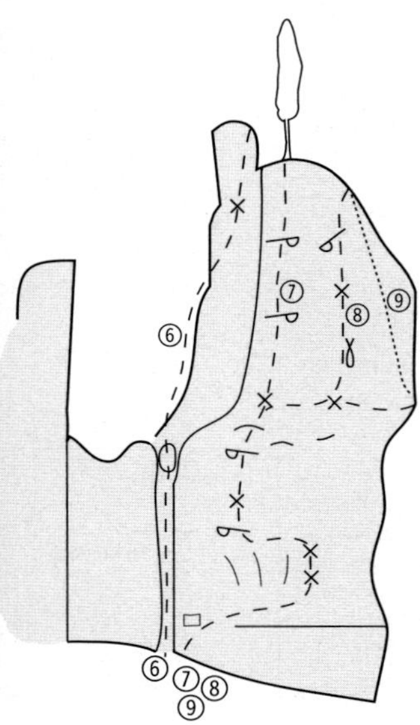

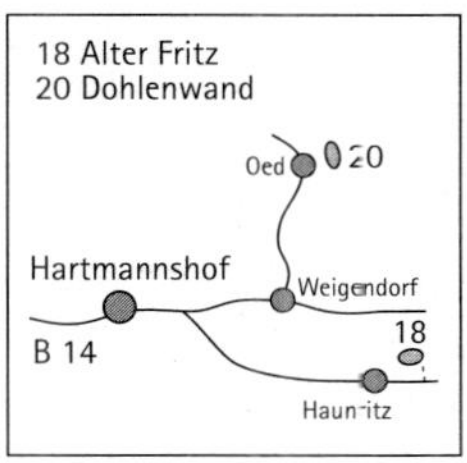

Zugang:
Der Alte Fritz steht direkt über dem östlichen Ortsende von Haunritz.
Übersichtskarte: 1 (Seite15)

① Bayerländer Verschneidung..................6
② Talweg..................5
③ Direkter Einstieg..................6
④ Herbstweg..................7
⑤ Fingerriß *(besser toprope)*..................7-
⑥ Alter Weg..................4+
⑦ Projekt
⑧ Dieter Dörrer Ged.-Weg..................8-
⑨ Glück auf Weg...................5 a2

19 Hoher Fels (8-10 m)

Turm, Nordseite

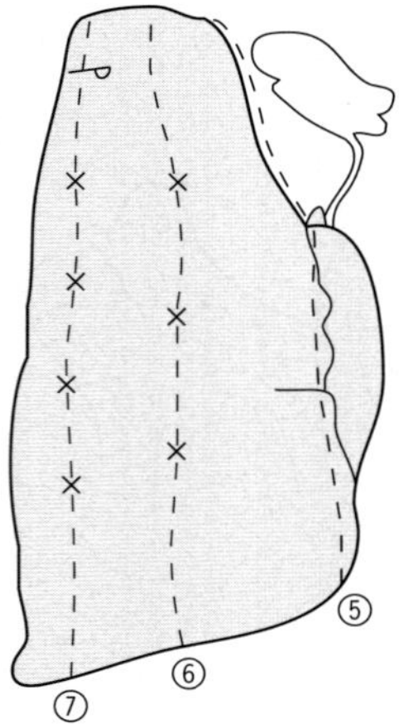

Massiv, Nordwestseite

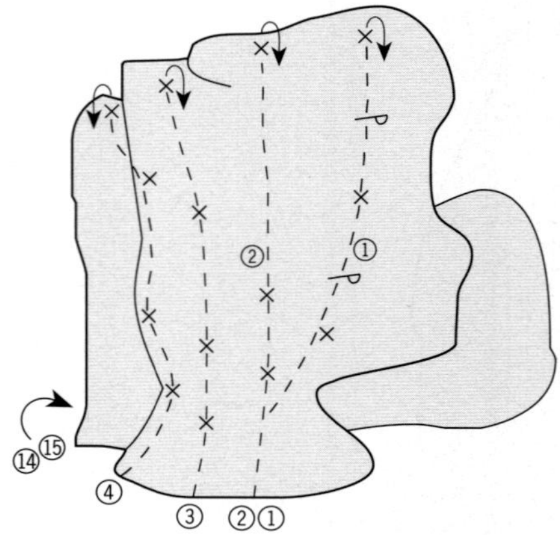

Turm, Ostwand

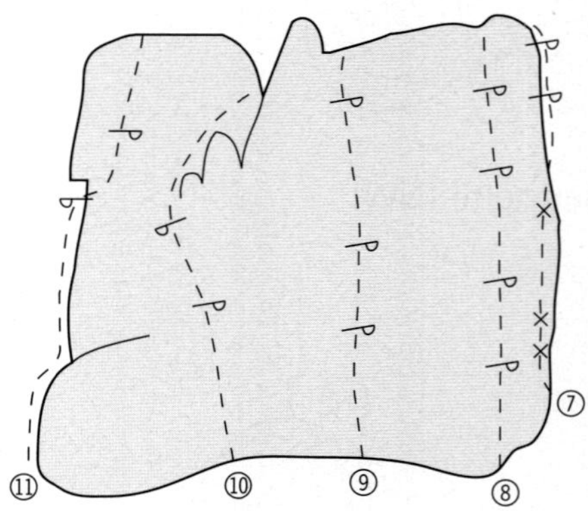

Massiv SO- Seite

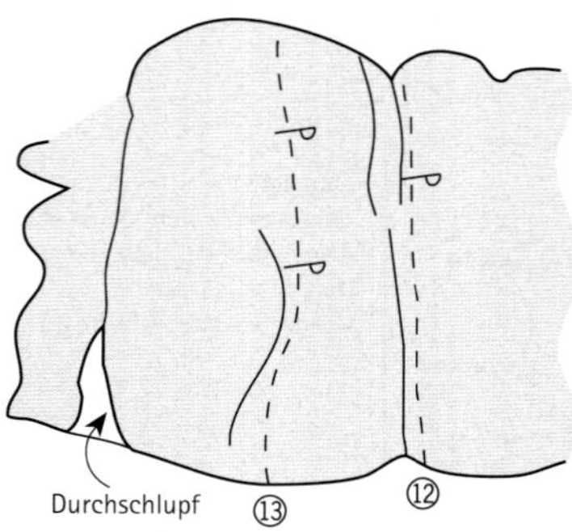

① Rechte Nordwestwand 7
② Nordwestwand 6-
③ Kursidee .... 6+
④ Nordriß 6-
⑤ Westwand .... 2+
⑥ Nordwand 5
⑦ Rote Spur 6
⑧ Moritzbergfreundeweg .... 6+
⑨ Föhrenweg .... 5+
⑩ Holzhackerverschneidung 5-
⑪ Wacholdersteig .... 4+
⑫ Südostverschneidung 4
⑬ Südostwand 5-
⑭ Benjamin Blümchen 6
⑮ Sternentier 5-

Zugang:
Parken in Lichtenegg. Die Felsen sind 1 km südlich. Auf "34" markiertem Wanderweg (beginnt bei Verteilerhäuschen) in gut 10 min zu den Felsen.
Übersichtskarte: 1 (Seite 15)
Besonderes:
Schöner, fester Fels

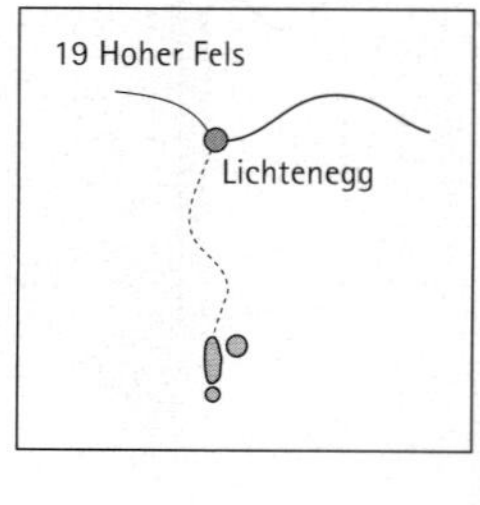

20 Dohlenwand (15 m, W)

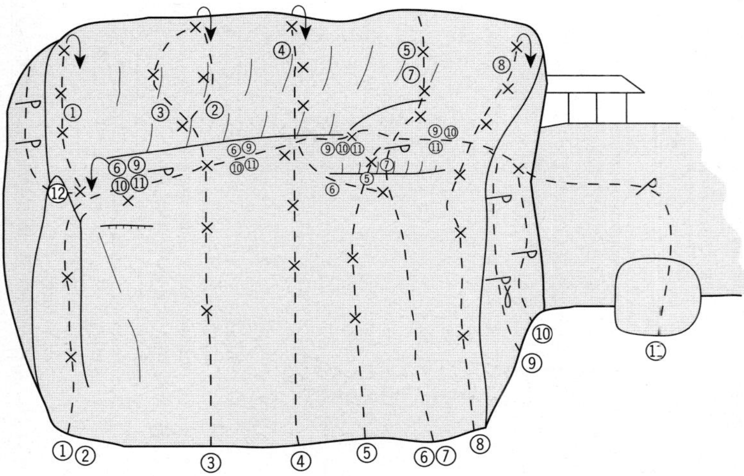

① Spinne 8+
② Direkte Westwand 8
③ Alpia 7+
④ Gorilla 7+
⑤ Halb und halb 8-
⑥ Kanteneinstieg 6-
⑦ Via Claudia 7
⑧ Gib alles 8-
⑨ Variante 5 a1
⑩ Quergang 6-
⑪ Türmcheneinstieg 5
⑫ Rißausstieg 5

Zugang:
In Oed bei "Heuweg" parken (bei Eisenbahnunterführung). Den Heuweg 80 m rein, dann scharf links, nach 100 m rechts Pfad hoch zu den Felsen.
Übersichtskarte: 1 (Seite 15)

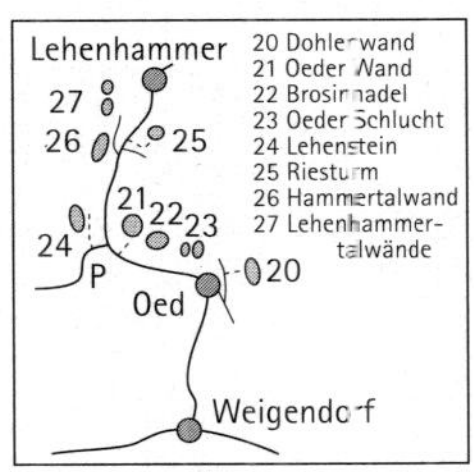

21 Oeder Wand (16 m, W)

22 Brosinnadel (20 m, W)

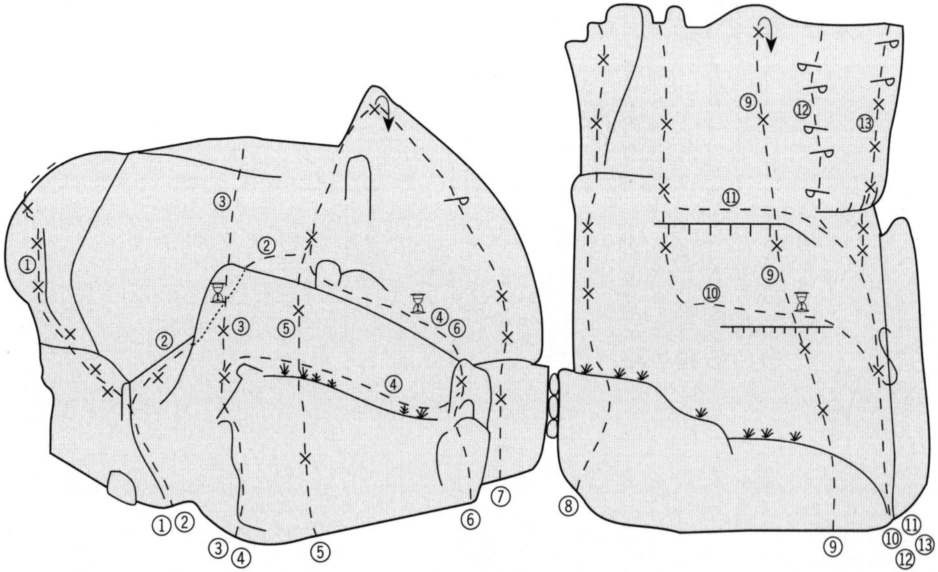

① K 2 .... 8+
② Oeder Platte .... 5+
③ Nordwestkante direkt 6-
④ Nordwestkante 6-
⑤ Spoirè .... 7+
⑥ Westwand .... 4+
⑦ Streitpunkt 7

⑧ Nordkante .... 6+
⑨ Willkommen im Club der Versager .... 9+
⑩ Alte Talseite 5-
⑪ Gemsenweg .... 5+
⑫ Direkte Talseite 5 a2
⑬ Sonnwendkante 8-

Zugang:
Von Weigendorf Richtung Etzelwang. Bei der Abzweigung nach Deinsdorf unter der Bahn durch und parken (die Felsen sind bereits sichtbar). Wieder zurück zur Hauptstraße und auf Pfad links hoch zu den Felsen.
Übersichtskarte: 1 (Seite 15)

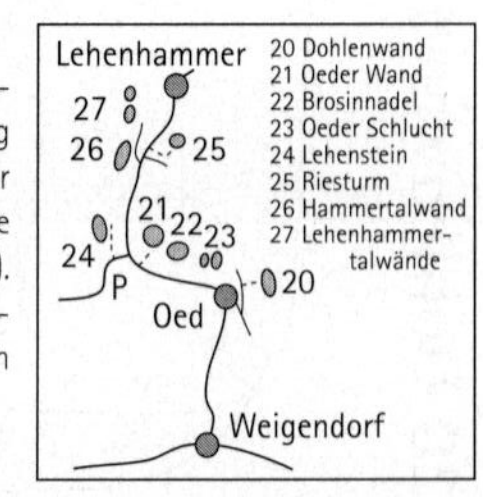

23 Oeder Schlucht

Linke Wand (10 m, S)

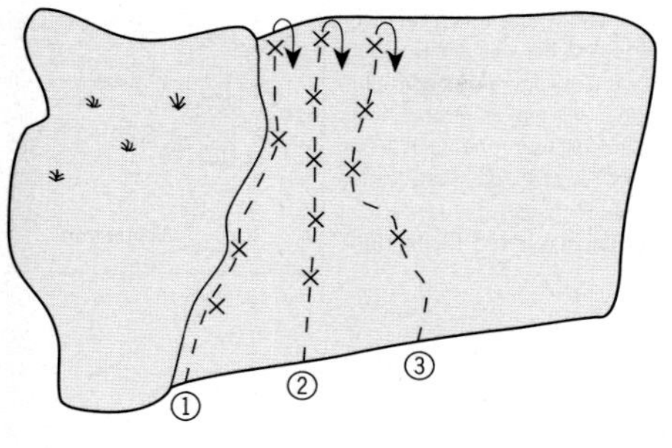

Zugang:
Von Weigendorf Richtung Etzelwang. Bei der Abzweigung nach Deinsdorf unter der Bahn durch und parken. Wieder zurück zur Hauptstraße und auf Pfad links hoch zu Oeder Wand und Brosinnadel. 100 m talabwärts befindet sich die Oeder Schlucht (Steigspuren).
Übersichtskarte: 1 (Seite 15)

Rechte Wand (10 m, N)

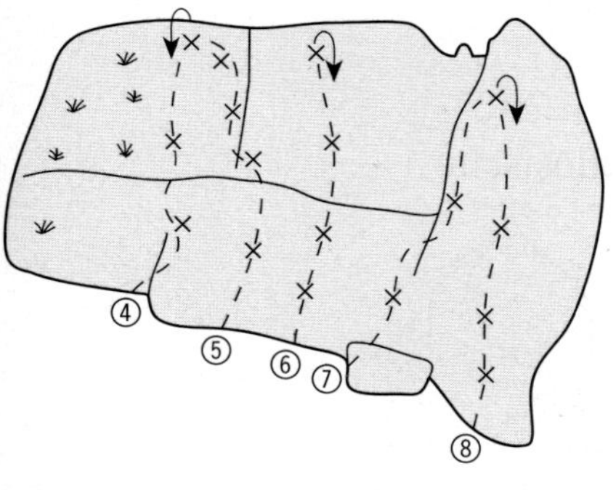

① ? 7-
② Right Now .... 8+
③ ? 8
④ Bayrischer Johann 7-
⑤ Geier .... 7+
⑥ Jump .... 7+
⑦ Leberkäs Hawai 7
⑧ Olympiade .... 8+

24 Lehenstein (18 m, O)

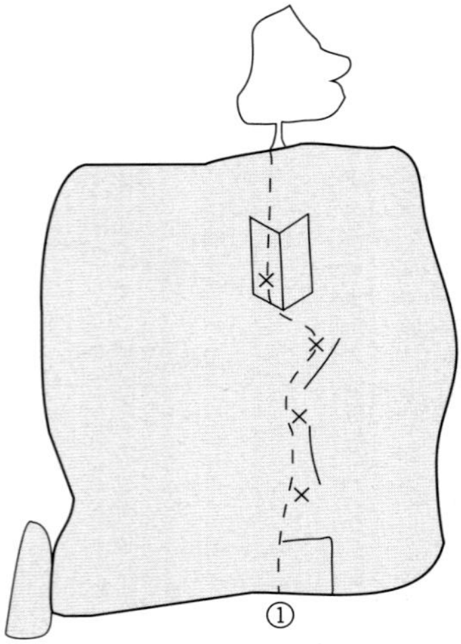

Zugang:
Von Weigendorf Richtung Etzelwang. Bei der Abzweigung nach Deinsdorf unter der Bahn durch und parken. Rechts hoch zu den Gleisen und nach 70 m links versteckten Pfad hoch zum Lehenstein.
Übersichtskarte: 1 (Seite 15)

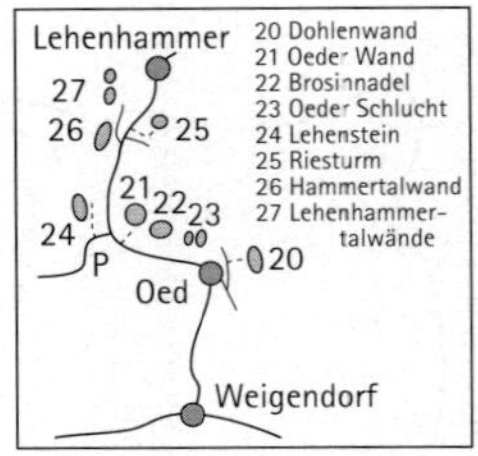

① Ostwand .... 6+

25 Riesturm (12 m)

Nordwestseite

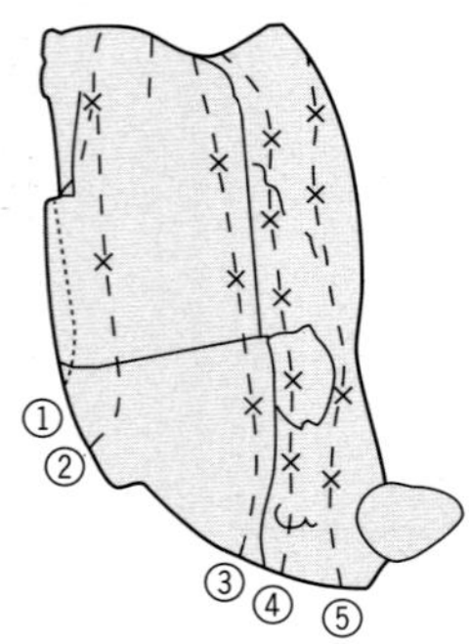

Südostseite

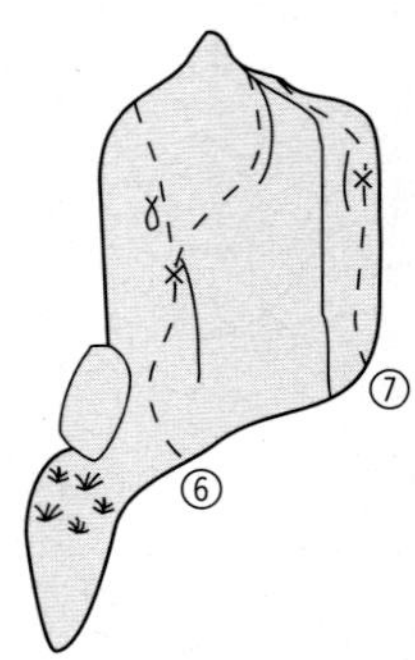

① Nordwand 5
② ? .... 6+
③ Nordwestkante .... 6+
④ Linke Talseite 7-
⑤ Rechte Talseite .... 6+
⑥ Südwand 4
⑦ Ostwand .... 5+

Zugang:
Von Weigendorf Richtung Etzelwang. Kurz nach der Auffahrt zum Steinbruch parken und den Steilhang hoch und nach links zu den Felsen.
Übersichtskarte: 1 (Seite 15)

26 Hammertalwand (20 m, O)

Zugang:
Von Weigendorf Richtung Etzelwang. Gegenüber vom Steinbruch links abbiegen, durch die Unterführung hindurch und parken. Links hoch zu den Felsen.
Übersichtskarte: 1 (Seite 15)
Besonderes:
Kleingriffige Plattenkletterei in festem Fels

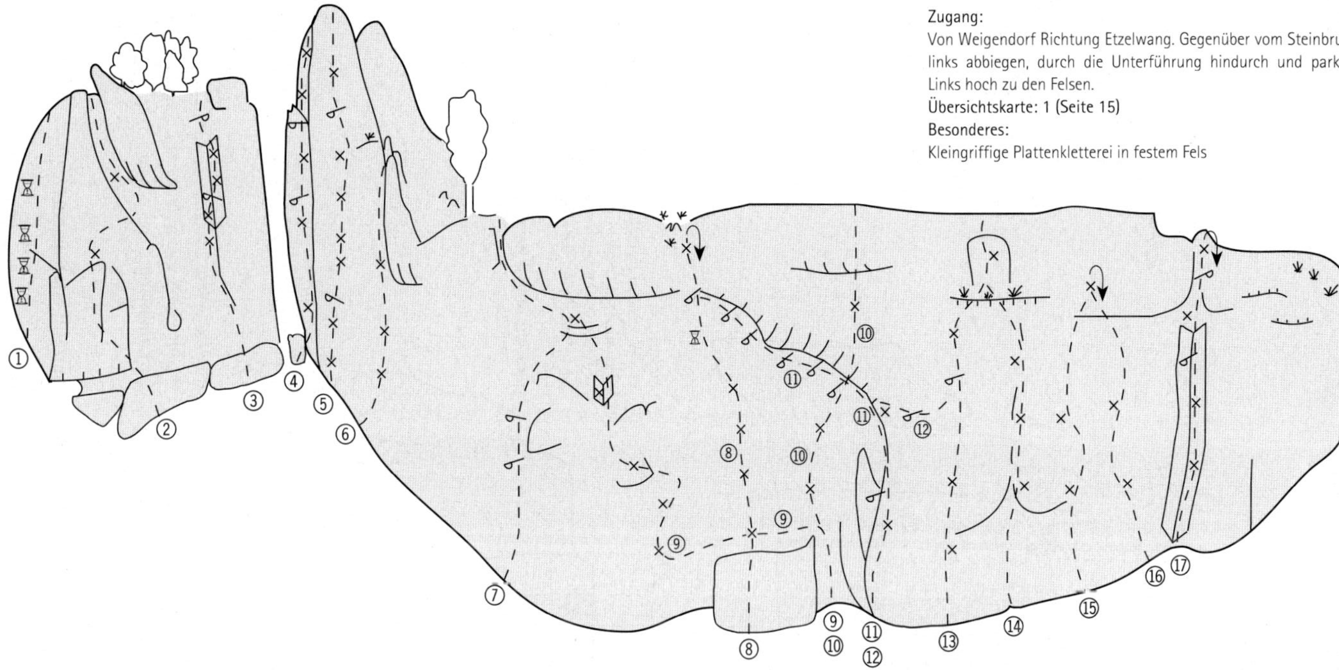

① Südostkante .... 4+
② Nordostverschneidung 5
③ Leo Rittler Ged.-Weg .... 6+
④ Berggeistweg 8-
⑤ Wandererweg .... 9+/10-
⑥ ? 9

⑦ Direkter Einstieg .... 6+
⑧ Affentanz .... 8+
⑨ Kuhblumenweg 7
⑩ Projekt
⑪ Türkensäbel 5 a2
⑫ Engelhardt Ged.-Weg 8-

⑬ Papa Legba .... 9 !
⑭ Feiste Faxen .... 9+
⑮ True Stories .... 9 !
⑯ Dream Operator .... 9- !
⑰ Schwarze Verschneidung .... 6+

27 Lehenhammertalwände

Linke Wand (12 m, SO)

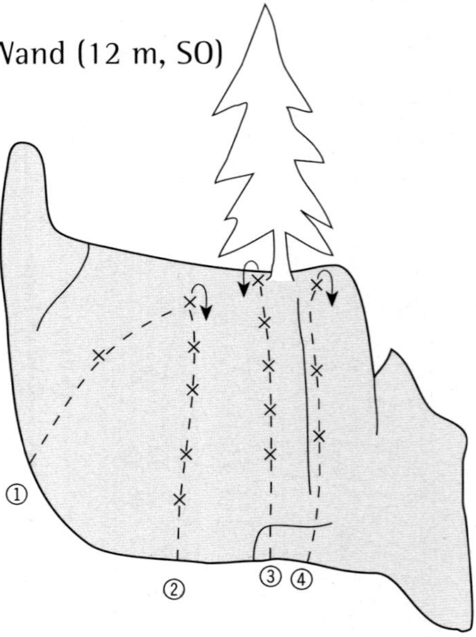

Rechte Wand (14 m, SO)

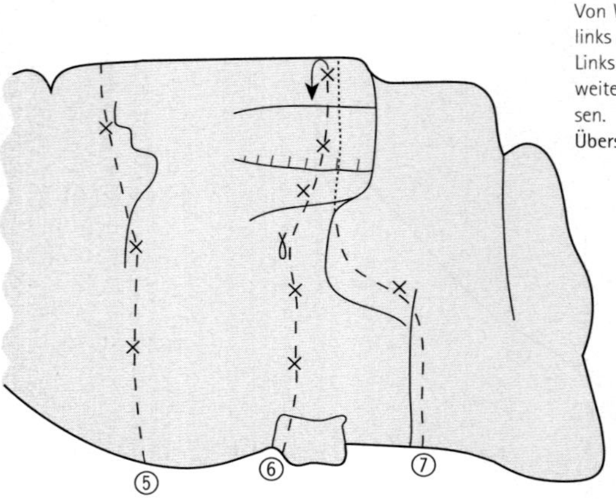

Zugang:
Von Weigendorf Richtung Etzelwang. Gegenüber vom Steinbruch links abbiegen, durch die Unterführung hindurch und parken. Links oben steht die Hammertalwand. Am Klärwerk vorbei 200 m weiter talaufwärts. Bei einer Bank stehen rechts oberhalb die Felsen.
Übersichtskarte: 1 (Seite 15)

① Projekt
② ?....................................8
③ Sitting in a box....................8+
④ Rio kaputt..........................6+
⑤ Alter Weg...........................5
⑥ Abschied von Sylvia.................9-
⑦ Kaminweg............................5-

Bild Seite 65: Damaris Wagner klettert den „Größenwahn" (8) am Kanzelfels

28 Buchenstein (bis 25 m, N)

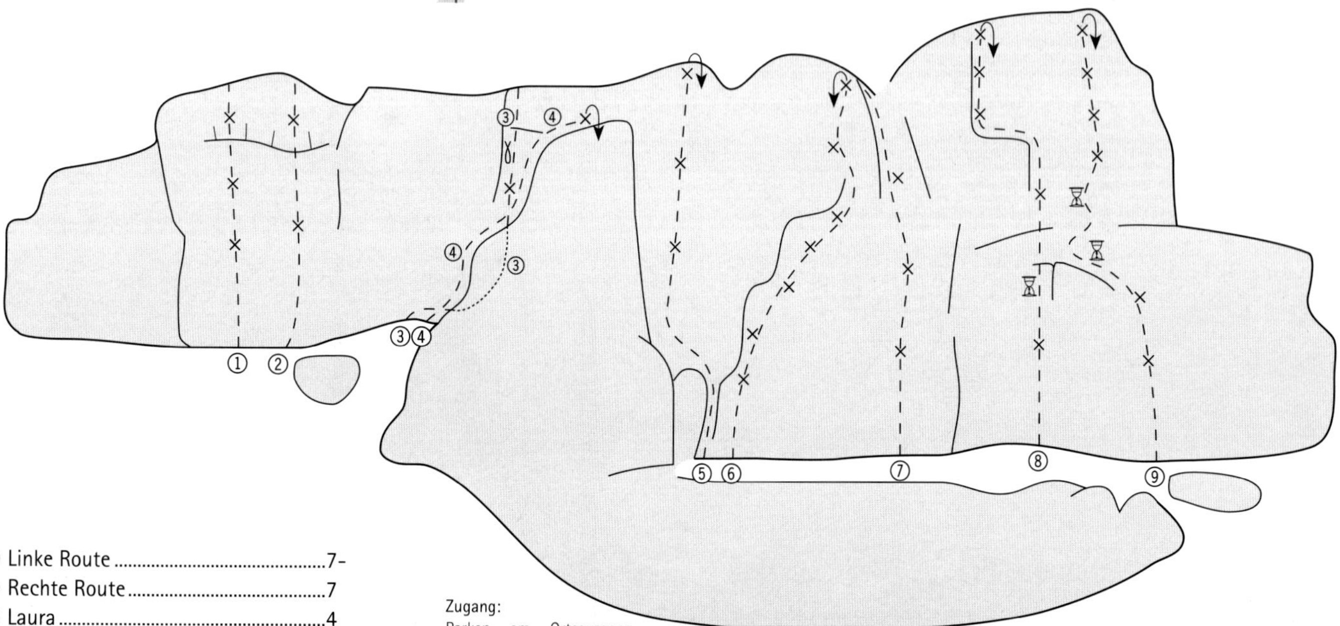

① Linke Route 7-
② Rechte Route 7
③ Laura 4
④ Vorturm Ostkante 3
⑤ Schlaumeier 5
⑥ Schinderhannes 7-
⑦ Ach Vadder .... 5+
⑧ Kleiner Mann 6
⑨ Zappelphilipp 6-

Zugang:
Parken am Ortsausgang Ermhof (Richtung B14). Man folgt rechts einem Feldweg, von dem eine Fuhre rechts abzweigt. Dieser folgt man, sie verläuft sich gleich. Am Waldrand entlang weiter (rechts steht eine Bank) und geradeaus in den Wald hinein (nicht nach links abbiegen!). Dort trifft man auf einen Wanderweg. Nach 50 m zweigt scharf links ein weiterer Weg ab (Holzstiegen, Markierung 4, Rotstrich, Grünpunkt), dem man auf den Höhenrücken folgt. Nach ca. 5 min erreicht man den höchsten Punkt (rechts steht ein Felsen). Man folgt dem Weg weiter, bis er wieder absteigt. Noch an einigen Felsblöcken vorbei und in einer Scharte rechts absteigen zur Wand.

Übersichtskarte: 1 (Seite 15)

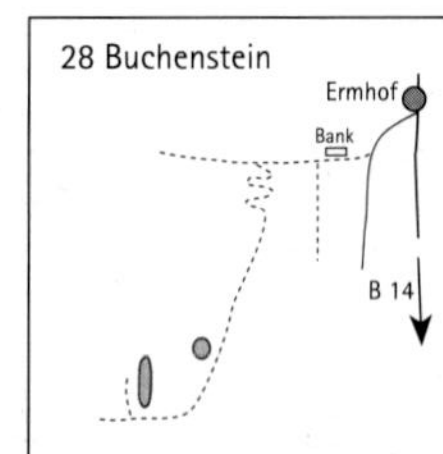

Karl Daut bei einem Versuch im „Ghettoblaster" (10/10+) am Rabenfels

29 Hartenfels Linker Wandteil (15 m, N)

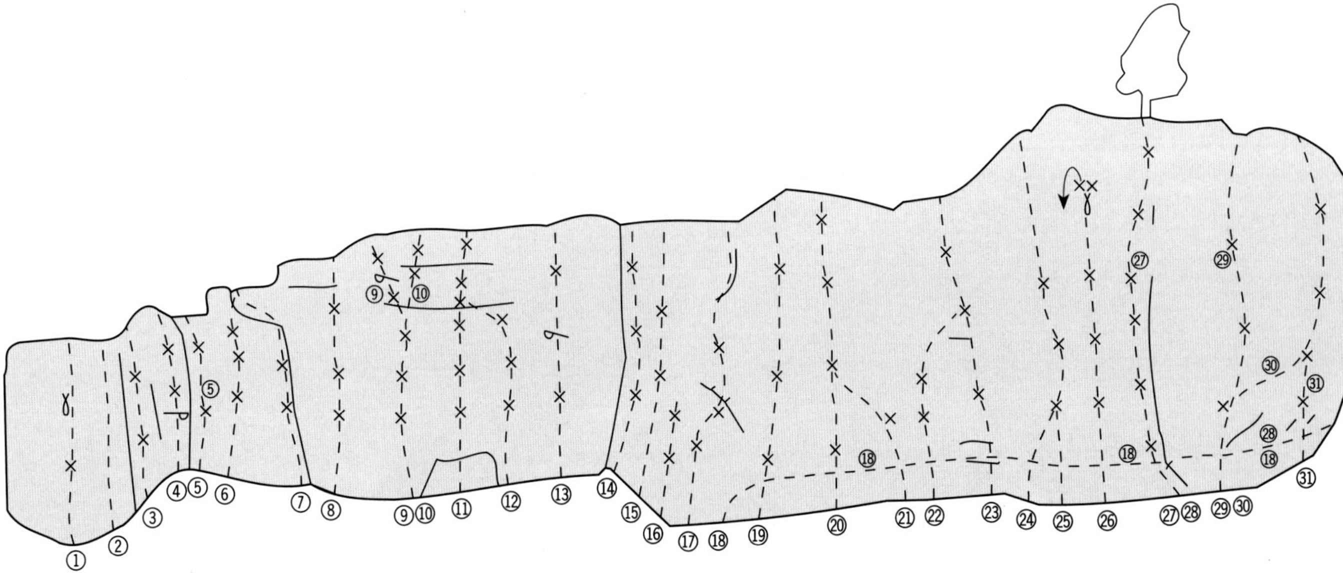

29 Hartenfels Rechter Wandteil (16 m, W)

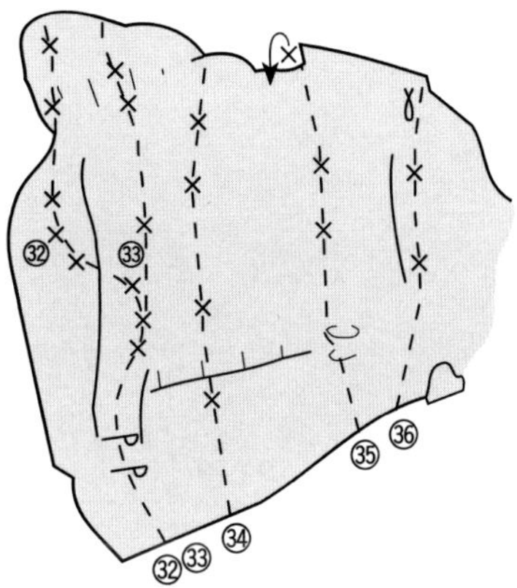

Zugang:
Am Ortsende Neukirchen (Richtung Sulzbach) parken. Von dort führt links ein beschilderter Weg zum Hartenfels.
Übersichtskarte: 1 (Seite 15)

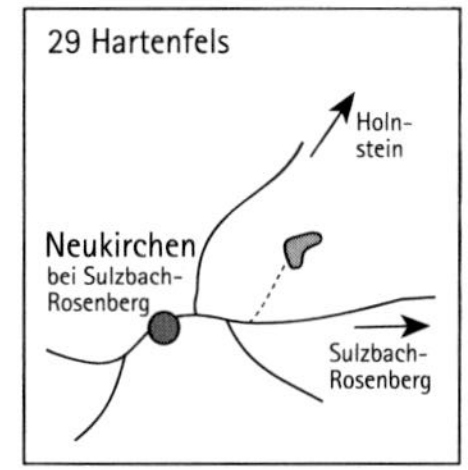

① Nordwand 6-
② Friction *(toprope)* 7-
③ Westkante .... 6+
④ Schlecker 6
⑤ Höhlenweg .... 5+
⑥ Extase 8-
⑦ Snake 8
⑧ Gäufer 8-/8
⑨ Feuerwand linker Ausstieg .... 8+
⑩ Feuerwand rechter Ausstieg 8
⑪ Immer naß .... 8+
⑫ Ab Du Fisch 8
⑬ Stiefelweg .... 8+
⑭ Trichter .... 6+
⑮ Affenschaukel .... 8+
⑯ Projekt
⑰ Deppenmove .... 7 🍺
⑱ Langer Boulderquergang 7c+Fb tr .... 10 🍺
⑲ It´s to hard for you 9-
⑳ Second Sun .... 8/8+ 🍺
㉑ Fight .... 7+
㉒ Opa Move 8
㉓ Oma Move 7
㉔ Black Sabbath (H. Lewis) 9
㉕ Paranoid 10-
㉖ Wer zuerst kommt 9
㉗ Marner Ged.-Weg .... 7 🍺
㉘ Boulderquergang *(markiert)* .... 9/9+ 🍺
㉙ Herbstweg .... 7+
㉚ Sylvanien 8
㉛ Hot Knife .... 9/9+ 🍺
㉜ Alter Talweg .... 7+
㉝ Direkter Talweg 7
㉞ Firestone 7-
㉟ Sunshine Reaggae 6-
㊱ Stachelbeere 5-

30 Grundfels (25 m, NO)

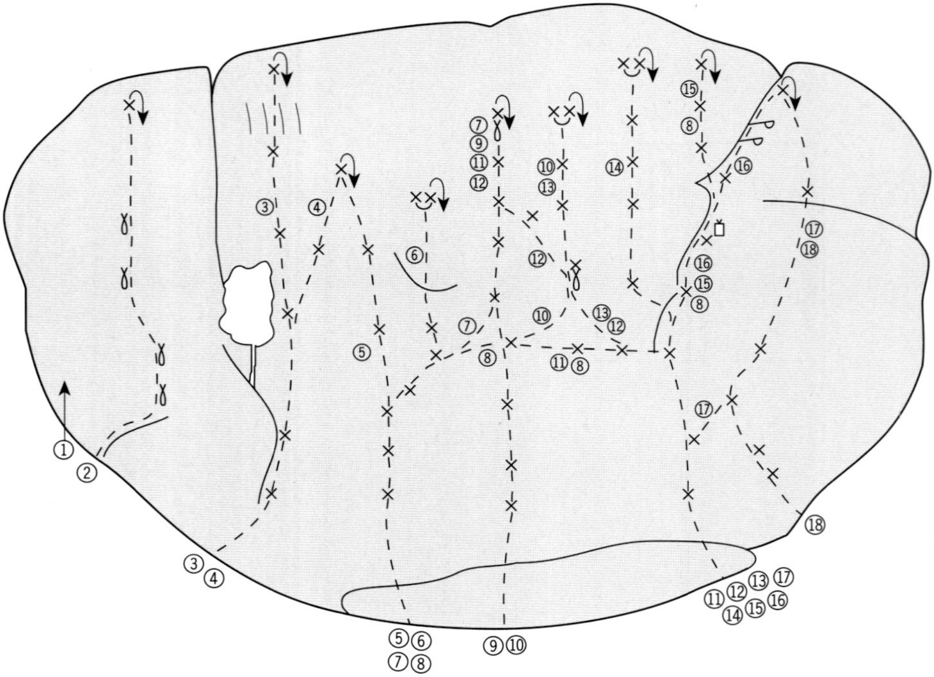

① Haberland *(Projekt)*
② Alte Tour 7
③ Against all Otts 8
④ Via Carmen.......................................8+
⑤ Mein Hund frißt Schappi ....9+/10-
⑥ Projekt
⑦ Planet der Affen...............................10
⑧ Ring frei *(besser 2 Seile !)*.....................10/10+
⑨ Ordnung ist das halbe Leben *(Projekt)*
⑩ Der Thon macht die Musik..................10/10+
⑪ Bizeps von Beruf...............................10-
⑫ Diagonale..10-
⑬ Parallele 10
⑭ Black Flag 10
⑮ A Million Miles away.........................9/9+
⑯ Oachkatzlschwoaf..............................9-
⑰ Swept away..9
⑱ Swept away direkt ....9+

Zugang:
Von Kirchenreinbach Richtung Gaisheim, gut 500 m nach Abzweigung "Rittmannshof" steht rechts oben der Grundfels. Etwas weitern vorne bei Feldweg parken, diesen rechts hinein und am Waldrand nochmals rechts auf Pfad zum Grundfels.
Übersichtskarte: 1 (Seite 15)
Besonderes:
Kraftraubende Kletterei

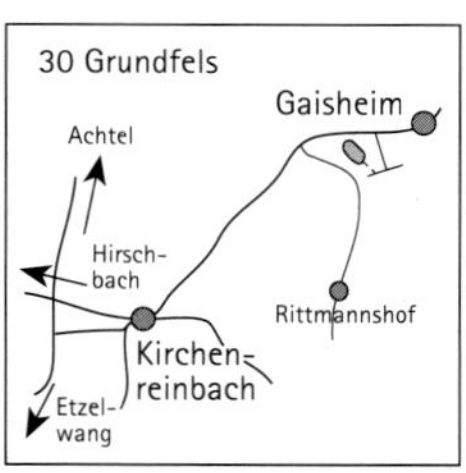

31 Schmidtstadter Wand = Rohrbergwand (18 m, N) Reinbachtal

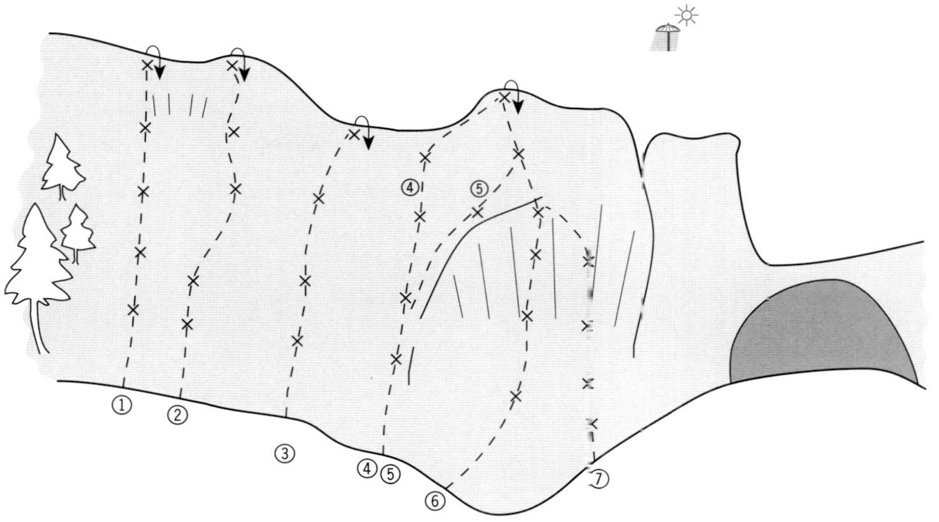

① Kanaan ....6+
② Genezareth ....7+
③ Plastic Fantastic..............................8-
④ Galiläa 7
⑤ Alter Weg......................................7-
⑥ Batman..8
⑦ Red Sorja......................................8+

Zugang:
Die Wand steht gegenüber von Schmidtstadt im Wald. Parken am Ortseingang von Schmidtstadt. In nördlicher Richtung wieder über die Hauptstraße, auf Schotterweg weiter und scharf links auf Fuhre im Wald. Oberhalb der Fuhre befindet sich die Wand.
Übersichtskarte: 1 (Seite 15)

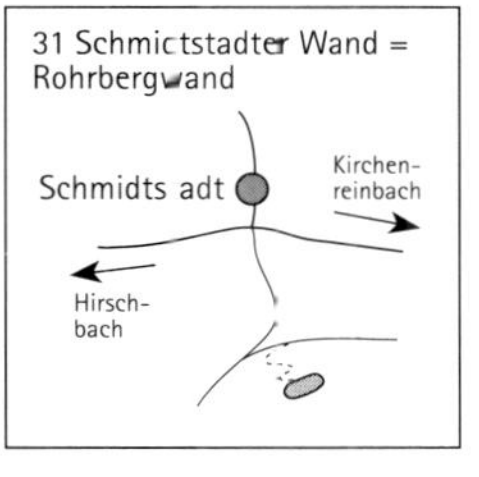

32 Gemeindefels (10 m, S)

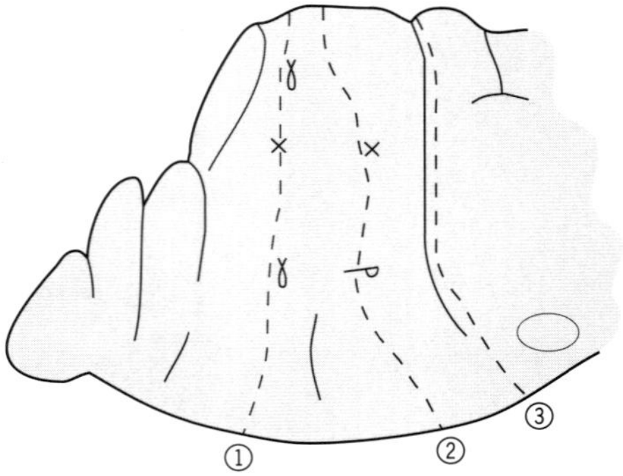

Zugang:
Parken in Neutras. Auf Wanderweg (Markierung 2 und 3) Richtung Schmidtstadt (Wegweiser am Ortsende). Nach gut 300 m zweigt der Wanderweg vom Feldweg links ab. Kurz vorher gelangt man weglos links den Hang hoch zum Gemeindefels.
Zum Starenfels folgt man immer dem mit 3 markiertem Weg, dieser führt nach 7 - 8 min unterhalb des Felsens vorbei.
Übersichtskarte: 1 (Seite 15)

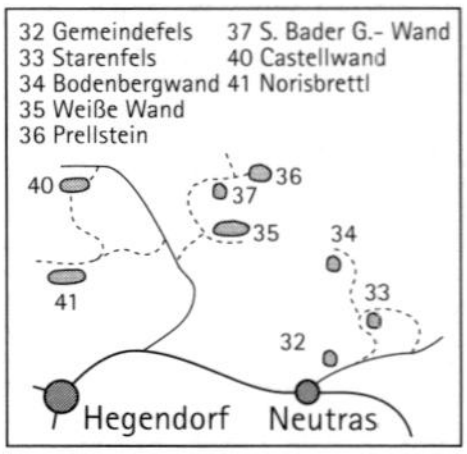

① Däumling 6-
② Zugvogel 7-
③ Stuka ....6+

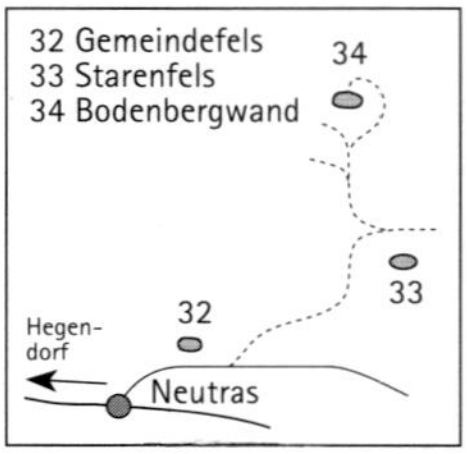

33 Starenfels (14 m, NW)

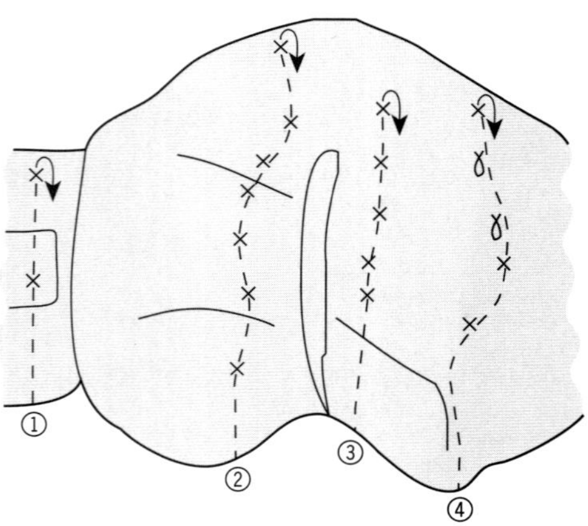

① Kampf den Träumen 7-
② Love of my live 8-
③ Licht 7
④ Schatten..6

Bild Seite 73: Nicole Weiß klettert den Ehmann Ged.-Weg (9) am Student

34 Bodenbergwand

Rechter Wandteil (20 m, NO)

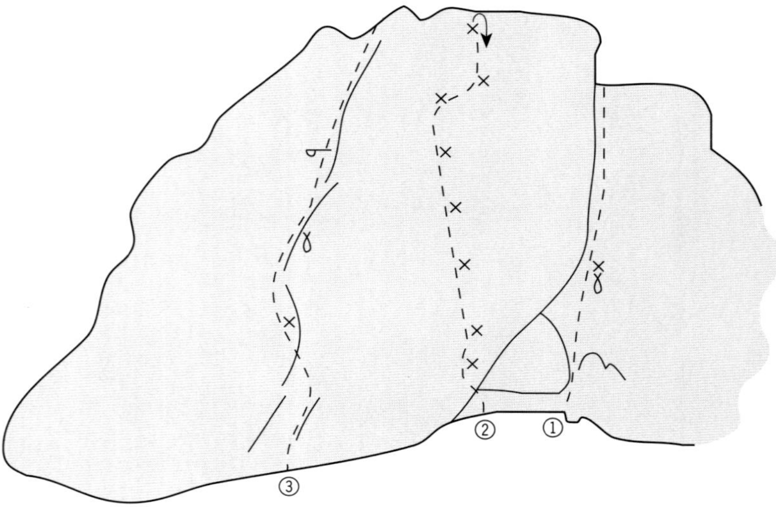

Zugang:
Parken in Neutras. Auf Wanderweg (Markierung 2 und 3) in Richtung Schmidtstadt (Wegweiser am Ortsende). Nach gut 300 m zweigt der Wanderweg vom Feldweg links ab (kurz vorher gelangt man weglos links den Hang hoch zum Gemeindefels).
Man folgt immer dem mit 3 markiertem Weg, dieser führt nach 7 - 8 min unterhalb des Starenfels vorbei. Hier hält man sich bei der Gabelung scharf links (Markierung 2, Blaukreuz). An Wiese entlang, bei Wildfütterung rechts (Markierung 3) in den Wald. Man sieht oben die Rückseite des Felsens. Rechts haltend aufwärts zur Nordostwand.
Übersichtskarte: 1 (Seite 15)

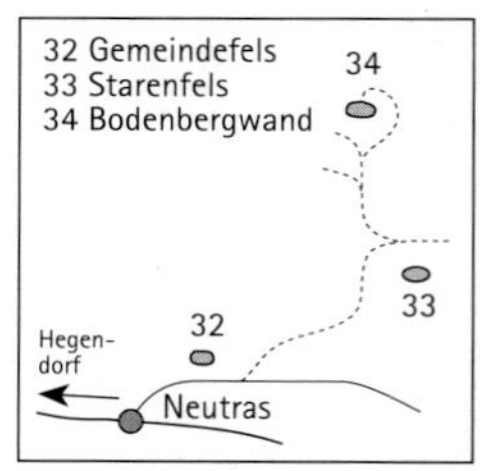

Linker Wandteil (16 m, NO)

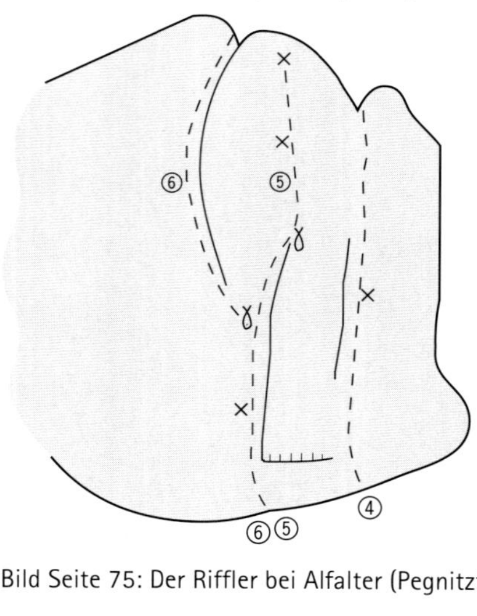

① Vergiß mein *(große Keile)* .... 6+
② Diakonenexamen .... 7+
③ Vergessener Riß .... 6+
④ Dicke Backe 6
⑤ Für Janina .... 6+
⑥ Alter Weg 5

Bild Seite 75: Der Riffler bei Alfalter (Pegnitztal)

35 **Weiße Wand**, linker Wandteil (8-16 m, NW)

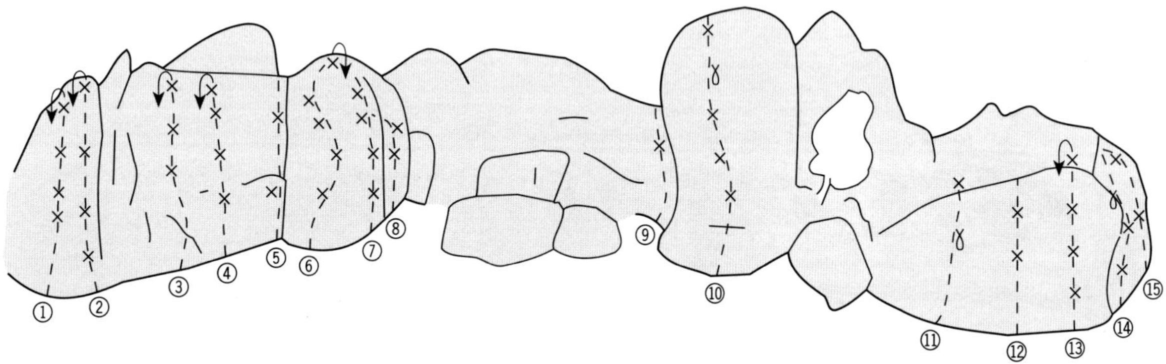

① Linke Wand	6
② Pfeiler	6-
③ Löcherwand	5-
④ Tänzerin	6
⑤ Robin	6-
⑥ Lilliputs	7
⑦ Platte	7
⑧ ?	6
⑨ Verschneidung	5
⑩ Gut gesichert	6
⑪ Gehgelände	5
⑫ Cherry	7-
⑬ Billy Boy	6
⑭ Lucky Luke	6+
⑮ Platzangst	5
⑯ Wulst	6
⑰ Hard's Weckla	7-
⑱ Linker Kamin	4
⑲ Fairplay	7-
⑳ Weiße Wand	7+
㉑ Lady Domina	7
㉒ Direkteinstieg	7-
㉓ Engel	4
㉔ Rechter Kamin	3
㉕ Bauchtanz	6
㉖ ?	5
㉗ Do Ruznych Stran	6+
㉘ Kiefernverschniedung	6-
㉙ Boulder	7-
㉚ Barbarariß	6-
㉛ Ausstiegsvariante	6
㉜ Frühlingserwachen	5+
㉝ Jung und Alt	4
㉞ Rechte Kante	5

35 Weiße Wand, rechter Wandteil (12 m, S) ☼

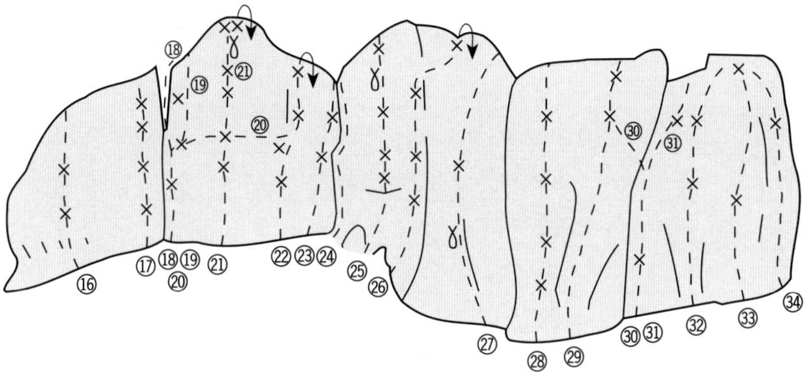

Zugang:
Parken zwischen Hegendorf und Neutras; links dem Wanderweg nach Hirschbach folgen und am Waldrand nach rechts zum Höhenglücksteig. Bei der großen Hinweistafel rechts haltend auf dem Grasrücken über Steigspuren zur Wand.
Übersichtskarte: 1 (Seite 15)

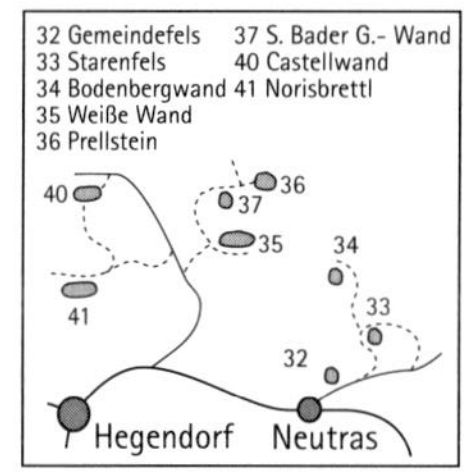

36 Prellstein (18 m)

Westwand

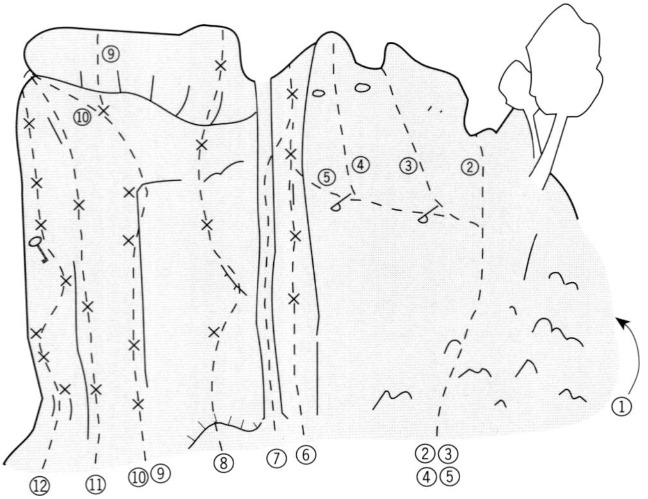

Zugang:
In Hirschbach bei Telefonzelle parken und gegenüber Straße hinauf ("beim Schmiedberg"). Bei Gabelung links und nach Rechtskurve weiter den Hang hoch (Straße geht in Schotterweg über). Nach gut 5 min bei einer Rechtsbiegung auf Wanderweg weiter geradeaus und in weiteren 5 min zum bereits sichtbaren Prellstein.
Übersichtskarte: 1 (Seite 15)
Besonderes:
Längerer Zustieg, landschaftlich schön, tolle Aussicht

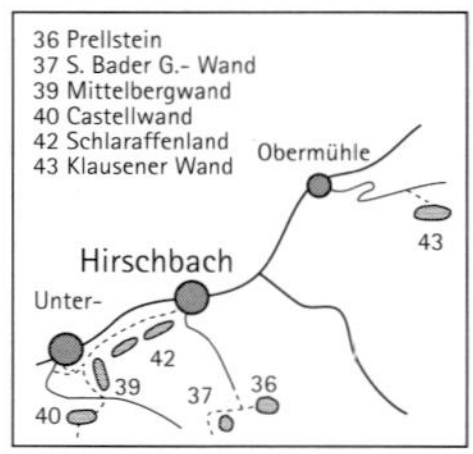

Nordwand

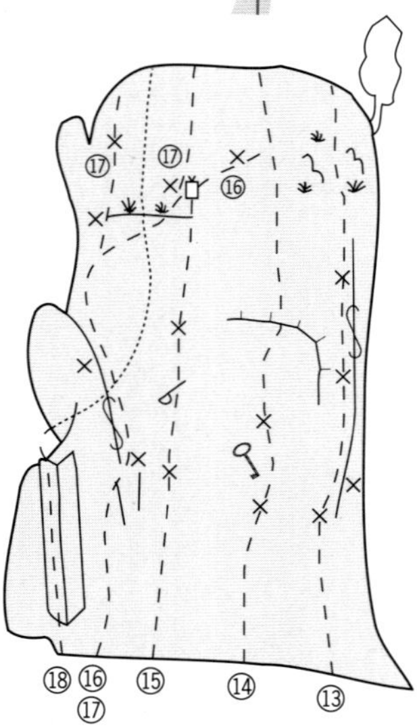

① Normalweg 1
② Westwand 3
③ Direkter Nürnberger Weg 6-
④ Fliegender Aachener .... 6+
⑤ Nürnberger Weg .... 6+
⑥ Aspekt 7-
⑦ Westkamin .... 6+
⑧ Akzeptiert mich .... 7+
⑨ Jumpin' Jack Flash .... 7+
⑩ Laufer Weg .... 7+
⑪ Emanzenpreller .... 8+
⑫ Koch Ged.-Weg 9-
⑬ Teufelsriß 6
⑭ Via Carla .... 8+
⑮ Geprellt .... 8+
⑯ Jubiläumsweg 6
⑰ Direkte Ausstiege 6
⑱ Nordverschneidung 4

37 Sepp Bader Ged.- Wand (10 m, O) — Schwarzer Brand

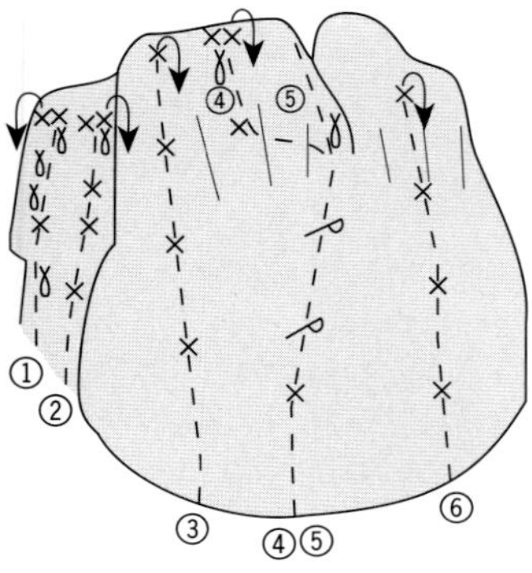

Zugang:
Von Hirschbach auf Wanderweg zum Prellstein, wie dort beschrieben. Gegenüber vom Prellstein im Wald befindet sich die Sepp- Bader- Ged.- Wand *(Skizze Prellstein)*.
Die beiden Felsen können auch von dem Parkplatz zwischen Hegendorf und Neutras erreicht werden. Man folgt dem Wanderweg nach Hirschbach (ausgeschildert) und biegt am Beginn des Waldes rechts auf den "Höhenglücksteig" ab. Nun folgt man immer dem Wanderweg unterhalb des drahtseilgesicherten Steiges bis zum Aussichtsfelsen. Hier steigt man am Osthang ab zu Sepp- Bader Ged.-Wand und Prellstein *(Skizze oben)*.
Übersichtskarte: 1 (Seite 15)

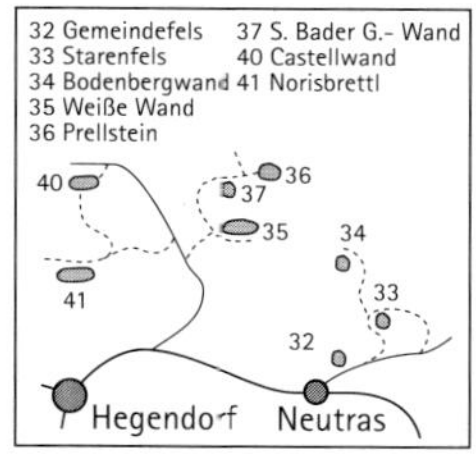

① ?......7-
② ?......7
③ Amok......10-
④ Platzpatrone......8+
⑤ Sepp Bader Ged.-Weg......8-
⑥ Stiftung Routentest......8

38 Sprungstein, Bergseite (25 m, N) — Hirschbachtal

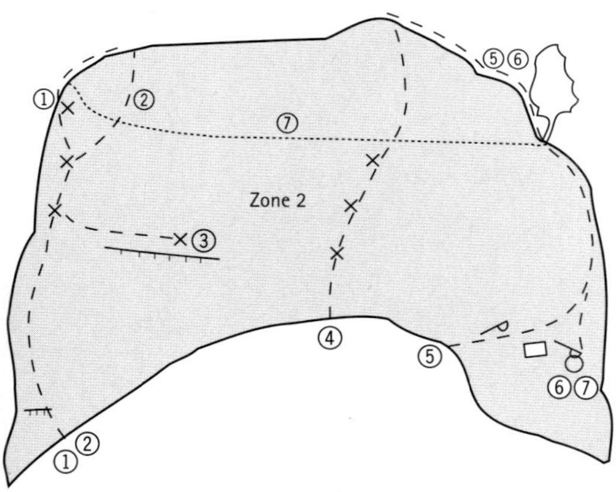

Zugang:
Der Sprungstein ist bereits von der Fischbrunner Kurve aus sichtbar. Vom Parkplatz zwischen Fischbrunn und Hirschbach führt ein Pfad zum Felsen.
Übersichtskarte: 1 (Seite 15)
Besonderes:
Angrenzende Felsbereiche Zone 1!

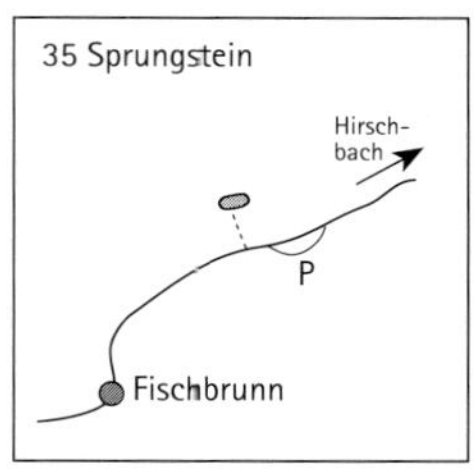

Sperrung: Falls Brutansiedelung von 1.2. bis 31.7.

① Südostkante......5
② Ostwand......5
③ Freispitzlerweg......5
④ Bergseite......5+
⑤ Quergang......5
⑥ Westkante......4
⑦ Südwestwand......4

Zu den 1. Haken der Routen ③, ⑥ und ⑦ gelangt man durch Überfall vom Massiv zum Turm!

38 Sprungstein, Talseite (30 m, S) ☼

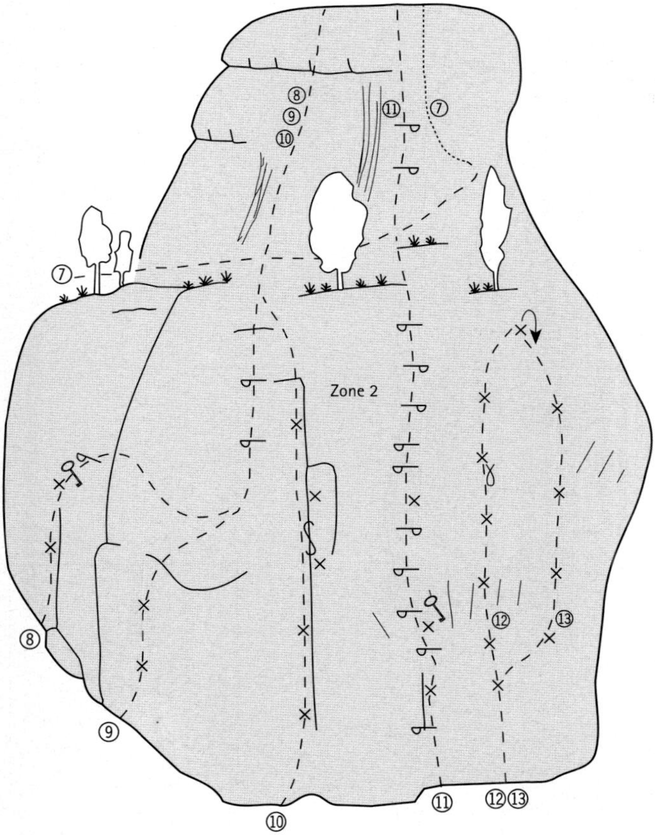

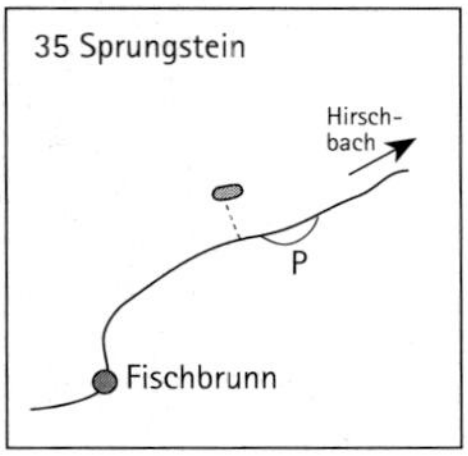

Sperrung: Falls Brutansiedelung von 1.2. bis 31.7.

⑦ Südwestwand 4
⑧ Neue Talseite ....8+
⑨ Projekt
⑩ Alte Talseite 7
⑪ Direttissima 10-
⑫ Drecksteil 10
⑪ Drecksack ....10+

Zugang:
Der Sprungstein ist bereits von der Fischbrunner Kurve aus sichtbar. Vom Parkplatz zwischen Fischbrunn und Hirschbach führt ein Pfad zum Felsen.
Übersichtskarte: 1 (Seite 15)
Besonderes:
Angrenzende Felsbereiche Zone 1!

Bild Seite 80: Karl Daut bei einem Versuch in „Letzte Ausfahrt Bruck" (10-) an der Castellwand

39 Mittelbergwand (27 m, SW) ☼

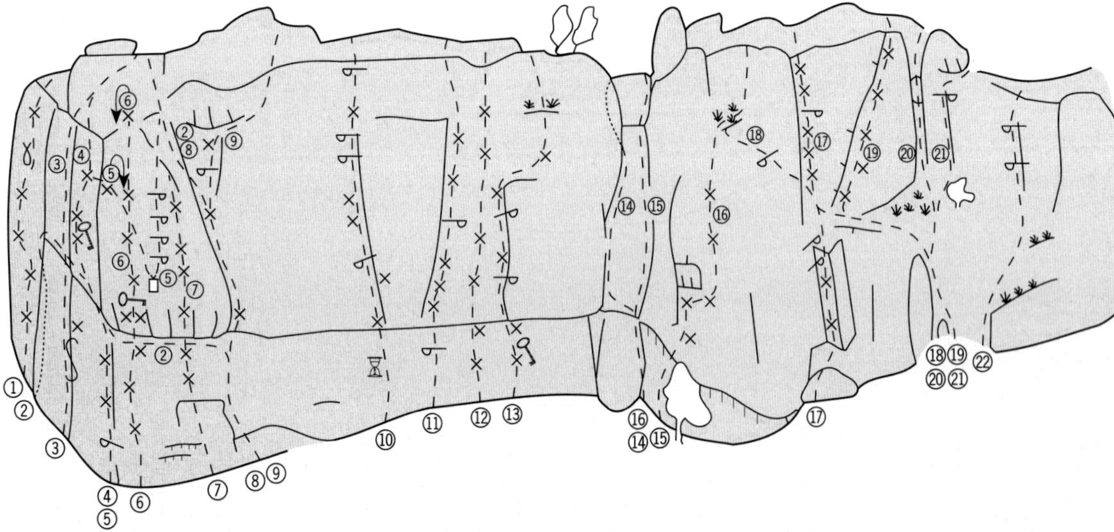

Zugang:
Die Mittelbergwand ist bereits vom Ortseingang Unterhirschbach aus gut sichtbar. Parken am großen Parkplatz 200 m talabwärts von Unterhirschbach. Auf der Straße talaufwärts, 50 m vor Ortseingangschild rechts gesperrte Straße hoch. Nach 100 m bei Holzbank links, nach 10 m wieder rechts und in wenigen Minuten zur Wand.

Übersichtskarte: 1 (Seite 15)

Besonderes:
Im Sommer ist ein Abstecher ins nahe gelegene Freibad empfehlenswert.

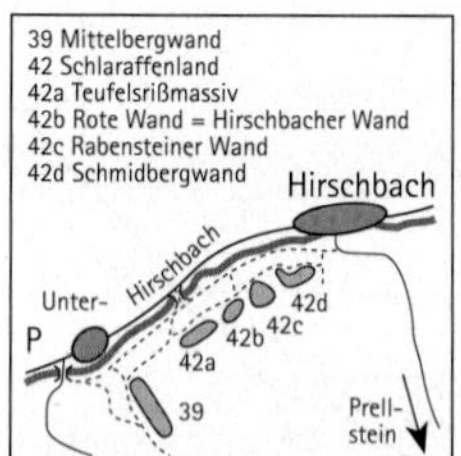

39 Mittelbergwand (27 m, SW) ☼

Wandteil rechts des Norissteigs

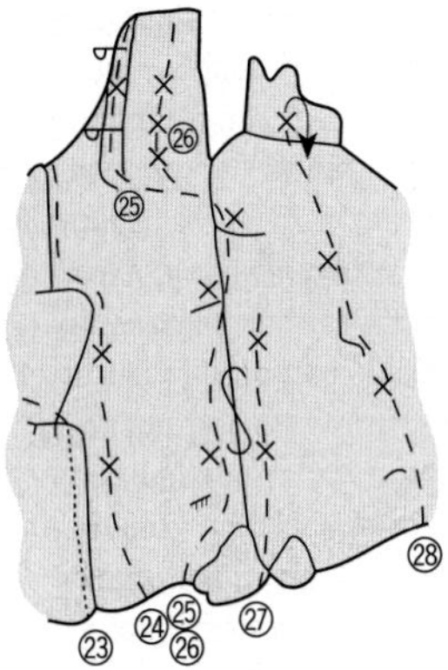

① Sirene 7+
② Emilio Comici Ged.-Weg 5 a1
③ Herbert Paidar Ged.-Weg 5
④ Direkter Bergvagabundenweg 7+
⑤ Bergvagabundenweg 6 a3
⑥ Position 69 10-
⑦ Projekt
⑧ Seifertriß 6-
⑨ Nürnberger Weg 7
⑩ Volk Heckmann Ged.-Weg 8
⑪ Kasparek Ged.-Weg 8+
⑫ Projekt
⑬ Buchensteiner Weg 8+
⑭ Schinderkamin 4
⑮ Armriß 5+
⑯ Teufelskrallenweg 7+
⑰ Dirketer Kletterboumweg 7-
⑱ Kletterboumweg 5+
⑲ Schwabacher Weg 6+
⑳ Mittelbergkamin 4
㉑ Norispfeiler 5-
㉒ Y-Weg 6-
㉓ Norissteig (drahtseilges. Steig) 2
㉔ Spätzünder 5+
㉕ Bergwachtverschneidung 6+
㉖ Variante 6+
㉗ Projekt
㉘ ? 6-

Übersicht Hirschbachtal

Übersicht Hirschbachtal
und Schwarzer Brand

32 Gemeindefels
33 Starenfels
34 Bodenbergwand
35 Weiße Wand
36 Prellstein
37 S. Bader G.- Wand
38 Sprungstein
39 Mittelbergwand
40 Castellwand
41 Norisbrettl
42 Schlaraffenland
43 Klausener Wand

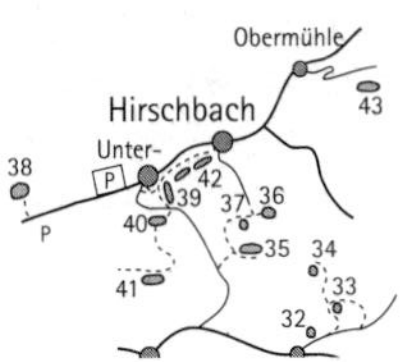

40 Castellwand, linker Wandteil (18 m, N)

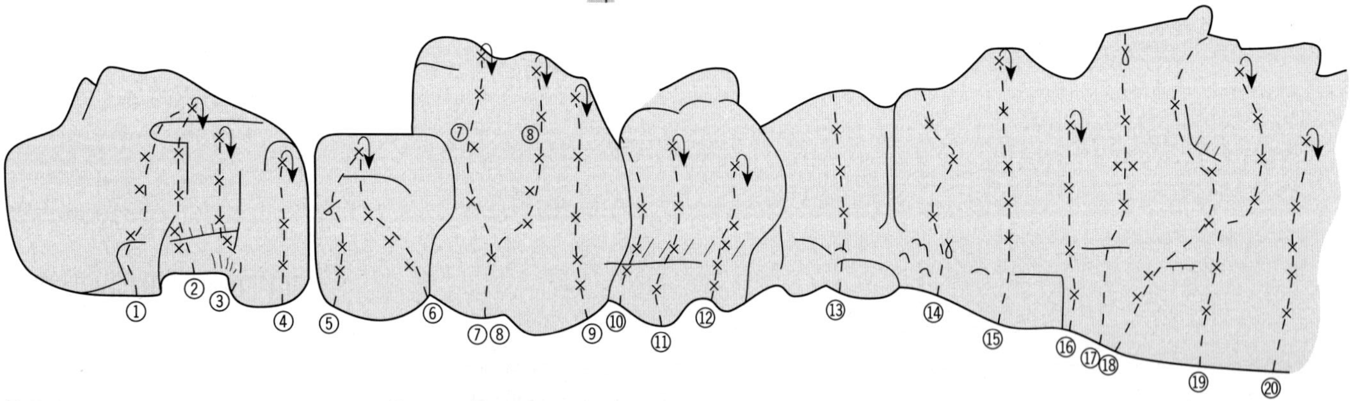

1. Eschenbacher Bauerntanz 8
2. Tyroler Jägersteig 9-
3. Pfundig 8
4. Carlamaris 7-
5. Monster Bettes 7-
6. Grüner Ehrlein Ged.-Weg 6
7. Kärwazeit 7-
8. Heavy Metal Landler 8
9. Anderl 9-/9
10. Castellriß .... 6+
11. Auge um Auge 8
12. Zahn um Zahn 8
13. Minerales 8
14. Mann im Mond .... 6+
15. Rainy Days 7
16. Fleischige Snacks 6
17. Baldrian 7
18. 50er Weg .... 7+
19. Ruhig Blut .... 8+
20. Projekt
21. XXL 10-
22. Lila Pause 9-
23. Letzte Ausfahrt Bruck 10-
24. Variante 9-/9
25. Deutsch-Österreicher Weg .... 7+
26. Kauperkante .... 6+
27. Hirschbachverschneidung 5
28. The Blues 7-
29. Hirschbachkamin 3
30. David 7-
31. Goliath 8-
32. Esra .... 7+
33. Hirschbachwändle 6

Zugang:
Parken 200 talabwärts von Unterhirschbach (großer Parkplatz). 100 m Richtung Hirschbach, rechts Schotterstraße hoch und dieser folgen bis in den Wald (ca. 5 min). Wo der Wanderweg links von der Mittelbergwand her einmündet, rechts im Wald hinauf zu den Felsen.
Übersichtskarte: 1 (Seite 15)

40 Castellwand, rechter Wandteil (18 m, N)

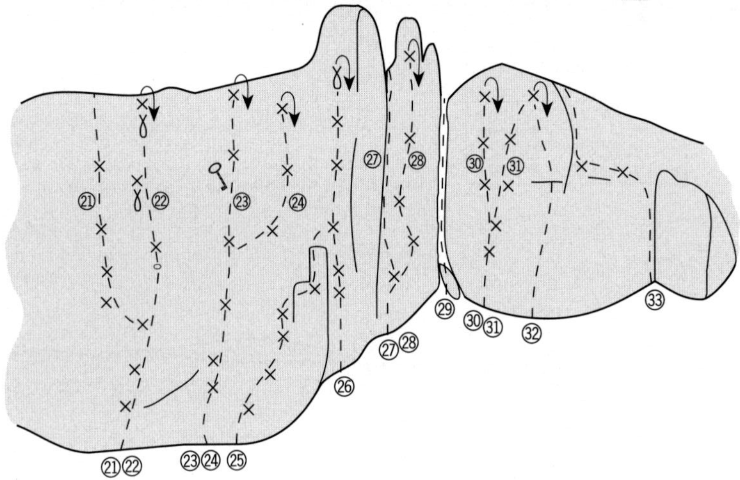

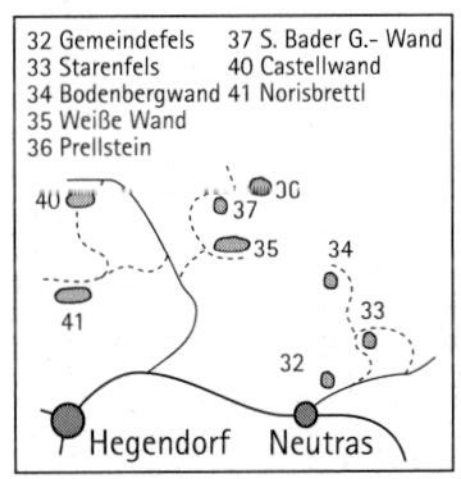

41 Norisbrettl (18 m, N)

Ganz Links

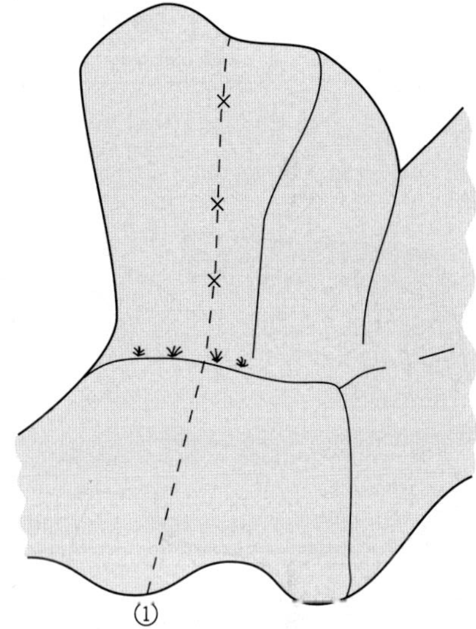

① Modern Art...7+/8-

Zugang:
Von der Castellwand in 10 min dem markierten Norissteig folgen zum Norisbrettl.
Vom Parkplatz zwischen Hegendorf und Neutras auf dem Wanderweg nach Hirschbach, an der Abzweigung Höhenglücksteig vorbei und im Wald die nächste Abzweigung links zum Norisbrettl.
Übersichtskarte: 1(Seite 15)

41 Norisbrettl (18 m, N), linker Wandteil

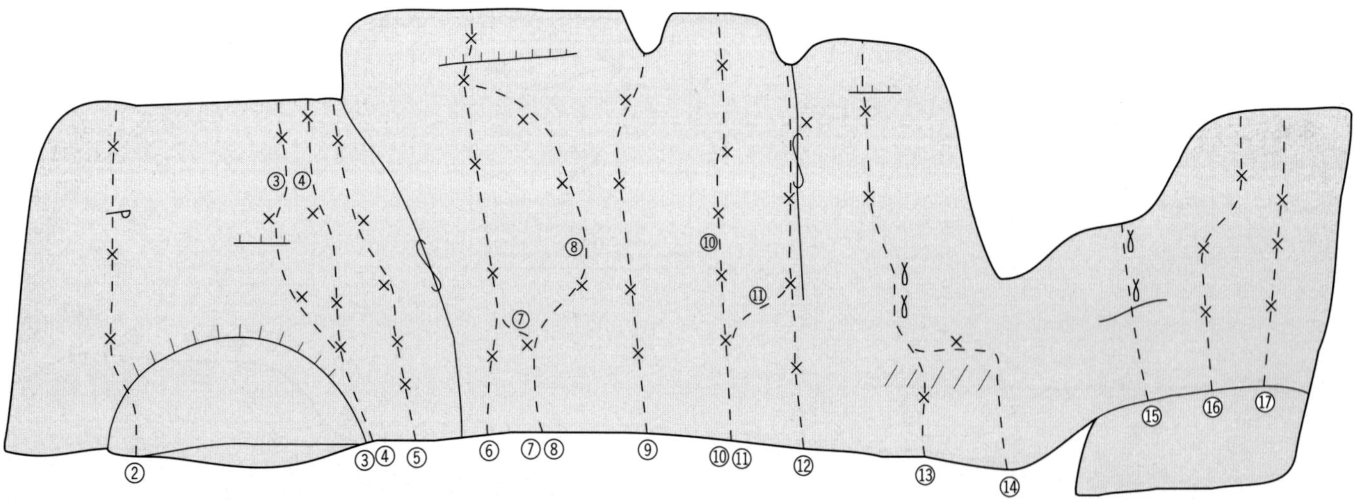

Zugang:
Von der Castellwand in 10 min dem markierten Norissteig folgen zum Norisbrettl.
Vom Parkplatz zwischen Hegendorf und Neutras auf dem Wanderweg nach Hirschbach, an der Abzweigung Höhenglücksteig vorbei und im Wald die nächste Abzweigung links zum Norisbrettl.
Übersichtskarte: 1(Seite 15)

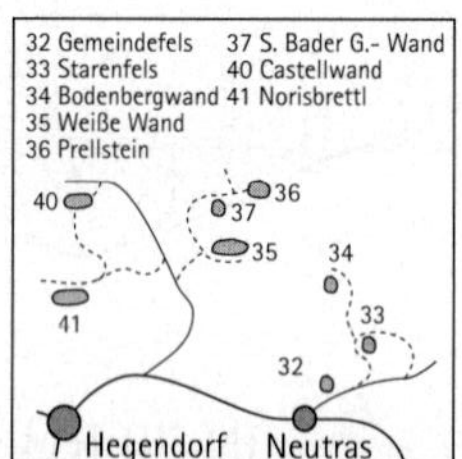

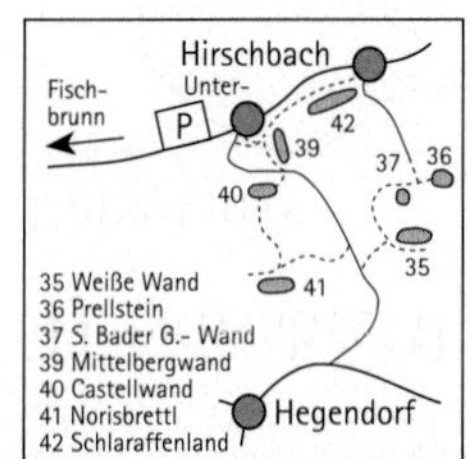

41 **Norisbrettl** (18 m, N), rechter Wandteil

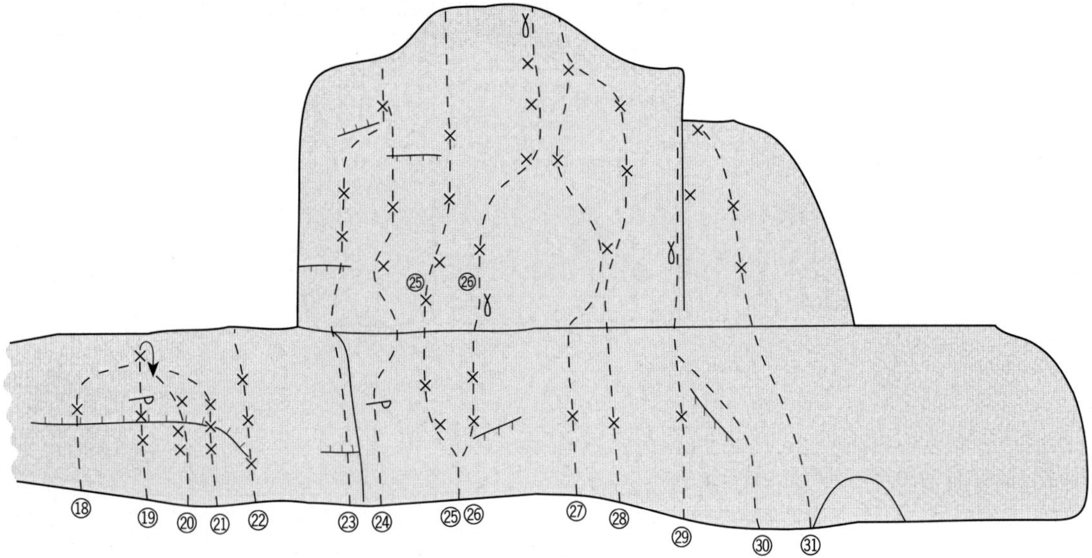

② Yo-ho	9-
③ Projekt	
④ Chelsea Monday	9+
⑤ Projekt	
⑥ Bloody Mary	9+
⑦ TDW	8+
⑧ Letze Ehre	8
⑨ Malcom X	8+
⑩ Coup d'Etat	9+
⑪ Myth of Sysiphos	8/8+
⑫ Null Frotik	9-
⑬ Mad Max II	7+/8-
⑭ Mad Max I	7
⑮ Mother's finest	8-
⑯ Megalomania	8
⑰ Judgement Day	9+
⑱ Bärli	7+
⑲ Pogo in La Palud	8-
⑳ Fritz the Cat	8/8+
㉑ Von Mädchen und Drachen	9-
㉒ Twix	7+/8-
㉓ Bauerfänger	7-
㉔ Dorftrottel	7+/8-
㉕ Prost Mahlzeit	8-
㉖ Teacher's Pet	7+
㉗ Bulldozer	7-
㉘ Chypsy	7+
㉙ Blöd-Mann	6/6+
㉚ Einstiegsvariante	4-
㉛ Robin	7-

41 Norisbrettl (18 m, N) Ganz rechts

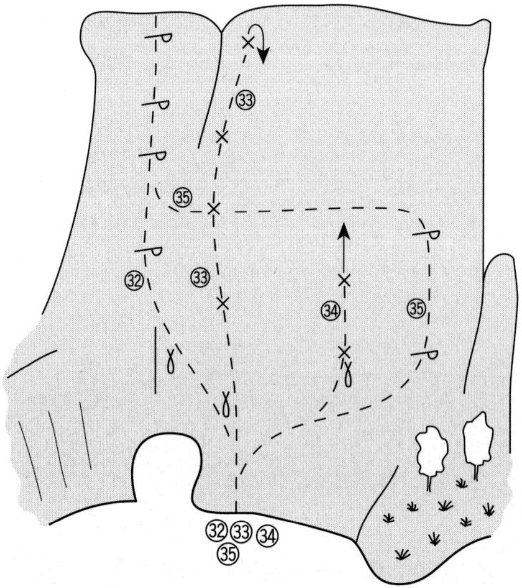

㉜ Alter Weg..5+ a1
㉝ Neue Form..7+
㉞ Projekt
㉟ Variante..5+ a1

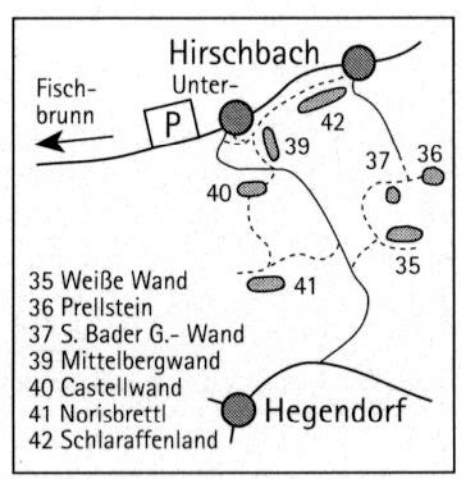

Zugang:
Von der Castellwand in 10 min dem markierten Norissteig folgen zum Norisbrettl.
Vom Parkplatz zwischen Hegendorf und Neutras auf dem Wanderweg nach Hirschbach, an der Abzweigung Höhenglücksteig vorbei und im Wald die nächste Abzweigung links zum Norisbrettl.
Übersichtskarte: 1(Seite 15)

42a Schlaraffenland Teufelsrißmassiv rechts (10-20 m, N)

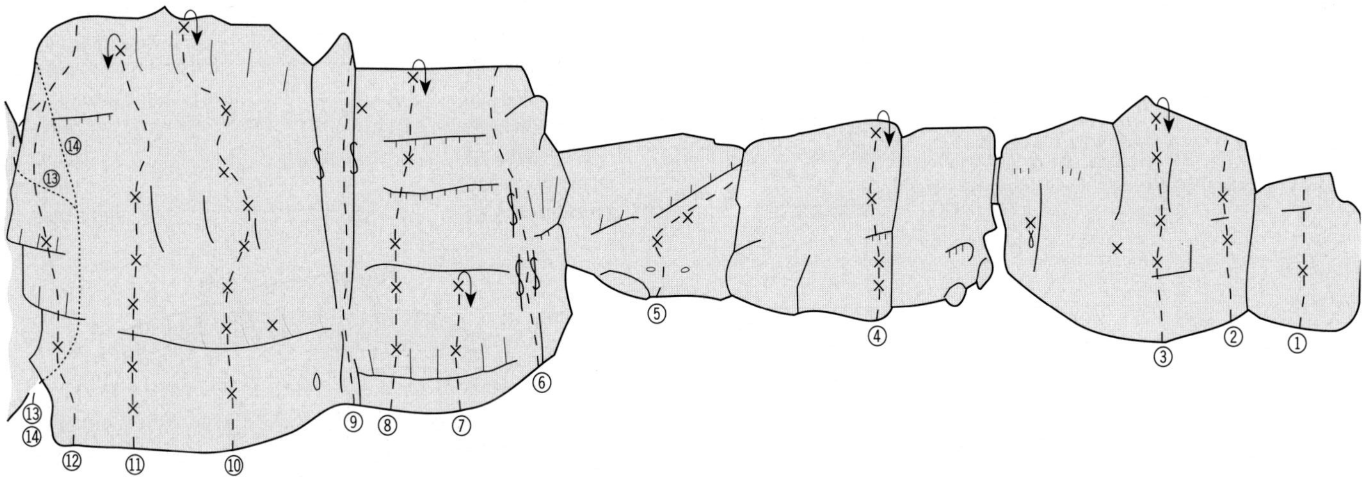

① Aperitif .... 8+
② Ernst ist tot 5
③ Croissant .... 6+
④ Delikatesse 7
⑤ Projekt
⑥ Körnerfresser *(Keile)* 7
⑦ Belegtes Brötchen 8
⑧ Asi mit Niveau 8-
⑨ Teufelsriß 6
⑩ Shangrila 11-/11
⑪ Morlock Shocker 10
⑫ Troops of Tomorrow 8-
⑬ Kaminkante .... 5+
⑭ Dunkelkammerkamin 3

Zugang:
Vom Gasthof Mittelbergwand 100 m talaufwärts und rechts über eine kleine Brücke zum Wanderweg und nach wenigen Schritten einen Pfad hoch zum Teufelsrißmassiv.
Übersichtskarte: 1 (Seite 15)

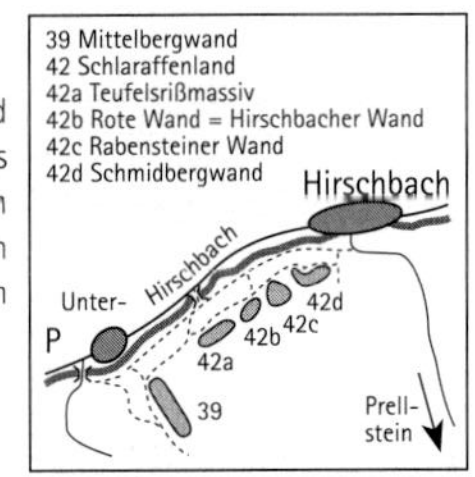

42a Schlaraffenland Teufelsrißmassiv links (10-20 m, N)

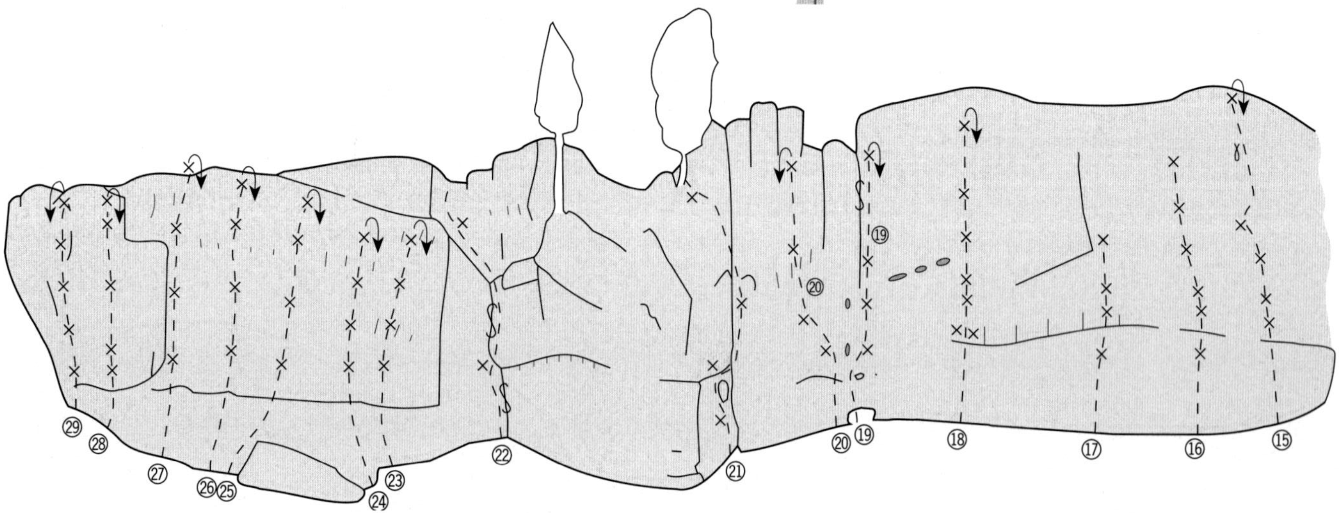

⑮ Odin's Tafel 10
⑯ Projekt
⑰ Projekt
⑱ Akira 10-/10
⑲ Dr. Kimbel auf der Flucht 10-
⑳ Hobo .... 9+
㉑ Zum Höhlenloch 6
㉒ Schattenriß 6-

㉓ Sektfrühstück 8-/8
㉔ Seniorenteller 8
㉕ Rumblefish 9-
㉖ Klimakatastrophe 9
㉗ Heiße Nächte in Palermo 8
㉘ Repoman .... 9+
㉙ Nie Diät 9-

Zugang:
Vom Gasthof Mittelbergwand 100 m talaufwärts und rechts über eine kleine Brücke zum Wanderweg und nach wenigen Schritten einen Pfad hoch zum Teufelsrißmassiv.
Übersichtskarte: 1 (Seite 15)

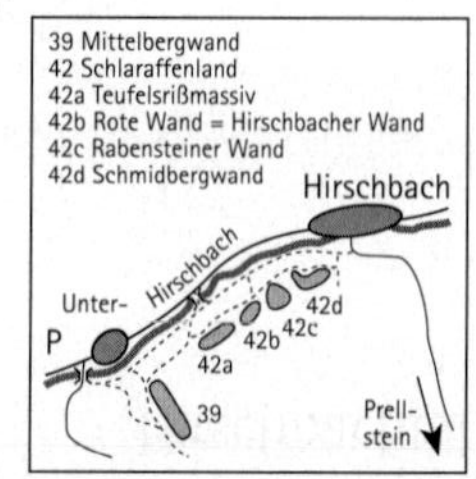

42b **Schlaraffenland** Rote Wand = Hirschbacher Wand (15 m, NW)

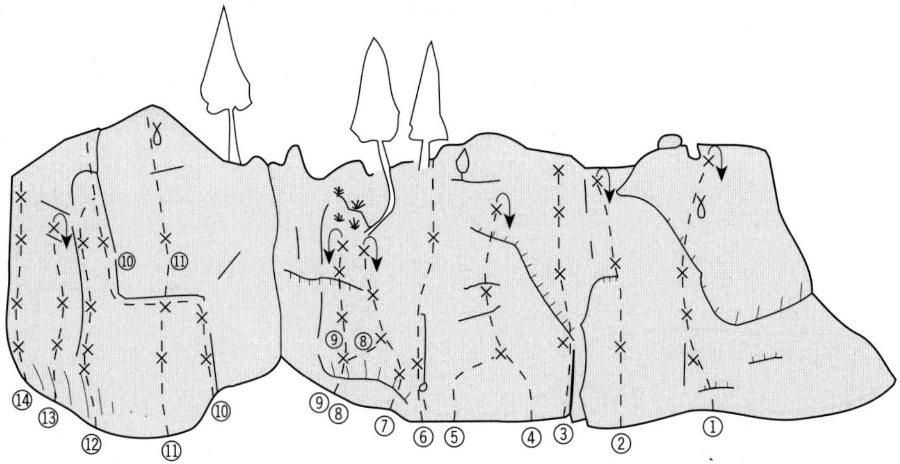

Zugang:
Vom Gasthof Mittelbergwand 100 m talaufwärts und rechts über eine kleine Brücke zum Wanderweg. Hier links und einige Minuten talaufwärts, bei Holzzaun rechts Pfad hinauf zur Roten Wand.
Übersichtskarte: 1 (Seite 15)

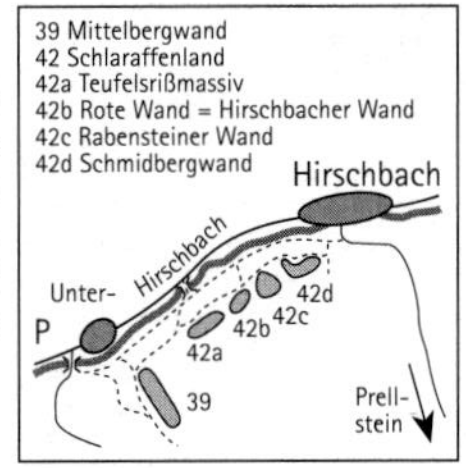

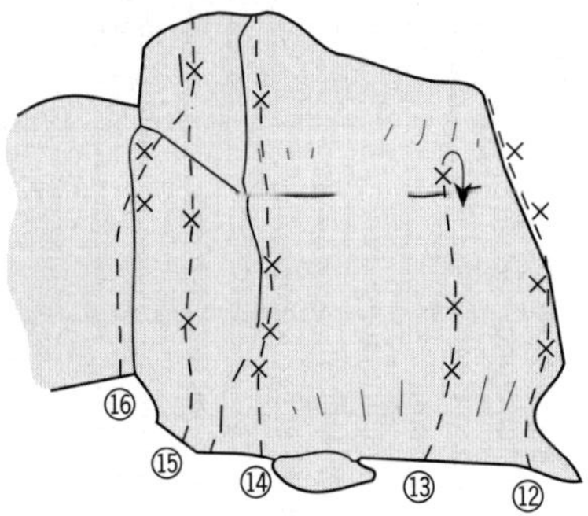

① Dessert 8-
② Saure Zipfel 8-
③ Birdy .... 7+
④ Vom Feinsten 8-
⑤ Ich und die Wirklichkeit 8-
⑥ Pastis 52 .... 7+
⑦ Mousse au Chocolatte 8-
⑧ Männer haben Erfolg 9
⑨ Kakao mit Sahne .... 8+
⑩ Nordwestwand 6
⑪ Pommes mit Majo 7-
⑫ Pennerglück 9-
⑬ Projekt
⑭ Beaujolais Primeur 9-
⑮ Geistesblitz .... 7+
⑯ Alter Weg .... 5+

42c Schlaraffenland Rabensteiner Wand

Westseite (22 m)

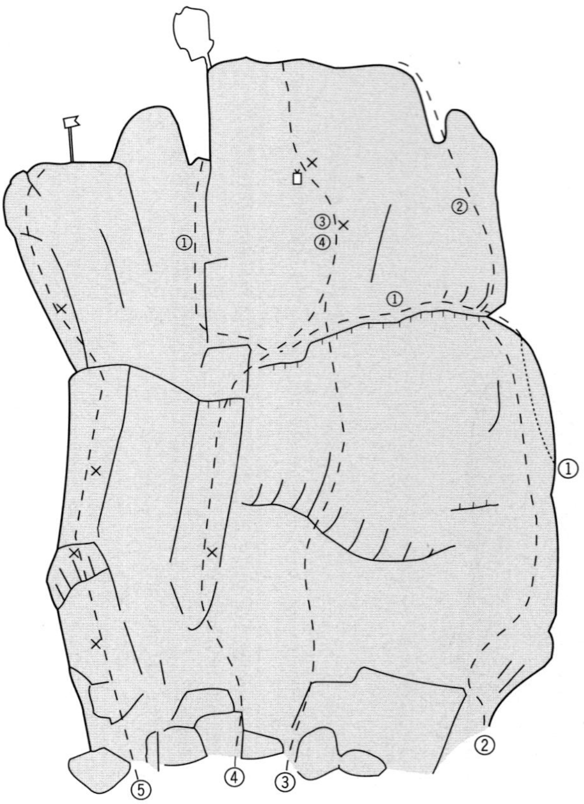

① Südwestquerung....................................3+
② Cappucino clean....................................6+
③ Rißüberhang..6+
④ Westverschneidung...............................6+
⑤ Private Dancer.......................................8-
⑥ Im Taumel der Triebe............................8
⑦ Alter Weg...6
⑧ Wörner goes to Washington................8-
⑨ Ostwand..8-
⑩ Rosa Zeiten..7-

42c Schlaraffenland Rabensteiner Wand

Nordostseite (24 m)

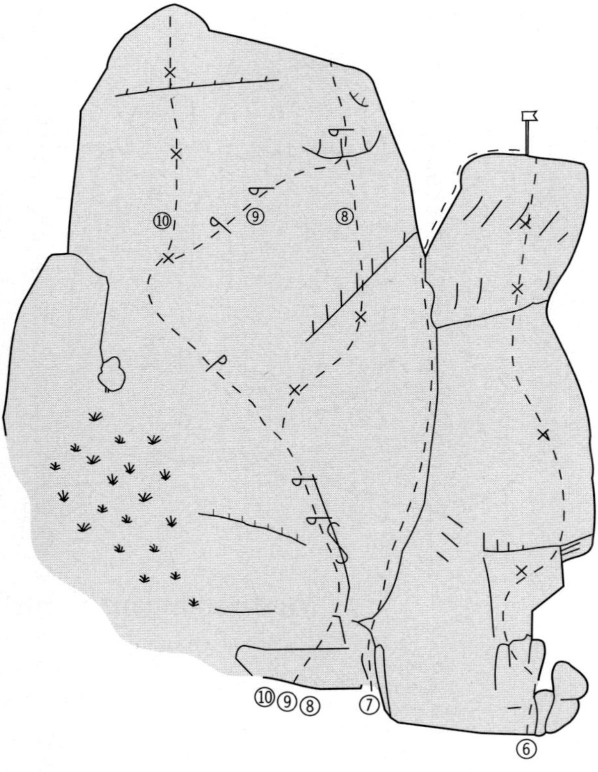

Zugang:
Vom Gasthof Mittelbergwand 100 m talaufwärts und rechts über eine kleine Brücke zum Wanderweg. Hier links und einige Minuten talaufwärts, bei Holzzaun rechts Pfad hinauf zur Roten Wand. Von hier auf dem Wanderweg in 2 min (talaufwärts) zur Rabensteiner Wand.
Übersichtskarte: 1 (Seite 15)

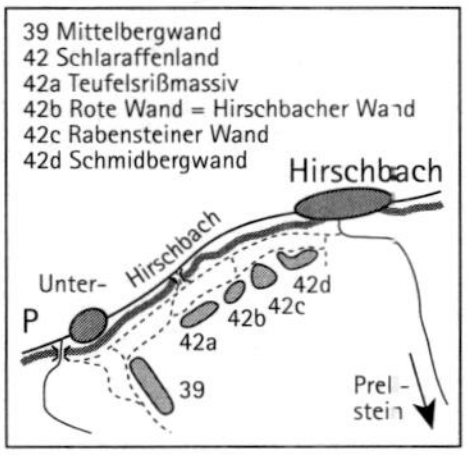

42d Schlaraffenland Schmidbergwand (24 m, NW) Hirschbachtal

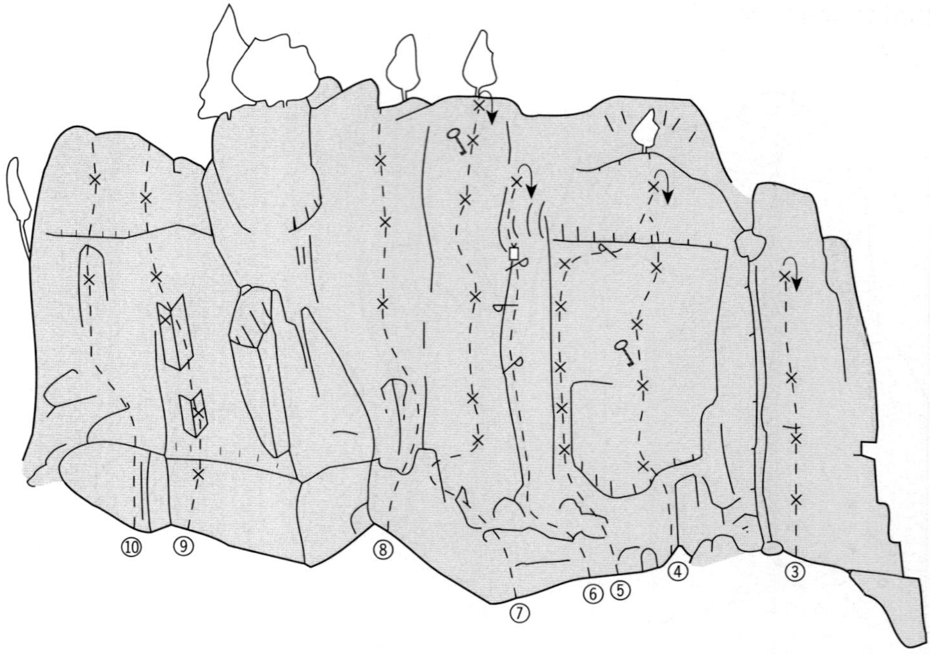

Westwand (ganz rechts)

① Westkante 3
② Beouf au vin 5-
③ Stinker .... 7+
④ Commander Superfinger 9-
⑤ Wellenkamp Ged.-Weg 7-
⑥ Jungmannenweg 7
⑦ Götterhämmerung .... 9/9+
⑧ Zwischen Rhein und Aufruhr .... 7+
⑨ Moralelastix .... 8+
⑩ Keule 6

Zugang:
In Hirschbach bei Telefonzelle parken und gegenüber Straße hinauf ("beim Schmiedberg"). Bei Gabelung rechts ("Haus Nr. 18; 20") und am Ende der Teerstraße links Weg hoch in den Wald (Pfeil, roter Punkt) zu den Felsen.
Übersichtskarte: 1 (Seite 15)

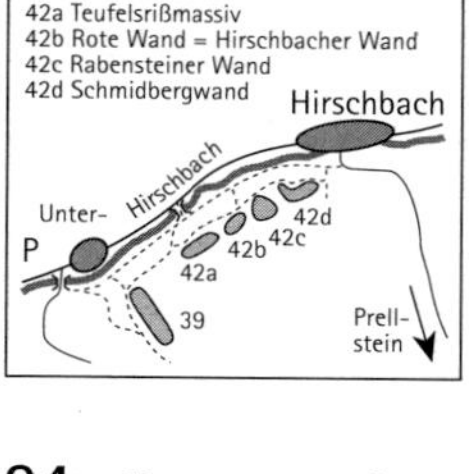

43 Klausener Wand (20 m, N)

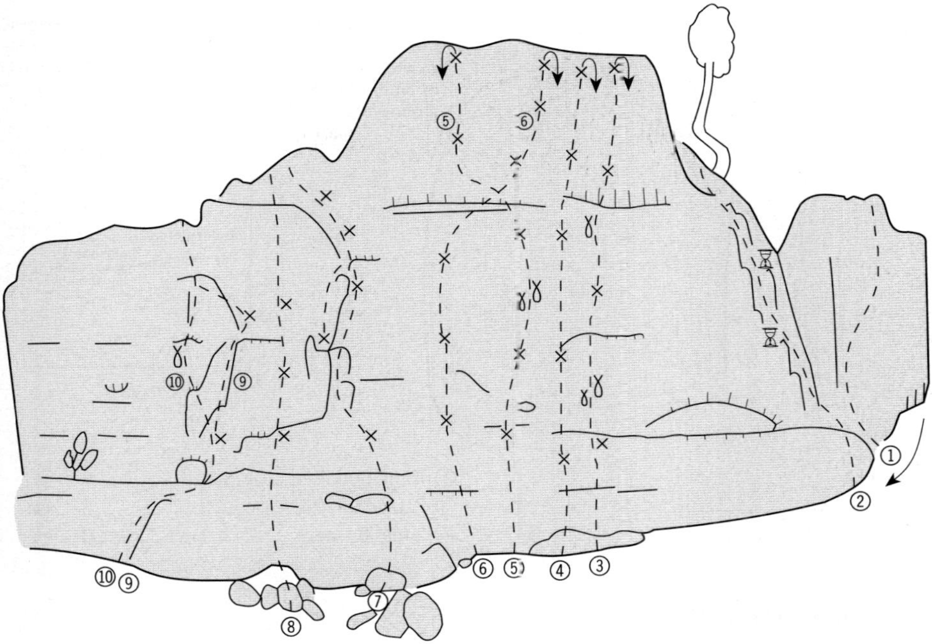

① Schleimkudderlä 6-
② Geile Götter.. 3+
③ Manche mögen's heiß............................... 8
④ Zwiespalt 8-
⑤ Nur Fliegen ist schöner............................ 8+
⑥ Lichtblick .... 8+
⑦ Obermühlriß.. 6+
⑧ Zum Warmmachen 7
⑨ Nordwestverschneidung.......................... 6-
⑩ Jacques Gelee .... 7+

Zugang:
Beim Schild "Obermühle" parken; zwischen den beiden Häusern geht ein Weg links hoch. Bei der Gabelung folgt man dem unteren Weg, bis er nach einer rechts-links-Schleife in den Wald führt. Hier rechts hoch zu den Felsen.
Übersichtskarte: 1 (Seite 15)

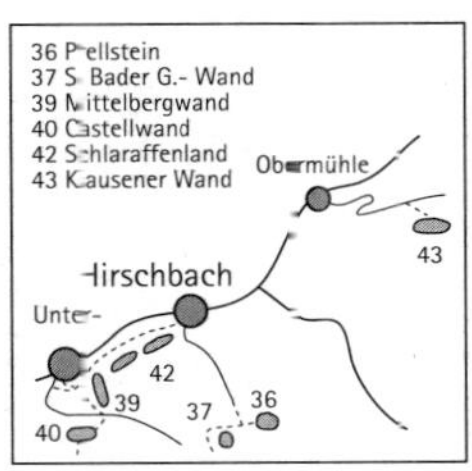

44 Riglashofer Wand (15 m, O)

Zugang:
In Riglashof gegenüber vom Gasthof "Zant" kleine Straße rein, die bei einer Gasverteilerstation endet. Hier ist bereits rechts oben die Gipfelfahne zu erkennen. Durch den Wald zu den Felsen. *Bitte nicht durch die Wiese weiter links laufen!*
Übersichtskarte: 1 (Seite 15)

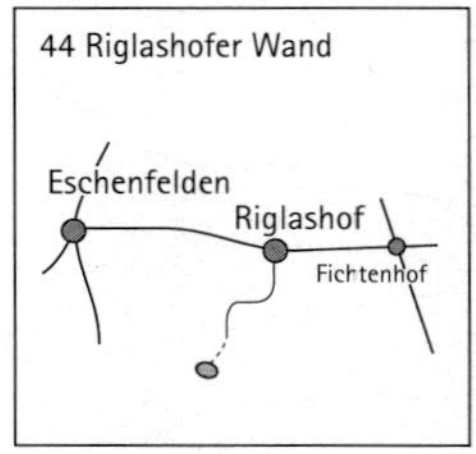

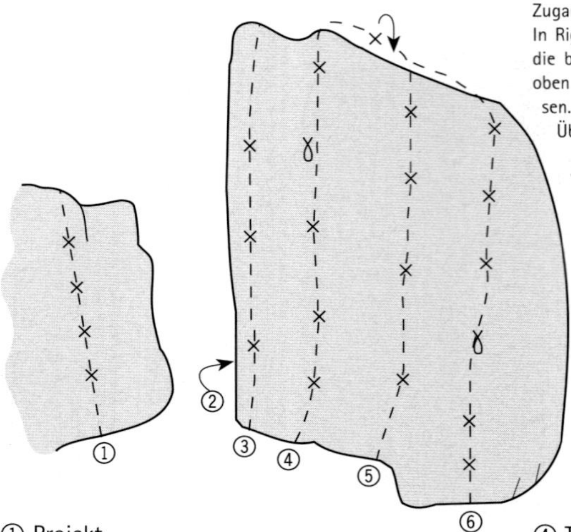

- ① Projekt
- ② Südriß 4
- ③ Katerfrühstück 7
- ④ Think flink 8-
- ⑤ Patazonia 8-
- ⑥ 3 mal 8 8-

45 Nußbergwand (16 m, N)

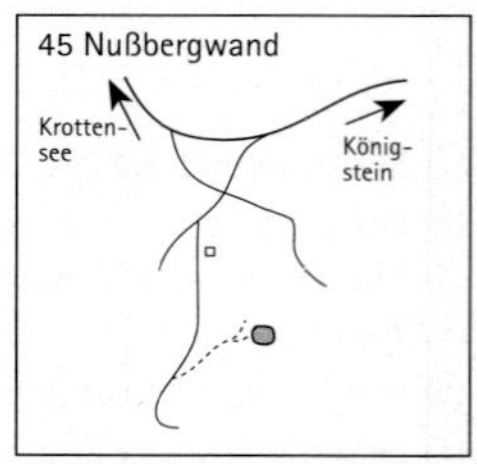

Zugang:
Von Königstein Richtung Neuhaus fahren und genau 1,5 km nach Ortsausgangsschild bei Feldweg parken. Diesen weiter, bei Abzweigung "Ossinger" geradeaus weiter und nach insgesamt 500 m links auf kleinen Feldweg abbiegen. Dieser führt an einem Hochsitz (Schild: Nußberg) und einer eingezäunten Aufforstung vorbei. Nach der Aufforstung scharf links und auf "5" markiertem Wanderweg in 5 min zur Nußbergwand.
Übersichtskarte: 1 (Seite 15)

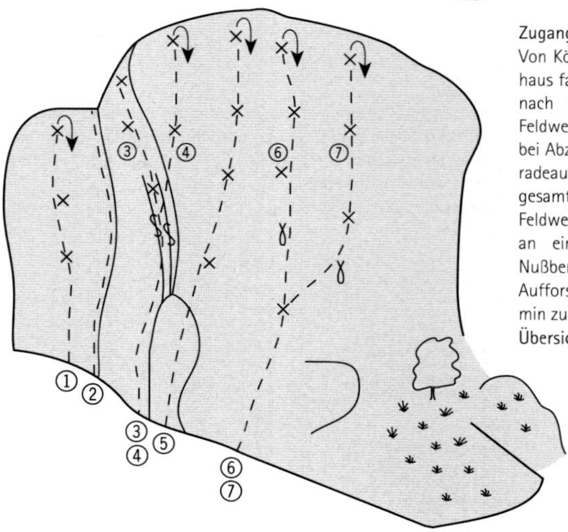

- ① Kauz 7-
- ② Nordostkamin .... 3+
- ③ Rippenkramer 7-
- ④ Genuß zum Schluß 7-
- ⑤ Hektik 7
- ⑥ Nerv .... 7+
- ⑦ Zupfer raus 7

46 Breitenstein (15 m, N)

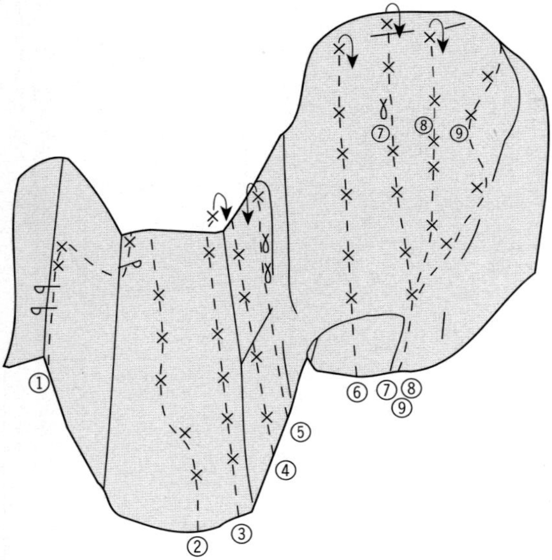

Zugang:
Am Ortseingang Breitenstein parken. Der Fels befindet sich direkt hinter der Kapelle.
Übersichtskarte: 1 (Seite 15)

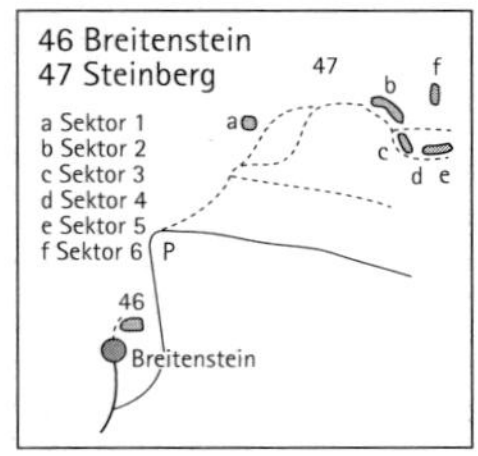

① Alteisen 8-
② Capuccino 9
③ Zur schönen Aussicht 7
④ Lifting 6-
⑤ Wursthaut 6-
⑥ Das Spiel ist aus .... 9/9+
⑦ Gänsehaut .... 8+
⑧ Königszug 9
⑨ Breitendach 8-

47a Steinberg Sektor 1 (18 m, O)

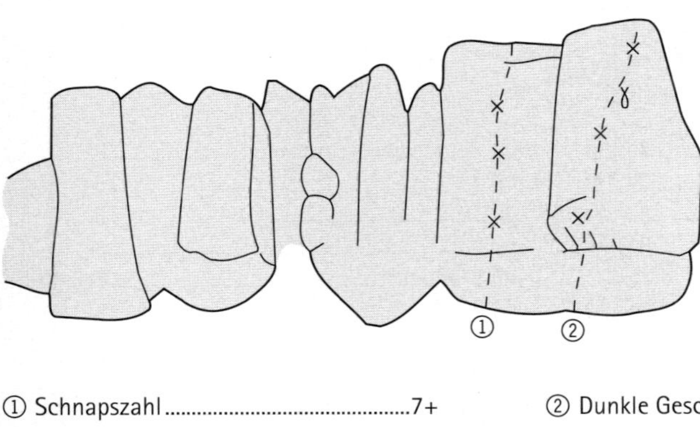

Zugang:
Am Ortseingang von Breitenstein parken und rechts auf betonierter Straße weiter bis zu scharfer Kurve. Beim Schild "Namsreuth/Eschenfelden" links auf Feldweg (an Einzäunung entlang) bis in den Wald. Links oben befindet sich der Sektor 1.
Übersichtskarte: 1 (Seite 15)

① Schnapszahl .... 7+
② Dunkle Geschäfte 8-

47b Steinberg Sektor 2 (10-12 m, SW)

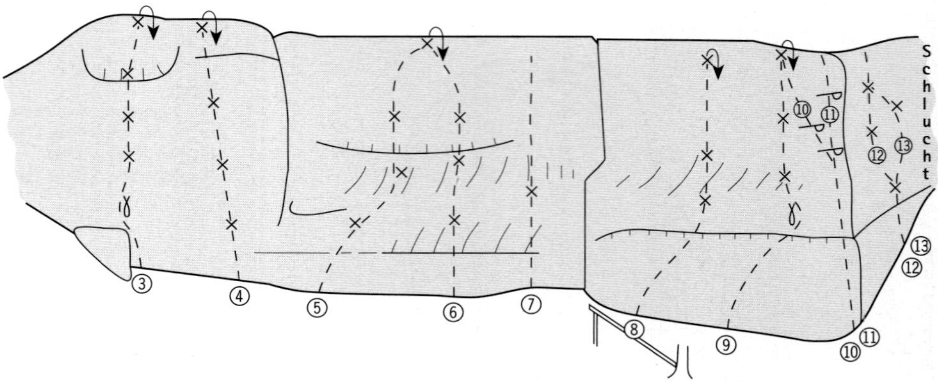

Zugang:

Am Ortseingang von Breitenstein parken und rechts auf betonierter Straße weiter bis zu scharfer Kurve. Beim Schild "Namsreuth/Eschenfelden" links auf Feldweg (an Einzäunung entlang) bis in den Wald. Links oben befindet sich der Sektor 1. Unten auf "Rotkreis" markiertem Wanderweg weiter in 5 min zu Sektor 2-5. Zum Sektor 6 geht man durch die Schlucht hindurch und 20 m nach einer Bank links auf einem Pfad zu den Felsen.

Übersichtskarte: 1 (Seite 15)

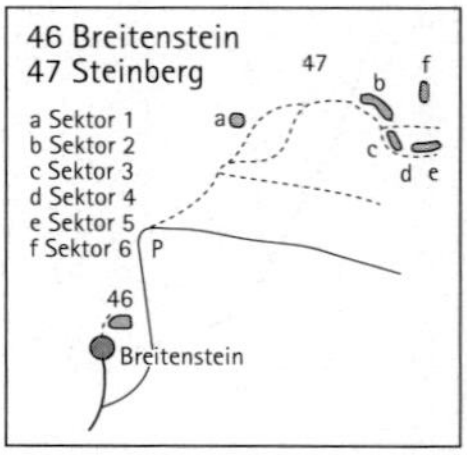

47c Steinberg Sektor 3 (10-12 m, W)

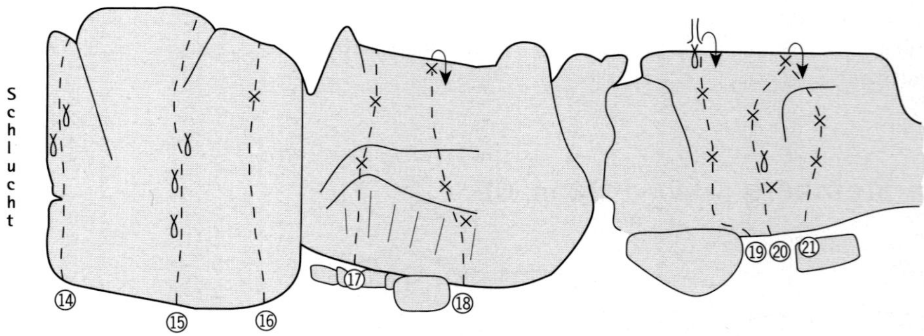

③ Die Kunst des Pirschens 7-
④ Geisterfänger 8-
⑤ Wenn der Himmel brennt 8
⑥ Rock gegen Rechts 9
⑦ Projekt
⑧ Energiekrise .... 8+
⑨ Sonnenkraft 8-
⑩ Variante 7-
⑪ Kante 7-
⑫ Linke Schluchtwand 8-
⑬ Rechte Schluchtwand 8-
⑭ ? .... 5+
⑮ ? 5-
⑯ ? .... 5+
⑰ L 'allpinist 7-
⑱ ? 8-
⑲ ? .... 6+
⑳ ? 6-
㉑ ? 5

47d Steinberg Sektor 4 (18 m, S)

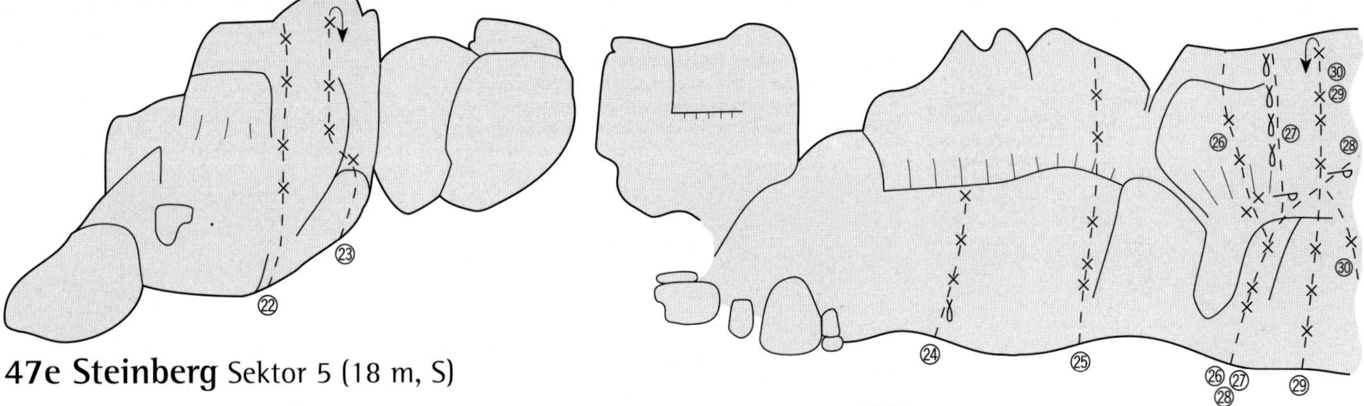

47e Steinberg Sektor 5 (18 m, S)

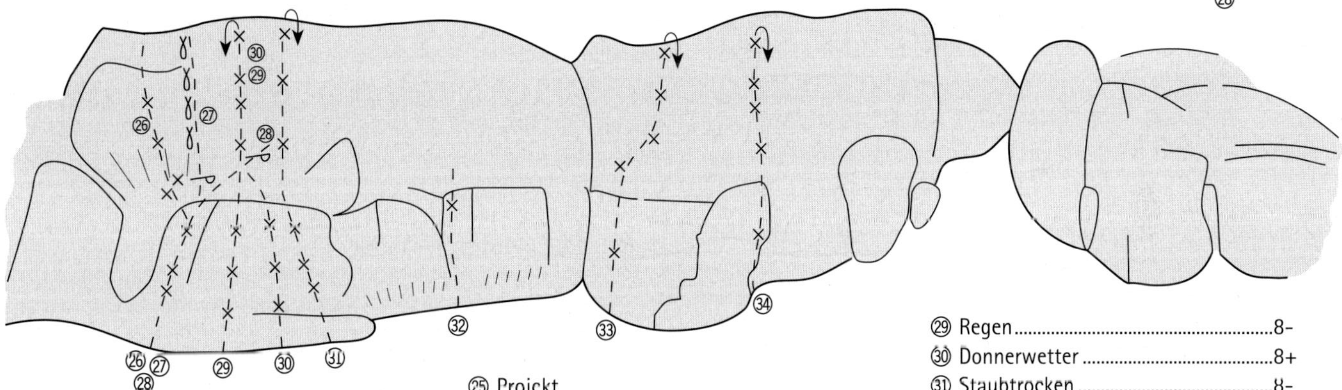

㉒ Projekt
㉓ Steinzwerck.................8
㉔ Projekt
㉕ Projekt
㉖ Projekt
㉗ ?.................9
㉘ ?.................6+
㉙ Regen.................8-
㉚ Donnerwetter.................8+
㉛ Staubtrocken.................8-
㉜ Projekt
㉝ Fieberkurve.................8
㉞ Projekt

47f Steinberg Sektor 6 (16 m, SO)

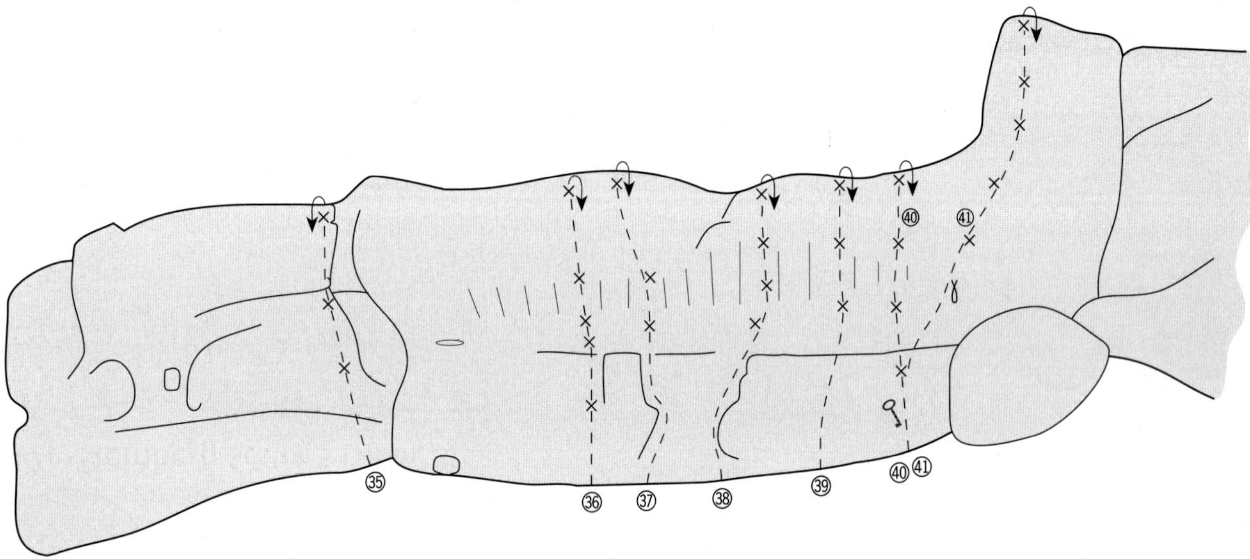

35 Projekt
36 Jurassic Park 8
37 Projekt
38 Dynamo Saurus .... 8+
39 Feuerstein .... 8+
40 Faustrecht 8-
41 Steinzeit 8-

Zugang:
Am Ortseingang von Breitenstein parken und rechts auf betonierter Straße weiter bis zu scharfer Kurve. Beim Schild "Namsreuth / Eschenfelden" links auf Feldweg (an Einzäunung entlang) bis in den Wald. Links oben befindet sich der Sektor 1. Unten auf "Rotkreis" markiertem Wanderweg weiter in 5 min zu Sektor 2-5. Zum Sektor 6 geht man durch die Schlucht hindurch und 20 m nach einer Bank links auf einem Pfad zu den Felsen.
Übersichtskarte: 1 (Seite 15)

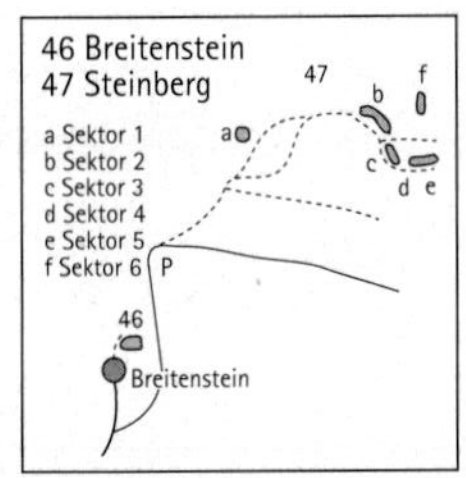

Kletterer lieben die Natur.

Deshalb setzen wir uns dafür ein, daß das Klettern in der Natur auch in Zukunft möglich bleibt.*

Kontakt und Informationen:

Bundesverband IG Kettern e.V.

Dr. F. Lender
Georg-Strobel-Str. 73
90489 Nürnberg

*Warum bist Du noch kein Mitglied der IG?

48 Kühlochfels (16 m, N)

a Amberger Wand

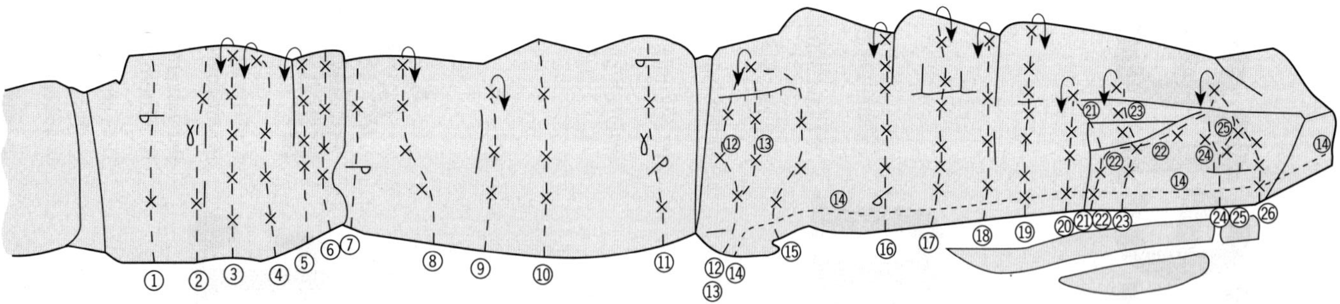

b Mittelbergwand

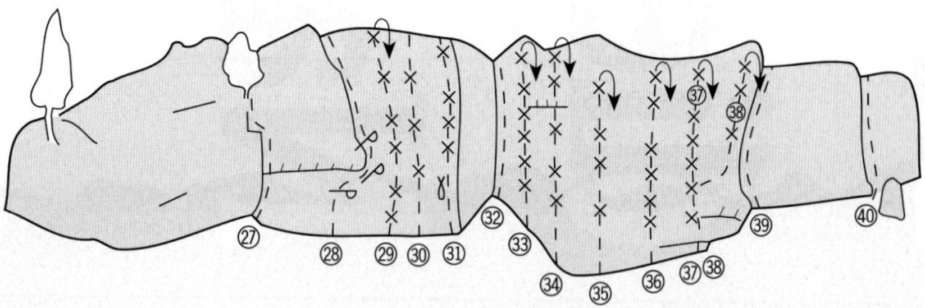

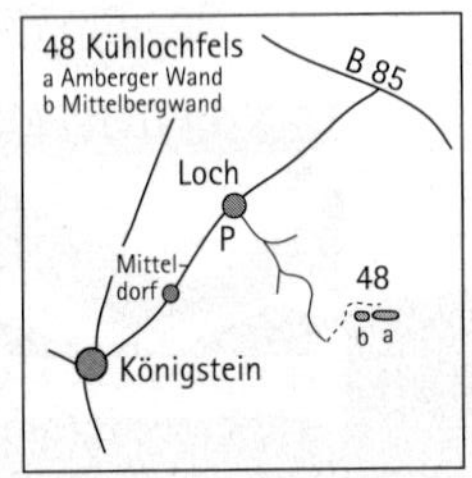

Zugang:
Von Königstein in Richtung B85 über Mitteldorf nach Loch, dort parken. Gegenüber der Bushaltestelle rechts in den Feldweg abbiegen. Diesem immer geradeaus folgen bis zum Waldrand. Dann links schmalem Wanderweg bergauf ca 150 m folgen und links unterhalb der ersten Felsen entlang, bis nach weiteren 100 m das Hauptmassiv rechts sichtbar wird.
Übersichtskarte: 1 (Seite 15)

① ? .... 7+
② Putzteufel .... 7+
③ Kondensstreifen .... 8+
④ Die Insel .... 8+
⑤ Falscher Hase 7
⑥ Demian 7
⑦ Kurzer Weg .... 7+
⑧ Reise nach Indien 8-
⑨ Reif für die Insel 8
⑩ Baum im Rücken .... 8 !
⑪ ? 8
⑫ Die Katze .... 8+
⑬ Tour der Leiden .... 8+
⑭ Quergang 10-

⑮ Fegefeuer 8
⑯ Ab geht die Post .... 8+
⑰ Sommernachtstraum 9-
⑱ Loch Ness 8-
⑲ Finger in Harmonie 9-/9
⑳ Fingerkabinett 9-
㉑ Amberger Dach 7
㉒ Drecksdach 7
㉓ Steffi und Boris 9
㉔ Linkes Trumm .... 9+
㉕ Bunte Trümmer 9-/9
㉖ Rechtes Trumm 9-/9
㉗ Mittelbergkamin 3
㉘ Amberger Riß 5 a1

㉙ ? .... 8+
㉚ Paris Texas .... 8+
㉛ Vaterschaftstest 8-
㉜ Erweiterter Riß 5 a1
㉝ Mutterschutz .... 7/7+
㉞ Gartenparty 8-/8
㉟ King Kühloch 8
㊱ Bikini 8-
㊲ Peggy Perfect .... 7+
㊳ Thommy im T-Shirt 8-
㊴ Moosige Verschneidung 3
㊵ Schräger Riß 5

49 Riffler Talseite (30 m, W) ☼

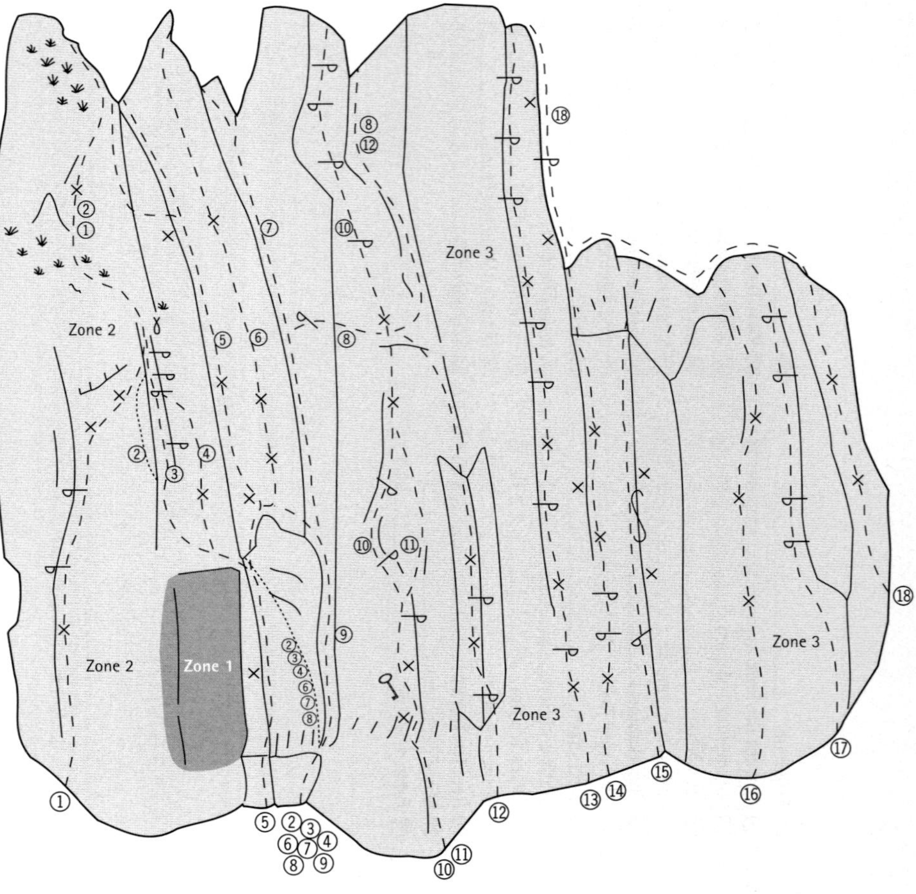

① Sturi Ged.-Weg ....6+ 🍺
② Bäumlesweg ....4+ 🍺
③ Josef Buchner Ged.-Weg 5 a1
④ Clensi ....8+
⑤ Vollratriß *(2 Ausstiege möglich)* ....6 🍺
⑥ Gazastreifen ....8 🍺
⑦ Talkamin 5
⑧ Rauher Kamin ....5 🍺
⑨ BGA-Riß *(Ausstieg beliebig)* 6-
⑩ Graue Kante ....8 🍺
⑪ Direkte Graue Kante *(Keile)* ....8+! 🍺
⑫ Dolomitverschneidung ....7- 🍺
⑬ Dachrinne ....8 🍺
⑭ Jakl Nähr Ged.-Weg ....8- 🍺
⑮ U-Weg ....6- 🍺
⑯ ? ....7 🍺
⑰ Südwestkante ....7- 🍺
⑱ Südkante ....5 🍺
⑲ Tölzer Riß 5
⑳ Marmorriß 3
㉑ Weiße Stille ....7+
㉒ Mittelkamin 4
㉓ Nordgipfel 4
㉔ Trance Foemation ....8+
㉕ Nordkante ....7 🍺
㉖ Nordwand ....6- 🍺
㉗ Ulrikenpfeiler ....7- 🍺

49 Riffler Bergseite (8-18 m, O) ☼ Nordwand (20m) Pegnitztal

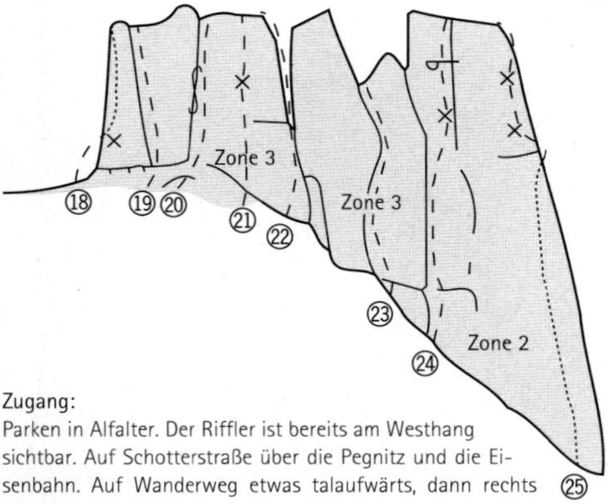

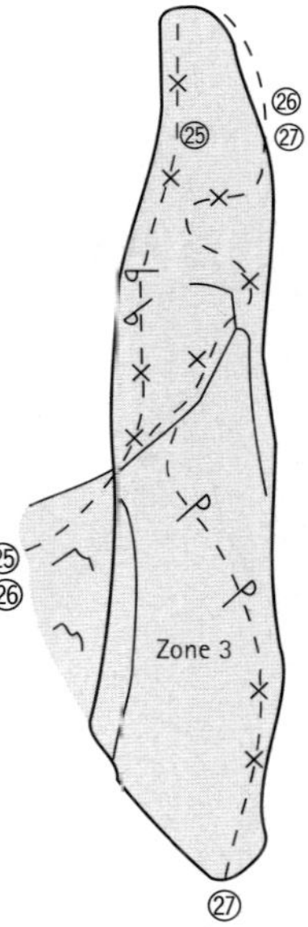

Zugang:
Parken in Alfalter. Der Riffler ist bereits am Westhang sichtbar. Auf Schotterstraße über die Pegnitz und die Eisenbahn. Auf Wanderweg etwas talaufwärts, dann rechts hinauf zum Felsen.
Übersichtskarte: 1 (Seite15)
Besonderes:
Sperrgefahr wegen Pflanzenschutz!
An der „Schulter" werden Umlenkhaken gesetzt (dann Zone 1!).
Recht glatte Platten, mit Riß-Klassikern wie dem obligatorischen "Vollratriß". Ehemalige Technorouten wie "Dachrinne" oder "Graue Kante" bieten lohnende Fingerrißklettereien im achten Grad.
Eine der schönsten Felsgestalten des Frankenjura.

50 Düsselbacher Wand (30 m, W) ☼

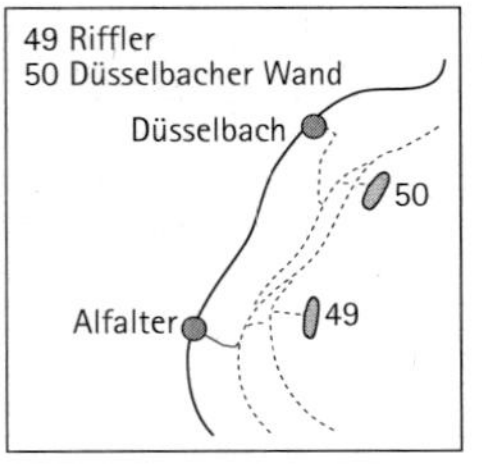

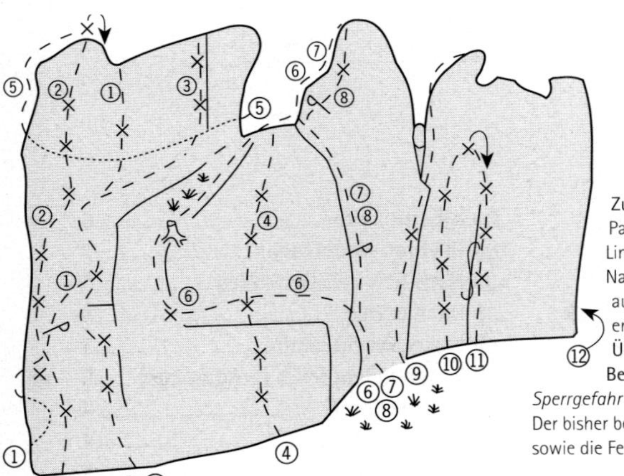

Zugang:
Parken in Düsselbach. Gegenüber dem Gasthof "Zur Linde" Sträßchen hinein, daß in einen Feldweg mündet. Nach der Eisenbahnbrücke links und gleich wieder rechts auf Pfad, der auf einen Forstweg mündet. Gerade empor zu den Felsen.
Übersichtskarte: 1 (Seite 15)
Besonderes:
Sperrgefahr wegen Pflanzenschutz!
Der bisher bekletterte Bereich gilt als Zone 2, alle anderen Bereiche sowie die Felsköpfe sind Zone 1!

① Seifertweg *(2 Einstiege möglich)*........6
② Lissypfeiler...6+
③ Baumannriß 6
④ Überlebt ....6+
⑤ Jubiläumsweg (Einstieg rückseitig)....6-
⑥ Bäumlesweg...4+
⑦ Alte Westwand..3
⑧ Massivausstieg...4+
⑨ Höhlenriß..4+
⑩ Janosch..6+
⑪ Sieglriß...6
⑫ Südkamin...3

51 **Kleine Wacht**, rechter Teil (15 m, W) ☼ Pegnitztal

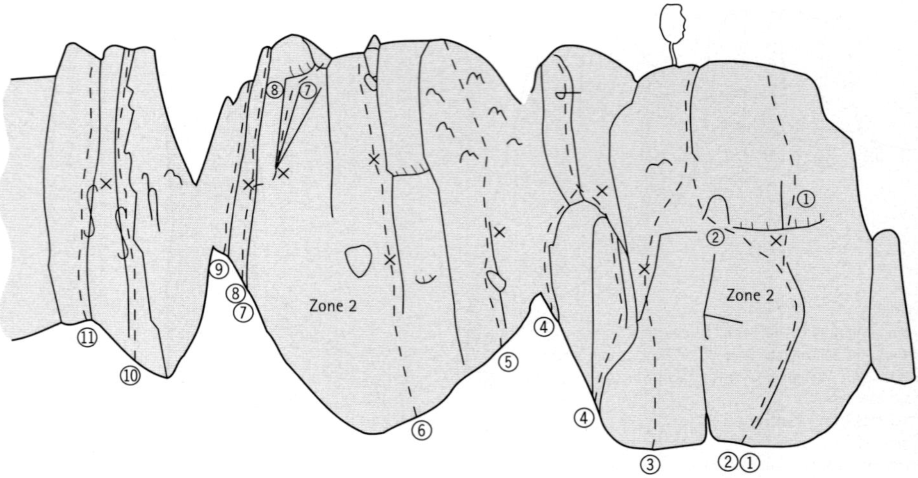

Zugang:
In Vorra in der S-Kurve in die Hirschbacher Straße abbiegen. Diese geht über in die Raiffeisenstraße, spätestens bei Gesperrt-Schild parken. 60 m nach dem Schild links rein ("Oberer Höhenweg"); nach 70 m bei Gabelung links. 160 m nach der Gabelung ist eine Bank. Nach weiteren 20 m führt rechts ein Pfad zu den Felsen.
Übersichtskarte: 1 (Seite 15)
Besonderes:
Sperrgefahr wegen Pflanzenschutz!
Der gesamte Felsen gilt als Zone 2, die Felsköpfe sind Zone 1!

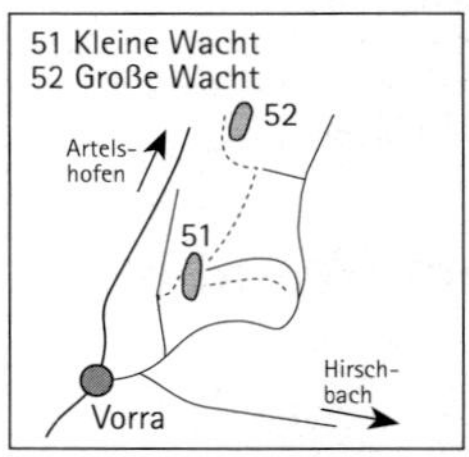

① Rißüberhang .... 4+
② Quergang 3
③ Geheimweg 5
④ Piazriß 5-
⑤ Schluchtweg 5
⑥ Westverschneidung 6-
⑦ Wachtverschneidung 6-
⑧ Erdbeerriß *(Keile)* .... 6+
⑨ Schiefer Kamin 3
⑩ Rechter Fichtenriß .... 4+
⑪ Linker Fichtenriß 4
⑫ Ritterboumweg 6
⑬ Variante 7-
⑭ Wildpflaume 7-
⑮ Albertinaweg 6-
⑯ Rechter Wachtkamin 2
⑰ Hans Scharrer Ged.-Weg .... 5+
⑱ Dächlesweg .... 5+
⑲ Linker Wachtkamin 3
⑳ Vagabundenpfeiler (2 Ausstiege) 6-
㉑ Holzhackerriß 4-
㉒ Ostermarsch 4
㉓ Plattensprint .... 5+
㉔ Steinmetz Ged.-Weg (2 Varianten) 7-
㉕ Nordkante .... 5+
㉖ Langer Riß .... 5+
㉗ Muffige Schuppe .... 5+
㉘ Bergzigeunerweg 6

51 Kleine Wacht, linker Teil (16 m, W) ☼

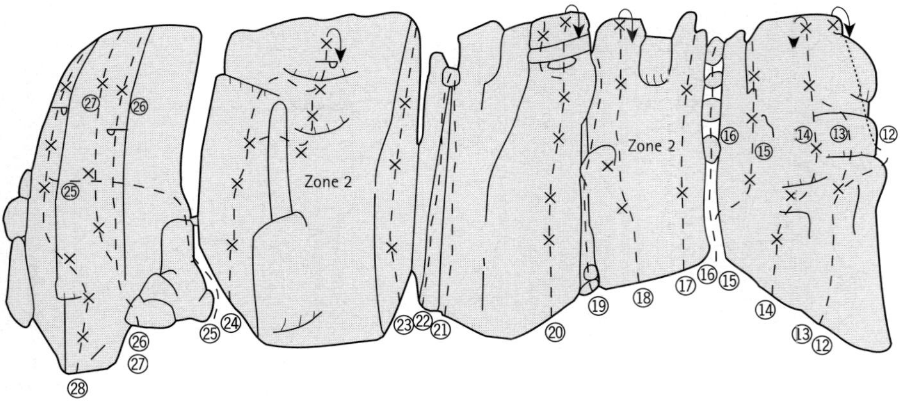

52 Große Wacht (18 m, W)

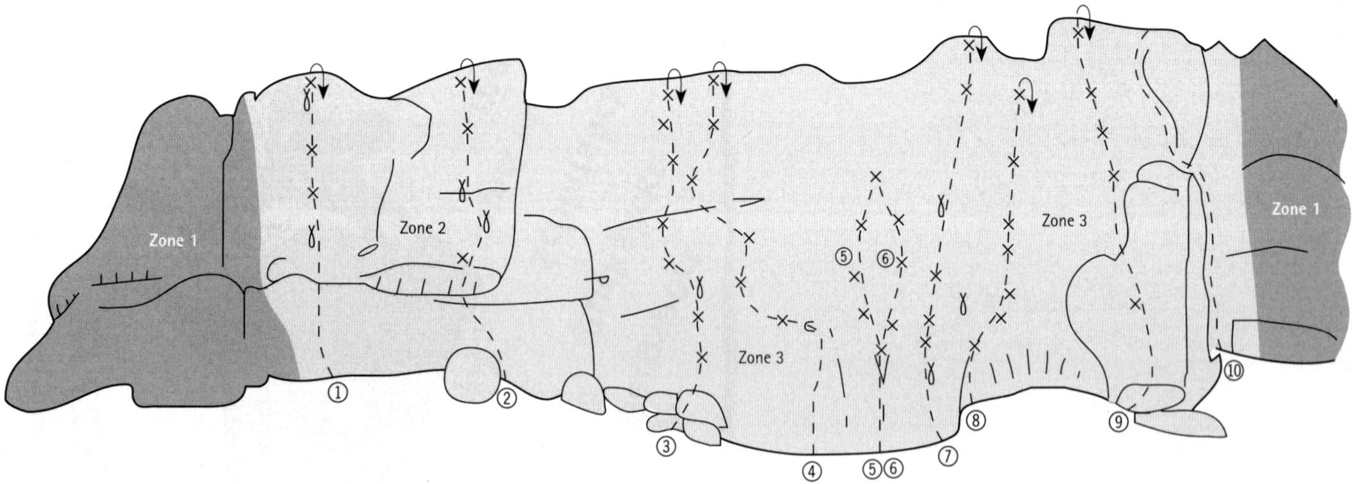

① ? 7-
② Projekt
③ ? 8-
④ Life in the balance .... 8+
⑤ Projekt
⑥ Projekt
⑦ ? 9
⑧ Krieg und Frieden 9-
⑨ ? 7
⑩ Moser Ged.-Weg 5 a1

Zugang:
a) Von der Kleinen Wacht aus: Oberhalb der Felsen am Turm vorbei aus dem Wald heraus und dann links, zuerst am Waldrand, dann an einem Zaun entlang nördlich auf ein größeres Waldstück zu. Davor ist eine Wiese. An dieser entlang Richtung Pegnitztal (Westen) gehen bis zum rechten oberen Ende und nach rechts in den Wald zu den Felsen.
b) Von Vorra aus: In Vorra in der S-Kurve in die Hirschbacher Straße abbiegen. Diese geht über in die Raiffeisenstraße, spätestens bei Gesperrt-Schild parken. Die Straße geht über in einen Feldweg, diesem nach Wandermarkierung "Grünpunkt" folgen. Nach gut 5 min sind rechts zwei kleine Häuser. 50 m danach folgt man links einem Feldweg. Zwischen zwei Waldstücken sieht man eine Wiese, an dieser entlang bis zu ihrem rechten oberen Ende und nach rechts in den Wald zu den Felsen. Zur Wiese gelangt man auch direkt von der Kleinen Wacht aus.

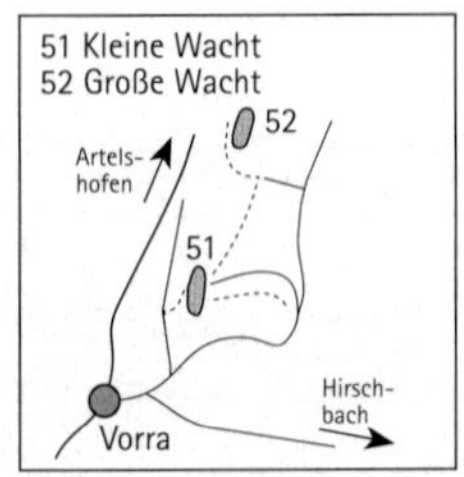

Übersichtskarte: 1 (Seite 15)

Besonderes:
Die Felsköpfe sind Zone 1!

53 Langenstein Nordostseite (bis 15 m)

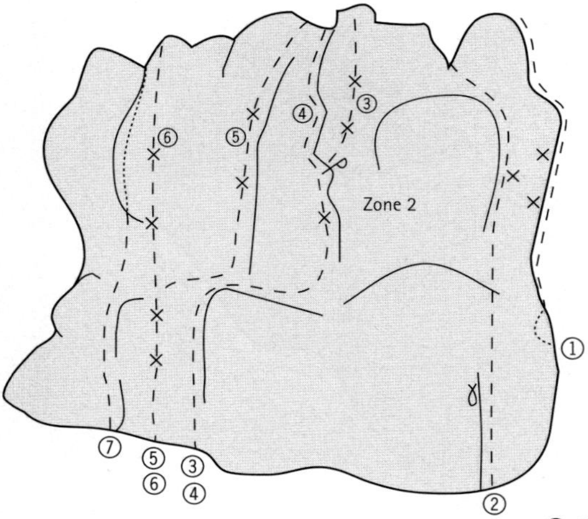

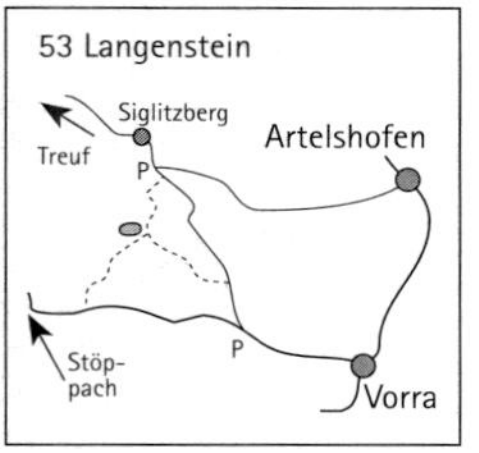

① Nordkante 7
② Nordwand 6-
③ Buchner-Pfeiler .... 6+
④ Nach'm Regen *(Keile)* .... 4+
⑤ Müller Pietsch Ged.-Weg 6
⑥ Haraldpfeiler 6
⑦ Ostverschneidung (Keile) 2

⑧ Südkante .... 5+
⑨ Westwand 6-
⑩ Westriß 4
⑪ Flockentanz .... 6+
⑫ Fluchtweg .... 6+
⑬ Abendverschneidung (Keile) 5
⑭ Leoni 7
⑮ Dornröschen .... 5+

Südwestseite (bis 16 m)

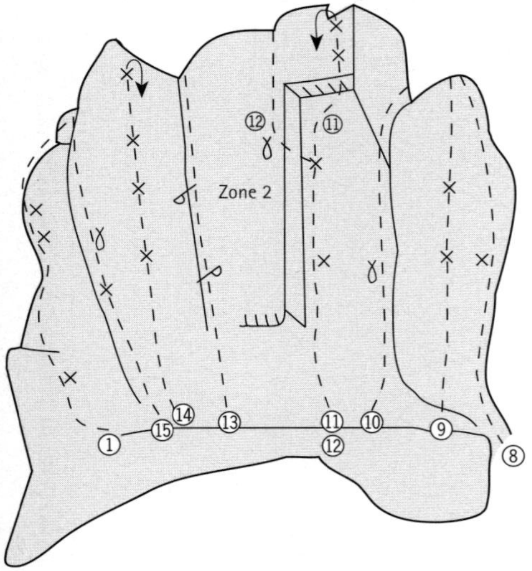

Zugang:
a) Von Treuf nach Siglitzberg und nach dem Ort bei der 1. Abzweigung rechts und parken. Wieder rechts und auf markiertem Wanderweg (Blaukreuz, Blaupunkt, Gelbstrich) zum Langenstein (10 min).
b) Von Vorra Richtung Stöppach und dort, wo der Schotterweg nach Siglitzberg abzweigt parken. Hier zweigt auch der mit Blaukreuz markierte Wanderweg zum Langenstein ab. Diesem folgt man zu den Felsen (20 min).
Übersichtskarte: 1 (Seite 15)
Besonderes:
Längerer Zustieg, landschaftlich sehr schön und ruhig

54 Artelshofener Wand (18 m, N + W)

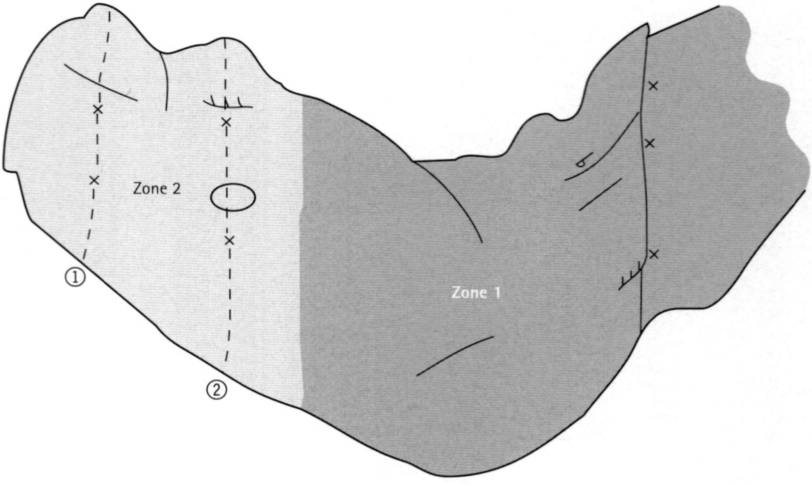

① Für Burckhard 6
② Halb so wild 6

Zugang:
Die Artelshofener Wand befindet sich 50 m rechts oberhalb der Straße von Artelshofen nach Großmeinfeld.
Übersichtskarte: 1 (Seite 15)

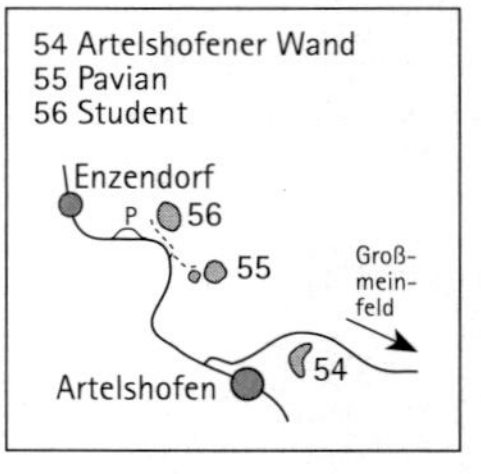

55 Pavian Talseite (bis 35 m, W)

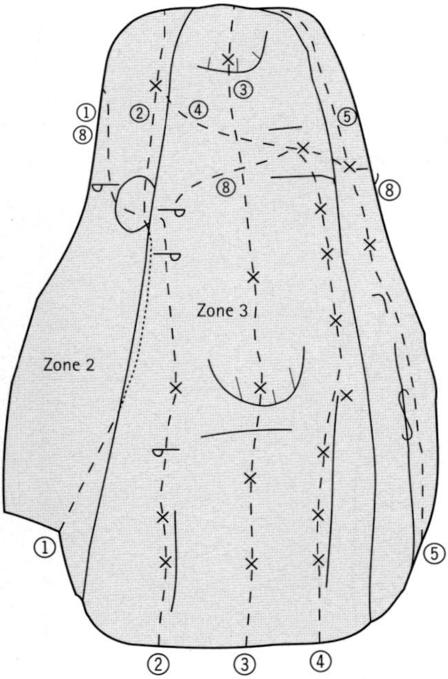

Südseite (27m) Pegnitztal

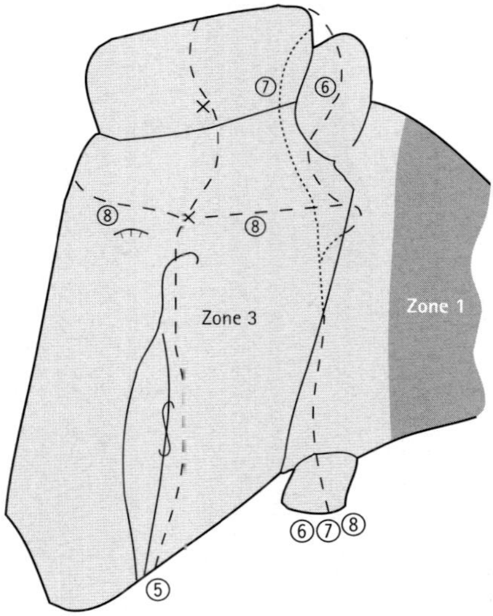

Enzendorfer Nadel (8 m)

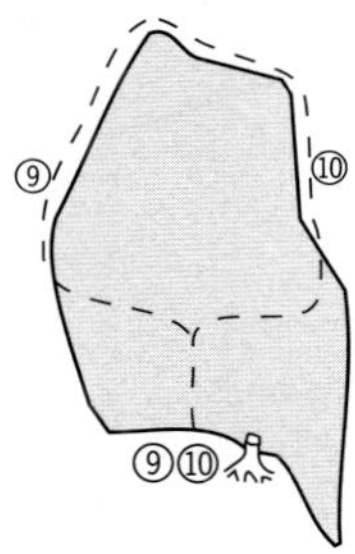

① Nordwand...4
② Linke Talwand..6
③ Vorstiegsmaschine 8
④ Rechte Talwand ....6+
⑤ Südriß..5+
⑥ Südschlucht ....3+
⑦ Stemmkamin...4
⑧ Koffka-Traverse.......................................4+
⑨ Südkante...4
⑩ Nordkante...4

Zugang:
Zwischen Artelshofen und Enzendorf steht oberhalb einer weiten Rechtskurve der gut sichtbare Student. Etwas talaufwärts befindet sich ein Parkplatz. Von diesem wieder kurz talabwärts und links kurze Fuhre hoch. Nach rechts führt ein Pfad durch den Wald zum Pavian. Gegenüber von dessen Talseite steht die kleine "Enzendorfer Nadel".
Übersichtskarte: 1 (Seite 15)

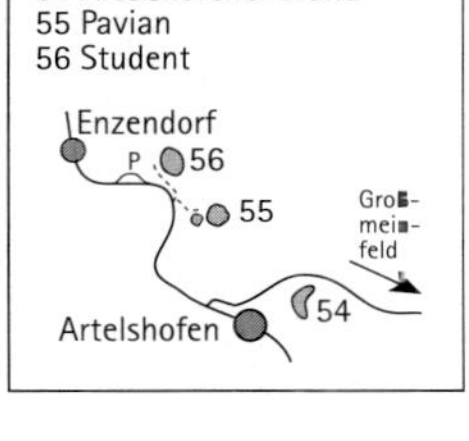

56 **Student** Talseite (30 m, SW)

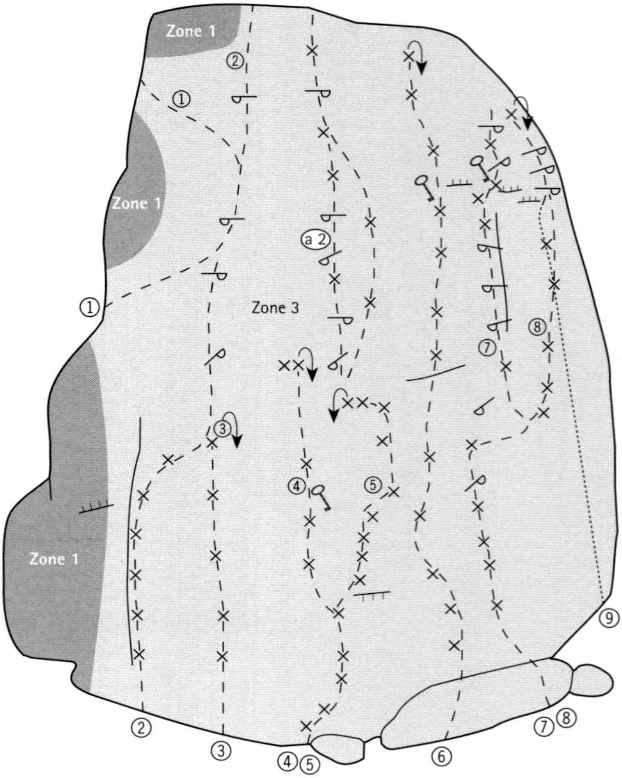

① Westwand .... 5+
② Linke Talwand 8
③ Leichte Acht 8
④ Simon 10-
⑤ Georg Ehmann Ged.-Weg 9
(1. SL 9; 2. SL Rechtsvariante 9-)
⑥ Hart Neun 10-/10
⑦ Heiße Finger (Wallner Ged.-Weg) 9
⑧ Variante 8
⑨ Uhuweg 5 a2
⑩ Südriß 6
⑪ Nordverschneidung .... 6+
⑫ Matt in drei Zügen 9-
⑬ Nordwestkante 3

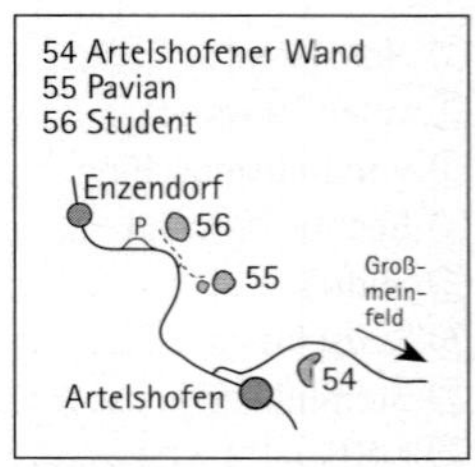

Zugang:
Zwischen Artelshofen und Enzendorf steht oberhalb einer weiten Rechtskurve der gut sichtbare Student. Etwas talaufwärts befindet sich ein Parkplatz. Von diesem wieder kurz talabwärts und links kurze Fuhre hoch. Wieder links und auf Pfad zum Felsen.
Übersichtskarte: 1 (Seite 15)
Besonderes:
Felsköpfe sowie Talseite rechts von ⑨ sind Zone 1!
Für den Nördlichen Frankenjura etwas ungewöhnlicher Fels (teils recht wasserzerfressen). Legendärer Ausdauer-KLassiker im 9. Grad: der von Wolfgang Güllich 1982 frei begangene und in "Heiße Finger" umgetaufte "Dieter Wallner Ged.-Weg".
Auch der "Simon" muß inzwischen bereits zu den Klassikern gezählt werden und hat diverse Damenbegehungen, darunter einen "Flash"! (Lynn Hill). Altmeister Rudi Borschert hat mit 'Hart Neun" eine Tour erschlossen, die eher Richtung "Glatt Zehn" tendiert.

56 Student Bergseite (16 m, N)

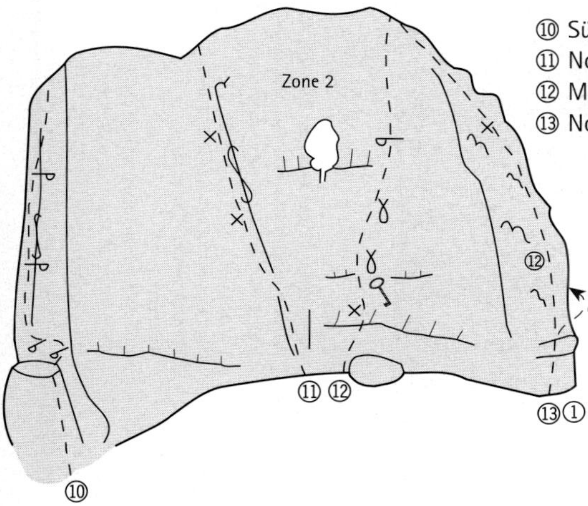

⑩ Südriß 6
⑪ Nordverschneidung ....6+
⑫ Matt in drei Zügen 9-
⑬ Nordwestkante 3

57 Freudenmauer (6 m, S)

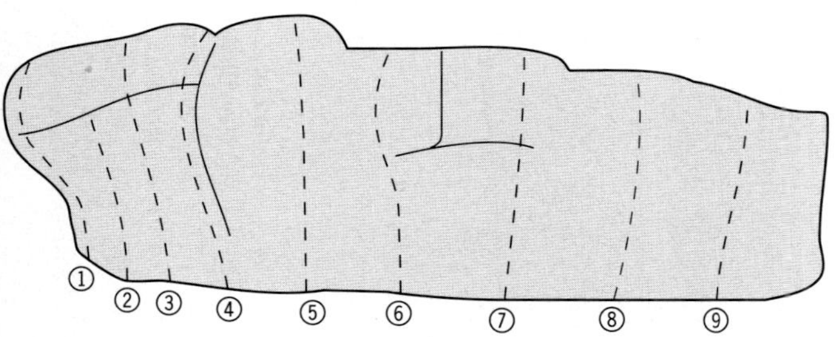

① Schnellkraft 8-
② Begegnung ....9+
③ Stonefeeling 8
④ Surrealis ....7+
⑤ Tappes 8
⑥ Fingerhorror ....8+
⑦ Kombreha ....7+
⑧ Stachelschwein 7-
⑨ Sandmann ....6+

Zugang:
Zwischen Raitenberg und Wallsdorf zweigt eine Straße nach Eichenstruth ab, hier parken. Auf der anderen Seite der Hauptstraße befindet sich das Massiv (in der Wiese).
Übersichtskarte: 1 (Seite 15)
Besonderes:
Kurze Boulder

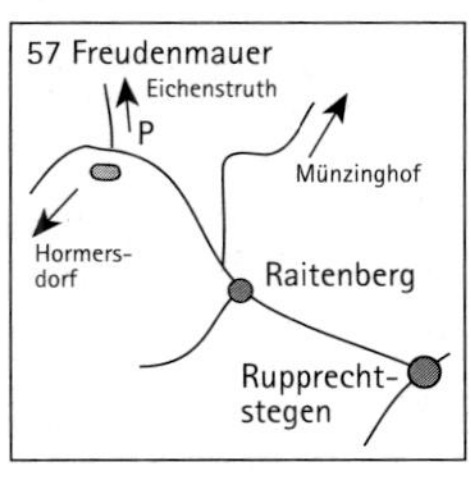

58 Ankatalwand Südwand (23 m)

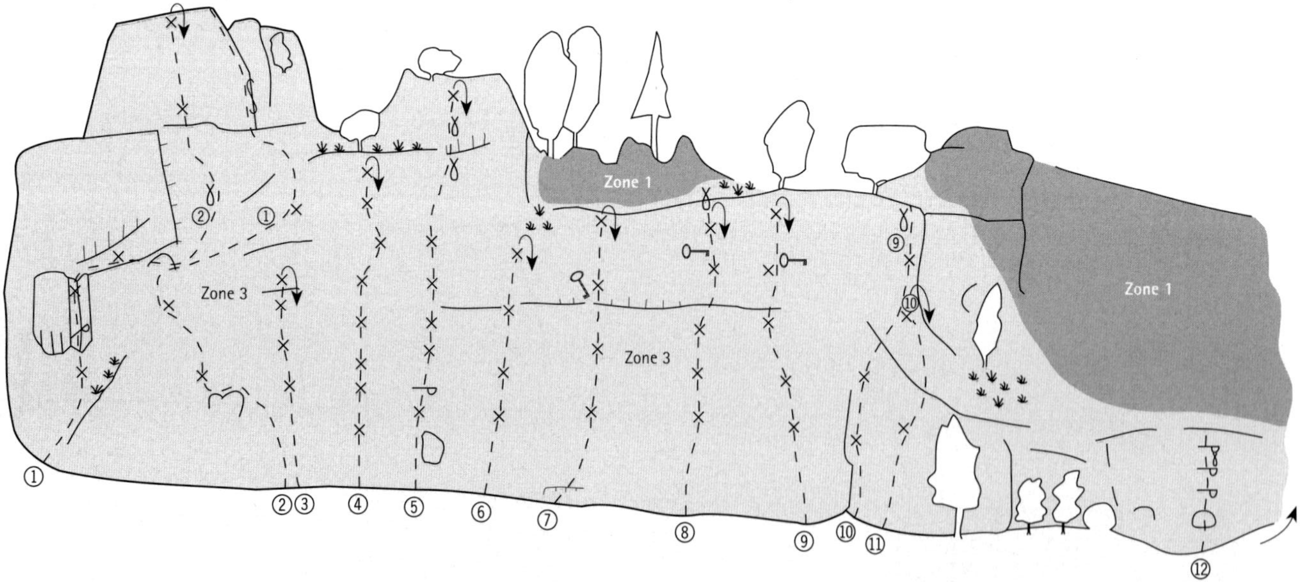

① Seelmacher Ged.-Weg 7-
② Maria Hilf ! .... 7+ !
③ Hohl 9-
④ Internet 9-
⑤ Computerspiele 8
⑥ Tod des Softie .... 8+/9-
⑦ Copilot 9-
⑧ New Dimensions .... 8+
⑨ Flugkontrolle .... 9+
⑩ Herpes .... 8+
⑪ Blitzkrieg 9
⑫ Kleiner Traum 8-

Zugang:
Am Ortausgang Rupprechtstegen (Richtung Velden) ist rechts ein Parkplatz. Gegenüber von ihm mündet das Ankatal. Im Talgrund kommt man nach 50 m zum Hauptmassiv; die Ostwand liegt direkt gegenüber vom Parkplatz (30 m oberhalb einer Bank). Rechts oberhalb befindet sich das Nebenmassiv.
Übersichtskarte: 1 (Seite 15)
Besonderes:
Außerhalb der erschlossenen Bereiche gilt Zone 1!
Kleingriffige, senkrechte Wandkletterei; vorwiegend an Leisten. Extremklassiker: "New Dimensions", ehemals von Wolfgang ("Flipper") Fietz ausgebouldert; durch Wolfgang Güllich 1981 im Vorstieg erstbegangen. Ebenfalls klassisch: Die kühne Route "Maria Hilf" von Kurt Albert.

58 Ankatalwand Ostwand (25 m)

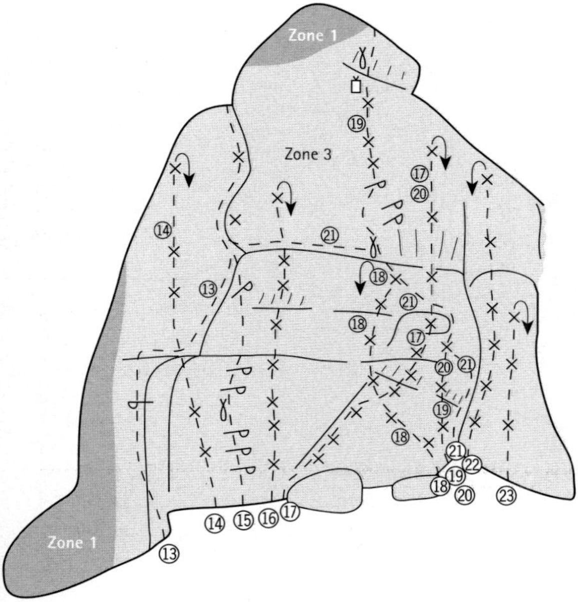

Nebenmassiv

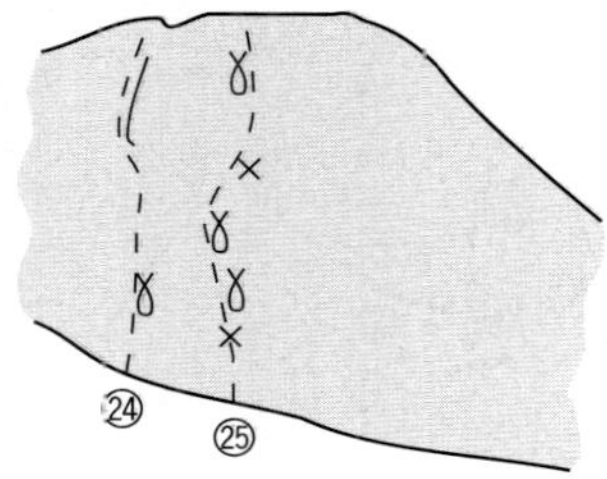

- ⑬ Haumtaucherriß .... 6+
- ⑭ Gmaade Wiesn 9-
- ⑮ Direkteinstieg 5 a2
- ⑯ Cafe Kraft 9
- ⑰ Due Expressi 9-
- ⑱ Cafe au lait .... 7+
- ⑲ Reinhard Holz Ged.-Weg 8
- ⑳ Rick's Cafe 8
- ㉑ Genitheim Ged.-Weg .... 6+
- ㉒ Dirty Dancing .... 6+
- ㉓ Fruchtzwerg .... 5+
- ㉔ Schnelle Nummer 6-
- ㉕ Eremit 7

59 Ochsenstein (15 m, S und O)

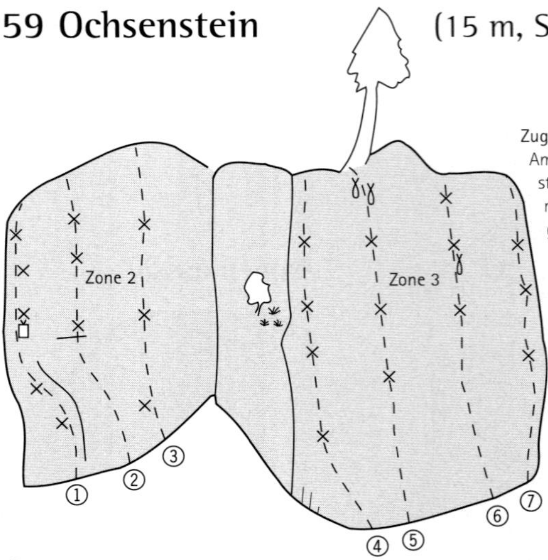

Zugang:
Am Ortausgang Rupprechtstegen (Richtung Velden) ist rechts ein Parkplatz. Gegenüber von ihm mündet das Ankatal. Dieses 400 m hochlaufen, bis links eine plattige Wand zu sehen ist. Hier rechts Weg hoch (links oben sind zwei Wände zu sehen) und in einer Rechtsschleife zum Ochsenstein.
Übersichtskarte: 1 (Seite 15)
Besonderes:
Außerhalb des erschlossenen Bereichs gilt Zone 1!

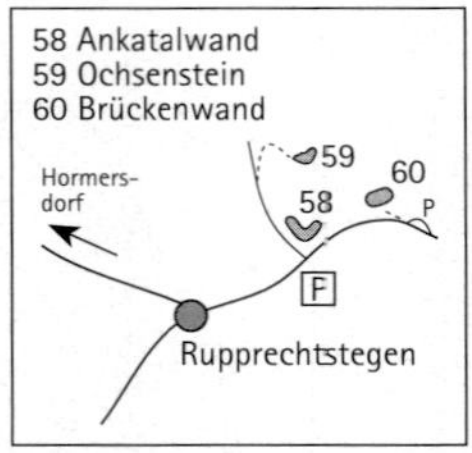

① Hans Brehm Ged.-Weg ....6+
② Waldläuferschreck ....7+
③ Leistungstief ....7+
④ Südostkante ....8+/9-
⑤ Black Spirit 8-
⑥ John Zorn 8
⑦ Schwank ....7+

60 Brückenwand (20 m, S)

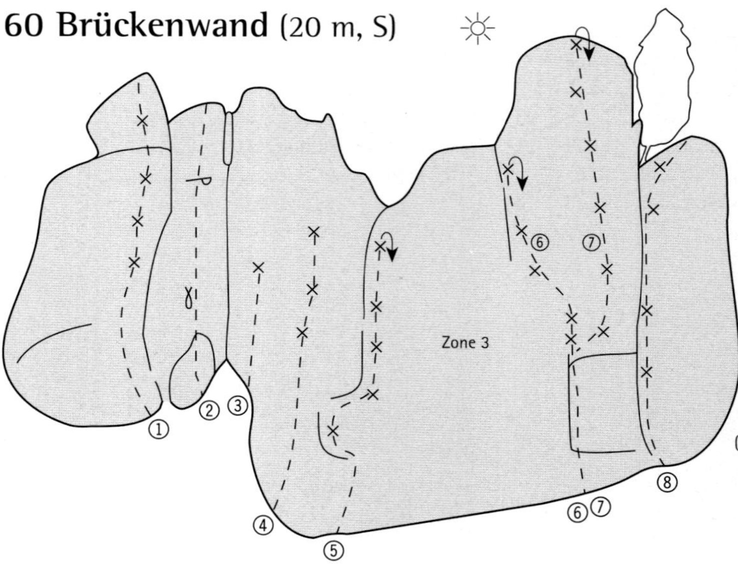

Zugang:
Von Rupprechtstegen 500 m talaufwärts fahren und nach der Eisenbahnbrücke parken. Wieder zurück, unter der Brücke durch und nach 50 m rechts hoch zu den Felsen.
Übersichtskarte 1 (Seite 15)

① Ceincaled ....8+
② Wandl ....5+
③ Projekt
④ Projekt
⑤ Südwestkante 8
⑥ Fianna 9-
⑦ Neuanfang 9-
⑧ Südwandriß 6-

61 Roter Fels, linker Teil (27 m, SO)

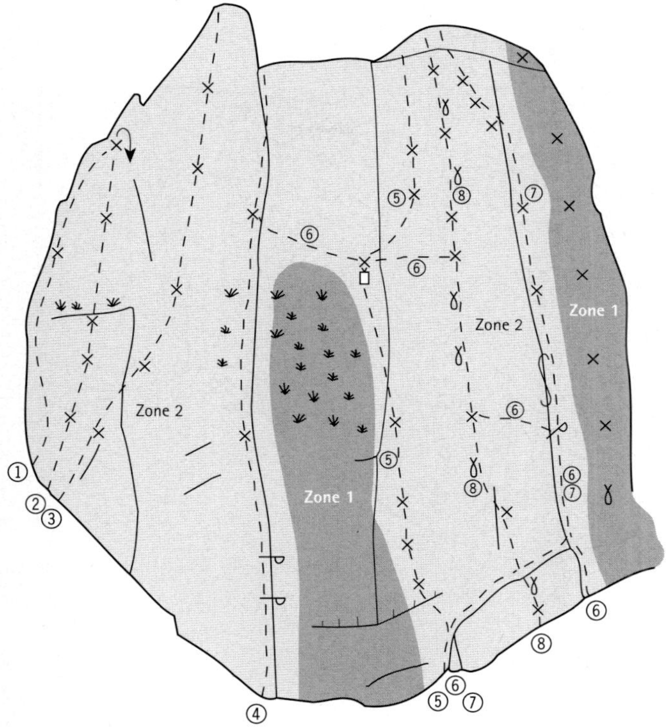

① Hersbrucker Weg .... 5+
② W 57 5
③ Armin Weich Ged.-Weg 6
④ Langer Riß 5
⑤ Pessimist 8-
⑥ Mittelweg .... 5+
⑦ Dülferriß *(2 Einstiege möglich)* .... 6+
⑧ Optimist .... 7+

Zugang:
Von Rupprechtstegen nach Lungsdorf; nach 600 m parken. 200 m talaufwärts befindet sich der Rote Fels. Zu den 3 Wandteilen führen jeweils Pfade hinauf.
Übersichtskarte: 1 (Seite 15)
Besonderes:
Felsen außerhalb des erschlossenen Bereiches sowie die Felsköpfe gelten als Zone 1!

60 Brückenwand
61 Roter Fels
62 Emporwand
63 Zsigmondy Ged.- Wand

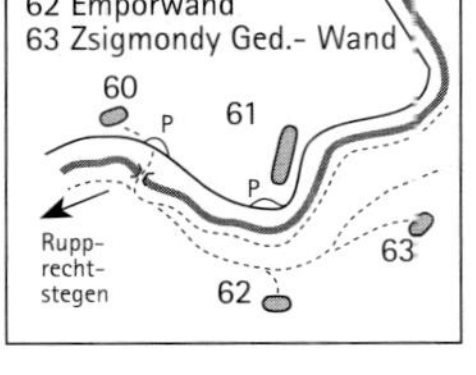

61 **Roter Fels**, mittlerer Teil (40 m, O)

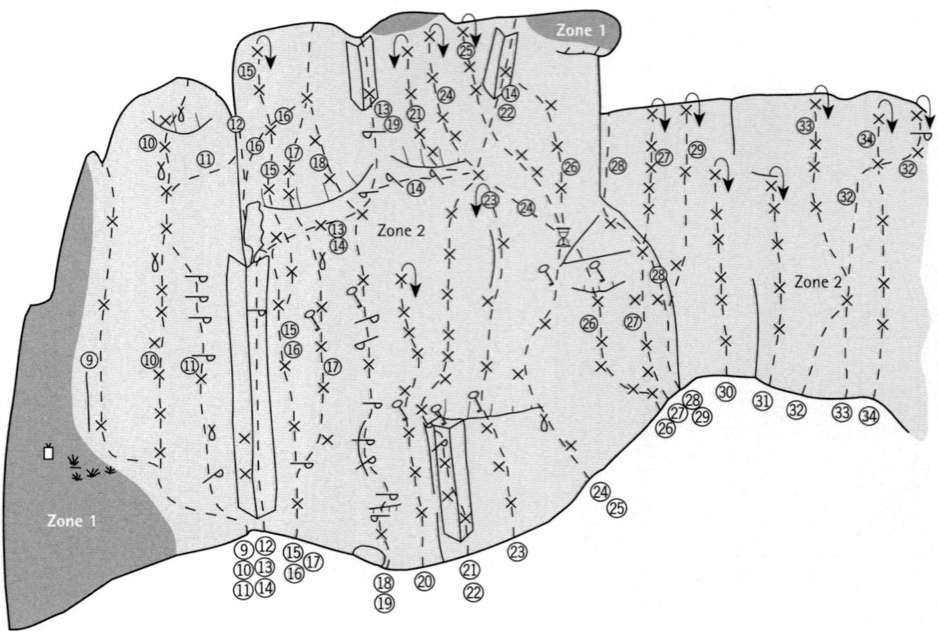

⑨ Dolomitweg 6
⑩ Schaumschläger 7-
⑪ Frühlingsweg .... 6+
⑫ Bieringerverschneidung 6-
⑬ Sackwand 7
⑭ Sackquergang 7
⑮ Luftige Wand direkt 8-
⑯ Luftige Wand .... 7+
⑰ Schweinebär 9
⑱ Luftikus 8
⑲ Hannig-Mayer Ged.-Weg 8-
⑳ Ringe der Idioten .... 8+
㉑ Additione .... 8+
㉒ Jean Couzy Ged.-Weg 8
㉓ Lustikus 9-
㉔ Kunstflug 7
㉕ Der Neger mit dem Knackarsch .... 7+
㉖ Feuervogel 8
㉗ Für Conny 7
㉘ Purtscheller Ged.-Weg .... 6+
㉙ ? *(Rote Haken)* 6
㉚ Harter Hund 7-
㉛ Softmover 5
㉜ Pegnitztalwand 7-
㉝ Hardmover .... 7+
㉞ Captain Cook 7

Zugang:
Von Rupprechtstegen nach Lungsdorf; nach 600 m parken. 200 m talaufwärts befindet sich der Rote Fels. Zu den 3 Wandteilen führen jeweils Pfade hinauf.
Übersichtskarte: 1 (Seite 15)
Besonderes:
Felsen außerhalb des erschlossenen Bereiches sowie die Felsköpfe gelten als Zone 1!
Auch die geplante Verbreiterung der Pegnitztalstraße bedroht die weitere Ausübung des Klettersports am Roten Fels. Kurioserweise mußte ein von Idealisten erbauter befestigter Zustieg zum mittleren Teil der Wand wieder abgebaut werden, weil ihn das zuständige Amt nicht genehmigen wollte.
Über die Qualität der großzügigen, klassischen Wege informieren die zahlreichen Bierkrüge.

61 Roter Fels, rechter Teil (30 m, O)

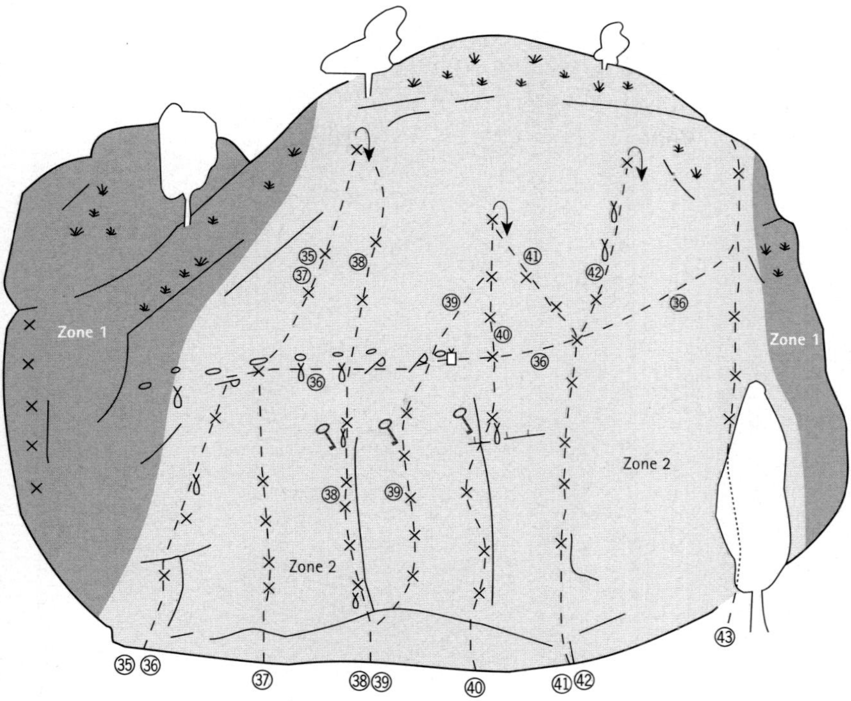

- ㉟ Kilomanie .... 7+
- ㊱ Löchlesquergang .... 7+
- ㊲ Carrigan-Route 9-
- ㊳ Zeitmaschine 9-
- ㊴ Minus 11 9
- ㊵ Bergfix 9-
- ㊶ Hessisch Roulette 8
- ㊷ Rechter Ausstieg 8
- ㊸ Löchleswand .... 7+

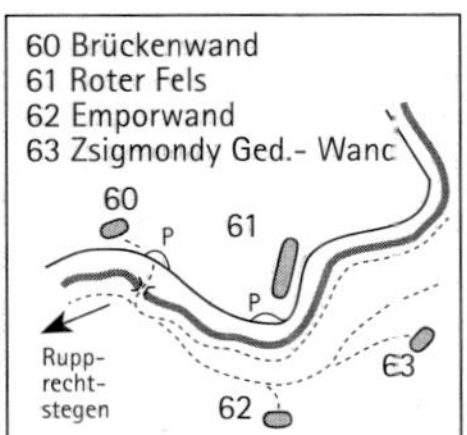

Besonderes:
Aus Gründen des Pflanzenschutzes ist die Route „Sindbad" ist gesperrt, beim Löchlesquergang wurden der Ein- und der Ausstieg verändert.

62 Emporwand (28 m, N)

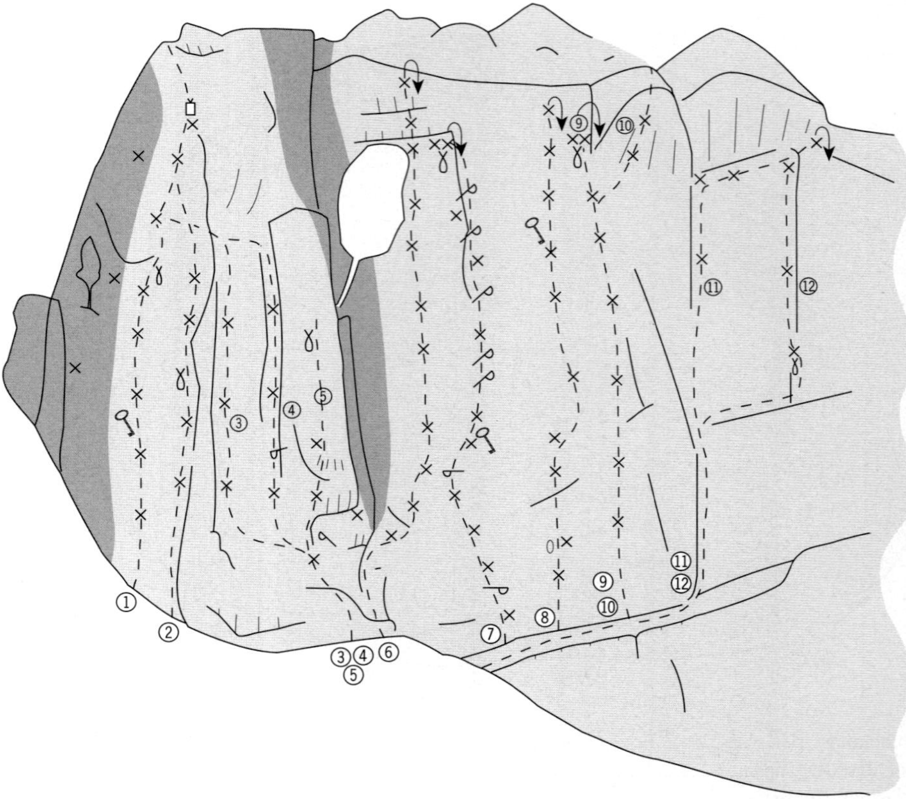

① Grundkurs 9-
② Projekt
③ Emporweg .... 6+
④ Helmut Kramer Ged.-Weg 6- a1
⑤ Projekt
⑥ Projekt
⑦ Dirty Work (Hakenweg) 10-
⑧ Land of Confusion .... 10/10+
⑨ Lust und Spiele 9-/9
⑩ Projekt
⑪ Eitrobieweg .... 6+
⑫ ? *(Keile)* .... 9- !

Zugang:
Von Rupprechtstegen Richtung Velden und direkt nach der Eisenbahnbrücke parken. Auf Brücke über die Pegnitz, auf Wanderweg kurz talaufwärts und rechts hoch zur Emporwand.
Übersichtskarte: 1 (Seite 15)
Besonderes:
Aus Gründen des Pflanzenschutzes wurden der Müller-Pietsch Ged.-Weg und die Emporschlucht gesperrt.
Die schweren Routen erfordern v.a. Fingerkraft und Fußtechnik.

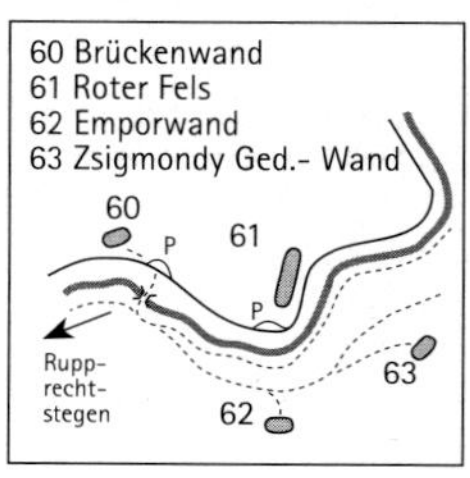

63 Zsigmondy Ged.-Wand (45 m, W)

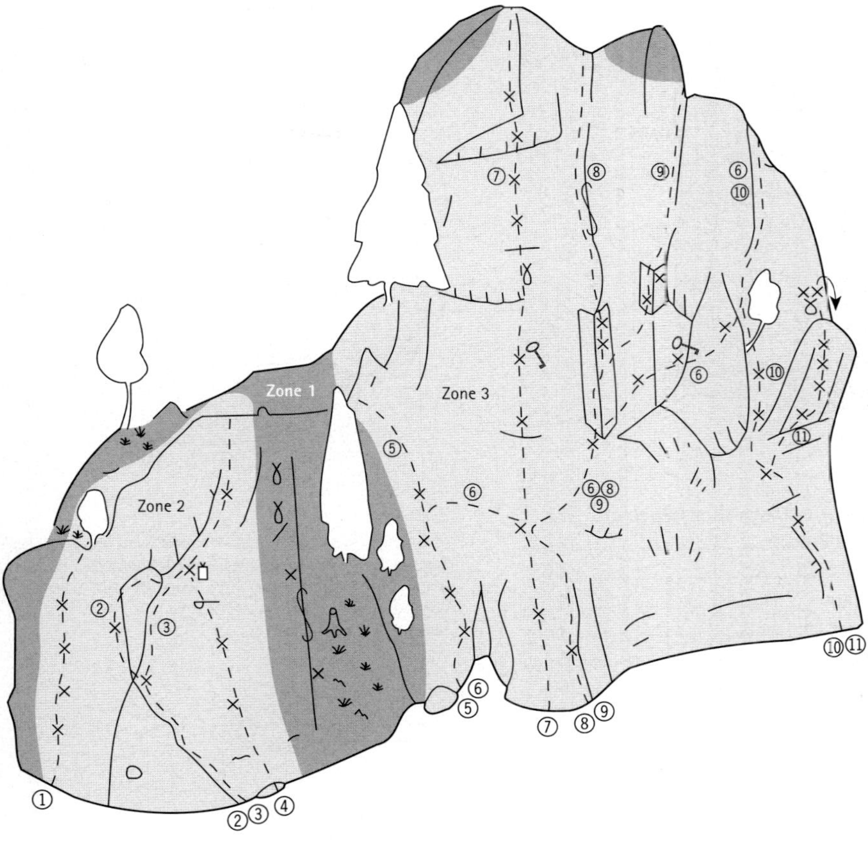

① Attention Percussion ....6+
② Schiefer Riß 6
③ Variante 6-
④ Platte 7
⑤ Direkter Rosengartenweg 6
⑥ Rosengartenweg 8
⑦ Johnny Controletti ....9+
⑧ Harlinriß 7-
⑨ Zsigmondyweg 7-
⑩ Sollederweg 7
⑪ Idi Amin ....9/9+

Zugang:
Von Rupprechtstegen Richtung Velden und direkt nach der Eisenbahnbrücke parken. Auf Brücke über die Pegnitz und auf Wanderweg talaufwärts. Rechts oben steht die Emporwand. Noch 200 m weiter und auf Pfad hinauf zur Zsigmondy Ged.-Wand.
Übersichtskarte: 1 (Seite 15)
Besonderes:
Sperrgefahr wegen Pflanzenschutz!
Da an diesem Massiv seltene Pflanzenarten (z.B. Habichtskraut) wachsen, ist es dringend notwendig, auf den bestehenden Wegen zu bleiben. Besonders gefährdet ist die Vegetation im Bereich des rechten Wandfusses, deshalb *bitte nicht vom Weg abgehen!*
Außerhalb des erschlossenen Bereiches gilt Zone 1!

64 Immer Höher-Turm

Nordseite (14 m)

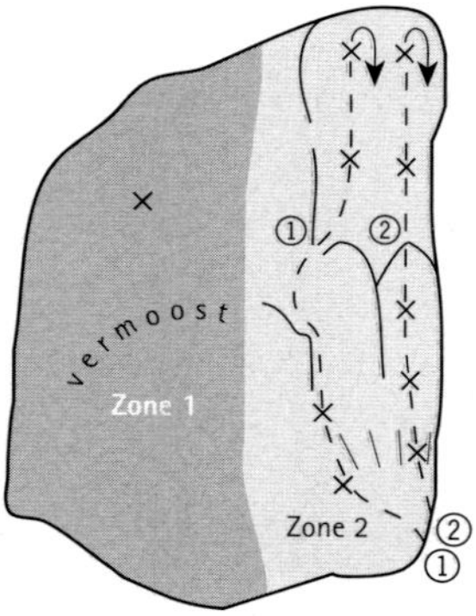

Südseite (12 m)

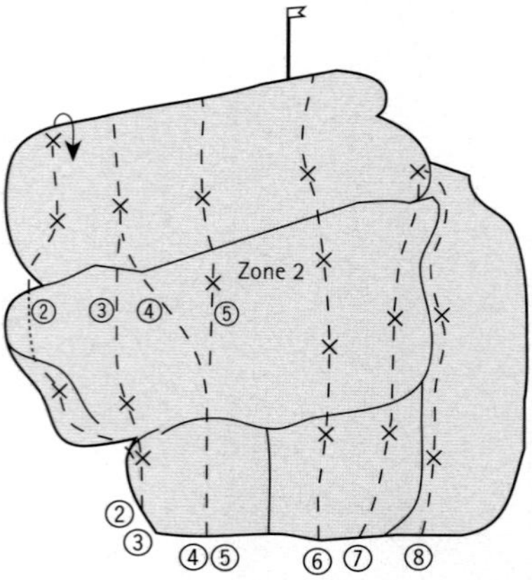

① Lungsdorfer Urschotter *(brüchig)*.......7+
② Werner Brösel..7+
③ Baum...4+
④ Südwand..5
⑤ Sei mutisch 7-
⑥ Trebbla..6-
⑦ Aller Anfang ist schwer.........................6
⑧ Südostwand..3

Zugang:
In Lungsdorf bei scharfer Kurve abbiegen (von Rupprechtstegen kommend links) und auf Straße kurz nach Nordwesten, dann links um den Hang herum wieder nach Süden. Der Fels befindet sich oberhalb des verfallenen Hauses im Wald.
Übersichtskarte: 1 (Seite 15)

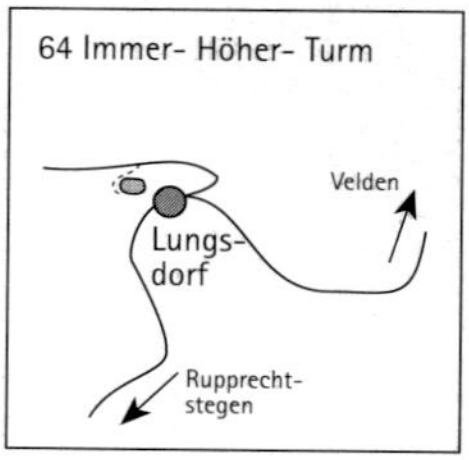

65 Löwenstein

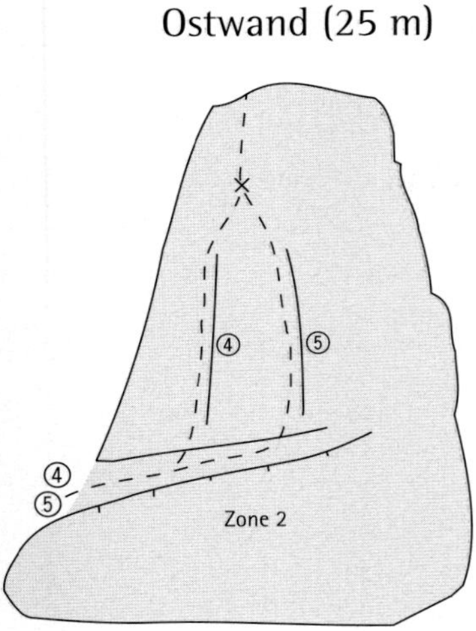

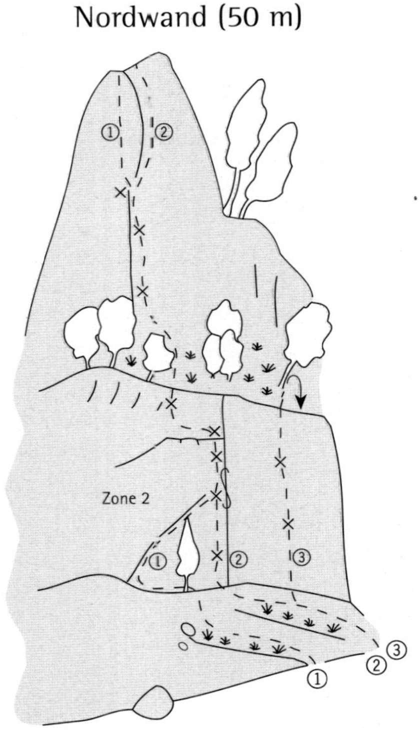

① Affen-Junk *(Keile)* .... 6+
② Norisweg 6-
③ Infusion 7-
④ Keilerei *(Keile)* .... 6+
⑤ Löwenzahn *(Keile)* .... 6+

Zugang:
Am Ortsausgang von Velden (Richtung Hersbruck) steht ein bronzener Hirsch. Einige 100 m talabwärts führt eine Brücke über die Pegnitz, dort parken. Über die Brücke und links (wieder flußaufwärts) zur Nordwand des Löwensteins. An deren linken Ende durch kurze, dreckige Verschneidung 5 m empor und hoch zur Ostwand. Übersichtskarte: 1 (Seite 15)

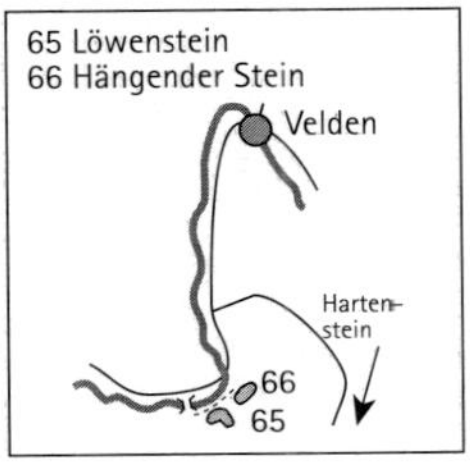

66 Hängender Stein (25 m, NW)

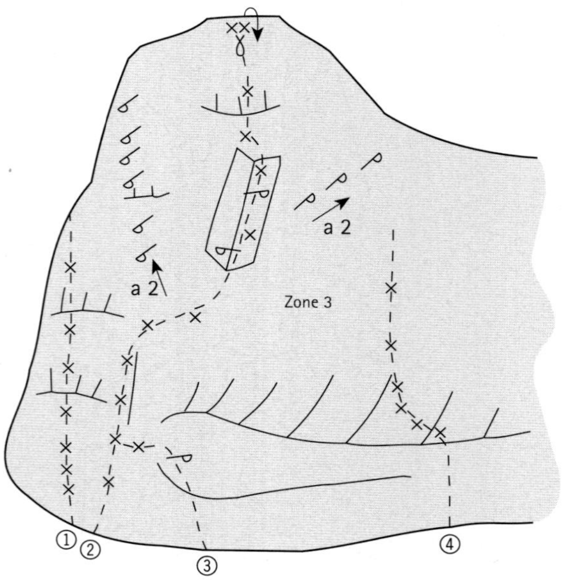

① Projekt
② Direkter Einstieg *(gefährlich !)*
③ Todesverschneidung 9
④ Projekt

Zugang:
Am Ortsausgang von Velden (Richtung Hersbruck) steht ein bronzener Hirsch. Einige 100 m talabwärts führt eine Brücke über die Pegnitz, dort parken. Über die Brücke und links (wieder flußaufwärts) zur Nordwand des Löwensteins. An deren linken Ende durch kurze, dreckige Verschneidung 5 m empor und links haltend weiter zum Hängenden Stein.
Übersichtskarte: 1 (Seite 15)

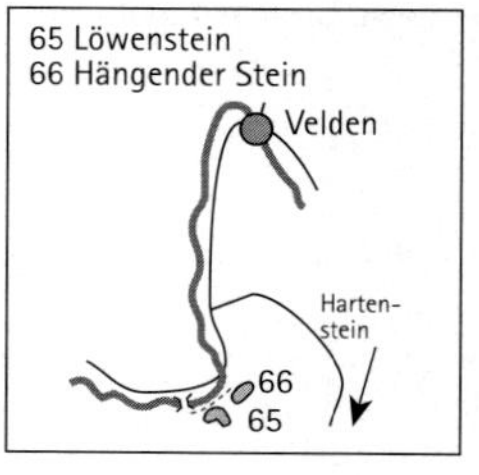

67 Veldener Turm Talseite (18 m, N)

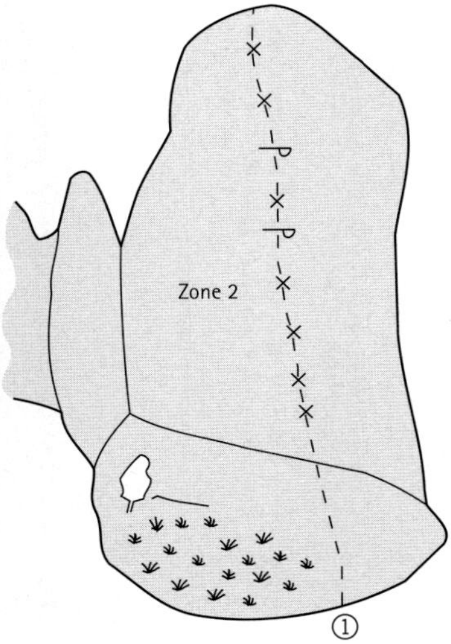

Zugang:

a) Am nördlichen Ortsausgang von Velden auf einer Brücke über die Pegnitz und rechts auf Weg weiter, bis links der Panoramaweg abzweigt, welchem man folgt. Wo man unterhalb ein grünes Gewächshaus sieht, kann man oben den Felsen erkennen; nach weiteren 50 m links hoch zum Veldener Turm.

b) Beim großen Parkplatz "Eckart-Werke" (Straße Richtung Hartenstein) links abbiegen in Richtung Heinz-Neidhart-Ring. Den Berg hinauf und wieder nach Velden hinein. Dort, wo links die Einbahnstraße abbiegt, parken. 40 m unterhalb befinden sich die Felsen (von der Straße aus sichtbar).

Das Nebenmassiv liegt gegenüber der Bergseite des Veldener Turms.

Übersichtskarte: 1 (Seite 15)

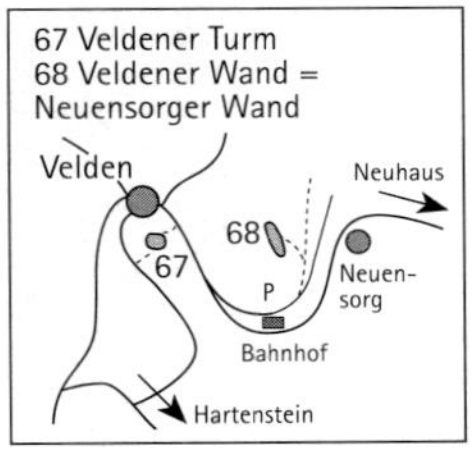

Bergseite (18 m, S)

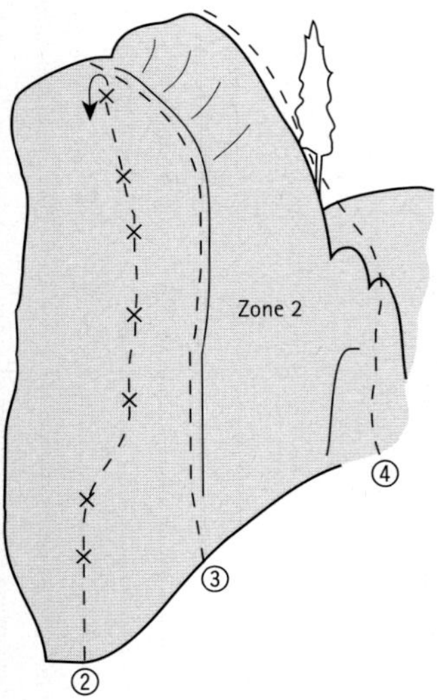

Nebenmassiv (12 m, W)

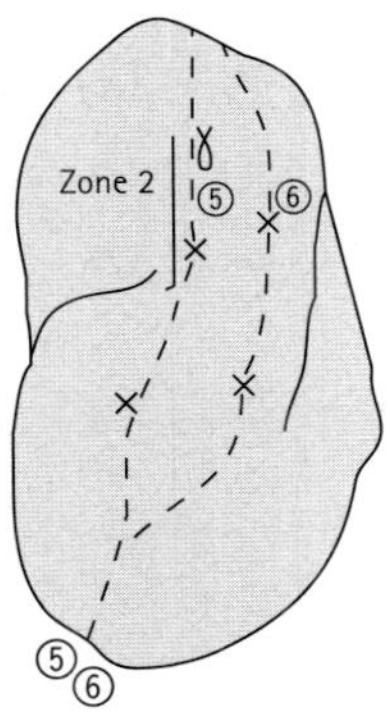

① Neue Welt 8-
② An der Müllkippe ....8+
③ Bergriß *(Keile)* 6
④ Bergseite..3
⑤ Linke Wand 6
⑥ Rechte Wand ....6+

68 Veldener Wand = Neuensorger Wand (20 m, NO)

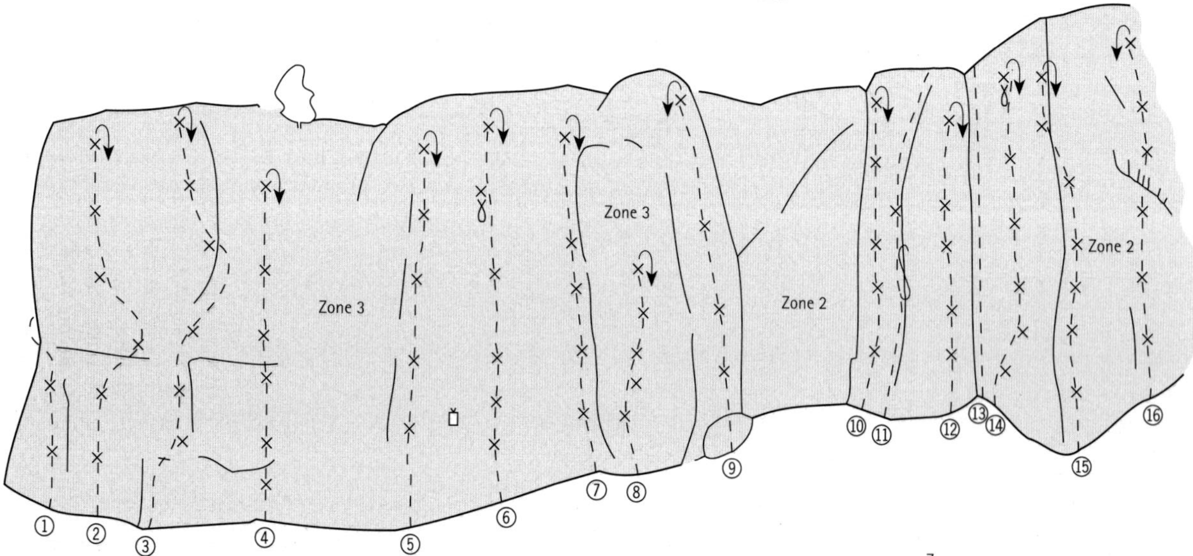

① Alter Weg....6+/7-
② Tanz der Vampire....9-
③ Schieber....8
④ Bürgerfest....9-/9
⑤ Doppelbruch....8+/9-
⑥ TNT....8+/9-
⑦ Ostriß....7
⑧ Ikarus....9-
⑨ Klein und gemein....8+/9-
⑩ ?....7-
⑪ Respekt....6
⑫ Pendolino....7-
⑬ Der letzte Tanz....9-
⑭ ?....7-
⑮ ?....7-

Zugang:
Parken beim Bahnhof Velden. Auf Schotterweg talaufwärts, nach 40 m links ab und nach weiteren 60 m links hoch zur Wand.
Übersichtskarte: 1 (Seite 15)
Besonderes:
Außerhalb des bereits erschlossenen Bereiches gilt Zone 1!
Kleingriffige Plattenkletterei

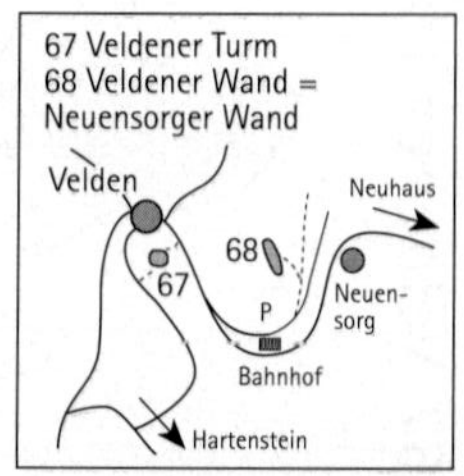

69 Hartensteiner Wand (15 m, N)

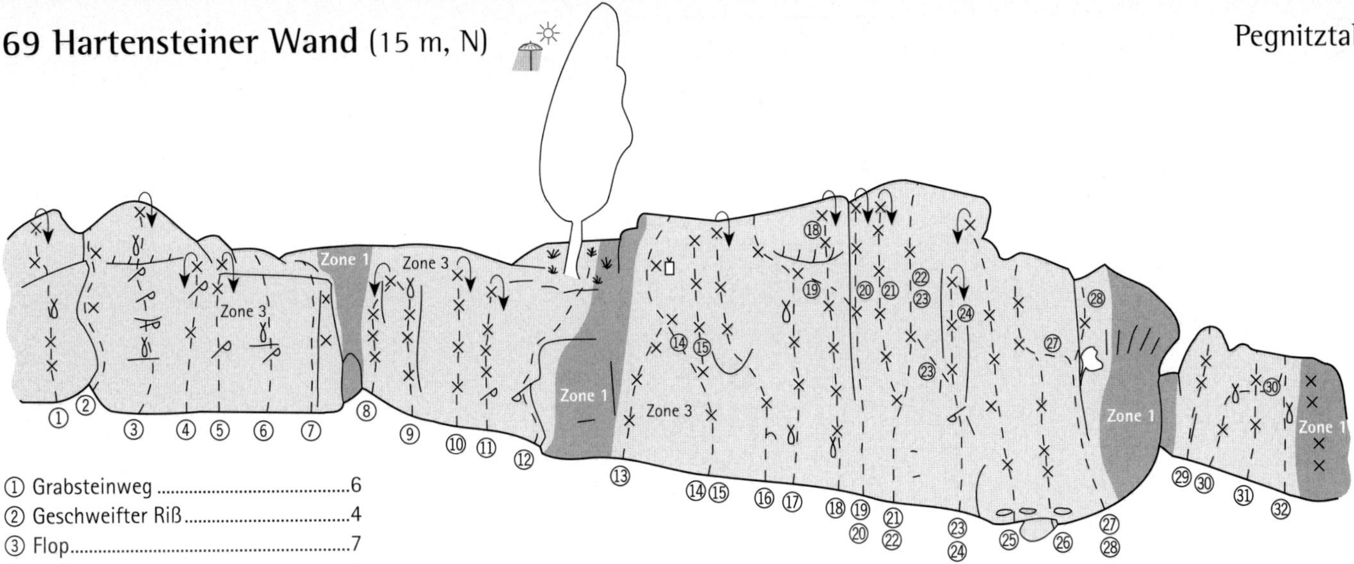

① Grabsteinweg 6
② Geschweifter Riß 4
③ Flop 7
④ Aprilscherz 7-
⑤ Hummelstaner Weg ...... 5+
⑥ Ziech oder Fliech 6
⑦ Kurzer Riß 4
⑧ Blue Bolt ...... 7+
⑨ Pimpanella ...... 7+
⑩ Mann oder Memme 8-
⑪ Pleasure Line 8-
⑫ Riß ...... 6+
⑬ Die Hunderteinjährige 7
⑭ Die Hunderljährige 6-
⑮ Tante Gretl ...... 6+
⑯ Igor 6
⑰ Abkürzer 6
⑱ Donnerwetter ...... 7+
⑲ Variante 6
⑳ Nordriß ...... 5+
㉑ Surprise ...... 7+
㉒ Trimmpfad ...... 6+
㉓ Mama's Boy ...... 7+
㉔ Mama's Boy direkt 7
㉕ Grufty 7
㉖ Direkteinstieg 8-
㉗ Nordwestkante ...... 6+
㉘ Westriß 5
㉙ ? 7
㉚ Science Fiction 7-
㉛ Stübelalle 6
㉜ Nordfriedhof ...... 4+

Zugang:
In Hartenstein zum Friedhof (ausgeschildert); links oben im Wald stehen die Felsen. Nicht in der Wiese gegenüber dem Friedhof parken! Parkplätze für Besucher freilassen! Gute Parkmöglichkeiten gibt es beim Sportplatz (ausgeschildert).

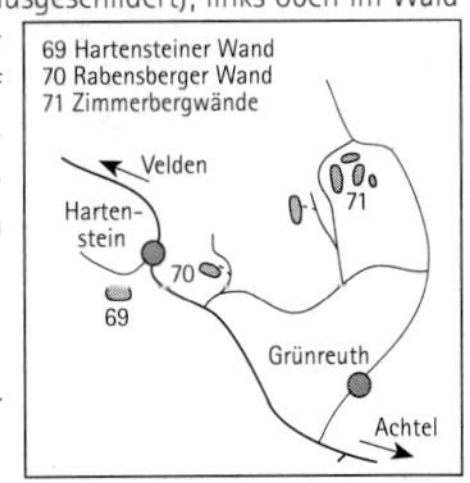

Übersichtskarte: 1 (Seite 15)
Besonderes:
Schattige Nordwand, ideal für heiße Sommertage.

70 Rabensberger Wand (10 m, N)

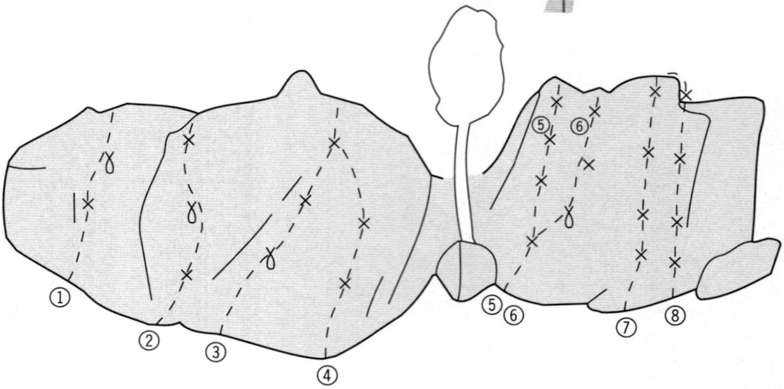

① Zum Anfangen 5
② Zum Weitermachen .... 6+
③ Rabensberger Weg 7-
④ Ostkante 7-
⑤ El Chico 7
⑥ Sardegna 7-
⑦ Dickes Ei .... 7+
⑧ Für immer 7

Zugang:
Von Hartenstein Richtung Achtel, links ab ("Rinnenbrunn"), gleich wieder links ("Velden, Kreuzweg"); vorher parken. Nach 50 m kommen links oben die Felsen.
Übersichtskarte: 1 (Seite 15)

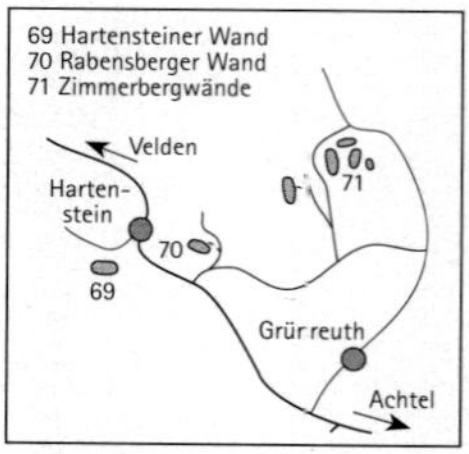

71 Zimmerbergwände, rechter Teil (8-20 m, W)

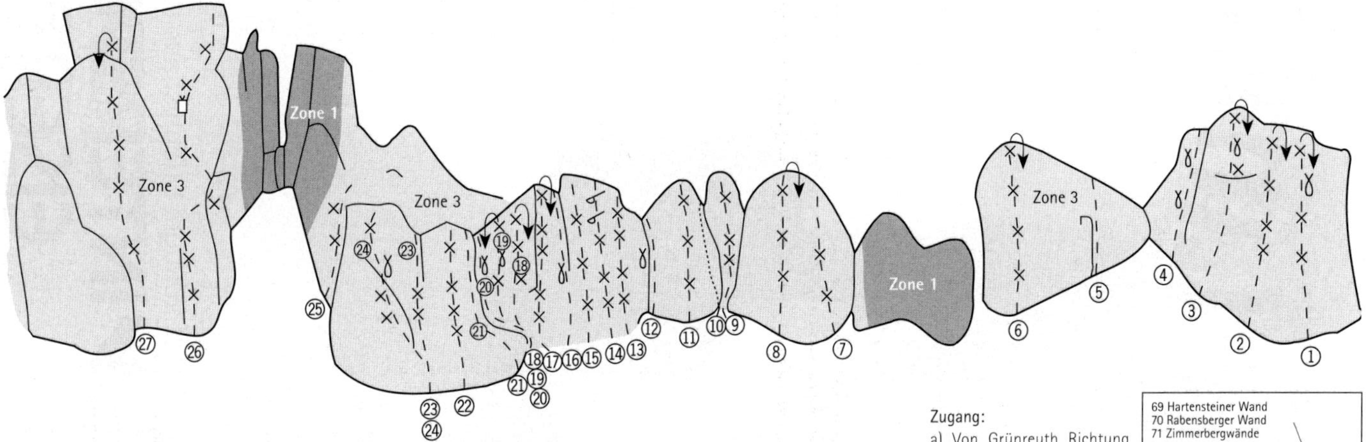

① Georg Strobel Ged.-Weg	7+
② Jäger und Sammler	7-
③ Babsi in Lummerland	7
④ ?	5
⑤ Toni ist da *(Keile)*	6
⑥ König Ludwig Superstar	7
⑦ ?	7-
⑧ Beziehungskiste	7
⑨ ?	7-
⑩ So nicht	3
⑪ ?	8+
⑫ Faustrecht	6-
⑬ Bierwampe	7-
⑭ Dou kriegst fei ka Krämpfla	8+
⑮ Tanz der Vampire	8+
⑯ O wie Oben	6-
⑰ Bauchtanz	8
⑱ Tango Korrupti	8+
⑲ Samba Party	7+
⑳ Schlickauf	4+
㉑ Maiglöckchen *(Keile)*	6+
㉒ Diestweg	7
㉓ Ostermarsch	8-
㉔ Nebel	7
㉕ Nordkante	4+
㉖ Hersbrucker Weg	7
㉗ Hey Cinasky	7+

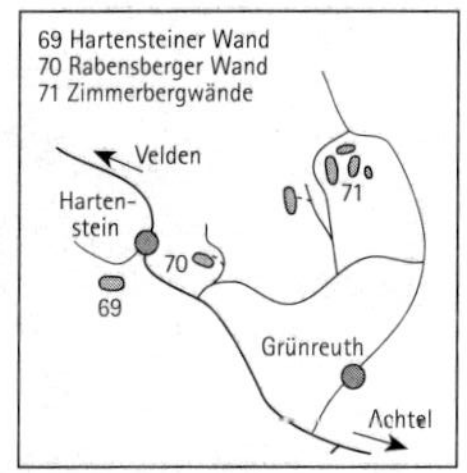

Zugang:

a) Von Grünreuth Richtung Engenthal zu Parkplatz nach 1,5 km. Kurz auf der Schotterstraße weiter und links in den Wald hoch zum linken Teil der Zimmerbergwände und zur "Kleinen Wand".

b) Von Engenthal Richtung Grünreuth. Nach 1600 m mündet rechts eine Forststraße ein. Diese reinfahren und parken. Man sieht bereits oben am Hang den rechten Teil der Zimmerbergwände.

Der linke und der rechte Teil sind über einen Pfad vom jeweils anderen Teil zu erreichen, der in halber Höhe am Hang entlang führt. Die "Kleine Wand" steht oben gegenüber vom linken Teil.

Übersichtskarte: 1 (Seite 15)

Besonderes:

Sehr viele, wenn auch meist recht kurze Routen in unteren bis mittleren Schwierigkeitsgraden

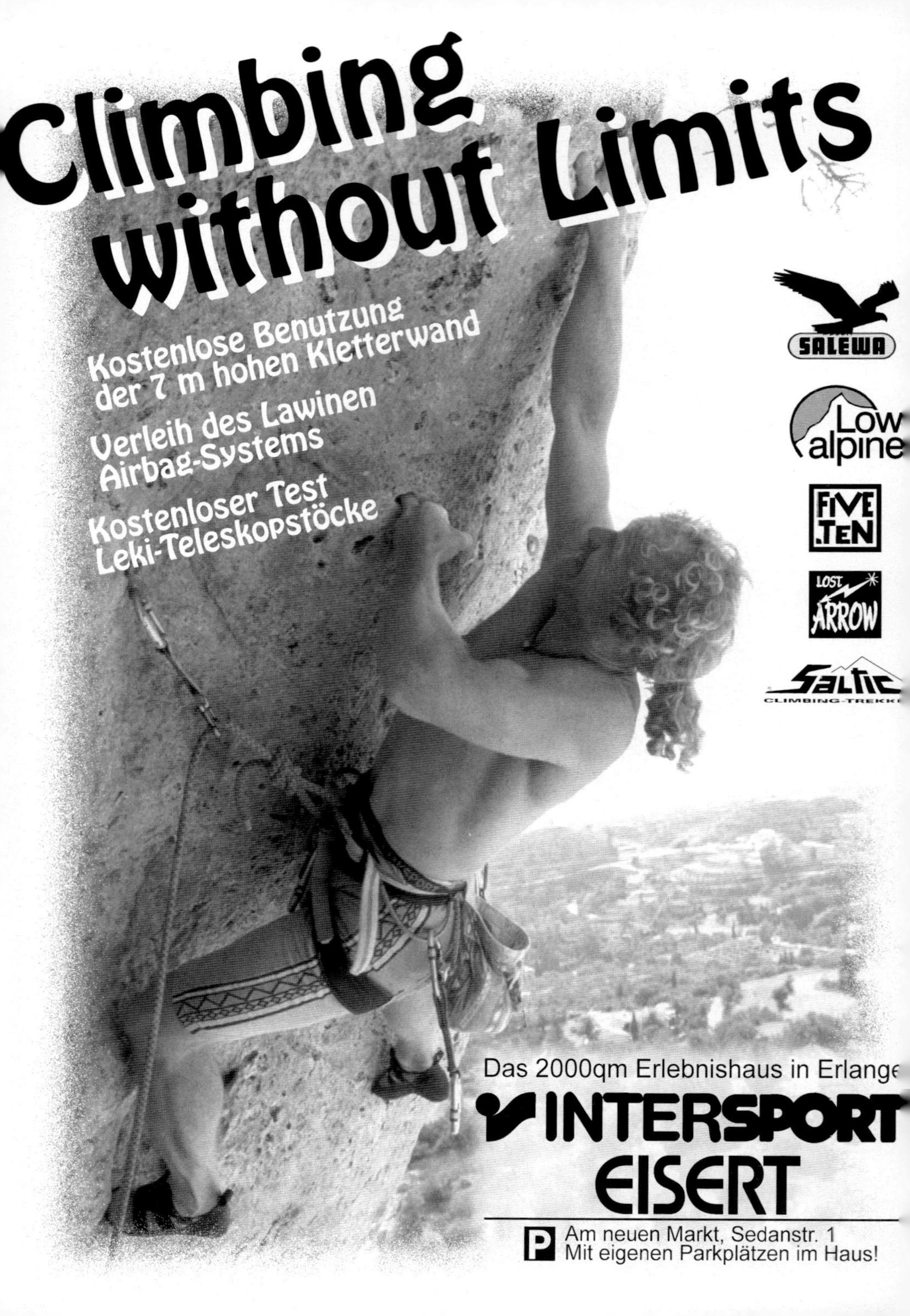
Climbing without Limits
Kostenlose Benutzung der 7 m hohen Kletterwand
Verleih des Lawinen Airbag-Systems
Kostenloser Test Leki-Teleskopstöcke
SALEWA
Low alpine
FIVE TEN
LOST ARROW
Saltic
Das 2000qm Erlebnishaus in Erlange
INTERSPORT
EISERT
P
Am neuen Markt, Sedanstr. 1
Mit eigenen Parkplätzen im Haus!

71 Zimmerbergwände, linker Teil (12 m, W)

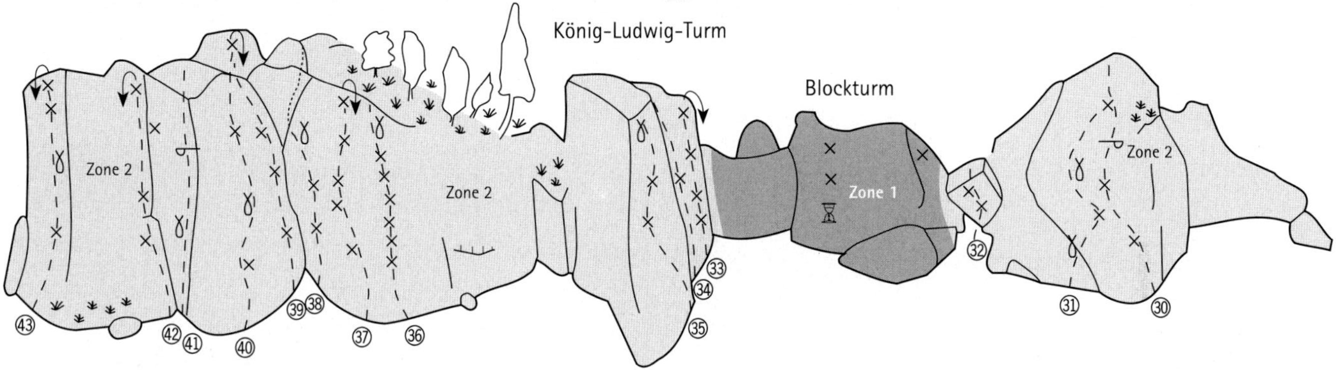

⑱ MM-Weg *(kein Topo, s. Skizze!)* .... 6+
㉙ Fisch *(kein Topo, s. Skizze!)* 7-
㉚ Konrad Oed Ged.-Weg 5
㉛ Trabant 5
㉜ Rolling Stone 8
㉝ Lot's Weib 7-
㉞ Nordwestkante 4
㉟ Starfighter Kandidatenweg .... 7+
㊱ Freundschaft 7-
㊲ Murmeltier 7
㊳ Lochgeheimnis .... 5+
㊴ Projekt
㊵ Armin Weich Ged.-Weg 5
㊶ ? 6
㊷ Höhlenrisse .... 5+
㊸ Trivialitätenkabinett .... 6+

㊹ Heimweh 6
㊺ Hard Rock .... 7+
㊻ Fußnote 7
㊼ ? .... 6+

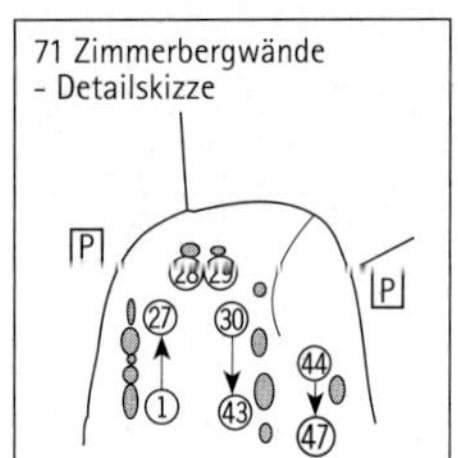

Kleine Wand

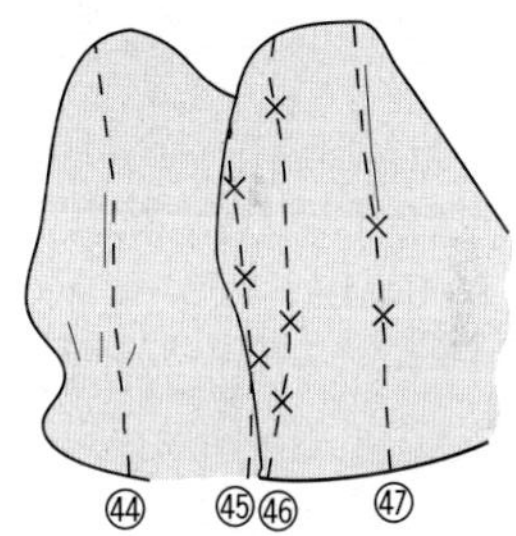

72 Stadeltenne Nordseite (18 m)

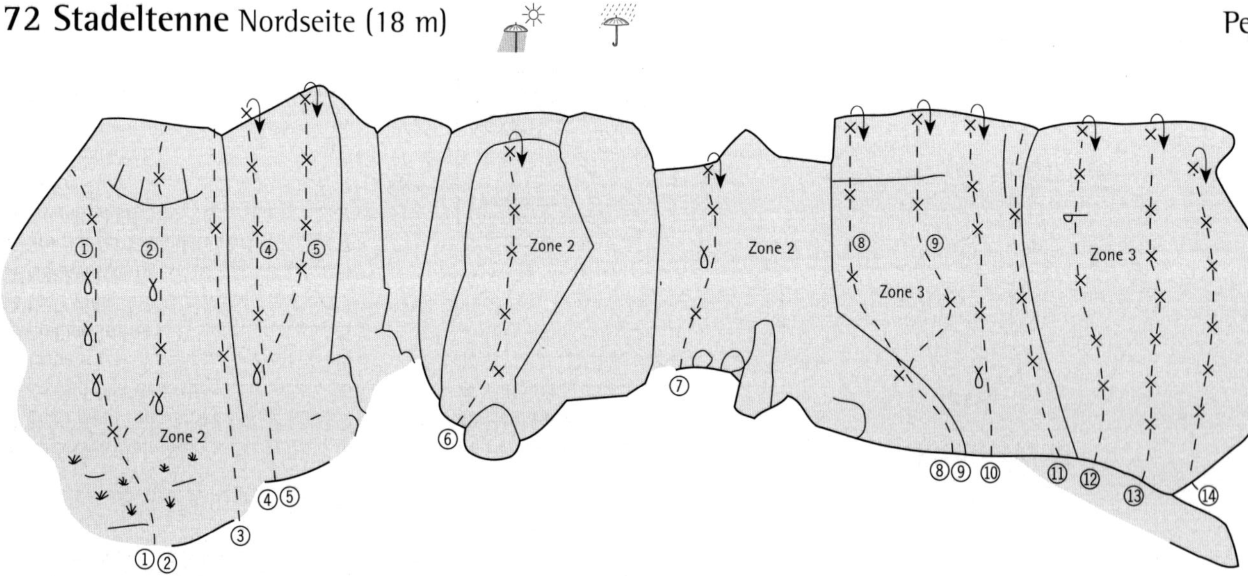

72 Stadeltenne Westseite (18 m)

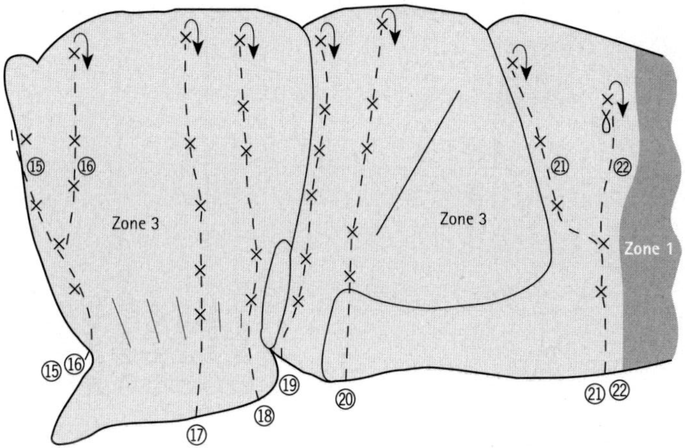

Zugang:
Von Engenthal Richtung Grünreuth fahren. Nach 1 km zweigt links ein Forstweg ab; hier parken. Den Forstweg hoch und 200 m nach scharfer Linkskurve rechts einem kleinen Trampelpfad folgen zu den Felsen.
Übersichtskarte: 1 (Seite 15)
Besonderes:
Außerhalb der bereits erschlossenen Bereiche gilt Zone 1.
Die überhängenden Touren sind auch bei Regen meist trocken. Außerdem trocknet der Fels durch die exponierte Lage schnell ab.

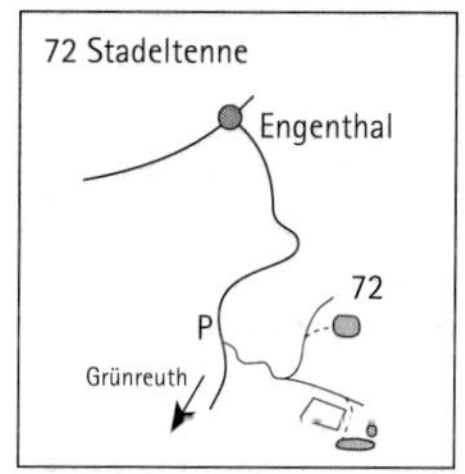

① Linker Quickie ... 6+
② Rechter Quickie ... 7-
③ Nordkamin ... 4+
④ Lokomotive ... 7
⑤ Verkrampf di net ... 7
⑥ Kind im Gnack ... 7
⑦ I'm on Dope ... 9-
⑧ Türkomat ... 7+
⑨ Zwischenhoch ... 7+
⑩ Station 52 ... 7
⑪ Nordriß ... 6
⑫ Stadeltenne ... 8-
⑬ Maßarbeit ... 9-
⑭ Zugabe ... 9-
⑮ Wieder daheim ... 9-
⑯ Optimum ... 9-/9
⑰ Frankenstein ... 9+
⑱ Fingerbeißer ... 8+
⑲ Alltag in Franken ... 7+
⑳ Sonntagsspaziergang ... 8-
㉑ Nachschlag ... 7+
㉒ ? ... 7-

73a Fer-May-Wand (12 m, N)

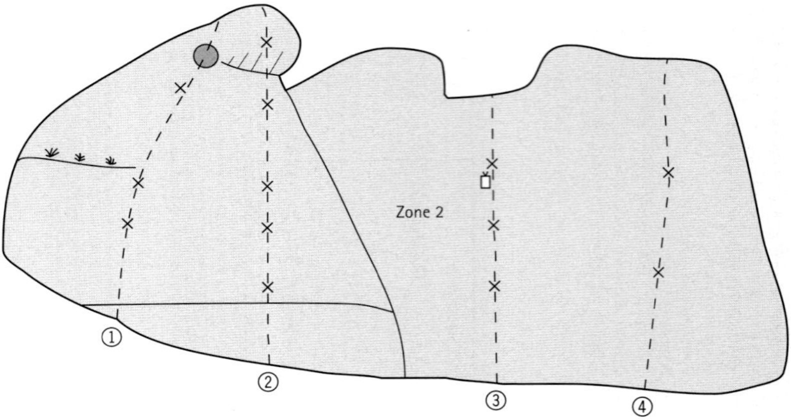

73b SASN-Wand und Noristurm (8-20 m, N)

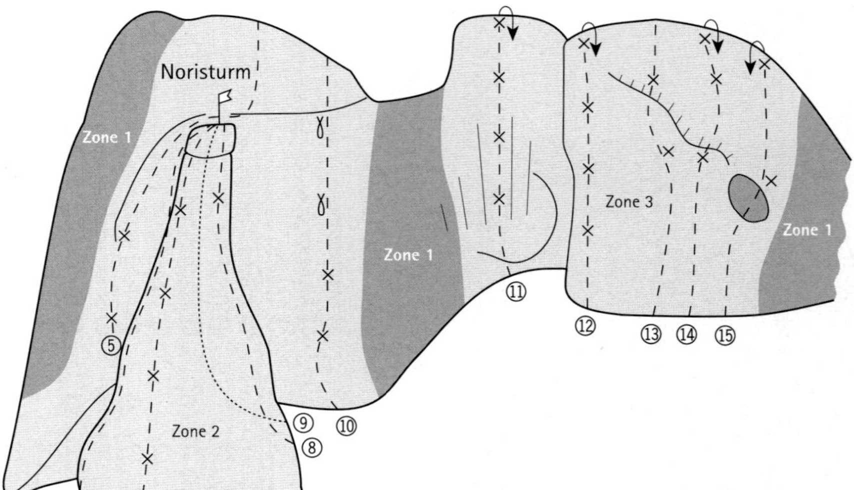

① Tarzanweg 6-
② ?..8-
③ Fer-May-Weg 5
④ Sad Lisa 6
⑤ Alter Weg...6
⑥ Ostkante...4+ a1
⑦ Talseite 6-
⑧ Westkante ....5+
⑨ Bergseite..5+
⑩ Karaffe..7-
⑪ Projekt
⑫ Projekt
⑬ Give blood 8-
⑭ Projekt
⑮ Projekt

73c Bärnhofer Wand, (16 m, N und W) Pegnitztal / Katzenlöcher

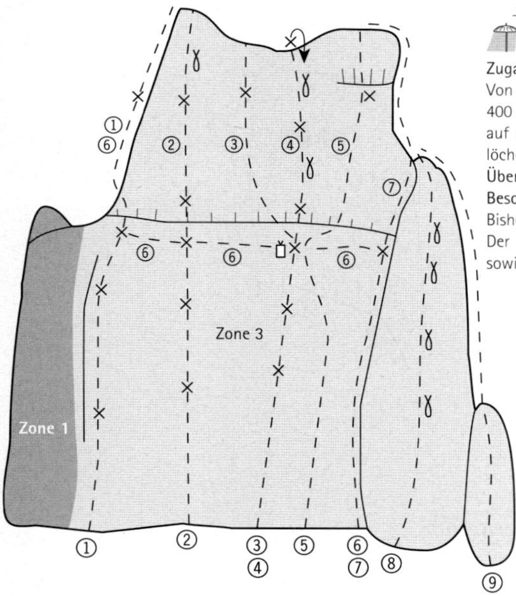

Zugang:
Von Bärnhof Richtung Achtel, nach 700 m scharf rechts ab; nach 400 m bei Gesperrt-Schild parken. Hier gabelt sich die Forststraße, auf rechtem Ast weiter und in 7 min zu den Felsen (die Katzenlöcher befinden sich direkt oberhalb am Ende der Forststraße).
Übersichtskarte: 1 (Seite 15)
Besonderes:
Bisher nicht erschlossene Bereiche sind Zone 1.
Der Bärnhofer Wand ist ein kleiner Block vorgelagert. An diesem sowie an der rechten Nordwand finden sich einige Boulder.

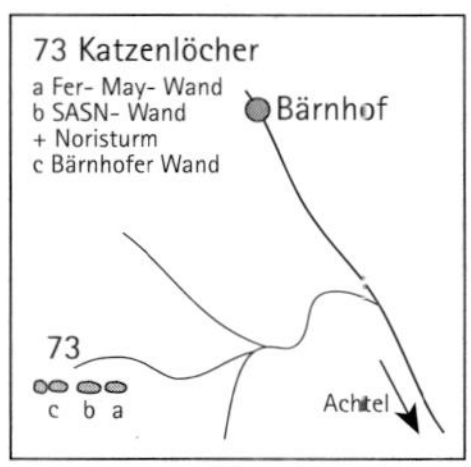

Rechte Nordwand

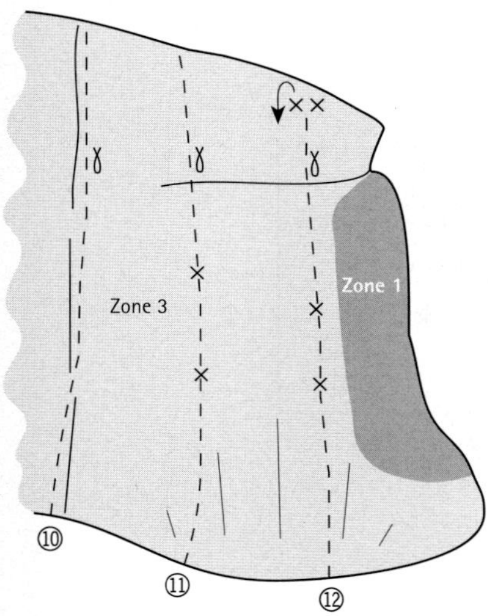

① Fr-Fe-Weg 5
② Waldrausch 7
③ Variante...7
④ Nürnberger Weg ....6+
⑤ Moralapostel..7+
⑥ Quergang 5
⑦ Direktausstieg...5-
⑧ Veldener Weg..5
⑨ Bärnhofer Kante ....3+
⑩ Rechte Nordwand.......................................5
⑪ Moni und kein Ende..................................7
⑫ Gruppenzwang ....8+

74a Stefansturm

Talseite (20 m, N)

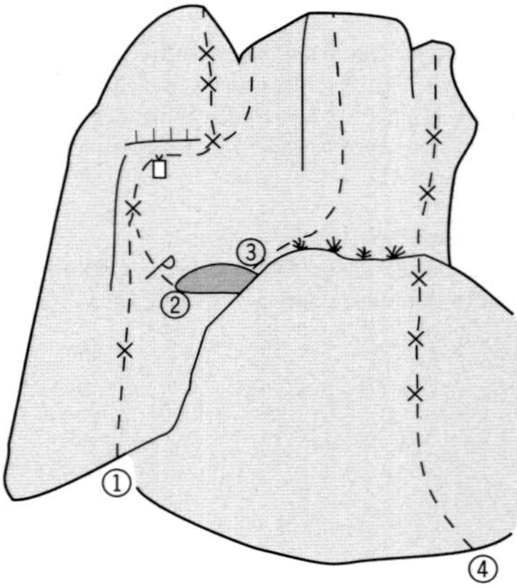

Bergseite (12 m, SO)

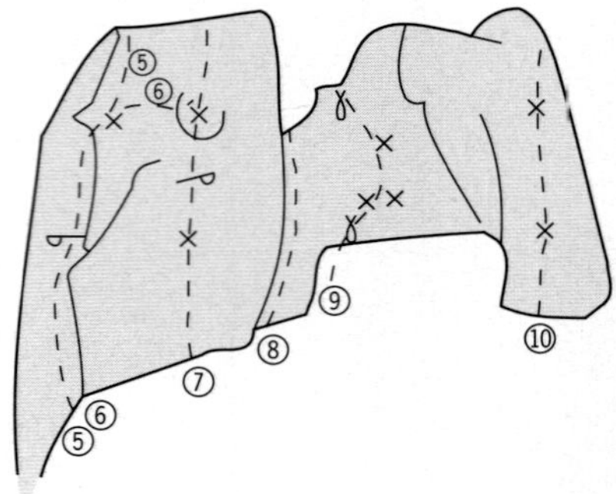

Von 1.2. bis 31.7. Kletterverzicht wegen Greifvögelschutz!

① Ostervariante 7-
② Alter Weg 6-
③ Nordriß 4
④ Talseite 7
⑤ Neue Südwand .... 5+
⑥ Alte Südwand 5-
⑦ Karies 6-
⑧ Südriß 5-
⑨ ? 7
⑩ Karli 7-

Zugang:
Von Bärnhof Richtung Königstein. 300 m nach Bärnhof sieht man rechts oben die Talseite des Stefanturms. In 2 min zu den Felsen. Zu den Routen ② und ③ gelangt man von der Bergseite aus über das Felsentor.
Übersichtskarte: 1 (Seite 15)
Besonderes:
Erwähnenswert scheint mir, daß es sich hier um einen Felsen handelt, bei dem noch kein offizielles Kletterverbot ausgesprochen wurde, aber mit einem freiwilligen Kletterverzicht dem Vogelschutz Rechnung getragen wurde. Es muß also nicht immer eine behördlich verfügte Sperrung sein!

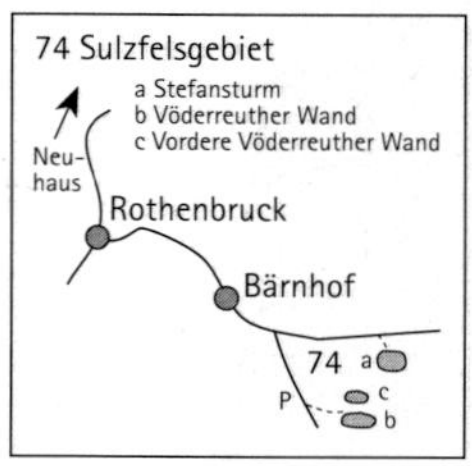

74b Vödereuther Wand (15 m, N) Pegnitztal / Sulzfelsgebiet

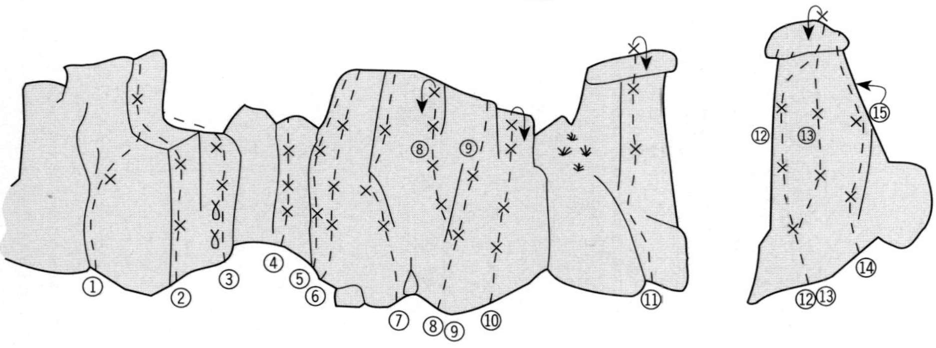

74c Vordere Vödereuther Wand (14 m, N)

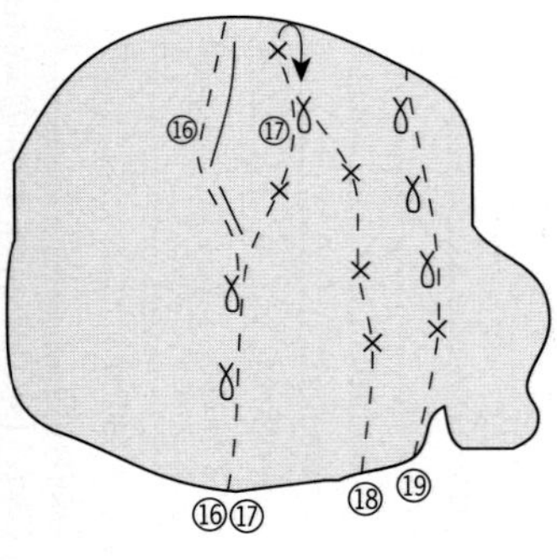

Zugang:
Von Rothenbruck nach Bärnhof. Nach Bärnhof rechts und parken beim Schild "Vödereuth". Links hoch zu den Felsen. Die Vorder Vödereuther Wand steht 50 m nördlich der Vödereuther Wand.
Übersichtskarte: 1 (Seite 15)

① Mehl ....6+
② Dotsch 7-
③ Jodelkönig 6
④ Zwitterriß 6-
⑤ Mr. Valentin (Don Carlos) 6
⑥ Weißbier ....6+
⑦ Haut voll rein ....7+
⑧ Zwischendurch 7
⑨ Schnarcher ....6+
⑩ Hasenfuß ....5+
⑪ Nordriß ....6+
⑫ Westkante 6
⑬ Steuerfrei Fliegen ....6+
⑭ Südriß ....4+
⑮ Bergseite 1
⑯ Genau *(Keile)* 6
⑰ Sowieso 7-
⑱ Geht in Ordnung 7
⑲ Frau Killermann 7-

75 Weißenstein (10-15 m, S)

Pegnitztal

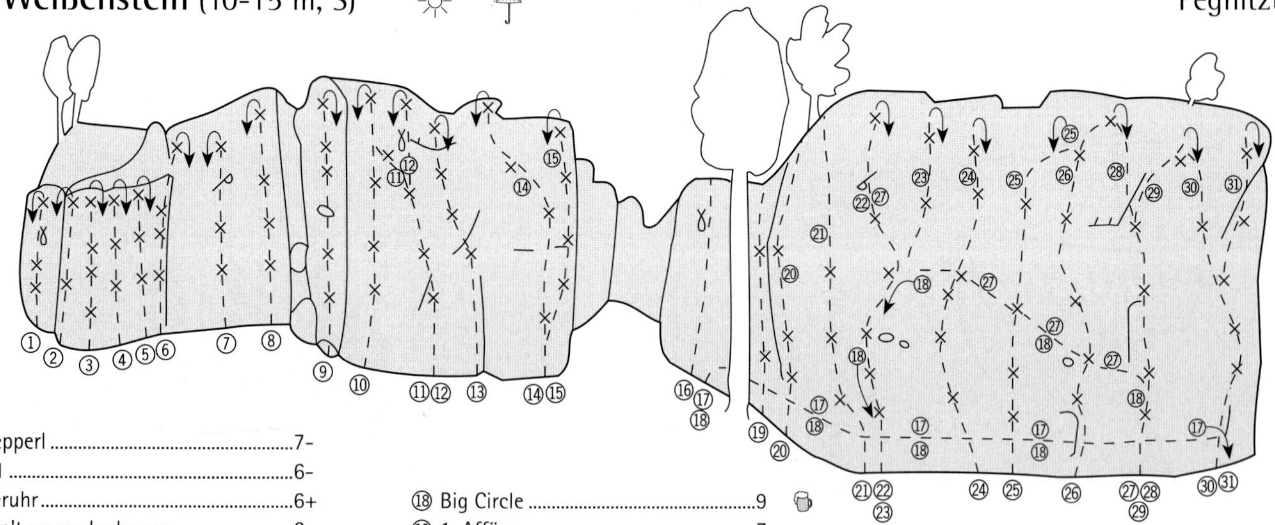

① Trepperl	7-	
② R 1	6-	
③ Eieruhr	6+	
④ Don't worry, be happy	6-	
⑤ R 2	6-	
⑥ R 3	4	
⑦ Boulderwandl	5+	
⑧ Annelore	6-	
⑨ R 7	7-	
⑩ Akku	7+	
⑪ Verlobungsweg	7-	
⑫ Direktausstieg	7-	
⑬ R 9	6+	
⑭ Buchenleiter	6	
⑮ Rechte Kante	4	
⑯ Für Zwietsch	4+	
⑰ Quergang	8-	
⑱ Big Circle	9	
⑲ 1. Affäre	7	
⑳ Baggi ned	8+	
㉑ Zwickmühle	8+	
㉒ Entsafter	8+	
㉓ Saftpresse	8	
㉔ Strohdach	9-	
㉕ Krampfhammer	9	
㉖ Dampfhammer	8	
㉗ Alles oder Nichts	9	
㉘ Wilde 13 direkt	8-	
㉙ Wilde 13	8-	
㉚ Panische Zeiten	7+	
㉛ Direktausstieg	7+	

"Short Circle" (9): Quergang, dann ㉗ weiter

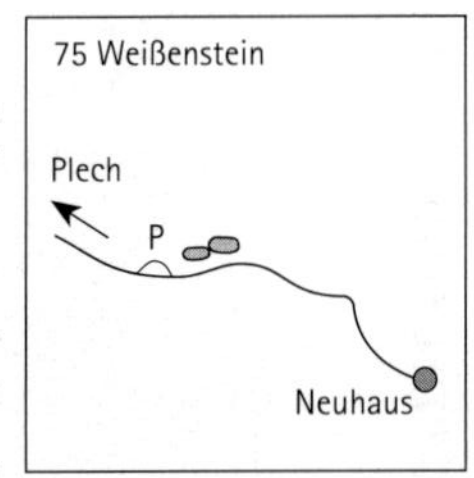

Zugang:
Zwischen Neuhaus und Höfen steht rechts vom Parkplatz der Weißenstein.

Übersichtskarte: 1 (Seite 15)

Besonderes:
Klassische fränkische Überhangkletterei an guten Henkeln.

Der gesamte Weißenstein wurde als Zone 3 festgelegt. Allerdings gilt für sämtliche nicht erschlossenen Felsbereiche (z.B. Vorblock) Zone 1.
Bitte keinesfalls den gegenüberliegenden Acker betreten!

76 Maximiliansgrotte

a Sektor Dächer (4 m, N)

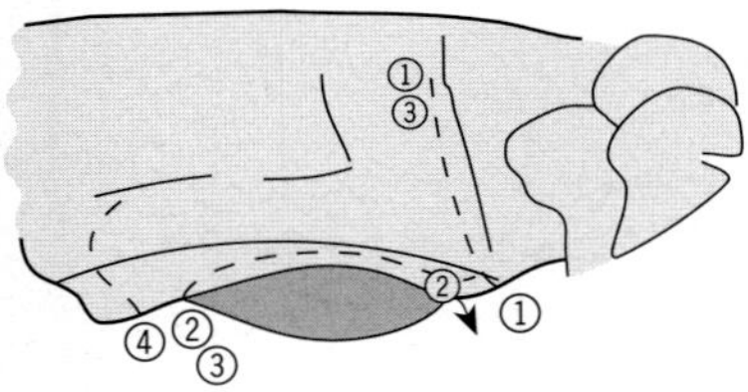

Zugang:
Parken beim Parkplatz Maximiliansgrotte. Über Stufen hoch in Richtung Grotte, links des Wegweisers „Eingang" weiter den Weg hinauf. Nach einer Linksschleife zweigt links der Pfad zu den Blöcken ab.

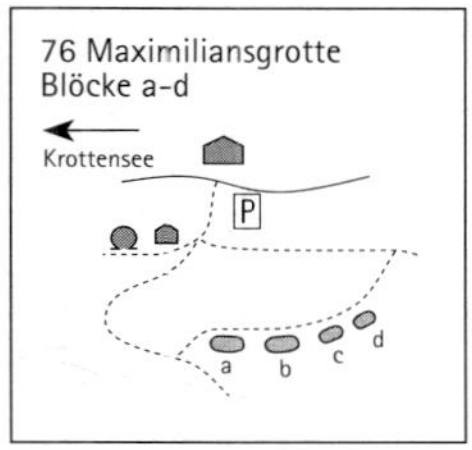

Übersichtskarte: 1 (Seite 15)
Besonderes:
Es ergeht die dringende Bitte an alle Kletterer, sich im Bereich des Höhlenausgangs rücksichtsvoll gegenüber den Höhlenbesuchern zu verhalten! Diese kommen nämlich am Ende der Führung aus der Höhle direkt unterhalb der Boulder heraus, deshalb bitte nicht den Ausgang versperren! Bisher haben die Anlieger hier noch nichts gegen die Kletterer!

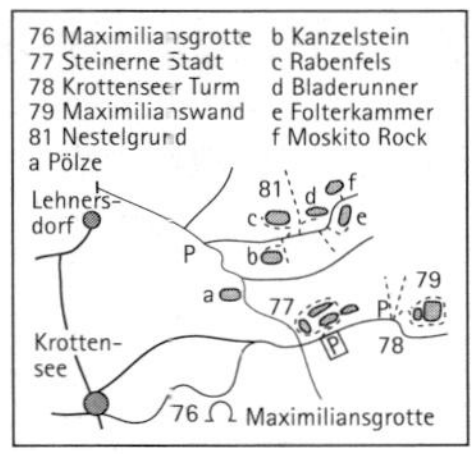

Sektor b (7 m, N)

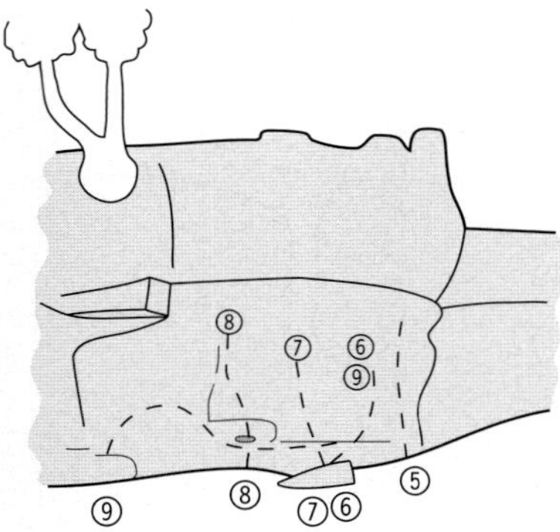

Sektor c (5 m, N)

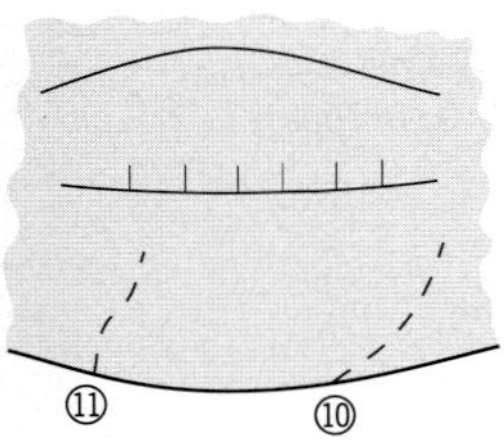

Sektor d (7 m, N)

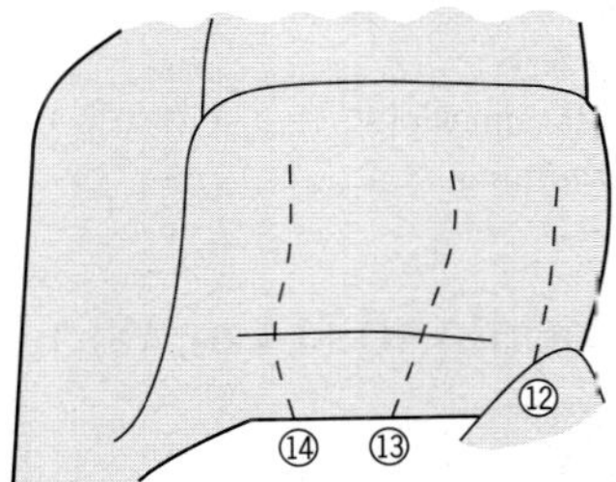

① ?..7c+ Fb
② ?..7c+ Fbtr
③ Das Tor zur Hölle ....8a/8a+Fbtr
④ ?..7b Fb
⑤ Anna Lee ....5b Fb
⑥ Das Grau'n.......................................7b+ Fb
⑦ Scherben bringen Glück ....7b+ Fb
⑧ Tara und Micky.................................6c Fb
⑨ In Grund und Boden ....8a/8a+ Fbtr
⑩ Mann beißt Hund.............................8a Fb
⑪ Ristitit...7c Fb
⑫ Inter Bergsteig.................................7a+ Fb
⑬ Dynamo Dresder..............................7c Fb
⑭ Spartak Moskau...............................6c+ Fb

77 Steinerne Stadt

Übersicht

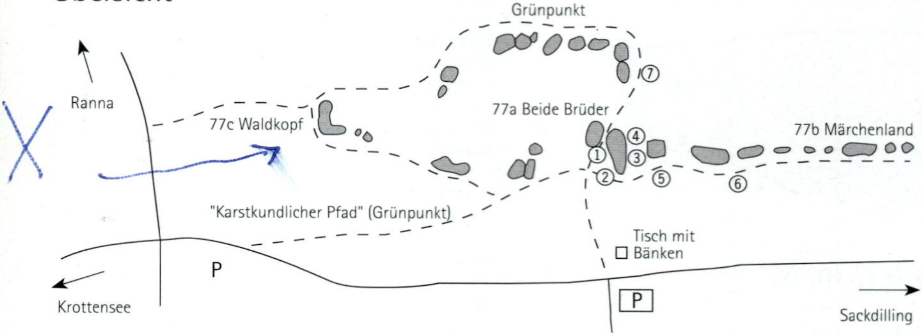

77a Beide Brüder

Südwestseite (8 m)

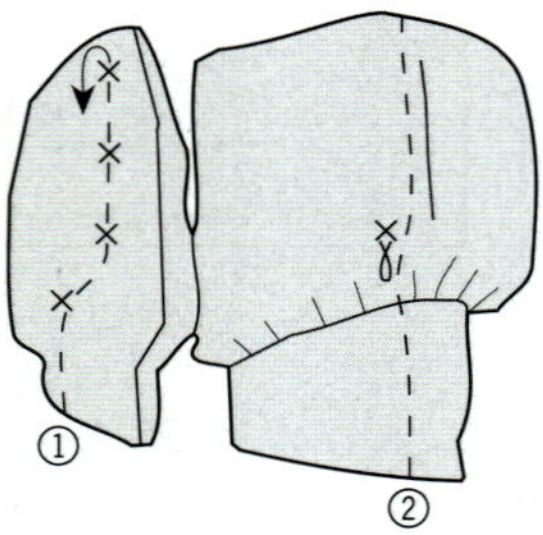

Ostseite (10 m)

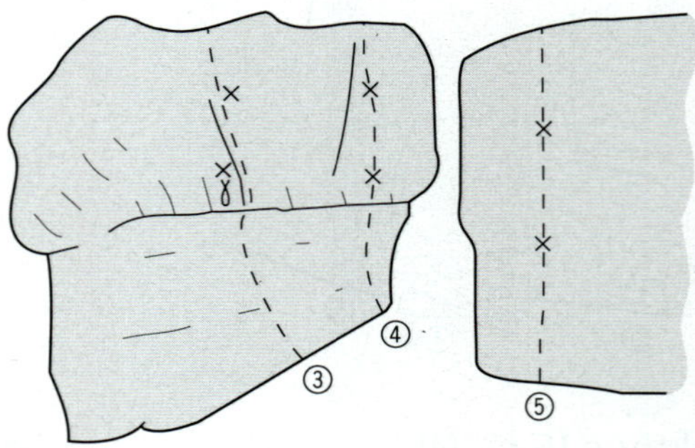

① Warmer Bruder..9
② Junior's bunte Eier 8-
③ Aus dem Nichts zum Gipfel..................9+
④ Seichte Unterhaltung............................9-
⑤ Für Tanja ....8+
⑥ Tüchtig süchtig *(kein Topo)* 7
⑦ Ein Hauch von Lauch *(kein Topo)*........7-

77b Märchenland (14 m, W)

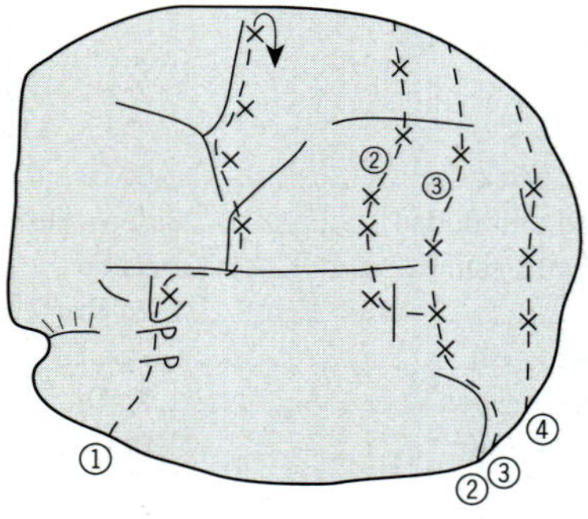

Zugang:
Von Krottensee Richtung Maximiliansgrotte fahren und weiter in Richtung Sackdilling. Nach einer Kreuzung kommt rechts ein Parkplatz unterhalb der "Steinernen Stadt".
Übersichtskarte: 1 (Seite 15)

① Märchenland..9
② Das letzte Einhorn....................................9+
③ Harkan 9-/9
④ Die uralte Morla..10-

77c Waldkopf (14 m, W)

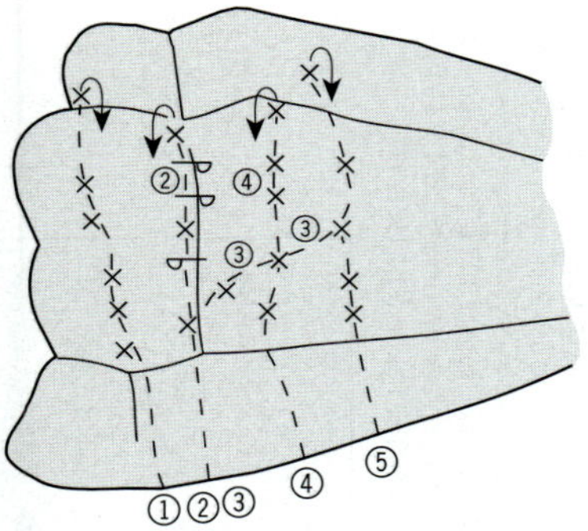

① Action Directe 11
② Feiste Fäuste..9
④ Teddy's Wampe..9+
⑤ Slim Line 10-
⑥ ?...10-

78 Krottenseer Turm Talseite (20 m, N)

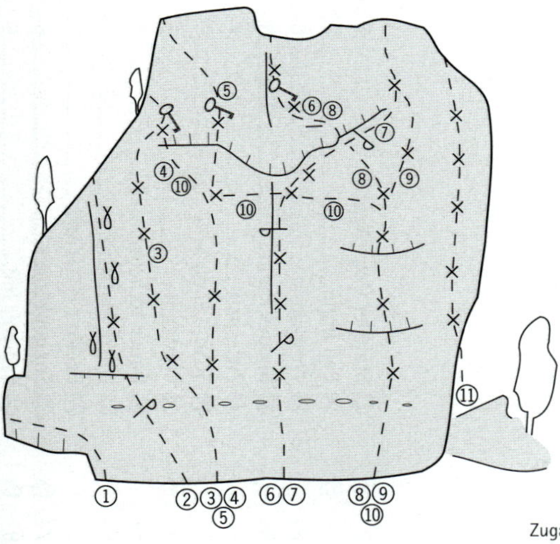

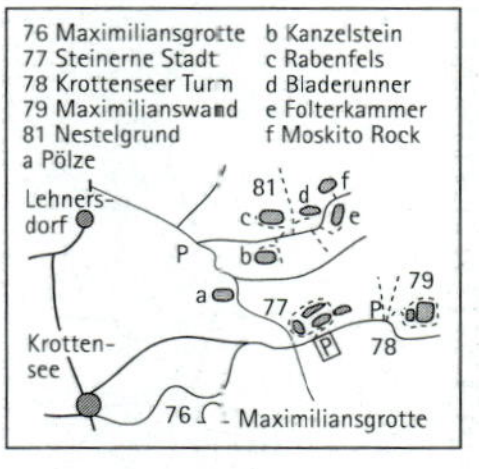

① Boulderrausch ....7c Fbtr
② Holzberger Ged.-Weg..............................7
③ Wüsterman...10+
④ Ira Technokratie.......................................9+/10-
⑤ Wall Street 11-
⑥ Fanal ....9+/10-
⑦ Chasin' the Trane.....................................9
⑧ Käsekuchen ....9+/10-
⑨ Hitch-hike the Plane ....9+
⑩ Vis avis..10-
⑪ Westwand...8-

Zugang:
Von Krottensee Richtung Maximiliansgrotte fahren und weiter Richtung Sackdilling. Nach einer Kreuzung kommt rechts ein Parkplatz unterhalb der "Steinernen Stadt". 1 km weiter sieht man links oben den Gipfel des "Krottenseer Turms". Kurz danach Parkmöglichkeit. Rechts in den Wald und gleich wieder rechts hoch zu den Felsen. Man gelangt zuerst zur Talseite des Krottenseer Turms. Dahinter stehen Maximilianswand und Maximiliansturm.
Übersichtskarte: 1 (Seite 15); 3 (Seite 17)
Besonderes:
Der Krottenseer Turm beherbergt einige Extremklassiker. Die Nordwand wurde 1981 von John Bachar frei begangen und mit dem Freikletternamen "Chasin' the Trane" (9) versehen. Wolfgang Güllichs Antwort war "Hitch-hike the Plane (9/9+) und liegt gleich rechts von "Chasin' ...". Die Krönung war dann die erste Route im elften Grad, die Wolfgang mit "Wallstreet" (11-) gelang. Übrigens hat dieser Weg noch keine Wiederholung auf der Originalvariante!

78 Krottenseer Turm

Bergseite (12 m; S)

79a Maximilianswand, linker Teil (12 m; W)

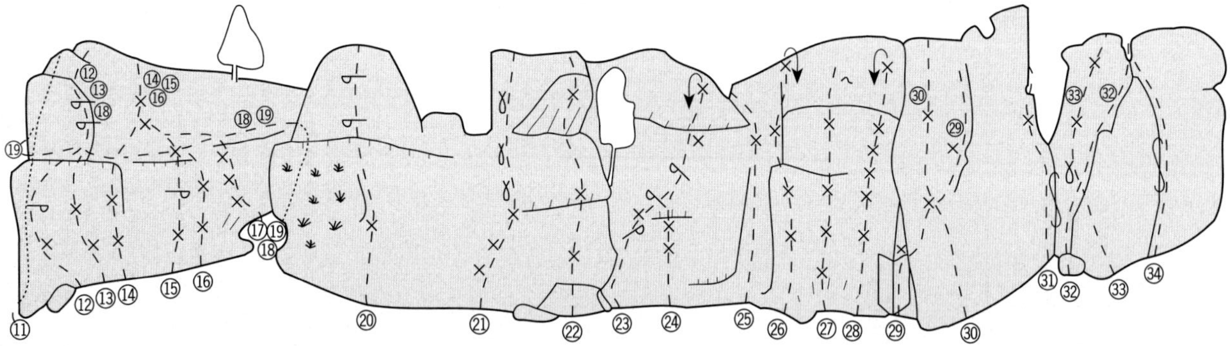

- ⑪ Westwand 8-
- ⑫ Südwestkante 8-
- ⑬ Fingerfresser .... 8+
- ⑭ Sonderprüfung .... 8+
- ⑮ Gill Swing 9
- ⑯ Blitz .... 9+
- ⑰ Defenders of the Faith 9-
- ⑱ Alter Weg .... 5+
- ⑲ Obere Westwand .... 5+
- ⑳ Neuer Weg 6-
- ㉑ Auerbacher Weg .... 7+
- ㉒ Fragezeichen 8-
- ㉓ Stabeler Ged.-Weg 5 a1
- ㉔ Bad Brain 10-
- ㉕ Westkamin 6-
- ㉖ Blindes Huhn .... 6+
- ㉗ Zwiespalt 7
- ㉘ Schnitzel on Seitz 8-
- ㉙ Westkante 6-
- ㉚ Dance to heaven 8-
- ㉛ Linker Plattenriß .... 3+
- ㉜ Rechter Plattenriß 3
- ㉝ Sonnenkönig 6-
- ㉞ Schiefer Riß 5

Zugang:
Von Krottensee Richtung Maximiliansgrotte fahren und weiter Richtung Sackdilling. Nach einer Kreuzung kommt rechts ein Parkplatz unterhalb der "Steinernen Stadt". 1 km weiter sieht man links oben den Gipfel des "Krottenseer Turms". Kurz danach Parkmöglichkeit. Rechts in den Wald und gleich wieder rechts hoch zu den Felsen. Man gelangt zuerst zur Talseite des Krottenseer Turms. Dahinter stehen Maximilianswand und Maximiliansturm.
Übersichtskarte: 1 (Seite 15); 3 (Seite 17)

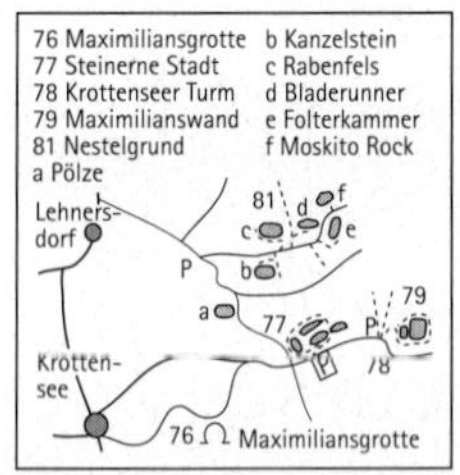

79a Maximilianswand, mittlerer Teil (8-12 m, S) ☼

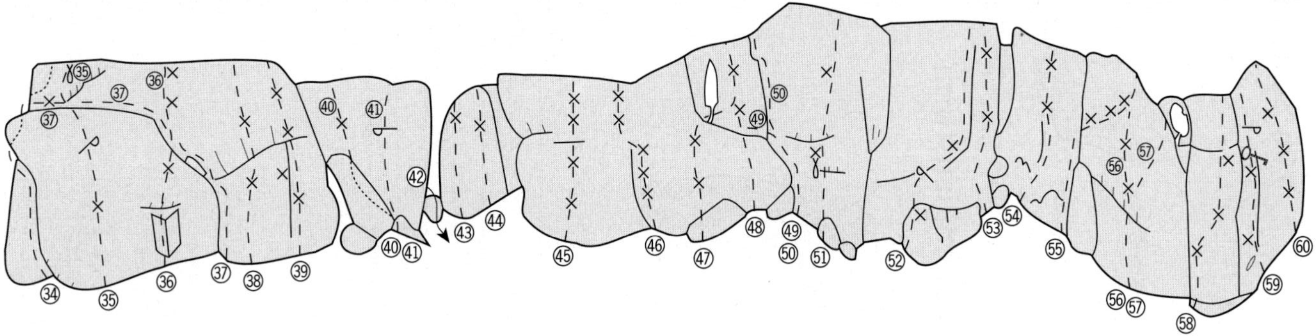

㉞ Schiefer Riß	5		㊽ Gratwanderung	7	
㉟ Luisenkreuz	6	🍺	㊾ Kleine Wand	6-	
㊱ Spätlese	6+	🍺	㊿ Südverschneidung	4	
㊲ Luisenband	6-		51 Projekt		
㊳ Kreuzigung	8+		52 Südwand *(Keile)*	6-	🍺
㊴ Ansbacher Weg	7+	🍺	53 After Eight	8	
㊵ Kletterkursweg	3		54 Wand der Abendröte	6	🍺
㊶ Sichel	6+		55 Wimmersberger Ged.-Weg	7-	🍺
㊷ Abstieg			56 Free Will direkt	8+	🍺
㊸ Babsi	8-		57 Free Will	8+	🍺
㊹ Da kommt keiner rauf	7+		58 Wilde Spiele	9-	🍺
㊺ Lang hi	6+		59 Amazonenpfeiler	8+	🍺
㊻ Südriß	6+		60 Another Excess	9	🍺
㊼ Direkte Gratwanderung	7+				

78 Krottenseer Turm
79a Maximilianswand
79b Sektor E.T.
79c Sektor Boiling Point
79d Maximiliansturm

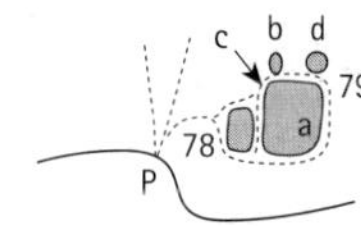

79a Maximilianswand, rechter Teil (10 m, O)

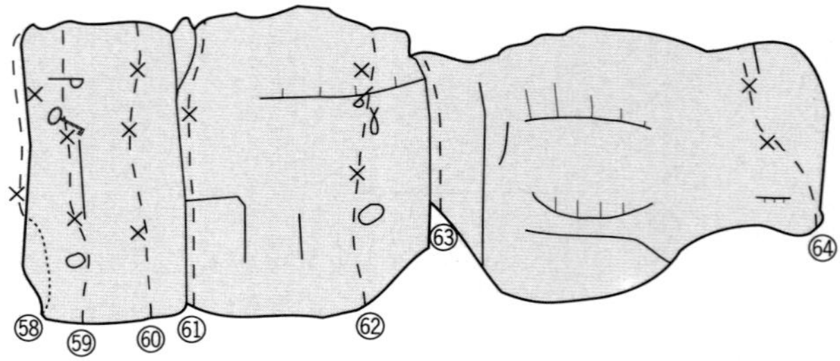

79b Sektor E.T.

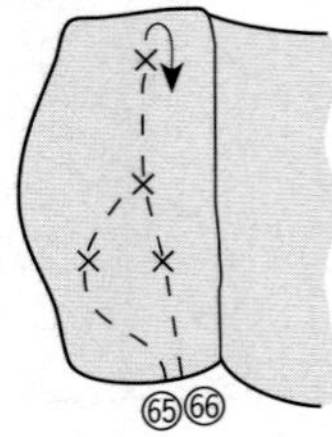

79c Sektor Boiling Point

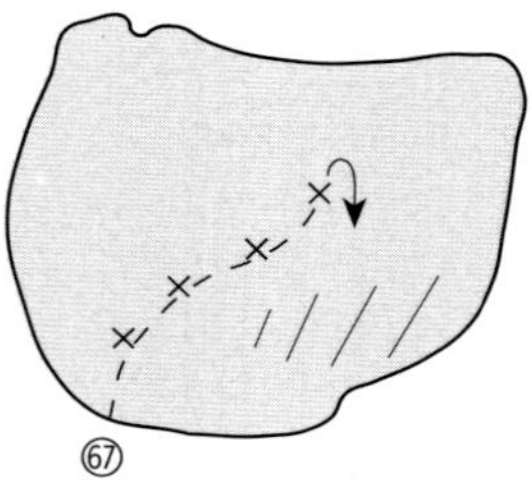

79d Maximiliansturm

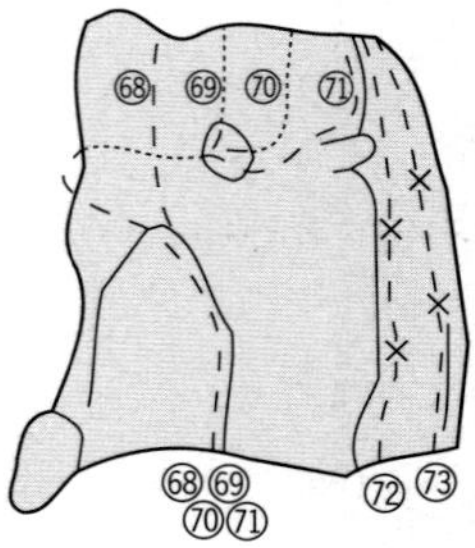

- ⑱ Wilde Spiele 9-
- ⑲ Amazonenpfeiler .... 8+
- ⑳ Another Excess 9
- ㉑ Buchenkamin 3
- ㉒ Amberger Weg 7
- ㉓ Blaumeisenweg .... 4+
- ㉔ Komm mit mir .... 8+
- ㉕ 7er Wandl 7

- ㉖ E.T. .... 7+
- ㉗ Boiling Point 10-
- ㉘ Nordriß 5
- ㉙ Rechter Talriß 4
- ㉚ Linker Talriß .... 4+
- ㉛ Berg Tal Variante 3
- ㉜ Fasten Seatbelts 8
- ㉝ Jubiläumsweg .... 6+

Zugang:
Von Krottensee Richtung Maximiliansgrotte fahren und weiter Richtung Sackdilling. Nach einer Kreuzung kommt rechts ein Parkplatz unterhalb der "Steinernen Stadt". 1 km weiter sieht man links oben den Gipfel des "Krottenseer Turms". Kurz danach Parkmöglichkeit. Rechts in den Wald und gleich wieder rechts hoch zu den Felsen. Man gelangt zuerst zur Talseite des Krottenseer Turms. Dahinter stehen Maximilianswand und Maximiliansturm.
Übersichtskarte: 1 (Seite 15); 3 (Seite 17)

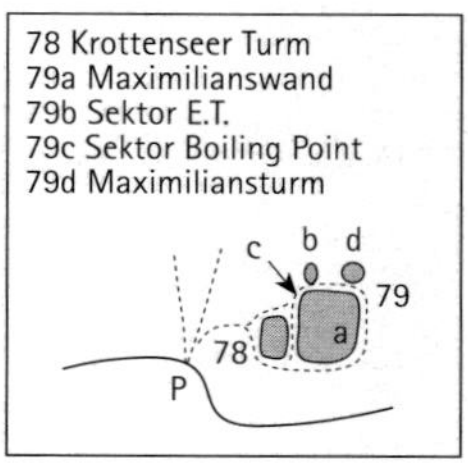

80 Erdenkäuferwand (16 m, N)

Pegnitztal

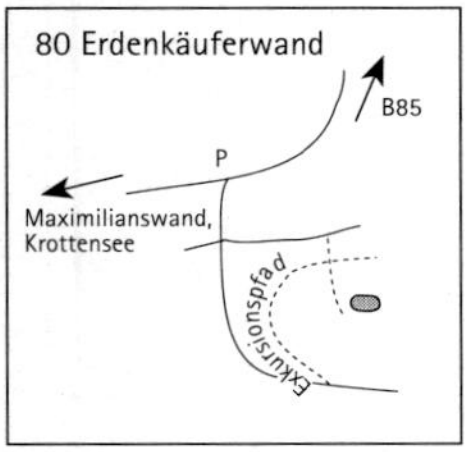

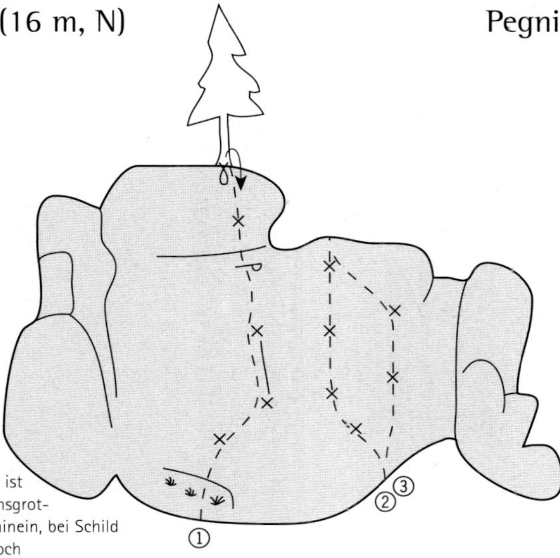

Zugang:
Von Krottensee in Richtung Sackdilling fahren, und an der Maximilianswand (siehe 78/79) vorbei weiter. 650 m nach Parkplatz Maximilianswand ist rechts ein Wegweiser „Steinerne Stadt/Maximiliansgrotte"; hier parken. Rechts 100 m die Forststraße hinein, bei Schild „Brentenfels" links abbiegen, auf dem Forstweg noch 200 m weiter und nach rechts in den Wald, den Exkursionspfad kreuzend, zu bereits sichtbaren Felsen. An diesen entlang rechts aufwärts zur Wand.
Übersichtskarte: 1 (Seite 15); 3 (Seite 17)

① Opa's letzte Nummern .... 7+
② ? 7
③ ? 7

81a Pölze (16 m, N)

Pegnitztal / Nestelgrund

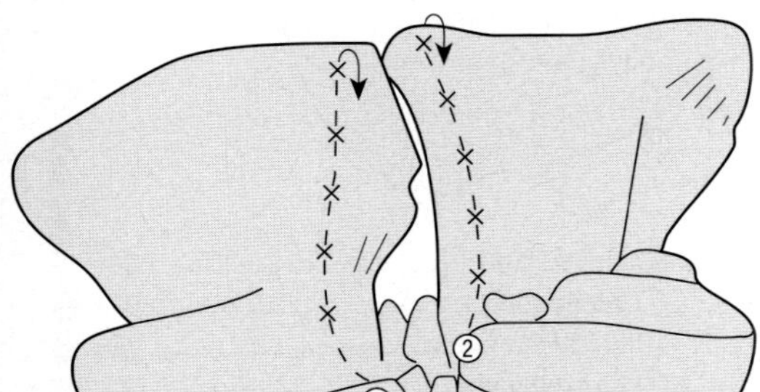

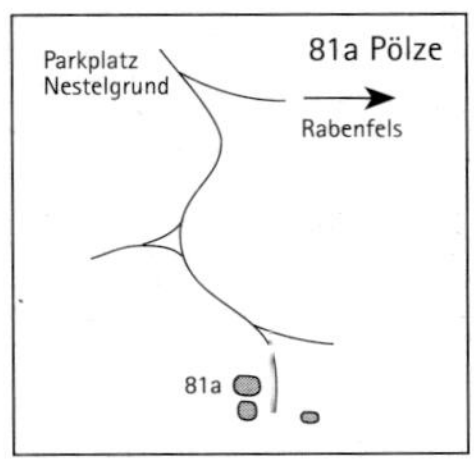

Zugang:
Von Neuhaus Richtung Ranna; 500 m nach Lehrershof rechts; an der Abzweigung zur "Hohen Tanne" noch vorbei und 200 m danach parken (rechts liegt ein Weiher). Hier zweigt links der Forstweg zum Rabenfels ab. Geradeaus führt die Forststraße weiter in Richtung Maximilianswand. Man folgt ihr (in südlicher Richtung) und erreicht nach 500 m die pilzförmigen Felsen rechts oberhalb des Weges.
Übersichtskarte: 1 (Seite 15); 3 (Seite 17)
Besonderes:
Markus Windisch hat hier mit zwei extremen Routen seine gute Form dokumentiert.
Gegenüber befindet sich noch ein Boulderblock mit einem Quergang: „Unplugged" (9-) (definierte Version 10-).

① Massada 10-
② Underdog 10

81b Kanzelstein, linker Teil (18 m, N)

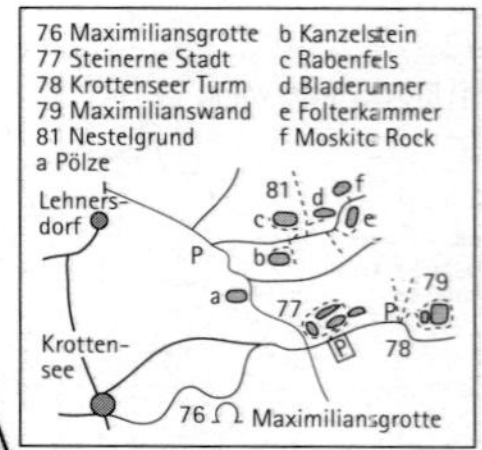

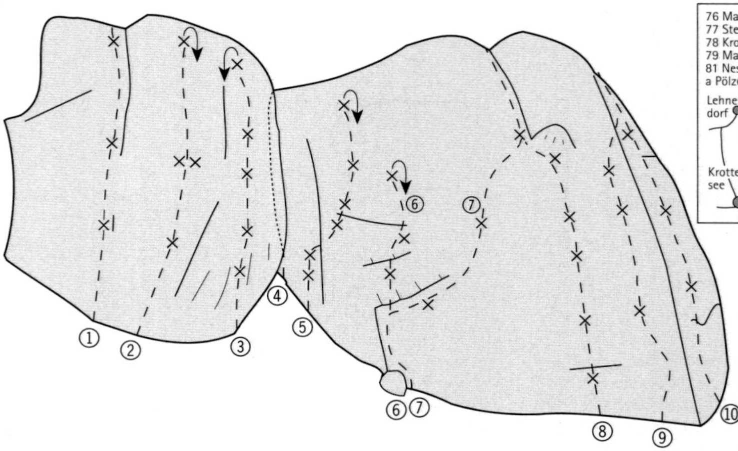

Rechter Teil (18 m, W)

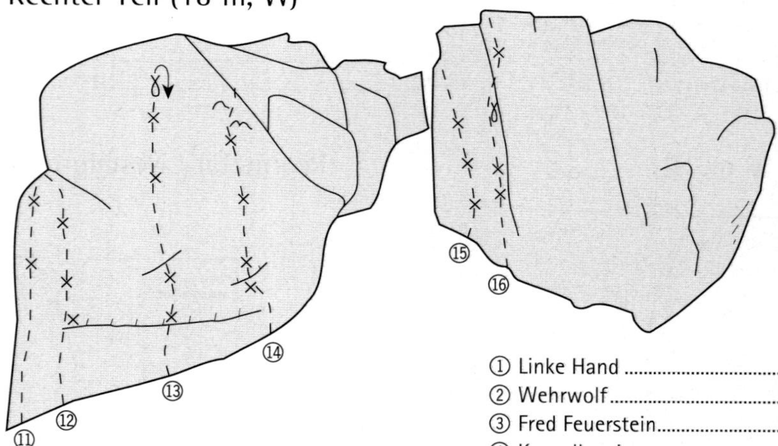

Ganz rechts:

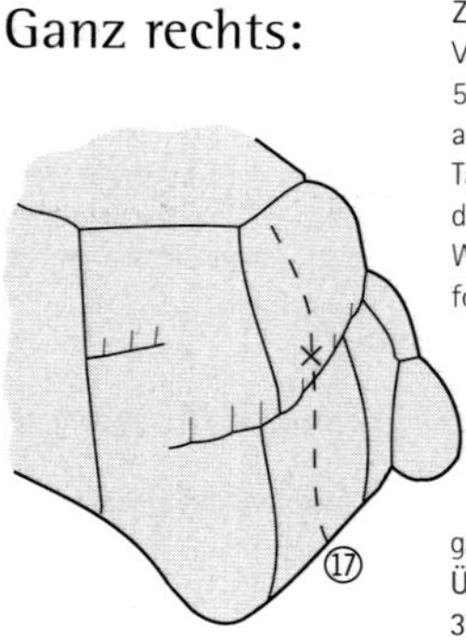

Zugang:
Von Neuhaus Richtung Ranna; 500 m nach Lehnershof rechts; an der Abzweigung zur "Hohen Tanne" noch vorbei und 200 m danach parken (rechts liegt ein Weiher). Links dem Forstweg folgen, bald ist der mächtige Rabenfels sichtbar. Gegenüber von ihm führt ein Weg rechts hoch (Schild: "Maximiliansgrotte"). Diesem folgen und die nächste Abzweigung rechts zum Kanzelstein.
Übersichtskarte: 1 (Seite 15); 3 (Seite 17)

① Linke Hand 8-
② Wehrwolf 9-
③ Fred Feuerstein .... 10+
④ Kanzelkamin 3
⑤ Null Rhesus Positiv 9
⑥ Blutspur .... 9+
⑦ Reifeprüfung 9-
⑧ Zufallstreffer 9
⑨ Stehgreif .... 7+
⑩ Isabella Bowden Ged.-Weg 7-
⑪ Freiflugticket 9-
⑫ Schnell, Schnell 9-
⑬ Maximator .... 8+
⑭ Zappa Climb 9-
⑮ Projekt
⑯ Projekt
⑰ Die Kurze für Lange .... 8+

81c Rabenfels, Südostseite (28 m) ☼ Pegnitztal / Nestelgrund

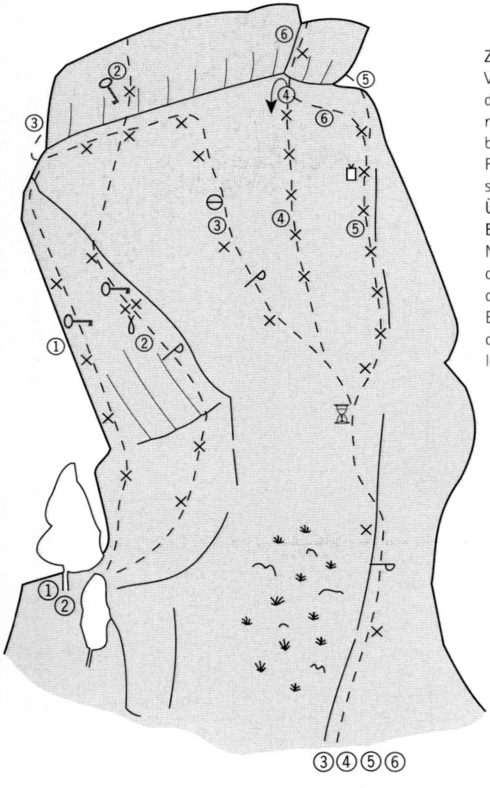

Zugang:
Von Neuhaus Richtung Ranna; 500 m nach Lehnershof rechts; an der Abzweigung zur "Hohen Tanne" noch vorbei und 200 m danach parken (rechts liegt ein Weiher). Links dem Forstweg folgen, bald ist der mächtige Rabenfels sichtbar. Unterhalb des Felsens auf Forststraße an ihm vorbei, dann scharf links und auf Pfad zur Talseite.

Übersichtskarte: 1 (Seite 15); 3 (Seite 17)

Besonderes:
Neben den lohnenden Klassikern im 6. bis 8. Grad sind vor allem die zwei Güllich-Touren im zehnten Grad bemerkenswert, darunter der Markstein "Ghettoblaster". Leider ist es üblich geworden, eine Begehung des 1. Teils der "West Side Story" bereits als Begehung der gesamten Route zu bezeichnen. Nur die wenigsten "Wiederholer" konnten wirklich den gesamten Weg bewältigen.

① Ghettoblaster .... 10/10+
② Westside Story 10-
③ Robert Lukas Ged.-Weg .... 6+
④ Open End .... 7+/8-
⑤ Richard Holzberger Ged.-Weg 7
⑥ Direktausstieg 8

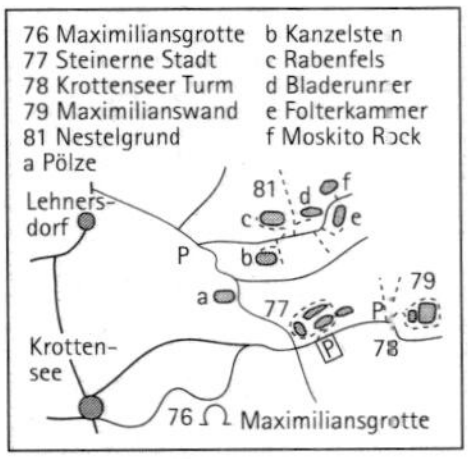

81c Rabenfels, Südostseite (28 m) ☼ Pegnitztal / Nestelgrund

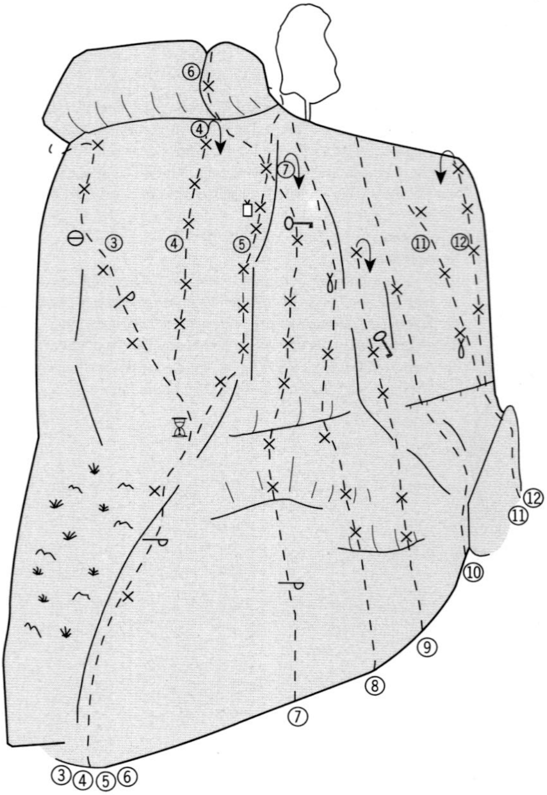

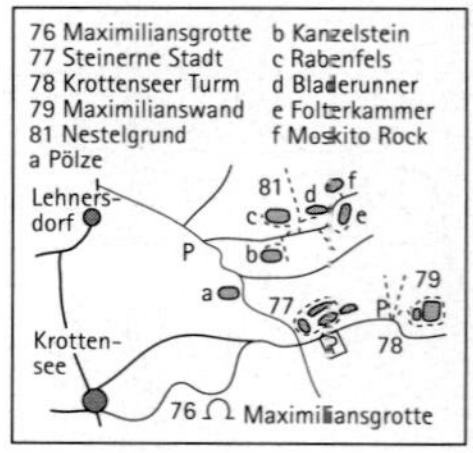

③ Robert Lukas Ged.-Weg .... 6+
④ Open End .... 7+/8-
⑤ Richard Holzberger Ged.-Weg 7
⑥ Direktausstieg 8
⑦ Katalysator 8-
⑧ Auerbacher Ged.-Weg 8
⑨ Stairway to Heaven 9-
⑩ Messer *(Keile)* .... 7+
⑪ Außenseiter 8
⑫ Dances with Wolfes 9

Zugang:
Von Neuhaus Richtung Ranna; 500 m nach Lehnershof rechts; an der Abzweigung zur "Hohen Tanne" noch vorbei und 200 m danach parken (rechts liegt ein Weiher). Links dem Forstweg folgen, bald ist der mächtige Rabenfels sichtbar. Unterhalb des Felsens auf Forststraße an ihm vorbei, dann scharf links und auf Pfad zur Talseite.

Übersichtskarte: 1 (Seite 15); 3 (Seite 17)

Besonderes:
Neben den lohnenden Klassikern im 6. bis 8. Grad sind vor allem die zwei Güllich-Touren im zehnten Grad bemerkenswert, darunter der Markstein "Ghettoblaster". Leider ist es üblich geworden, eine Begehung des 1. Teils der "West Side Story" bereits als Begehung der gesamten Route zu bezeichnen. Nur die wenigsten "Wiederholer" konnten wirklich den gesamten Weg bewältigen.

Bladerunner-Wand (bis 10 m, S)

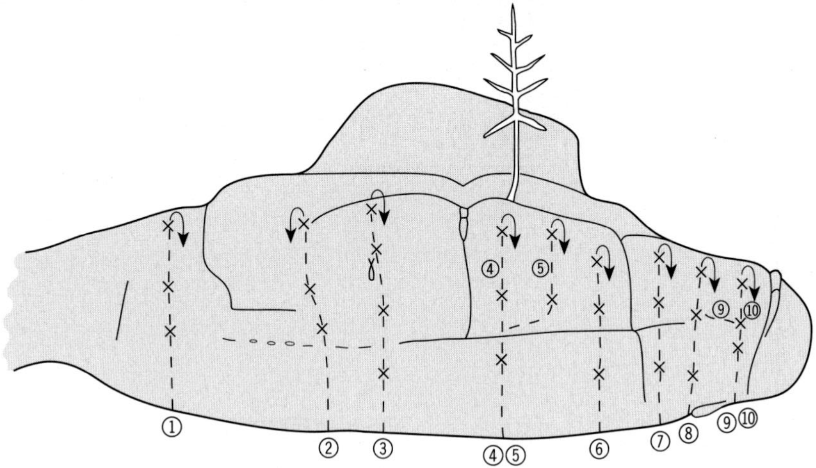

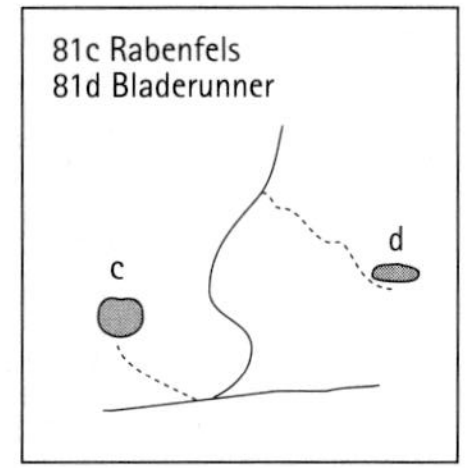

① ?............................7
② Lucky Strike............................9-
③ Bladerunner............................10/10+
④ Momento Mori............................10/10+
⑤ Post Mortem............................9+
⑥ Al&Peg............................9/9+
⑦ Edi-Route............................9/9+
⑧ Das Phantom............................9/9+
⑨ Das Phantömchen............................10-
⑩ Projekt

Zugang:
Von Neuhaus Richtung Ranna; 500 m nach Lehnershof rechts; an der Abzweigung zur "Hohen Tanne" noch vorbei und 200 m danach parken (rechts liegt ein Weiher). Links dem Forstweg folgen, bald ist der mächtige Rabenfels sichtbar. Unterhalb des Felsens auf der Forststraße weiter und bei der folgenden Abzweigung einen weiteren Forstweg links. Nach 100 m bei Baum mit rotem Ring nach rechts auf Steigspuren in den Wald und nach 100 m bei den ersten Felsen rechts abwärts zu den Einstiegen.
Übersichtskarte: 1 (Seite 15)
Besonderes:
Kurze Routen mit knackigen Boulderstellen (kleingriffig).

81e Folterkammer

Rechter Teil (8-12 m, W)

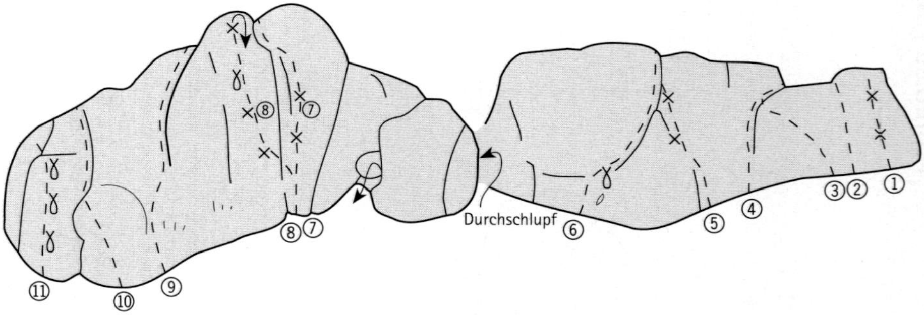

Mittlerer Teil (18 m, W)

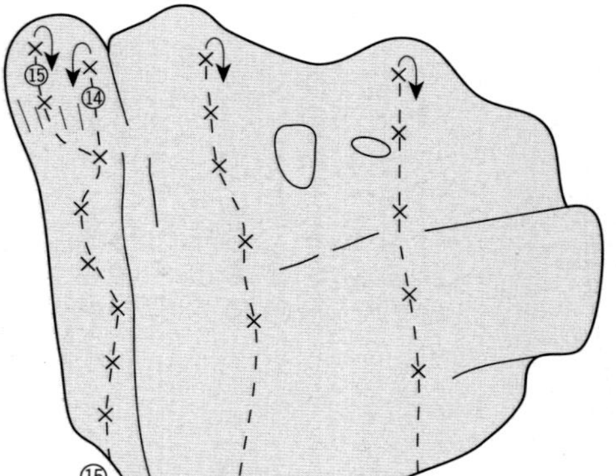

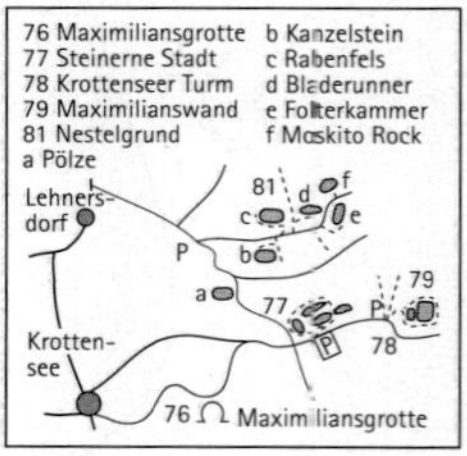

81e Folterkammer

Linker Teil (8-12 m, W)

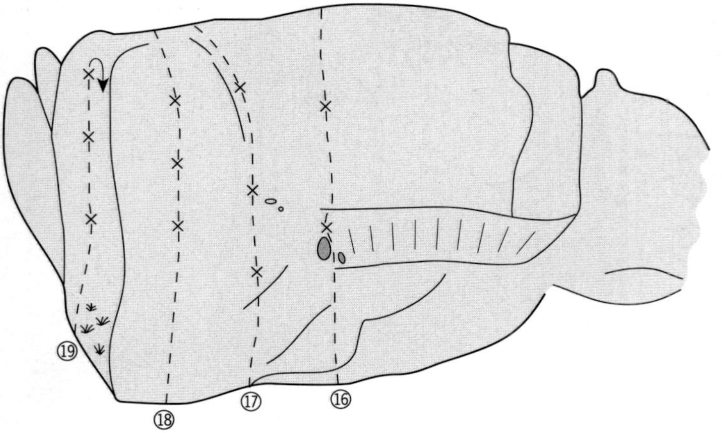

Bei Brutansiedelung freiwilliger Kletterverzicht von 1.2. bis 31. 7.!

① Gefläscht.......8+
② Streckbank.......8+
③ Papageienschaukel.......9
④ Mary Long.......8
⑤ Durchreißer.......8
⑥ Riß.......7-
⑦ 5 Muskeltiere.......8
⑧ Merlin.......9
⑨ Friend (Keile).......6+
⑩ Ameisenboulder (Keile).......5
⑪ Sanduhrenweg.......6
⑫ Der Name der Rose.......9-
⑬ Jagdfieber.......10+
⑭ Projekt
⑮ Projekt
⑯ Gordischer Knoten.......9-
(„Blaue Blume" falsch angeschrieben!)
⑰ Titanic.......9-
⑱ Afterburner = Münchhausen.......9
⑲ Sie nannten mich Mücke.......7

Zugang:
Von Neuhaus Richtung Ranna; 500 m nach Lehnershof rechts; an der Abzweigung zur "Hohen Tanne" noch vorbei und 200 m danach parken (rechts liegt ein Weiher). Links dem Forstweg folgen, bald ist der mächtige Rabenfels sichtbar. Unter ihm vorbei und bei Abzweigung geradeaus weiter (hier links zu „Bladerunner"). Nach weiteren 150 m zweigt rechts ein Weg ab (Schild: "Maximiliansgrotte", hier zum Kanzelfels). Gegenüber von ihm führt ein Weg rechts hoch zum Kanzelstein. Noch 100 m weiter, dann rechts hoch und kurz nach links zu den schon von unten sichtbaren Felsen. Am gegenüberliegenden Hang steht der Moskito Rock. Ihn erreicht man, indem man bei der Abzweigung zur Folterkammer links im Wald den Hang hochgeht.

Übersichtskarte: 1 (Seite 15); 3 (Seite 17)

Besonderes:
Hier wird eine meines Erachtens ideale Lösung praktiziert:
Bei Brutansiedelung wird ein freiwilliger Verzicht innerhalb der Brutperiode geübt. Dieser wird über die einschlägigen Medien und Schilder kundgetan. Konsequentes Einhalten solcher Regelungen kann pauschale Sperrungen (leider nicht immer) verhindern!
Im rechten Teil findet man einige klassische Boulder von Norbert Bätz und Wolfgang ("Flipper") Fietz vor.
Die neue Extremroute „Jagdfieber" von Markus Windisch hat bisher sämtlichen Wiederholungsversuchen namhafter Spitzenkletterer widerstanden!

81f Moskito Rock (15 m, S) ☼ Pegnitztal / Nestelgrund

von der Folterkammer aus

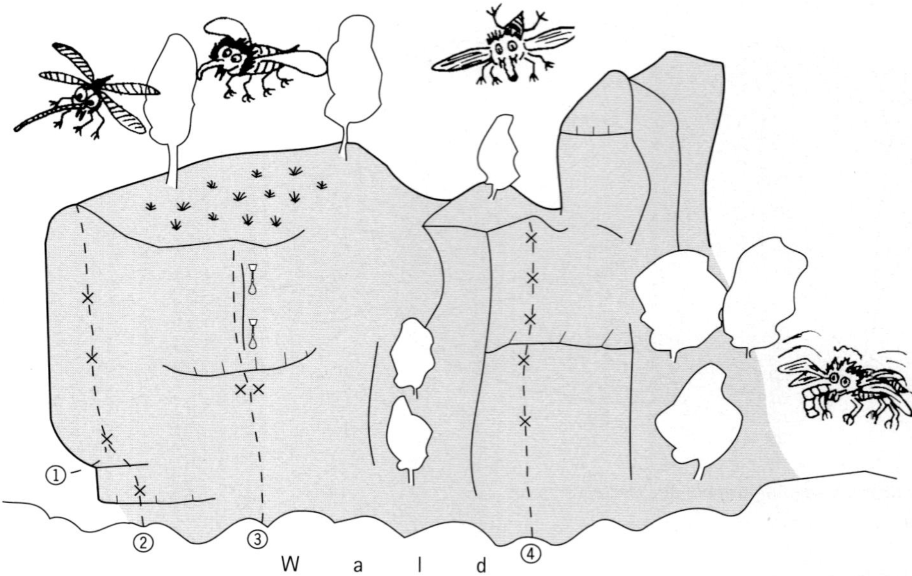

① Tse-Tse...9+
② Doppelzappler...9
③ Malaria...8+
④ Gelbfieber..9-/9

Zugang:
Siehe Folterkammer (Seite 151)
Übersichtskarte: 1 (Seite 15) 3 (Seite 17)
Besonderes:
Der Name sagt es bereits *(im Sommer Vorsorge treffen!)*

82 Teddywand (10 m, N) Pegnitztal / Sackdilling

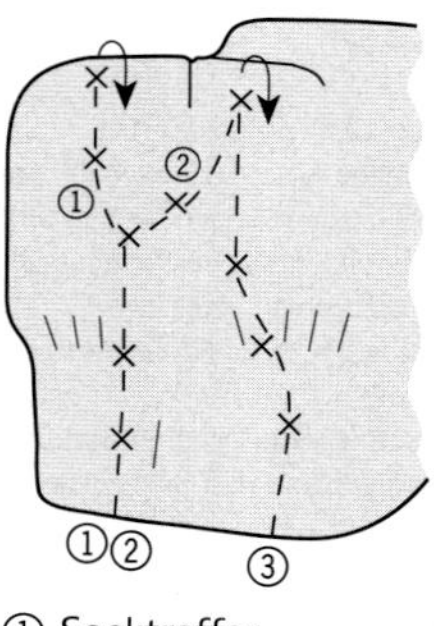

① Sacktreffer..10-
② Die dicken Kinder von Landau............10-/10
③ Wattepuper...9+

Zugang:
Parken beim Forsthaus Sackdilling. Die Teddywand wird erreicht, indem man dem Wanderweg (Skizze!) ca. 5 min folgt. Sie befindet sich direkt rechts oberhalb des Weges.
Übersichtskarte: 3 (Seite 15)
Besonderes:
In idyllischer Umgebung wurden hier von Werner Thon und Markus Windisch harte Extremkletterrouten eröffnet.

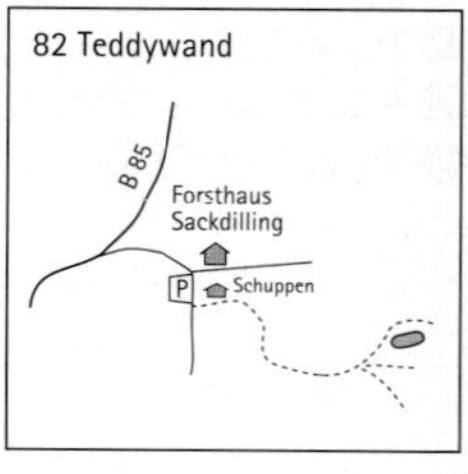

83 Großer Lochstein (8 m) Pegnitztal

Nordwestwand

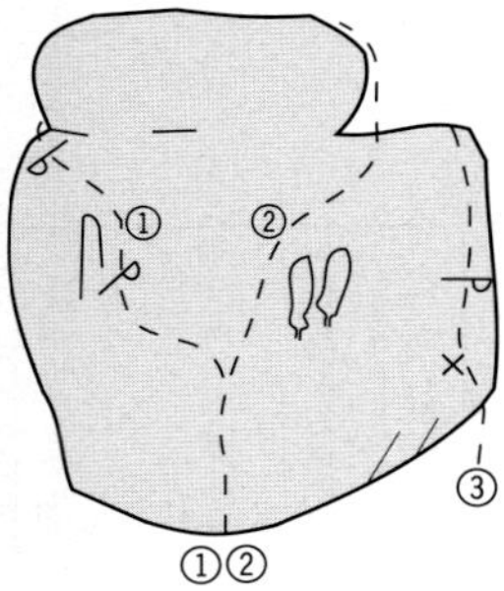

Südwestwand

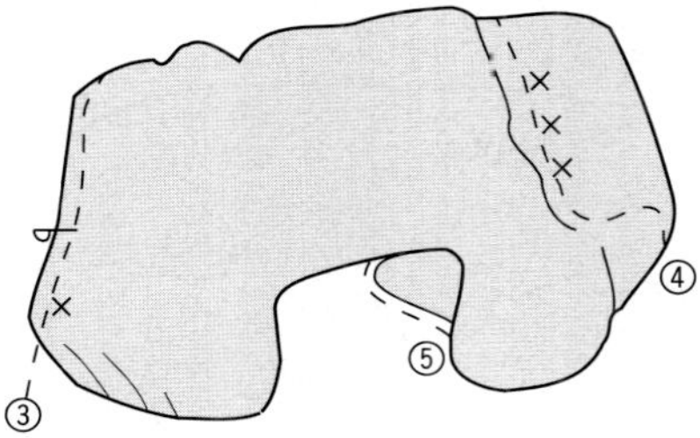

Zugang:
In Horlach beim Gasthaus Peter parken und auf Forstweg südlich in den Veldensteiner Forst. Nach 800 m rechts, unter einer Unterführung hindurch und weiter zu den Felsen (direkt links des Forstweges; ca. 20 min von Horlach).
Übersichtskarte: 3 (Seite 17)

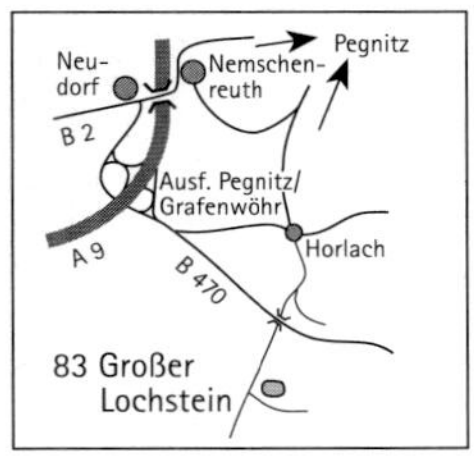

① Nordwestwand 5 a1
② Westwand .... 3+
③ Frosch .... 8+
④ Südwestwand 5 a1
⑤ Boulder

84a Hainbronner Pfeiler (10 m, N und W) Pegnitztal / Wachberg

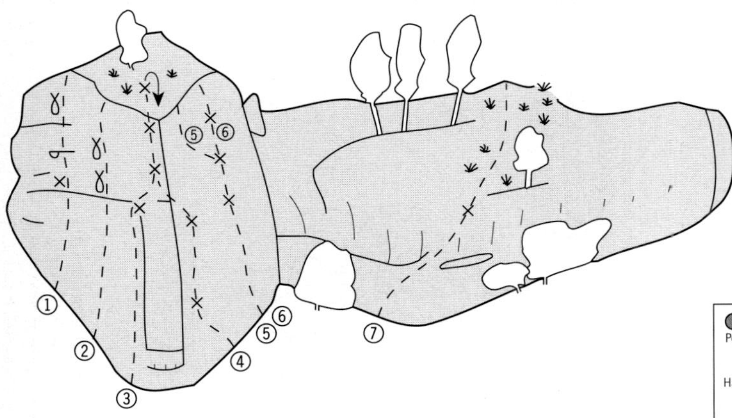

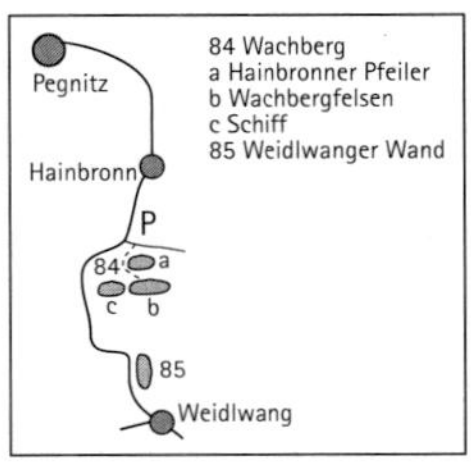

① Linker Weg 6-
② Platzmangel 6-
③ Nordwand 6
④ Nordostpfeiler .... 7+
⑤ Nordostwand 8-
⑥ Direkter Ausstieg .... 8+
⑦ Dachlwand 4 a0

Zugang:
Der Hainbronner Pfeiler und die darüber liegenden Wachbergfelsen sind bereits aus der Straßenkurve nach Hainbronn gut zu sehen.
Übersichtskarte: 3 (Seite 17)
Besonders:
Kleingriffige Plattenkletterei in festem, schwarzen Kalk

84b Wachbergfelsen, linker Teil (10-17 m, NO)

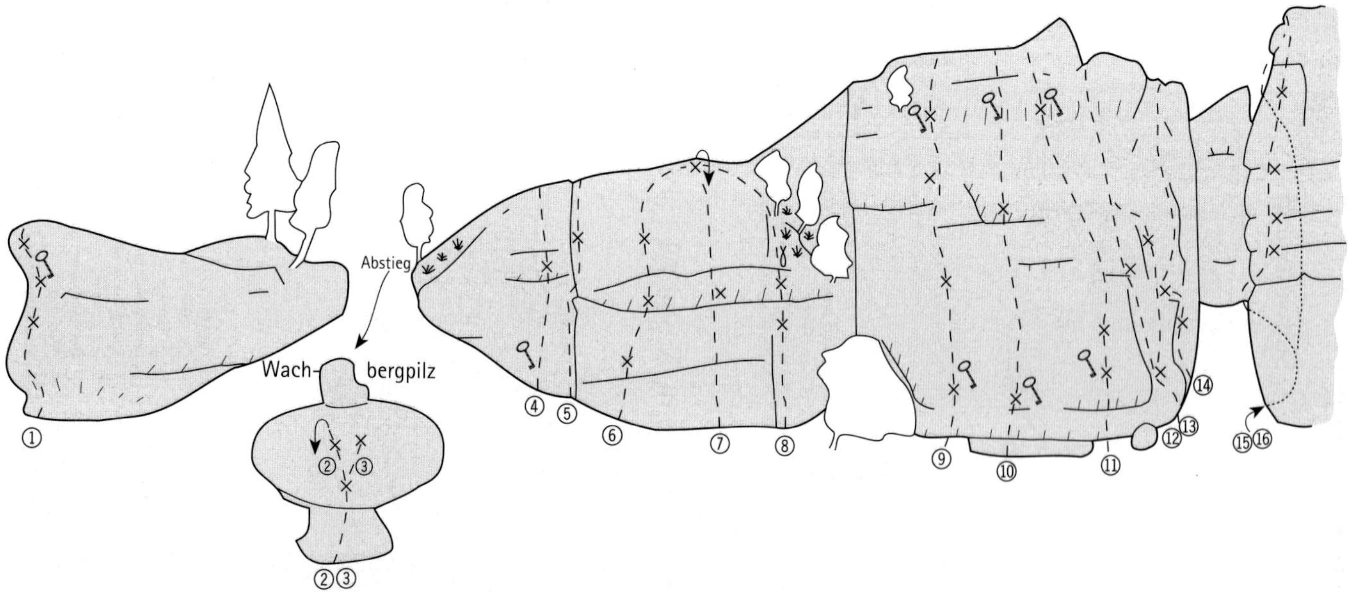

Zugang:
Der Hainbronner Pfeiler und die darüber liegenden Wachbergfelsen sind bereits aus der Straßenkurve nach Hainbronn gut zu sehen.
Übersichtskarte: 3 (Seite 17)
Besonders:
Meist kleingriffige Wandkletterei in festem, schwarzen Kalk. Einige Routen sind nicht gerade übersichert. An der Rückseite des Wachbergpilzes befinden sich noch zwei kurze, im Topo nicht erfasste Wege: der Normalweg (4) und die Südostkante (6+).

Dank einer konsequenten Ausholzaktion sind die ehemals zugewucherten schönen Felsen nun wieder weithin sichtbar.

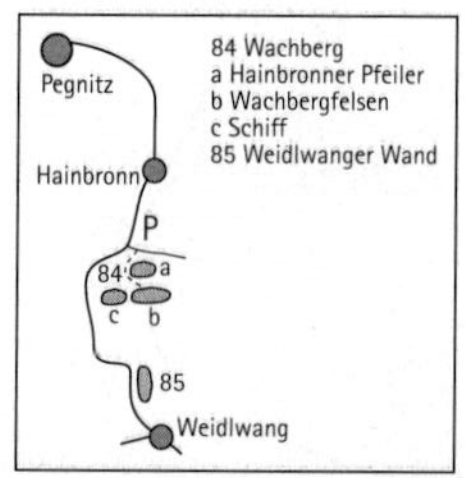

84b Wachbergfelsen, rechter Teil (10-17 m, NO)

84c Schiff (20 m, N)

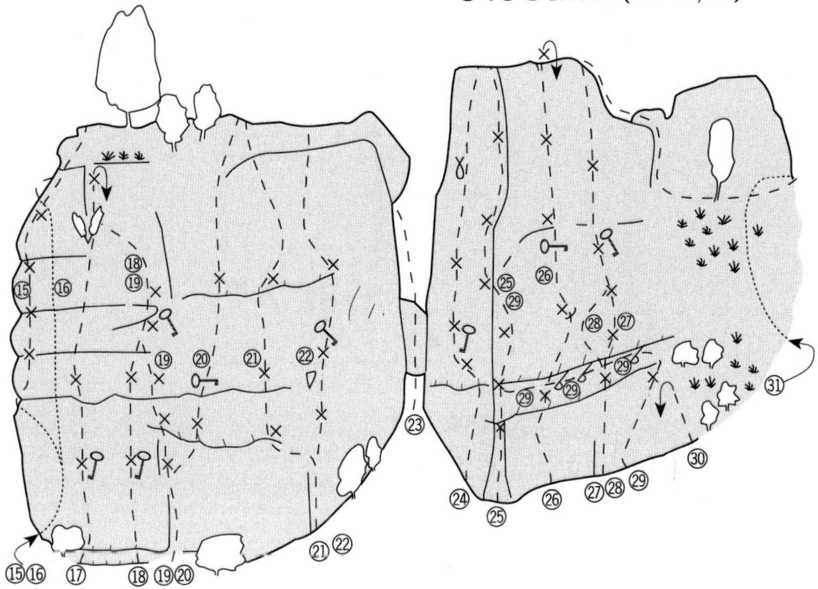

① Strammer Max 8
② Wixfrosch 9
③ Projekt
④ Peter Pan 8-
⑤ Raisacher Weg .... 5+
⑥ Perlen vor die Säue 7-
⑦ Nervenkitzel 8-
⑧ Schwiegermutter 8-

⑨ Optische Täuschung 9-
⑩ Fuchur's Flug .... 7+!
⑪ Mister Beaker .... 8+
⑫ Pegnitzer Weg 7-
⑬ Mister Jones *(Stopper)* 7
⑭ Variante 7
⑮ Nordostkante .... 6+
⑯ Schlucht Ostwand *(6 Haken)* .... 8+

⑰ Müngersdorfer Stadion 9-
⑱ Der Frosch mit der Maske 9
⑲ Weidlwanger Weg 8-
⑳ Schleudersitz .... 9- !
㉑ Reagan, Reagan, he's no good, send him back to Hollywood .... 9+
㉒ Melior .... 9+
㉓ Stemmkamin 4 a0
㉔ 33 Tage in Ketten 9-
㉕ Schiffsbug 9
㉖ Bcsoffener Matrose .... 9+
㉗ White Punks on Dope .... 9+
㉘ Linksvariante 9
㉙ Variante 5 a1
㉚ Feister Meister 8
㉛ Bergseite 3

85 Weidlwanger Wand (25 m, W)

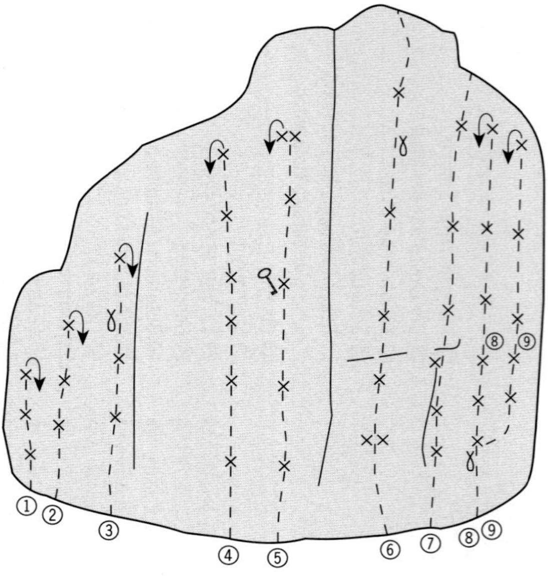

① Welcome to the Jungle........................8+
② Fight for your Right...............................8
③ Highway to hell.......................................9-
④ Shatreng ....9+
⑤ The Dance alone ....9+/10-
⑥ Kinda kute 9
⑦ Back on stage..9/9+
⑧ Zaphot 9-/9
⑨ Ton in Ton..8+

Zugang:
Von Hainbronn Richtung Weidlwang fahren, wo der Ort sichtbar wird parken. Kurz die Straße zurück und rechts hoch zu der Felsen. Übersichtskarte: 3 (Seite 17)

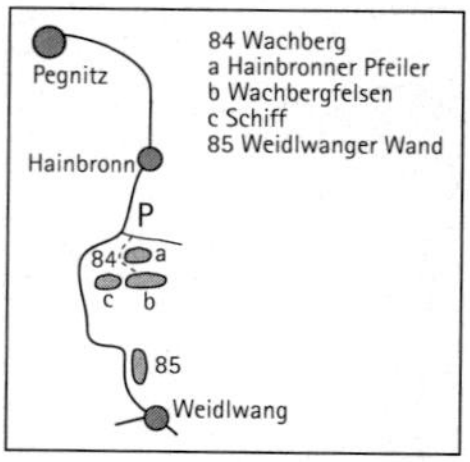

86 Felslandl

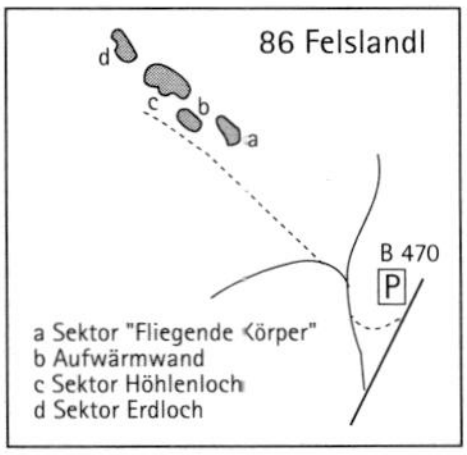

a Sektor „Fliegende Körper“

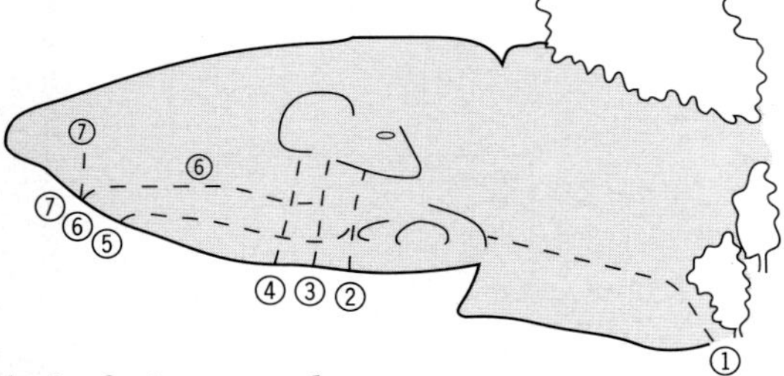

b Aufwärmwand

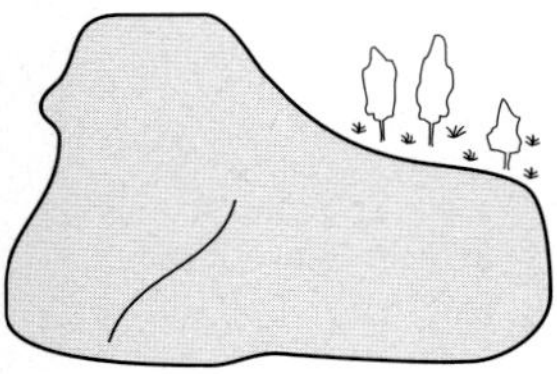

Zugang:
Die B 85 und die B 470 führen gemeinsam von der Autobahnausfahrt Pegnitz (A 9) in Richtung Auerbach. Kurz vor Auerbach zweigt die B 470 in Richtung Eschenbach/Oberpfalz ab. Kurz nach dieser Abzweigung befindet sich ein Parkplatz direkt an der Straße. Da man auf der Bundesstraße nicht wenden darf, muß man von Pegnitz kommend bei der nächsten Ausfahrt abfahren und wieder zurück zum Parkplatz. Das Gebiet befindet sich westlich davon. Direkt am Parkplatz ist ein kleines Waldstück. An diesem links vorbei (Pfadspuren) zu einer Fuhre, die sich nach 30 m gabelt. Man blickt auf eine Wiese, hinten sieht man bereits den ersten Felsen. Über die Wiese zum Gebiet.
Übersichtskarte: 3 (Seite 17)

Besonderes:
Schönes Bouldergebiet in idyllischer Lage.

c Sektor Höhlenloch

d Sektor Erdloch

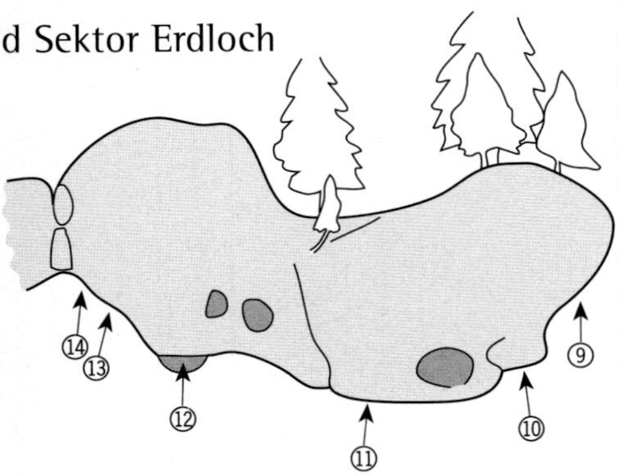

① Rechter Quergang .... 9+
② ? .... 7+
③ ? 9-
④ ? 8
⑤ Unterer Quergang 8-
⑥ Oberer Quergang 9
⑦ Fliegende Körper 9-
⑧ ? .... 7+
⑨ ? .... 8+
⑩ ? .... 9+
⑪ ? 8
⑫ ? 8
⑬ Projekt
⑭ Projekt

87 Geheimaktion (15 m, N und W)

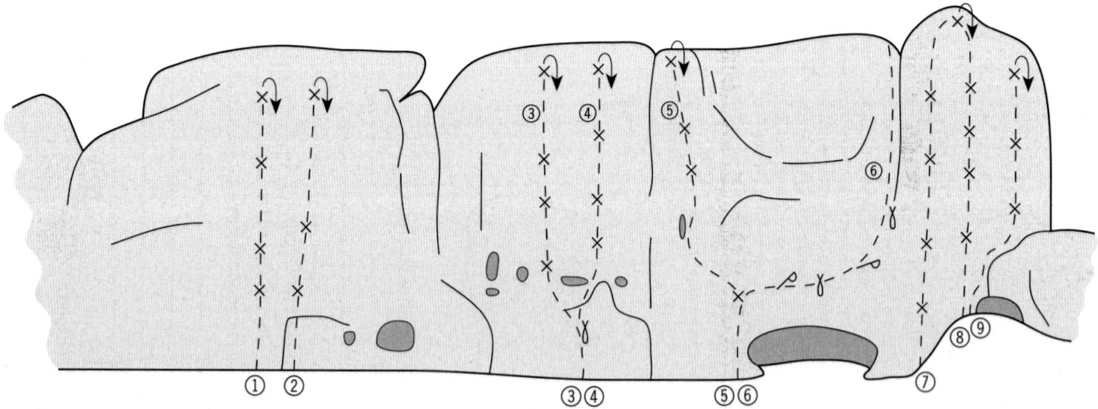

① ?..8+
② ?..9-
③ Travel On..............................8
④ Niklas (Projekt)
⑤ Projekt
⑥ Alter Weg..............................6
⑦ Freund Muselmann...................7-
⑧ Geheimaktion 8-
⑨ ?..8-/8

Zugang:
Von Michelfeld in Richtung Ohrenbach fahren, nach 250 m stehen rechts der Straße große Holzstöße und eine Bank, hier parken. Bei der Bank läuft ein Sickerwasser in die Wiese hinein. Man folgt diesem links des Laufs bis zu einem Bach, der über einige Steine überquert wird. Am Bachlauf entlang weiter (nicht in die Wiese trampeln!) zu den Felsen.
Übersichtskarte: 3 (Seite 17)

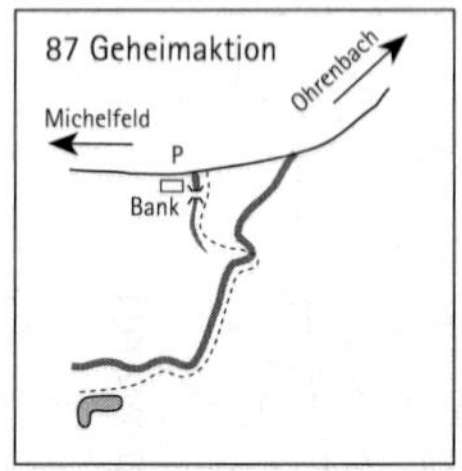

88 a Flemtalwächter (25 m, N)

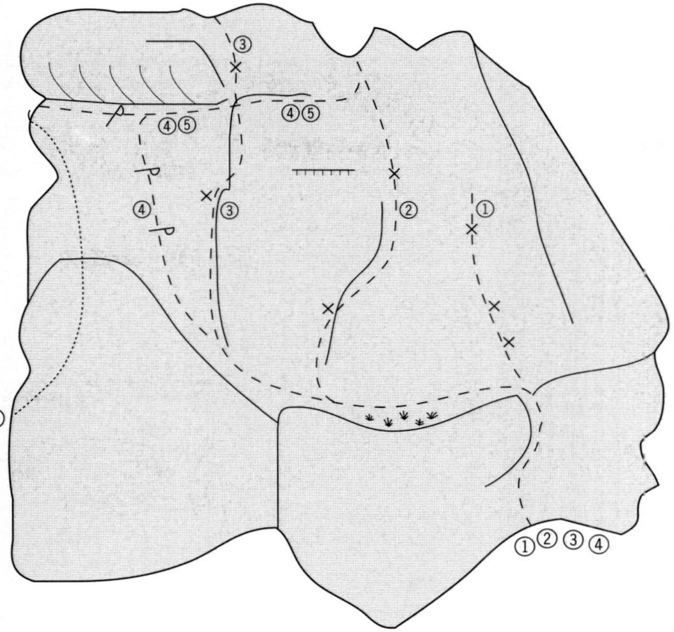

① Projekt
② Nordwand .... 6+
③ Gerade Nordwand 7-
④ Linke Nordwand 5 a1
⑤ Ostwand 5 a1

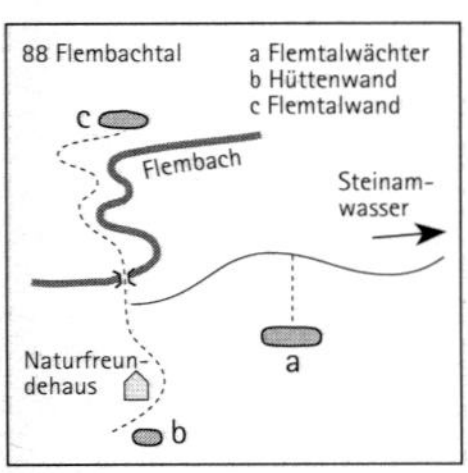

Zugang:
Parken in Steinamwasser. Auf Wanderweg (Wegweiser "Michelfeld") in gut 10 min zum Naturfreundehaus. Kurz davor (Meilenstein 14,0) links hoch zum Flemtalwächter.
Die Hüttenwand befindet sich oberhalb des Naturfreundehauses.
Zum Flemtalwächter geht man gegenüber des Hauses über einen Steg und auf schmalem Pfad durch Buschwerk zwischen Blöcken zur Wand.
Übersichtskarte: 3 (Seite 17)
Besonderes:
Ruhig gelegenes Gebiet in wunderschöner Landschaft

88b Hüttenwand (10 m, N)

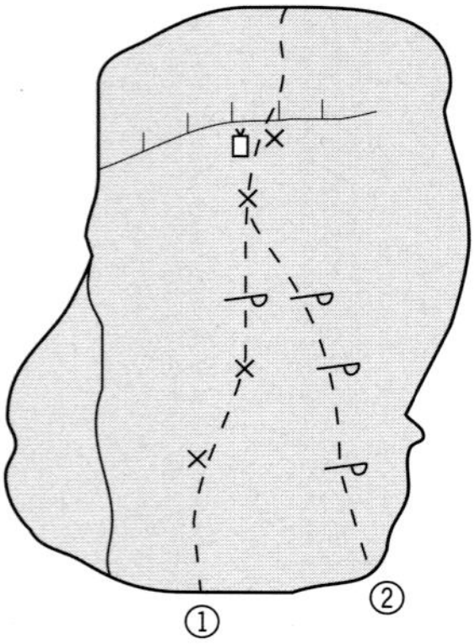

Zugang:
Parken in Steinamwasser. Auf Wanderweg (Wegweiser "Michelfeld") in gut 10 min zum Naturfreundehaus. Kurz davor (Meilenstein 14,0) links hoch zum Flemtalwächter.
Die Hüttenwand befindet sich oberhalb des Naturfreundehauses.
Zum Flemtalwächter geht man gegenüber des Hauses über einen Steg und auf schmalem Pfad durch Buschwerk zwischen Blöcken zur Wand.
Übersichtskarte: 3 (Seite 17)
Besonderes:
Ruhig gelegenes Gebiet in wunderschöner Landschaft

① Gerade Talseite....................................7
② Rechte Talseite....................................5 a1

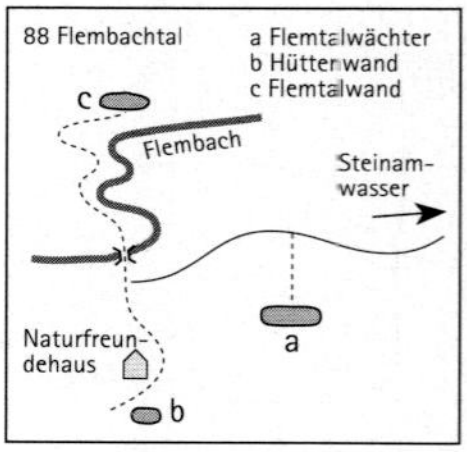

88c Flemtalwand (20 m, S)

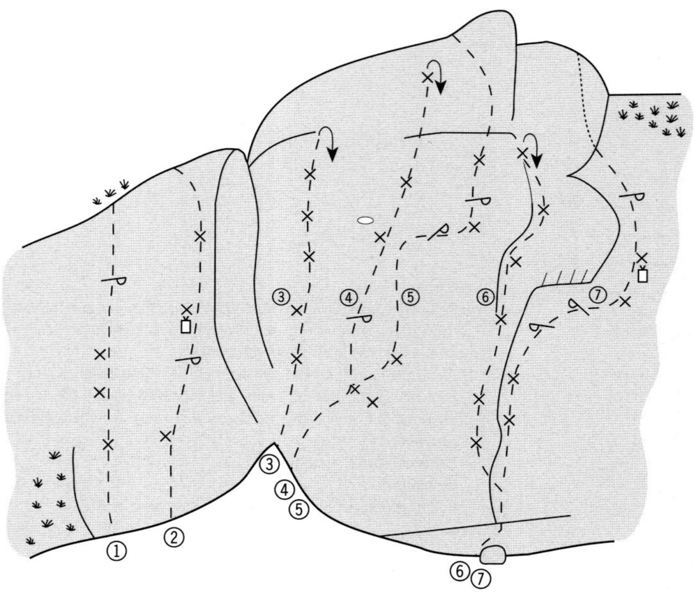

① Pippifax....................................7
② Finkenseppiweg....................................5+
③ Spätzünder....................................6+
④ Direkte Südwestwand....................................7-
⑤ Südwestwand....................................6+
⑥ Toter Haase....................................7+
⑦ Südwand....................................6+

89 Plecher Klippen (7-10 m, SO)

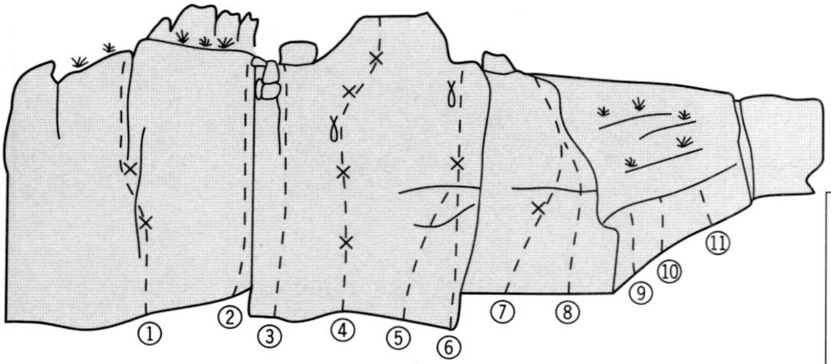

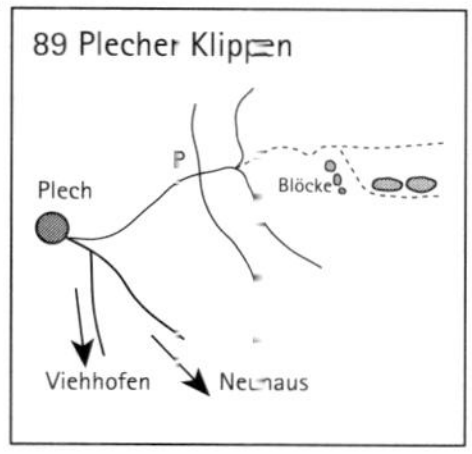

① Mainstreet 8+
② Rumpeldipumpel 6-
③ Wurzelsepp 6-
④ Push 9-
⑤ Übel 7
⑥ Bist' komisch 7+
⑦ Garfield 8-
⑧ Nitzer Ebb 7+/8-
⑨ Goyo 6+
⑩ Rotz 6+
⑪ Wolf 6+

Zugang:
Am östlichen Ortsausgang von Plech (Ortsschild) fährt man die Straße zum Klärwerk in nordöstlicher Richtung. Parken beim Plecher Klärwerk. Der Fuhre zum Waldrand folgen und auf gelb markiertem Wanderweg (z.T. verwachsen) den Berg hinauf. Nach 5 min stehen rechts des Weges moosige Blöcke. Hier rechtshaltend auf die Anhöhe hinauf. Man erblickt weitere bemooste Blöcke, diese sind die Bergseite der Plecher Klippen.
Übersichtskarte: 3 (Seite 17)
Besonderes:
Senkrechte Wandkletterei. Idyllische Lage, der Fels ist aber etwas dreckig und die Haken schlecht.

Bild Seite 162: Michael Dettweiler bouldert im Felslandl
Bild Seite 163: Peter Schneider bouldert im Felslandl

90a Plecher Wand (12 m, N)

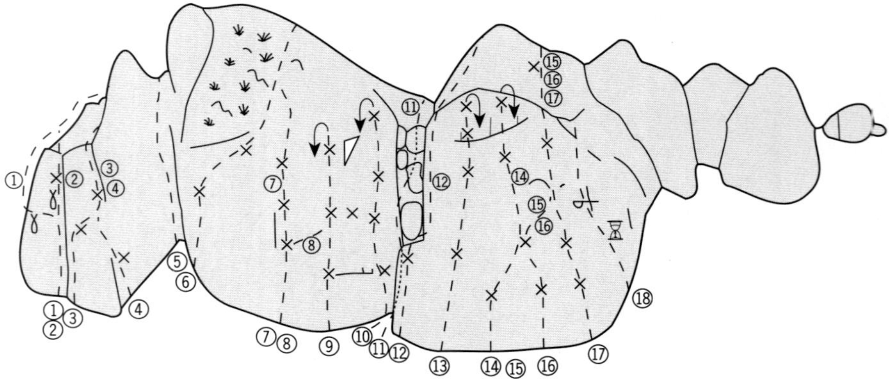

90b Plecher Turm (10 m)

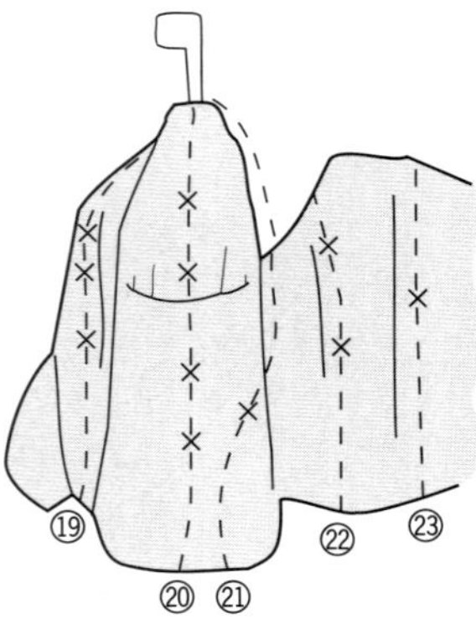

Zugang:
In Plech Richtung Hormersdorf fahren und nach der Kleiderfabrik parken. Links dem Schotterweg folgen zu den Felsen.
Übersichtskarte: 3 (Seite 17)
Besonderes:
Meist leicht überhängende Kletterei in typisch löchrigem Frankenjurafels

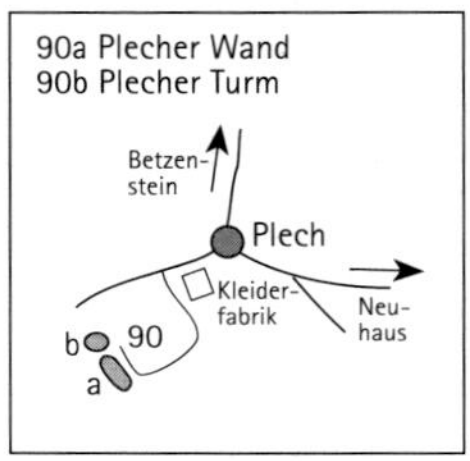

① R 1 .... 3+
② R 2 .... 5+
③ R 3 .... 5+
④ Variante 6-
⑤ R 4 3
⑥ R 5 6-
⑦ R 6 .... 6+
⑧ R 6a 6
⑨ Henkersmahlzeit 8-
⑩ Restrisiko 9
⑪ R 7 .... 2+
⑫ R 8 2
⑬ Topsecret 8-
⑭ Durchs Reich der Mitte 8-
⑮ R 8a 6-
⑯ R 8b 6
⑰ R 9 6
⑱ R 9a 5
⑲ Ostriß 6-
⑳ Talseite 9-
㉑ Ostkante 4
㉒ Ostriß .... 5+
㉓ Nordkante 4

Bild Seite 165: Arne Küfner bouldert im Felslandl

STEALTH

91 Schöne Aussicht (12 m, SW) ☼

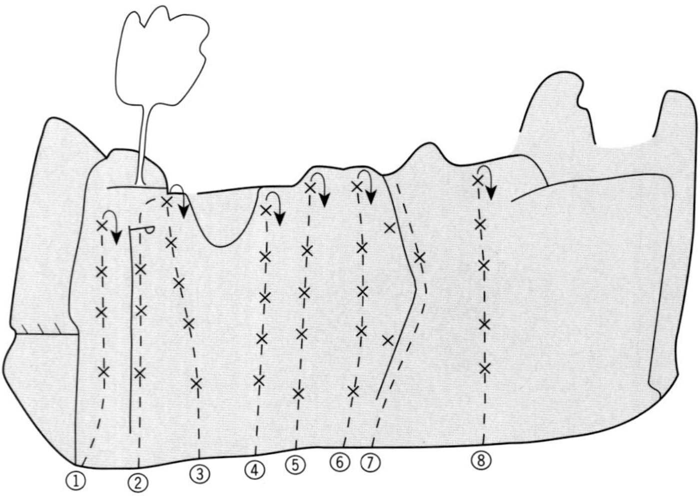

① Schön Wetter..9-
② Schöner Einstieg......................................7+
③ Schöner Leben..8
④ Schöne Sache...7+
⑤ Schöne Absicht...7-
⑥ Schöne Aussicht..8-
⑦ Schöner Riß...6+
⑧ Schöne Platte (Rechtsvariante 8-).....8

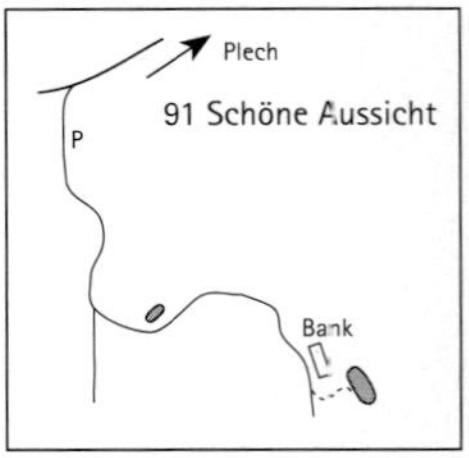

Zugang:
Von Plech in Richtung Hormersdorf, nach 700 m zweigt links ein Feldweg ab. Diesem folgen und dort, wo der Teer endet, parken. Auf dem Schotterweg weiter, nach einer S-Kurve kommt ein kleines Tal. Hier zweigt man links ab und folgt einer Fuhre im Talgrund (zuerst an einem Zaun entlang). Nach 100 m kommt links ein kleiner Boulderblock (Quergang). Noch einige 100 m weiter steht eine Bank. 10 m nach ihr führt links ein Pfad in den Wald hoch zur Wand.
Übersichtskarte: 3 (Seite 17)
Besonderes:
Bitte nicht mit dem Auto bis zum Tal fahren, da dort keine vernünftigen Parkmöglichkeiten bestehen! Auch weiter oben so parken, daß kein Anlieger behindert wird!
Die Wand ist recht sonnig, solange kein Laub auf den Bäumen ist.

Bild Seite 167: Roger Gösseringer klettert „Titanic" (10-) an der Folterkammer

92 Schimmelecke (18 m, SO) ☼

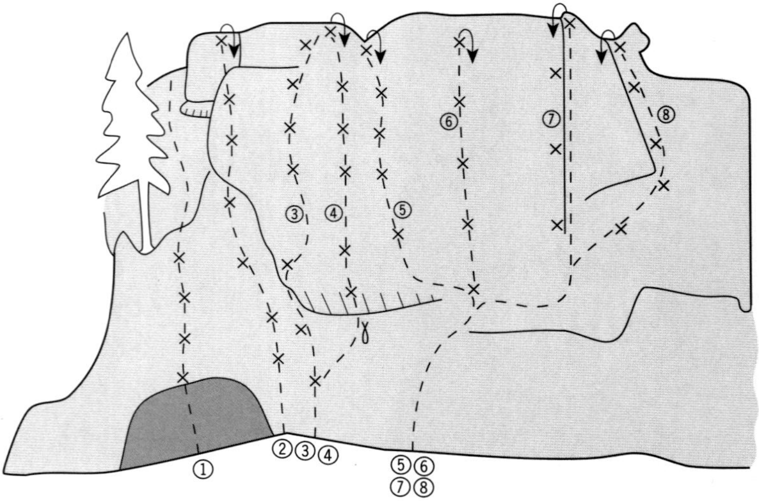

① Höhlenweg 8-
② Alter Weg .... 6+
③ Schwarzwälder Kirsch 7
④ Windbeutel 8
⑤ Himbeersahnetorte .... 7+
⑥ ? 7
⑦ Ostriß 5
⑧ Variante .... 5+

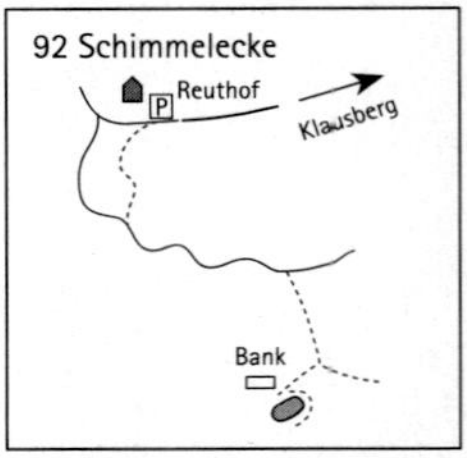

Zugang:
Von Betzenstein in Richtung Klausberg fahren, der Abzweigung nach Reuthof folgen und dort parken. Geradeaus die Fuhre weiter und links auf einen Wanderweg abbiegen. Diesem folgt man, bis er im spitzen Winkel wieder auf eine Fuhre trifft (rechts ist eine Wiese). Geradeaus weiter (links ist eine große Wiese mit Hochsitz). Es kommt noch eine kleinere Wiese auf der rechten Seite, an deren Ende man rechts auf einen Pfad in den Wald abbiegt. Die Anhöhe hinauf (der Pfad verliert sich etwas) und nun *rechtshaltend* auf der Höhe weiter bis zu einem Abbruch (Bank). Man befindet sich nun direkt oberhalb der Wand. Links absteigen zu den Einstiegen.
Übersichtskarte: 1 (Seite 15); 3 (Seite 17)

Bild Seite 169: Simone Kuly bei einem Versuch in „Land of Confusion" (10/10+) an der Emporwand

93 Hohe Reute Südseite (10-15 m)

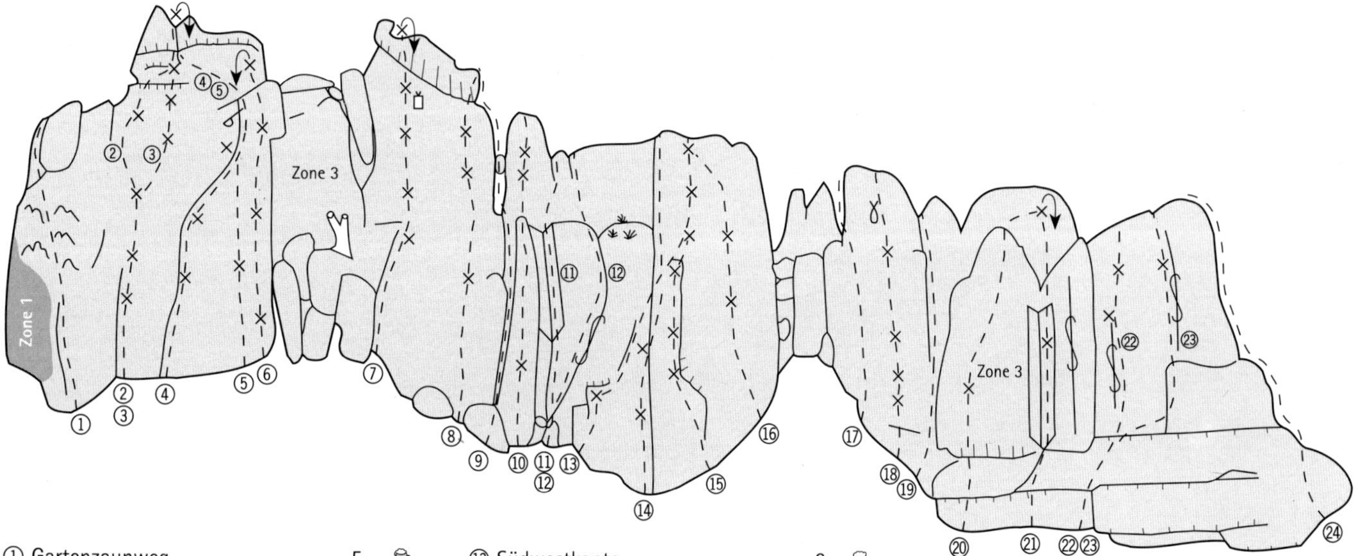

① Gartenzaunweg	5	
② Linker Laufer Weg	7-	
③ Rechter Laufer Weg	7+	
④ Heuberger Ged.-Weg	6	
⑤ Heuberger rechte Variante	6	
⑥ Zwischenprüfung	6+	
⑦ Katzl	6-	
⑧ Leugner Ged.-Weg	6+	
⑨ Kraftriß	5	
⑩ Phallus Dei	7+	
⑪ Graue Verschneidung	5+	
⑫ Bumerang *(Keile)*	6	
⑬ Südwestkante	6-	
⑭ ?	7-	
⑮ Perserpfeiler	6+	
⑯ Gell de schaust	6+	
⑰ ?	5	
⑱ ?	7-	
⑲ ?	4-	
⑳ Wandl	6-	
㉑ Südverschneidung	4	
㉒ Südwand	5+	
㉓ Willi Kap Ged.-Weg	4+	
㉔ Ostkante	3	

Zugang:
Von Schermshöhe nach Spies; 30 m vor dem Ortsschild rechts in Feldweg einbiegen, der zum Parkplatz führt. Rechts eine Fuhre hoch, die zur Straße zum Fernsehturm führt. Rechtshaltend absteigen zur Nordwand der Hohen Reute.
Übersichtskarte: 1 (Seite 15); 3 (Seite 17)
Besonderes:
Kurze, aber sehr lohnende Genußtouren in festem Fels. Die meisten Routen befinden sich auf der Südseite.

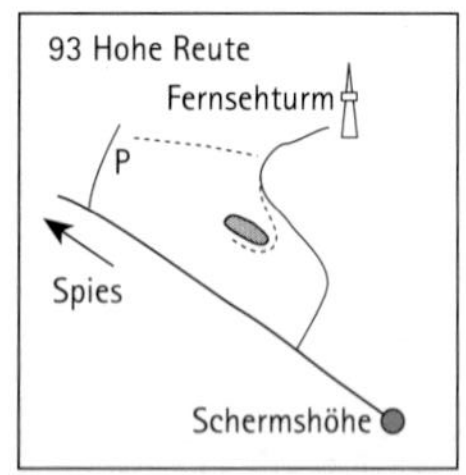

93 Hohe Reute Nordwand (14 m)

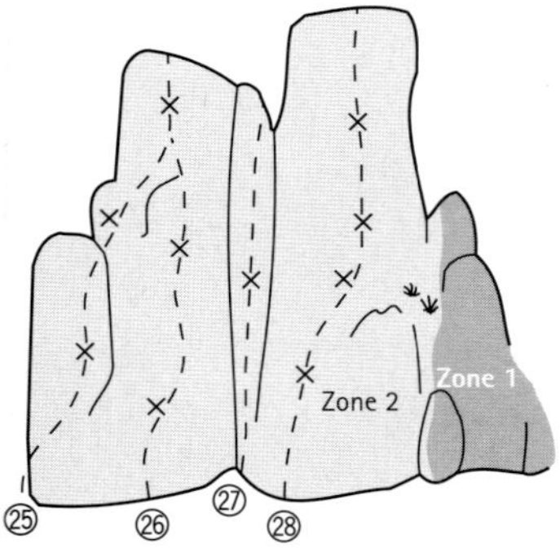

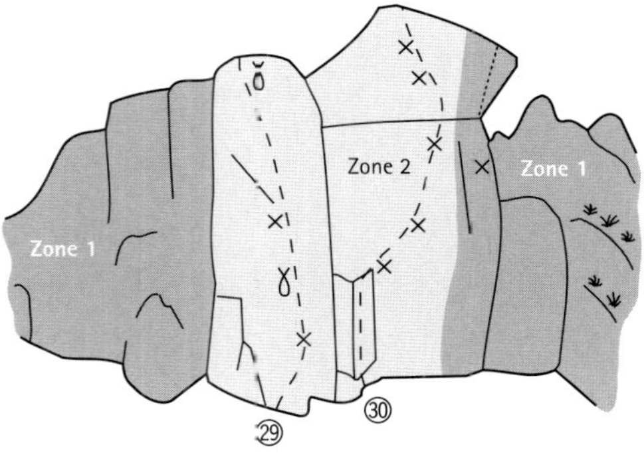

⑳ Linker Ostpfeiler.......................................6-
㉖ Klein aber fein..7-
㉗ Nordostverschneidung...........................4
㉘ Rechter Ostpfeiler..................................5+
㉙ Krümmel geht auf Tigerjagd ....6+
㉚ Idealverschneidung................................6+

Zugang:
Von Schermshöhe nach Spies; 30 m vor dem Ortsschild rechts in Feldweg einbiegen, der zum Parkplatz führt. Rechts eine Fuhre hoch, die zur Straße zum Fernsehturm führt. Rechtshaltend absteigen zur Nordwand der Hohen Reute.
Übersichtskarte: 1 (Seite 13); 3 (Seite 15)
Besonderes:
Außerhalb des bereits erschlossenen Bereiches befindliche Felsen gehören zu Zone 1!

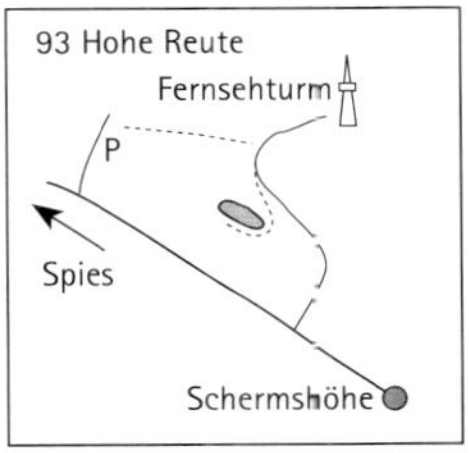

94 Spieser Wand (18 m, N)

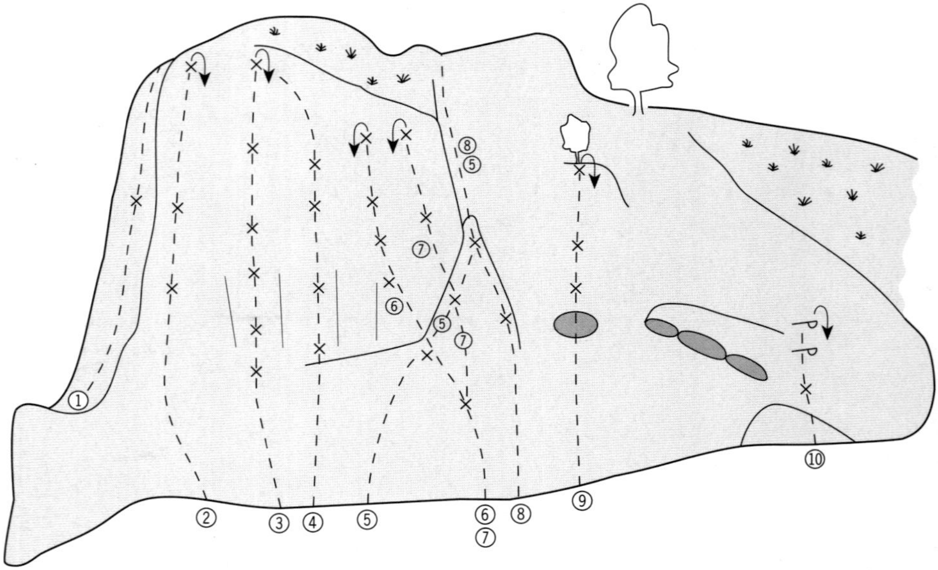

① Ostkante ....5+
② ? 7-
③ Direkte Nordwand ....7+
④ ? 9-
⑤ Schräger Riß 6
⑥ Projekt
⑦ ? ....7+
⑧ Gerader Riß 5-
⑨ Rechte Nordwand 7-
⑩ Adolf-Nolder-Gedächtnisboulder 7-
(sehr schlechte Umlenkung!)

Zugang:
Von Schermshöhe nach Spies; 30 m vor dem Ortsschild rechts in Feldweg einbiegen, der zum Parkplatz führt. Den breiten Weg noch 200 m weiter, dann 50 m rechts hoch zur Wand.
Übersichtskarte: 1 (Seite 15); 3 (Seite 17)
Besonderes:
Lohnende Wandklettereien in typischem Frankenjurakalk.

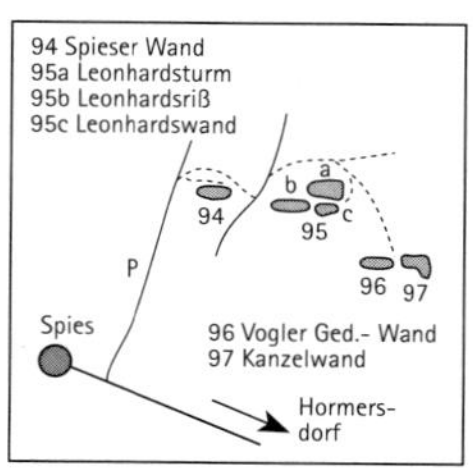

Bild Seite 173: Markus Windisch bei der 1. Begehung von Jagdfieber (10+) in der Folterkammer

95a Leonhardsturm

Spies

Bergseite (6-10 m, S)

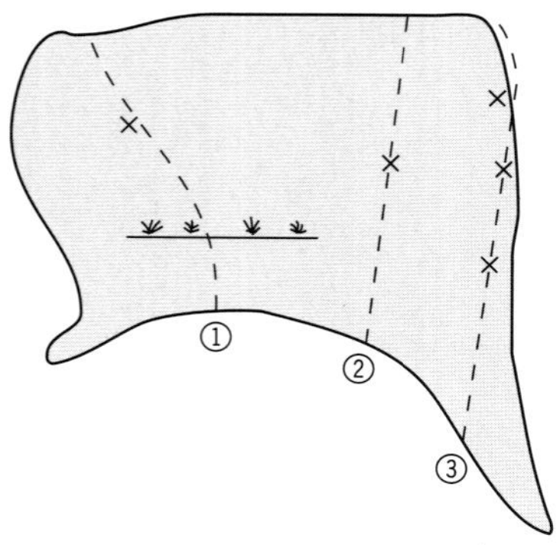

95c Leonhardswand (8 m, N)

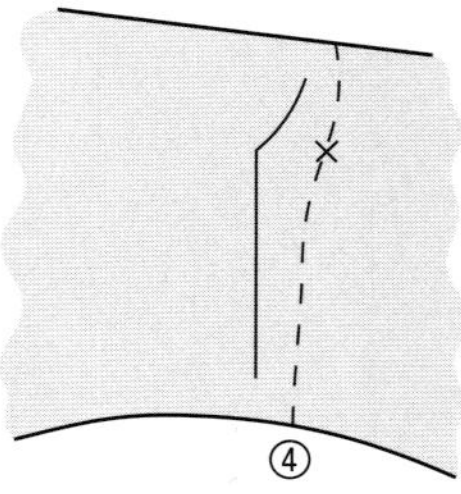

Talseite (20 m, N)

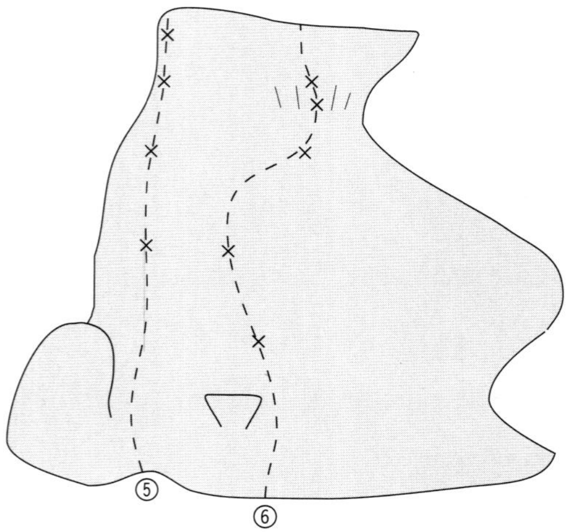

95b Leonhardsriß (15 m, N)

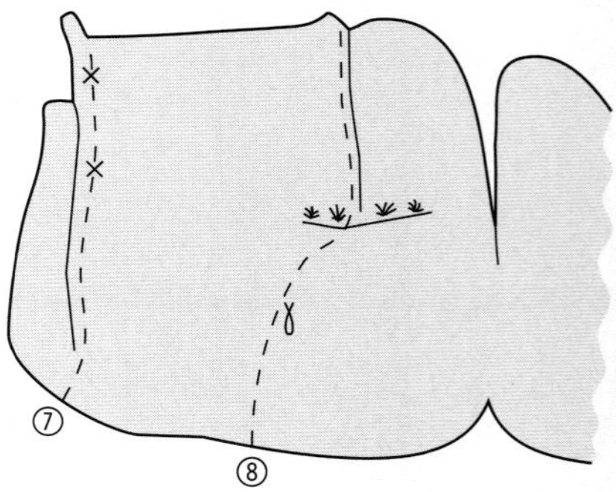

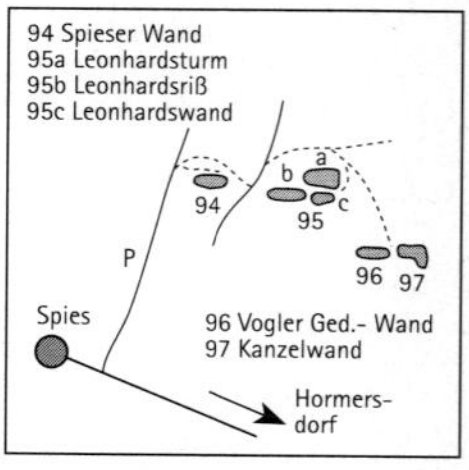

① Bergseite..5
② Neue Bergseite..5
③ Ostkante...5+
④ Leonhardswand...4+
⑤ Linke Talseite...5+
⑥ Rechte Talseite..7-
⑦ Leonhardsriß...5
⑧ Zarter Schmelz *(Keile)*..............................5+

Zugang:
Von Schermshöhe nach Spies; 30 m vor dem Ortsschild rechts in Feldweg einbiegen, der zum Parkplatz führt. Den breiten Weg noch 200 m weiter, dann rechts hoch und unterhalb der Spieser Wand vorbei. Man stößt auf eine Fuhre, hier links und den nächsten Weg rechts. Er führt unterhalb des Leonhardsturms vorbei. Rechts hoch zum Felsen.
Übersichtskarte: 1 (Seite 15); 3 (Seite 17)
Besonderes:
In der Talseite lohnende Klassiker

Bild Seite 175: Markus Windisch bei der 1. Begehung von „Underdog" (10) an den Pölzen (Nestelgrund)

96 Vogler Ged.-Wand (bis 25 m, N)

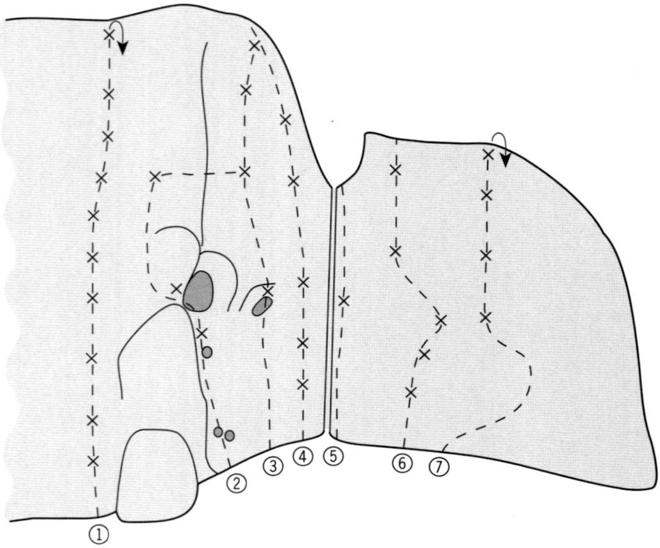

① Sellaerinnerungen .... 4+
② Vogler Ged.-Weg 5-
③ ? .... 7+
④ Pink Panther 7
⑤ Schartenkamin 5
⑥ Bergwachtweg 7-
⑦ Schartenwand .... 4+
⑧ Eibenwandl *(kein Topo!)* 5

Zugang:
Von Schermshöhe nach Spies; 30 m vor dem Ortsschild rechts in Feldweg einbiegen, der zum Parkplatz führt. Den breiten Weg noch 200 m weiter, dann rechts hoch und unterhalb der Spieser Wand vorbei. Man stößt auf eine Fuhre, hier links und den nächsten Weg rechts. Er führt unterhalb des Leonhardsturms vorbei. Rechts hoch und am Leonhardsturm links vorbei weiter. Rechts oben steht die Vogler Ged.Wand, links davon die Kanzelwand.
Das Eibenwandl (Route ⑧) befindet sich 50m rechts der Vogler Ged.-Wand.
Übersichtskarte: 1 (Seite 15); 3 (Seite 17)
Besonderes:
Klassisches Genußklettergebiet

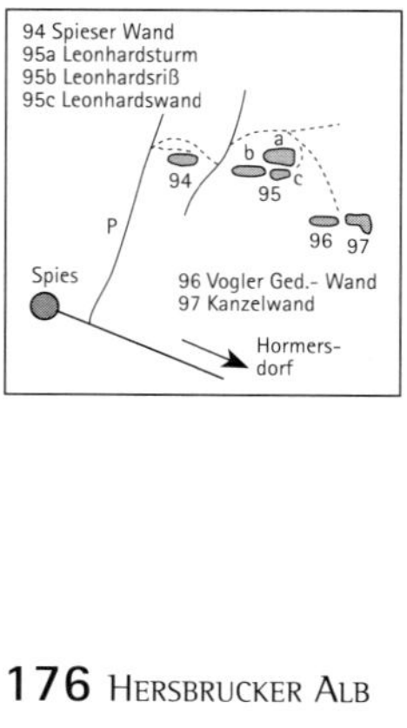

97 Kanzelwand (20 m, N und O)

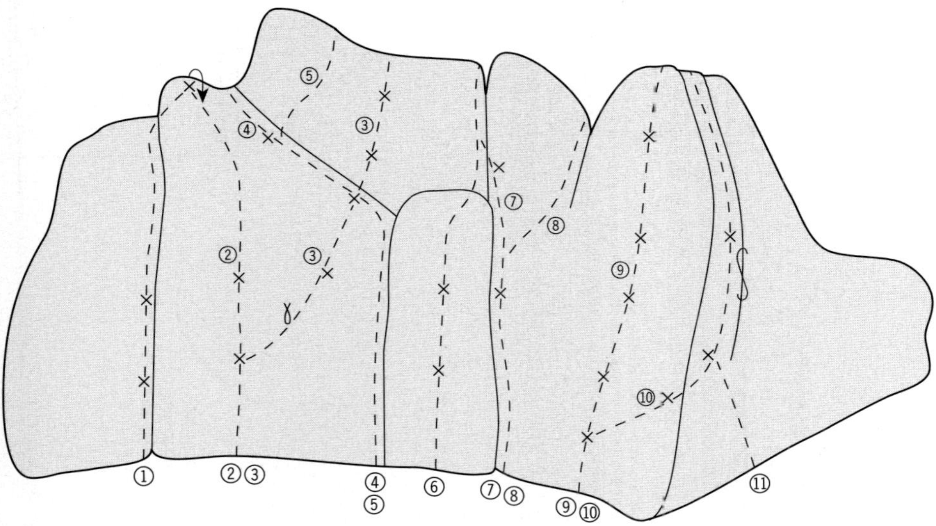

① Meisenweg 5
② Spatzenweg 5
③ ? 7
④ Ostverschneidung 4
⑤ Rechter Ausstieg 6-
⑥ Igelpfeiler .... 4+
⑦ Ostriß 5
⑧ Variante 5
⑨ Gerader Weg .... 5+
⑩ Alter Weg .... 5+
⑪ Direkter alter Weg 7-

Zugang:
Siehe Vogler Ged.-Wand
Übersichtskarte: 1 (Seite 15); 3 (Seite 17)
Besonderes:
Klassisches Genußklettergebiet

98 Spieser Felsen (bis 25 m, N und O)

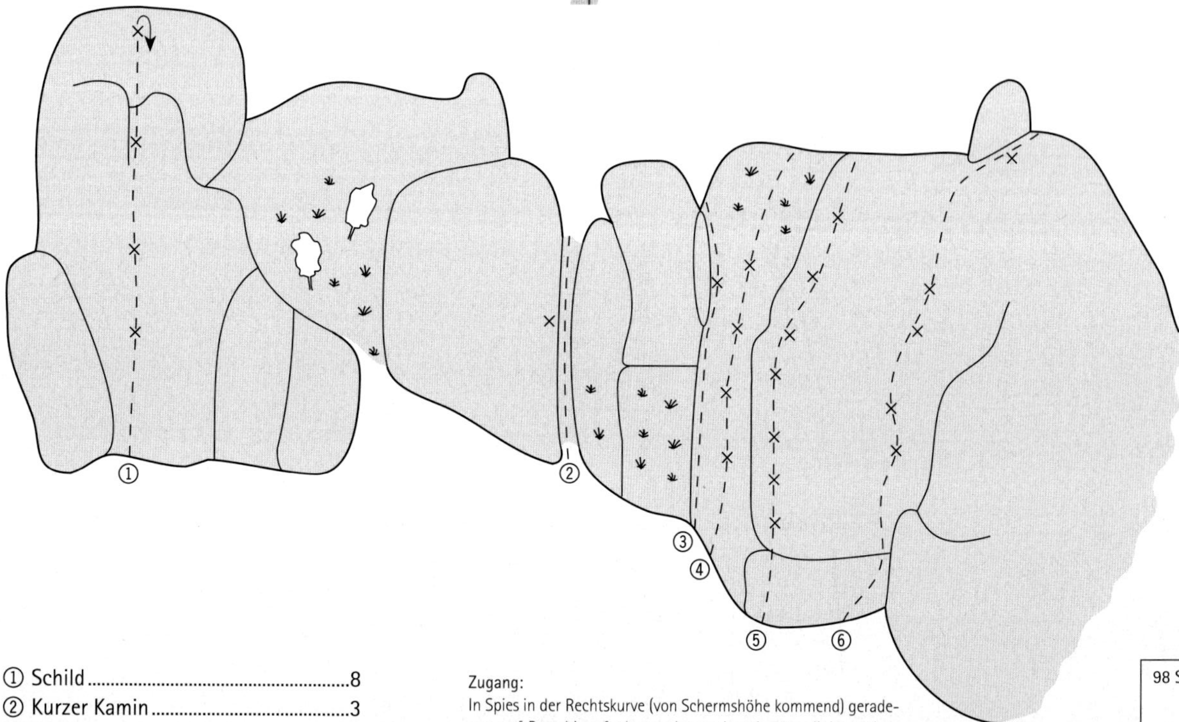

① Schild 8
② Kurzer Kamin 3
③ Pfeilerriß 5
④ Pfeilerweg .... 5+ a1
⑤ Direkte Kante .... 5+ a1
⑥ Nordwand 5 a1

Zugang:
In Spies in der Rechtskurve (von Schermshöhe kommend) geradeaus, auf Berg hinauf, oben rechts und nach 20 m links, parken. Vom Parkplatz führt linkshaltend ein Weg auf die Felsen. Kurz vor dem höchsten Punkt links haltend auf Pfad unter den Felsen entlang zum Wandfuß.
Übersichtskarte: 1 (Seite 15); 3 (Seite 17)
Besonderes:
Die Routen ④ bis ⑥ dürften sicher frei gehen und dann recht lohnend sein.

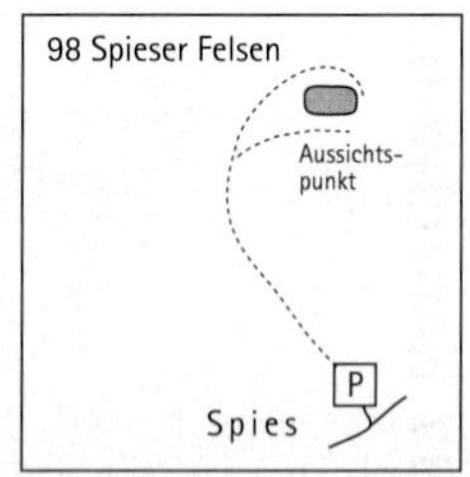

99 Illafelder Wand (8 m, N)

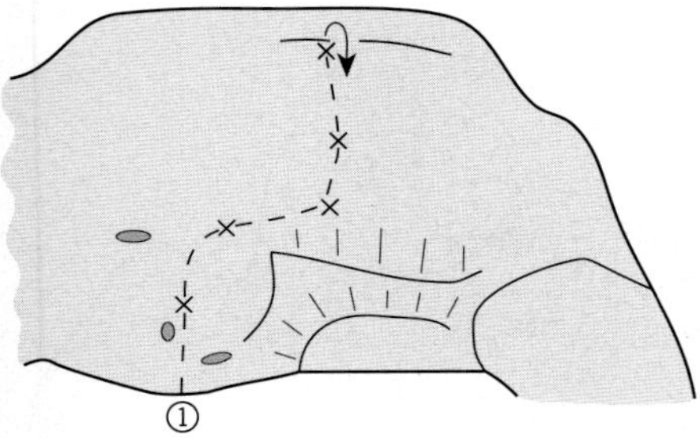

① Ringbandschoner....................................10-

Zugang:
Zwischen Hormersdorf und Rupprechtstegen führt eine Schotterstraße nach Illafeld. Parken in Illafeld, auf der Straße wieder 300 m zurück und links in einen Feldweg abbiegen. Dieser führt zu einem Wald. An dessen Beginn rechts auf zugewachsenem Weg direkt zum Felsen.
Übersichtskarte: 1 (Seite 15)
Besonderes:
An dieser Wand hat Markus Windisch eine weitere lohnende 10- eröffnet (athletische Dachkletterei).

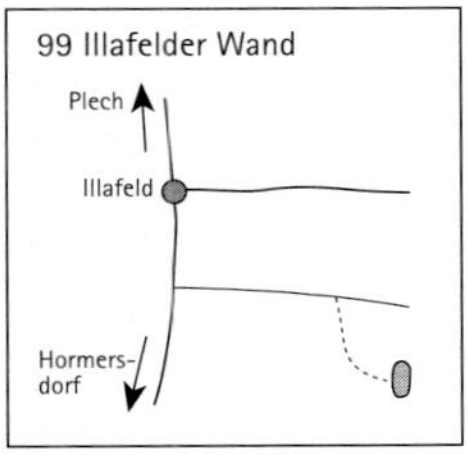

100 Fichtenpark (8 m, N)

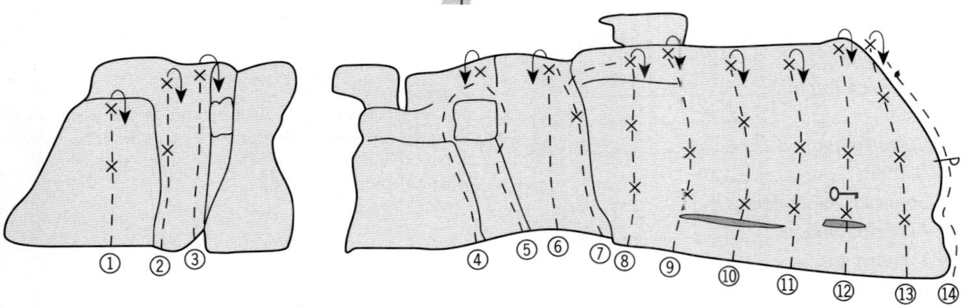

① Kleine Flamme..7-
② Kalter Rauch ....5+
③ Echtes Geschenk...3
④ Kleines Abenteuer ....3+
⑤ ?...3+
⑥ Stiller Winkel 4
⑦ Dämmerung 5
⑧ Eiszeit ....7+
⑨ La esperanza 7
⑩ Spanischer Winter.......................................7
⑪ Fette Beute...8-
⑫ La herito 9-
⑬ El cambio (etwas definiert) ....8+
⑭ Spanischer Frühling 5-

Zugang:
Parken in Unternaifermühle (zwischen Großengsee und Simmelsdorf). Vom „Gasthof Fichtenpark" 200 m talaufwärts und kurz vor Mittelnaifermühle scharf rechts auf eine Fuhre. Dieser folgt man talabwärts weiter den Hang hinauf (bei Gabelung linken Ast nehmen!). Beim Erreichen der Anhöhe (links kleiner Acker) rechts auf Weg zu den Felsen.
Übersichtskarte: 1 (Seite 15)
Besonderes:
An der Talseite befindet sich noch eine weniger lohnende Route, die man durch Querung von der Bergseite her erreicht.

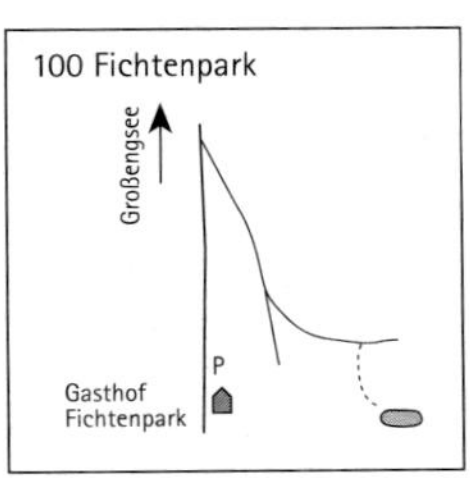

101 Hühnersteinwand (20 m, NW)

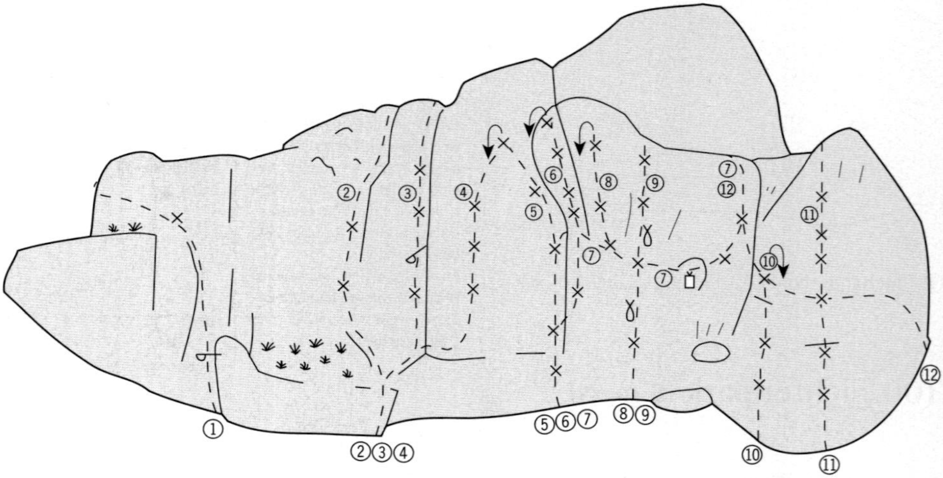

① Hufeisen *(alpin)* 4
② Sichel 4
③ Butterfinger 7
④ Diabolo 7
⑤ Sonntagsverschneidung ....5+
⑥ Auferstehung 8
⑦ Kreuzweg 6- a1
⑧ Exodus ....8+
⑨ Paternoster ....7+
⑩ Geburtstagsribosom 8-
⑪ Baby 8
⑫ Spirale 5-

Zugang:
Auf der Straße von Spies nach Betzenstein 100 m nach der Abzweigung nach Reipertsgesee parken. Rechts einen Feldweg hinein und gleich wieder links ab auf Pfad, der zu den Felsen führt.
Übersichtskarte: 3 (Seite 17)

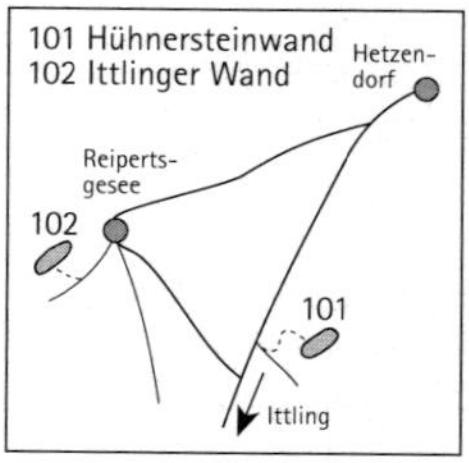

102 Ittlinger Wand (18 m, SO) ☼ Spies

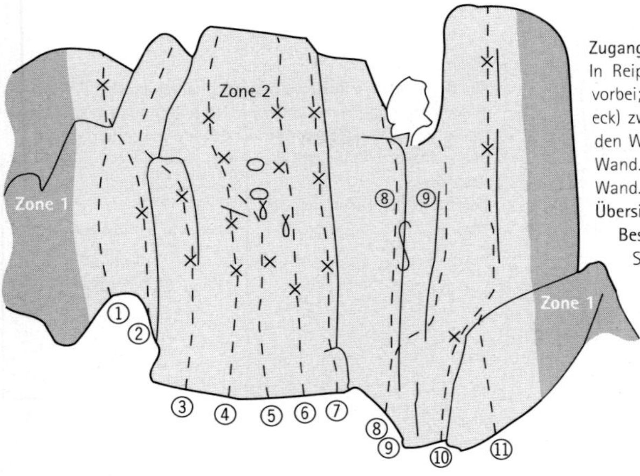

Zugang:
In Reipertsgesee am Dorfplatz parken. Am Dorfweiher vorbei; der Wanderweg nach Strahlenfels (grünes Dreieck) zweigt nach 50 m rechts ab. Diesem folgen bis in den Wald; 200 m nach dem Waldrand rechts hoch zur Wand. Das Nebenmassiv steht gegenüber der Ittlinger Wand.
Übersichtskarte: 3 (Seite 17)

Besonderes:
Sehr schöne Genußtouren in bestem Fels

① R 1 3
② R 2 5
③ R 3 ....5+
④ R 4a ....6+
⑤ R 4 6
⑥ Gsuacht aber schee....................8
⑦ R 5 5-
⑧ R 6 3
⑨ R 7 5
⑩ R 8 6
⑪ R 9 6

Nebenmassiv (15 m, NW)

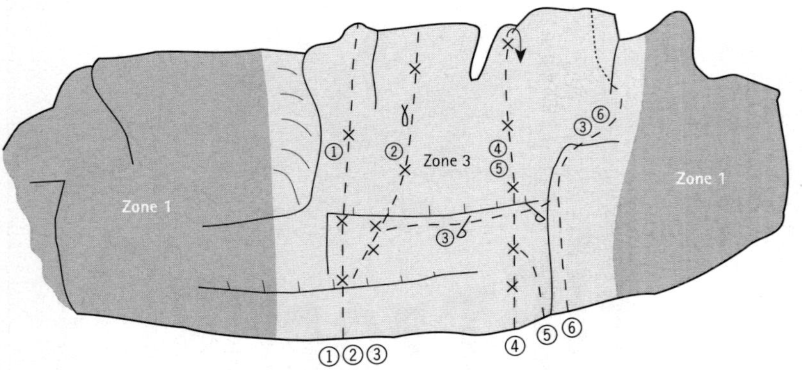

① Grässer im Wind ....6+
② Seattle ....8+
③ Vierter Streich ....4+ a1
④ Ziegenmelkervogel 8
⑤ Einstiegsvariante ....7+
⑥ Verschneidung ....4+

103 Laughparade (8 m, S)

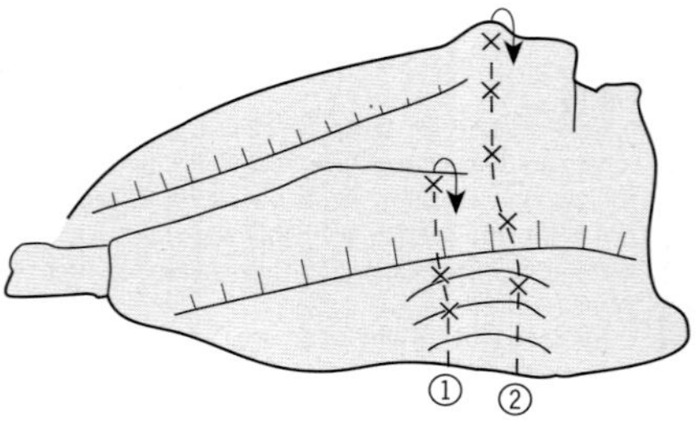

Zugang:
Von Betzenstein in Richtung Klausberg fahren und bei der Abzweigung „Hetzendorf" links abbiegen. Nach 400 m steht das Massiv rechts der Straße. Beim Parken keine Fuhre versperren!

Übersichtskarte: 3 (Seite 17)

Besonderes:
Überhängende Kletterei an löchrigem Fels

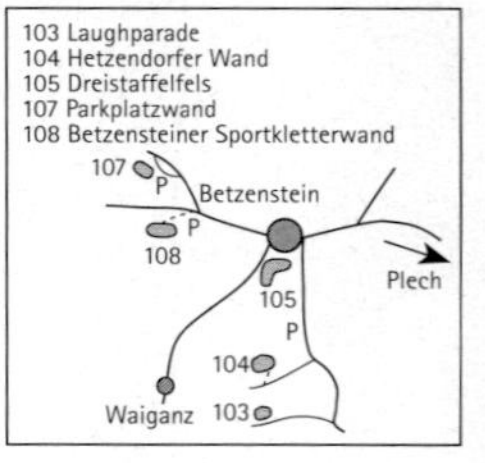

① Projekt
② Laughparade 9-/9

104 Hetzendorfer Wand (bis 15 m, S)

Bitte nur bis 18.00 Uhr hier klettern! Nehmt Rücksicht auf die Anlieger!

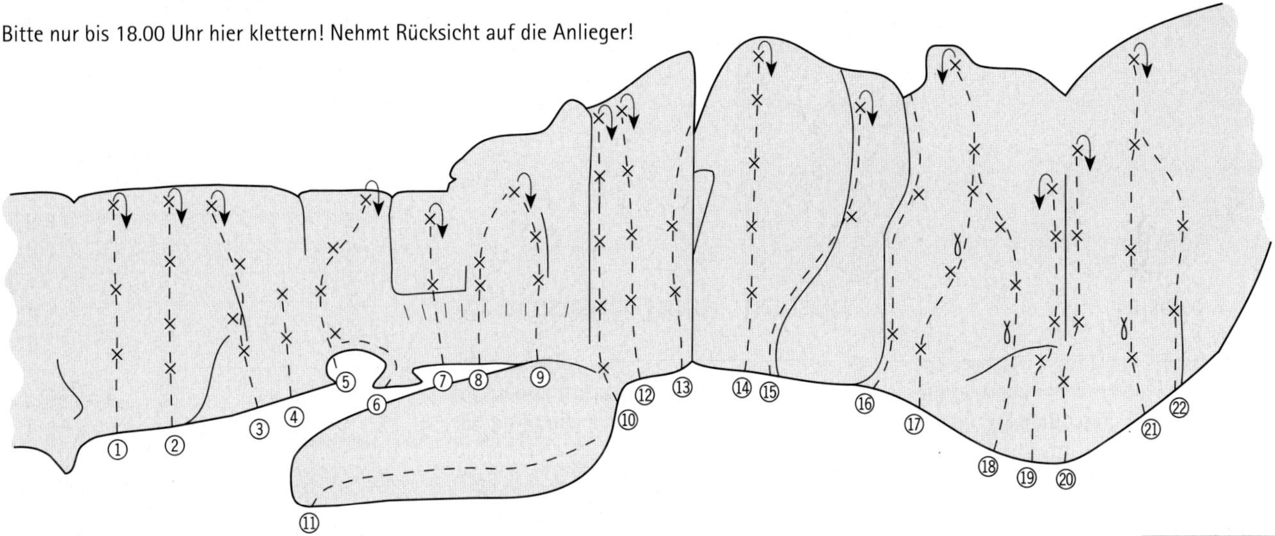

① Shorty .... 7+
② Projekt
③ XTC (Projekt)
④ Projekt
⑤ Supermakro 9-
(markierter Bouldereinstieg)
⑥ Makro 8
⑦ Zoom (Projekt)
⑧ 5-fun 8
⑨ Autofocus .... 8+
⑩ Licence to drill .... 7+
⑪ „Boulderquergang" (leicht)
⑫ Troll 8-
⑬ Satansbraten 6
⑭ Tanz der Teufel .... 7+/8-
⑮ Kesselverschneidung 5-
⑯ Hühnerarsch sei wachsam *(Keile)* .... 6+
⑰ Vogelwild 6
⑱ ? 8-
⑲ X-Wing-Fighter 8
⑳ Tscheng Beng 8-
㉑ Katzerbenz direkt 6
㉒ Katzerbenz .... 5+

Zugang:
Von Betzenstein in Richtung Klausberg kommt 300 m nach dem Ortsausgangsschild ein Parkplatz, hier parken. Auf der Straße noch 200 m weiter in Richtung Klausberg, dann rechts eine Fuhre hinein und in 3-4 min zur Wand.
Übersichtskarte: 3 (Seite 17)
Besonderes:
Diese Wand war wegen Problemen mit den Anliegern (Bauer, Jäger) bereits eingezäunt! Nun ist man übereingekommen, dort ab 18.00 Uhr nicht mehr zu klettern. Bitte unbedingt Rücksicht nehmen (Probephase!). Nicht mit dem Auto hinterfahren!

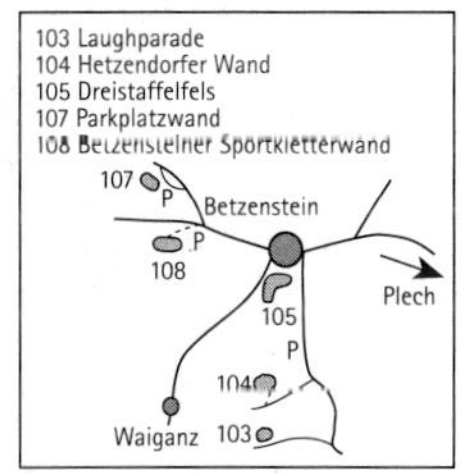

105 Dreistaffelfels

Linker Teil (10-16 m; N)

Betzenstein

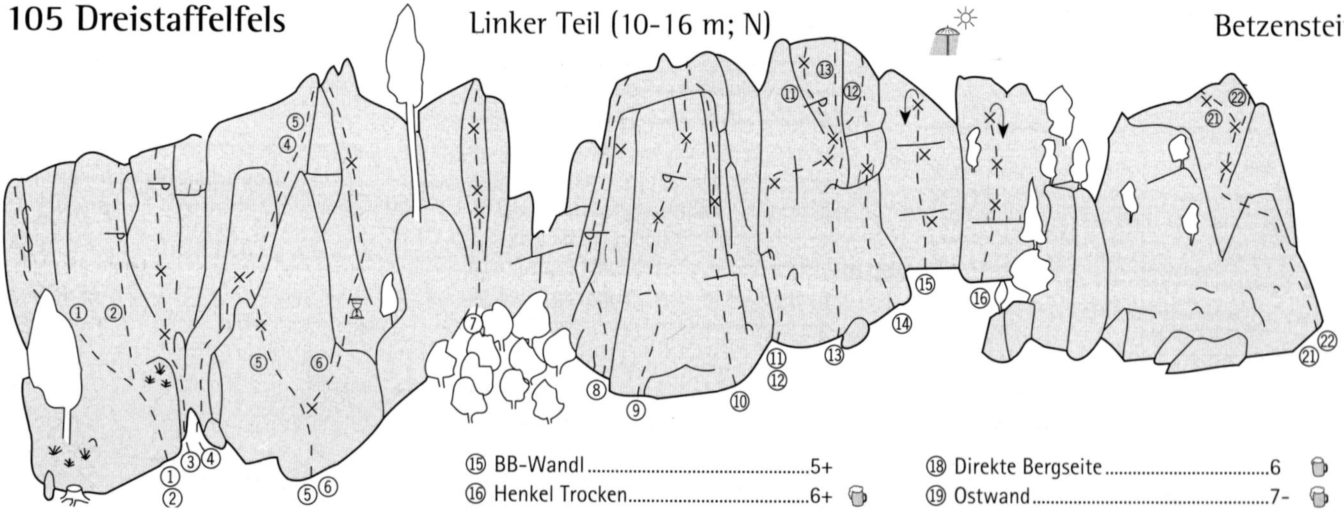

① R 1	3+	
② R 2	4+	
③ ?	7	
④ R 3	5-	
⑤ R 5	5+	
⑥ R 6	6-	
⑦ Nachspeise	7-	
⑧ R 7	4+	
⑨ Föhrenpfeiler	7-	🍺
⑩ Westriß	6-	
⑪ Variante	6+	
⑫ Marienwandl	6	
⑬ Sounds of War	7	
⑭ Maren's Geschenk	7-	
⑮ BB-Wandl	5+	
⑯ Henkel Trocken	6+	🍺
⑰ Bergseite	4+	🍺
⑱ Direkte Bergseite	6	🍺
⑲ Ostwand	7-	🍺
⑳ Talseite	4+	

Betzensteiner Turm

Bergseite

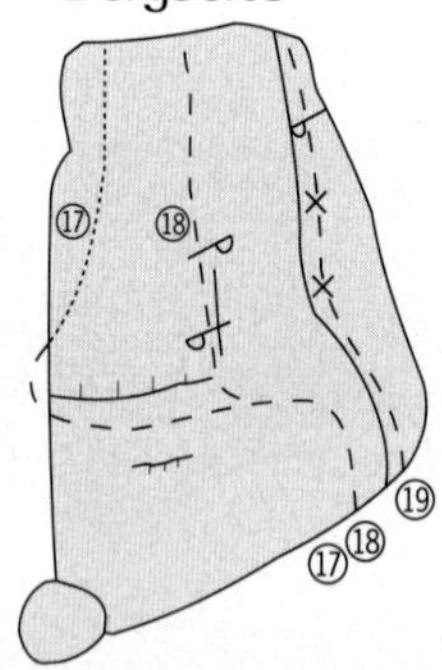

Talseite

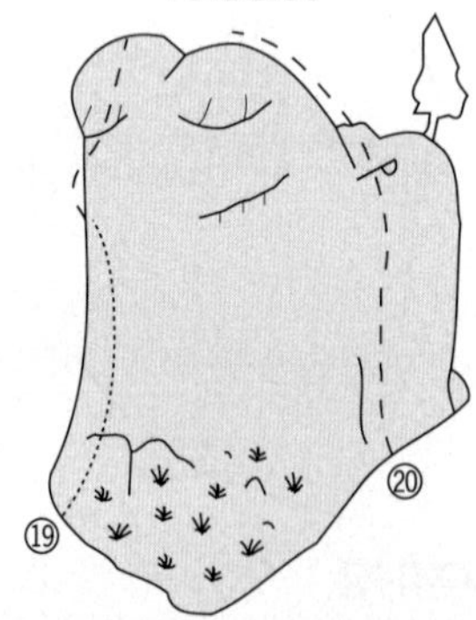

105 Dreistaffelfels, rechter Teil (8-14 m, N und W)

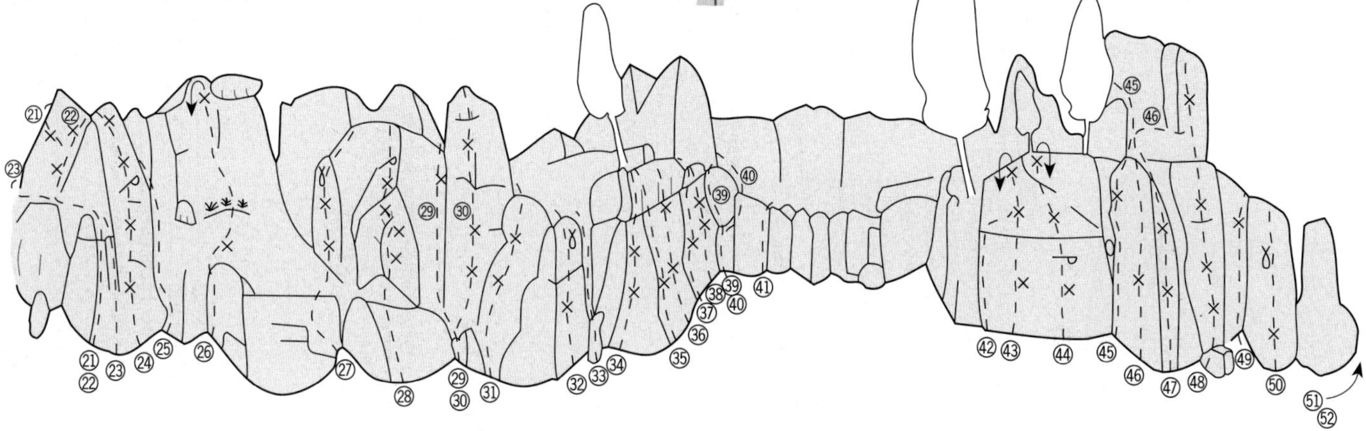

- ㉑ Variante ... 6+
- ㉒ Henkelkante ... 6-
- ㉓ Feuerleiter ... 4+
- ㉔ Bamberger Pfeiler ... 6-
- ㉕ Enger Kamin ... 3
- ㉖ Dohlenweg ... 3+
- ㉗ Durstweg ... 4+
- ㉘ Hintermayer Ged.-Weg ... 8-
- ㉙ Betzensteiner Verschneidung ... 5+
- ㉚ Heiße Sache ... 6+
- ㉛ Pinguin ... 6+
- ㉜ Kursverfall ... 7
- ㉝ Westkamin ... 3
- ㉞ BB-Riß ... 7
- ㉟ Cafe Ruhestörung ... 7+
- ㊱ ? ... 7-
- ㊲ Geschweifter Kamin ... 4
- ㊳ Potzblitz ... 7
- ㊴ Armriß ... 4+
- ㊵ Nordwestwinkel ... 3
- ㊶ Nordkamin ... 3
- ㊷ ? ... 3
- ㊸ ? ... 6+
- ㊹ Bognerwandl ... 6+
- ㊺ Nürnberger Weg ... 4
- ㊻ Platte ... 6-
- ㊼ Hungerrampe ... 4+
- ㊽ Kleiner Engel ... 8+
- ㊾ Ostriß ... 4+
- ㊿ Slepica ... 6-
- 51 ? ... 7-
- 52 Ertappt ... 7-

Zugang:
Von Betzenstein Richtung Ittling. Die Wand liegt oberhalb des südlichen Ortsrandes. *Keinesfalls in der Straße "Am Gerhardsfels" parken (Zufahrtsverbot!).* Parkmöglichkeit weiter oben an der Hauptstraße!
Übersichtskarte: 3 (Seite 17)

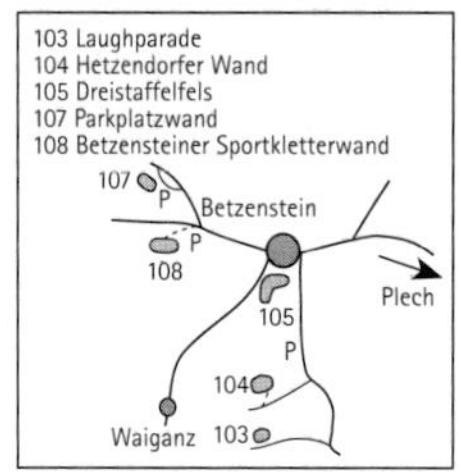

Ganz rechts:

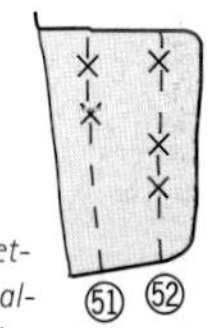

Besonderes:
Bitte keine Kletterkurse abhalten und keinen unnötigen Lärm verursachen! (Anlieger)
Viele, vor allem leichte Genußrouten in festem Fels. Für Anfänger gut geeignet. Kühl und schattig, deshalb ideal im Sommer.

106 Vergessene Welt (7m, W)

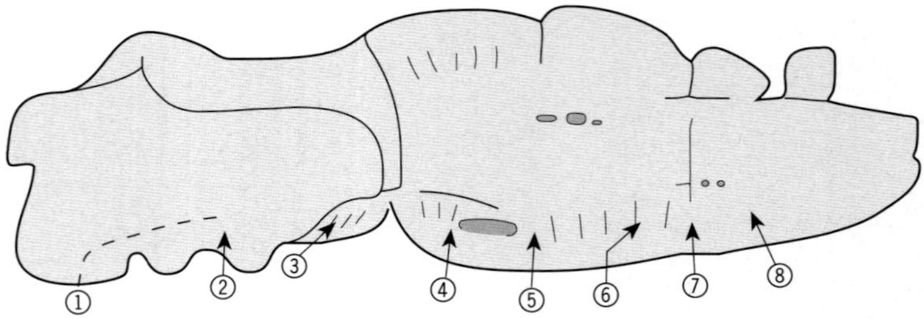

① ?...7a+ Fbtr
② ?...7a Fb
③ ?...6a Fb
④ ?...6c+ Fb
⑤ ?...7c Fb
⑥ ?...7b+ Fb
⑦ ?...7a Fb
⑧ ?...6b Fb

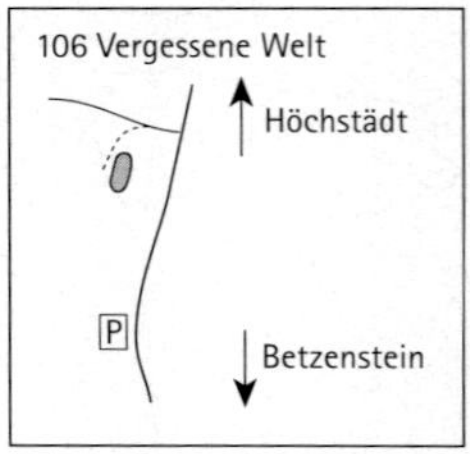

Zugang:
Von der Straße Plech-Betzenstein nach Betzenstein ins Ortsinnere fahren und links abbiegen in die Höchstädter Straße. 1 km nach Ortsausgangsschild in Parkbucht parken. Auf der Straße 100 m weiter und scharf links hoch zu den Felsen.
Übersichtskarte: 3 (Seite 17)
Besonderes:
Bouldergebiet mit stark überhängenden Problemen; Bewertungen nach Fontainebleau-Skala.

107 Parkplatzwand (12 m, N)

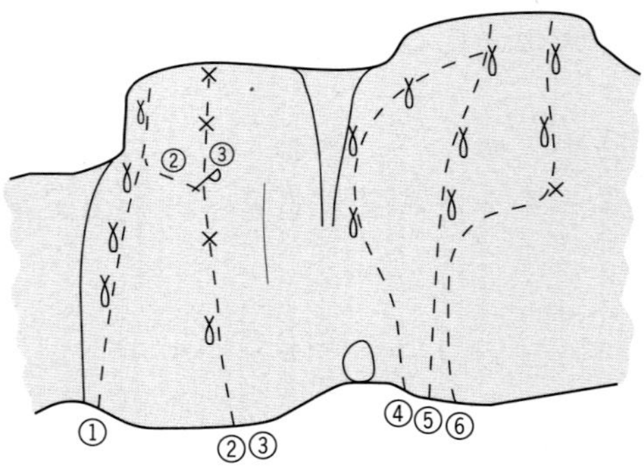

Zugang:
400 m nach Ortsausgangsschild Betzenstein (Richtung Leupoldstein) kommt links ein Parkplatz (vorher ist auf der rechten Seite das Schwimmbad). Bei dem Parkplatz steht die Wand.
Übersichtskarte: 3 (Seite 17)

① M+S-Weg...5
② Löcherweg ....5+
③ Direkter Löcherweg................................5+ a1
④ Fix und Foxi..6
⑤ Pluto...7-
⑥ Parkplatzweg 6

108 Betzensteiner Sportkletterwand (12 m; N) Betzenstein

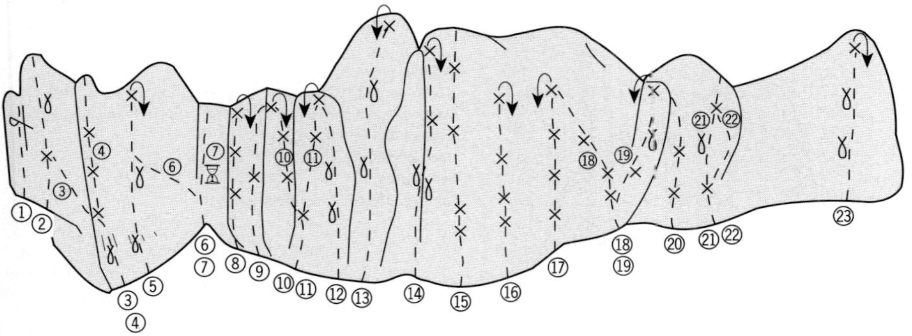

① Nikotinspirale 5
② Nimue 6
③ Zange .... 5+ a1
④ Baselisk .... 7+
⑤ Hexenmeister 7-
⑥ Besenritt 4
⑦ Lillith 4-
⑧ ? 7-
⑨ Bauer Ged.-Weg 6
⑩ Ma Petit Chere 7-
⑪ Abstauber 7-
⑫ Sphings 7-
⑬ Cleopatra 5
⑭ Fingerriß .... 6+
⑮ Chalking Heads 8
⑯ Schallmauer 9-/9
⑰ Anarchodach .... 8+
⑱ Teststrecke .... 8+
⑲ Gravitation .... 7+/8-
⑳ Trauma 8-
㉑ Swingtime .... 7+
㉒ Swingtime rechts .... 7+
㉓ Pyramide 4
㉔ Marytissima 6-
㉕ Direttissima .... 4+
㉖ Bellissima 5-

Nebenmassiv (10m, N)

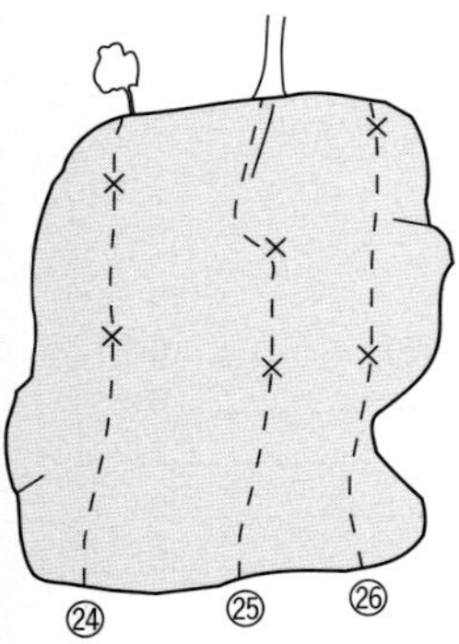

Zugang:
Am westlichen Ortsende von Betzenstein bei der Abzweigung nach Stierberg parken. Über die Wiese 200 m südlich zum Waldrand und kurz nach links in den Wald zu den Felsen. Zum Nebenmassiv läuft man von der Sportkletterwand aus am Waldrand 150 m nach rechts.

Übersichtskarte: 3 (Seite 17)

Besonderes:
Viele kurze Routen unterschiedlicher Schwierigkeitsgrade in einer kühlen Nordwand. Das "Anarchodach" ist ein altes Boulderproblem von Wolfgang ("Flipper") Fietz.

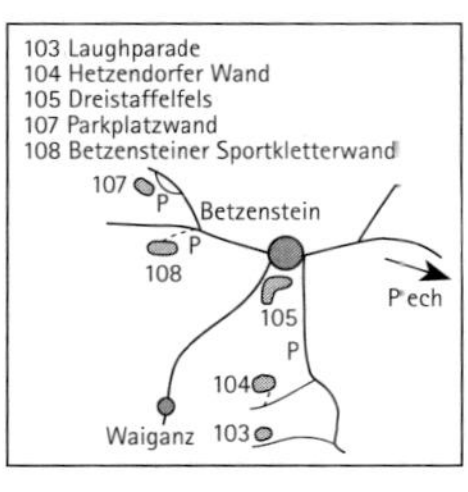

109 Stierberger Wand ☼

Westseite (bis 16 m)

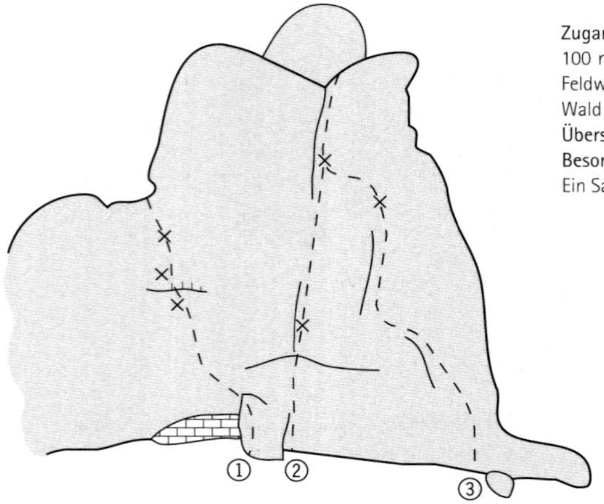

Zugang:
100 m nach Ortsschild "Stierberg" (Richtung Münchs) links einen Feldweg hinein (parken); nach 200 m links auf Pfad und durch den Wald zu den Felsen.
Übersichtskarte: 3 (Seite 17)
Besonderes:
Ein Satz Stopper ist empfehlenswert!

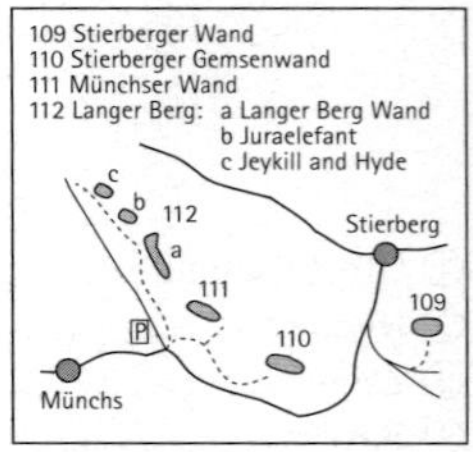

Südseite (16 m)

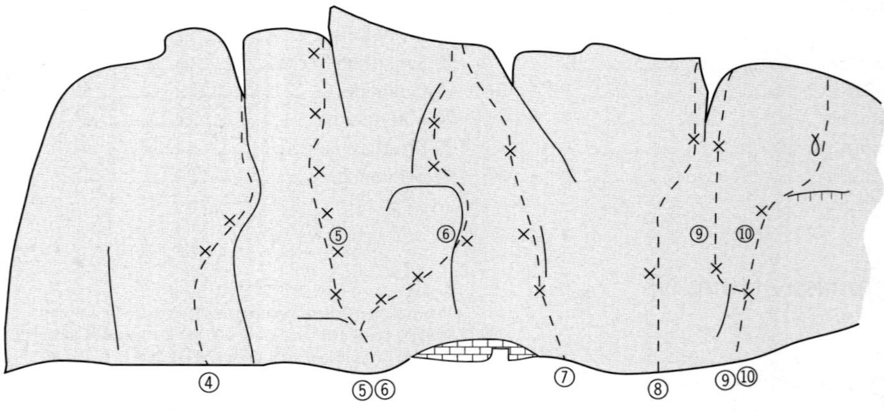

① R 1 = Westverschneidung 7-/7
② R 2 = Handriß .... 5+
③ R 3 = Südwestkante .... 4+
④ R 4 6-
⑤ R 5 = Hagebutte .... 6+
⑥ R 6 = Linker Höhlenweg .... 6+
⑦ R 7 = Rechter Höhlenweg .... 6+
⑧ R 8 7-
⑨ R 9a .... 6+
⑩ R 9 6

110 Stierberger Gemsenwand (20 m, S)

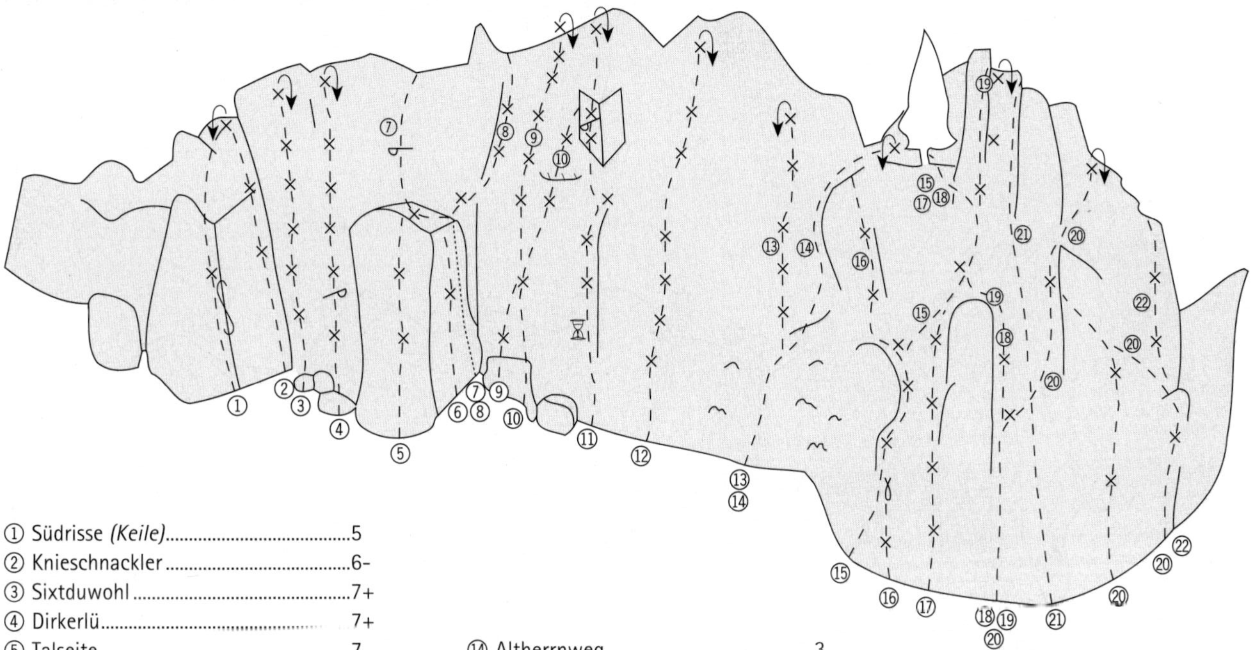

1. Südrisse *(Keile)* 5
2. Knieschnackler 6-
3. Sixtduwohl .... 7+
4. Dirkerlü .... 7+
5. Talseite 7
6. Ostriß 6
7. Linker Vorturmweg 5-
8. Rechter Vorturmweg .... 6+
9. Wolfi's Worm up
10. Buchenbühler Weg 6-
11. Weiße Verschneidung .... 5+
12. Brillentöter 6
13. Gewitterverschneidung 5-
14. Altherrnweg 3
15. Scharfes Eck 6
16. Long Dong Silver 7-
17. Carpe Diem 7
18. Südpfeiler 5
19. Handriß .... 6+
20. FAV-Weg (3 Einstiege möglich) 4
21. Printenmann *(Keile)* 7-
22. Direkter FAV-Weg 6-

Zugang:
Zwischen Stierberg und Münchs befindet sich ein großer Parkplatz (300 m von Münchs). Hier parken. In den Wald und rechts unter der Münchser Wand vorbei zur Stierberger Gemsenwand.
Übersichtskarte: 3 (Seite 17)

Besonderes:
Griffige Genußtouren in festem Fels. Im Frühfahr und Herbst recht sonnig.

111 Münchser Wand (20 m, S) ☼

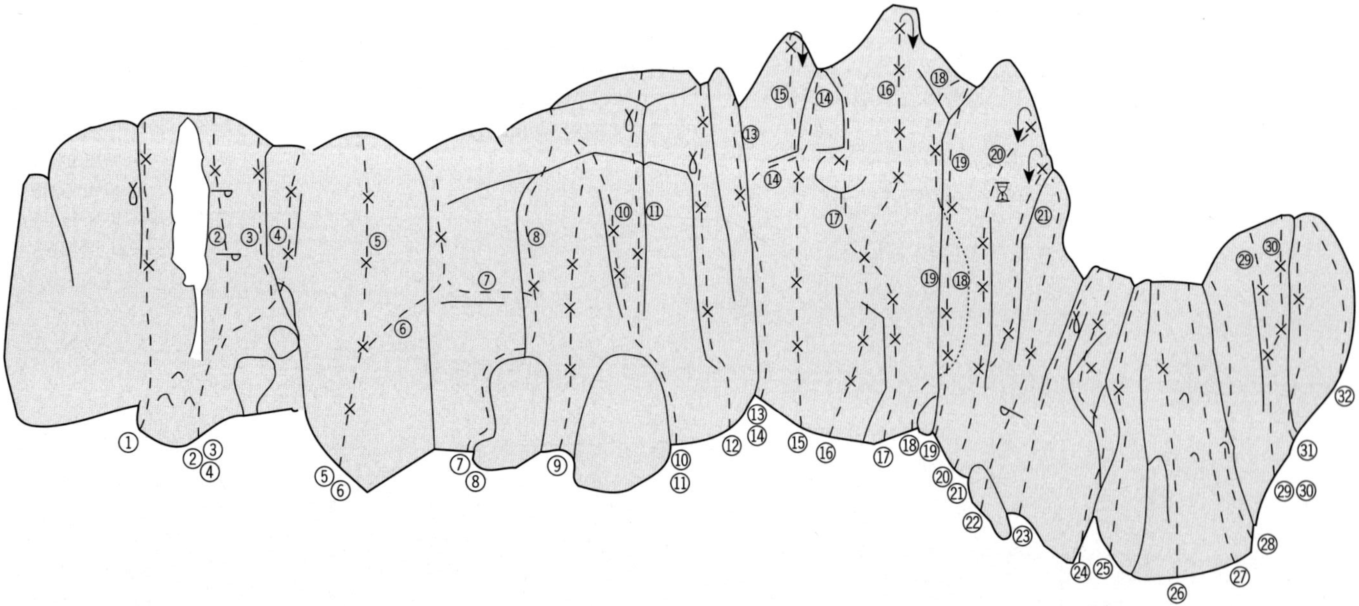

Nebentürmchen (8 m)

Talseite

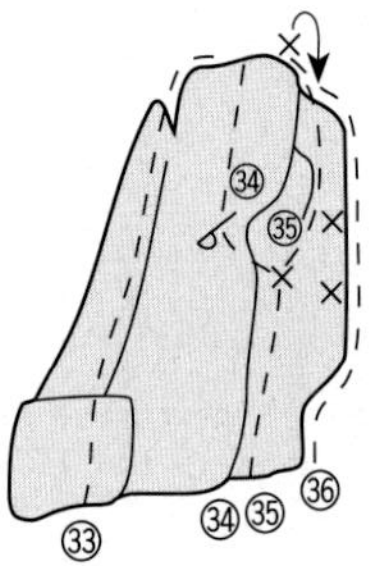

Bergseite

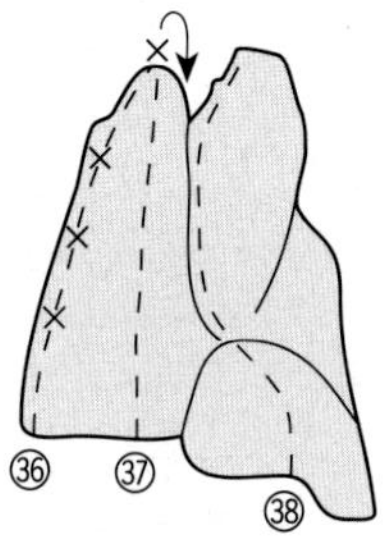

Zugang:
Zwischen Stierberg und Münchs befindet sich ein großer Parkplatz (300 m von Münchs). Hier parken. In den Wald und rechts hoch zur Münchser Wand.
Übersichtskarte: 3 (Seite 17)
Besonderes:
Griffige Genußtouren in festem Fels. Im Frühjahr und Herbst recht sonnig.

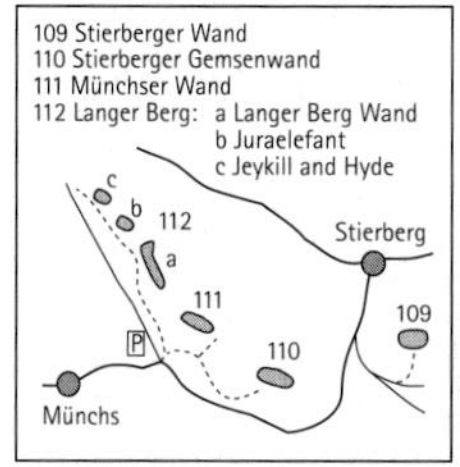

① Asselwand 4
② Asselpfeiler 5
③ Westriß 5
④ Westwand 7-
⑤ Direkter Ausstieg 7-
⑥ Südwestkante 6-
⑦ Drilling .... 3+
⑧ Vierling 4-
⑨ ? .... 7+
⑩ ? 5-
⑪ Thomasriß .... 5+
⑫ Faulpelz .... 5+
⑬ Südostriß 4
⑭ Angstriß .... 6+
⑮ Potzblitz 7
⑯ ? 7-
⑰ Südwestwand 6
⑱ Nordwestverschneidung 6-
⑲ Traumtänzer 7
⑳ Koch Lukas Ged.-Weg 7
㉑ Zwiebeltreter .... 6+
㉒ Projekt
㉓ ? 4
㉔ Hans Hacker Ged.-Weg 5
㉕ Harald Biller Ged.-Weg 5
㉖ Sonnwendpfeiler 5
㉗ RMM Pfeilertreppe 5
㉘ Puka-Verschneidung .... 3+
㉙ Etta Schrimpf Ged.-Weg 5-
㉚ Gelbe Seuche 7-
㉛ Himmelfahrt 4
㉜ Abschlußtour 3
㉝ Westkante .... 3+
㉞ Südkante .... 5+
㉟ Ostriß .... 5+
㊱ Fingerkiller *(rostige Haken)* .... 7+
㊲ ? .... 7+
㊳ Bergseite .... ?

112a Langer Berg Wand

Rechter Teil (bis 12 m, SW)

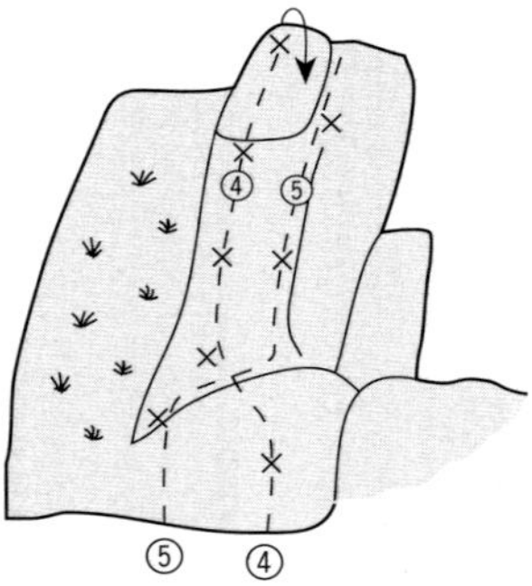

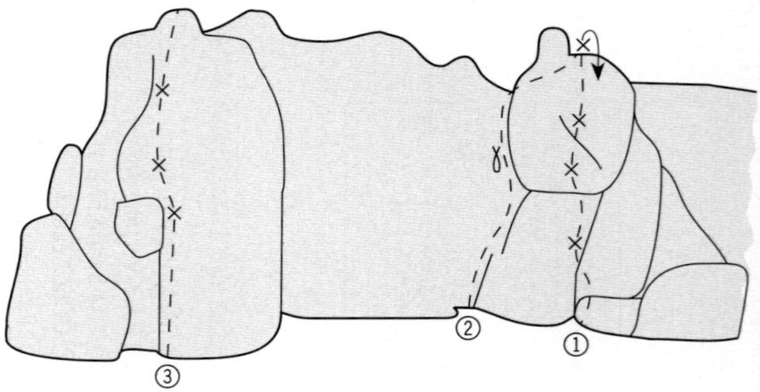

Mittlerer Teil (bis 16 m, SW)

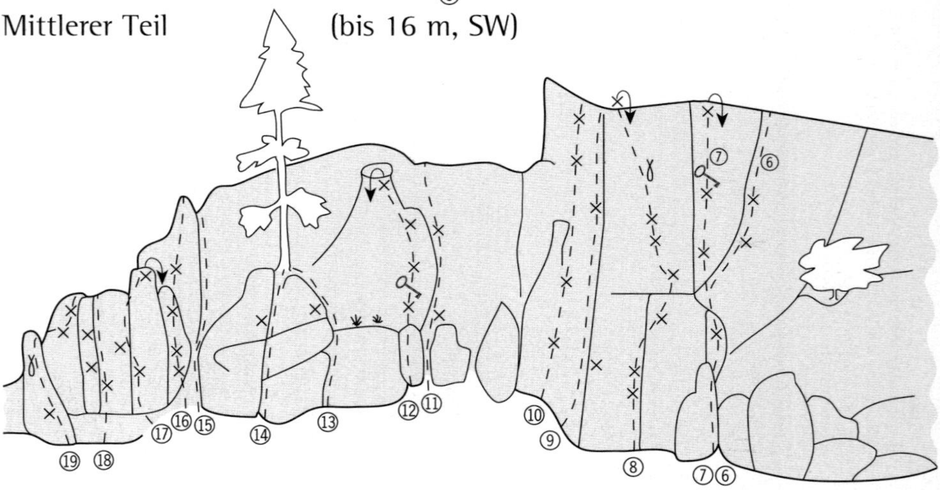

① Rechter Riß 7-
② Linker Riß 4
③ Blockiger Riß ....5+
④ Bischofsmütze 7
⑤ Stockzahn 6
⑥ Südostwand 6-
⑦ Direkte Südostwand ....8/8+
⑧ Referendarsteig ....7+
⑨ Westkante ....4+
⑩ Wacholderweg 5
⑪ Lindenriß 5-
⑫ A bigglharda Zuuch ....8+
⑬ Rechter Fichtenriß ....4+
⑭ Linker Fichtenriß ....4+
⑮ Höhlenweg 5
⑯ Projekt
⑰ Südwestriß ....5+
⑱ Heuler 8-
⑲ Westkamin 5
⑳ ? 7-
㉑ Glatte Wand 8
㉒ Finger 5-
㉓ Only you complete me 8
㉔ I need your love 8-
㉕ Alter Riß 6-
㉖ Geheimnis 24 8-
㉗ Fräulein Smillas Gespür für Schnee ...7+
㉘ Tigram 6
㉙ Siruana 7

112a Langer Berg Wand

Linker Teil = Nordkessel (bis 14 m, N)

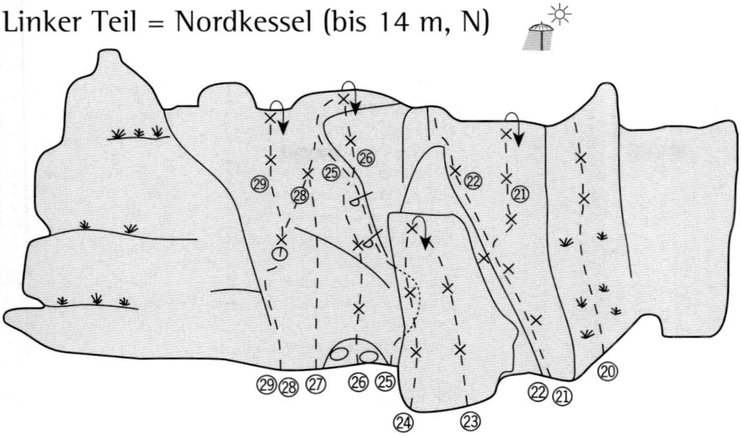

Zugang:
Zwischen Stierberg und Münchs befindet sich ein großer Parkplatz (300 m von Münchs). Hier parken. In den Wald und links auf Wanderweg am Hang entlang zu den Felsen (der Weg führt immer unterhalb der "Langer Berg Wände" vorbei). Zuerst kommt die "Langer Berg Wand", dann "Am Juraelefant" und "Juraelefant "; zuletzt "Jeykill und Hyde".
Übersichtskarte: 3 (Seite 17)
Besonderes:
Die meisten Massive sind nach Südwesten ausgerichtet. Da sie aber im Wald stehen, kommt die Sonne nur richtig hin, wenn kein Laub auf den Bäumen ist. Viele Touren im 4. bis 6. Grad.

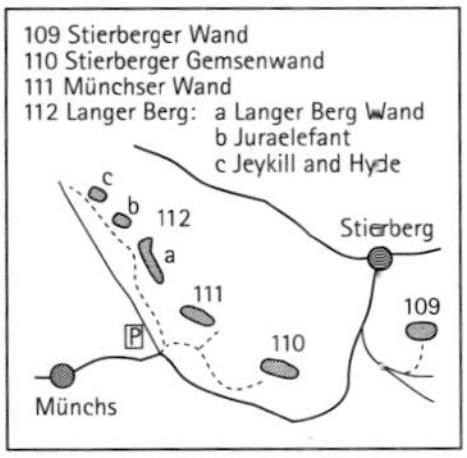

112b Juraelefant

Am Juraelefant (10 m, SW)

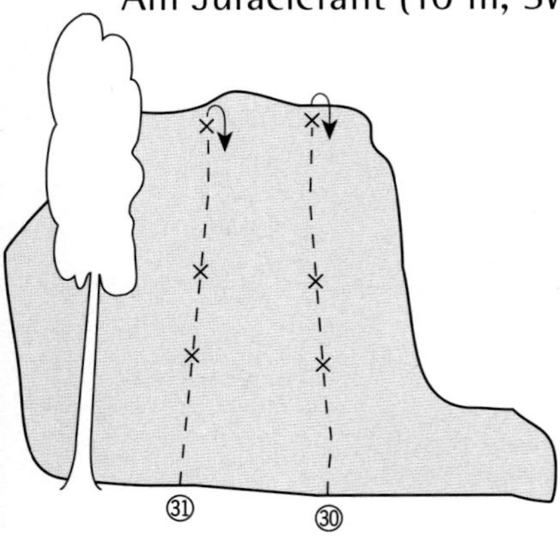

Juraelefant (12 m, NW)

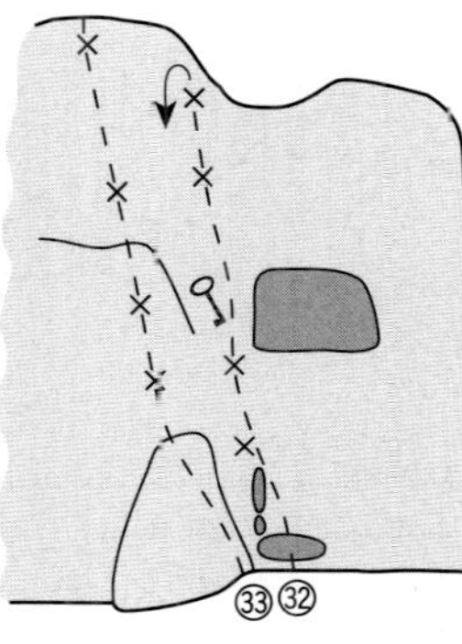

㉚ Gänsedieb 7
㉛ Fuchsweg 6

㉜ Dou Conny gore net he shower .... 8+/9-
㉝ Tollwut 8

112c Langer Berg Wand

Jeykill und Hyde (8 m, SO)

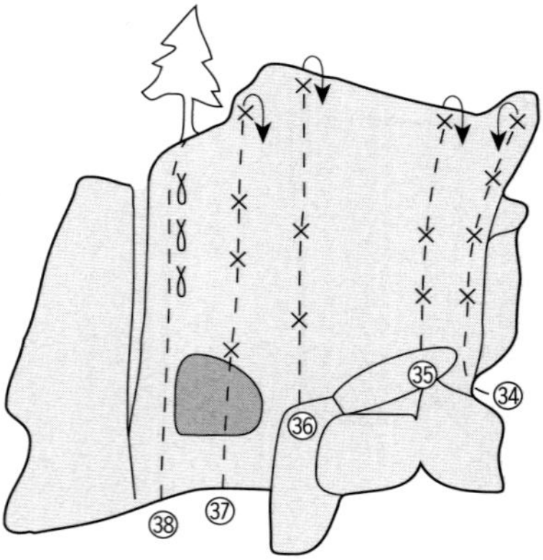

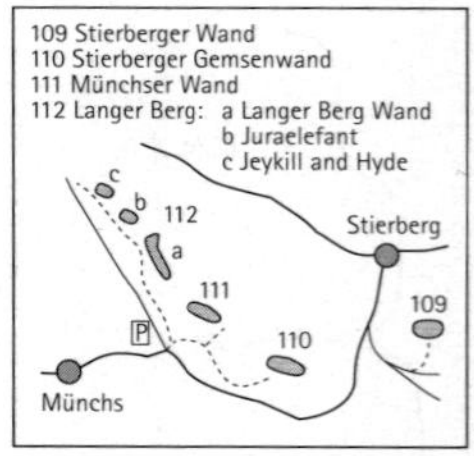

Zugang:
Zwischen Stierberg und Münchs befindet sich ein großer Parkplatz (300 m von Münchs). Hier parken. In den Wald und links auf Wanderweg am Hang entlang zu den Felsen (der Weg führt immer unterhalb der "Langer Berg Wände" vorbei). Zuerst kommt die "Langer Berg Wand", dann "Am Juraelefant" und "Juraelefant "; zuletzt "Jeykill und Hyde".
Übersichtskarte: 3 (Seite 17)

㉞ Scorpion 7-
㉟ Hyde 8-
㊱ Jeykill 8
㊲ Vom Deifi grittn .... 8+/9-
㊳ Projekt

113 Almoser Wand (12 m, N)

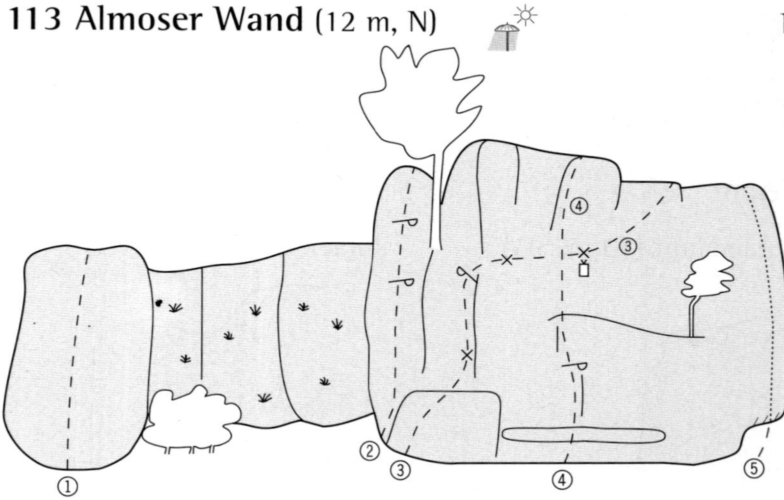

① Kinkerlitzchen 7-
② IJZ 7
③ Alter Weg 7-
④ ASC-Weg 7
⑤ Oma 4

Zugang:
Die Wand liegt direkt gegenüber von Almos an der B2.
Übersichtskarte: 3 (Seite 17)

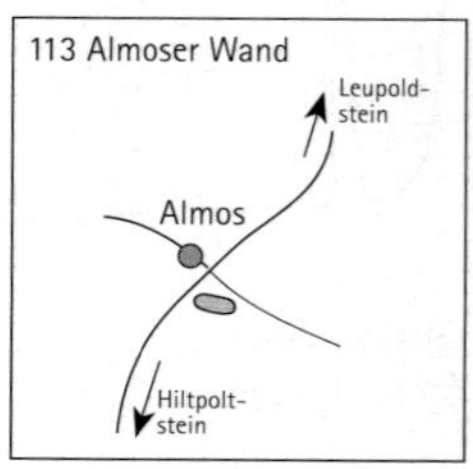

114a Hexenküche Teil 1 (10-17 m, O)

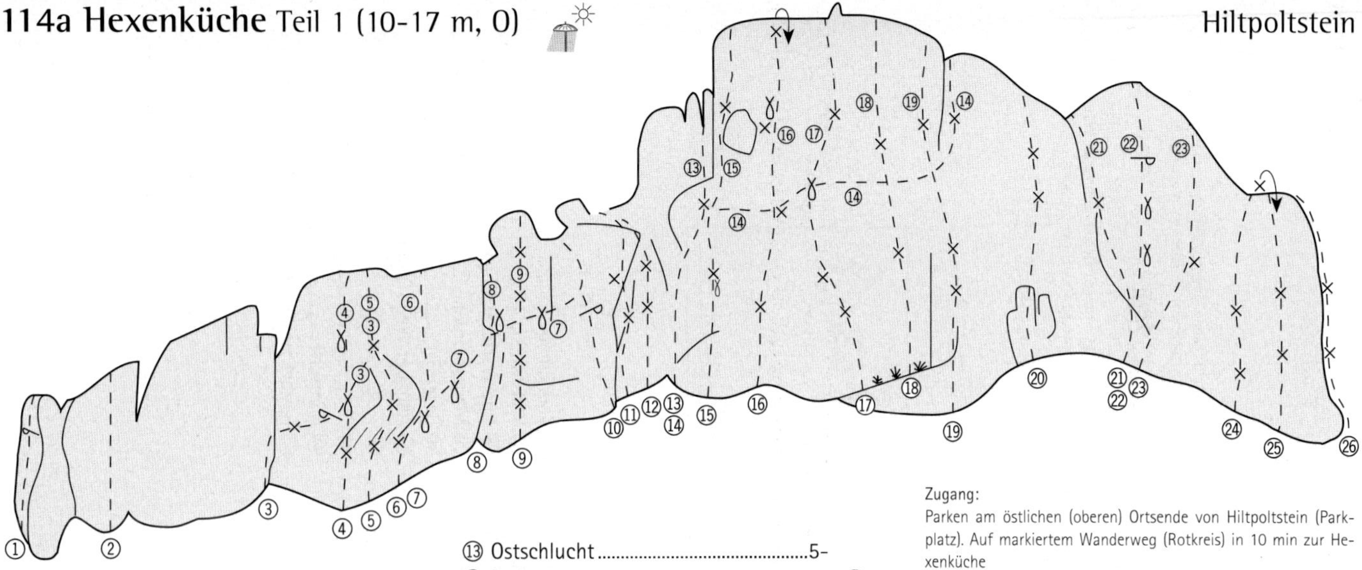

① Kleine Wand 5
② Kurzer Zauber .... 6+
③ Hiltpoltsteiner Weg 6-
④ G.G.G. .... 7+
⑤ Kleine Hexen müssen hexen 8
⑥ Direkter Sanduhrweg 6
⑦ Sanduhrweg .... 5+
⑧ Ostkamin 5-
⑨ Exzess im Morgenrot .... 7+
⑩ Diagonalweg 4
⑪ Athos 7
⑫ Völlig schwerelos 7-
⑬ Ostschlucht 5-
⑭ Südostquerung .... 6+
⑮ Projekt
⑯ Testamentsvollstreckung .... 7+
⑰ Totengräber 8-
⑱ Stalagdrama 7
⑲ Zittern verboten 7
⑳ Ostwand .... 5+
㉑ Ostverschneidung .... 4+
㉒ Variante .... 5+
㉓ Dübelpremiere .... 6+
㉔ Liesl Maurer Ged.-Weg 8
㉕ Hexentanz 8
㉖ Nordkante .... 4+

Zugang:
Parken am östlichen (oberen) Ortsende von Hiltpoltstein (Parkplatz). Auf markiertem Wanderweg (Rotkreis) in 10 min zur Hexenküche

Übersichtskarte: 3 (Seite 17)

Besonderes:
Schön gelegenes, ruhiges Gebiet. Lohnende Wandklettereien in unteren bis mittleren Schwierigkeitsgraden.

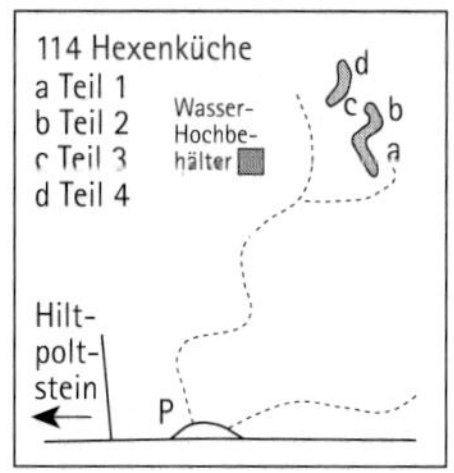

114 Hexenküche

b Teil 2 (12 m, N)

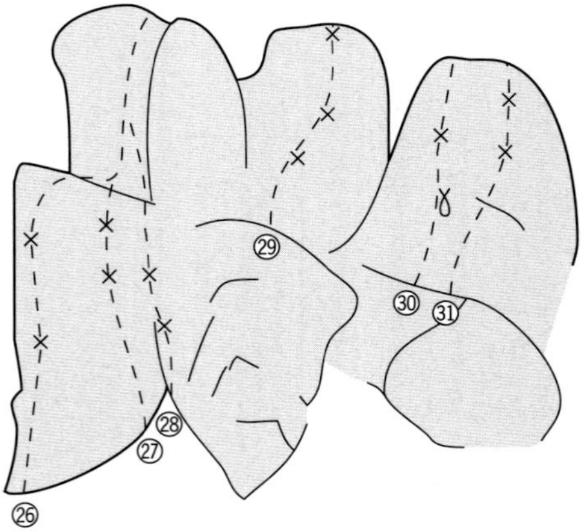

Zugang:
Parken am östlichen (oberen) Ortsende von Hiltpoltstein (Parkplatz). Auf markiertem Wanderweg (Rotkreis) in 10 min zur Hexenküche
Übersichtskarte: 3 (Seite 17)
Besonderes:
Schön gelegenes, ruhiges Gebiet. Lohnende Wandklettereien in unteren bis mittleren Schwierigkeitsgraden.

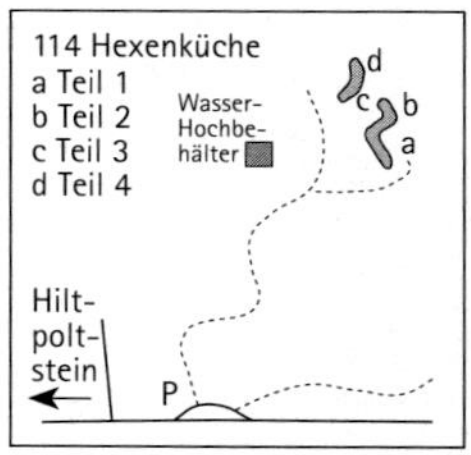

26 Nordkante .... 4+
27 Nordschlucht .... 4+
28 Schluchtriß .... 6+
29 ? .... 8+
30 Hoppsa 6
31 Erstling .... 6+
32 Wer hat Angst vor Anthony Braxton? 8-
33 Belohnung 8
34 Eisblock 9
35 ? .... 8+/9-
36 Zaunkönig 8-
37 Vollständig 7
38 Unerwartetes Glück .... 7+
39 Mauerblümchen .... 5+
40 Besenritt 7-
41 Allgäuer Weg (Traum) .... 6+
42 ? .... 7+
43 ? 5
44 Bergseite 4
45 Räuber Hotzenplotz 6

114 Hexenküche

c Teil 3 (bis 15 m, O)

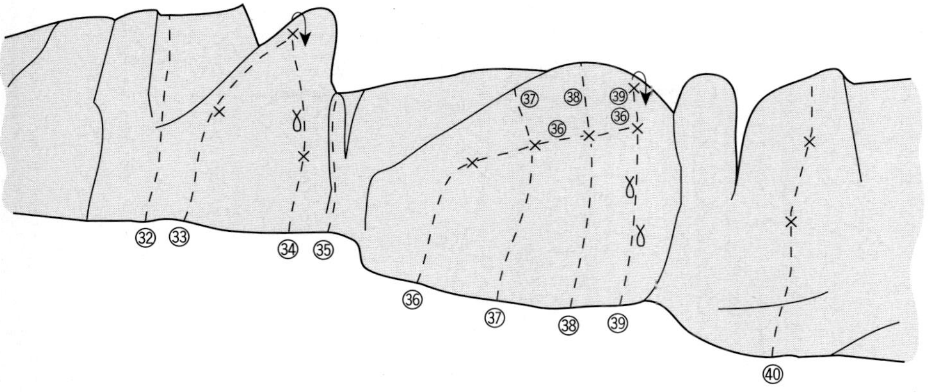

d Teil 4 (bis 15 m, O)

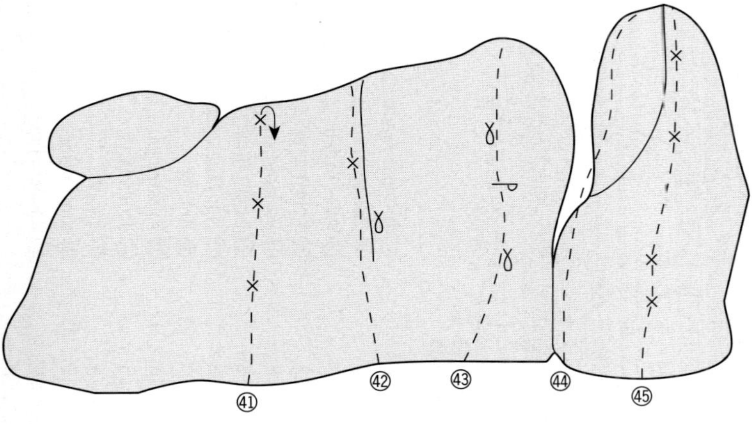

115 Leupoldsteiner Wand (10-16 m; NO)

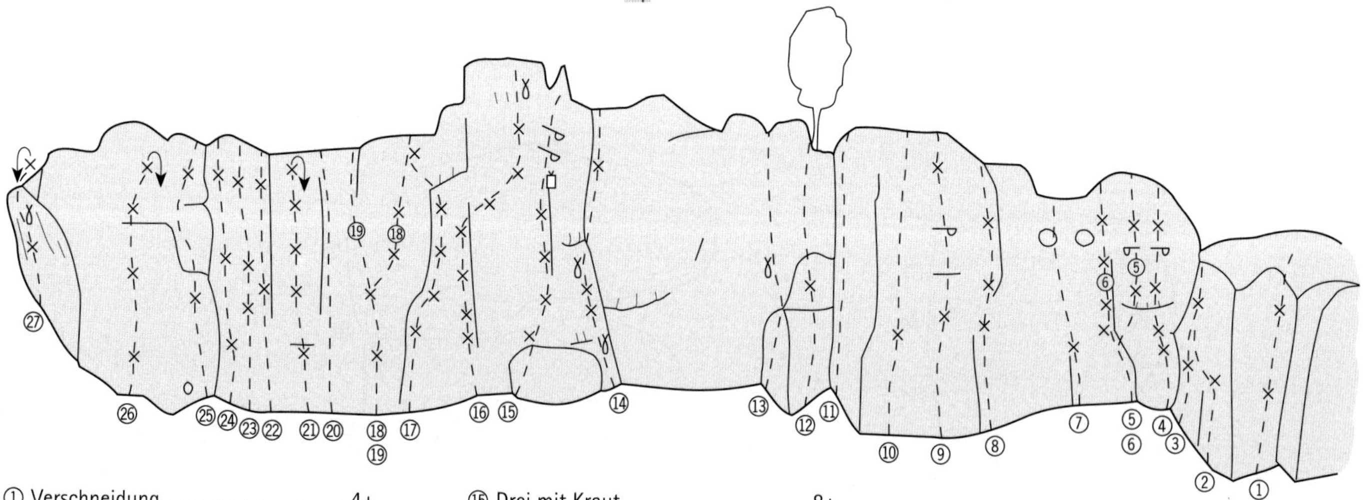

① Verschneidung	4+
② Variante	7-
③ Utes Bauch	7-
④ Kocolka	9
⑤ Wisop Narilos	8
⑥ Kankras Lauer	6+
⑦ Zur 2. Höhle	6-
⑧ Adrspach Weg	7
⑨ Nasdravi	6
⑩ Wetterspitze	5
⑪ Der Weg durch das Auenland	4
⑫ Julia 88	5
⑬ Allmächt, schei	6
⑭ Doppelhochzeit	8-
⑮ Drei mit Kraut	8+
⑯ Balrog	8
⑰ Alles balledi	7
⑱ Komersong	7
⑲ Variante	5
⑳ Libero *(Keile)*	5
㉑ Nur Mut Johann	6
㉒ Abseits	5
㉓ Aussteiger	6+
㉔ Jedermann	5
㉕ Egoist	5
㉖ Kraftmeier	5
㉗ Zauberlehrling	8+/9-

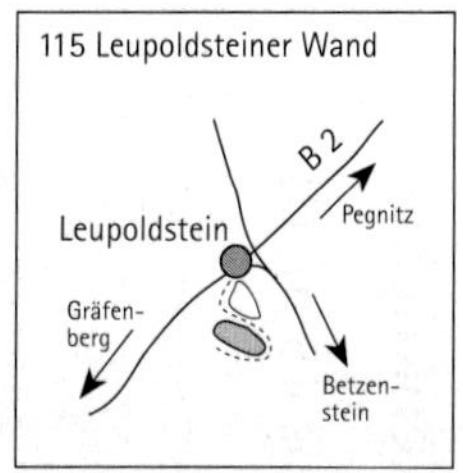

Zugang:
In Leupoldstein beim Wirtshaus parken.
Rechts am Gehege vorbei *(nicht hindurchlaufen!)*, kurz eine Schutthalde hoch und im Wald nach links queren zu den Felsen.
Das Nebenmassiv befindet sich 50 m links vom linken Wandende des Hauptmassivs.
Übersichtskarte: 3 (Seite 17)
Besonderes:
Viele leichte bis mittelschwere Touren in schattiger Nordostwand

115 Leupoldsteiner Wand Nebenmassiv (bis 15 m, S) ☼

Linker Teil

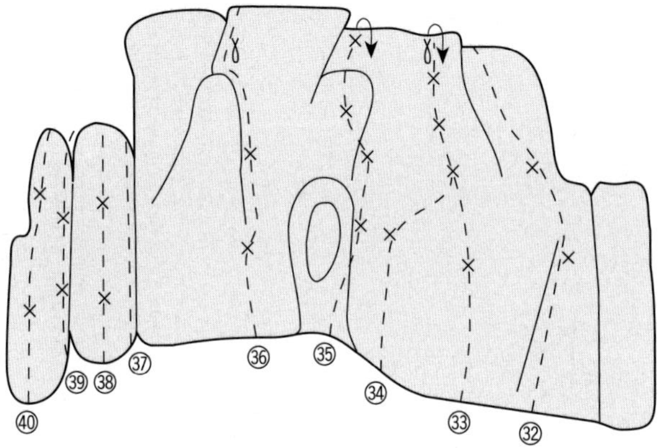

Rechter Teil

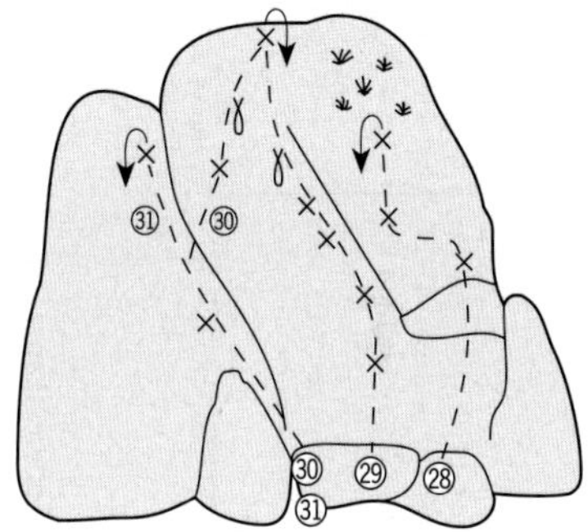

㉘ Santana	6	
㉙ Vertigo	7	
㉚ Variante	6-	
㉛ Jägersteig	4-	
㉜ Namenlos	5	
㉝ Gourmet	6	🍺
㉞ Judasleiter	6-	🍺
㉟ Herrenschneider	6+	🍺
㊱ Ostermarsch	7	🍺
㊲ Gusto	4+	
㊳ Mittelpfeiler	6	
㊴ Brownriß	5-	
㊵ Sannes Eck	4-	

116 Graischer Nadel (10 m, W und S)

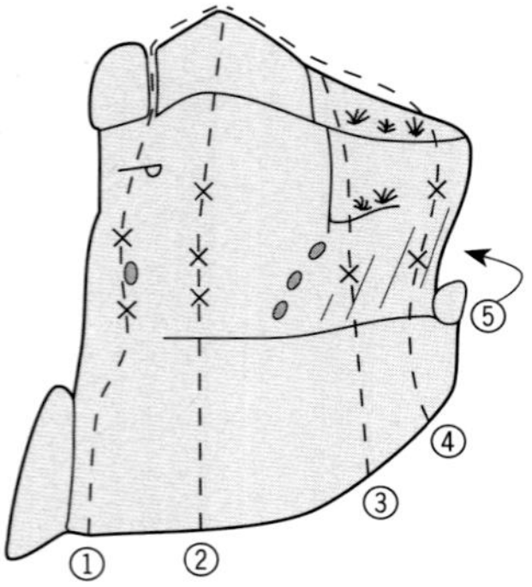

Zugang:
Parken in Graisch. Auf der Straße 150 m Richtung Weidenhüll. Wo die Straße in den Wald führt, folgt man rechts einer Fuhre in den Wald. Links von ihr steht die Graischer Nadel.
Übersichtskarte: 3 (Seite 17)

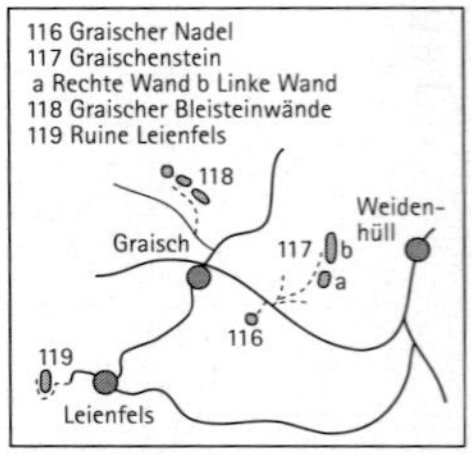

① Direkte Talseite 7
② Salamitaktik 7
③ Südwestkante .... 6+
④ Pickert 7-
⑤ Bergseite 3

117a Graischenstein, rechte Wand (14 m, W)

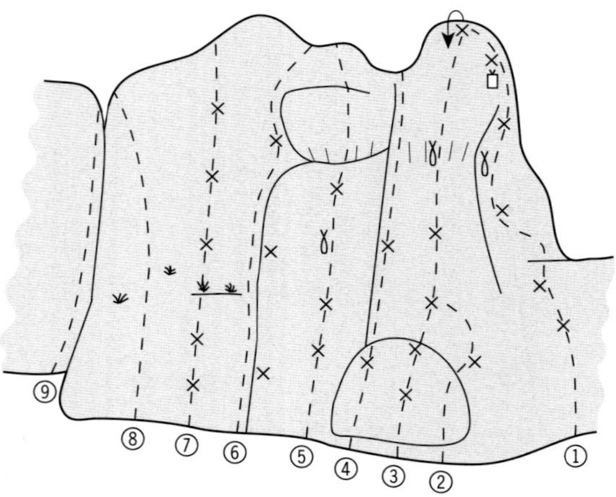

① Erwin Kohler Ged.-Weg 7
② Nasser Sack 8
③ Graischsäge .... 8+
④ Einschlag 8
⑤ Rollender Donner .... 7+/8-
⑥ Übungsschwelle .... 7+
⑦ ? .... 7+
⑧ Spinnenbein 4
⑨ Dreckige Rinne 3

Zugang:
Parken in Graisch. Auf der Straße 200 m in Richtung Weidenhüll. Kurz nachdem die Straße in den Wald führt, folgt man links einer Fuhre in den Wald. Nach 50 m zweigt rechts eine kleine Fuhre ab. Diese führt zum Graischenstein (nach 300m kommt man zur Rechten Wand; nach 400 m zur langgezogenen linken Wand, die sich wiederum in rechten und linken Wandteil untergliedert).
Übersichtskarte: 3 (Seite 17)

117b Graischenstein, linke Wand; rechter Teil (10-14 m, W) ☼

Zugang:
Siehe Graischenstein linke Wand
Übersichtskarte: 3 (Seite 17)
Besonderes:
Schöne Genußtouren in typischem fränkischen Löcherkalk.
Nachmittags bis abends sonnig

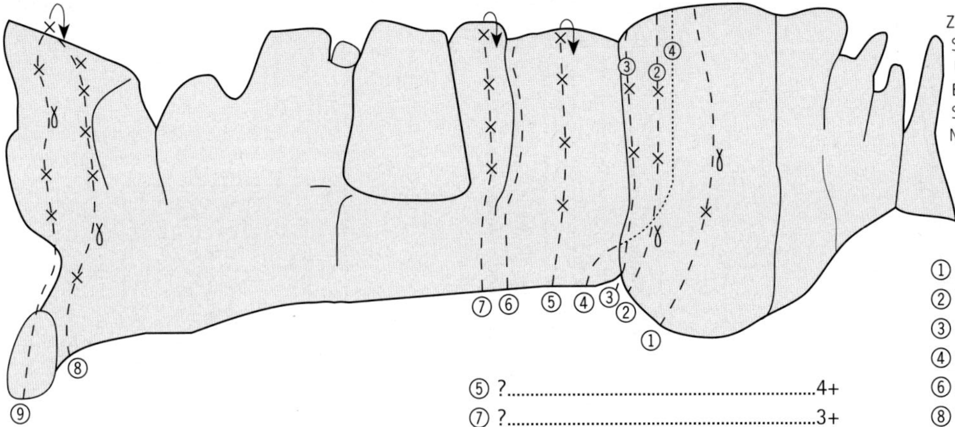

① EPA 5
② Schweizer Käse ..... 6+
③ Schluchtwand 7
④ Kamin 3
⑤ ? ..... 4+
⑥ Grüner Kamin 3-
⑦ ? ..... 3+
⑧ Spirale 5-

Linker Teil (10-14 m, W)

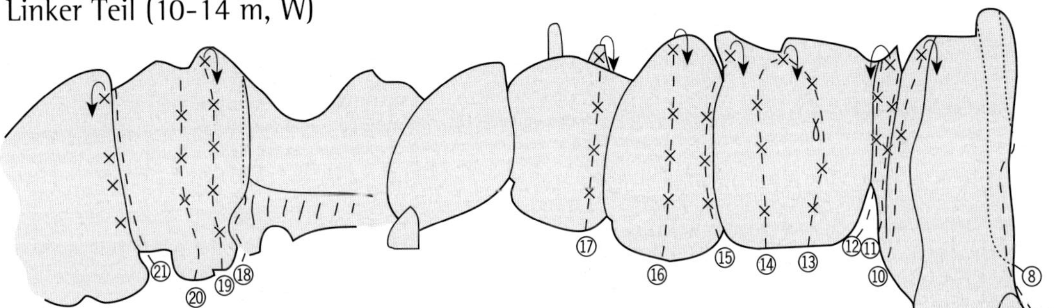

⑨ ? 7
⑩ Laß den Buckel an der Wand ..... 5+
⑪ Kaminpfeiler 7-
⑫ Enger Kamin 3
⑬ Evas Bauch 5
⑭ Jubelweg 5
⑮ ? 4
⑯ Adams Rippe ..... 4+
⑰ ? ..... 3+
⑱ Boofenriß 6
⑲ ? ..... 5+
⑳ Boofenwand 5-
㉑ Steile Rinne 3

118 Graischer Bleisteinwände (8-12 m, SW) ☼ Leupoldstein

Mittlere Wand

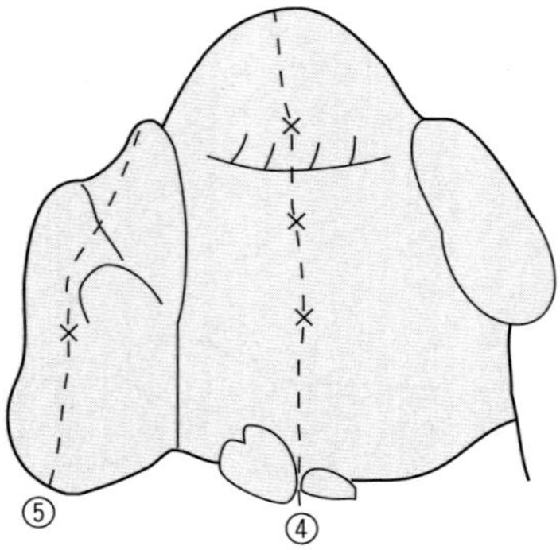

Rechte Wand

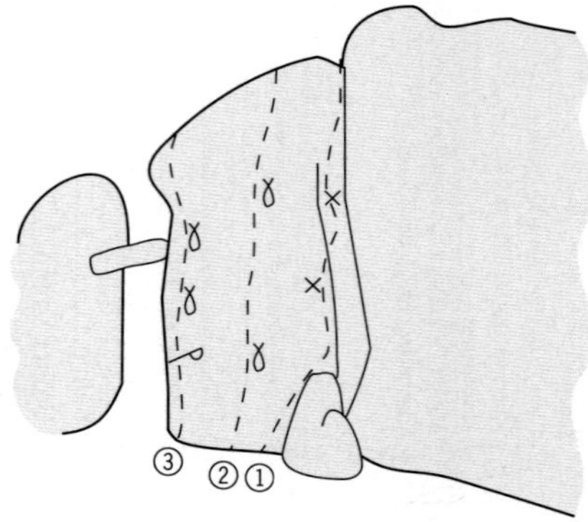

Linke Wand

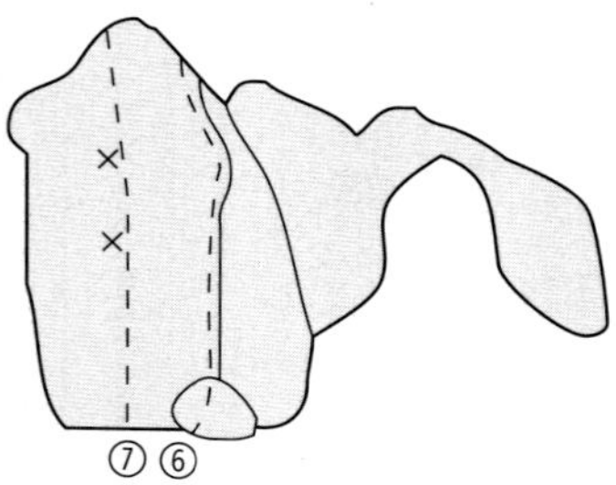

① ? ....6+
② Der Lenz ist da ....6+
③ Pflichtübung 6
④ Pralle Bleiwand 8
⑤ Broken Heart 6-
⑥ Laublawinenriß (Keile) 5
⑦ Unbedeutende Wand ....6+

Zugang:
Am Ortseingang von Graisch (von Weidenhüll kommend) fährt man rechts eine schmale Straße nach Norden. Nach 60 m biegt links ein Feldweg ab, hier parken. Auf dem Feldweg weiter und 50 m nach dem Gesperrt-Schild rechts steil im Wald hinauf zur rechten Wand.

Übersichtskarte: 3 (Seite 17)

Besonderes:
Kleines, aber schön gelegenes und ruhiges Gebiet. Ein paar Klemmkeile können nicht schaden. Nachmittags bis abends kommt die Sonne in die Wand (je nach Belaubung mehr oder weniger).

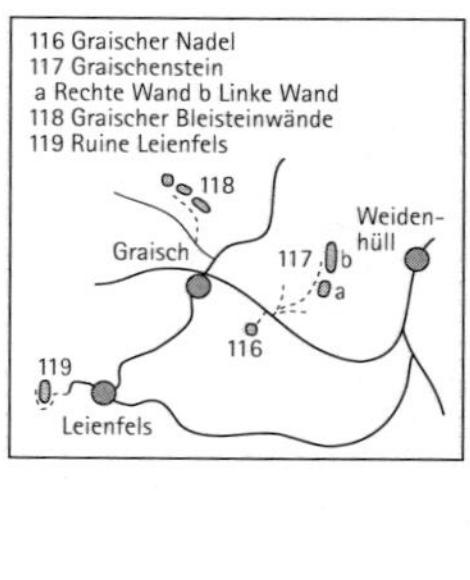

119 Ruine Leienfels (bis 17 m, W)

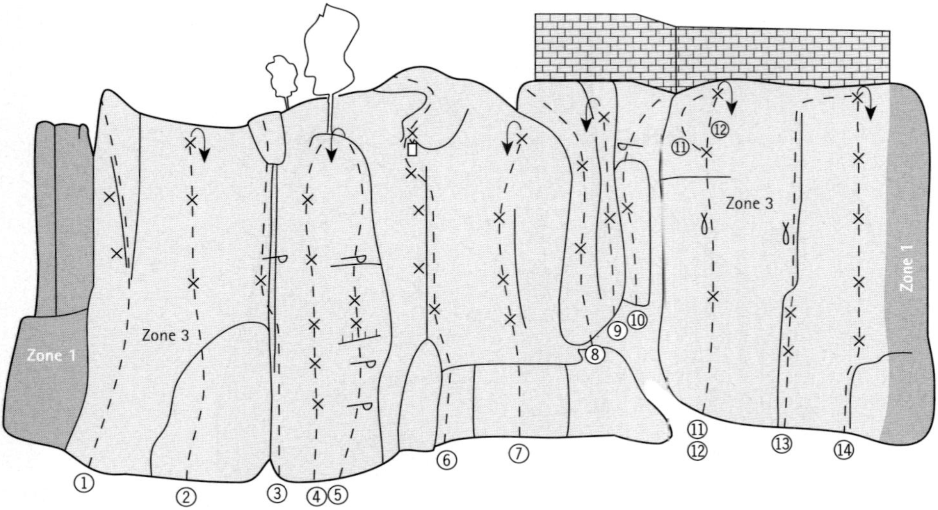

① Wassergeier ... 7
② Nordwestkante ... 7-
③ Leienfelser Weg ... 5
④ Amerikaner nehmen uns unsere Frauen weg (Projekt)
⑤ Leienfelser Pfeiler ... 7
⑥ Leienfelser Verschneidung ... 5+
⑦ Ahornweg ... 5
⑧ Rechts von Ahorn ... 4+
⑨ ? ... 4+
⑩ ? ... 4-
⑪ Zelten verboten linker Ausstieg ... 6+
⑫ Zelten verboten rechter Ausstieg ... 7-
⑬ Mückenriß ... 7-
⑭ Alles Gute ... 7-

Zugang:
Parken in Leienfels. Weiter zur Ruine (ausgeschildert) und links seitlich absteigen zu den Einstiegen.
Übersichtskarte: 3 (Seite 17)
Besonderes:
Schöner, löchriger Frankenjurakalk. Nachmittags bis abends sonnig.

120 Linke Reibertsbergwand (18 m, O) Oberes Trubachtal

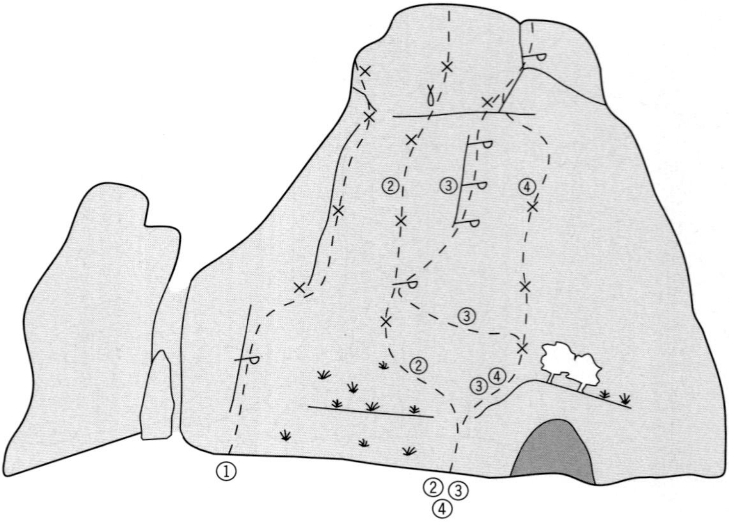

① Hollunderriß .... 6+
② Gordischer Knoten .... 7+
③ Wildrosenweg 7
④ ? 8

Zugang:
Parken in Bärnfels. Auf der Straße in Richtung Soranger (nördlich). 40 m nach Ortsausgangsschild Bärnfels zweigt links ein Feldweg ab (Gesperrt-Schild). Diesem folgt man. Nach 200 m rechts, 70 m danach steht links eine Bank. Hier 25 m den Hang hoch und nach rechts (zwischen zwei Blöcken durch) auf Pfad zur Wand.
Übersichtskarte: 2 (Seite 16); 3 (Seite 17)

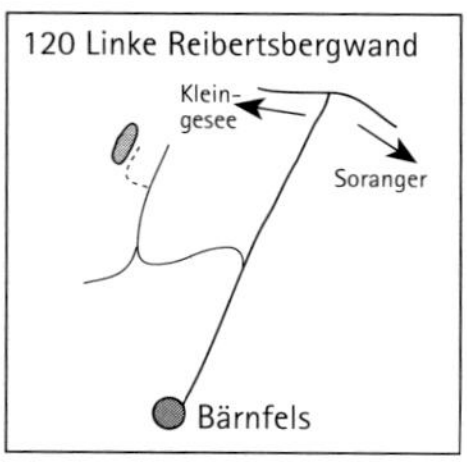

121a Bärnfelser Boulderwand (5 m, W)

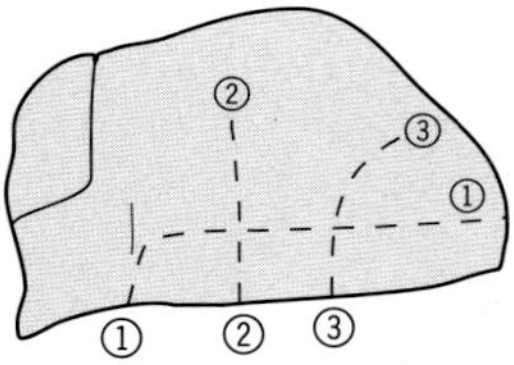

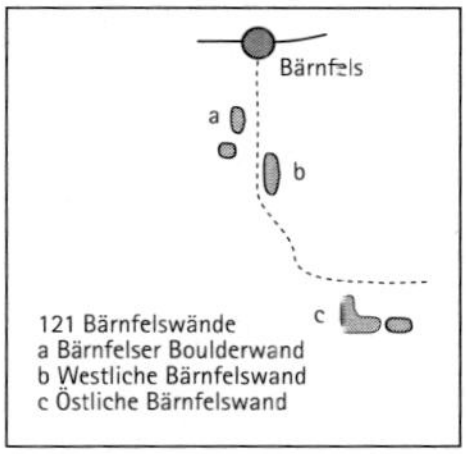

① Grippertraverse ....7c+ Fbtr
② Grunzende Arschlöcher im Anflug .....7b Fb (toprope!)
③ Monsieur Courage..................................7b+ Fb

121b Westl. Bärnfelswand (14 m, W)

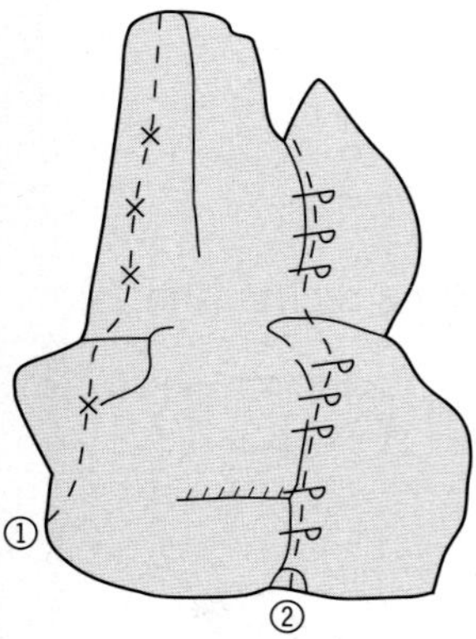

① Neuer Weg 7
② Alter Weg..5 a1

Zugang:
Parken in Bärnfels. In der Ortsmitte zweigt bei einer Telefonzelle ein Wanderweg in nördlicher Richtung ab (Wegweiser: Gründleinstal). Dieser führt direkt zu den Felsen.
Übersichtskarte: 2 (Seite 16); 3 (Seite 17)
Besonderes:
Bewertungen an der Bärnfelser Boulderwand nach Fontainebleau-Skala.

121c Östl. Bärnfelswand Westwand (18 m)

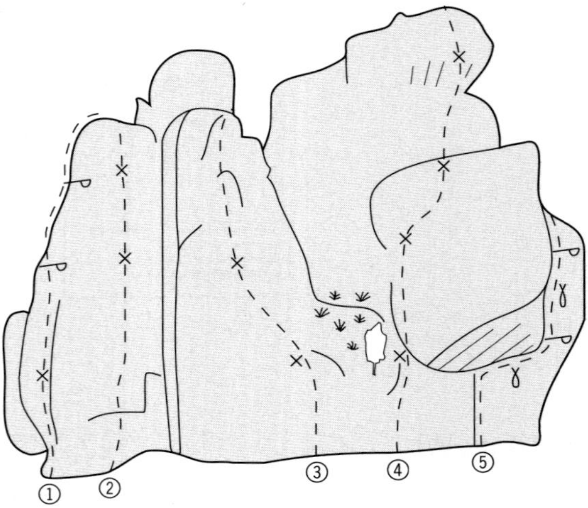

Südwand (17 m)

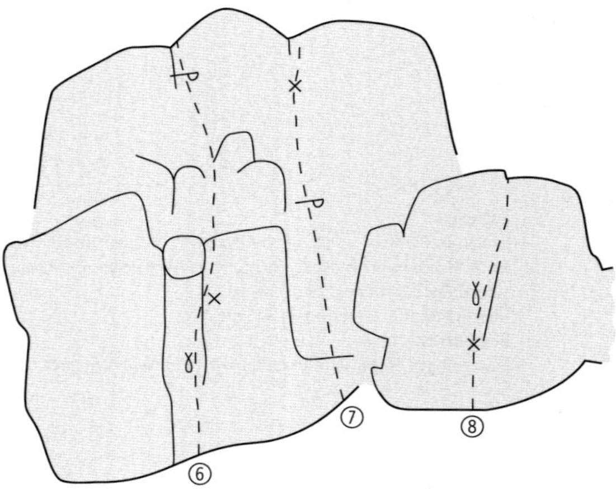

Ganz rechts (8m, S)

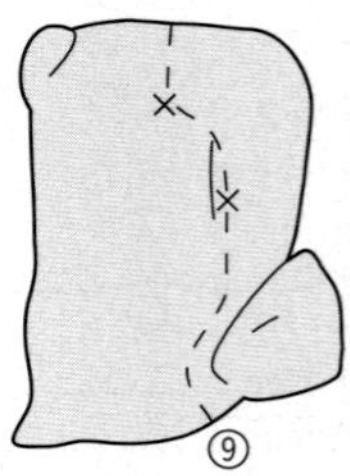

① R 1 .... 4+
② R 2 5
③ R 3 6-
④ R 4 .... 6+
⑤ R 5 .... 5 a1
⑥ R 6 6
⑦ R 7 .... 4+
⑧ R 8 7-
⑨ R 9 7-

Zugang:
Parken in Bärnfels. In der Ortsmitte zweigt bei einer Telefonzelle ein Wanderweg in nördlicher Richtung ab (Wegweiser: Gründleinstal). Dieser führt direkt zu den Felsen.
Übersichtskarte: 2 (Seite 16); 3 (Seite 17)

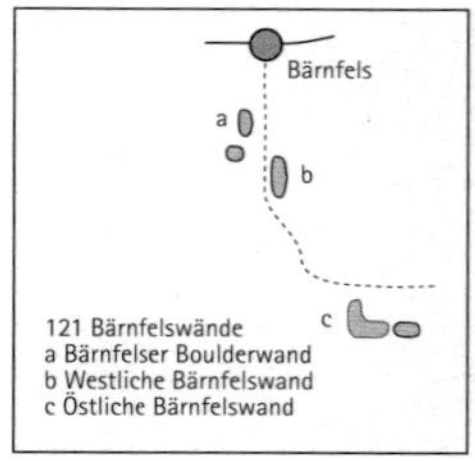

122 Neudorf Sektor a Projekte (12 m, N)

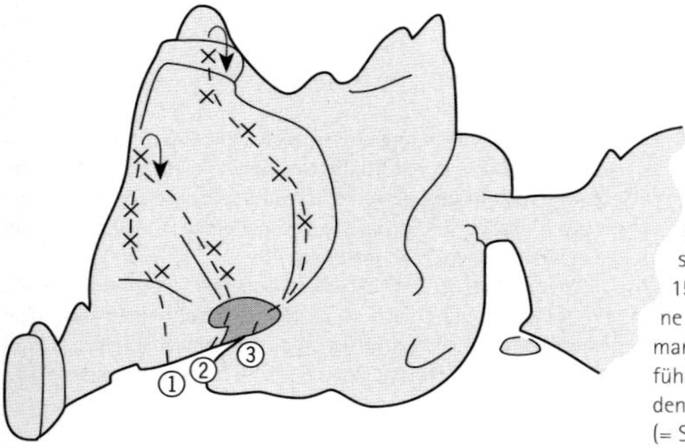

① Projekt
② Projekt
③ Projekt

Zugang:
Von Neudorf in Richtung Obertrubach steht 500 m nach Ortsausgang Neudorf links der Straße eine Scheune. Hier parken - *bitte keinesfalls Zufahrten versperren!* (Von Obertrubach über „Neudorfer Weg"; parken 300 m nach Ortsausgangsschild). Auf einer Fuhre in den Wald hinein, man trifft nach 150 m auf eine weitere Fuhre (links oberhalb stehen verwachsene Felsen). Diese endet nach 50 m. Man trifft auf einen Weg, dem man links hoch zu den Felsen folgt. Der Höhlendurchgang links führt zum Sektor Projekte. Vom Sektor b führt rechts ein Steig zu den Sektoren c-e, vorbei an einem markanten Nasenüberhang (= Sektor c)

Übersichtskarte: 3 (Seite 17)

Besonderes:

Bewertungen nach Fontainebleau-Skala.

Für den Erhalt dieses hervorragenden Bouldergebietes ist es von größter Bedeutung, Rücksicht auf die Anlieger zu nehmen (gerade beim Parken!).

Sektor b (8 m, W)

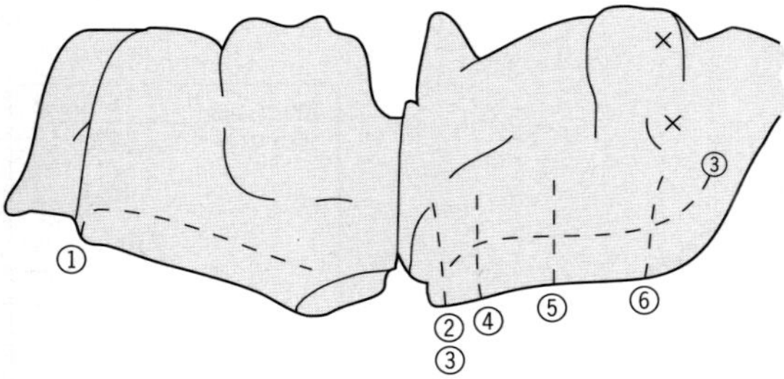

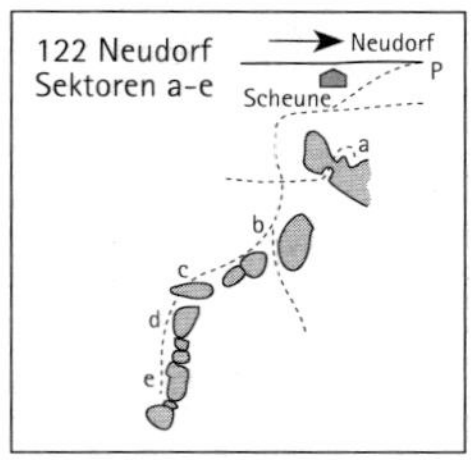

rechts des Weges (6 m, N)

① Aufwärm-Quergang (leicht); verschiedene definierte Varianten möglich (bis 7a+ Fb)
② ?..7b+ Fb
③ Hidden Peak..7c Fbtr
④ Hale Bopp..7a+ Fb
⑤ Middle Thriddle..7b Fb
⑥ Skyscraper..7b
⑦ ?..7a Fb !

Crossover (7c+ Fbtr): Traverse + Ausstieg Middle Thriddle

122 Neudorf Sektor c (5 m, N)

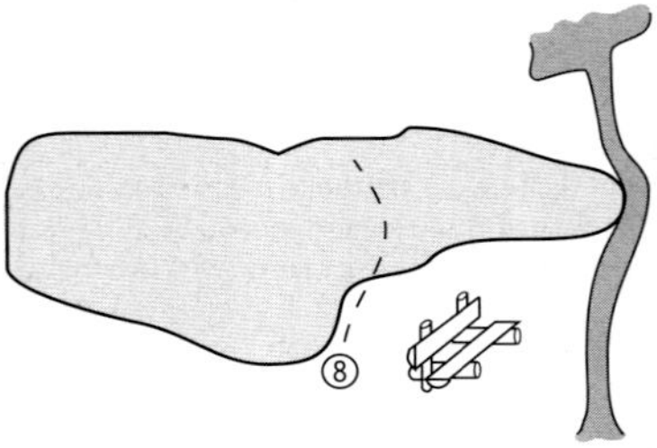

Zugang:
Von Neudorf in Richtung Obertrubach steht 500 m nach Ortsausgang Neudorf links der Straße eine Scheune. Hier parken - *bitte keinesfalls Zufahrten versperren!* (Von Obertrubach über „Neudorfer Weg"; parken 300 m nach Ortsausgangsschild). Auf einer Fuhre in den Wald hinein, man trifft nach
150 m auf eine weitere Fuhre (links oberhalb stehen verwachsene Felsen). Diese endet nach 50 m. Man trifft auf einen Weg, dem man links hoch zu den Felsen folgt. Der Höhlendurchgang links führt zum Sektor Projekte. Vom Sektor b führt rechts ein Steig zu den Sektoren c-e, vorbei an einem markanten Nasenüberhang
(= Sektor c)
Übersichtskarte: 3 (Seite 17)
Besonderes:
Bewertungen nach Fontainebleau-Skala.
Für den Erhalt dieses hervorragenden Bouldergebietes ist es von größter Bedeutung, Rücksicht auf die Anlieger zu nehmen (gerade beim Parken!).

Sektor d (5 m, W)

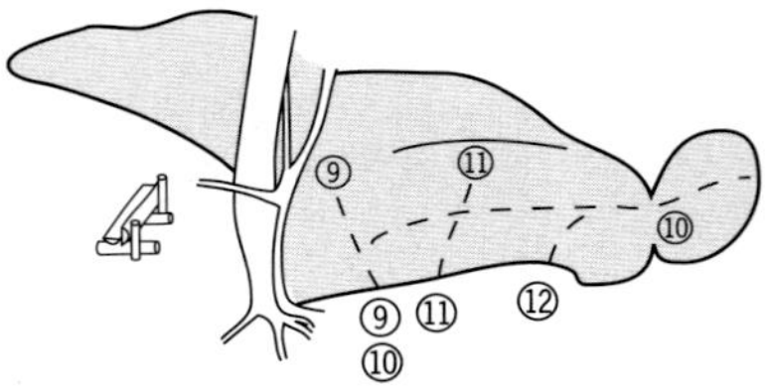

Sektor e (7 m, W)

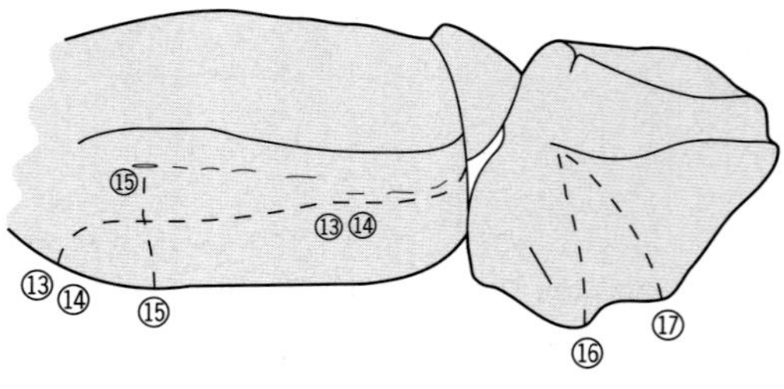

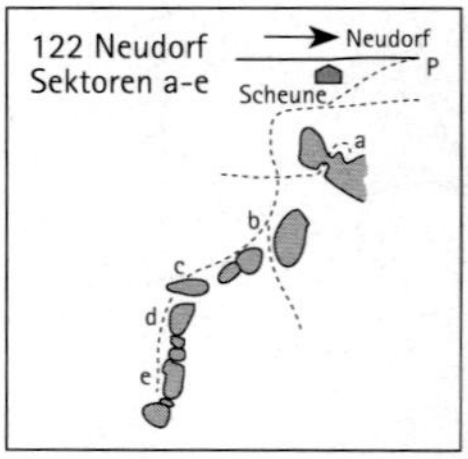

⑧ Atompilz .... 7a Fb
⑨ ? .... 7a Fb
⑩ Quergang .... 6b+ Fbtr
⑪ ? .... 6b Fb
⑫ ? .... 6a Fb
⑬ Quergang (oben entlang) .... 7a Fb tr
⑭ Quergang (unten entlang mit .... 7c Fb tr
den kleinen Griffen)
⑮ ? .... 6c+ Fb
⑯ ? (markierte Griffe) .... 7b Fb
⑰ ? (markierte Griffe) .... 7a+ Fb

123 Juraelefant

Sockel (10 m, SW)

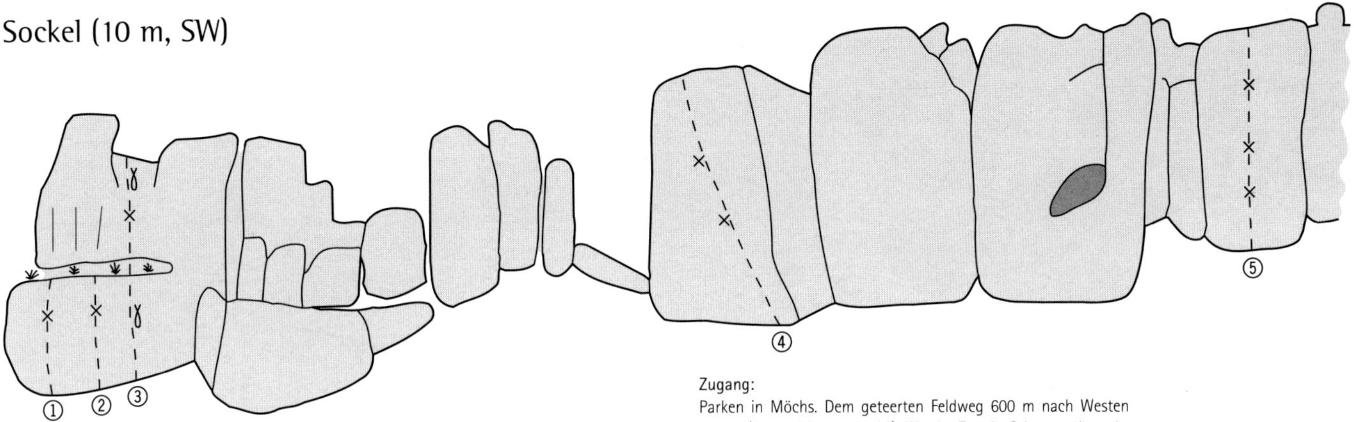

Turm (10 m, N und W)

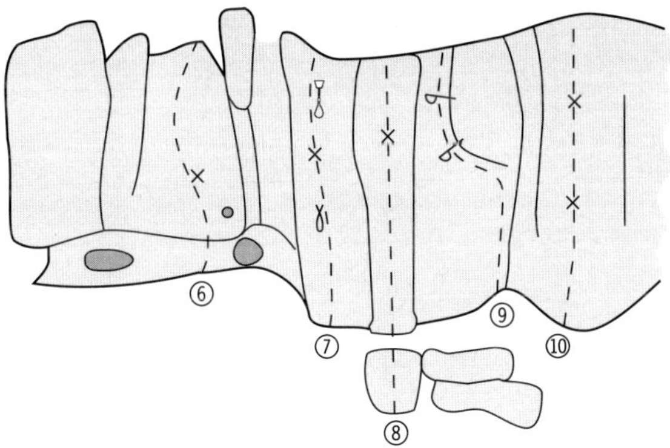

Zugang:
Parken in Möchs. Dem geteerten Feldweg 600 m nach Westen folgen (Schild: "Obertrubach"). Wo der Teer in Schotter übergeht halbrechts, nach 200 m wieder rechts. Nach weiteren 200 m kommt eine Gabelung, links oberhalb sind die Felsen.
Übersichtskarte: 2 (Seite 16); 3 (Seite 17)
Besonderes:
Klein, aber fein. Feste, senkrechte Wandklettereien.

① Projekt
② Projekt
③ Projekt
④ Projekt
⑤ ?.............8-
⑥ Schnäpper.............8
⑦ Weg durch das Ohr.............7+
⑧ Rüssel.............7-
⑨ ?.............6-
⑩ Forest Flower.............7

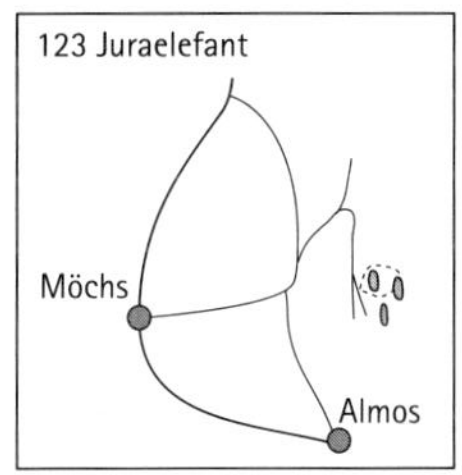

124 Eldorado (8 m, 0)

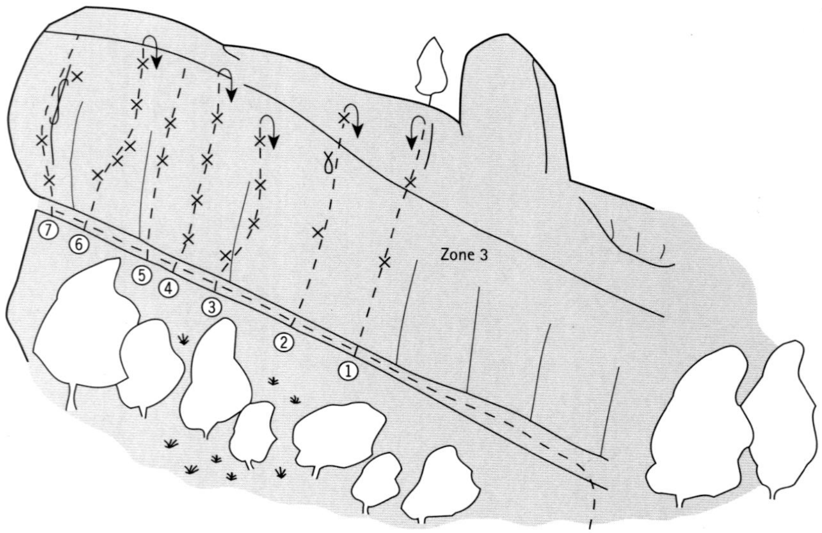

① Unbehagen 8-
② No more Babysitting for neurotic Girls today 9
③ Ekel .... 9+
④ Nightmare 10
⑤ Projekt
⑥ Stone Love .... 10+
⑦ Südtirol, mio amore 9

Zugang:
Direkt über dem Spielplatz 300 m talabwärts von Obertrubach befindet sich das Eldorado.
Übersichtskarte: 2 (Seite 16); 3 (Seite 17)
Besonderes:
Durchwegs Dachkletterei. Prinzipiell regengeschützt, allerdings drückt das Wasser nach längeren Schlechtwetterperioden bzw. im Frühjahr lange aus den Löchern hervor, so daß der ganze Felsen manchmal einem Wasserfall ähnelt.

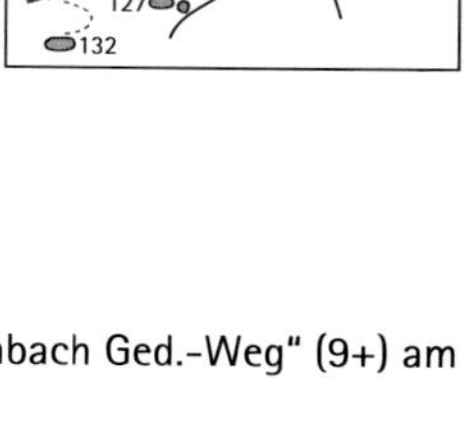

Bild Seite 211: Rudolf Borschert klettert den „Welzenbach Ged.-Weg" (9+) am Röthelfels

125 Schlöttermühle (bis 25 m, S) ☼

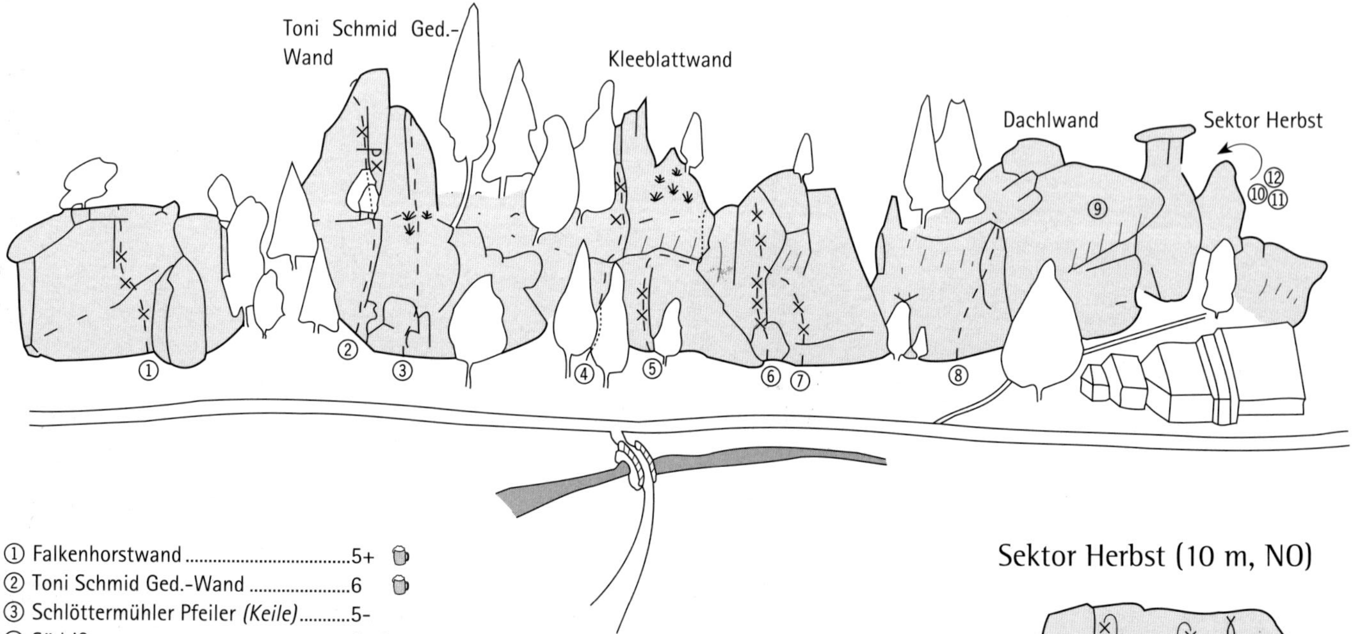

① Falkenhorstwand .... 5+
② Toni Schmid Ged.-Wand 6
③ Schlöttermühler Pfeiler *(Keile)* 5-
④ Südriß 6 a1
⑤ Ostriß 5 a1
⑥ ? .... 6+
⑦ Graue Wand 6
⑧ Schlötterwand 5 a1
⑨ Dachlwand *(nächste Seite)*
⑩ Kraft durch Freude 8-
⑪ Herbst 9-
⑫ Nordostwand .... 7+

Lage:
1 km talaufwärts von Obertrubach
Übersichtskarte: 2 (Seite 16); 3 (Seite 17)

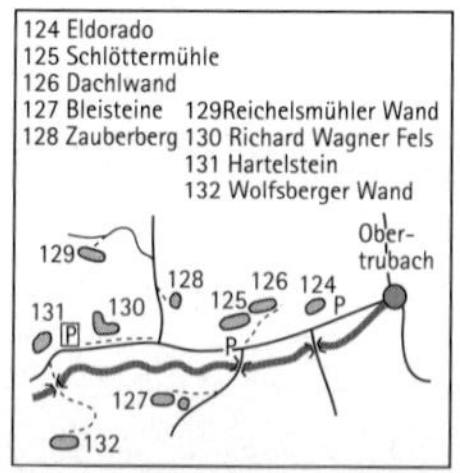

Sektor Herbst (10 m, NO)

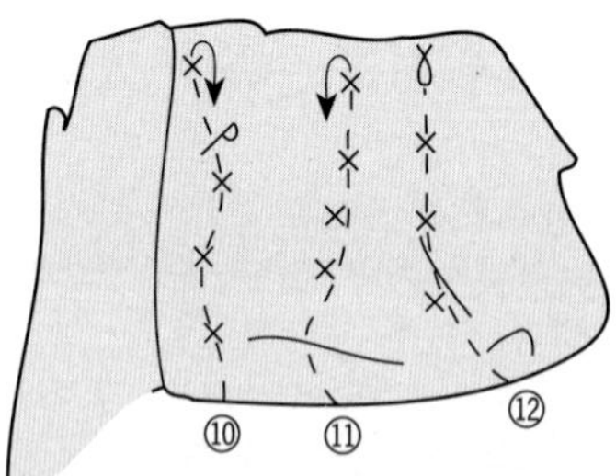

Rainer Metz bei einem Versuch in „Hidden Peak" (7c Fbtr) in Neudorf

126 Dachlwand (18 m, S)

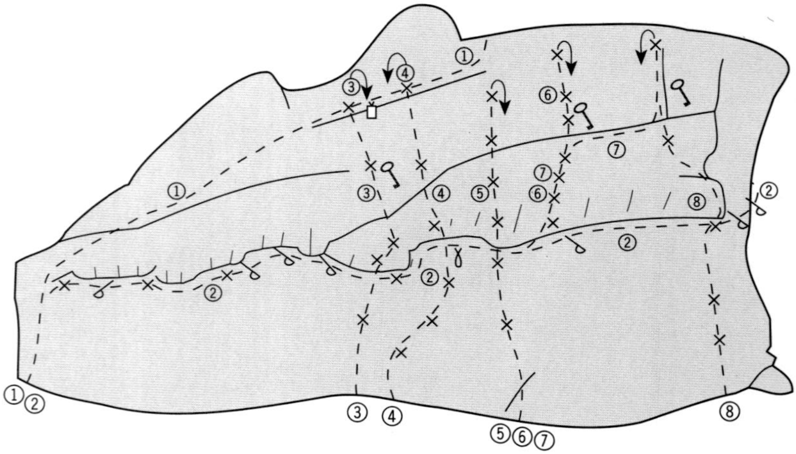

① Oberer Dachweg .... 3+
② Schiefes Dach 8-
③ Power of Love 9-
④ Bilbo Baggins.. 8-
⑤ Rainer's erstes Mal................................. 8+
⑥ Goldenes Dach .... 8+
⑦ Kombination 9
⑧ Chaka Khan 9-

Lage:

Oberhalb der Schlöttermühle (siehe vorherige Seite)
Übersichtskarte: 2 (Seite 16); 3 (Seite 17)

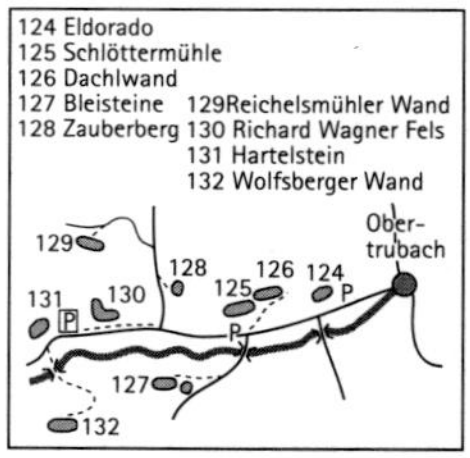

Bild Seite 215: Thomas Wolf klettert das „Goldene Dach" (8+) an der Dachlwand

127 Bleisteine (18 m, N)

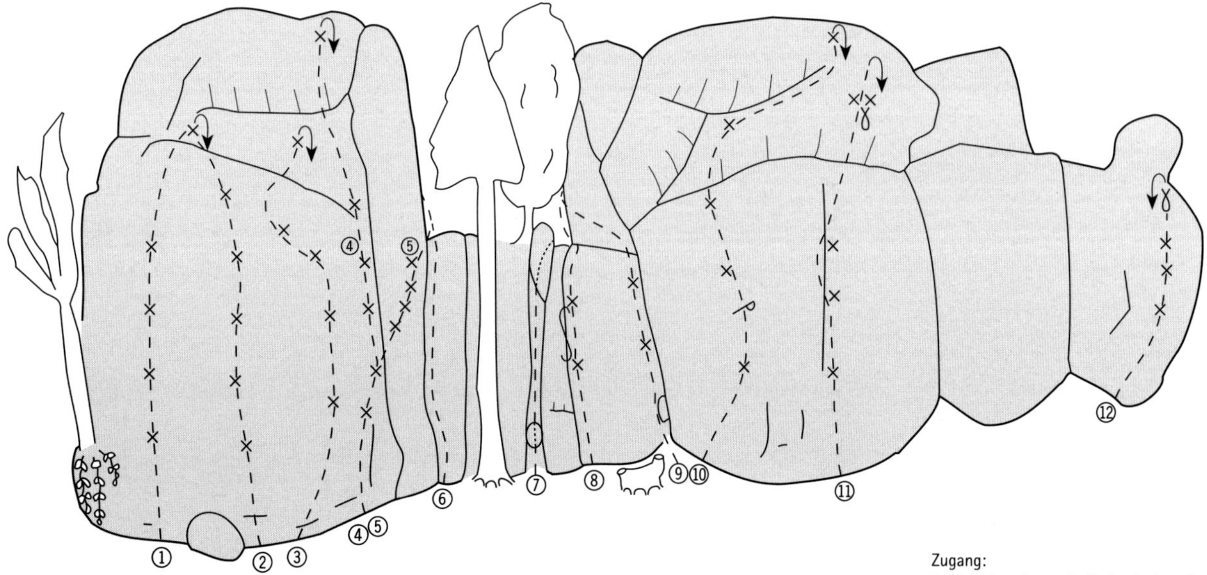

Zugang:
Bei der Abzweigung der Trubachtalstraße nach Schoßaritz parken. Beim Telegrafenhäuschen kleinem Trampelpfad nach rechts über die Wiese folgen und in den Wald zu den Felsen. Links steht das Nebenmassiv, weiter rechts das Hauptmassiv.

Übersichtskarte: 2 (Seite 16); 3 (Seite 17)

Besonderes:
Kleingriffige Wandkletterei

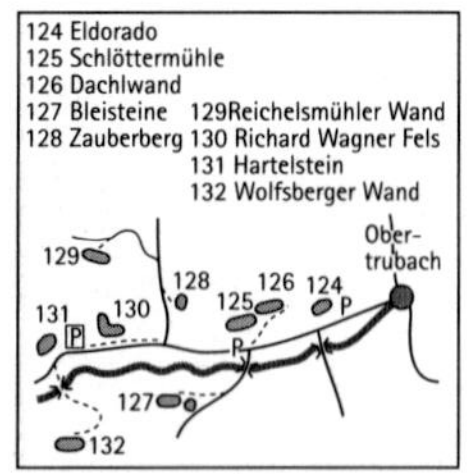

① Fliegender Engländer 8-
② Die Entdeckung der Langsamkeit 9-
③ Eraserhead .... 8+
④ Ist doch logisch 8
⑤ Bamberger Weg 7
⑥ Nordverschneidung 5
⑦ Nordkamin 3
⑧ Kaiserschnitt 5
⑨ Nordostverschneidung .... 5+
⑩ Offenbarung 8-
⑪ Not for stamp collectors .... 8+
⑫ Zeit der Leidenschaft .... 8+

127 Bleisteine Nebenmassiv (16 m, N)

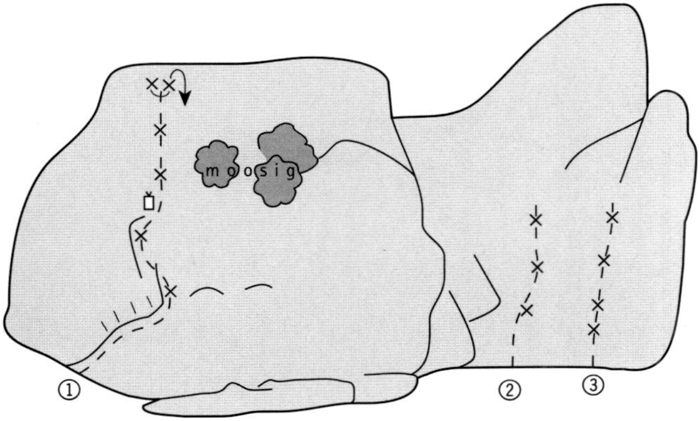

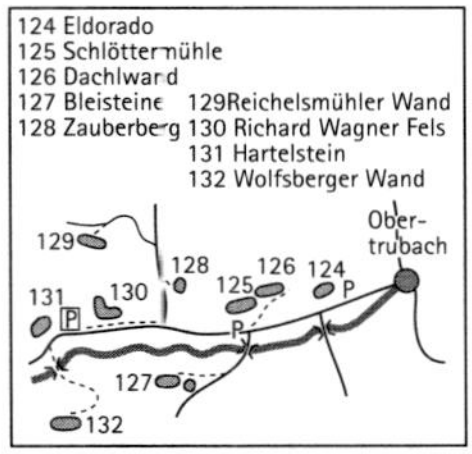

① Rudl Buchner Ged.-Weg........................5a1
② Projekt
③ Projekt

Zugang:
Bei der Abzweigung der Trubachtalstraße nach Schoßaritz parken. Beim Telegrafenhäuschen kleinem Trampelpfad nach rechts über die Wiese folgen und in den Wald zu den Felsen. Links steht das Nebenmassiv, weiter rechts das Hauptmassiv.
Übersichtskarte: 2 (Seite 16); 3 (Seite 17)

128 Zauberberg (7m ,W)

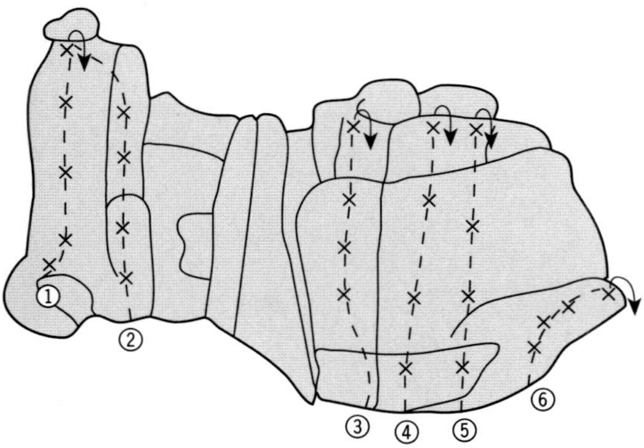

① Harpie..8+
② Fauler Zauber..8/8+
③ Zauberer von Oz...5+
④ Zaubermaus 7
⑤ Simsalabim...8
⑥ Russ Meyer Ged.-Weg...............................9-

Zugang:
Zwischen Schlöttermühle und Wolfsberg ist auf halbem Weg ein Parkplatz, hier parken. Auf der Straße talaufwärts und beim Cafe Treiber links der Straße nach Hundsdorf folgen *(nicht beim Cafe parken!)*. 200 m nach der Abzweigung reichen kleinere Felsen bis zur Straße herab; kurz vorher rechts hoch und in den Wald zum Felsen.

129 Reichelsmühler Wand (12 m, N)

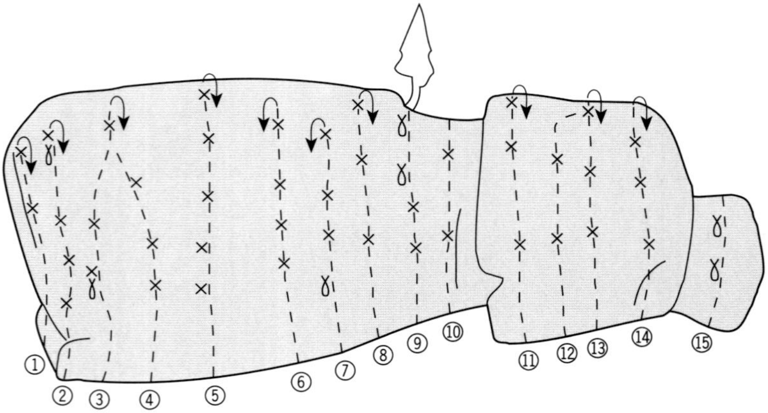

① Projekt
② Stinkefinger 9-
③ ? 8
④ No Chance with Wellingtons .... 7+
⑤ Aquaplaning .... 7+
⑥ Drunks in the Gym .... 7+
⑦ Weiße Realität .... 7+
⑧ Testpilot .... 7+
⑨ ? .... 6+
⑩ Green Dragon 6
⑪ ZEN (Zupacken, Einhängen, Nachchalken) 7
⑫ Klein, aber fein 7
⑬ Kurz und gut 7-
⑭ Last not least 6-
⑮ Projekt

Zugang:
Zwischen Schlöttermühle und Wolfsberg ist auf halbem Weg ein Parkplatz, hier parken. Auf der Straße talaufwärts und beim Cafe Treiber links der Straße nach Hundsdorf folgen *(nicht beim Cafe parken!)*. 250 m nach der Abzweigung links auf Weg am Waldrand entlang. Nach 150 m führt ein kleiner Pfad links hoch zu den Felsen.
Übersichtskarte: 2 (Seite 16); 3 (Seite 17)

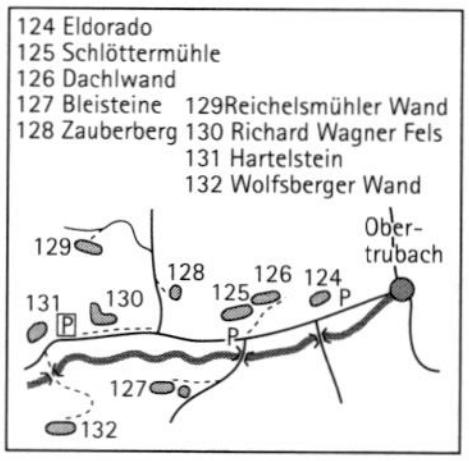

Bild Seit 219: Guido Köstermeyer trainiert in der Kombination „Rubberneck/Magnet" am Richard-Wagner-Fels

130 Richard-Wagner-Fels, Westseite ☼ ☂ Oberes Trubachtal

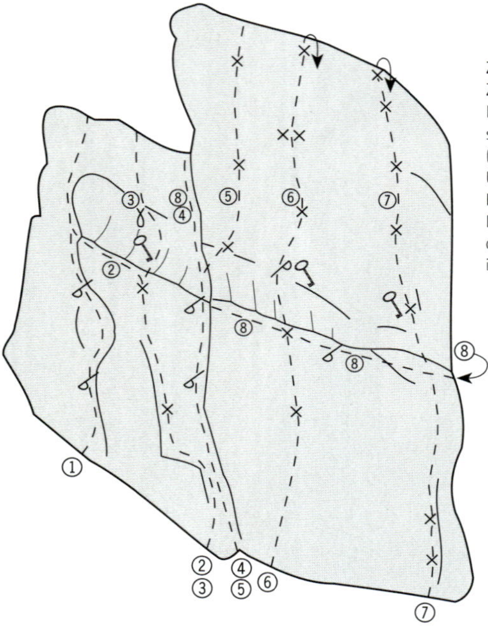

Zugang:
Zwischen Schlöttermühle und Wolfsberg ist auf halbem Weg ein Parkplatz. Westlich von ihm steht (direkt an der Straße) der Hartelstein. 250 m östlich vom Parkplatz steht der Richard-Wagner-Fels (auf gutem Weg zu erreichen).

Übersichtskarte: 2 (Seite 16); 3 (Seite 17)

Besonderes:
Die Extremklassiker "Fight Gravity" und "Magnet" sind leider durch die starke Frequentierung schon recht abgespeckt, aber noch immer großartige Routen.

124 Eldorado
125 Schlöttermühle
126 Dachlwand
127 Bleisteine
128 Zauberberg
129 Reichelsmühler Wand
130 Richard Wagner Fels
131 Hartelstein
132 Wolfsberger Wand

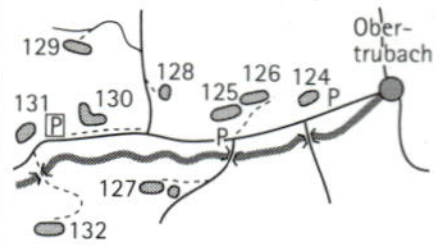

Bild unten: Tüchersfeld im Püttlachtal

130 **Richard-Wagner-Fels**, Südseite — Oberes Trubachtal

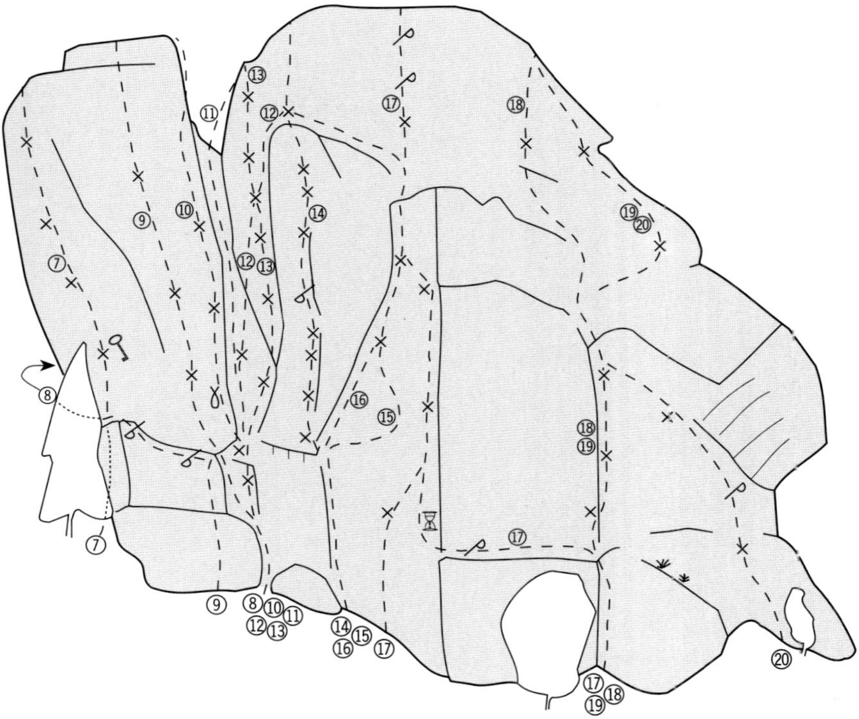

① Westwand .... 6+
② Variante 8-
③ Rubberneck .... 8+
④ Westriß .... 6+
⑤ Fight Gravity .... 8+
⑥ Magnet 9
⑦ Amadeus Schwarzenegger 10-
⑧ Westhangel .... 6+
⑨ Projekt
⑩ Stinknormal .... 8+
⑪ Wagnerkamin .... 3+
⑫ Gurke .... 7- !
⑬ Lohengrin 8-
⑭ Direkte Westwand 8
⑮ Westverschneidung* .... 5+
⑯ Variante* .... 6+
⑰ Alter Weg (2 Einstiege möglich) .... 5+
⑱ Variante .... 6+
⑲ Adolf Göttner Ged.-Weg 6-
⑳ Südostwand 6-

* Ausstieg beliebig

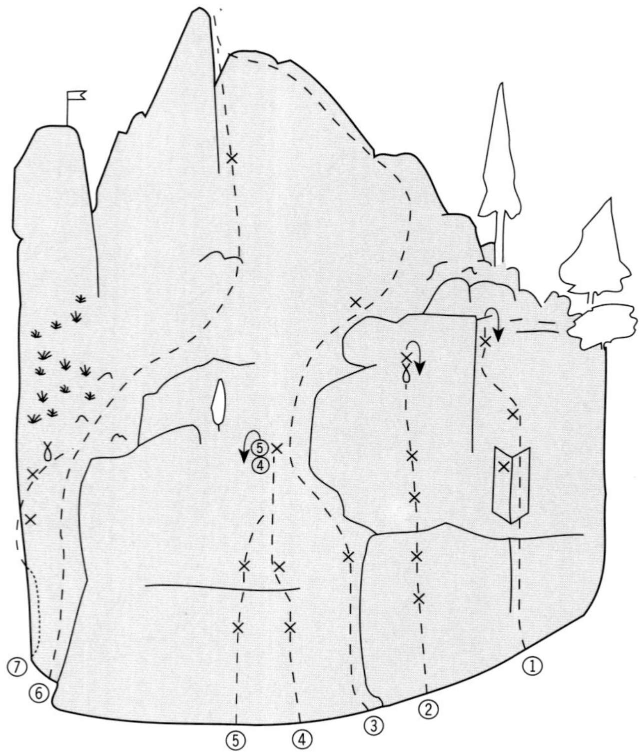

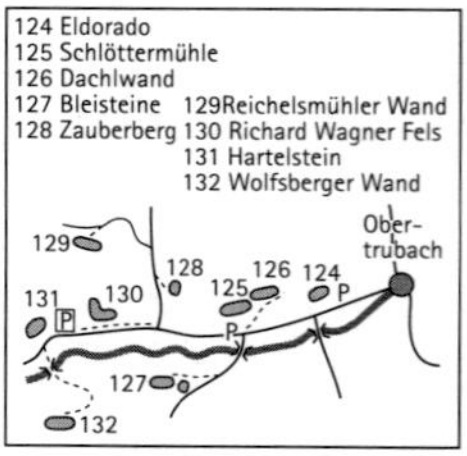

Zugang:
Zwischen Schlöttermühle und Wolfsberg ist auf halbem Weg ein Parkplatz. Westlich von ihm steht (direkt an der Straße) der Hartelstein.
Übersichtskarte: 2 (Seite 16); 3 (Seite 17)

① Südostwand 7
② Frühlingsgefühle....................................8
③ Südverschneidung...................................5
④ Swing time 7-
⑤ Ich weiß nicht wie ....7+
⑥ Südwand 3
⑦ Money for nothing...................................7
⑧ Südpfeiler ....6+
⑨ Westkante 5
⑩ Nervensäge..8-
⑪ Nordverschneidung.................................6+
⑫ Nordwestwand..6
⑬ KKRS-Riß 6
⑭ Arthrose 8-
⑮ Nordwestkante...6-
⑯ Nordhangel 6-
⑰ Melding for Beginners ....8+
⑱ Flashback 9
⑲ Nordkamin...4
⑳ Mauersegler 6
㉑ Nordwandl 7
㉒ Kamin...5-

131 Hartelstein

Südpfeiler (25 m)

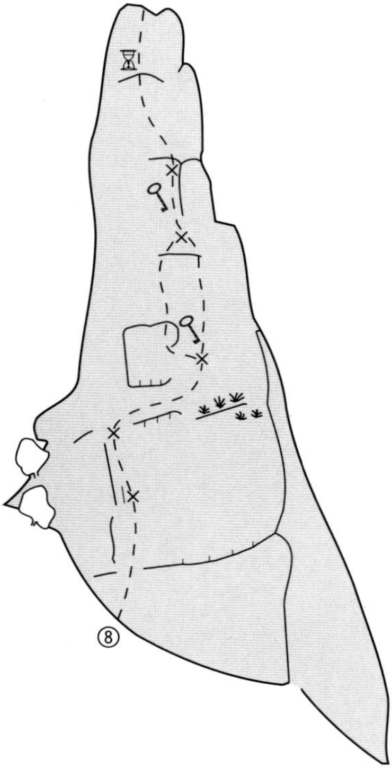

Westseite (18 m)

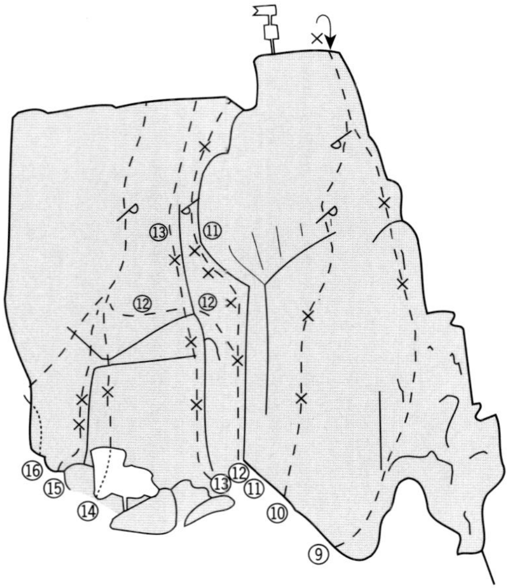

Bergseite (12 m, N)

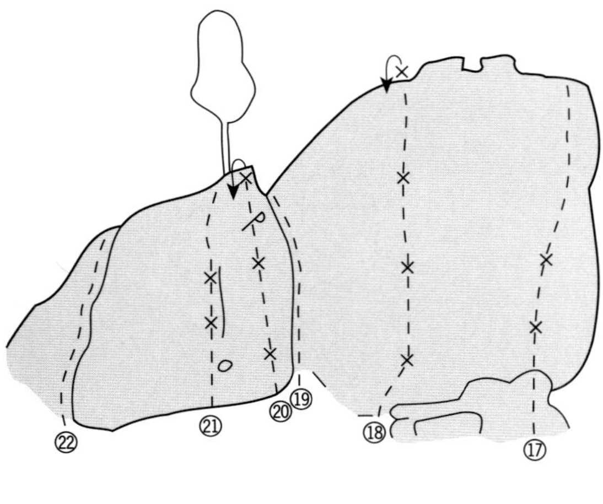

132 Wolfsberger Wand (25 m, N)

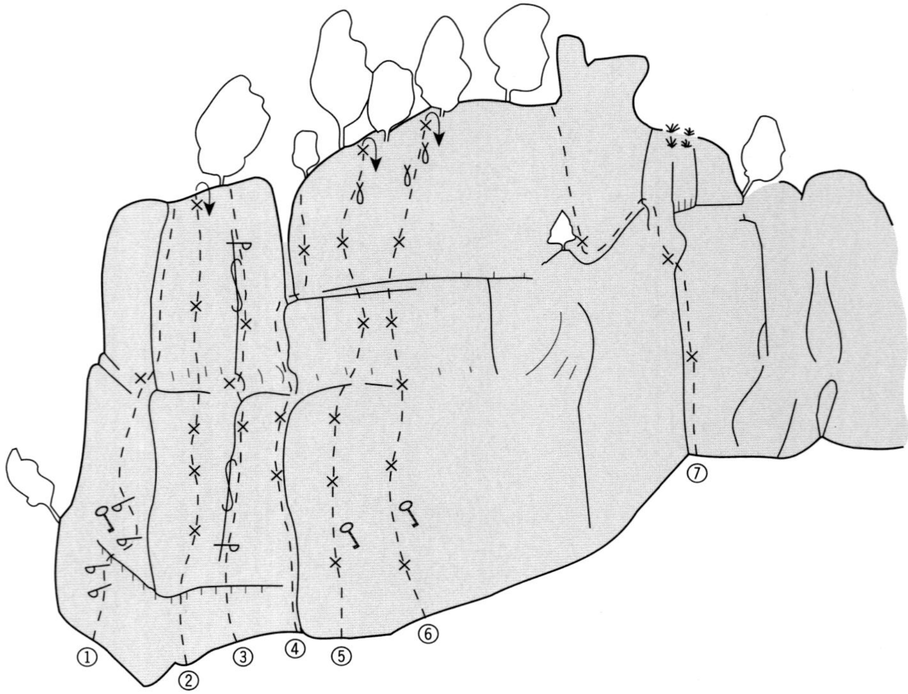

Zugang:
Zwischen Schlöttermühle und Wolfsberg ist auf halbem Weg ein Parkplatz. Westlich von ihm steht (direkt an der Straße) der Hartelstein. Die Wand befindet sich gegenüber von ihm hoch oben am Hang. Auf Brückchen über die Trubach und zuerst links, später rechts hinauf zu den Felsen.
Übersichtskarte: 2 (Seite 16); 3 (Seite 17)

① Ostkante..8
② Falscher Hase....................................9-
③ William Förther Ged.-Weg..........................7-
④ Trettachspitzlerweg...............................7-
⑤ O tempora, o mores................................9 !
⑥ Ich kann nicht schlafen...........................8+
⑦ Nordwestwand......................................6

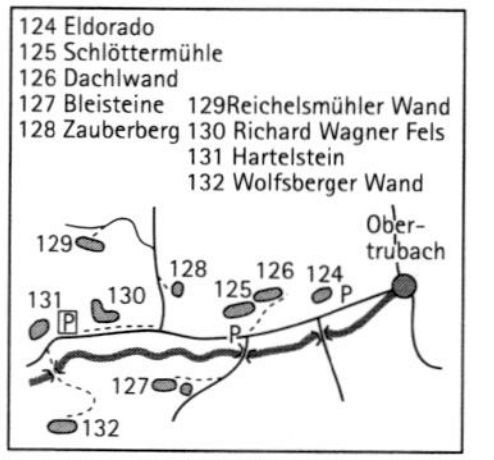

133 Wolfsberger Block (14 m)

Ostseite

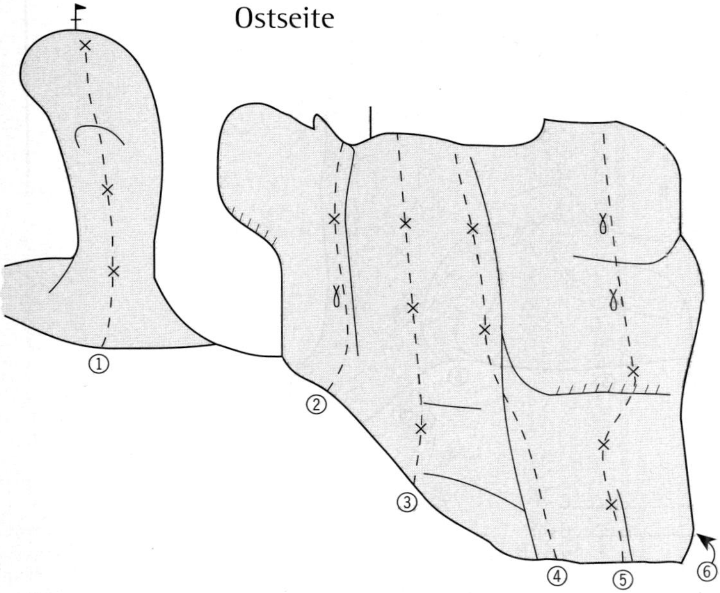

Westseite

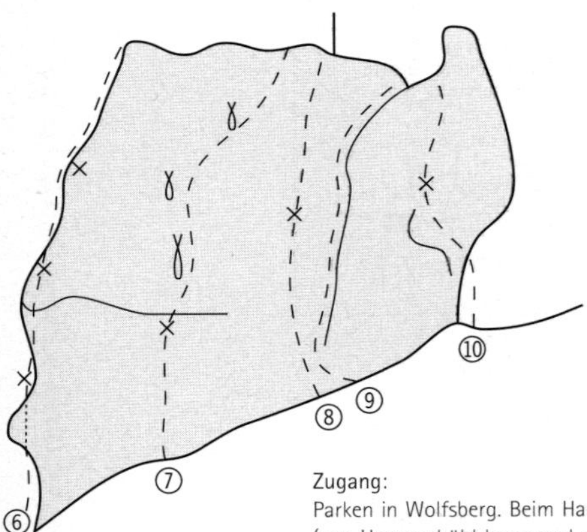

① Nadel Talseite 4
② Ostriß 5-
③ Morgenröte 6-
④ Fuchsensteiner 6
⑤ Fliegender Robert 7
⑥ Nordkante .... 5+
⑦ Steinplatte 7
⑧ Abendrot .... 5+
⑨ Westriß 4
⑩ Normalweg 4-

Zugang:
Parken in Wolfsberg. Beim Haus Nr. 48 in kleine Straße abbiegen (von Hammerbühl kommend rechts). Sie geht in eine Fuhre über, die in den Wald und in einer links-rechts-Schleife den Berg hinauf führt. Nach der Rechtsbiegung ist rechts oben die Wolfsberger Grotte sichtbar. Hier biegt man scharf links ab und steigt auf Pfad etwas ab zur Westseite des Wolfsberger Blocks.
Übersichtskarte: 2 (Seite 16)

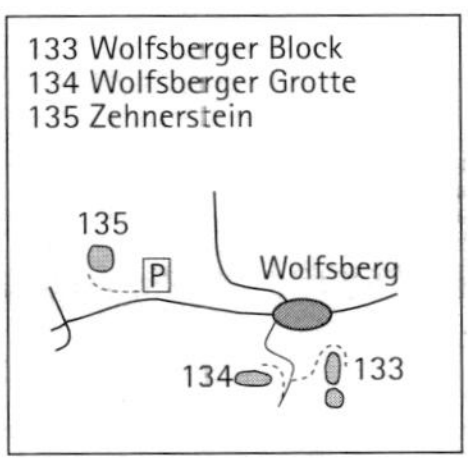

135 Zehnerstein, Tal- und Ostseite (30 m, S und O) Ob. Trubachtal

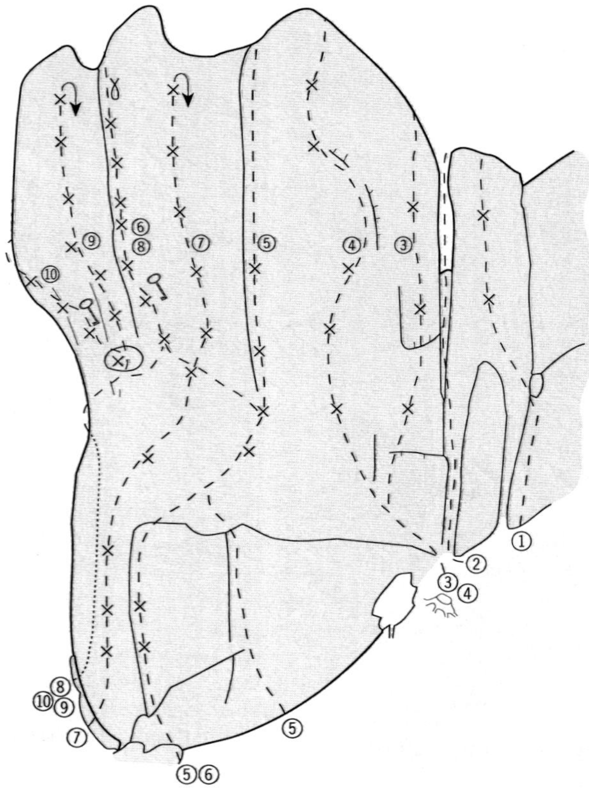

Zugang:
Weithin sichtbarer Turm zwischen Untertrubach und Wolfsberg am Südhang. Bitte so parken, daß die Anwohner nicht belästigt werden!
Übersichtskarte: 2 (Seite 16)
Besonderes:
Zahlreiche Genußtouren in bestem, griffigen Frankenjurafels; deshalb leider oft überlaufen.

133 Wolfsberger Block
134 Wolfsberger Grotte
135 Zehnerstein

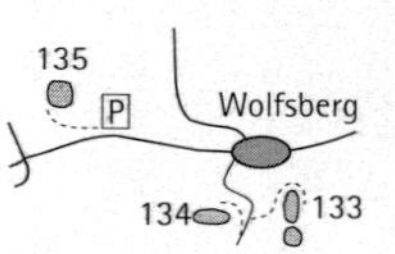

135 Zehnerstein

Westliche Bergseite (20 m)

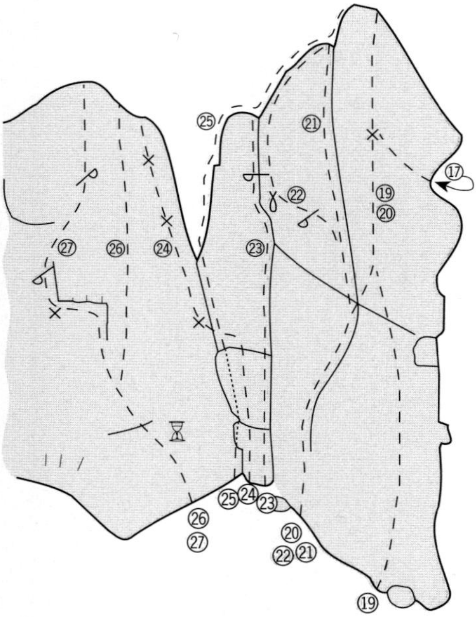

Westseite (20-30 m)

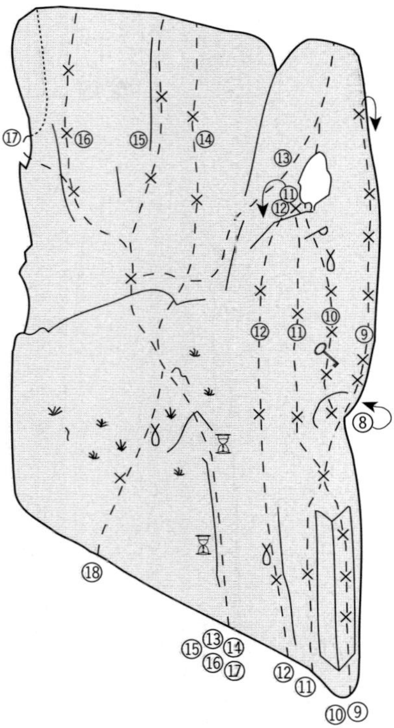

① Himmelsleiter .... 5+
② Ostverschneidung 5-
③ Albrecht-Wolf-Jordan-Ged.-Weg .... 6+
④ Satisfaction 8
⑤ Seifertriß (2 Einstiege möglich) .... 6+
⑥ Affenschaukel 8-
⑦ Andi .... 7+
⑧ Toni Schmid-Ged.-Weg 8-
⑨ Buchnerpfeiler 9-
⑩ Erinnerungsweg 9-
⑪ Umleitung 8-
⑫ Neuer alter Hut 7-
⑬ Südwestkante 4
⑭ Lineal 7-
⑮ Kauperriß 6-
⑯ Solleder-Ged.-Weg 6
⑰ Westschleife .... 5+
⑱ Variante 6-
⑲ Direkte Nordwestkante 6-
⑳ Nordwestkante 6-
㉑ Nordriß .... 5+
㉒ Nordrippe 5
㉓ Nordverschneidung 5
㉔ Westwand .... 5+
㉕ Westriß 2
㉖ Mittlere Westwand 3
㉗ Jürgen Frey-Ged.-Weg 5

136 Klagemauer (7 m, S)

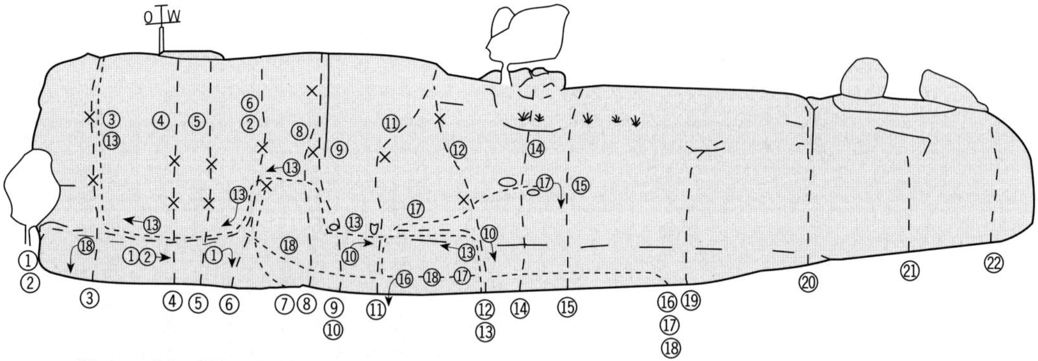

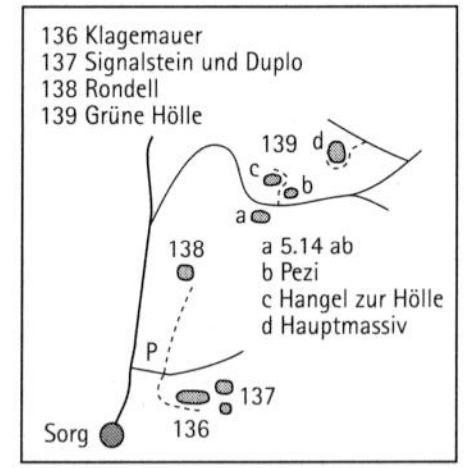

137 Signalstein (10 m, SW)

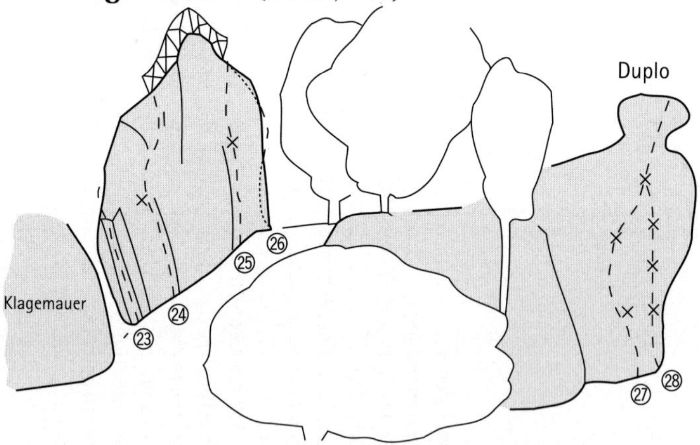

Zugang:
100 m nördlich von Sorg in Schotterweg abbiegen (Wegweiser "Signalstein") und parken. Rechts auf Fuhre (vorbei an einer Scheune) zu den Felsen. 20 m vor der Scheune steht links des Weges noch eine kleine Boulderwand (Quergang).

Übersichtskarte: 2 (Seite 16)

Besonderes:

Maximalkraftboulder an Fingerlöchern und Leisten.
Vor kurzem hat Kraftkönig Andi Hofmann die Klagemauer mit „Pumpgun" um eine weitere herbe Boulderkombination bereichert.

① Technics 9
② Kombination 10-
③ Windstärke 9 (Sitzstart: 6c+ Fb) 9
④ Hurrikan .... 9+
⑤ Castor 10
⑥ Elektrischer Sturm in der Hölle .... 9+
⑦ Force (7c Fb) .... 10+
⑧ Deadline (mit Sitzstart: 8a Fb) .... 10/10+
⑨ Fallout .... 8+
⑩ Karambolage .... 8+
⑪ Piranha 9-
⑫ Jump 9-
⑬ Level 52 .... 10+
⑭ ? .... 9+
⑮ Kreuzspinne 8
⑯ Quergang 9-
⑰ Kombination 2 9
⑱ Pumpgun .... 8a+ Fbtr
⑲ Weberknecht 8-
⑳ Feuchtes Joch .... 7+
㉑ Neu 8-
㉒ Nicht hinauslehnen .... 7+
㉓ Bleikochgenz 8
㉔ Westverschneidung 6
㉕ Toni Egger Ged.-Weg .... 5+
㉖ Südpfeiler 3
㉗ Westwand 8
㉘ Extase .... 8+

138 Rondell

Pilzförmiger Boulderblock in der Nähe der Klagemauer. Beim Parkplatz Klagemauer links in den Wald und auf Fuhre einige hundert Meter parallel zur Straße laufen, bis links oberhalb der Felsklotz sichtbar wird. Einige athletische Dachboulder, bei entsprechender Definition bis zum 10. Grad (Querung durch das gesamte Dach). Auf die Beschreibung definierter Boulder wird hier verzichtet; am besten informiert man sich hierüber vor Ort.

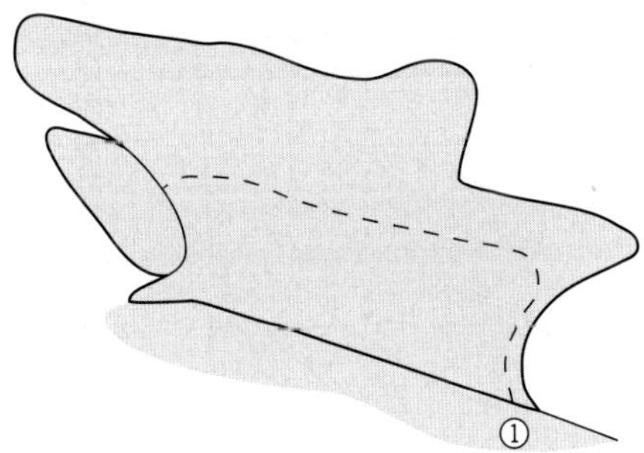

Der Klassiker:
① England grüßt Falkland .... 9+/10- (ohne Ruhepodest)

139 Grüne Hölle

b Sektor "Pezi"

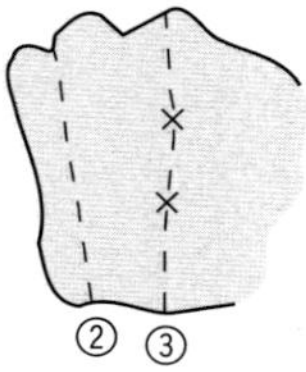

c Sektor "Hangel..."

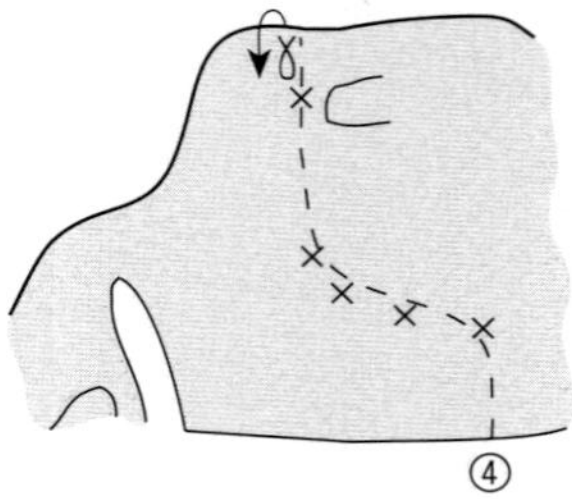

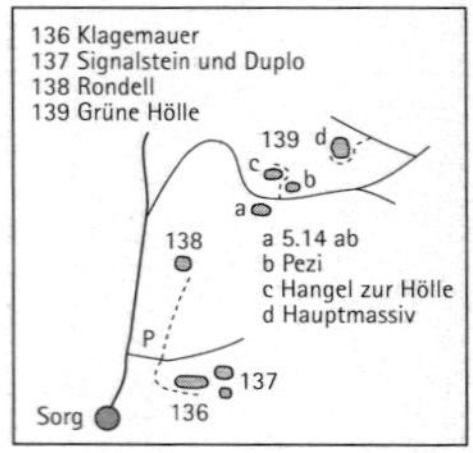

d Hauptmassiv Talseite (12 m, O)

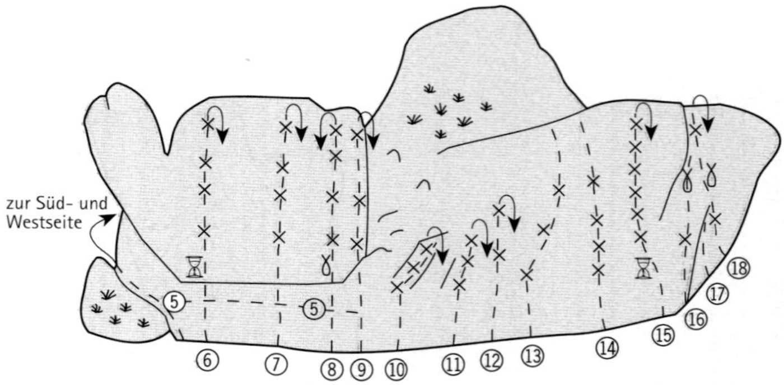

d Hauptmassiv Bergseite rechts (15 m, S und W)

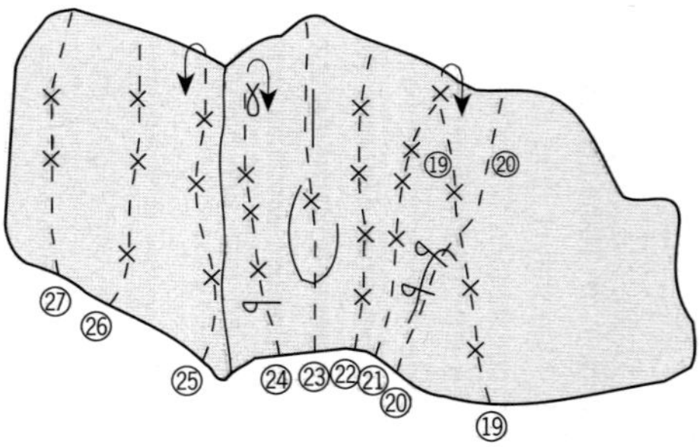

Zugang:

Von Sorg bis zur Abzweigung Signalstein und dort parken. Auf der Straße noch 450 m weiter, dann rechts einem schmalen Feldweg in den Wald folgen (nach 100 m Schild "Franzosenstein"). In einer Wegschleife sieht man rechts oben eine glatte Wand, durch die Route ① führt. 30 m danach steht links ein kleiner Block ("Sektor Pezi"). 10 m vorher führen Steigspuren kurz links hoch und durch einen Durchschlupf wieder herunter zum "Sektor Hangel...".

Zum Hauptmassiv zweigt man 300 m nach Route ① scharf links ab und folgt nochmals links einem Trampelpfad zu den Einstiegen. Hier befinden sich die extremen Routen. Die leichteren Routen der Bergseite erreicht man, indem man kurz links die Schrofen hochgeht.

Übersichtskarte: 2 (Seite 16)

139 Grüne Hölle

d Hauptmassiv Bergseite links

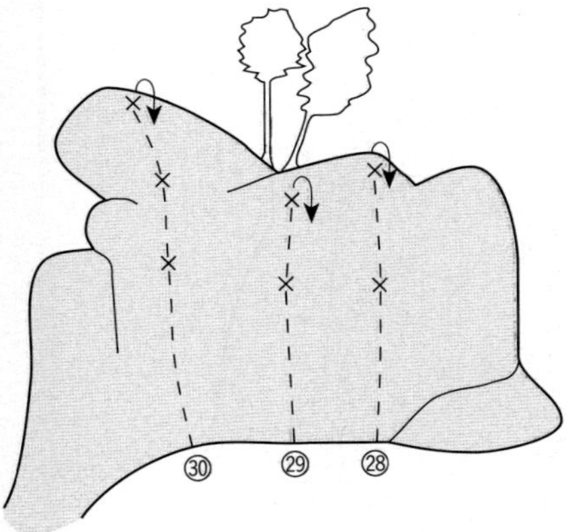

① 5.14 ab *(kein Topo)*..................10-
② Für unsere kleine Irmi 7-
③ Pezi 6
④ Hangel zur Hölle..................8-
⑤ Talkshow (7b Fbtr)..................9+
⑥ Isation..................8-
⑦ Sultan of Swing ....8+
⑧ Solid Rock..................8-
⑨ Schwerter zu Bohrhaken..................7+
⑩ Range Rover..................7
⑪ Nice Boys..................10-/10
⑫ Bastard 10-/10
⑬ Spiderman 10-
⑭ Projekt
⑮ Vögeln verboten..................9+
⑯ Peblwyn Harpus..................9
⑰ One more chance ....7b+ Fb
⑱ Freispiel ....7+
⑲ Biotop 7-
⑳ Schobbepetzer..................5+
㉑ Blauer Bock..................7-
㉒ Ebbelwoi Express..................7
㉓ Südwand 6
㉔ Heinz Schenk..................8
㉕ Trollkante..................7-
㉖ ?..................6-
㉗ Dr. J. ....6+
㉘ Das Weiß der Geier..................5
㉙ Kümmel Getümmel..................5+
㉚ Zwiespalt 5

140 Nonne

West- und Bergseite (15 m)

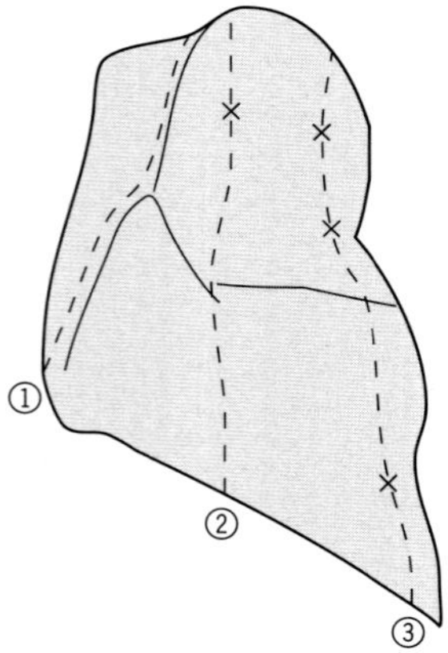

Talseite (20 m, S)

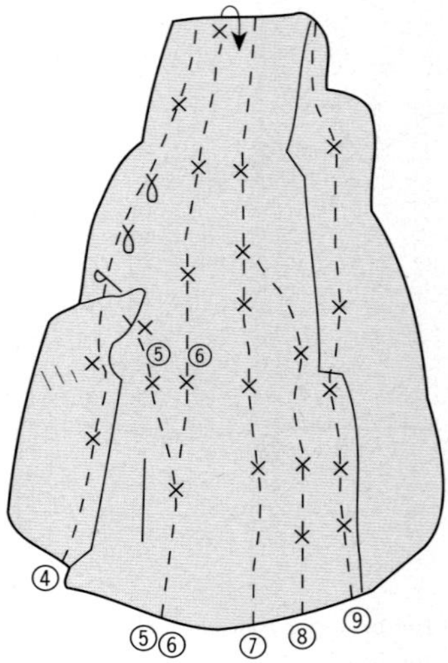

① Bergseite 2
② Schnapsidee .... 6+
③ Zölibat ist fad 7-
④ Das süße Leben 7-
⑤ Fleischmann Ged.-Weg 6
⑥ ? 8-
⑦ Ameisentrail 7
⑧ Klostergeflüster .... 7+
⑨ Talkante .... 6+

Zugang:
Zwischen Haselstauden und Untertrubach blau markierten Weg hoch zu Nonne und Kleinem Mönch. Oberhalb steht der Topfstein, etwas weiter links (westlich) der Große Mönch.
Auch von den Haselstaudener Wänden gelangt man auf gutem Weg in wenigen min (talaufwärts) zu den Felsen.
Übersichtskarte: 2 (Seite 16)
Besonderes:
Das gesamte Haselstaudener Gebiet ist meist südseitig ausgerichtet. Allerdings stehen die mittelhohen Felsen im Wald, so daß die Sonne nur richtig hinkommt, wenn kein Laub auf den Bäumen ist.

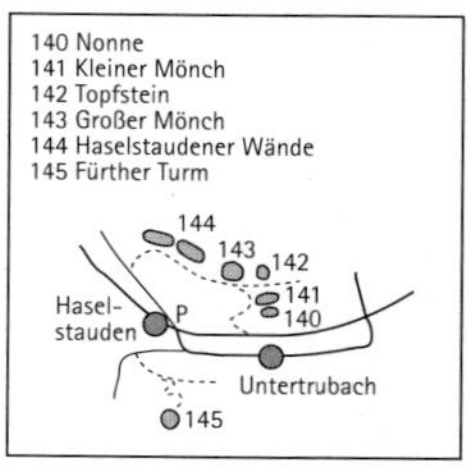

141 Kleiner Mönch (15 m)

Westwand

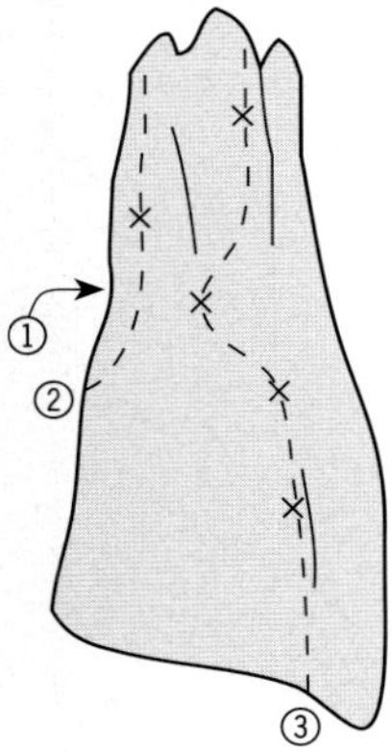

Südwand

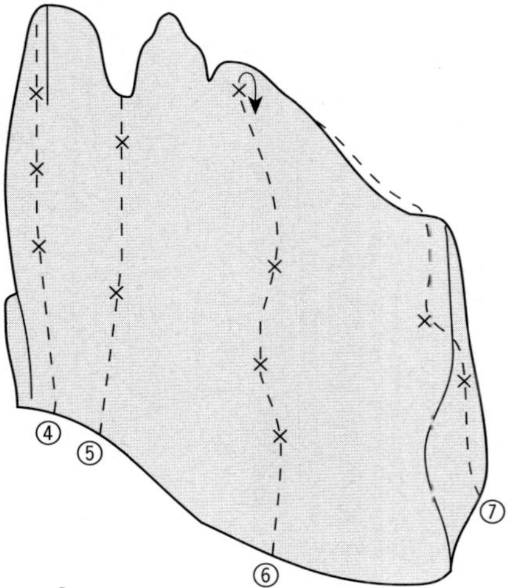

① Bergseite 2
② Nordkante 5
③ Westkante 6-
④ Talwand .... 6+
⑤ Talkamin 5
⑥ Gräfenberger Weg 6-
⑦ Kalchreuther Weg .... 5+

142 Topfstein (12 m)

Westwand

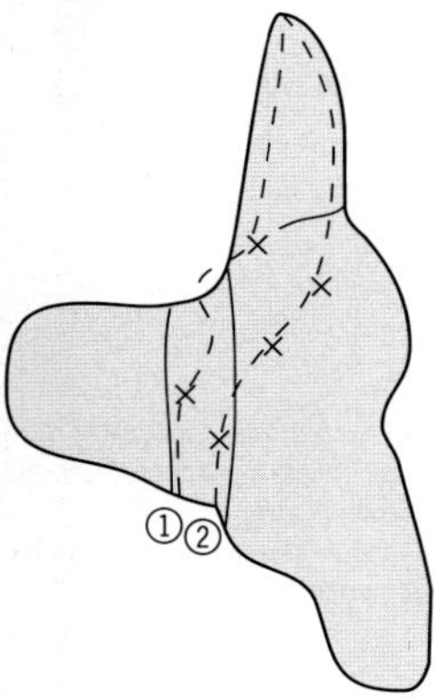

Talseite (S)

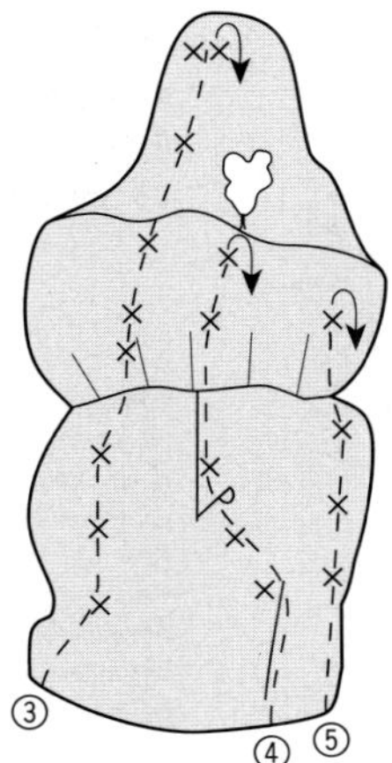

Ostwand

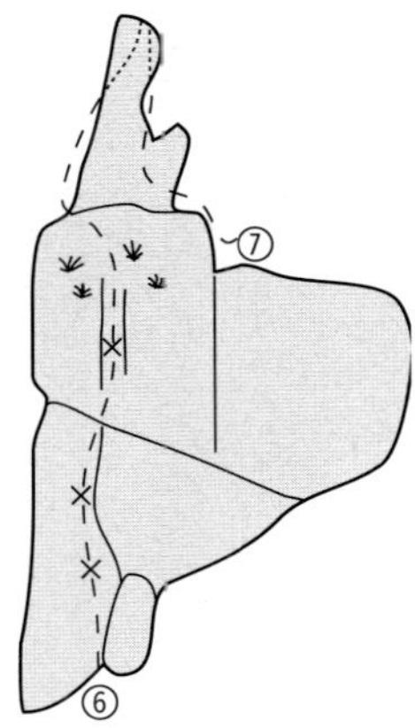

① Martini .... 5+
② Venga 7
③ Zurück in die Zukunft .... 8+
④ Talweg 8
⑤ ? 8
⑥ Rumpelstilzchen .... 6+
⑦ Bergseite 3

143 Großer Mönch (20 m, S und O)

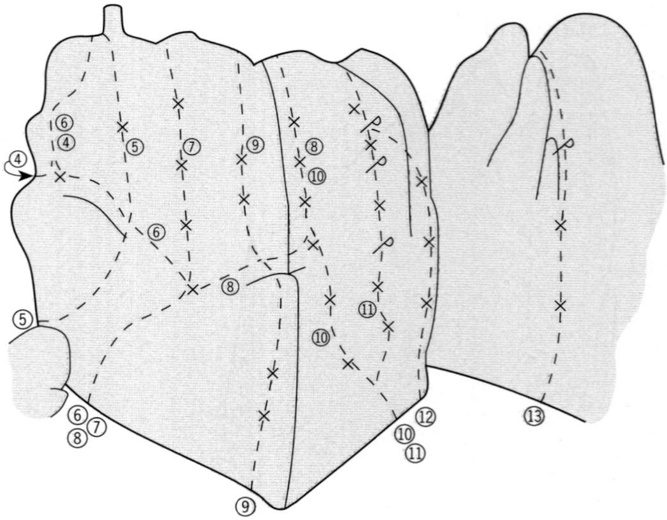

Bergseite

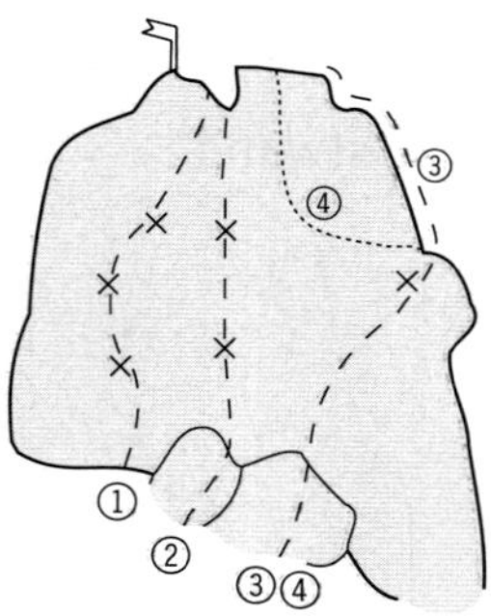

① Neue Bergseite 7-
② Bergseite 6
③ Westkante 5
④ Alter Weg 5-
⑤ Einstand 7-
⑥ Talseite 5-
⑦ Conni und Uli 7-
⑧ Südostkante .... 6+
⑨ Rosenkranz 8
⑩ Direkte Südostkante 7
⑪ Nordostkante ("Hopfen und Malz") ... 7+
⑫ Seelenverkäufer 8
⑬ Speiteufel 6

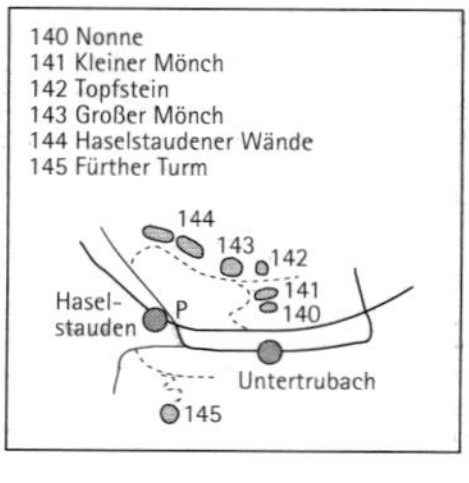

Zugang:
Zwischen Haselstauden und Untertrubach blau markierten Weg hoch zu Nonne und Kleinem Mönch. Oberhalb steht der Topfstein, etwas weiter links (westlich) der Große Mönch.
Auch von den Haselstaudener Wänden gelangt man auf gutem Weg in wenigen min (talaufwärts) zu den Felsen.
Übersichtskarte: 2 (Seite 16)
Besonderes:
Das gesamte Haselstaudener Gebiet ist meist südseitig ausgerichtet. Allerdings stehen die mittelhohen Felsen im Wald, so daß die Sonne nur richtig hinkommt, wenn kein Laub auf den Bäumen ist.

144 Haselstaudener Wände (14 m, S) ☼ Oberes Trubachtal

Linker Teil

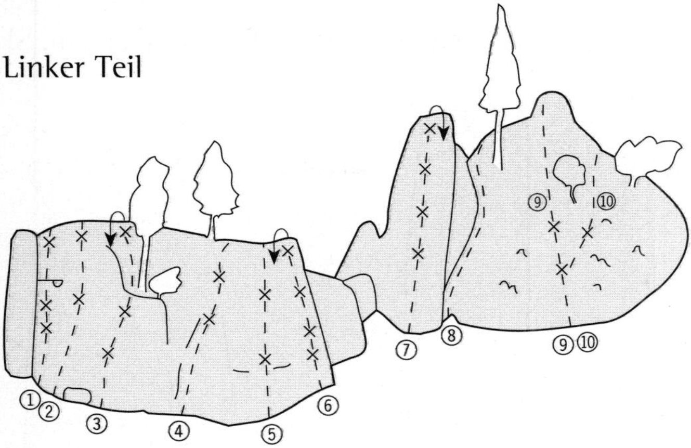

Rechter Teil

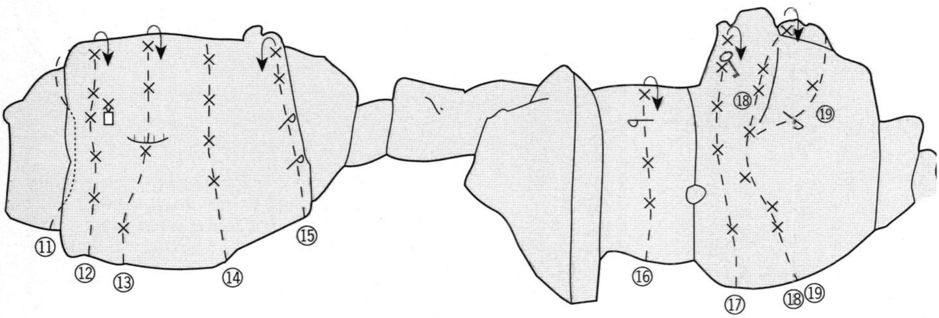

① Südriß .... 6+
② Sophisticated Ladies .... 7+
③ Regenbogen 7-
④ Märzenriß 5
⑤ Rechts außen 5-
⑥ Prinzessin 6-
⑦ Weißer Pfeiler 6
⑧ Botanikerverschneidung .... 3+
⑨ Krautgarten .... 4+
⑩ Variante .... 4+
⑪ Südwestkamin .... 4+
⑫ Konrad Oed-Ged.-Weg 6
⑬ Nixalsverdrus 8-
⑭ Happening .... 7+
⑮ Rampenweg 5-
⑯ Plattenweg 7-
⑰ Drecksack .... 7+
⑱ Haselstaudener Wand .... 6+
⑲ Wespenstich 6

Zugang:
Parken gegenüber von Haselstauden und kurz kleine Straße am Südwesthang hoch zu den Felsen (Wegweiser)
Übersichtskarte: 2 (Seite 16)
Besonderes:
Das gesamte Haselstaudener Gebiet ist meist südseitig ausgerichtet. Allerdings stehen die mittelhohen Felsen im Wald, so daß die Sonne nur richtig hinkommt, wenn kein Laub auf den Bäumen ist.

145 Fürther Turm

Oberes Trubachtal

Talseite (15 m, N)

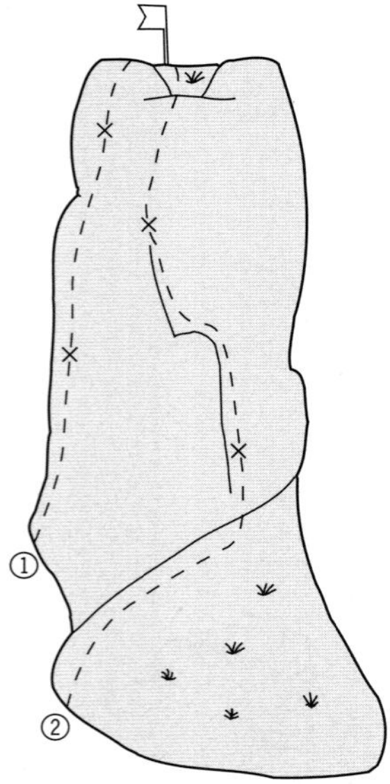

Westseite (12 m)

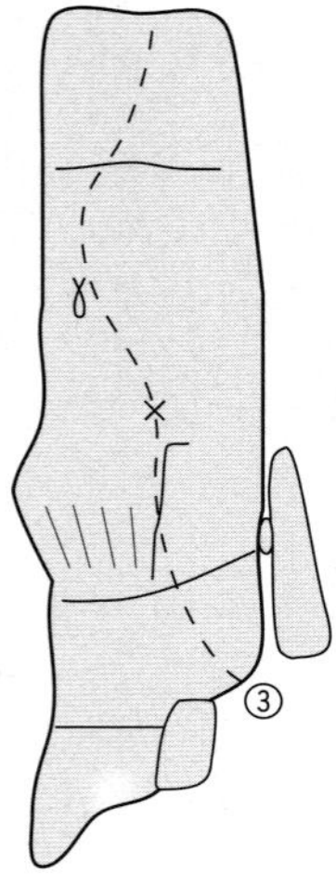

Bergseite (12 m, S)

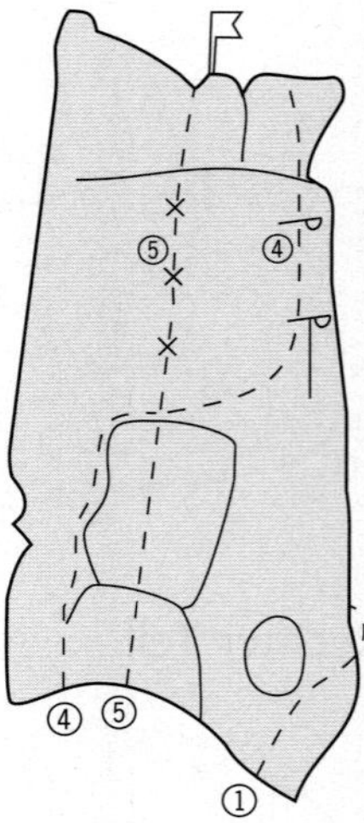

Zugang:
Parken in Haselstauden. Beim Trafohäuschen rechts auf Schotterstraße talabwärts ("Grünkreis" markierter Wanderweg), nach 200 m links abbiegen und rechts haltend hoch zum Turm.
Übersichtskarte: 2 (Seite 16)

① Ostkante 6-
② Talseite .... 6+
③ Leo Rittler Ged.-Weg .... 7+
④ Bergseite .... 6+
⑤ Direkte Bergseite .... 7+

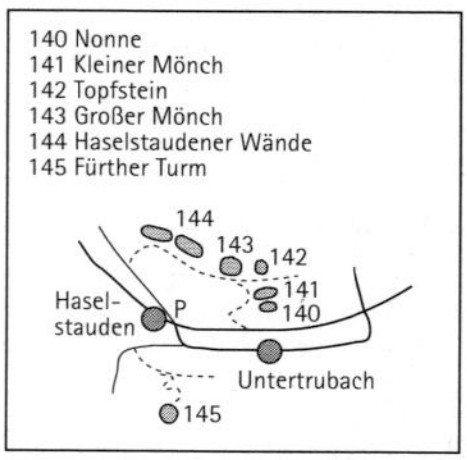

146 Drei Zinnen (bis 10 m)

Nordseite

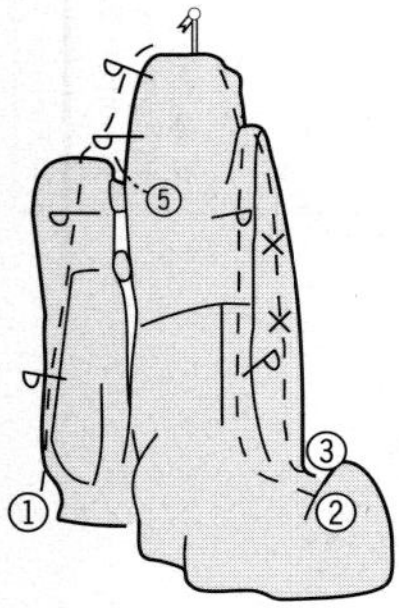

Westseite

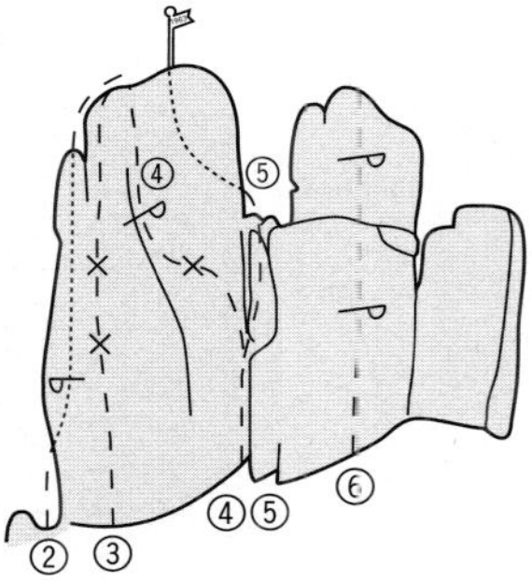

① Linke Nordwand.......................................4
② Nordwestkante...4
③ Westwand..6-
④ Südwestkante..5+
⑤ Normalweg..2
⑥ Nebenturm Westwand..........................6-

Zugang:
Parken in Großenohe. 100 m oberhalb des Cafes „Zur Sägemühle" führt ein Weg in wenigen min zu der bereits von unten sichtbaren Felsgruppe.
Übersichtskarte: 2 (Seite 16)
Besonderes:
Kurze, aber schöne Klettereien in bestem, griffigen Fels. Neben den erwähnten Routen sind noch weitere kurze Übungsklettereien möglich.

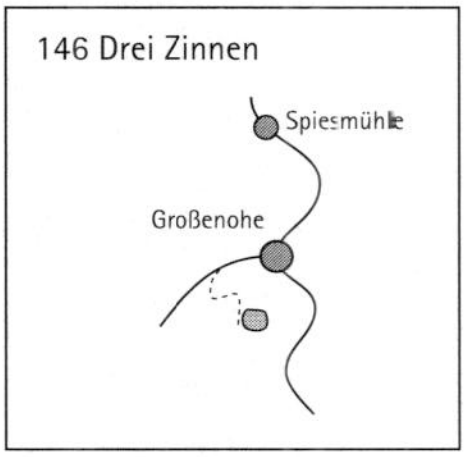

147 Großenoher Wand (20 m, N)

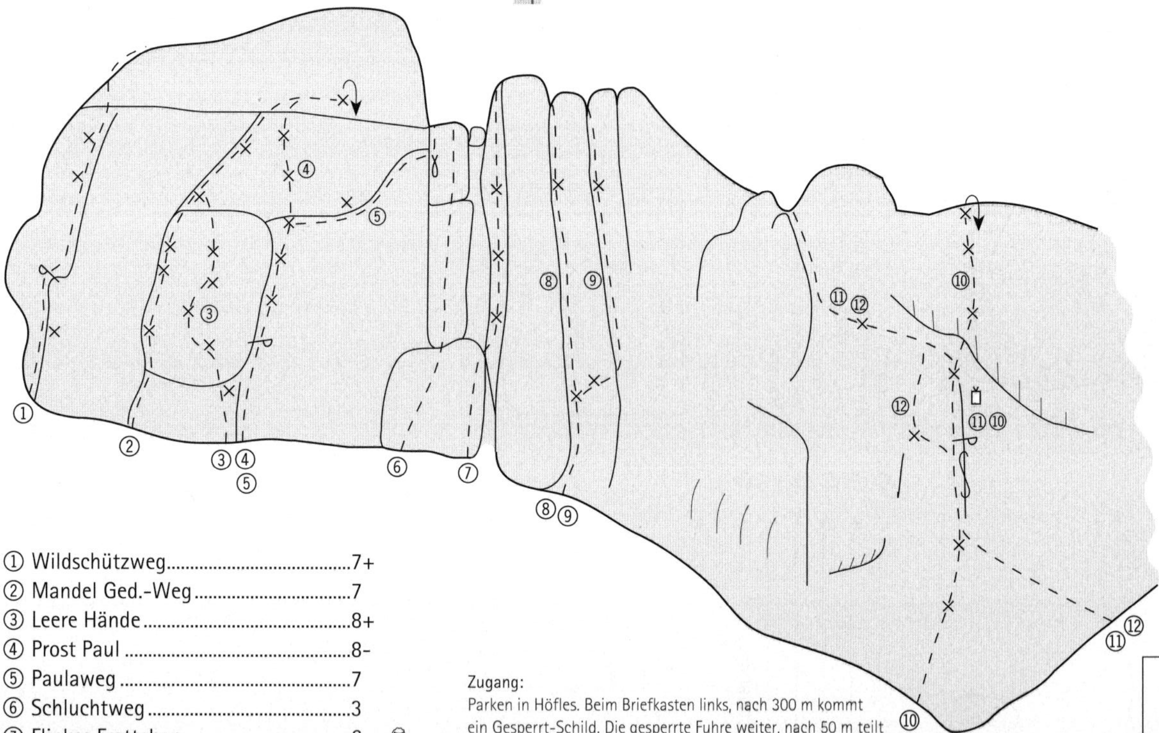

① Wildschützweg .... 7+
② Mandel Ged.-Weg 7
③ Leere Hände .... 8+
④ Prost Paul 8-
⑤ Paulaweg 7
⑥ Schluchtweg 3
⑦ Flinkes Frettchen 6
⑧ Schinderriß 5
⑨ Meusel Ged.-Weg 5
⑩ Direkter Großenoher Weg 7-
⑪ Großenoher Weg .... 6+
⑫ Variante .... 6+

Zugang:
Parken in Höfles. Beim Briefkasten links, nach 300 m kommt ein Gesperrt-Schild. Die gesperrte Fuhre weiter, nach 50 m teilt sie sich in 3 Fuhren. Auf der mittleren weiter, nach 10 m bei 2. Verzweigung geradeaus und in wenigen min zu einer Lichtung oberhalb der Großenoher Wand. Steil absteigen zur Großenoher Wand.
Übersichtskarte: 2 (Seite 16)

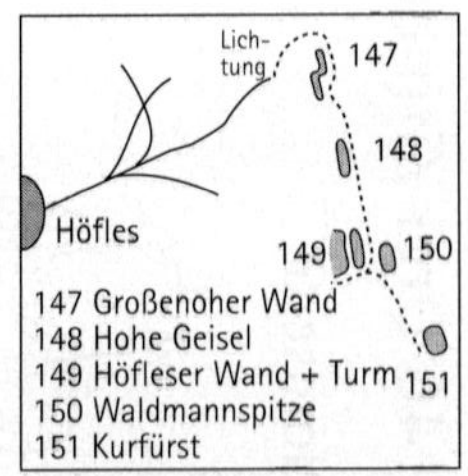

148 Hohe Geisel (25 m, O)

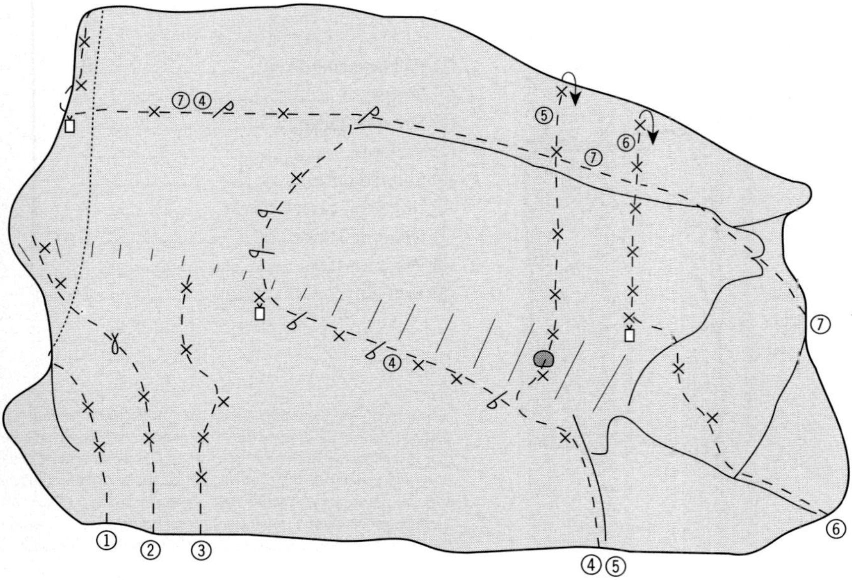

Linker Teil

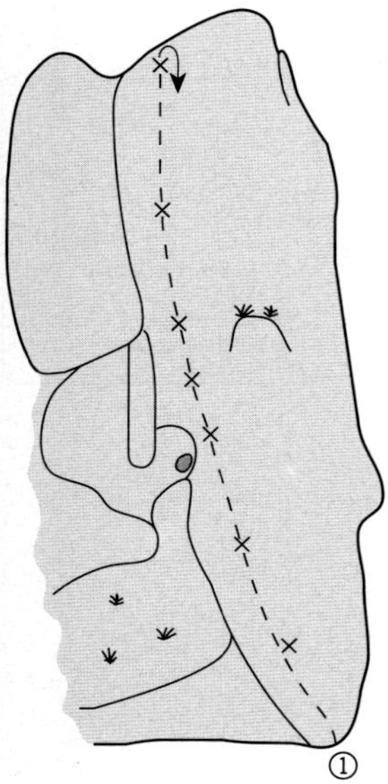

① Atlantis .... 7+
② Projekt
③ Projekt
④ Felsenboumweg 5 a2
⑤ Fränkische Bauerplatte 8
⑥ Dagobert Englin Ged.-Weg 7
⑦ Alter Weg 7-

Zugang:
Parken in Höfles. Beim Briefkasten links, nach 300 m kommt ein Gesperrt-Schild. Die gesperrte Fuhre weiter, nach 50 m teilt sie sich in 3 Fuhren. Auf der mittleren weiter, nach 10 m bei 2. Verzweigung geradeaus und in wenigen min zu einer Lichtung oberhalb der Großenoher Wand. Steil absteigen zu den Felsen. Die Hohe Geisel ist der nächste Fels links der Großenoher Wand.
Übersichtskarte: 2 (Seite 16)

149 Höfleser Wand und Turm (15 m)

Südseite

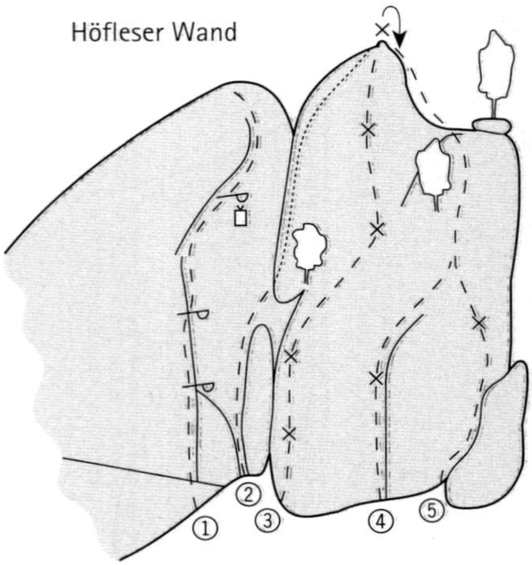

① Kalchreuther Weg 8-
② Bergseite 3
③ Südwestkante .... 5+
④ Variante 6
⑤ Südostkante 5
⑥ Höhenglückweg direkt 7-
⑦ Höhenglückweg 5 a1
⑧ Waldmeister .... 7+
⑨ Toni-Riß .... 7+

Zugang:
Parken in Höfles. Beim Briefkasten links, nach 300 m kommt ein Gesperrt-Schild. Die gesperrte Fuhre weiter, nach 50 m teilt sie sich in 3 Fuhren. Auf der mittleren weiter, nach 10 m bei 2. Verzweigung geradeaus und in wenigen min zu einer Lichtung oberhalb der Großenoher Wand. Steil absteigen zu den Felsen. An Großenoher Wand und Hoher Geisel vorbei zu Höfleser Wand und Turm sowie Waldmannspitze. Noch etwas weiter zum Kurfürst.
Übersichtskarte: 2 (Seite 16)

Höfleser Turm Talseite (O)

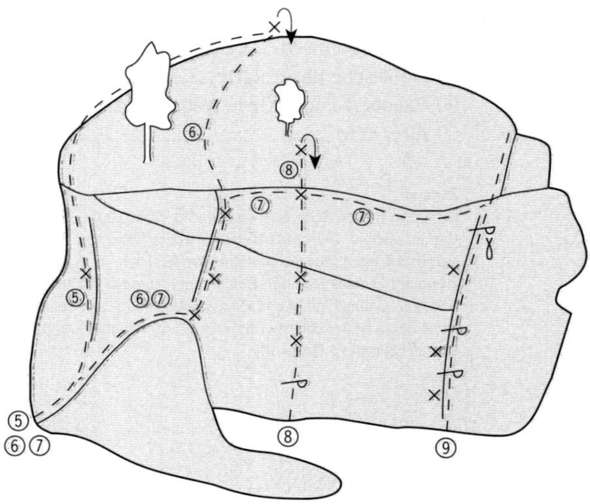

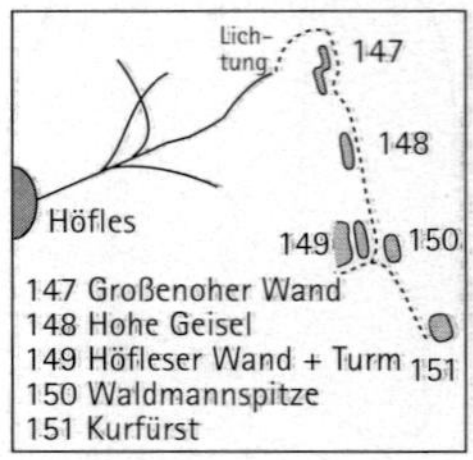

150 Waldmannspitze

Bergseite (16 m, SW)

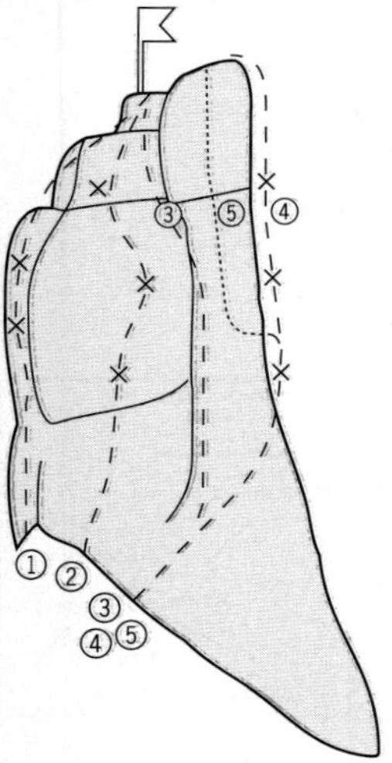

① Nordwestwand .... 6+
② Direkte Bergseite .... 6+
③ Bergseite 3
④ Südostkante 6
⑤ Alter Talweg 7-
⑥ Direkter Talweg .... 7+
⑦ Silberblick 7

Talseite (25 m, NO)

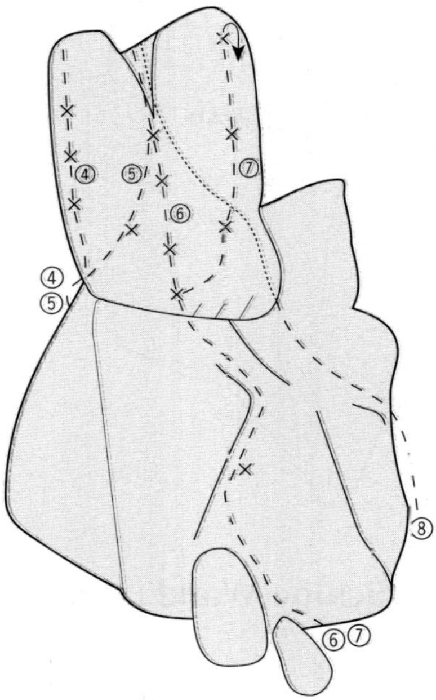

⑧ Nordwestverschneidung .... 3+

151 Kurfürst (14 m, N und W)

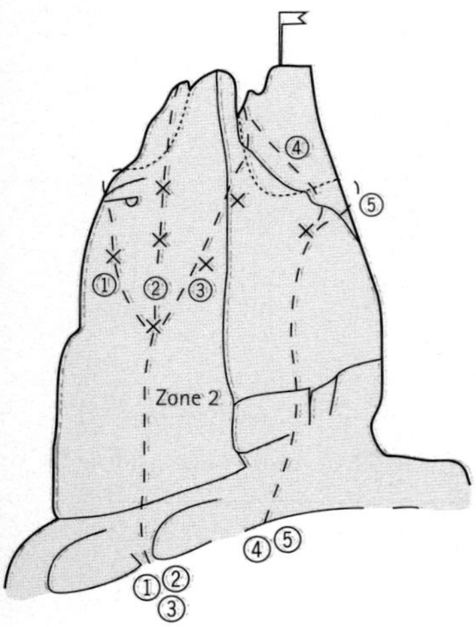

① Nordostkante .... 6+
② Nordwand 6-
③ Nordwestkante 6-
④ Bergseite 4-
⑤ Talvariante .... 4+

152 Nebelsteiner Wand (25 m, N)

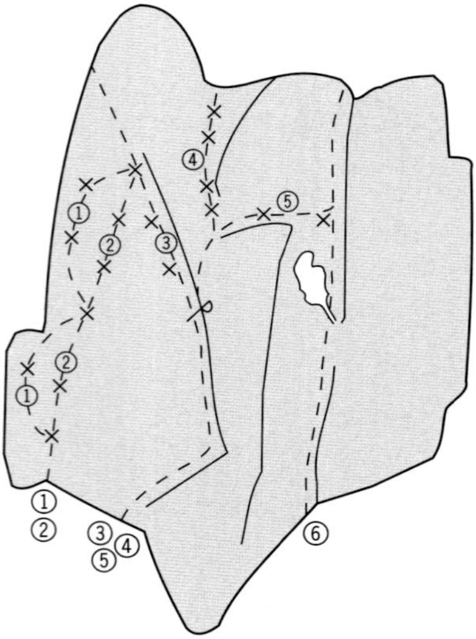

① Dreierweg ....5+
② Flotter Dreier ....6+
③ Direkte Nebelsteiner..............................7-
④ Frankenriß 5
⑤ Alte Nebelsteiner....................................5+
⑥ Schwedenriß 5

Zugang:
Von Thuisbrunn auf Wanderweg das Todsfelder Tal hinab. Nach 10 min sieht man links oben die Brüchige Wand. Rechts über dem Weg steht die Todsfelder Wand mit mehreren Routen im 4. Grad. 100 m weiter rechts oben ist die Nebelsteiner Wand.
Übersichtskarte: 2 (Seite 16)

153 Brüchige Wand (25 m, S)

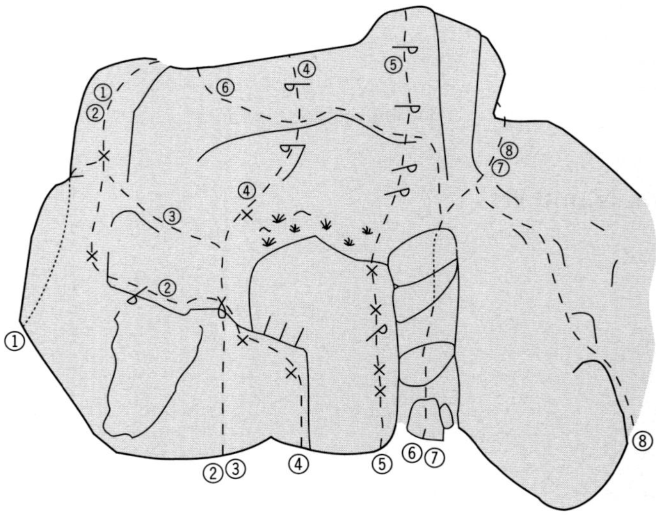

① Westkamin 3
② Südwestkante...5-
③ Alter Weg...4+
④ Direkte Südwand 6-
⑤ Egloffsteiner Weg ....6+
⑥ ACF-Weg...5-
⑦ Schluchtkamin 3
⑧ Kletterkursweg 2

154 Albrecht-Dürer-Fels

Talseite (28 m, NO)

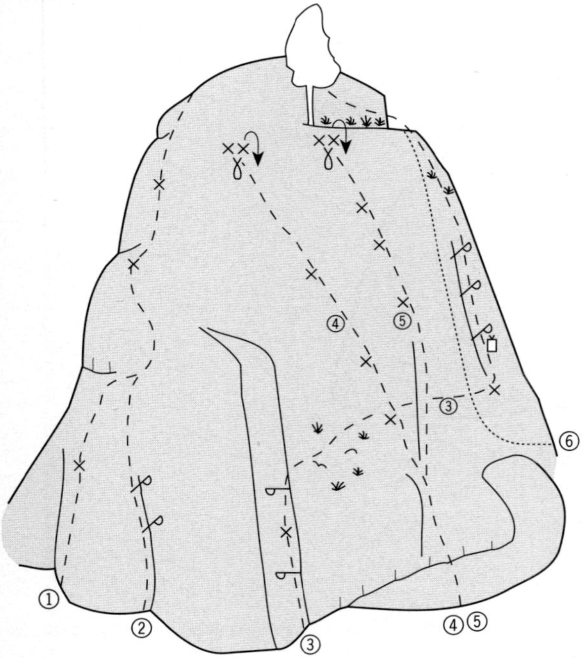

Bergseite (12 m, W)

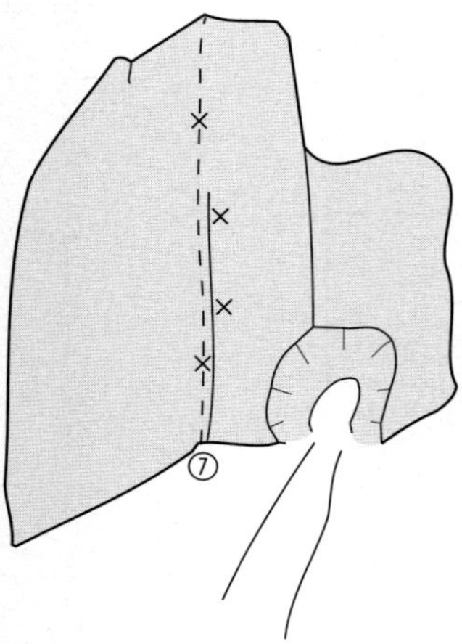

① Talseite 7-
② Rechter Einstieg....................................7-
③ Kameradschaftsweg 5 a3
④ Weiße Hände ....8+/9-
⑤ Enenen..9
⑥ Nordkamin..4
⑦ Bergseite ....5+

Zugang:
Parken beim Gasthaus Krone. Rechts hoch ("Paradiesweg") und die nächste Straße scharf links. Sie mündet in einen Wanderweg. Bei einer Bank rechts ab (Wegweiser "Augustusfelsen") zum Felsen.
Übersichtskarte: 2 (Seite 16)
Besonderes:
Bei den beiden schweren Routen handelt es sich um technisch anspruchsvolle Plattenklettereien (für Frankenjura untypisch).

155 Egloffsteiner Wand (20 m, N)

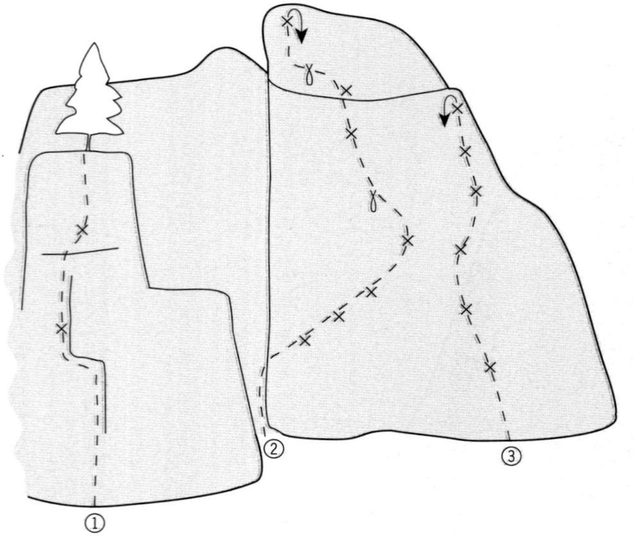

① Linker Weg 6-
② Mittlerer Weg 6
③ Rechter Weg .... 6+

Zugang:
In Egloffstein Richtung Burg und weiter auf der Egilolfstraße den Berg hinauf, nach Haus Nr. 132 rechts hinein und parken. Vom Schotterweg zweigt rechts ein Wanderweg ab, der in 3 min zum Egloffsteiner Felsentor führt.
Bevor der Weg zum Egloffsteiner Felsentor auf Treppenstufen mit Geländer von der Hochfläche nach links abzweigt, dem oberen Weg weitere 25 m folgen und bei Baum mit blauer Wegmarkierung links den Hang hinab. Talaufwärts absteigend erreicht man nach 200 m die Egloffsteiner Wand.
Übersichtskarte: 2 (Seite 16)
Besonderes:
Längere, klassische Wege

156 Egloffsteiner Felsentor

Talseite (27 m, N)

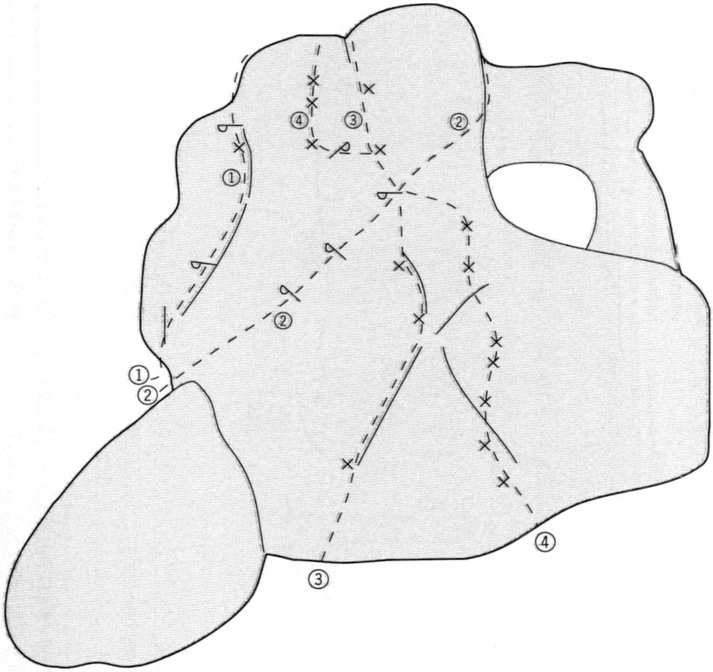

Bergseite (10 m, S)

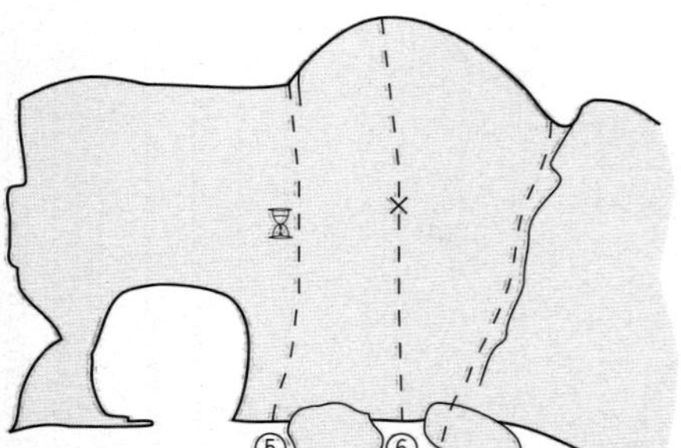

① Ostverschneidung .... 6+
② Alte Talwand 5
③ Direkte Talwand 6 a1
④ Gerstner Ged.-Weg 5 a1
⑤ Torweg 3
⑥ Windkanal 6
⑦ Bergseite 2

Zugang:
In Egloffstein Richtung Burg und weiter auf der Egilolfstraße den Berg hinauf, nach Haus Nr. 132 rechts hinein und parken. Vom Schotterweg zweigt rechts ein Wanderweg ab, der in 3 min zum Egloffsteiner Felsentor führt.
Übersichtskarte: 2 (Seite 16)
Besonderes:
Zu Unrecht vernachlässigtes Massiv. Längere klassische Routen in relativ gutem Fels, man sollte evtl. einige Schlingen und Keile mitnehmen.
Gegenüber der Bergseite befinden sich noch zwei kurze Anstiege im 4. Grad (selbst abzusichern).

157 Egloffsteiner Gemsenwand (30 m, SW)

Zugang:
Die vom Tal aus gut sichtbare Wand liegt gegenüber von Egloffstein am Südwesthang. Man parkt am nördlichen Ortsende von Egloffstein und folgt einem Feldweg in den Talgrund. Dort wo der Wald am tiefsten in die Wiese herunterzieht, geht man rechts der Baumgruppe am Wiesenrand in den Wald und auf Pfad hoch zur Wand. Das Nebenmassiv steht 150 m rechts des mächtigen Hauptmassivs.
Übersichtskarte: 2 (Seite 16)

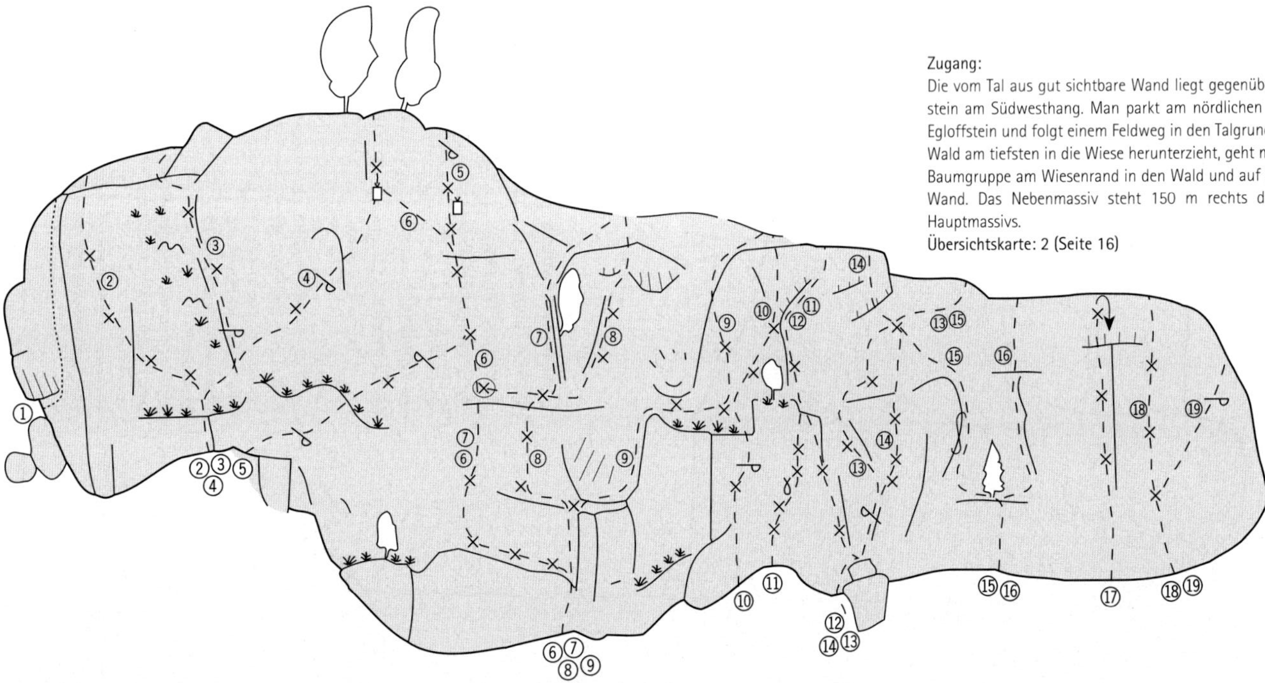

① Su Alto Weg 7
② Auckenthaler Weg 6+
③ Westverschneidung 5-
④ Neuer Gemsenweg 5+
⑤ K. Mau Weg 7-
⑥ Alter Gemsenweg 6-
⑦ Direkter Gemsenweg 5+
⑧ Albertinaweg 6+
⑨ Brüchige Verschneidung 5-
⑩ Rudi Rastlos 7-
⑪ ? 8-
⑫ M. Bauer Ged.-Weg 5+
⑬ Schmittchen Schleicher 6
⑭ Gassenhauer 7
⑮ Herbstzeitlose 6
⑯ Septemberweg 6
⑰ Novemberweg 6-
⑱ Queckenbelzer 6+
⑲ Staubiger Bruder 5-

157 Egloffsteiner Gemsenwand

Nebenmassiv

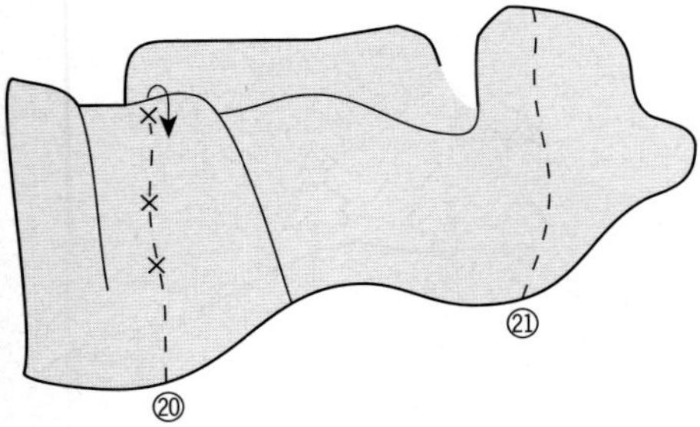

Zugang:
Die vom Tal aus gut sichtbare Wand liegt gegenüber von Egloffstein am Südwesthang. Man parkt am nördlichen Ortsende von Egloffstein und folgt einem Feldweg in den Talgrund. Dort wo der Wald am tiefsten in die Wiese herunterzieht, geht man rechts der Baumgruppe am Wiesenrand in den Wald und auf Pfad hoch zur Wand. Das Nebenmassiv steht 150 m rechts des mächtigen Hauptmassivs.
Übersichtskarte: 2 (Seite 16)

⑳ ?..8+
㉑ ?..7-

158 Haidhofer Schloßbergwand (12 m, NO)

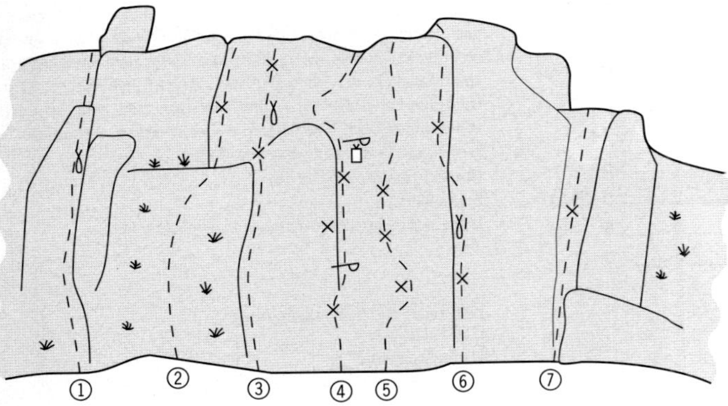

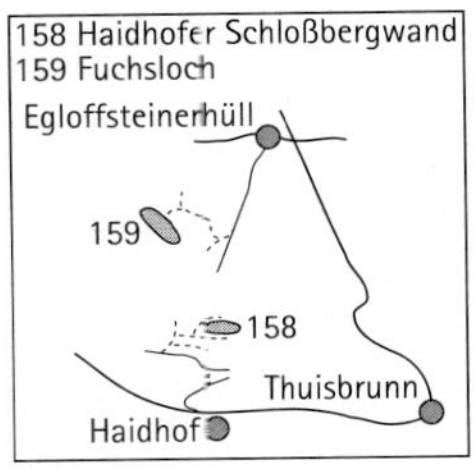

① Thuisbrunner Weg....................................4
② Haidhofer Weg...5
③ Nürnberger Weg.......................................6-
④ Klammspitzler Weg...................................6+
⑤ Janinas Traum..7
⑥ Wespenweg..7-
⑦ Hummelstaner Weg..................................4+

Zugang:
Von Haidhof ist die Wand bereits sichtbar (ca. 500 m nördlich). Auf Feldweg in Rechtsschleife in die Senke (Garagen), 20 m vor den Garagen links Feldweg hinein. Wo der Weg in den Wald führt links abbiegen (grüne Markierung). Beim Schild "Schloßberg" scharf rechts, geradeaus bis zu Bänken, dort rechts (Tafel: Schloßberg-Anlage) und weiter Richtung Gipfel. Direkt bei der Holzbrücke westlich absteigen zur Wand (im Sinne des Aufstieges links).
Übersichtskarte: 2 (Seite 16)

160 Erlanger Felsentor (40 m, NO)

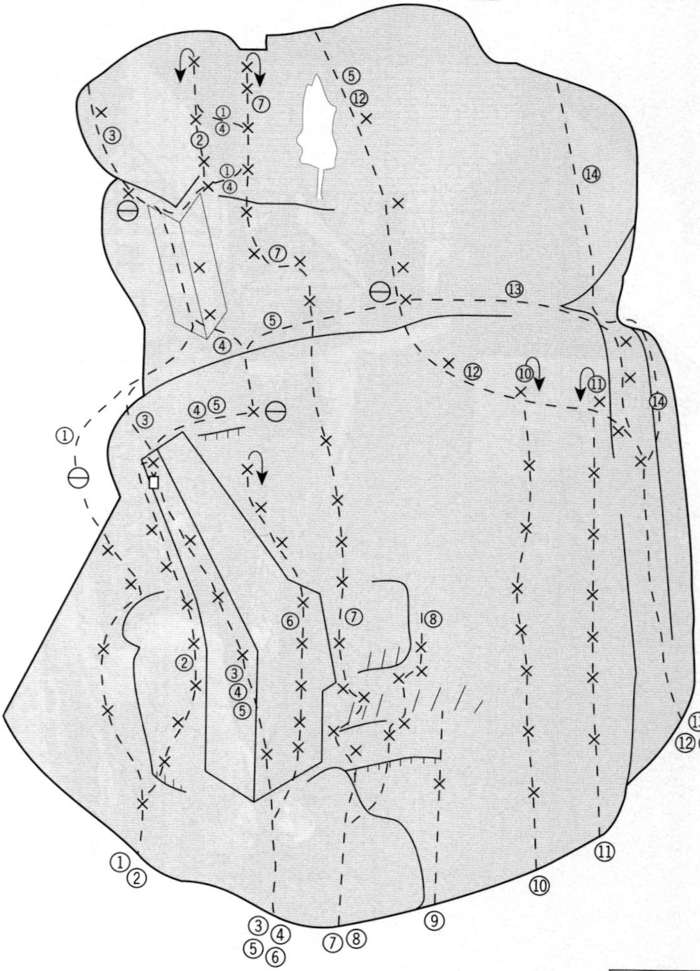

Zugang:
Parken in Mostviel bei der Brotfabrik. Dem Feldweg am orographisch linken Hang talabwärts folgen. Er mündet nach 800 m in eine weitere Fuhre, nach insgesamt 1100 m steht links oberhalb der Forststraße die Wand.
Übersichtskarte: 2 (Seite 16)
Besonderes:
Lange, großzügige und lohnende Routen. Dies gilt insbesondere für die neuen schwierigen Routen, die Peter Müller hier eröffnet hat.
Wer ganz sicher sein will, kann in den Klassikern ein paar Keile gebrauchen. Bei den Routen ② bis ④ sollte man sich nicht vom weichen Fels der Einstiegsverschneidung abschrecken lassen.

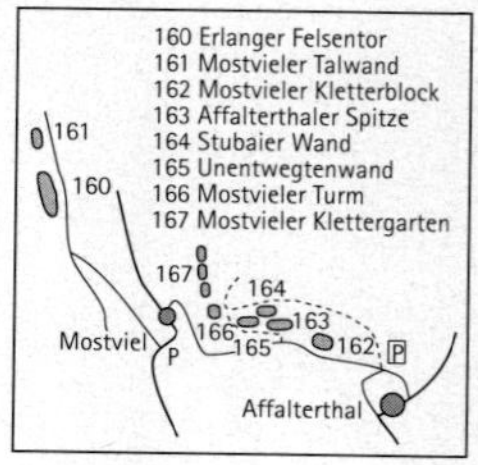

160 Erlanger Felsentor (40 m, NO)

① Linke Talwand...7+
② Klaus Karl Kraus......................................8+
③ Gerader Friedl Kramer Ged.-Weg........6 a2
④ Friedl Kramer Ged.-Weg, linker Ausstieg...7+
⑤ Friedl Kramer Ged.-Weg, rechter Ausstieg.......................................7+
⑥ Projekt
⑦ Walzerschritt (1. Seillänge 8) ....8+
⑧ Projekt
⑨ Projekt
⑩ Superschneck..7+/8-
⑪ Close to the edge ....7+/8-
⑫ Alter Talweg...6+
⑬ Variante zu ⑫.......................................6+
⑭ Nordkamin..4+

161 Mostvieler Talwand (16 m, N)

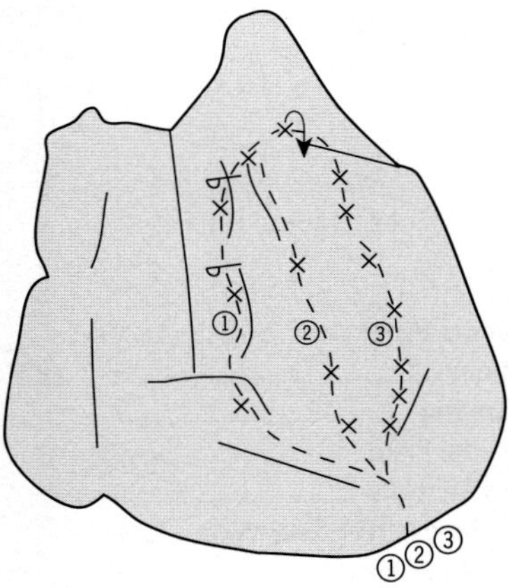

Zugang:
Parken in Mostviel bei der Brotfabrik. Dem Feldweg am orographisch linken Hang talabwärts folgen. Er mündet nach 800 m in eine weitere Fuhre, nach insgesamt 1100 m steht links oberhalb der Forststraße das mächtige Erlanger Felsentor. Noch 150 m auf der Forststraße weiter und links hoch zur Mostvieler Talwand.
Übersichtskarte: 2 (Seite 16)

① Alter Weg..7+
② Neuer Weg 8
③ Flugschwalbe...8-

162 Mostvieler Kletterblock ☼

Südseite (20 m)

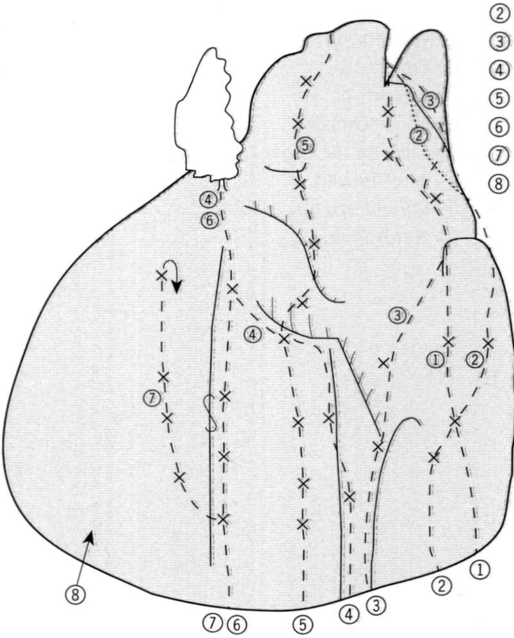

① Finderlohn 6
② Ostkante 6-
③ Südostkante 5
④ Gelber Riß 6
⑤ ? 8-
⑥ Geißlerriß 7-
⑦ Dachl .... 4+ a2
⑧ Projekt

Zugang:
In Affalterthal (von Hammerbühl kommend) in Rechtskurve (bei Gasthof) geradeaus und weiter bis zum Wanderparkplatz. In wenigen min auf Schotterweg talabwärts zum Mostvieler Kletterblock (rechts oberhalb des Weges).
Übersichtskarte: 2 (Seite 16)
Besonderes:
Im rechten Teil der Südwand findet man hervorragenden Fels, nach links und in der Westwand wird die Qualität etwas zweifelhaft.

Westseite (20 m)

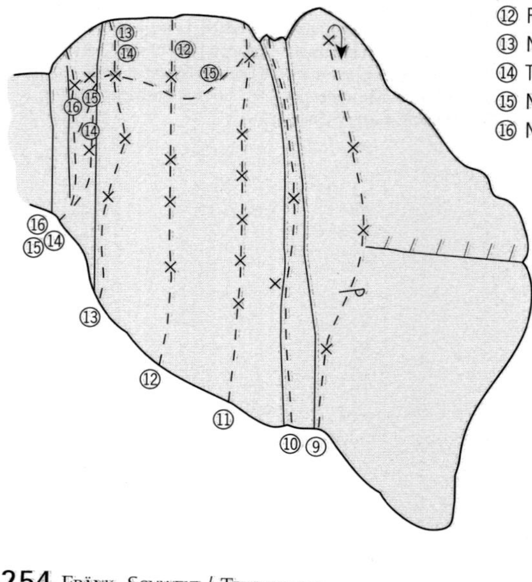

⑨ Commander Vogel .... 7+
⑩ Westkamin 5-
⑪ Frankenmafia 7-
⑫ Für Gina die Erste .... 6+
⑬ Nordwestkante 6-
⑭ Thomas Handwerker Ged.-Weg 7-
⑮ Nordwest-Schleife 6-
⑯ Nordriß .... 4+

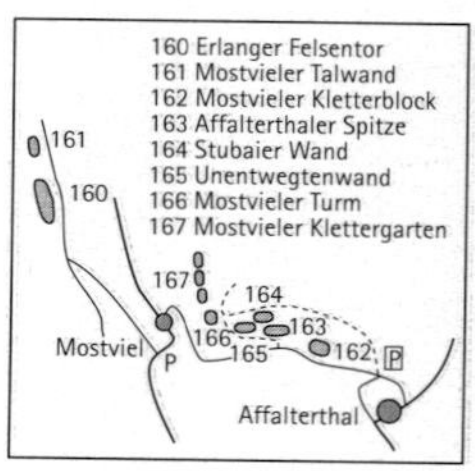

163 Affalterthaler Spitze (20 m, S)

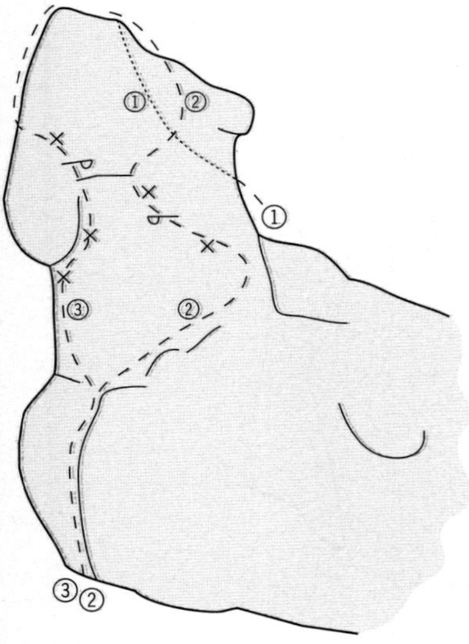

① Bergseite 2
② Fleischmann Ged.-Wed..........................6
③ Westkante ....6+

164 Stubaier Wand (17 m, S)

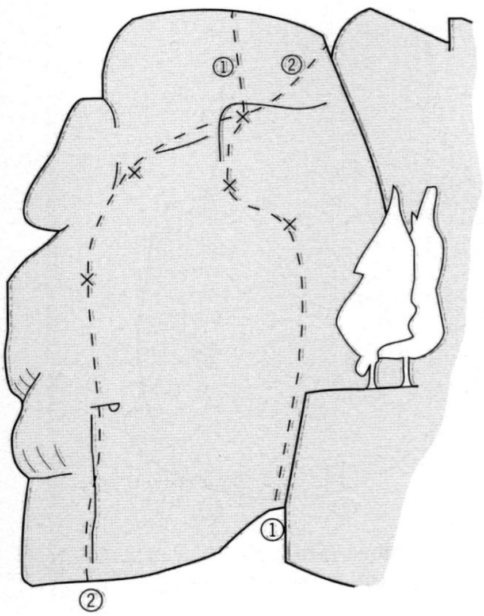

① Neuer Weg 6
② Alter Weg..6

Zugang:
In Affalterthal (von Hammerbühl kommend) in Rechtskurve (bei Gasthof) geradeaus und weiter bis zum Wanderparkplatz. In wenigen min auf Schotterweg talabwärts zum Mostvieler Kletterblock (rechts oberhalb des Weges). 300 m links von ihm befindet sich die Affalterthaler Spitze (vom Weg aus sichtbar). 30 m links von ihr steht die Stubaier Wand.
Übersichtskarte: 2 (Seite 16)

165 Unentwegtenwand (22 m, S)

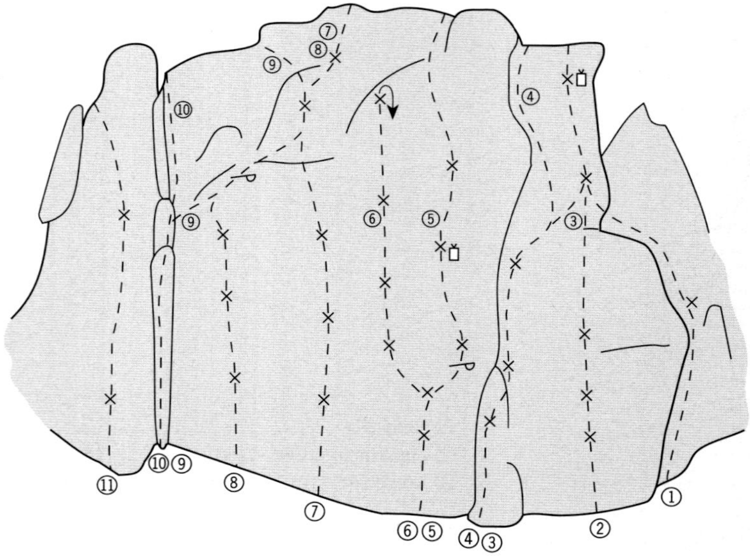

① Schöne Kante..5
② Vergessene..8-
③ Kombination 6-
④ U-Weg 6-
⑤ Willi Bär Ged.-Weg 8
⑥ In memoriam Manne..................................8
⑦ Auf nach Amerika.......................................7+
⑧ Neuer Weg ....6+
⑨ Idefix 5
⑩ Mostvieler Verschneidung 3
⑪ ?..6+

Zugang:
In Affalterthal (von Hammerbühl kommend) in Rechtskurve (bei Gasthof) geradeaus und weiter bis zum Wanderparkplatz. In wenigen min auf Schotterweg talabwärts zum Mostvieler Kletterblock (rechts oberhalb des Weges). 300 m links von ihm befindet sich die Affalterthaler Spitze und die Stubaier Wand. 50 m links der Stubaier Wand steht die Unentwegtenwand. 150 m links von ihr ist der Mostvieler Turm (dazwischen liegt der unbedeutende Spiegelfels)
Übersichtskarte: 2 (Seite 16)
Besonderes:
An der Unentwegtenwand findet man schöne Wandklettereien in sehr gutem Fels.

166 Mostvieler Turm (20 m, W)

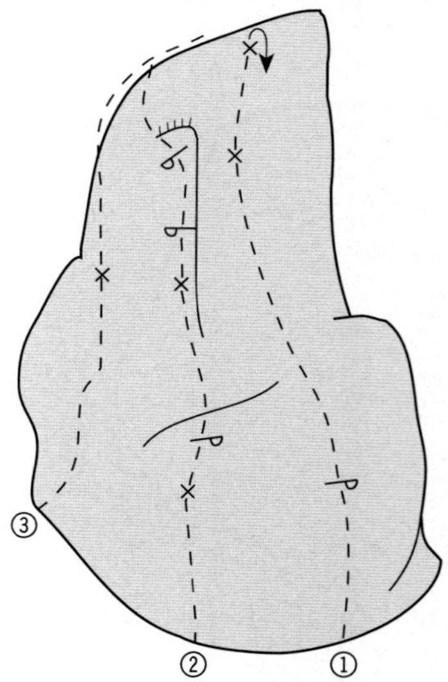

① Trotzköpfchen *(Stopper)*..........................6
② Willi Augst Ged.-Weg *(Stopper)*..........6
③ Dingsda 5

167 Mostvieler Klettergarten

Rechter Wandteil (12 m, S) ☼

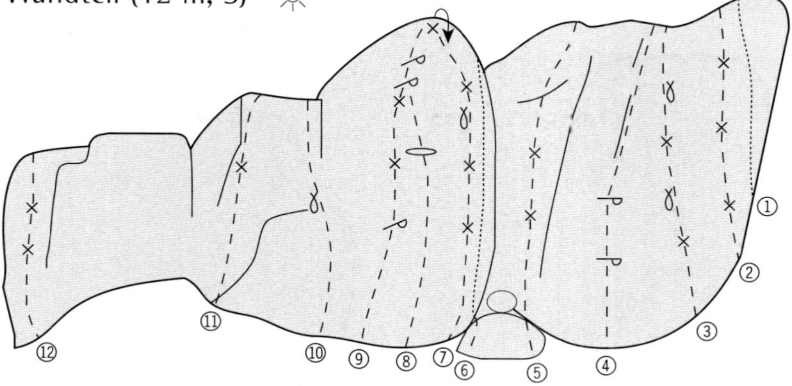

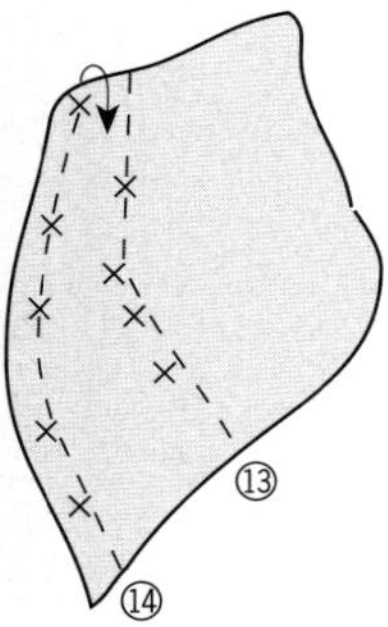

① Schattendasein	5+	
② Kniffel	7+	🍺
③ Schlitzohr	7	🍺
④ Standpauke *(besser Stopper, Rostis)*	6-	🍺
⑤ Fegefeuer *(Stopper)*	7	🍺
⑥ Eng(s)paß *(Keile)*	5	
⑦ Schmankerl	7-	🍺
⑧ Flattermann	7	
⑨ Glanzstück	6	🍺
⑩ Trugschluß	5-	
⑪ ?	5	
⑫ Pfiffikus	6+	
⑬ Wadlbeißer	7	🍺
⑭ Che	8-	

Zugang:
In Affalterthal (von Hammerbühl kommend) in Rechtskurve (bei Gasthof) geradeaus und weiter bis zum Wanderparkplatz.
a) In wenigen min auf Schotterweg talabwärts zum Mostvieler Kletterblock (rechts oberhalb des Weges). 300 m links von ihm befinden sich Affalterthaler Spitze und Stubaier Wand. Unter ihnen vorbei, weiter am Hang entlang, vorbei an Unentwegtenwand, Spiegelfels und Mostvieler Turm bis zum Mostvieler Klettergarten.
b) Oberhalb des Parkplatzes auf Grünkreis markiertem Wanderweg (Wegweiser: Spiegelfels) in 10 bis 15 min zum Spiegelfels. Dieser ist in einer Rechtskurve sichtbar (Geländer, 100 m vom Weg entfernt). 100 m rechts unterhalb befinden sich Mostvieler Turm und Klettergarten.
Übersichtskarte: 2 (Seite 16)
Besonderes:
Schöne, z. T. kleingriffige Wandklettereien

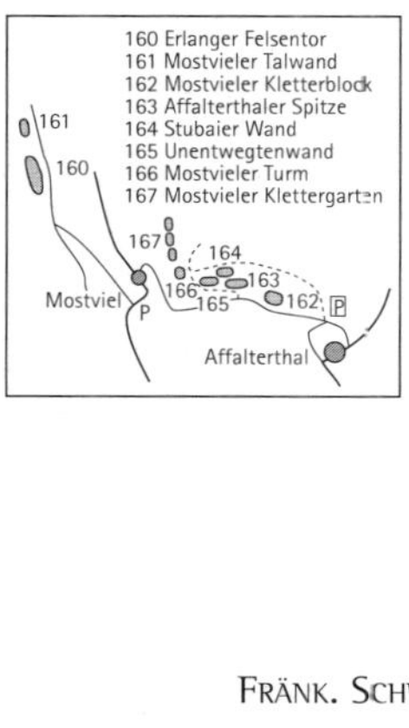

167 Mostvieler Klettergarten

Mittlerer Teil (15 m, N und W)

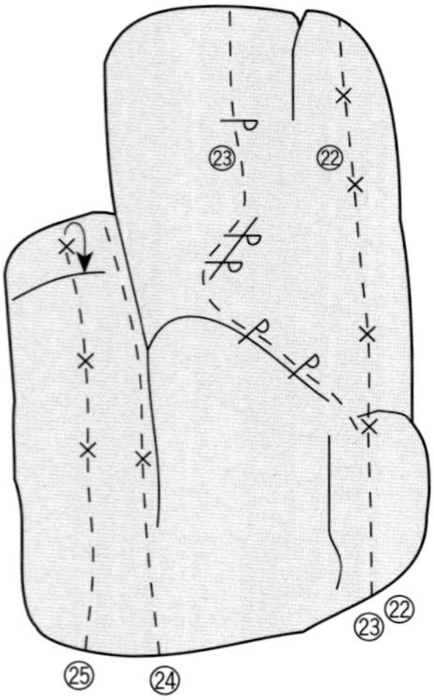

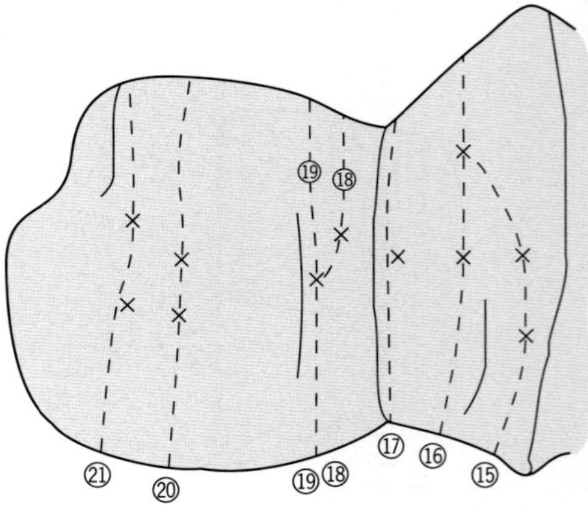

⑮ Mausefalle 6 a1
⑯ Roßkur 6 a1
⑰ In der Enge .... 5+
⑱ Gabi the Champ .... 6+
⑲ Windfang 5
⑳ Top oder Flop .... 7+

㉑ Klimbim 6
㉒ Knaller *(Keile)* 7
㉓ Technikum 6 a1
㉔ Hinterhalt 7-
㉕ Rudi Rambo 7

167 Mostvieler Klettergarten

Linker Teil (12 m, NW)

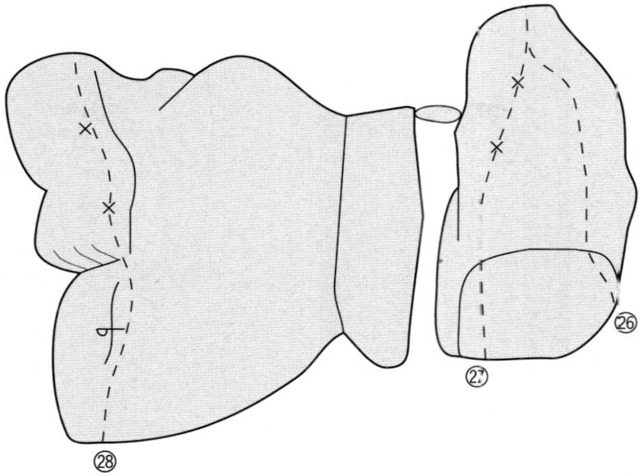

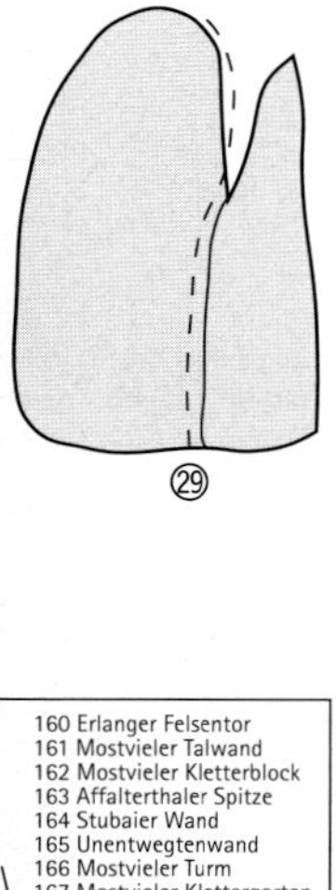

㉖ Spritztour .... 5+
㉗ Frechdachs 7
㉘ Schnippchen .... 6+
㉙ Rohkost *(Keile)* 6

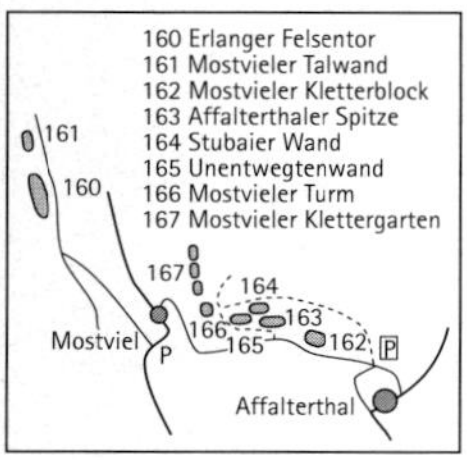

Zugang:
In Affalterthal (von Hammerbühl kommend) in Rechtskurve (bei Gasthof) geradeaus und weiter bis zum Wanderparkplatz.
a) In wenigen min auf Schotterweg talabwärts zum Mostvieler Kletterblock (rechts oberhalb des Weges). 300 m links von ihm befinden sich Affalterthaler Spitze und Stubaier Wand. Unter ihnen vorbei, weiter am Hang entlang, vorbei an Unentwegtenwand, Spiegelfels und Mostvieler Turm bis zum Mostvieler Klettergarten.
b) Oberhalb des Parkplatzes auf Grünkreis markiertem Wanderweg (Wegweiser: Spiegelfels) in 10 bis 15 min zum Spiegelfels. Dieser ist in einer Rechtskurve sichtbar (Geländer, 100 m vom Wegentfernt). 100 m rechts unterhalb befinden sich Mostvieler Turm und Klettergarten.
Übersichtskarte: 2 (Seite 16)
Besonderes:
Schöne, z. T. kleingriffige Wandklettereien

168 Jakl Kilian Ged.-Wand (30 m, N)

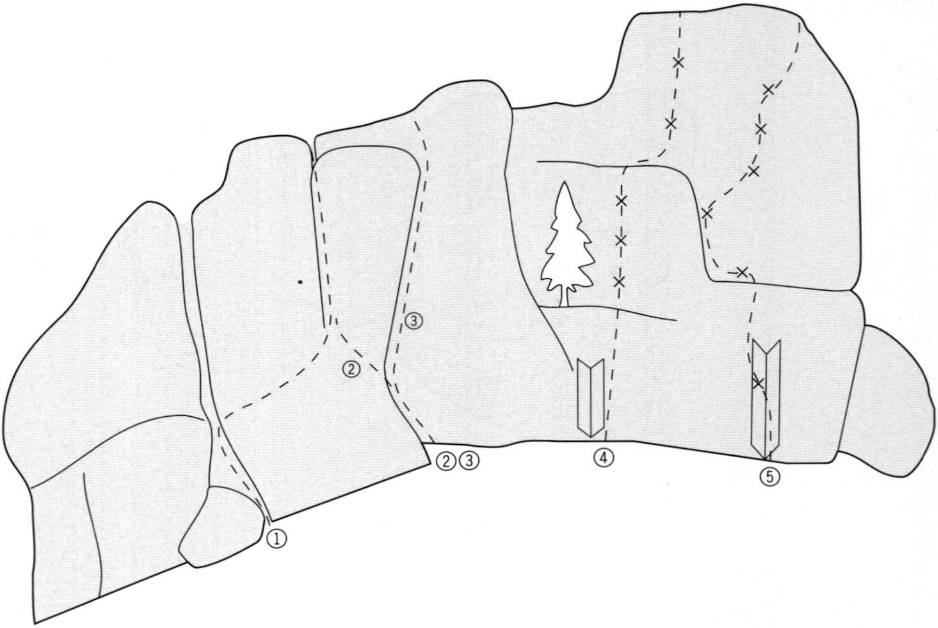

① Diagonalweg 4
② Holdieweg 4
③ Kroder Ged.-Weg .... 5+
④ Lange Affäre 8-/8
⑤ Alter Weg 7-

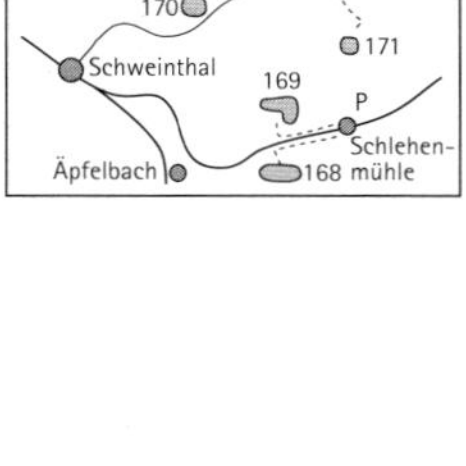

Zugang:
Die Kilian Ged.-Wand befindet sich gegenüber der Schlehenmühler Wand auf der anderen Talseite. Parken in Schlehenmühle. Auf gutem Weg links des Baches einige min talabwärts. Die Wand befindet sich 200 m oberhalb der 3. roten Bank im Wald.
Übersichtskarte: 2 (Seite 16)
Besonderes:
An der Kilian Ged.-Wand findet man sehr freie und alpine Routen. Vor allem für die leichteren Wege sollte man unbedingt Keile und Schlingen mitnehmen.

169 Schlehenmühler Wand (20 m, S und W) ☼ Äpfelbacher Tal

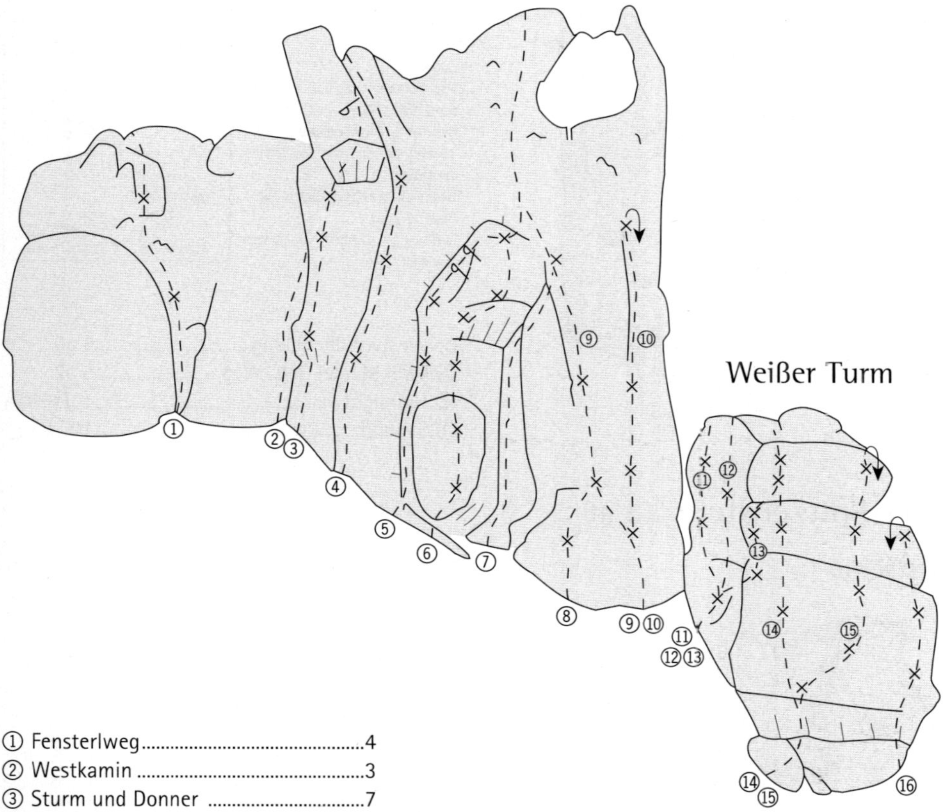

① Fensterlweg 4
② Westkamin 3
③ Sturm und Donner 7
④ Fürther Riß .... 6+
⑤ Maria Schrott Ged.-Weg .... 6+
⑥ Preußenschreck 8
⑦ Lasall Ged.-Weg 6
⑧ Dr. Watson's Spezialeinstieg 8
⑨ Kurzkrimi 7-
⑩ Step into promised Land 8
⑪ Blue Sunshine 8-
⑫ Jimi Hendrix 7
⑬ Adventsweg 7-
⑭ Edith 9-
⑮ Wellenwand .... 7+
⑯ Composition for Anthony Braxton 8-

Zugang:
Parken beim Gasthof Schlehermühle. Auf der Straße 200 m talabwärts und steil rechts hoch zu den Felsen.
Übersichtskarte: 2 (Seite 16)
Besonderes:
Relativ glatte Platten, die eine gute Fußtechnik verlangen.

170 Hängender Block (18 m, SO)

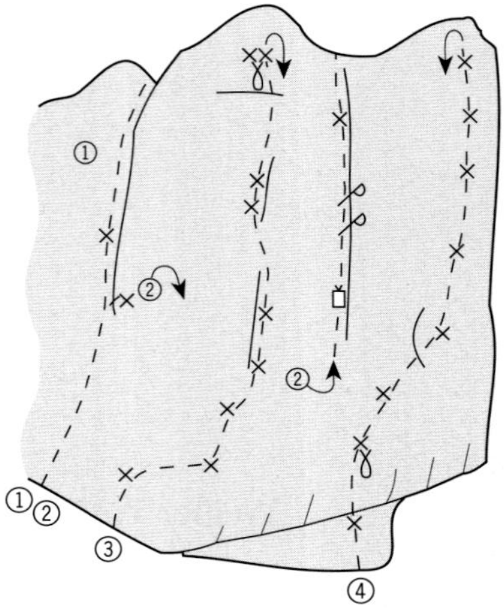

Zugang:
Von Schweinthal auf markiertem Wanderweg (rot/weiß) in Richtung Wichsenstein. Nach 10 min stehen links des Weges die Felsen.
Übersichtskarte: 2 (Seite 16)
Besonderes:
Großartige Linien; vor allem Wandkletterei

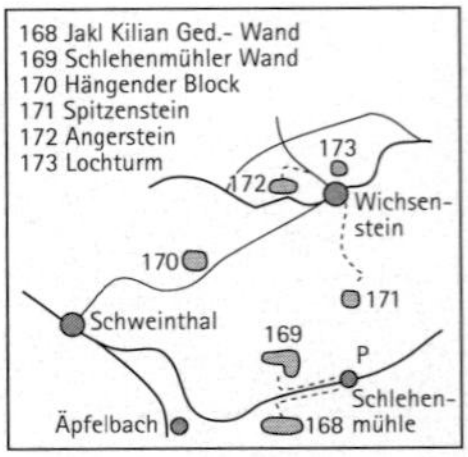

① Westverschneidung 4 a0
② Willi Merkel Ged.-Weg 5 a2
③ Highlight .... 10/10+
④ Syphon 10

171 Spitzenstein (12 m)

Ostseite

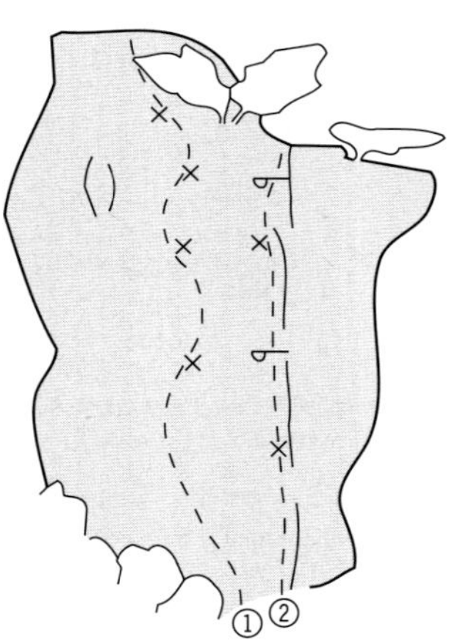

Westseite

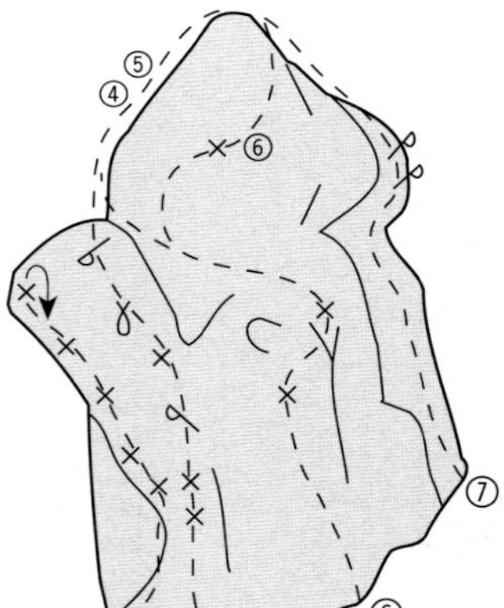

① Pilzfängers Kollaps 9-
② Nordkante 6
③ Perpetuum Mobile 10-
④ Lilliweg 8-
⑤ Westwand 5
⑥ Variante 7
⑦ Trettachspitzlerkante .... 5+

Zugang:
Zum Spitzenstein gelangt man von Wichsenstein auf markiertem Wanderweg (Blaukreuz) in südlicher Richtung in 10 min.
Übersichtskarte: 2 (Seite 16)

172 Angerstein (15 m, W)

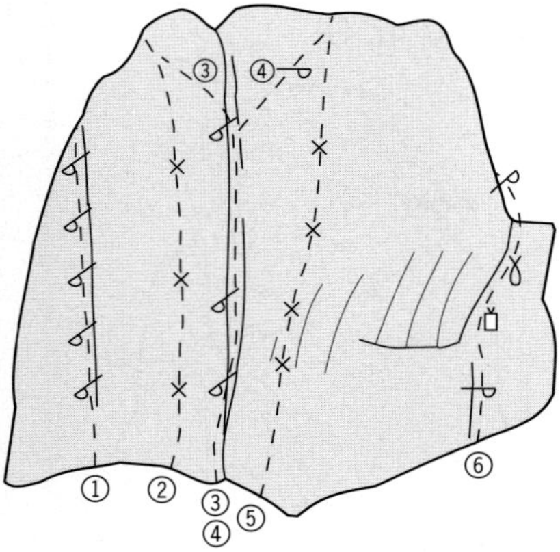

① Freundschaftsweg ....7+
② Mehr Sein als Scheinen 9-
③ Nordkamin 6-
④ Karl Brendel Ged.-Weg 6-
⑤ Projekt
⑥ Hans Stümpfler Ged.-Weg 7

Zugang:
In Wichsenstein führt gegenüber der Bushaltestelle (Telefonzelle) eine kleine Straße hoch zum Friedhof; hier parken. Von dort auf Weg talabwärts (Blick auf Röthelfels), nach 150 m kurz nach links und hoch zu den Felsen.
Übersichtskarte: 2 (Seite 16)

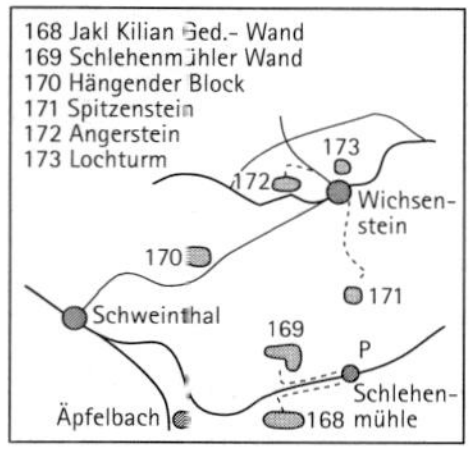

173 Lochturm

Talseite (12 m, NO)

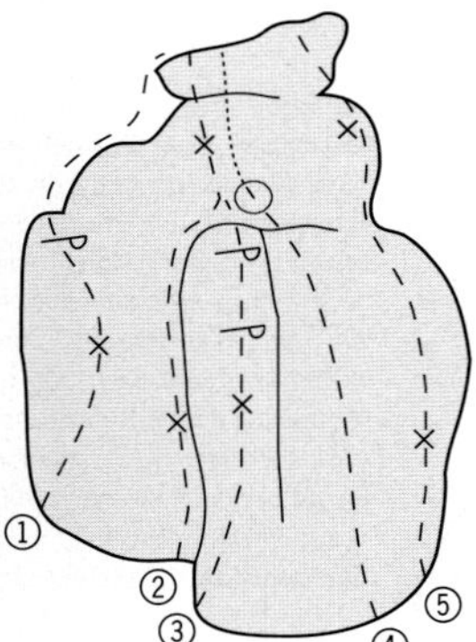

Bergseite (10 m, W)

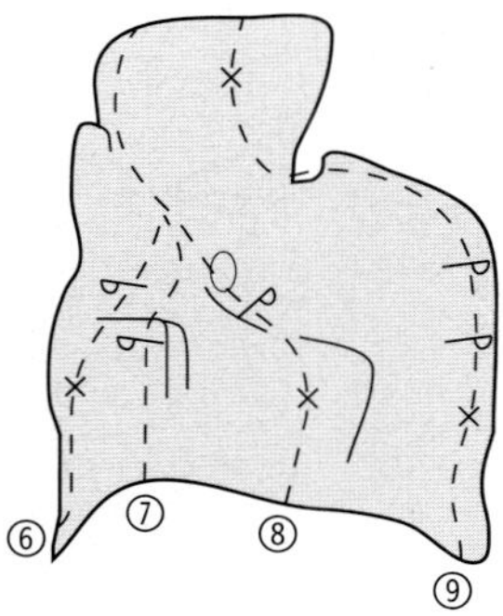

Zugang:
In Wichsenstein bei Kirche parken. Zum Gasthof Felsennest, dahinter rechts und gleich wieder links kleine Straße hinter, kurze Steilstufe herunter und nach rechts zum Lochturm (er liegt 100 m nördlich des Aussichtsfelsens).
Übersichtskarte: 2 (Seite 16)

① Hummelstaner Weg ....4+
② Ostriß *(Westriß angeschrieben!)* 5
③ Nürnberger Weg 5 a1
④ Linke Nordseite *(Durchschlupf durchs Loch)* 3
⑤ Nordriß 6
⑥ Rechte Nordseite 5
⑦ Variante 4
⑧ Alter Weg 5-
⑨ Neunerweg 7-

174 Hutzelturm

Bergseite (10 m, W)

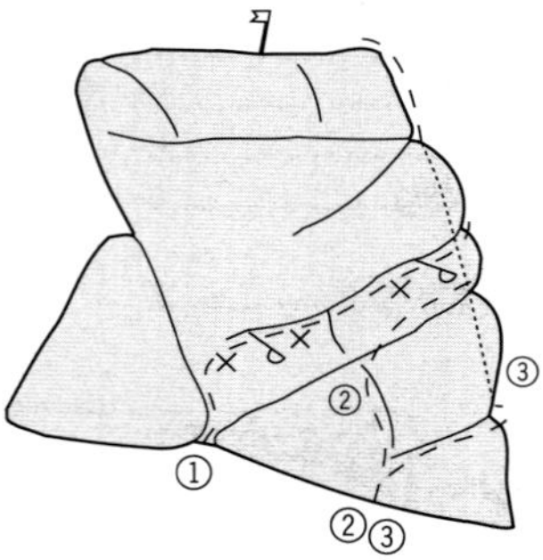

① Beamtenrampe .... 7+
② Westwand 6
③ Südwand 6
④ Ludwig Vörg Ged.-Weg .... 7+
⑤ Nordkamin 5

Talseite (20 m, O)

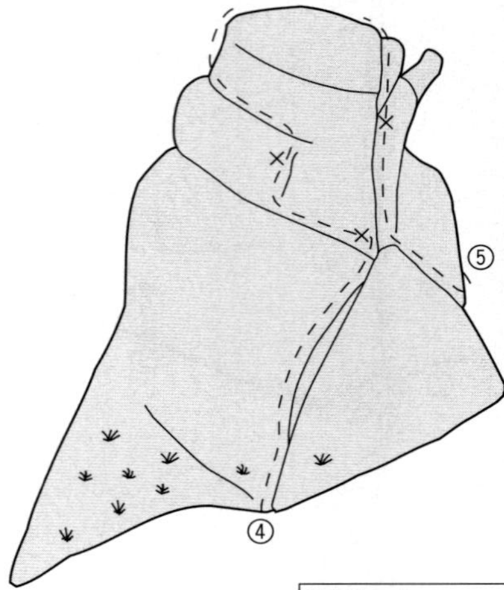

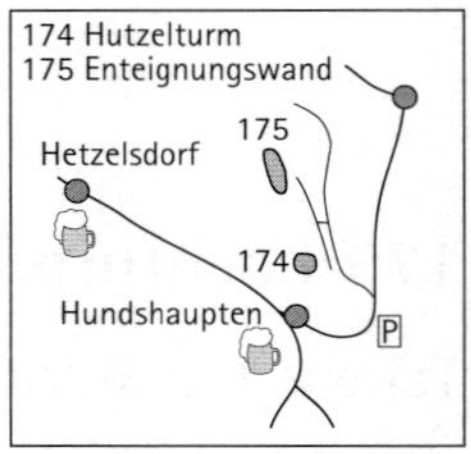

175 Enteignungswand (15 m, O)

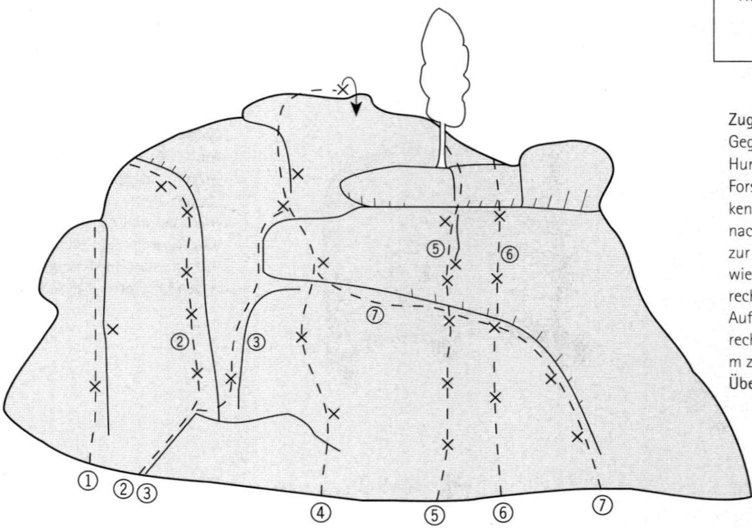

Zugang:
Gegenüber vom Wildgehege Hundshaupten geht eine breite Forststraße in den Wald, parken. Auf dieser weiter und nach 450 m links Fuhre hoch zur oberen Forststraße, dort wieder links und nach 200 m rechts hinauf zum Hutzelturm. Auf der oberen Forststraße rechts gelangt man nach 150 m zur Enteignungswand.
Übersichtskarte: 2 (Seite 16)

① Aristokratentod .... 5+
② Auf Messers Schneide .... 6+
③ Enteigungsweg 6
④ Auf gehts 6
⑤ Integral 8-
⑥ Zurückübereignung 6
⑦ Große Flatter .... 6+

176a Röthelfels, Teil 1 (25 m, S)

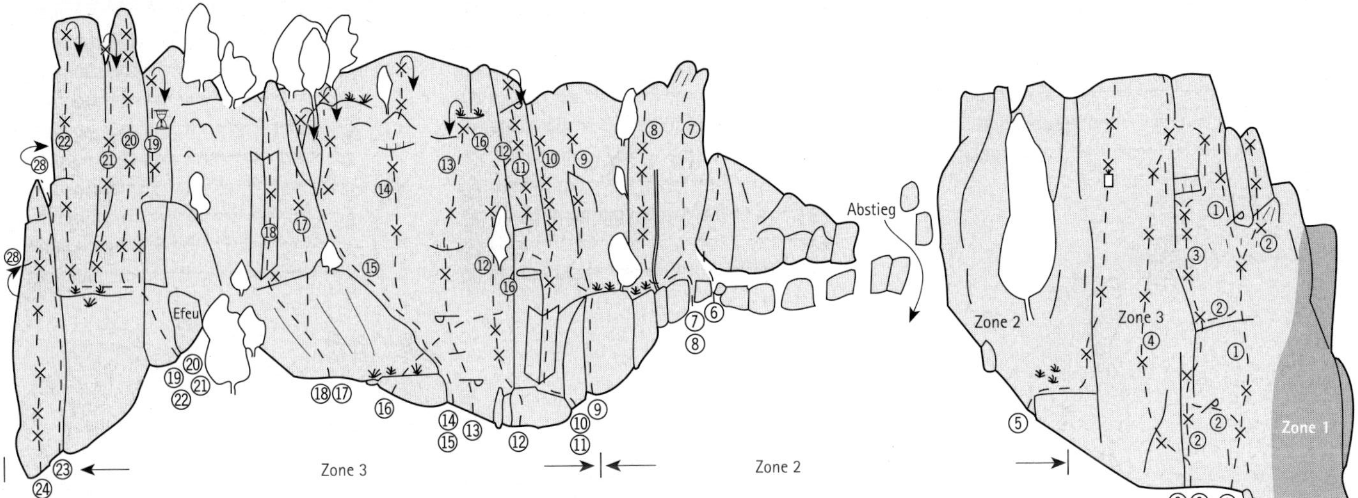

① 5.10 zäh 7
② R 5 *(Varianten)*.................................6+
③ Jörg Lehne Ged.-Weg..........................8-
④ ?..8
⑤ Hermine Müller Ged.-Weg ....7+
⑥ Niedrige Wand ....5+
⑦ Erkerweg ....6+!
⑧ Eibenkante...6
⑨ Der starke Uhu ....6+
⑩ Variante...6
⑪ Gerade R 1..6+
⑫ Knorpel 7-
⑬ Knirbelweg 7-
⑭ Lockerungsübung ....6+
⑮ Winkelverschneidung...........................5
⑯ R 1 5
⑰ Lukullus...7
⑱ Gelbe Verschneidung..........................5+
⑲ R 2 ....4+
⑳ ?...7+
㉑ Treusteiner Weg...................................6
㉒ Kumulus 7
㉓ Daniel Ostkamin 4
㉔ Streit um Bettina.................................9-
㉘ Zinnenweg *(siehe nächste Seite)*.......5+

Zugang:
Von Urspring Richtung Morschreuth fahren und auf halber Höhe rechts parken. Gegenüber vom Parkplatz auf mit Stufen versehenen Weg in 8 min zum Felsen.
Übersichtskarte: 2 (Seite 16)
Besonderes:
Während der Brutzeit bitte möglichst nicht aussteigen (Umlenkhaken benutzen!)

176 Röthelfels

a Teil 1 d Teil 4
b Teil 2 e Teil 5
c Teil 3 f Teil 6

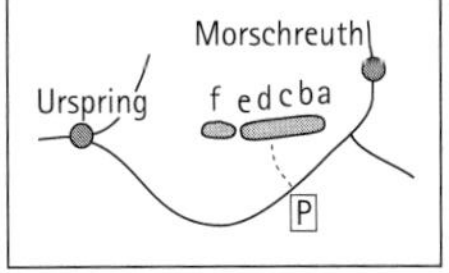

176b Röthelfels, Teil 2 (30 m, S) ☼

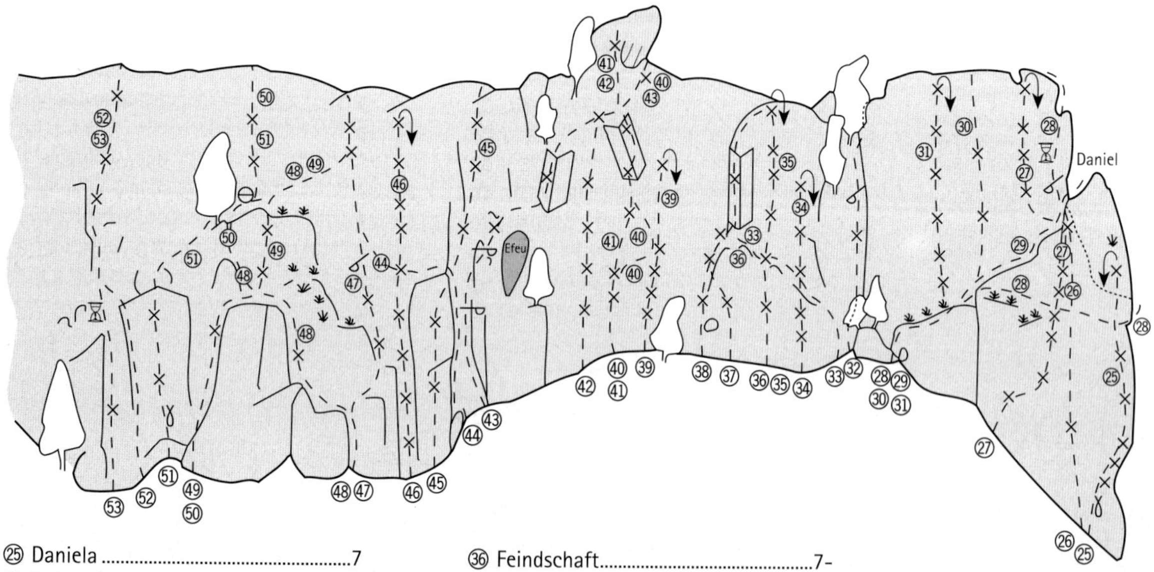

- ㉕ Daniela 7
- ㉖ Daniel Südwand .... 7- !
- ㉗ Kokolores 6
- ㉘ Zinnenweg .... 5+
- ㉙ Daniel Westseite 2
- ㉚ Zinnenwand 5-
- ㉛ Zinnober 6-
- ㉜ Frühlingsweg 5-
- ㉝ Freundschaftsweg 5
- ㉞ Hohl 7-
- ㉟ Feindschaft direkt 7
- ㊱ Feindschaft 7-
- ㊲ Fuck .... 7+
- ㊳ Direkter Freundschaftsweg 6-
- ㊴ Bubo Bubo .... 7+
- ㊵ Schlesinger Weg (R 4b) 6
- ㊶ Idealweg .... 5+
- ㊷ Kleiner Bär .... 5+
- ㊸ Rechtsdiagonale (R 4a) 5-
- ㊹ Pfeilerkopfweg (R 4) .... 4+
- ㊺ Rattenfänger .... 6+
- ㊻ Ratte .... 6+
- ㊼ Gerade R 4 .... 4+
- ㊽ Linksdiagonale .... 4+
- ㊾ Höhlenweg 5-
- ㊿ Sortie blanche 6
- (51) Depotweg 7
- (52) Six o Clog *(Keile)* 6
- (53) Gerade R 6 5-

176c Röthelfels, Teil 3 (30 m, S) ☼

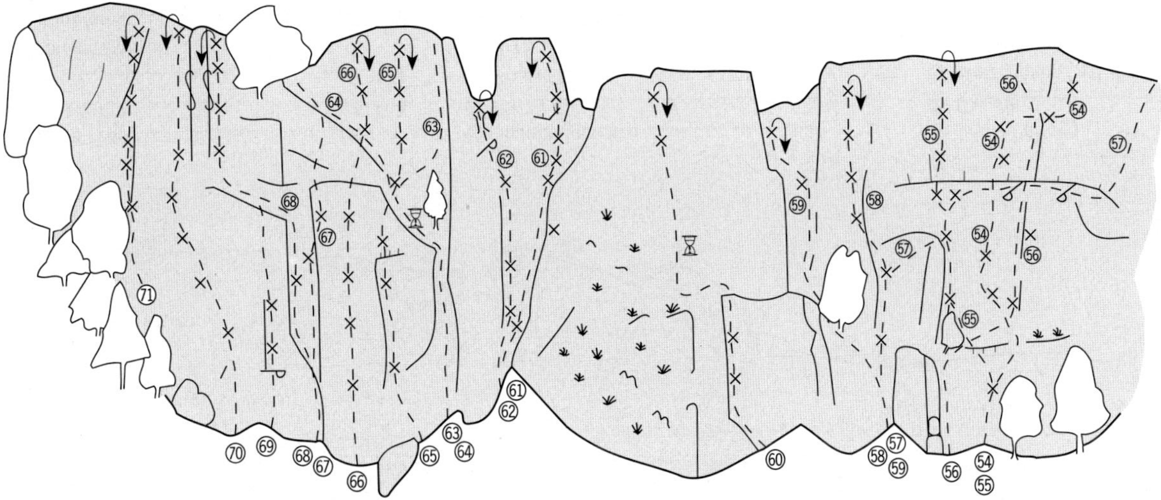

- (54) Kleines Zebra 7-
- (55) Per Gabi .... 6+
- (56) Kreuzweg .... 6+
- (57) R 6 .... 5+
- (58) R 6k 6
- (59) Promenade .... 3+
- (60) R 16 5-
- (61) R 9a .... 5+
- (62) R9 6
- (63) Sefftl .... 6+
- (64) ? 5
- (65) Knox 7
- (66) Roccia o amore .... 7+
- (67) Rampfriß .... 4+
- (68) RSK .... 5+
- (69) RSK 2 .... 5+
- (70) Für Dich 7
- (71) Gelbe Wand (R 7b) 8

Zugang:
Von Urspring Richtung Morschreuth fahren und auf halber Höhe rechts parken. Gegenüber vom Parkplatz auf mit Stufen versehenen Weg in 0 min zum Felsen.
Übersichtskarte: 2 (Seite 16)
Besonderes:
Während der Brutzeit bitte möglichst nicht aussteigen (Umlenkhaken benutzen!)

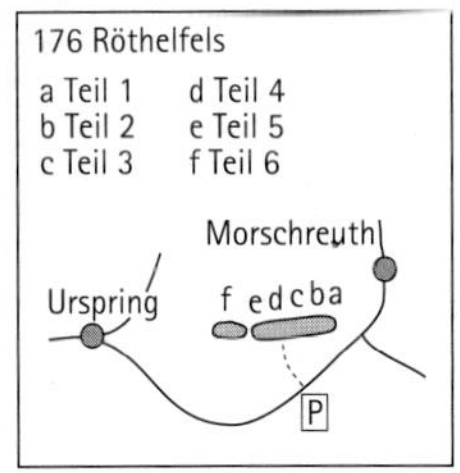

176d Röthelfels, Teil 4 (30 m, S)

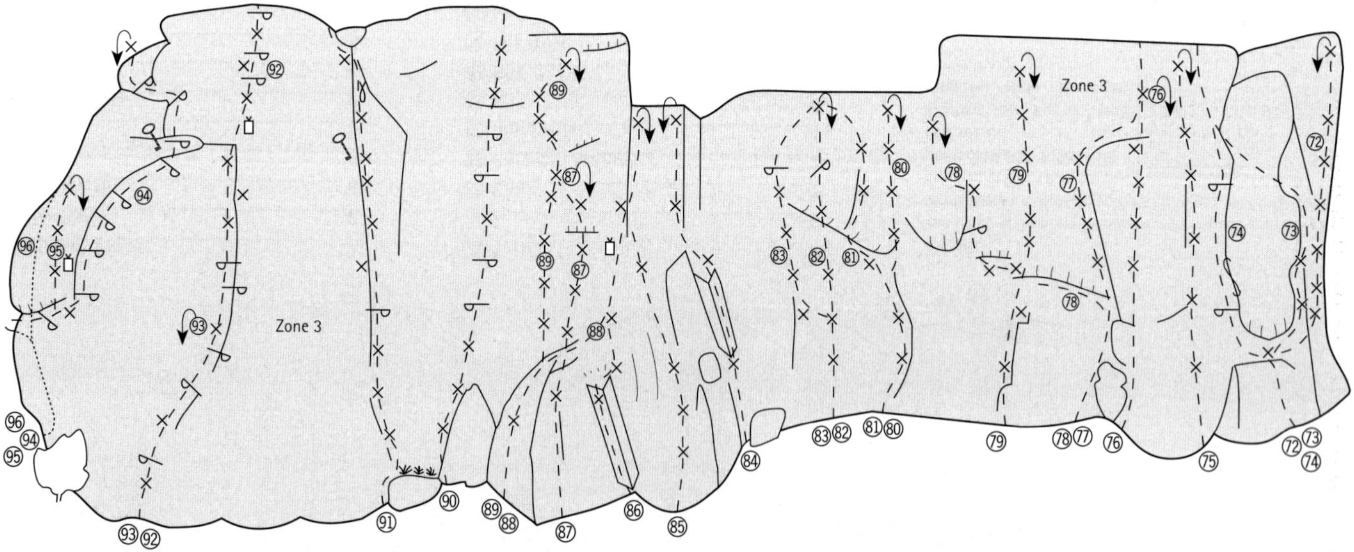

⑫ Senza Fede 8-
⑬ Direkte R 7 7-
⑭ R 7 6
⑮ Frankenschotter 7
⑯ Grautvornix .... 7+
⑰ Schwarzer Riß 6
⑱ R 8 .... 6+
⑲ R8 b 8-
⑳ Spannungsfeld 7
㉑ R 17 .... 7+
㉒ Break Out .... 7+
㉓ R 18 .... 6+
㉔ Teufelskrallenweg .... 6+
㉕ R 3b 6
㉖ R 3a .... 5+
㉗ Linda's Lovely Lipstick 6
㉘ R3 .... 5+
㉙ Jubiläumsweg (1. Seillänge 6+) .... 8+/9-
㉚ Galaxie a2
㉛ Welzenbach Ged.-Weg .... 9+
㉜ Astronautenleiter 5 a2
㉝ Scheide 8
㉞ Hermann Buhl Ged.-Weg 8
㉟ Via Margit 6
㊱ Sonntagsspaziergang .... 6+

176e Röthelfels, Teil 5 (25 m, S) ☼

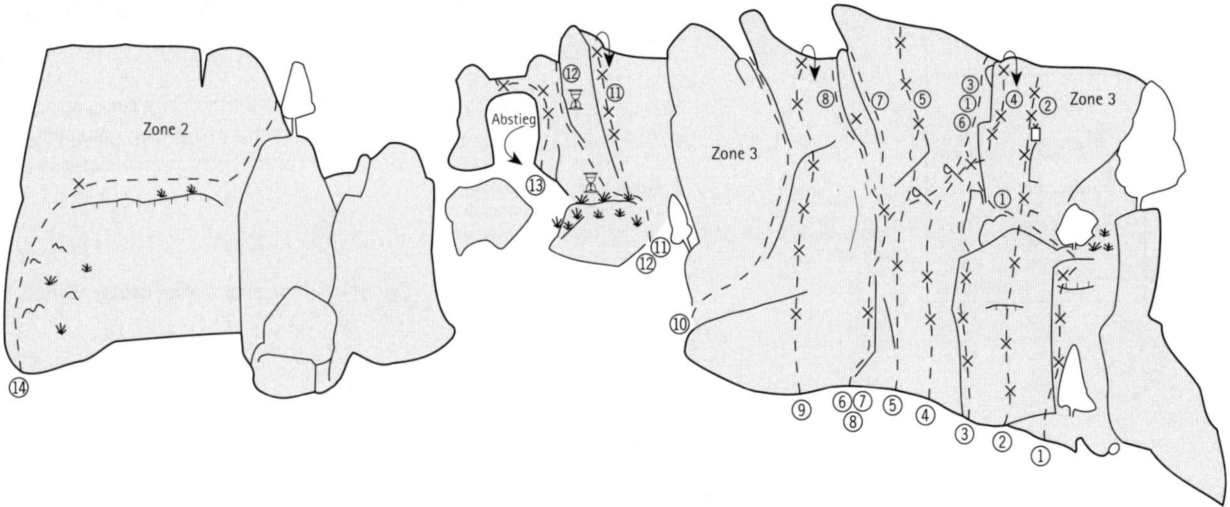

① Merklriß	5+		⑧ Gerades Geiereck	6	🍺
② Harry-und Bobby-Weg	7	🍺	⑨ Geierwally	7+	
③ Eibenriß	6-		⑩ RP-Riß	6	🍺
④ Zwischendurch	7	🍺	⑪ Herbstzauber	8+	
⑤ Pleitegeier	7+	🍺	⑫ KA-Riß	5+	
⑥ Altes Geiereck	5	🍺	⑬ ?	7	
⑦ Devil's Crack	7	🍺	⑭ Felsentorweg	5	

Zugang:
Von Urspring Richtung Morschreuth fahren und auf halber Höhe rechts parken. Gegenüber vom Parkplatz auf mit Stufen versehenen Weg in 8 min zum Felsen.

Übersichtskarte: 2 (Seite 16)

Besonderes:
Während der Brutzeit bitte möglichst nicht aussteigen (Umlenkhaken benutzen!)

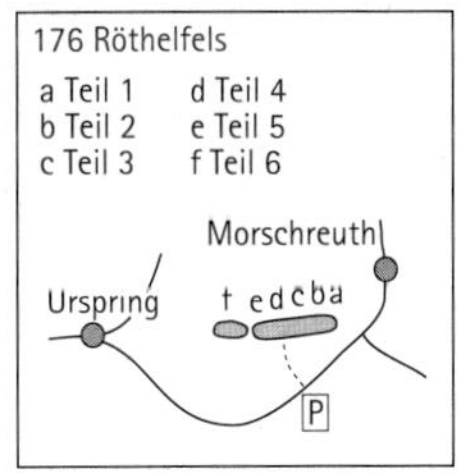

176f Röthelfels, Teil 6 (20 m, S) ☼

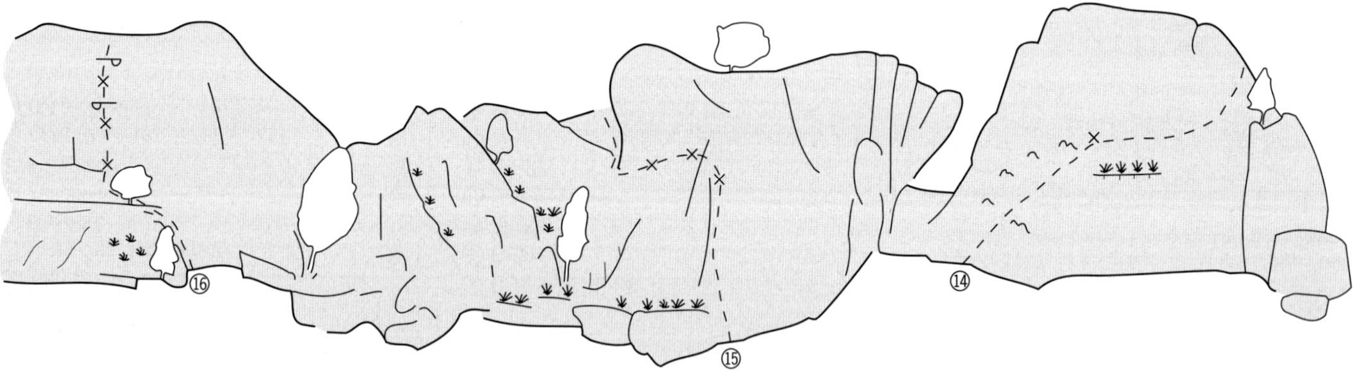

Sperrung: Wegen Vogelschutz von 1.2.-15.7.

⑭ Felsentorweg 5
⑮ Paul Preuß Ged.-Weg...........................5 a1
⑯ Weiße Wand...6+

Zugang:
Von Urspring Richtung Morschreuth fahren und auf halber Höhe rechts parken. Gegenüber vom Parkplatz auf mit Stufen versehenen Weg in 8 min zum Felsen.
Übersichtskarte: 2 (Seite 16)

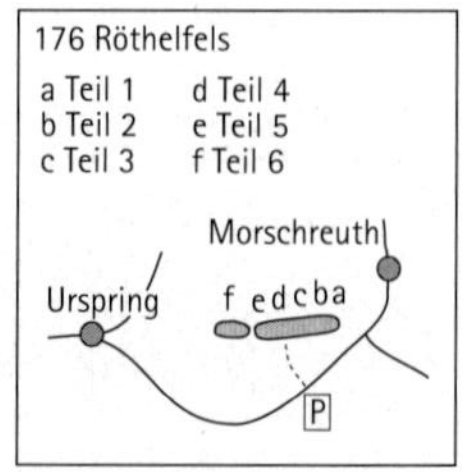

177 Urspringer Wand (30 m, O)

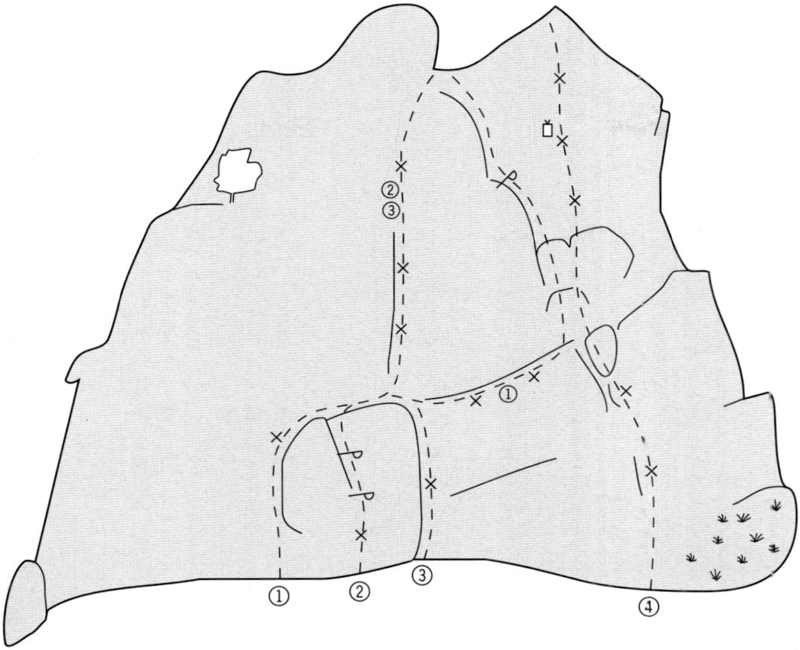

① Diagonalweg 6-
② Freundschaftsweg 8-
③ Direkter Freundschaftsweg...................8-
④ Weg der alten Kameraden ....8+

Zugang:
In Urspring in Richtung Moggast fahren. Nach 300 m zweigt rechts eine Fuhre ab, Parkmöglichkeit für 1-2 Fahrzeuge (ansonsten in Urspring parken!). Die Fuhre hochlaufen, bei der nächsten Gabelung rechts und bei einer Futterkrippe den linken Weg hoch. Nach weiteren 100 m steil den Hang hoch zur Wand.
Übersichtskarte: 2 (Seite 16)

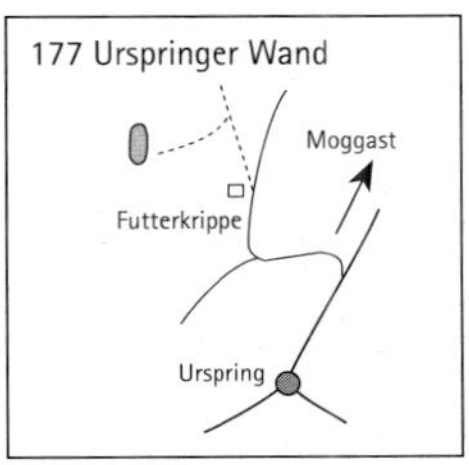

178 Rodenstein, linker Teil (23 m, SW) ☼

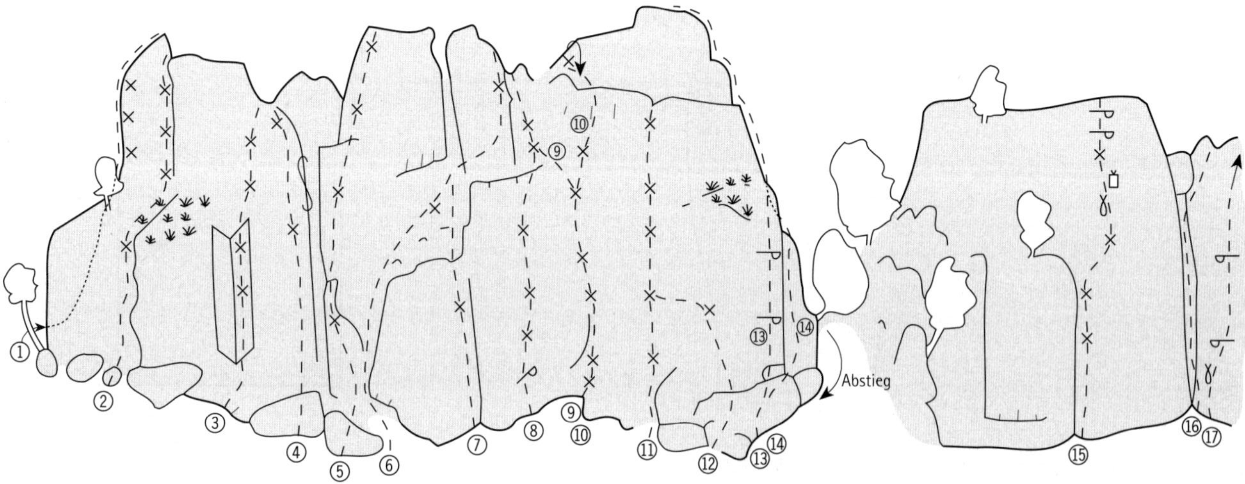

① Edelweißkante 6
② Kroderplatte .... 6+
③ Edelweißverschneidung .... 5+
④ Edelweißriß 3
⑤ Pfeilerkante .... 5+
⑥ Alter Zinnenweg 6
⑦ Neuer Zinnenweg 6
⑧ Sekundant 7-
⑨ Frankenschnellweg .... 7+
⑩ Ausfahrt Forchheim Süd .... 7+
⑪ Direkter Einstieg .... 8+
⑫ Spanische Zeiten .... 6+
⑬ Direkter Einstieg 6-
⑭ Schlaifhausener Kante 3
⑮ Georgenriß .... 6+
⑯ Rodensteinkamin .... 3+
⑰ Dinopfeiler 4

Zugang:
Von Schlaifhausen zum Parkplatz in halber Höhe fahren (Schild: "Walberla"). Auf der Straße weiter bis in die Senke zwischen den beiden Gipfeln und nach rechts bis auf den Gipfel des Rodensteins. Absteigen zum Wandfuß.
Übersichtskarte: 2 (Seite 16)
Besonderes:
An allen anderen Felsen des Walberla herrscht Totalsperrung! Nur am Rodenstein ist Klettern auf den bestehenden Wegen erlaubt; d.h. keine Erstbegehungen!

178 Rodenstein, mittlerer Teil (24 m, SW) ☼

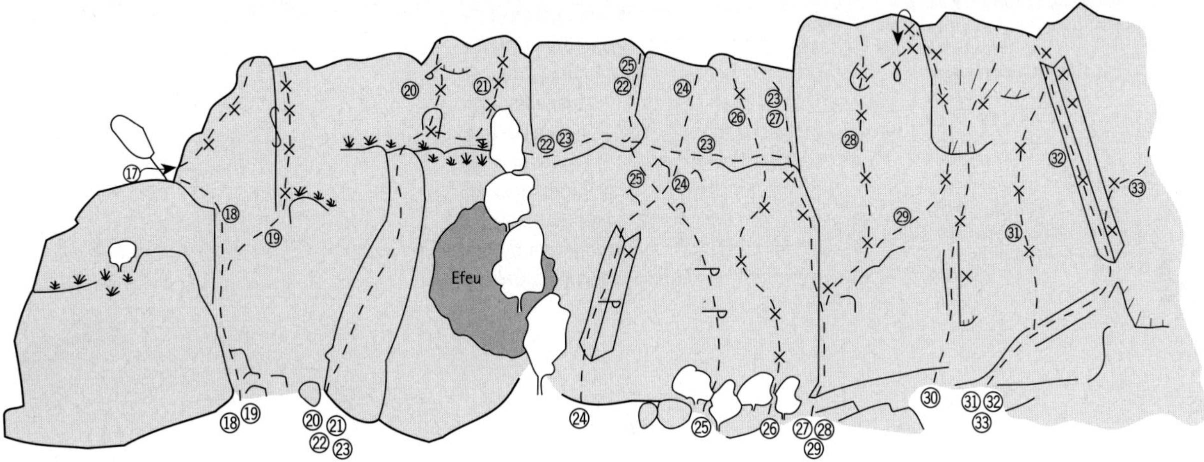

- ⑰ Dinopfeiler 4
- ⑱ Schiefer Riß .... 2+
- ⑲ Säntisblick .... 5+
- ⑳ Palmkätzchenriß .... 4+ a2
- ㉑ Luginsland .... 5+
- ㉒ Drachenriß 5-
- ㉓ Galerie 3-
- ㉔ Luderer-Verschneidung .... 5+
- ㉕ Direkter Drachenriß 5-
- ㉖ Welsser Regen 6-
- ㉗ Malmriß 6-
- ㉘ Anabasis *(2 Ausstiege möglich)* 8-
- ㉙ Gufel 6-
- ㉚ RB-Durchstieg 6
- ㉛ Hektik .... 7+
- ㉜ Schiefe Verschneidung 6
- ㉝ Margarethenwand 6-

178 Rodenstein, rechter Teil (20 m, SW)

32 Schiefe Verschneidung	6	
33 Margarethenwand	6-	
34 Abenteurerweg	5+	
35 Keltenpfad	2+	
36 Lindenriß	4	
37 Lindenweg	2	
38 Regenkante	5	
39 Forchheimer Weg	6+	
40 Nürnberger Weg	7	
41 Winterleitenweg	4-	

Zugang:
Von Schlaifhausen zum Parkplatz in halber Höhe fahren (Schild: "Walberla"). Auf der Straße weiter bis in die Senke zwischen den beiden Gipfeln und nach rechts bis auf den Gipfel des Rodensteins. Absteigen zum Wandfuß.
Übersichtskarte: 2 (Seite 16)

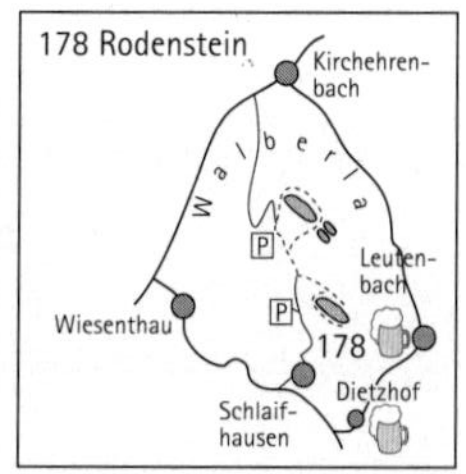

Besonderes:
An allen anderen Felsen des Walberla herrscht Totalsperrung! Nur am Rodenstein ist Klettern auf den bestehenden Wegen erlaubt; d.h. keine Erstbegehungen!

179 Adlersteiner Nadel (12 m)

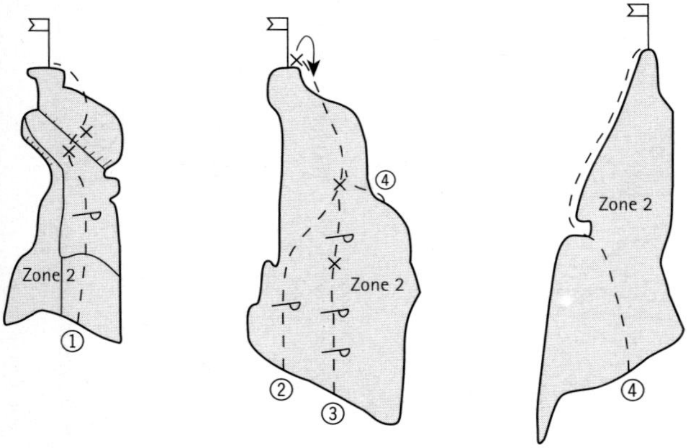

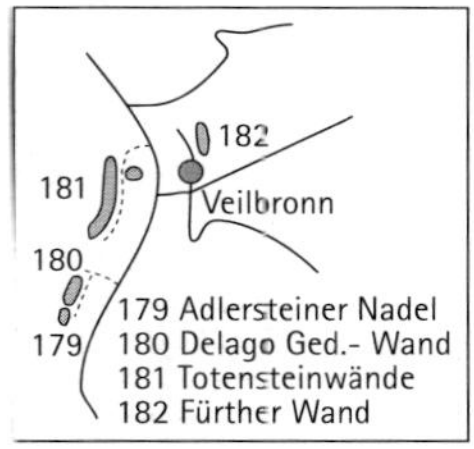

① Bergseite 6
② Westwand 6-
③ Direkte Westwand 6
④ Talkante 3

Zugang:
300 m talabwärts von Veilbronn führt ein Schotterweg am orographisch rechten Hang in ein kleines Seitental; diesem folgen und im Wald nach links zu Delago Ged.-Wand und Adlersteiner Nadel.
Übersichtskarte: 2 (Seite 16); 4 (Seite 18)

180 Delago Ged.-Wand (15 m, 0)

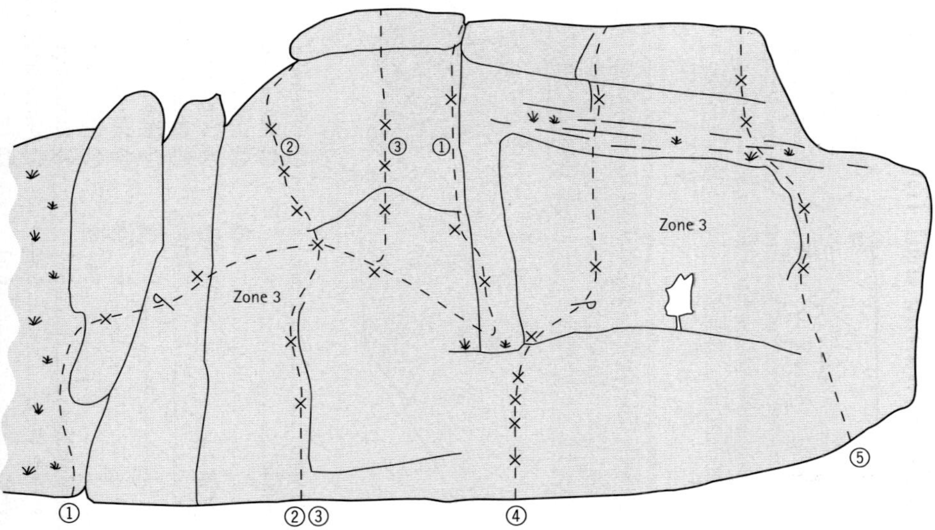

① Delago Ged.-Weg 6
② Die Zeit läuft ab 9-
③ Nagelfeile .... 8+
④ Linker Anstieg 8-
⑤ Leinleiterweg 7-

181 Totensteinwände und Totenstein (20-30 m, 0)

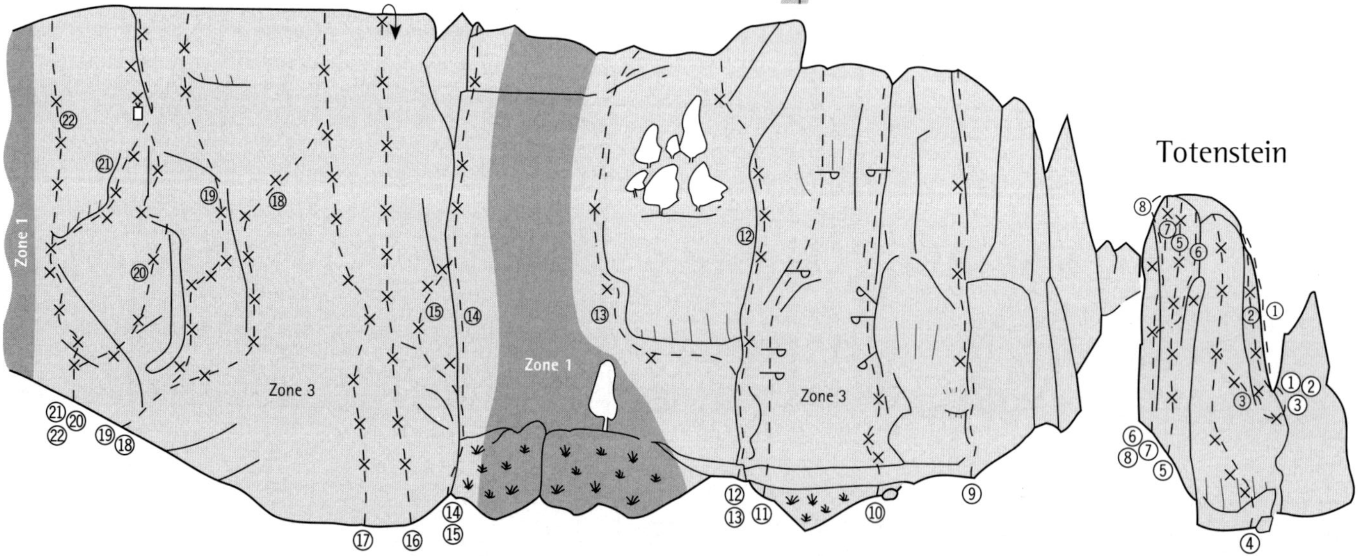

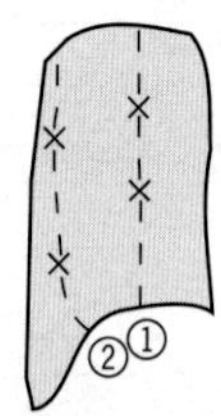

① Rechte Nordwand	6-	⑫ Falkenweg	6+
② Linke Nordwand	6	⑬ Nüssel Ged.-Weg	5+
③ Talseite	7	⑭ Emilienriß	6
④ Direkte Talseite	7-	⑮ Originalweg	6+
⑤ Deis mou her	7+/8-	⑯ Grulich-Route	7+
⑥ Kreuzerweg	5	⑰ Hohe Liebe	7-
⑦ Variante	6-	⑱ Noriskante	7-
⑧ Südriß	5+	⑲ Erinnerungsweg	7+
⑨ Edelweißverschneidung	5+	⑳ Noriswand	7-
⑩ Schmaderer Ged.-Weg	5 a2	㉑ Alfred Drexel Ged.-Weg	8-
⑪ Erlanger Weg	6 a1	㉒ ?	8-

Zugang:
Parken am Ortseingang Veilbronn (großer Parkplatz). Auf der Hauptstr. wieder 100 m talaufwärts und links den Hang hoch zu den Felsen. Der Totenstein ist den Totensteinwänden an ihrem rechten Ende vorgelagert.
Übersichtskarte: 2 (Seite 16); 4 (Seite 18)
Besonderes:
Recht glatter Fels, der manchmal schon eher an die Bamberger Gebiete erinnert.

181 Totensteinwände, linker Teil

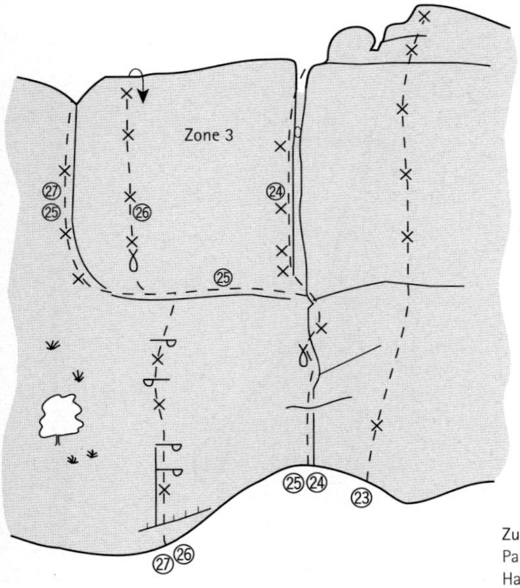

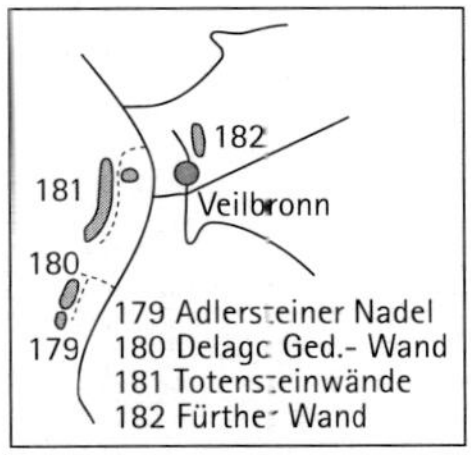

Zugang:

Parken am Ortseingang Veilbronn (großer Parkplatz). Auf der Hauptstr. wieder 100 m talaufwärts und links den Hang hoch zu den Felsen. Der Totenstein ist den Totensteinwänden an ihrem rechten Ende vorgelagert.

Übersichtskarte: 2 (Seite 16); 4 (Seite 18)

Besonderes:

Recht glatter Fels, der manchmal schon eher an die Bamberger Gebiete erinnert.

- ㉓ Projekt
- ㉔ Nürnberger Kamin 6
- ㉕ Auckenthaler Ged.-Weg 6-
- ㉖ Projekt
- ㉗ Direkter Einstieg 7-

182 Fürther Wand (28 m, W)

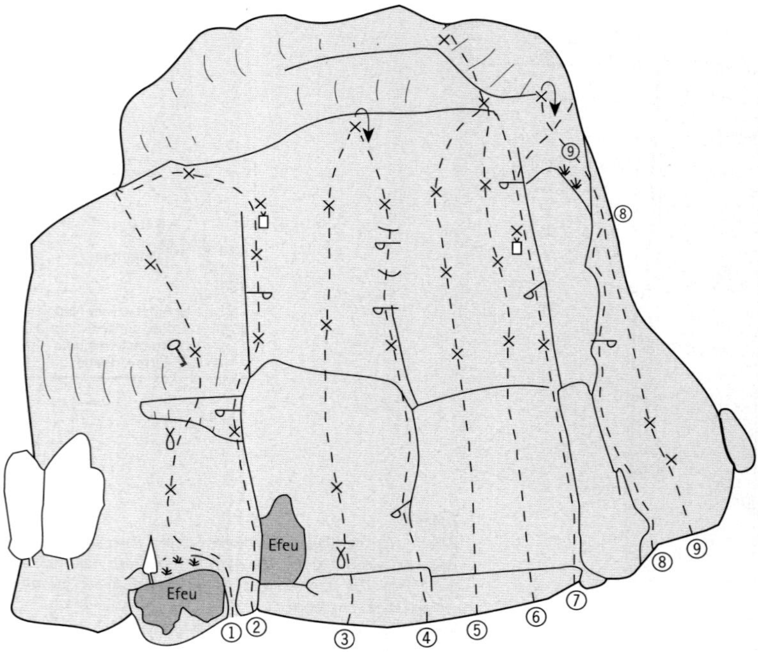

① Tutti Eight .... 8+
② Direkte Westwand 7-
③ Silent Running 8-
④ Laser .... 8+
⑤ Weißer Hai .... 7+
⑥ Dicke Lippe .... 8+
⑦ Li. Pfeilerriß *(2 Ausstiege möglich)* 6
⑧ Rechter Pfeilerriß 5
⑨ Frank und frei .... 6+

Zugang:
Die Wand steht nordöstlich oberhalb von Veilbronn am Westhang; unterhalb des Naturfreundehauses.
Übersichtskarte: 2 (Seite 16); 4 (Seite 18)

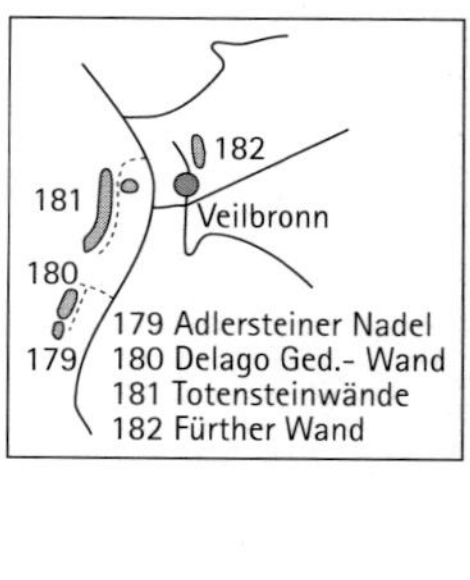

183 Traindorfer Wand (18 m, W) ☼

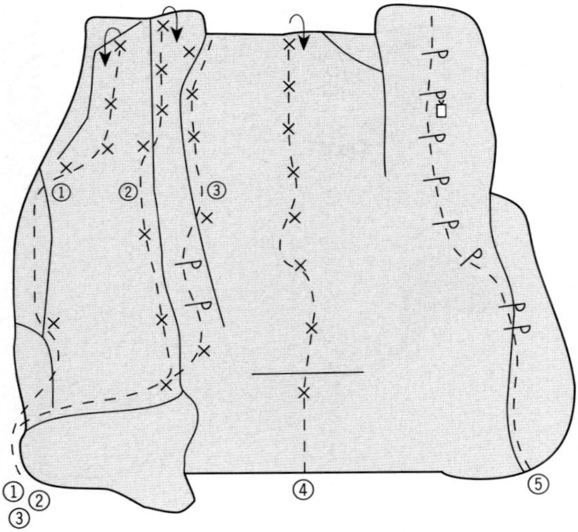

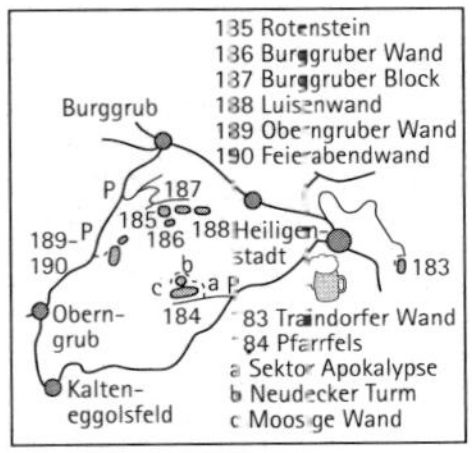

① Pavillonweg 7-

② Kleiner Wurm 7-

③ Alter Weg .... 6+

④ Mama mia .... 8+

⑤ Erinnerungsweg 5 a1

Zugang:
In Heiligenstadt immer der Ausschilderung "Pavillon" folgen bis zum Parkplatz. Direkt am Pavillon absteigen zu den Felsen.
Übersichtskarte: 2 (Seite 16); 4 (Seite 18)
Besonderes:
Schöner, grauer Plattenkalk; perfekt eingerichtete Touren. Sehr schöne landschaftliche Umgebung.

184a Pfarrfels, Sektor Apokalypse (10 m, NO)

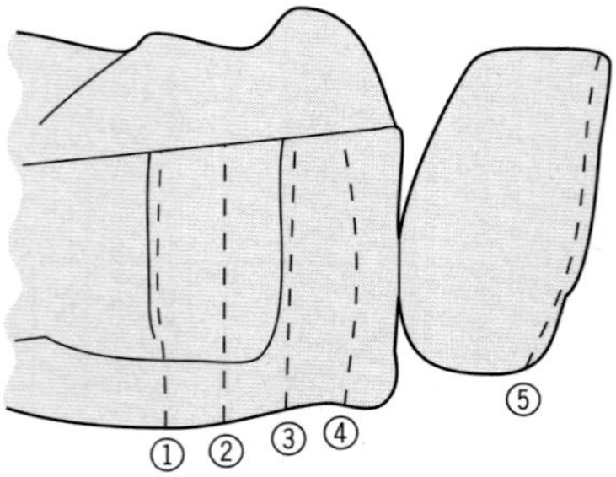

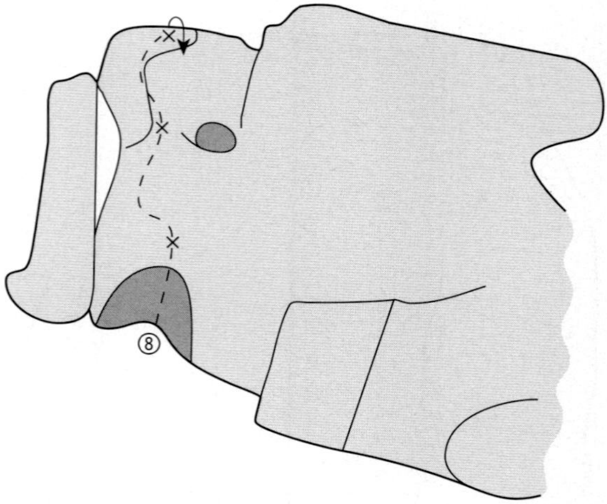

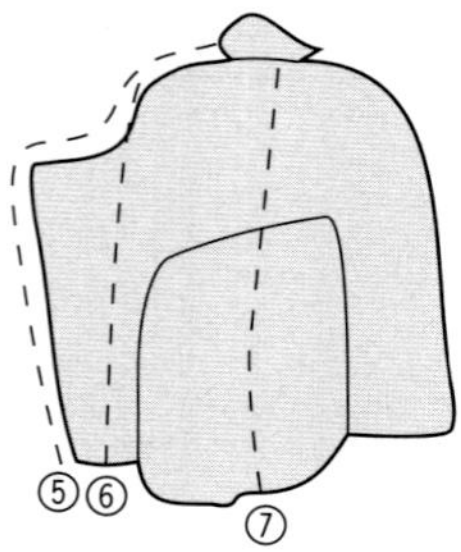

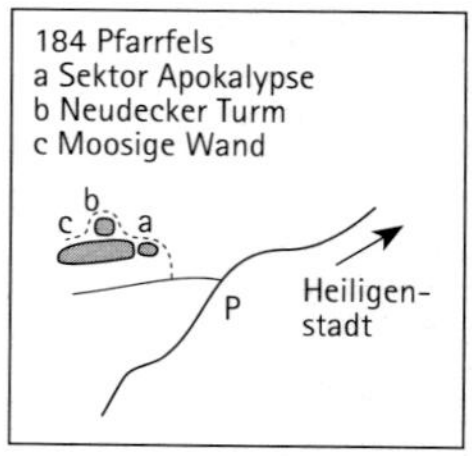

① Boulder Star 7
② Apokalypse .... 8+/9-
③ Furche 7-
④ Square Dance 7-
⑤ Schiffsbug 8
⑥ Reib und bleib 7
⑦ First Connection 7
⑧ If you know me better 8-/8

Zugang:
Von Heiligenstadt in Richtung Kalteneggolsfeld fahren und nach 2 km auf der höchsten Stelle parken. Rechts gutem Weg 250 m folgen zu den Felsen (sie stehen rechts vom Weg).
Übersichtskarte: 2 (Seite 16); 4 (Seite 18)
Besonderes:
Meist kleingriffige Wandkletterei; ① bis ⑦ sind Boulder.

184 Pfarrfels, Leinleitertal

b Neudecker Turm (12 m, N)

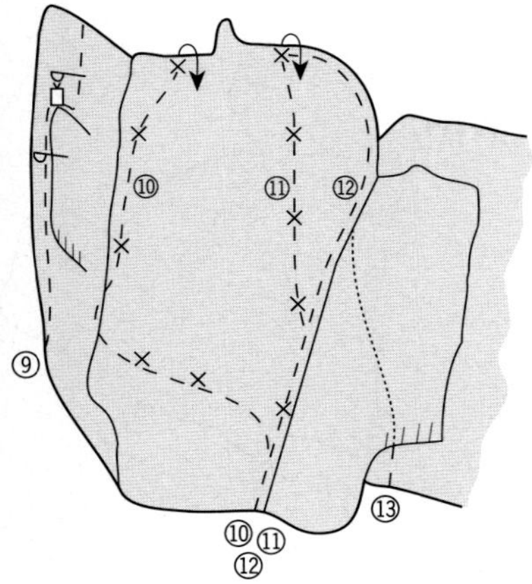

c Moosige Wand (12 m, N)

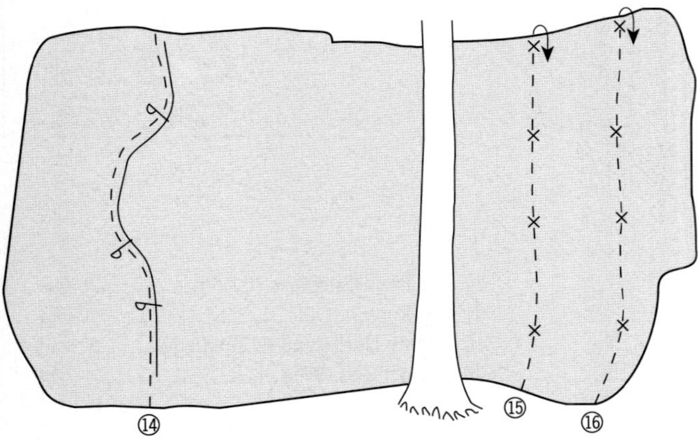

⑨ Talseite ....5+
⑩ Verschreibungspflichtig 9-
⑪ 95,8 ....7+
⑫ Variante..7+
⑬ Bergseite 4
⑭ Moosige Wand *(völlig vermoost)*
⑮ Waas i ned..8
⑯ Herz aus Gold 8

185 Rotenstein, Nordwestseite (bis 30 m)

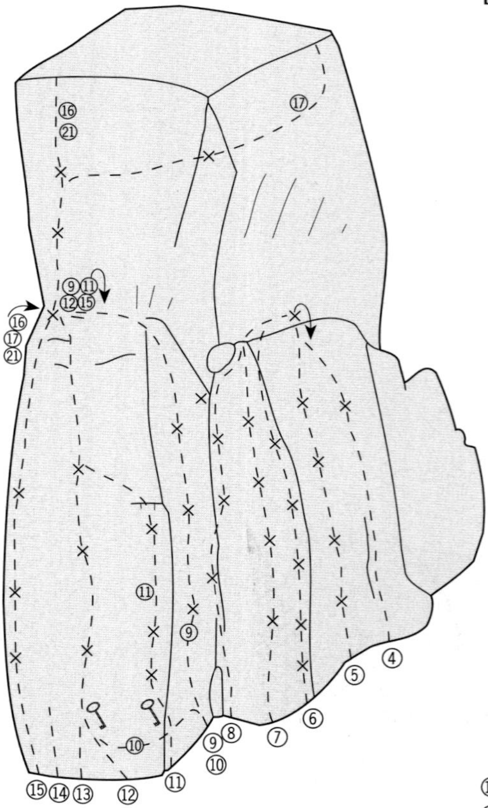

186 Burggruber Wand

Bergseite (12 m)

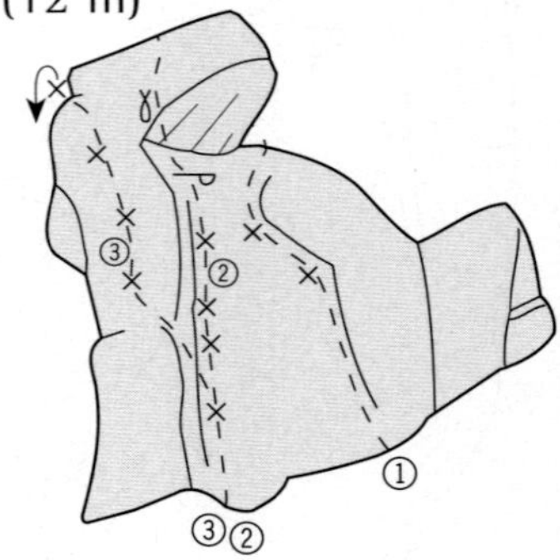

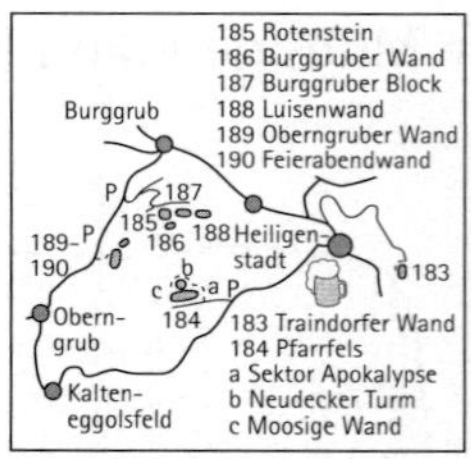

① Team Menstruation 8-
② Westriß 8-
③ Nordwestkante .... 8+/9-
④ Zeitlos 8-
⑤ Ostwand 8-
⑥ 00 Faber 10-
⑦ Melanom .... 9+/10-
⑧ Teufelsriß 7
⑨ Fat Patrol 9-
⑩ Maud-Traverse .... 7c Fbtr
⑪ Engel und Bestien .... 9+
mit Sitzstart: „Black Angel" .... 7b+ Fb
⑫ Maud (7a Fb) 9
⑬ Maud direkt .... 7b+ Fb
⑭ Tweakers (Sitzstart 7b+ Fb) .... 7b Fb
⑮ Die Kante 10-
⑯ Direkte Nordwand (2 Einstiege) 6
⑰ Mendel Ged.-Weg 7-
⑱ Orion 8-
⑲ Armriß 7
⑳ Siegfried 9-
㉑ Nordwand 5
㉒ Team Masturbation .... 8+
㉓ Emma Dilemma 9
㉔ Scherbeckriß 6
㉕ Purzelbaum 8
㉖ Viel Vergnügen 9-
㉗ Freundschaft 7-
㉘ Hinterstoisser Ged.-Weg 5 a1
㉙ California Dream 8

185 Rotenstein, Nordostseite (bis 30 m)

186 Burggruber Wand,

Nordseite (15 m)

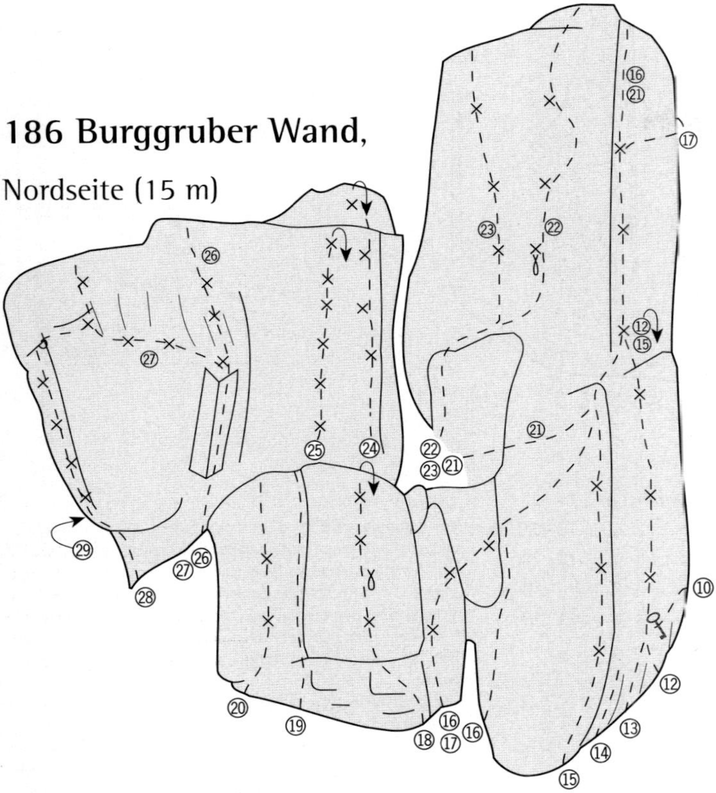

Zugang:
Von Burggrub in Richtung Oberngrub fahren. 200 m nach Ortsende zweigt links eine Schotterstraße ab (Schranke); hier parken. Auf dem Schotterweg bergauf, bei einer Gabelung rechts und insgesamt 600 m in Rechts-links-Schleife weiter, bis oberhalb die Felsen sichtbar sind. Hier gelangt man auf Steigspuren direkt hoch zum Rotenstein. Folgt man der Fuhre weiter geradeaus und geht unterhalb der linkesten Wand rechts hoch, so kommt man zur Luisenwand.
Übersichtskarte: 2 (Seite 16); 4 (Seite 18)
Besonderes:
Zahlreiche Extremklassiker, darunter das alte Boulderproblem "Maud" von Wolfgang ("Flipper") Fietz. An der Luisenwand findet man die erste Route im zehnten Grad des Nördlichen Frankenjura ("Kaum Zeit zum Atmen"; 10-; Wolfgang Güllich 1984).
Meist sind die Routen sehr kleingriffig, vorwiegend bewegt man sich an Leisten. Neuerdings sind einige zusätzliche Boulderprobleme eröffnet worden (Bewertungen nach Fontainebleau-Skala).
Gegenüber vom Rotenstein findet man noch einen Block mit einem Boulder der Schwierigkeit 7b+ Fb.

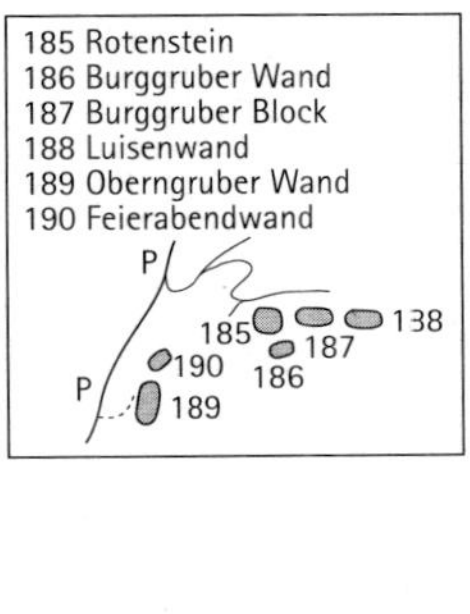

187 Burggruber Block (18 m, N)

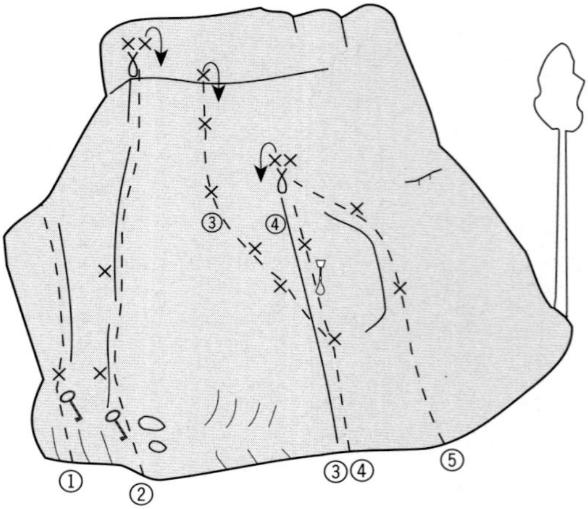

① Abseitsfalle *(Ausstieg verwachsen)*....7+
② Adrenalin 10-/10
③ Nebenbuhler 10
④ Meddle..9
⑤ Atom Heart Mother ....9+

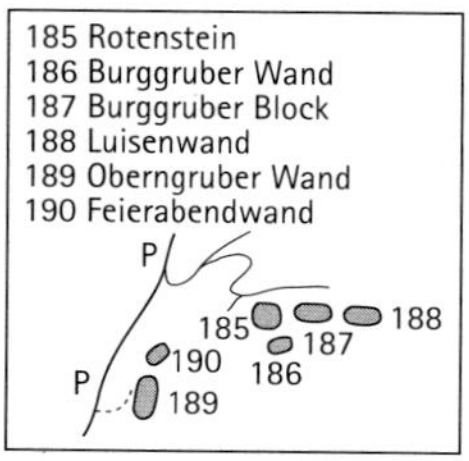

Zugang:

Von Burggrub in Richtung Oberngrub fahren. 200 m nach Ortsende zweigt links eine Schotterstraße ab (Schranke); hier parken. Auf dem Schotterweg bergauf, bei einer Gabelung rechts und insgesamt 600 m in Rechts-links-Schleife weiter, bis oberhalb die Felsen sichtbar sind. Hier gelangt man auf Steigspuren direkt hoch zum Rotenstein. Folgt man der Fuhre weiter geradeaus und geht unterhalb der linkesten Wand rechts hoch, so kommt man zur Luisenwand.

Übersichtskarte: 2 (Seite 16); 4 (Seite 18)

Besonderes:

Zahlreiche Extremklassiker, darunter das alte Boulderproblem "Maud" von Wolfgang ("Flipper") Fietz. An der Luisenwand findet man die erste Route im zehnten Grad des Nördlichen Frankenjura ("Kaum Zeit zum Atmen"; 10-; Wolfgang Güllich 1984).

Meist sind die Routen sehr kleingriffig, vorwiegend bewegt man sich an Leisten.

188 Luisenwand (20 m, N)

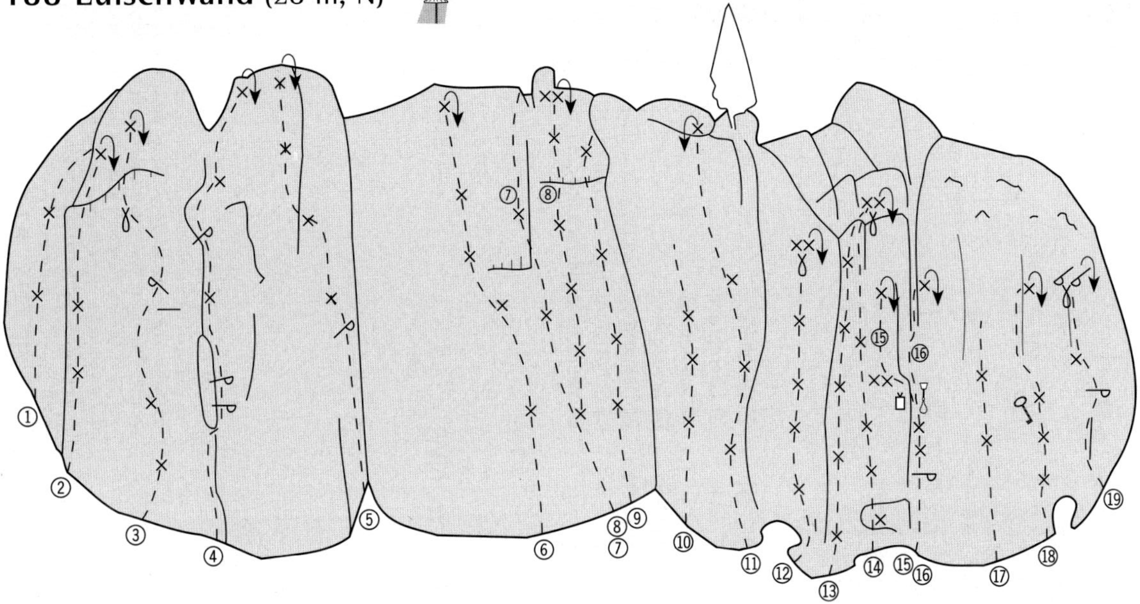

① Die leichte Luise 6-
② Alles für die Katz 7-
③ Spargeltarzan 9-
④ Fakir 8
⑤ Freche Mädels .... 8+/9-
⑥ Team Motivation .... 9/9+
⑦ Sächsische Streckbank 9
⑧ Projekt
⑨ Nette Jungs 9-
⑩ Projekt

⑪ Kamasutra 218 10
⑫ Geht 9
⑬ Silberhaar .... 9+/10-
⑭ Projekt
⑮ Milan goes bearhunting 10
⑯ Volk Heckmann Ged.-Weg 9
⑰ Projekt
⑱ Kaum Zeit zum Atmen 10-
⑲ Sexappeal *(übelste Umlenkung)* .... 8+

189 Oberngruber Wand (18 m, W)

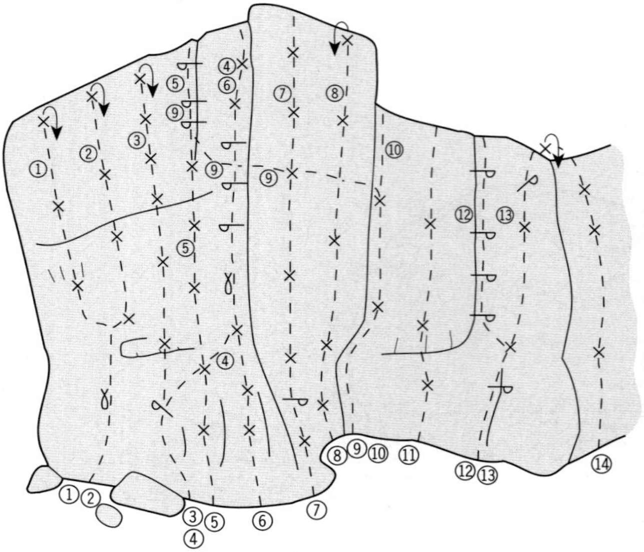

Zugang:
Von Burggrub in Richtung Oberngrub fahren und 150 m nach km 1,5 parken. Links einen Waldweg 100 m hinauf und nach links zu den Felsen.
Übersichtskarte: 2 (Seite 16); 4 (Seite 18)

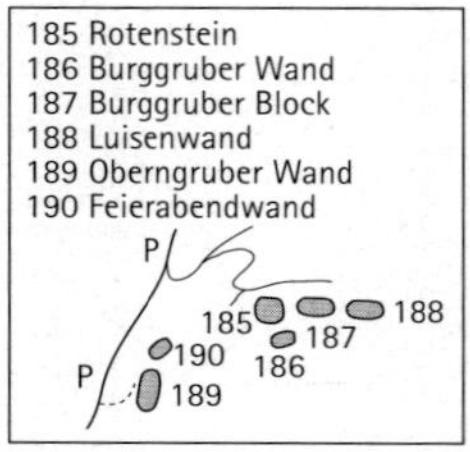

① Dampfwalze 8-
② Via Muskulatur 8
③ Sinn des Lebens 9-
④ High Times .... 8+/9-
⑤ Monsun .... 8+/9-
⑥ Sackgasse 9
⑦ Flip Flap .... 8+
⑧ Drittelmix .... 8+
⑨ Oberngruber Weg 7
⑩ Schinderriß 6
⑪ Kreuzgang 8
⑫ Hakenweg .... 7+
⑬ Schattenröschen .... 7+
⑭ Wem die Stunde schlägt 8-

190 Feierabendwand (10 m, NW)

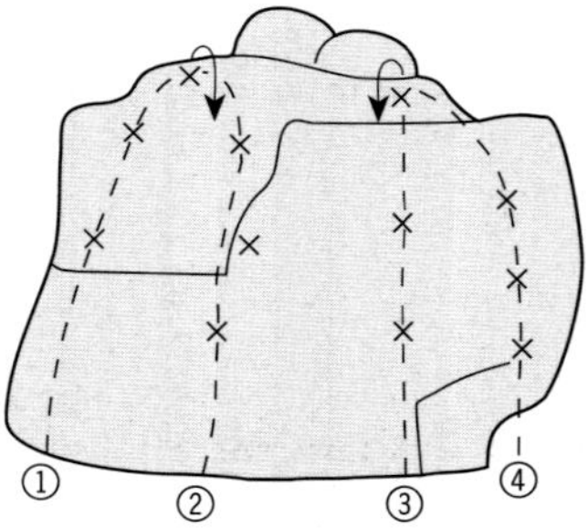

① Spätfilm 6
② Sportschau 7
③ Sendeschluß .... 6+
④ Mutti laß' krachen 8-

Zugang:
Von Burggrub in Richtung Oberngrub fahren und 150 m nach km 1,5 parken. Links einen Waldweg 100 m hinauf; links oberhalb steht die Oberngruber Wand. Noch weitere 100 m weiter links liegt die Feierabendwand. Entweder von der Oberngruber Wand durch das Dickicht oder unten auf dem Forstweg bis zu einem großen, moosigen Block. Rechts von ihm senkrecht den Hang hinauf zum Felsen.
Übersichtskarte: 2 (Seite 16); 4 (Seite 18)

191 Krankenhaus (12 m, S) ☼

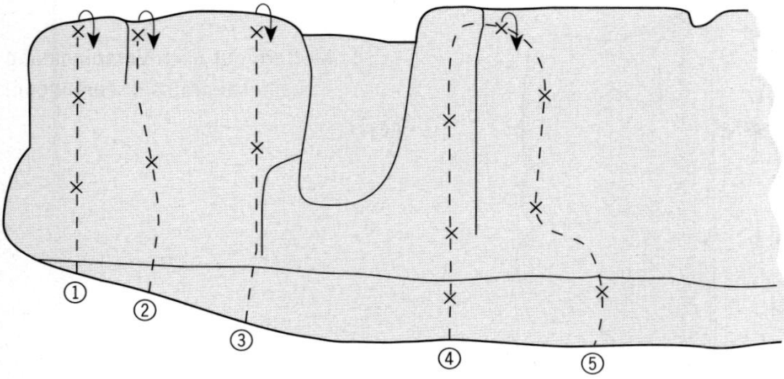

① Dialysepatient 7-
② Totaloperation .... 6+
③ Psychose .... 6+
④ Lachgasjunky 9-
⑤ Projekt

Zugang:
Von Ebermannstadt in Richtung Kanndorf fahren und bei Häuschen links parken. Wieder 3C m zurück und auf einem Weg den Südwesthang hoch. Nach 200 m erreicht man die Wand.
Übersichtskarte: 2 (Seite 16)

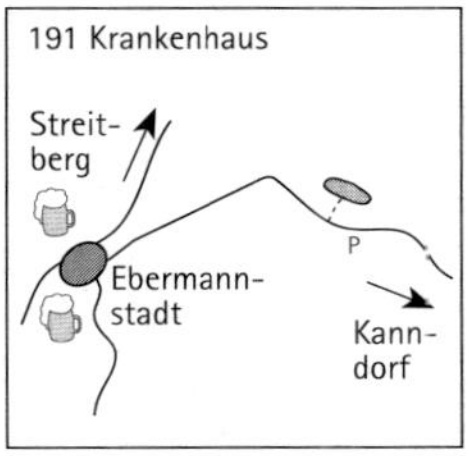

192 Hunnenstein Talseite (45 m, S) ☼ Unteres Wiesenttal

Klettern nur nach Voranmeldung beim Landratsamt Forchheim!

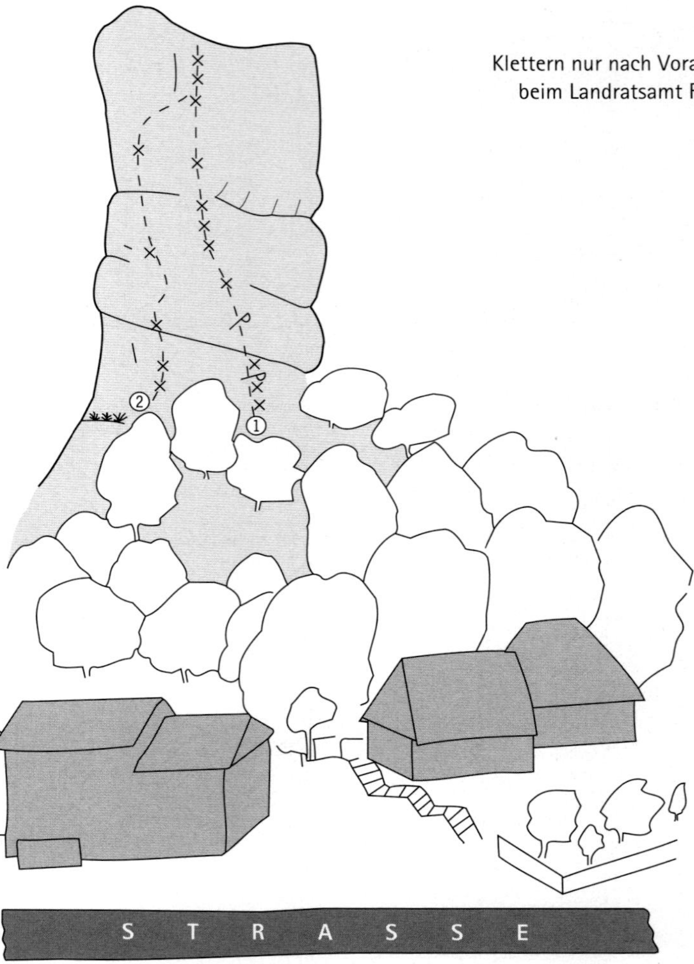

Bahnhof Streitberg

① Alte Talseite 7
② Neue Talseite .... 7+

193 Dülfer Ged.-Wand (17 m, S und W) ☼ Unteres Wiesenttal

192 Hunnenstein Bergseite

Klettern nur nach Voranmeldung
beim Landratsamt Forchheim!

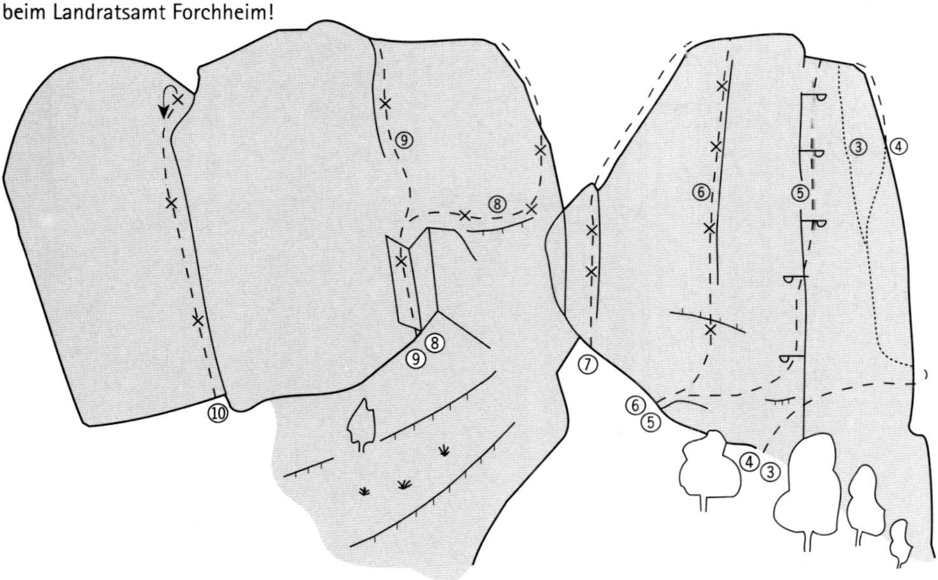

③ Variante 7-
④ Westkante .... 6+
⑤ Jörg Lehne Ged.-Weg 7-
⑥ Hinterstoisser Ged.-Weg 7-
⑦ Schartenriß .... 6+
⑧ Quergang 6
⑨ Südwand 5
⑩ Südwestwand 6-

Zugang:
Der Hunnenstein ist der markante Felsturm nördlich oberhalb des Bahnhofes Streitberg.
Übersichtskarte: 2 (Seite 16)
Besonderes:
An Hunnenstein und Dülfer Ged.-Wand ist das Klettern nur nach telefonischer Anmeldung beim Landratsamt Forchheim erlaubt!

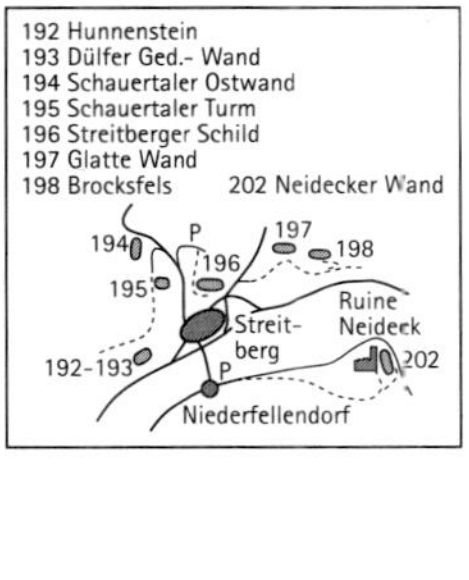

194 Schauertaler Ostwand (30 m)

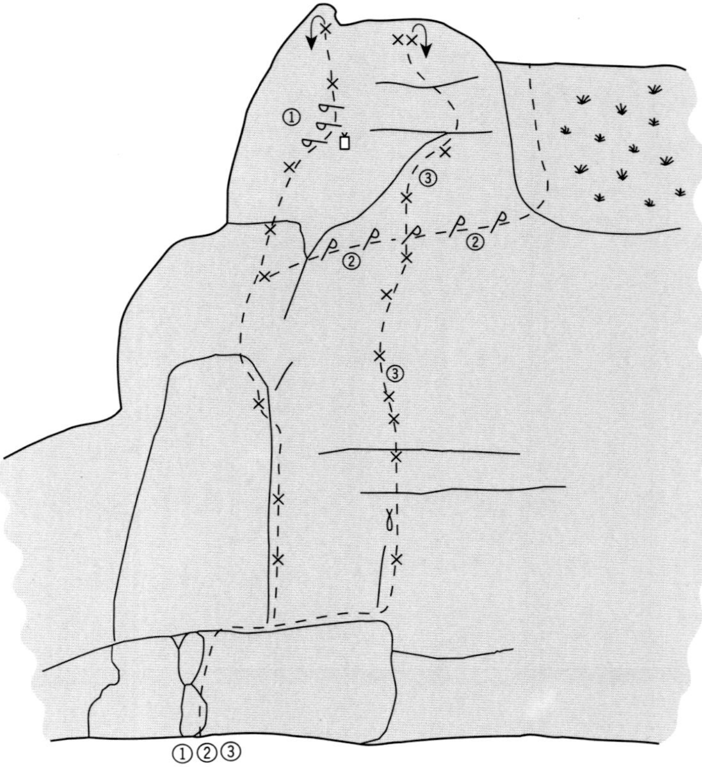

① Michael Schober Ged.-Weg 7-

② Sepp Rammes Ged.-Weg .... 7+

③ Bandwurm .... 8/8+

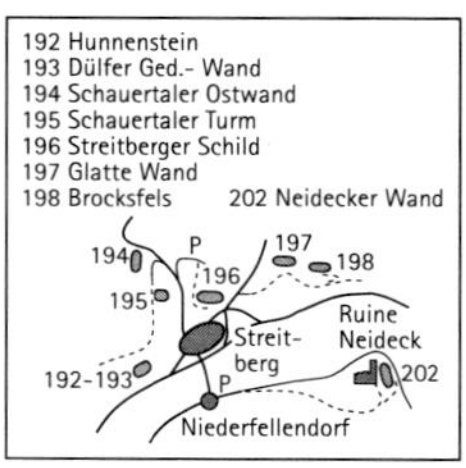

Zugang:
Die Wand steht 20 m oberhalb des Parkplatzes, der sich an der Straße zur Binghöhle vor der scharfen Linkskurve befindet.
Übersichtskarte: 2 (Seite 16)
Besonderes:
Großartige Linien mit einem Zustieg für Gehfaule (20 m vom Parkplatz). Einstiege Kamin und Rißkamin, oben Wandkletterei.

Bild Seite 291: Martina Artioli klettert den Sautanz (9-) an den Oberen Gößweinsteiner Wänden

195 Schauertaler Turm

Bergseite (15 m, W)

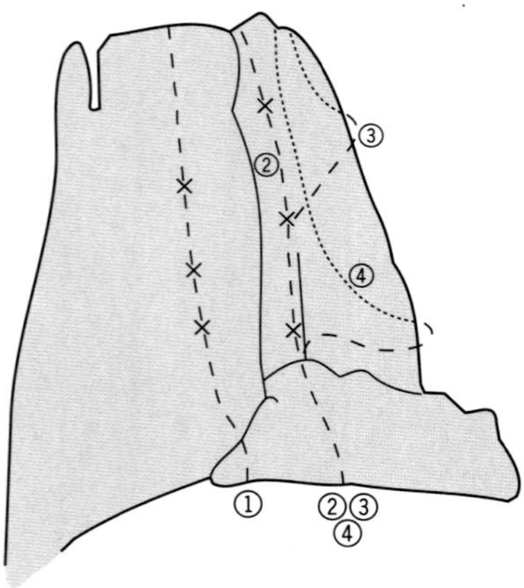

Südwand (bis 25 m)

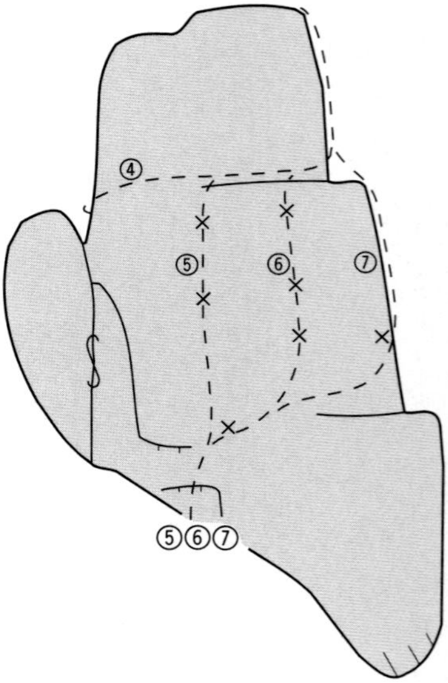

Talseite (30 m, O)

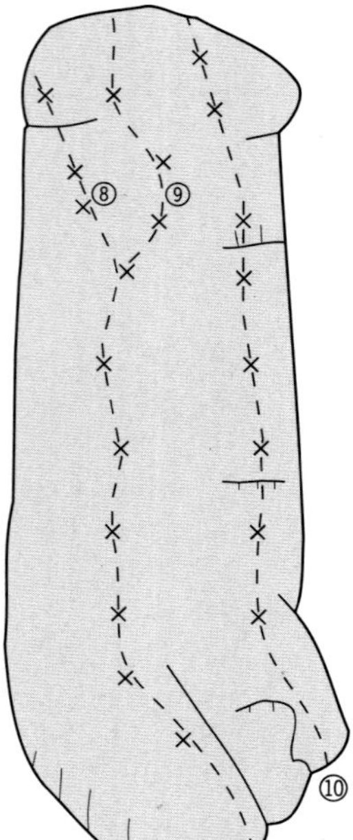

① Kamikaze 7-
② Westwand 5
③ Obere Südwand 4
④ Schauertaler Band .... 3+
⑤ Direkte Südwand 7
⑥ Schwabenstreich 8-
⑦ Südostkante 6
⑧ Toni Kurz Ged.-Weg .... 6+
⑨ Rechter Ausstieg 7-
⑩ Nordwand .... 6+

Zugang:
In Streitberg in Richtung Binghöhle fahren, nach scharfer Linkskurve steil den Berg hinauf und links zum Parkplatz. Geradeaus weiter zur Bergseite des Schauertaler Turms (100 m vom Parkplatz).
Übersichtskarte: 2 (Seite 16)
Besonderes:
Sperrgefahr (Pflanzenschutz)

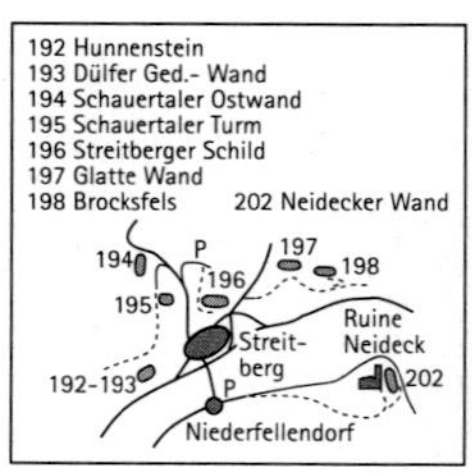

Bild Seite 293: Patrick Matros in „Skywalk" (10-) an den Bärenschluchtwänden

196 Streitberger Schild

Bergseite (20-25 m, N und W)

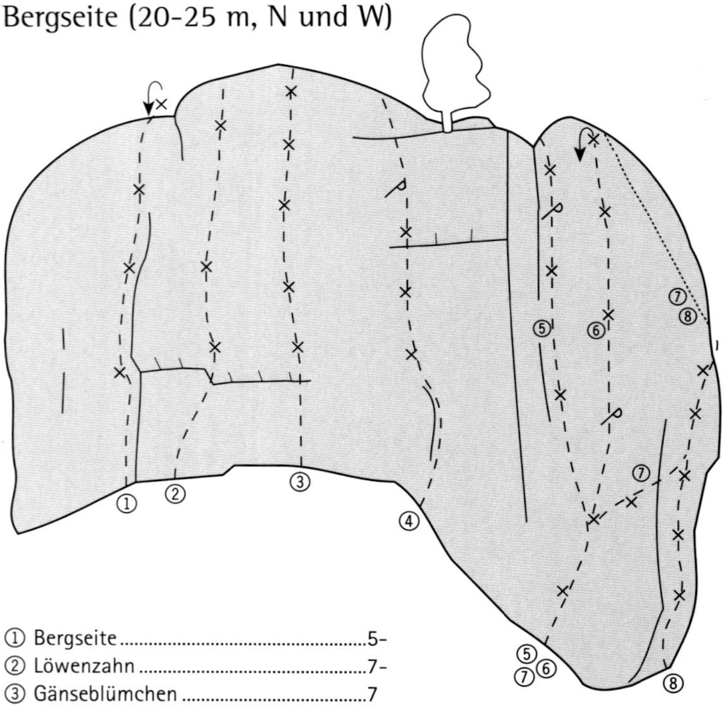

① Bergseite 5-
② Löwenzahn 7-
③ Gänseblümchen 7
④ Helmut Albrecht Ged.-Weg .... 8+
⑤ Adolf Rott Ged.-Weg .... 6+
⑥ Schildbürgerstreich 9-
⑦ Südwestkante 7
⑧ Direkter Einstieg 7

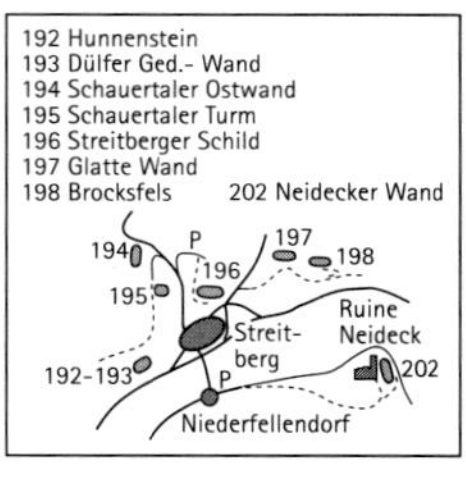

Zugang:
In Streitberg in Richtung Binghöhle fahren, am Ortsausgang scharf rechts ("Streitberg") und bei kleinem Steinbruch parken. Rechts an dem einzelnen Haus vorbei und auf Wanderweg 300 m leicht bergab, bis die Felsen sichtbar sind. Links auf Trampelpfad hoch zu den Einstiegen.
Übersichtskarte: 2 (Seite16)
Besonderes:
Zu bestimmten Zeiten (Saison, Wochenende) ist sogar abends Flutlichtklettern möglich!
Lohnende Riß- und Wandklettereien in kompaktem Plattenkalk.

Bild Seite 295: Arne Küfner (kletternd) und Michael Dettweiler beim Bouldern an der Matterhornwand

196 Streitberger Schild, Talseite (30 m, S) ☼ Unteres Wiesenttal

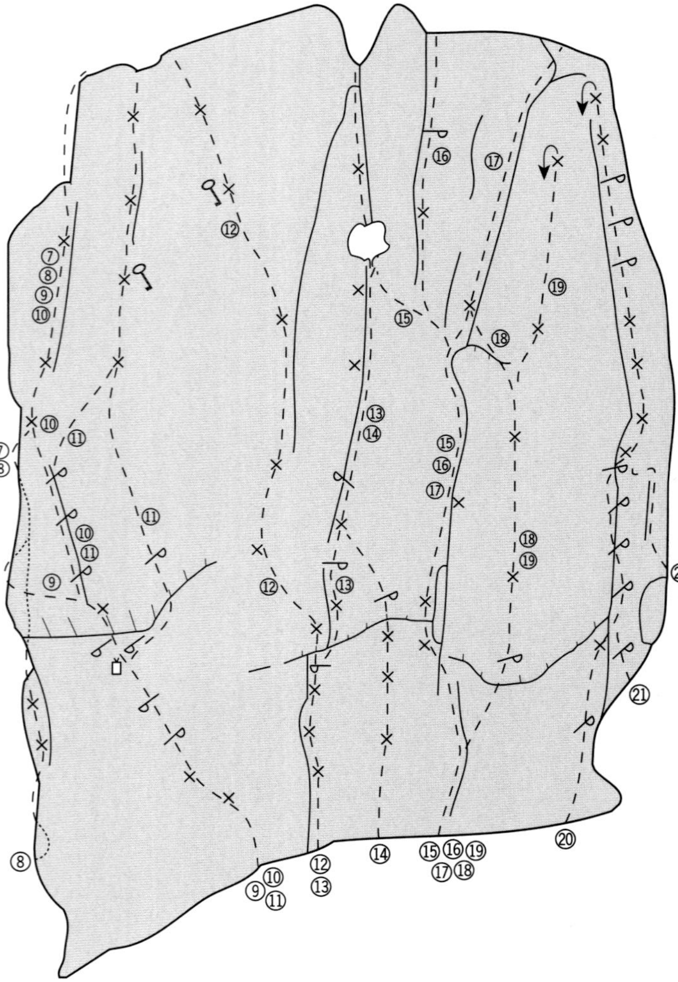

Zugang:
In Streitberg in Richtung Binghöhle fahren, am Ortsausgang scharf rechts ("Streitberg") und bei kleinem Steinbruch parken. Rechts an dem einzelnen Haus vorbei und auf Wanderweg 300 m leicht bergab, bis die Felsen sichtbar sind. Links auf Trampelpfad hoch zu den Einstiegen.

Übersichtskarte: 2 (Seite16)

Besonderes:
Zu bestimmten Zeiten (Saison, Wochenende) ist sogar abends Flutlichtklettern möglich!
Lohnende Riß- und Wandklettereien in kompaktem Plattenkalk.

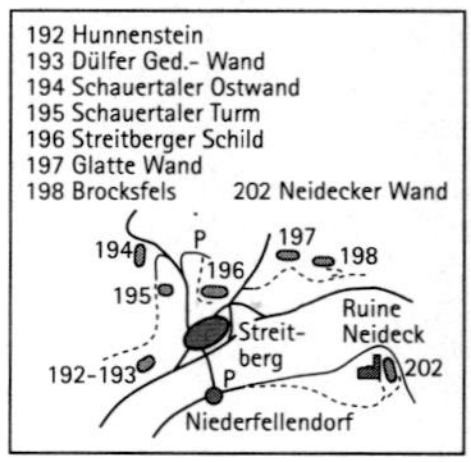

⑧ Südwestkante, direkter Einstieg..........7
⑨ Günther Kolb Ged.-Weg..........7+
⑩ Direkter Ausstieg..........7+
⑪ Bernd Arnold-Platte (2 Varianten)....8
⑫ Schildkröte..........8
⑬ Fürther Riß..........7+
⑭ Via Carmen..........7-
⑮ Alte Talseite..........6-
⑯ Pilgerriß..........6+
⑰ Erdenkäuferriß..........6
⑱ Neue Talseite..........8-
⑲ Projekt
⑳ Südostkante direkt..........8-
㉑ Südostkante..........8-
㉒ Ostwand..........6+

197 Glatte Wand (20 m, S) ☼

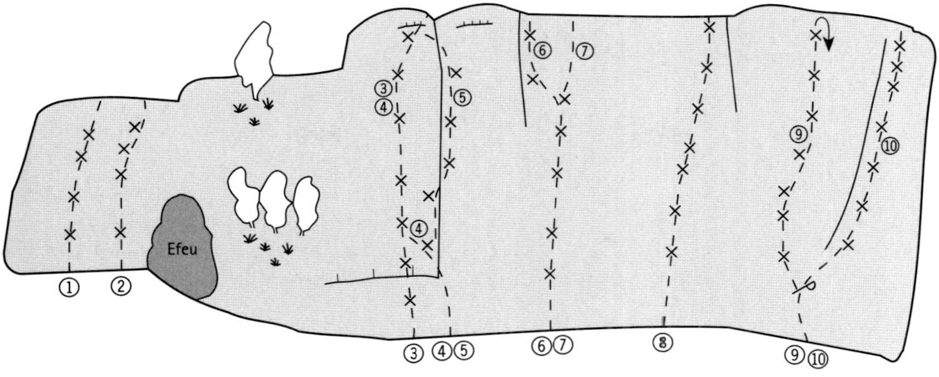

① Wackelpudding 7
② Snoopy..8-
③ Projekt
④ Glatte Wand...8-
⑤ Dornröschen..7-
⑥ Sportflieger 7
⑦ Direkter Ausstieg ....8+
⑧ Pumuckl ....7+
⑨ Rutschgefahr ....8+
⑩ Wandpiraten („Tower of Power")........8+

198 Brocksfels (14 m, S) ☼

Zugang:
Nach Ortseingang Streitberg steil rechts hoch zu Parkplatz. Rechts dem Muschelquellenweg folgen bis zur Muschelquelle. Etwas oberhalb steht die Glatte Wand.
Zum Brocksfels folgt man dem Wanderweg weiter, bis links eine Hütte erscheint. Hinter ihr biegt man links ab und folgt dem Weg (wieder talabwärts) zum Brocksfels.
Übersichtskarte: 2 (Seite 16)

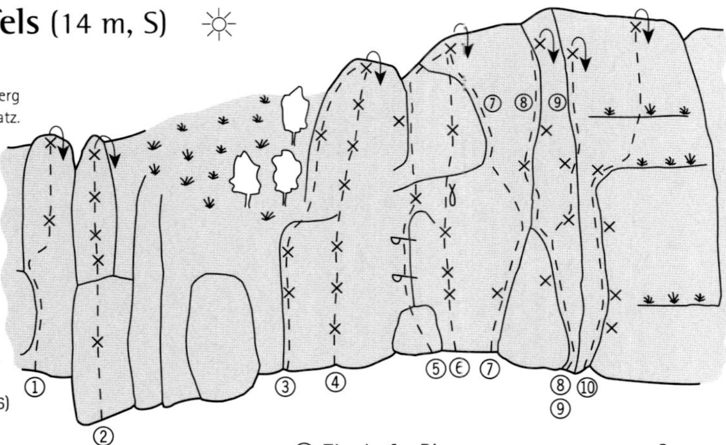

① Butterfly...7+
② Tutti Frutti ....5+
③ Kalter Bauer..6+
④ Blendax ....7+
⑤ Baracouda 7
⑥ Gerhard Gerlach Ged.-Weg 8-
⑦ Reiterkante...5
⑧ Kameradschaftsweg 6
⑨ Transall 8-
⑩ Zirndorfer Bierweg....................................6

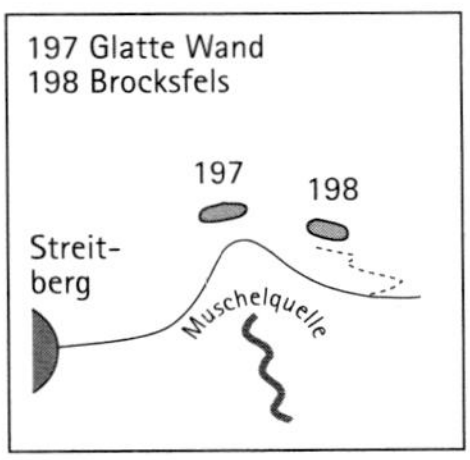

199 Matterhornwand (50 m, S)

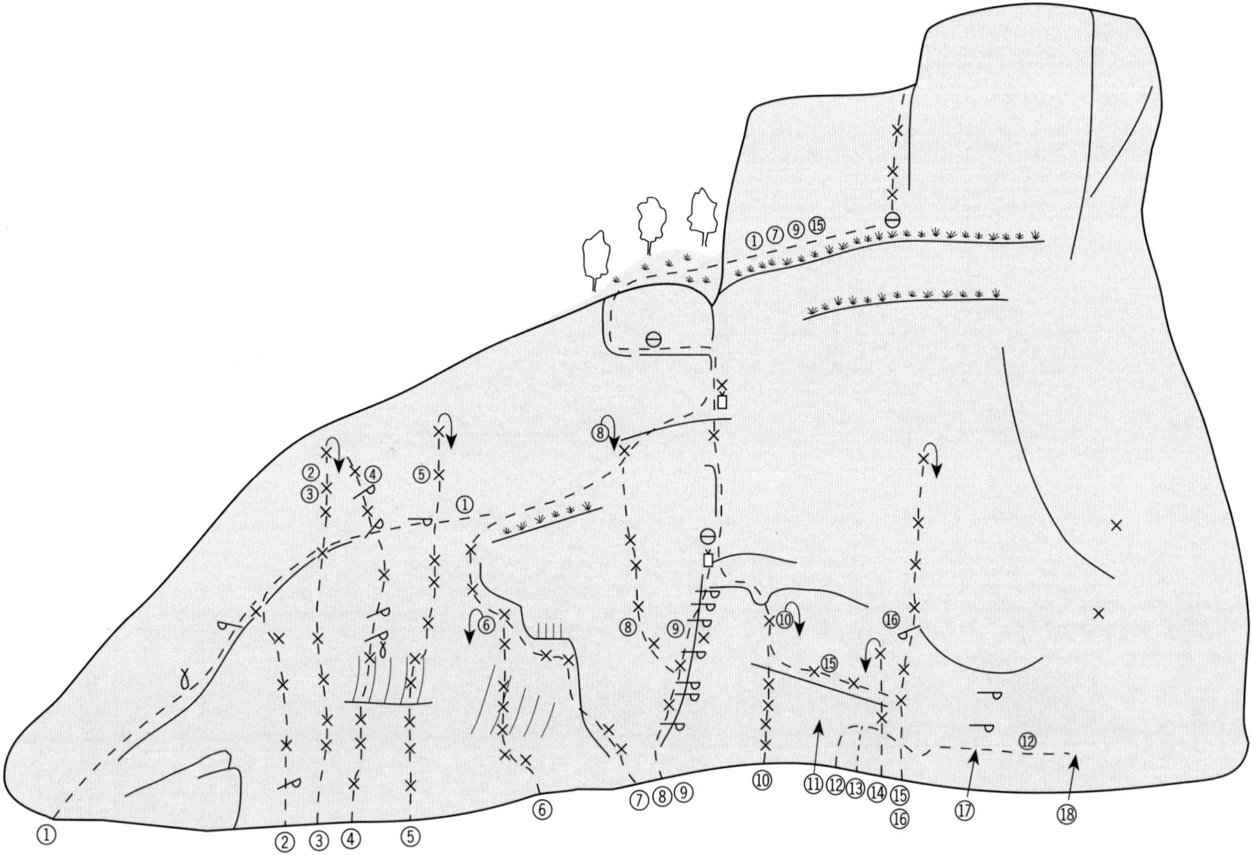

Sperrung: Vom 1.2.-15.7. wegen Vogelschutz

① Schönauer Weg 6-
② Auwehla 8-
③ Big Mac .... 8+
④ Klararuh .... 8+/9-
⑤ Drive Thru 9-
⑥ ? 9-
⑦ Schlesinger Weg .... 6+
⑧ Herrenpartei 9-
⑨ Diagonaldach .... 8+
⑩ Schrottpunkt 9-
⑪ Happy Birthday (Rurps) a4
⑫ Boulderquergang (7c Fbtr) 10-
⑬ Boulder .... 7b Fb
⑭ Schrankwand (6c+ Fb) 9-
⑮ Die Gelbe 7
⑯ Raub der Sabinerinnen .... 9/9+
⑰ Bayreuther Weg .... 5+ a3
⑱ Loy Ged.-Weg .... 5+ a2

Zugang:
Die mächtige Matterhornwand steht 1 km talaufwarts von Streitberg am Südhang (bereits von weitem sichtbar). Sie wird vom darunter befindlichen Parkplatz in wenigen min erreicht. Der Freundschaftsturm steht rechts oberhalb.
Übersichtskarte: 2 (Seite 16)
Besonderes:
Wer von sich behaupten will, die "Fränkische" richtig zu kennen, muß den Klassiker "Die Gelbe" geklettert haben!
Es existieren noch zahlreiche, mehr oder weniger definierte Boulder, auf deren Beschreibung hier verzichtet wird (am besten vor Ort zeigen lassen).

200 Freundschaftsturm (20 m)

Südseite

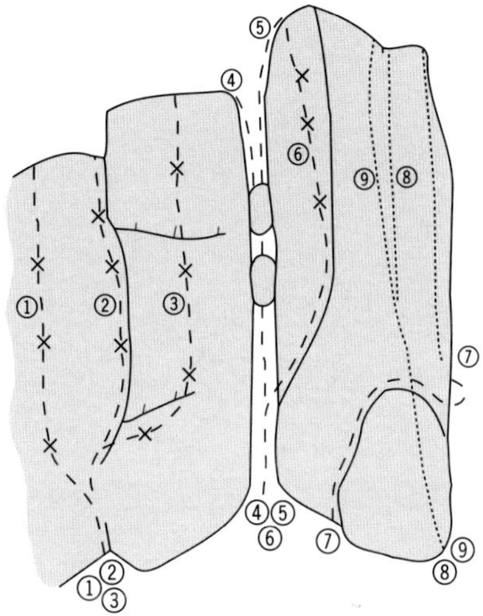

Talseite (W)

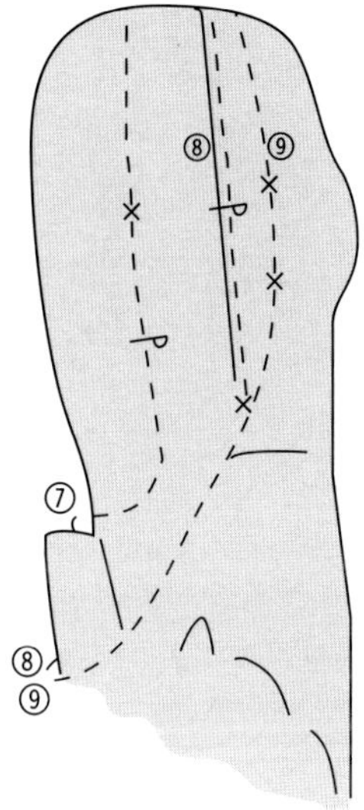

Sperrung: Vom 1.2.-15.7. wegen Vogelschutz

① Tod eines Handlungsreisenden 7
② Dachlverschneidung 6
③ Reifeprüfung 7-
④ Kamin 3
⑤ Kaminkehrer 5
⑥ Weg nach Asgard 6
⑦ Kleines Intermezzo 8-
⑧ Talseite 6-
⑨ Lonesome Wolf 7-

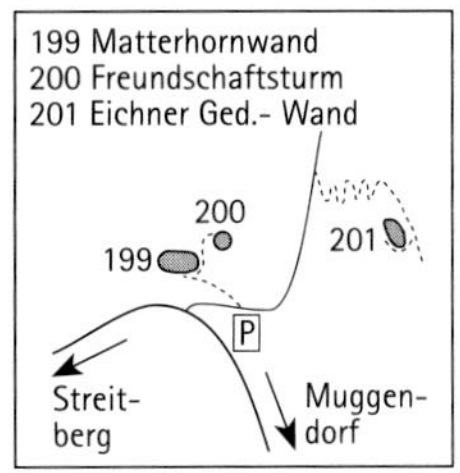

201 Eichner Ged.-Wand (17 m, W)

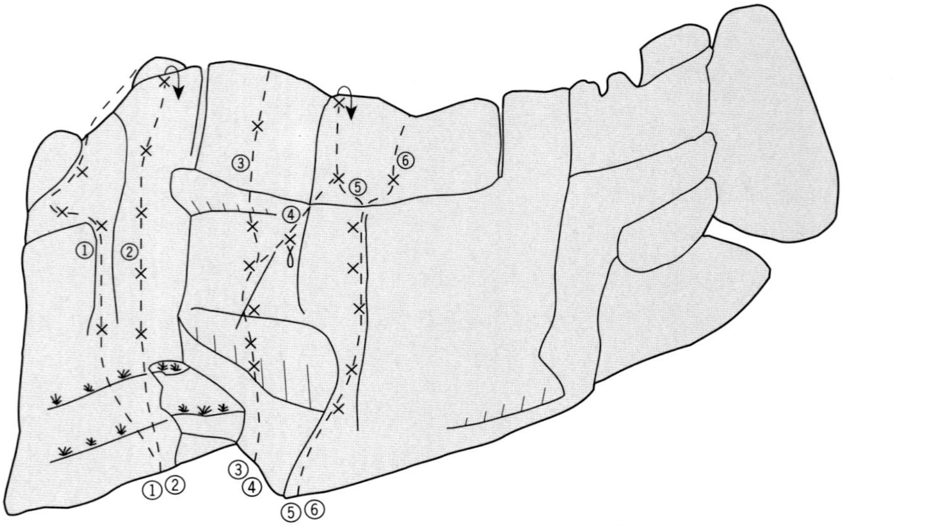

① Gerade Südwestwand .... 6+
② ? 8
③ Direktausstieg 8
④ Glänzende Mäander 8
⑤ Weder Neid noch Streit 7
⑥ Direktausstieg 8-

Zugang:
Parken beim Parkplatz "Matterhornwand 1 km talaufwärts von Streitberg. Auf dem Schotterweg weiter den Berg hinauf, dann rechts (Wegweiser "Muggendorfer Höhenweg") auf Wanderweg weiter bis zum höchsten Punkt. Leicht rechts haltend zu den Gipfelfelsen und links davon absteigen zu den Einstiegen.
Übersichtskarte: 2 (Seite 16)
Besonderes:
Längerer Zustieg über sehr schönen Wanderweg.

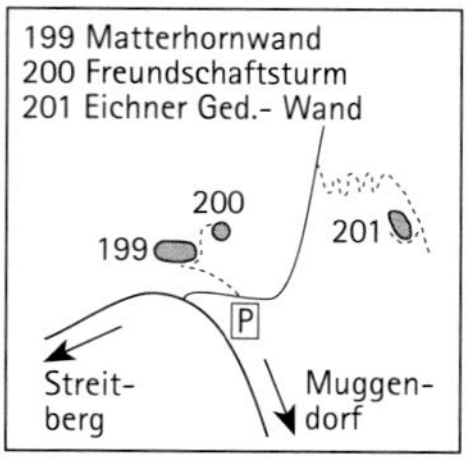

Bild Seite 301: Frank Winkelmann klettert „Pharao“ (10) an den Bärenschluchtwänden

202 Neidecker Wand (30 m, O)

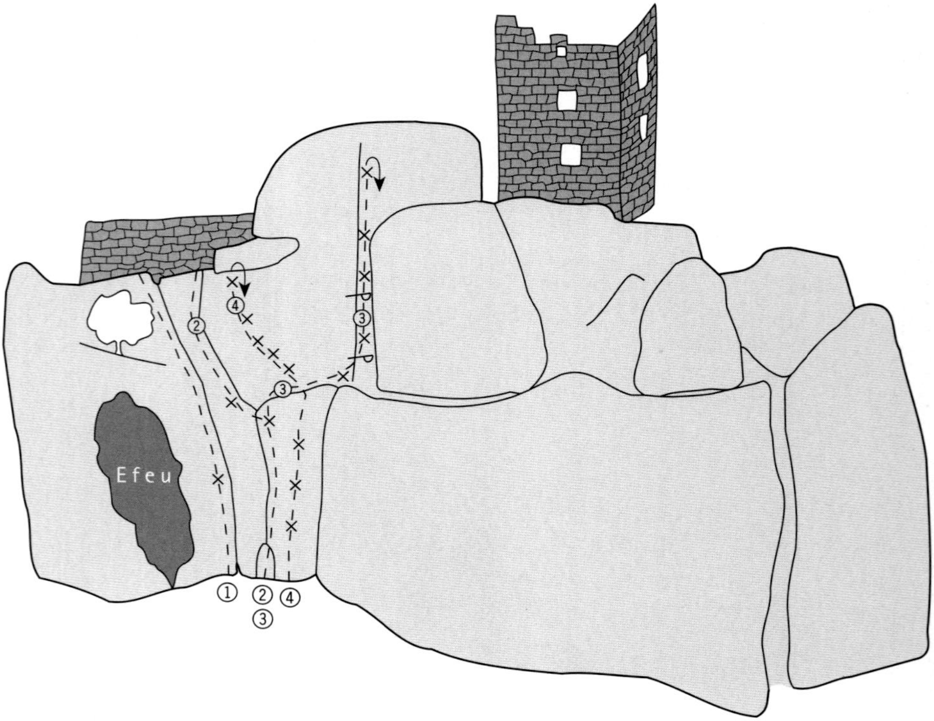

① Variante .... 4+ a0
② Verbindungsweg .... 6+
③ Schlüssel zum Erfolg 9-
④ Rechter Weg .... 7+

Zugang:
Von Streitberg nach Niederfellendorf, dort parken. Auf ausgeschildertem Weg zur Ruine Neideck und absteigen zur Wand (20 min).
Übersichtskarte: 2 (Seite 16)

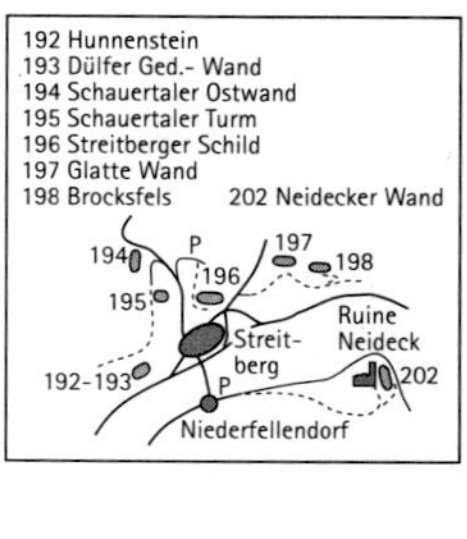

Bild Seite 303: Martin Joisten klettert „Ab durch die Mitte“ (9/9+) an der Marientaler Wand

PETZL

203 Graue Wand und Turm

Topo 1 (10 m, W)

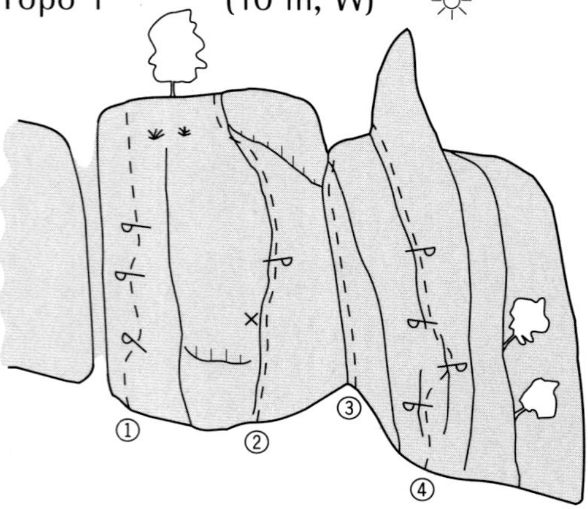

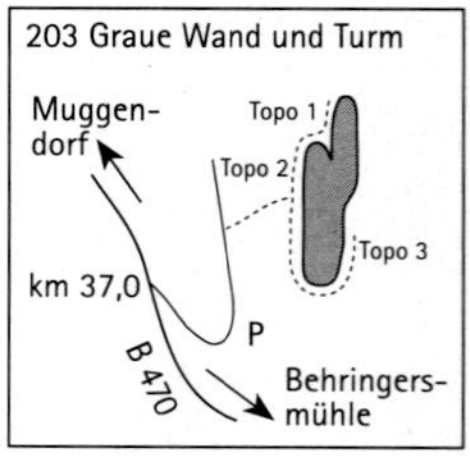

Topo 2 (10 m, W)

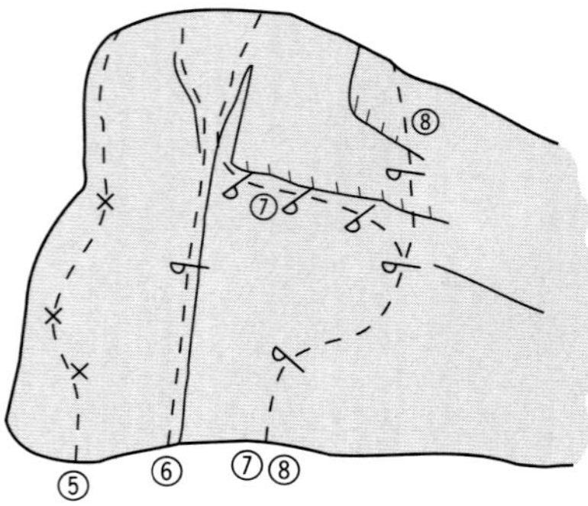

① Linke Nordkante..7-
② Studentenriß...7+
③ Kamin...3
④ Rechte Nordkante 7
⑤ Märchenprinz ....6+
⑥ Linke Talseite 6-
⑦ Variante...7-
⑧ Rechte Talseite..7-
⑨ Groovy ....6+

Topo 3 (10 m, O)

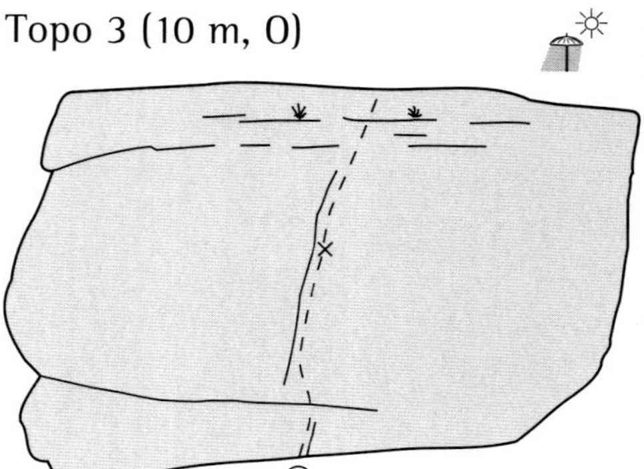

Zugang:
Parken zwischen Muggendorf und Behringersmühle bei km 37,0. 30 m links oberhalb des Parkplatzes steht die Wand.
Übersichtskarte: 2 (Seite 16)
Besonderes:
Riß- und Wandkletterei in grauem Plattenkalk, Absicherung meist über Rostis.

204 Vergessene Wand (12 m, S)

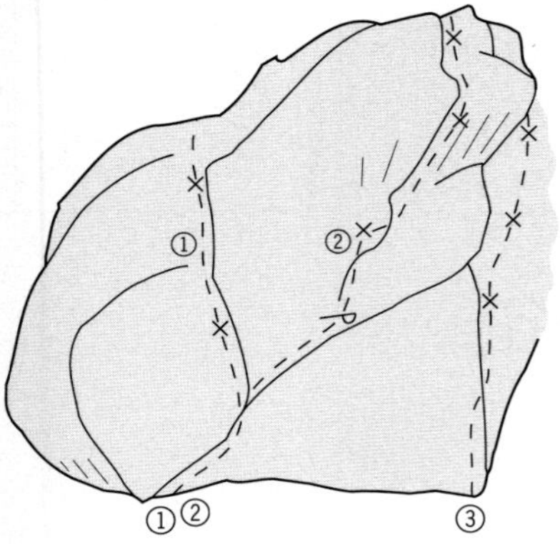

① An Blondi seina ....6+
② An Schorschla seina 6 a0
③ Ebermannstädter Weg 5

Zugang:
Parken zwischen Muggendorf und Behringersmühle bei km 37,0. Links oberhalb des Parkplatzes steht die Graue Wand. In östlicher Richtung 100 m weiter zur Vergessenen Wand.
Übersichtskarte: 2 (Seite 15)

205 Kammer, rechter Teil (15 m, O)

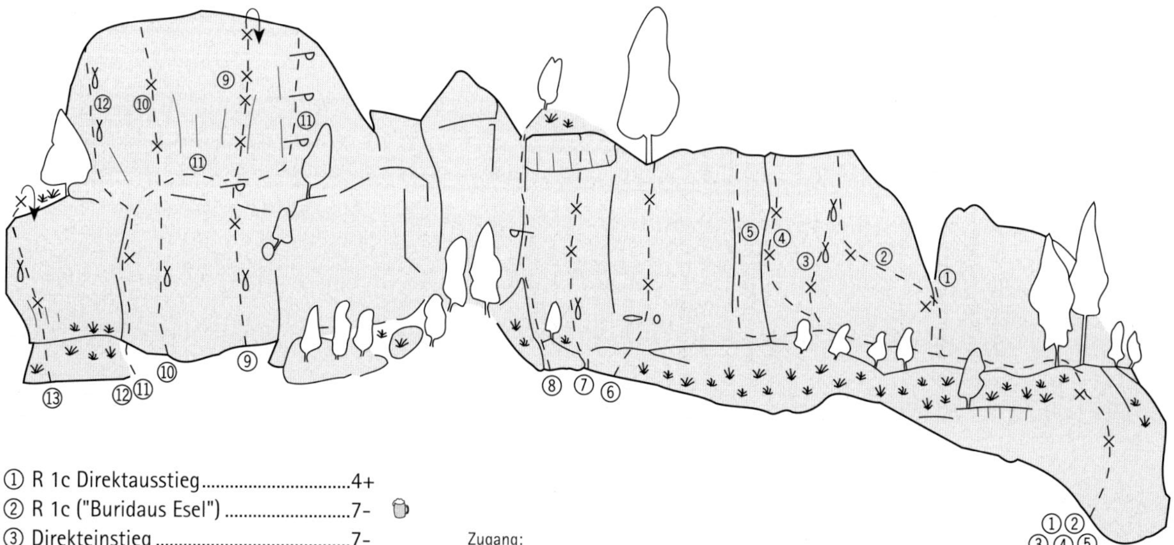

① R 1c Direktausstieg .... 4+
② R 1c ("Buridaus Esel") 7-
③ Direkteinstieg 7-
④ R 1 .... 5+
⑤ R 1a .... 5+
⑥ R 1b 7-
⑦ Dickes Ende .... 7+
⑧ R 2 4
⑨ R 2a ("The Shield") .... 7+
⑩ Blitzkrieg 8
⑪ R 3 .... 5+
⑫ R 3a 6-
⑬ Die Ballade des Troubadix .... 6+

Zugang:
Parken in Engelhardsberg. Nach den ersten Häusern (von Muggendorf bzw. Doos kommend) zweigt ein Feldweg rechts (südwestlich) ab. Diesem folgt man bei der ersten Gabelung (nach 400 m) geradeaus weiter; bei der zweiten Gabelung (nach 700 m) folgt man links dem "Grünstrich" markierten Wanderweg zu den Felsen.
Übersichtskarte: 2 (Seite 16)
Besonderes:
Keinesfalls mit dem Auto hinterfahren (Anliegerbeschwerden, Sperrgefahr)

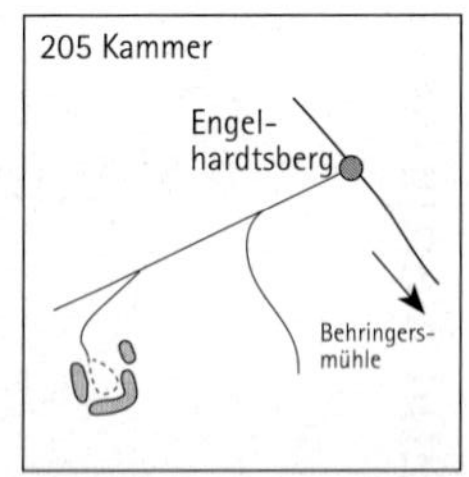

205 **Kammer**, mittlerer Teil (12 m, N)

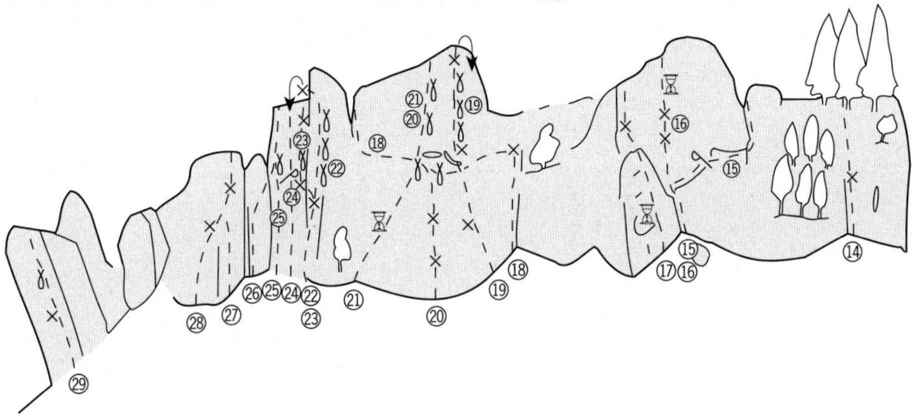

Linker Teil (12 m, N)

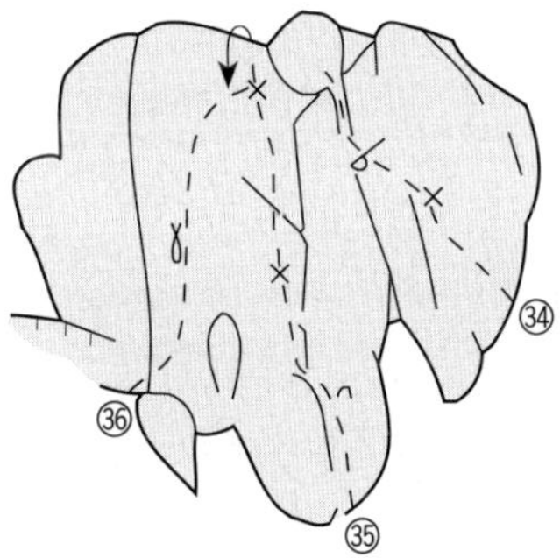

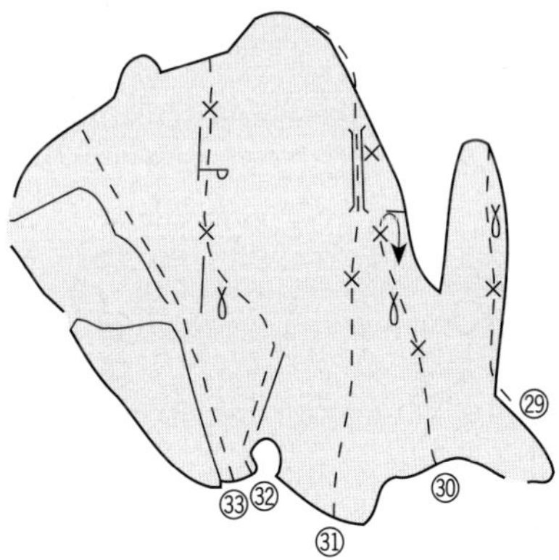

⑭ R 4	4	
⑮ R 5	3	
⑯ Deepo	7-	
⑰ R 6	4	☕
⑱ R 7	7-	☕
⑲ Startschuss	7-	☕
⑳ ?	6	☕
㉑ R 7a	5+	☕
㉒ R 8a (Traumpfeiler)	6-	
㉓ R 8	6+	☕
㉔ R 8b	7-	
㉕ R 8c (Himpi Limpi)	7-	
㉖ R 9	4+	
㉗ R 9a	4+	
㉘ R 10	5+	
㉙ R 11	5	
㉚ Fall of the Foot clan	5+	
㉛ R 12	5	
㉜ R 13	7	☕
㉝ R 14	5	
㉞ R 15	4	
㉟ R 16	4	
㊱ R 17	6	

206 Kolosseum

Talseite (20 m, N)

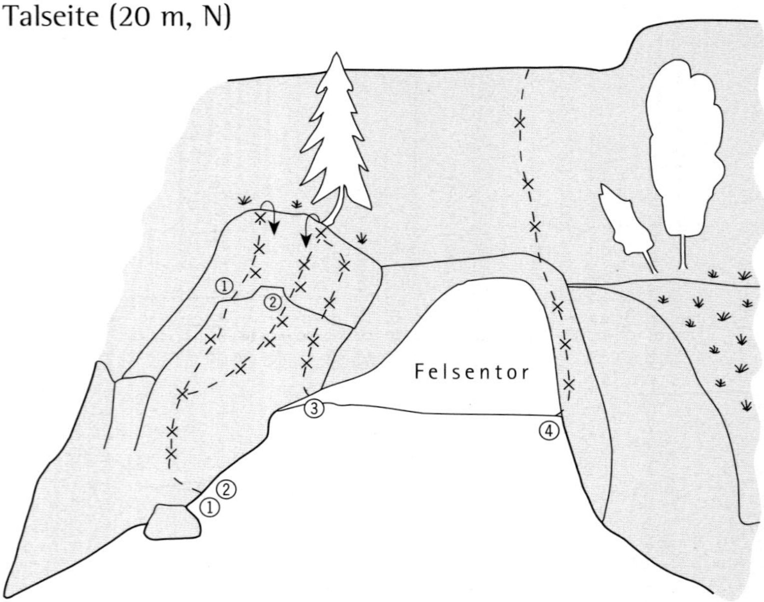

① Nixwieverdruß 8-
② Das Schweigen der Lämmer 9-
③ ? 9-
④ Das Leben ist ein Quiz .... 9+
⑤ Projekt
⑥ Projekt
⑦ Projekt

Bergseite (20 m, S)

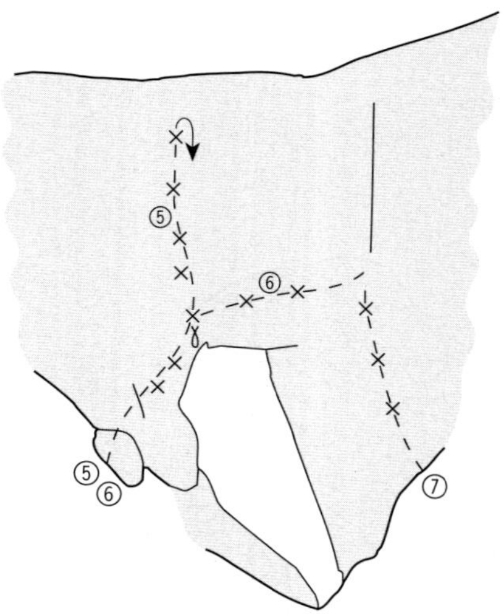

Zugang:
Zwischen Burggaillenreuth und Windischgaillenreuth bei weiß/roter Schranke parken. Auf markiertem Wanderweg (rote Raute/Blaustrich; Schild: Krämersberg/Felsentor/Druidenhain) 5 min bis zu einer Wegbiegung. Hier rechts auf Pfad (links an Einzäunung entlang) bis zum Ende des Zauns. Man befindet sich nun 30 m oberhalb des Felsentores. Steil hinab zu den Einstiegen.
Übersichtskarte: 2 (Seite 16)
Besonderes:
Der Zustieg über den steilen Hang ist nur bei Trockenheit zu empfehlen. Bei schlechtem Wetter sollte man dieses Gebiet meiden!

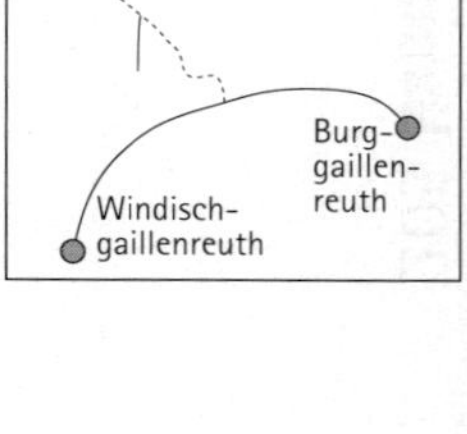

207 Hanni Kerschbaum Ged.-Wand (bis 30 m, S)

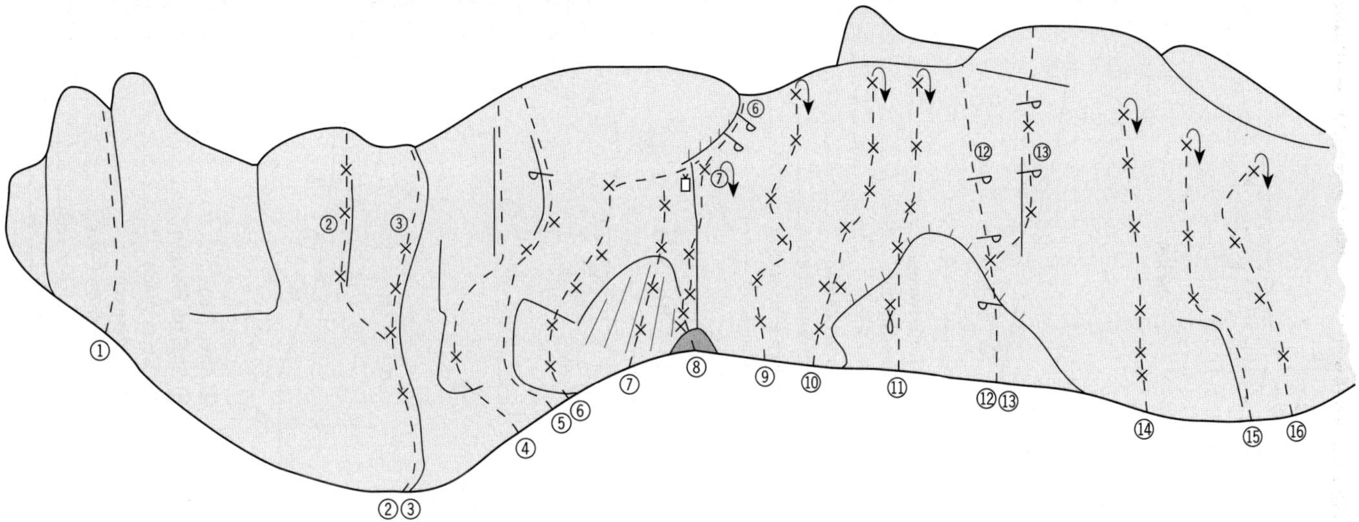

① UKWE-Kamin 5
② Südostpfeiler 8
③ Galgenleite 9-
④ Gugglitz *(gut für Liebhaber weiter Risse)* ..... 6+
⑤ Kurzweil mit Klemmkeil *(Keile)* ..... 6+
⑥ Obere Traverse 6 a1
⑦ Projckt
⑧ Schlafwandler 7
⑨ Tanzender Asphalt 8
⑩ ? 9-
⑪ Projekt
⑫ Variante 5 a2
⑬ Hemming Ged.-Weg 5 a2
⑭ Frightnight 9
⑮ Hattrick 7-
⑯ Zufallswalzer 6

Zugang:
Zwischen Muggendorf und Behringersmühle 100 m talaufwärts vom Schild 35,5 km parken. Wieder 200 m talabwärts und auf Pfad rechts hoch zur Wand.
Übersichtskarte: 2 (Seite 16)

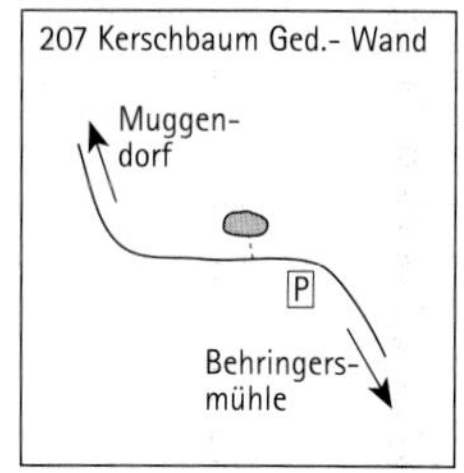

208 Schloßzwergwand (12 m, N)

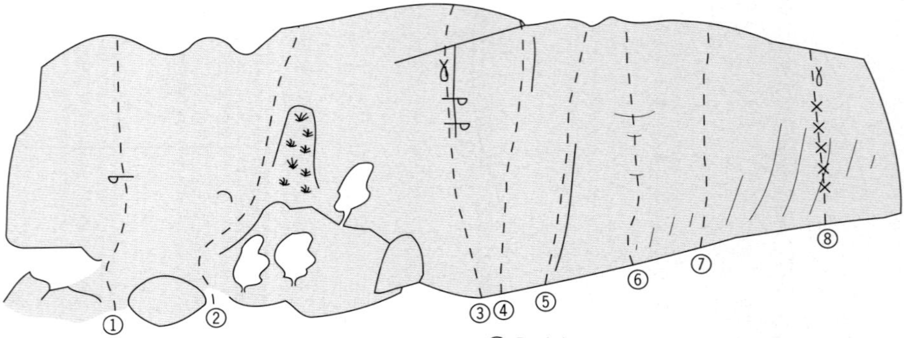

① Projekt
② Türmlesweg 3
③ Bundspecht 6
④ Hey Joe 6-
⑤ Fuchsschwanz 6-
⑥ Altfränkischer .... 5+
⑦ Alf .... 6+
⑧ Projekt

Zugang:
Am Ortausgang Burggaillenreuth (Richtung Wiesenttal) parken. Rechts auf Wanderweg (grünes Schild "Keltenwall") in 5 min zu den Felsen.
Übersichtskarte: 2 (Seite 16)
Besonderes:
Die Routen an der Schloßzwergwand sind recht karg gesichert.

209a Schloßbergwand, rechter Teil (17 m, NO)

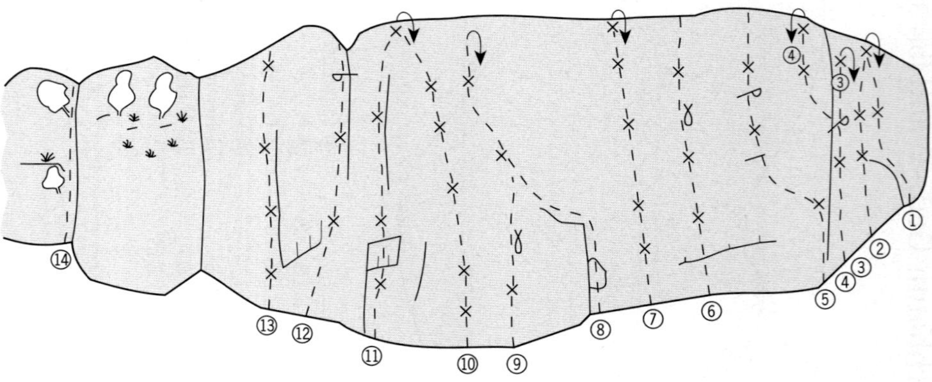

① Rechtsaußen 5-
② Projekt
③ Schloßbergverschneidung 5
④ Sommerkollektion .... 6+ !
⑤ Weber Ged.-Weg 6
⑥ Pfeffersack 8-
⑦ Eppelein 7
⑧ Alter Weg 5
⑨ Direkter Einstieg 6-
⑩ Ost ist Wahn 8
⑪ Kupferdach 7
⑫ Archner Ged.-Weg 6
⑬ Schnaittacher Weg 7-
⑭ Links außen 4

209b Schloßbergwand, linker Teil (18 m, NO) Unteres Wiesenttal

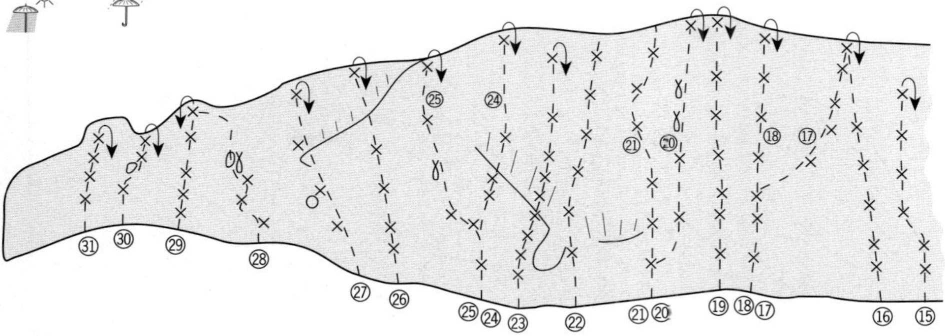

209c Schloßbergwand, unterer Teil (16 m, NO)

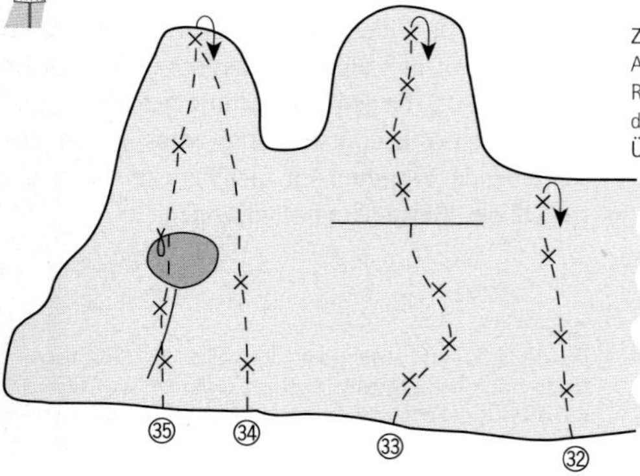

Zugang:
Am Ortausgang Burggaillenreuth (Richtung Wiesenttal) parken. Rechts auf Wanderweg (grünes Schild "Keltenwall") in 5 min zu den Felsen.

Übersichtskarte: 2 (Seite 16)

Besonderes:
Im linken Wandteil wurden in den letzten Jahren zahlreiche lohnende extreme Routen erschlossen. Meist handelt es sich um athletische Ausdauerrouten.

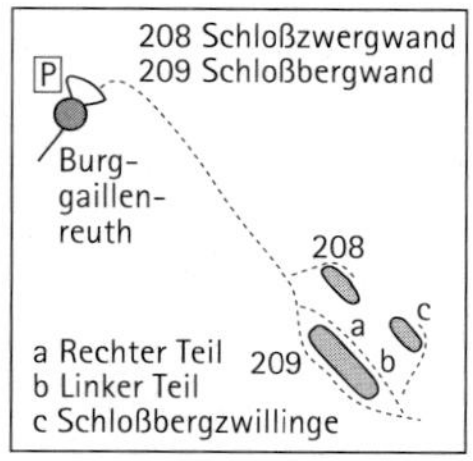

⑮ Ulala 8
⑯ Ursus 8
⑰ Global 2000 8-
⑱ Treibhauseffekt 8-
⑲ Dezentraler Energiepfad 8-
⑳ Erwin's Projekt 8
㉑ Hochspannung 9
㉒ Out of Berlin 10-
㉓ Donnerkuppel .... 10/10+
㉔ Master Blaster 10-/10
㉕ Liebe ohne Chance 9
㉖ Body Counts .... 9+
㉗ Hilti Syndrom 10-
㉘ Projekt
㉙ ? .... 8+/9-
㉚ ? 8-
㉛ Projekt
㉜ Roter Seitensprung 7
㉝ Netter Götz .... 6+
㉞ Bibou rechts 7
㉟ Bibou links 7-

210 Heinrichsgrotte (17 m, NO)

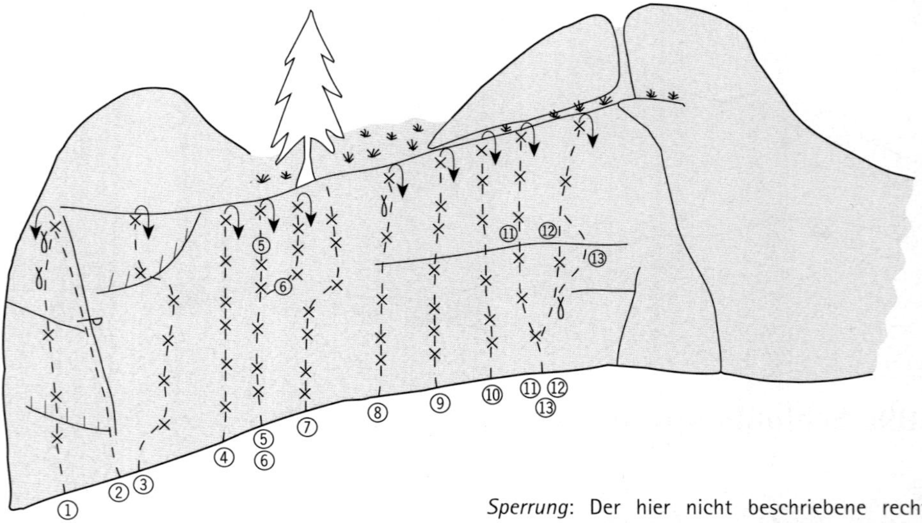

Sperrung: Der hier nicht beschriebene rechte Wandteil mit den alpinen, klassischen Routen ist vom 1.2.-30.6. wegen Vogelschutz gesperrt.
Im Falle einer Brutansiedelung wird im hier beschriebenen Wandteil im gleichen Zeitraum ein freiwilliger Kletterverzicht vollzogen.

① Für Göre 7
② ? 6-
③ Finish .... 8+
④ Flottes Lottchen .... 8+
⑤ 250 Freunde .... 8+/9-
⑥ Portal 9-
⑦ ? 10-
⑧ Papa in Form 9-
⑨ Schnullerbacke 8
⑩ ? 8
⑪ Abgespaced 8
⑫ Fakir 8
⑬ Variante .... 7+

Zugang:
Die Heinrichsgrotte steht rechts des kleinen Tälchens, das den Nordosthang des Wiesenttales 1 km talabwärts vom Bahnhof Gößweinstein unterbricht. Da der Hang durch den Schneebruch völlig verwüstet ist, wird der Zugang von Burggailleneuth aus beschrieben.
Parken in Burggaillenreuth. Auf "Blaustrich" markiertem Wanderweg bis zu einer Schranke und links Fuhre hinab in ein kleines Tälchen. Die Fuhre geht in einen Pfad über, der (zuletzt links haltend) zur Wand führt. Man gelangt direkt zu den beschriebenen Routen. Diese steigen nicht am Wandfuß, sondern von einem Band links oberhalb des Sockels ein.
Übersichtskarte: 2 (Seite 16)
Besonderes:
Schöne Wandklettereien in rauhem Fels

211 Fritz Teifel Ged.-Wand (15 m, N)

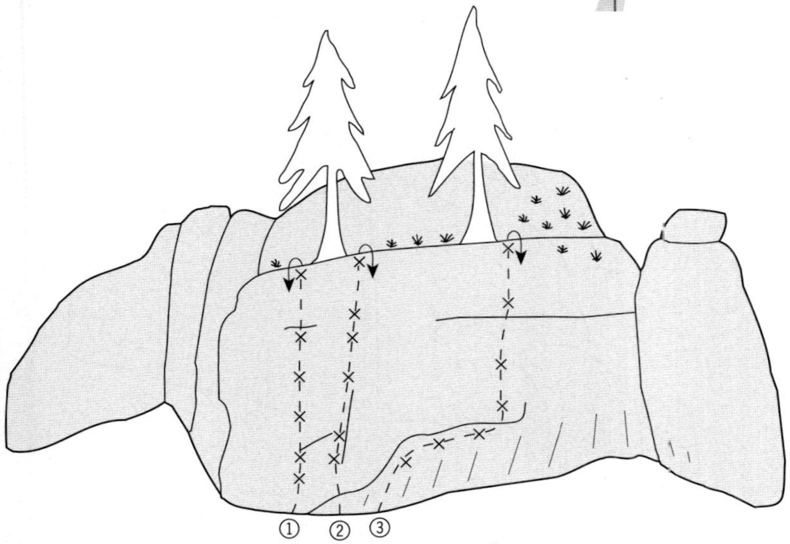

① Viel zu viel 8
② Schwer ist leicht was 8-
③ Voll daneben .... 8+

Zugang:
Die Fritz Teifel Ged.-Wand steht links oberhalb des kleinen Tälchens, das den orographisch linken Hang des Wiesenttales 1 km talabwärts vom Bahnhof Gößweinstein unterbricht (rechts davon steht die Heinrichsgrotte). Parken bei Sachsenmühle und links der Bahngleise auf Schotterweg 1 km talabwärts. Rechts des erwähnten Tälchens steht ein Tisch mit Bänken. Kurz vorher (unmittelbar am linken Ende des Tälchens) führt ein Pfad 100 m hinauf zur Wand.
Zur Kolumbuswand gelangt man, indem man ebenfalls dem Schotterweg von Sachsenmühle aus talabwärts folgt und nach 700 m scharf nach links in einen weiteren Schotterweg abbiegt. Nach einer Rechtskurve geht man rechts in den Wald hinauf zur Wand.
Übersichtskarte: 2 (Seite 13)

212 Kolumbuswand (14 m, N)

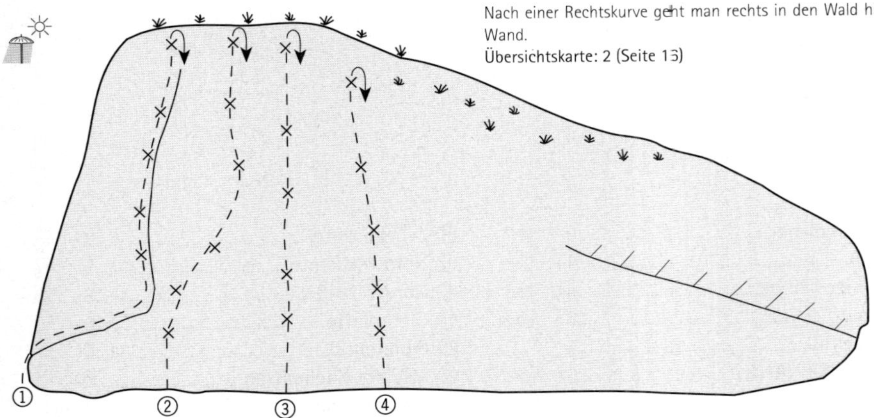

① Alter Weg .... 6+
② Workaholic 8-
③ Kalte Leidenschaft 8-/8
④ Steckbrett .... 8+

213 Sachsenmühler Nordwände

a Erste Wand (20 m)

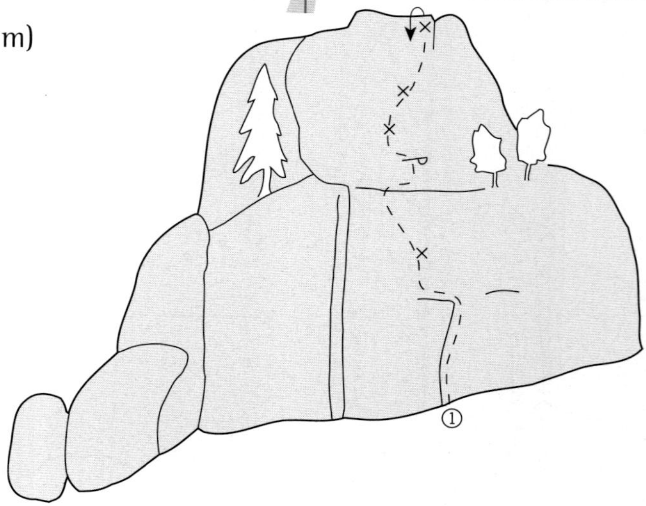

b Hinkelsteine, linke Wand (10 m)

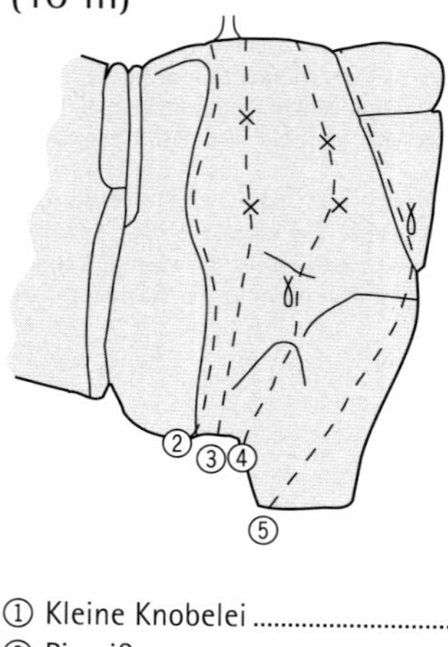

Zugang:
Parken bei Sachsenmühle. Auf Schotterweg auf der orographisch linken Talseite talabwärts. Nach 50 m steht links oberhalb die Erste Wand, nach 250 m die Hinkelsteine und nach 350 m der Lange Johann (ebenfalls links oberhalb der Schotterstraße).
Übersichtskarte: 2 (Seite 16)
Besonderes:
Viele leichte bis mittelschwere Routen in traumhaftem, festen und gutgriffigem Fels.

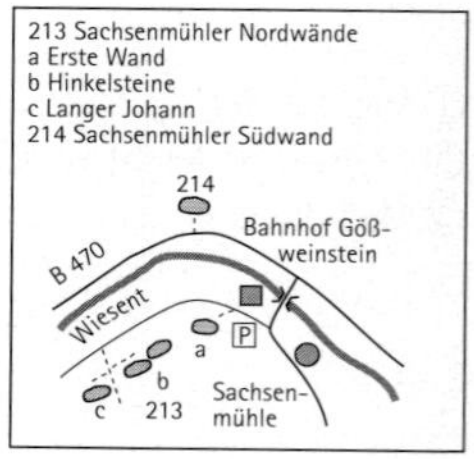

① Kleine Knobelei 8-
② Piazriß..4+
③ Schwarze Witwe..6+
④ Labilo 6
⑤ Stumpelriß...5
⑥ Linker V-Riß *(Keile)*......................................6-
⑦ Rechter V-Riß *(Keile)*....................................6-
⑧ Wer ko, der ko 7-
⑨ Linke Kaminkante...5+
⑩ Nordkamin..5
⑪ Zwiebeltreter 7-
⑫ Nordwestkante...5
⑬ Nordwestriß 5
⑭ Gichtplatte 6-
⑮ Proletenriß...6
⑯ KGV am Nachmittag....................................8+
⑰ Walpetax direkt ....7+/8-
⑱ Walpetax..7
⑲ Kraftmeier *(falsch angeschrieben)* .....7+
⑳ Nicht schlecht, Herr Specht 7

213 Sachsenmühler Nordwände

b Hinkelsteine, rechte Wand (17 m)

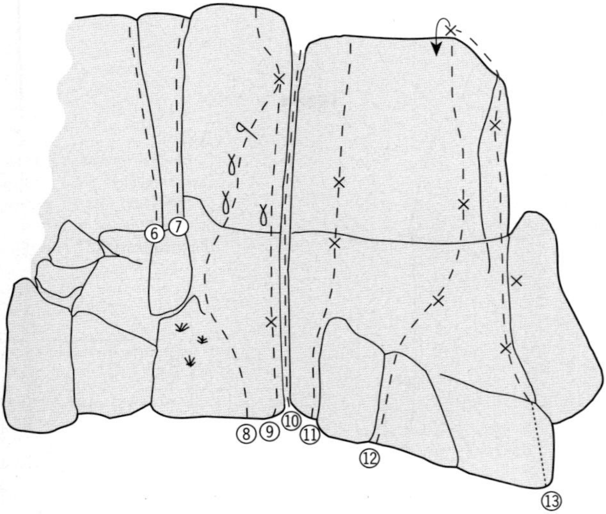

c Langer Johann (20 m)

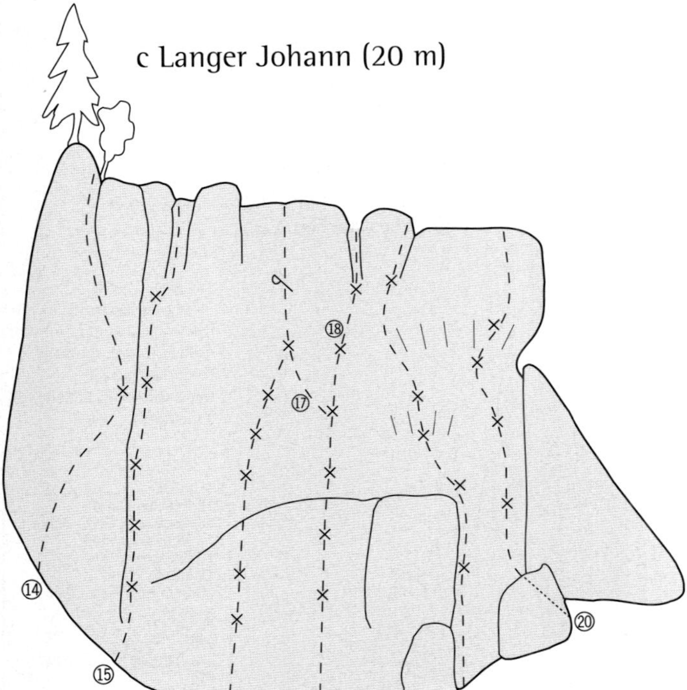

214 Sachsenmühler Südwand (40 m) ☼

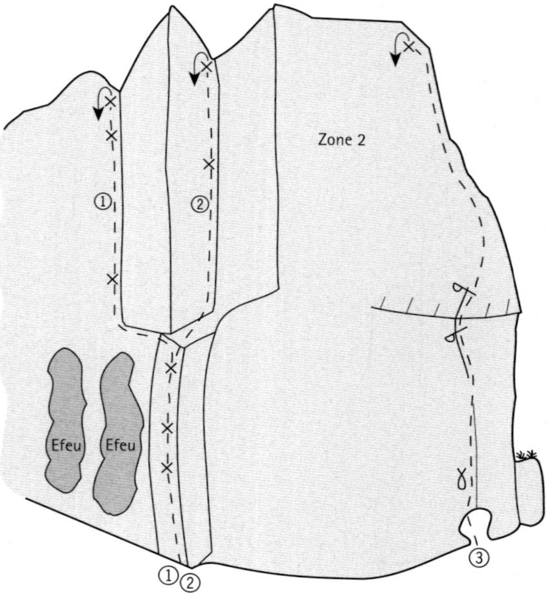

Zugang:
Parken 300 m talabwärts der Sachsenmühle bei großem Straßenschild. Direkt gegenüber hoch zu den Felsen,
Übersichtskarte: 2 (Seite 16)

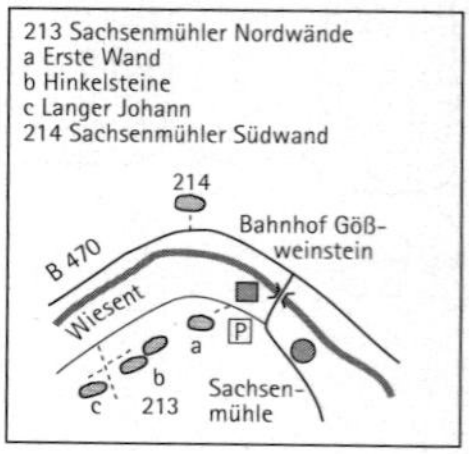

① Sachsenverschneidung........................6
② Sachsenriß..6
③ Dachlriß...6

215 Knochenwand (18 m, S) ☼

① Schweinsknochen..............................6+
② Hundsknochen *(Keile)*.........................7
③ Liebesknochen....................................7-

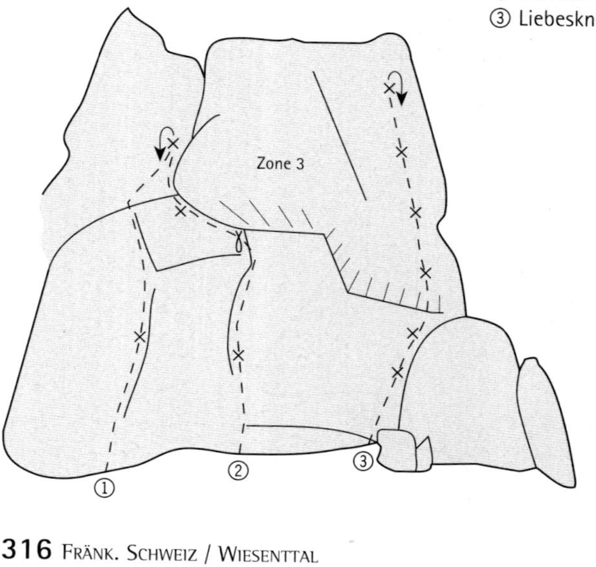

Zugang:
Parken bei Sachsenmühle. Auf der Straße 300 m talaufwärts, dann links hoch zur Wand (70 m vor km 32,5).
Übersichtskarte: 2 (Seite 16); 3 (Seite 17)

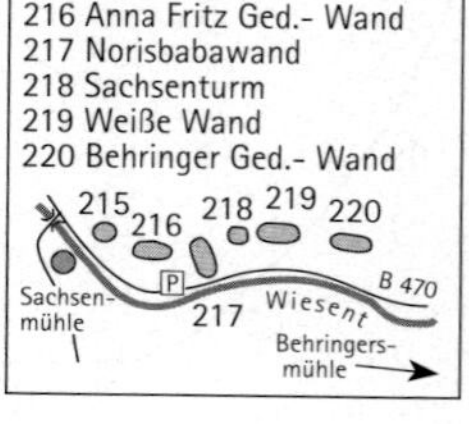

216 Anna Fritz Ged.-Wand (14 m, S) ☼ Unteres Wiesenttal

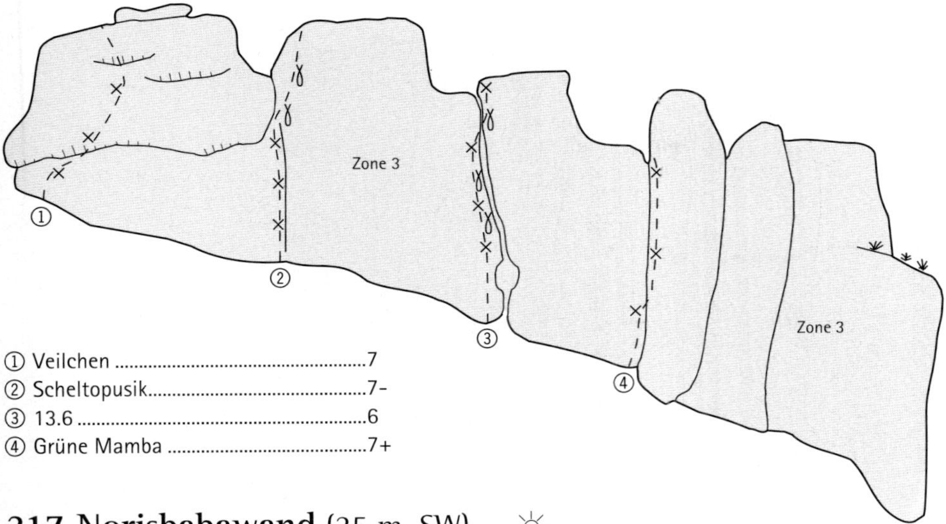

① Veilchen 7
② Scheltopusik 7-
③ 13.6 6
④ Grüne Mamba .... 7+

217 Norisbabawand (35 m, SW) ☼

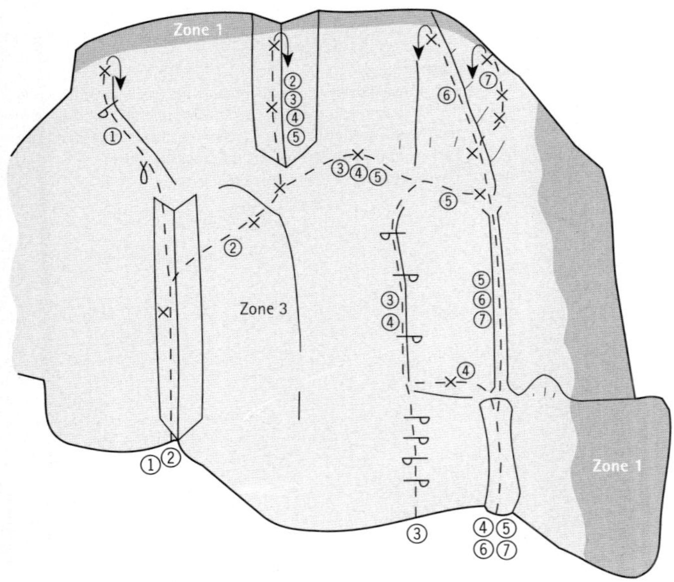

Zugang:
500 m talaufwärts der Sachsenmühle bei Parkbucht parken. Wieder 50 m zurück und rechts hoch zur Anna Fritz Ged.-Wand.
Zur Norisbabawand geht man von der Parkbucht kurz talaufwärts und bei km 32 linkshaltend hoch (Felsen reichen bis zur Straße).
Übersichtskarte: 2 (Seite 16); 3 (Seite 17)
Besonderes:
An der Anna Fritz Ged.-Wand findet man vorwiegend Rißklettereien in teilweise splittrigem Fels.
Die Norisbabawand bietet etliche lohnende, längere Genußklassiker.

① Direkter Ausstieg 6-
② KEK-Verschneidung .... 5+
③ Pfeilerweg .... 7+
④ Variante .... 5+
⑤ Norisbaba 6
⑥ Sarg *(Keile)* .... 6+
⑦ Ausstiegsvariante .... 7+

218 Sachsenturm (30 m, S) ☼

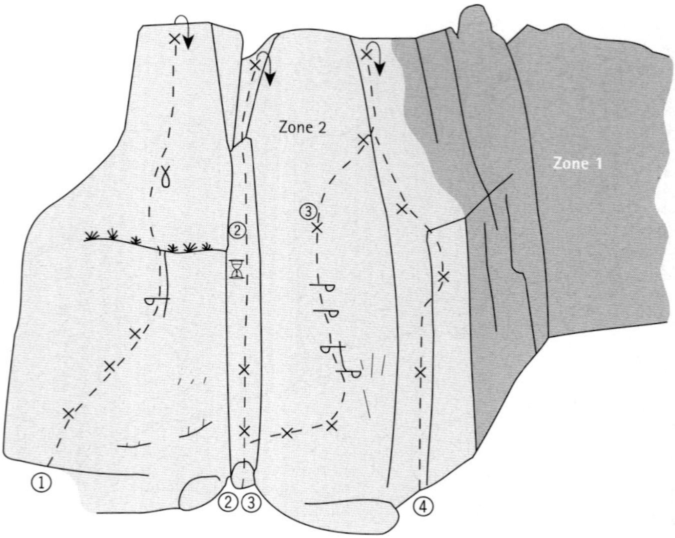

① Herzblut .... 7+
② Talkamin .... 5+
③ Jungwirth Ged.-Weg 7
④ Fürther Riß 6

Zugang:
500 m talaufwärts der Sachsenmühle bei Parkbucht parken. Von der Parkbucht geht man kurz talaufwärts und bei km 32 linkshaltend hoch zur Norisbabawand (Felsen reichen bis zur Straße). Der Sachsenturm steht 50 m rechts (talaufwärts) von ihr.
Übersichtskarte: 2 (Seite 16); 3 (Seite 17)

215 Knochenwand
216 Anna Fritz Ged.- Wand
217 Norisbabawand
218 Sachsenturm
219 Weiße Wand
220 Behringer Ged.- Wand

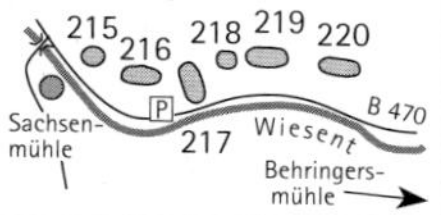

219 Weiße Wand (30 m, S) ☼

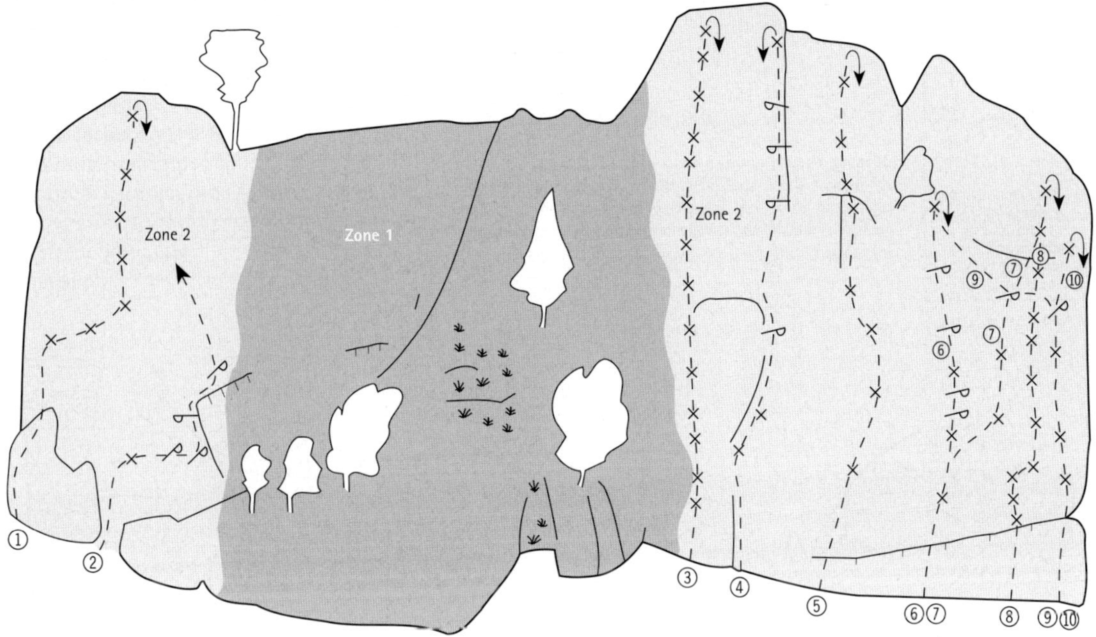

215 Knochenwand
216 Anna Fritz Ged.- Wand
217 Norisbabawand
218 Sachsenturm
219 Weiße Wand
220 Behringer Ged.- Wand

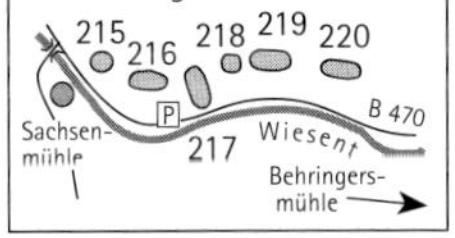

① Linke Südwand 7-
② Dolomitweg
(neuer Ausstieg geplant) 7-
③ Direkter Bergfexweg .... 8+
④ Vajoletweg .... 6+
⑤ Nimm 2 8
⑥ Rechte Südwand .... 6+
⑦ Weißwurst .... 7+
⑧ Schwarzfahrer 9-
⑨ Sigi Löw Ged.-Weg 8
⑩ Sigi Löw direkt 8

Zugang:
500 m talaufwärts der Sachsenmühle bei Parkbucht parken. Von der Parkbucht geht man kurz talaufwärts und bei km 32 linkshaltend hoch zur Norisbabawand (Felsen reichen bis zur Straße). Der Sachsenturm steht 50 m rechts (talaufwärts) von ihr. Rechts von ihm steht die Weiße Wand.
Übersichtskarte: 2 (Seite 16); 3 (Seite 17)
Besonderes:
Lange Klassiker in sonniger Südwand

220 Behringer Ged.-Wand (20 m, SO) ☼

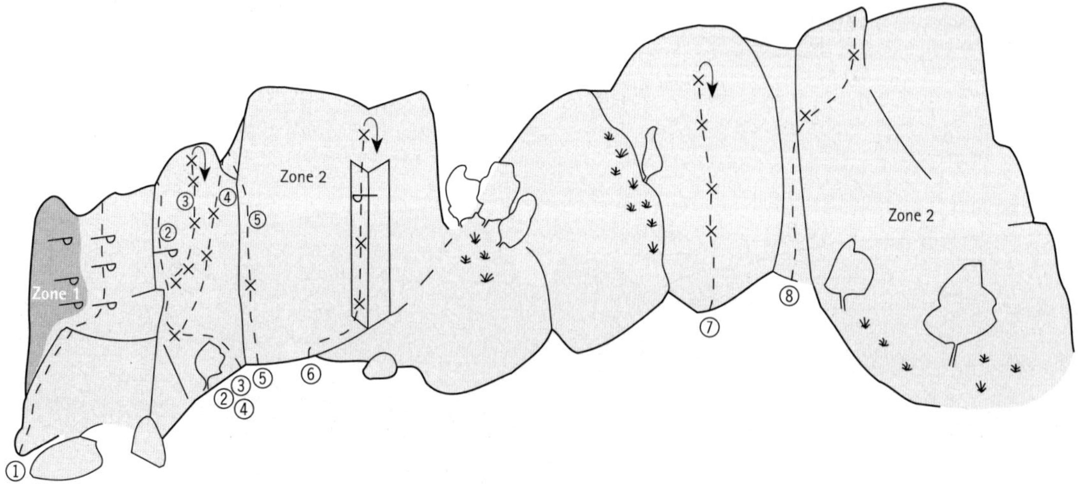

① Variante .... 5+
② Vorturm Bayernriß 6
③ ? .... 6+
④ Vorturm Pachtner Ged.-Weg .... 6+
⑤ Vorturm Ostverschneidung 5
⑥ Schwabenriß 6
⑦ Alles in Butter .... 6+
⑧ Alte Südwand 6

Zugang:
500 m talaufwärts der Sachsenmühle bei Parkbucht parken. Von der Parkbucht geht man kurz talaufwärts und bei km 32 linkshaltend hoch zur Norisbabawand (Felsen reichen bis zur Straße). Der Sachsenturm steht 50 m rechts (talaufwärts) von ihr. Rechts von ihm steht die Weiße Wand. Noch weiter rechts folgt die Behringer Ged.-Wand.
Übersichtskarte: 2 (Seite 16); 3 (Seite 17)

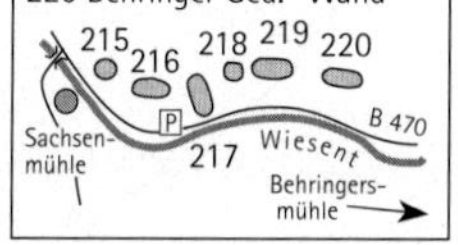

221 Stempfermühler Wand (17 m, S)

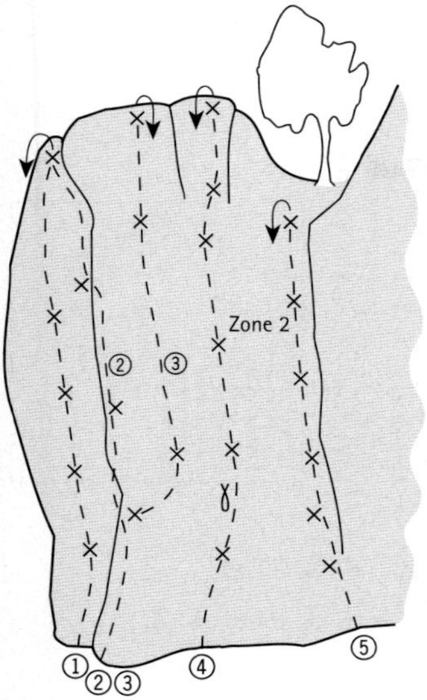

① ?...8+/9-
② ?...8+
③ Ich bin eigentlich ein Bastard.............10-
④ ?...8
⑤ ?...9-/9

Zugang:
Parken bei Stempfermühle (Parkbucht). Auf der Straße 150 m talabwärts (Felsen reichen bis zur Straße) und gegenüber von der Eisenbahnbrücke über die Wiesent kurz den Hang hoch zum Fels.
Übersichtskarte: 2 (Seite 16); 3 (Seite 17)

222 Lorenzturm (15 m, N)

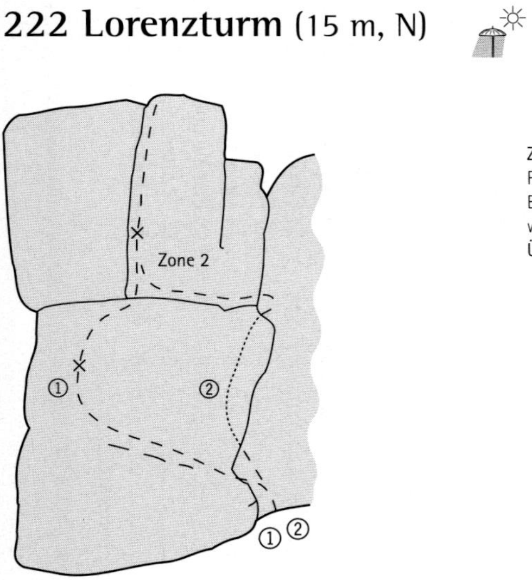

Zugang:
Parken bei Stempfermühle. Gegenüber steht die Forchheimer Bergwachthütte. An dieser vorbei auf gutem Weg 2 min talaufwärts zum Felsen.
Übersichtskarte: 2 (Seite 16); 3 (Seite 17)

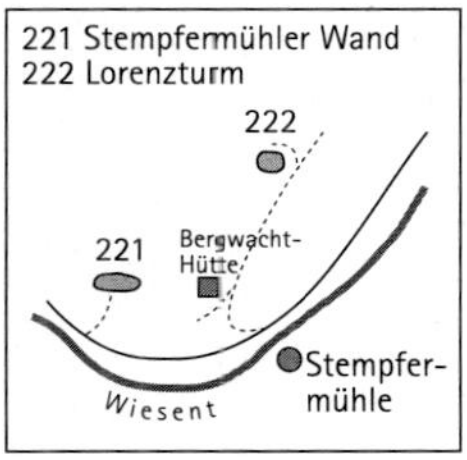

① Nordwand...6+
② Nordriß *(Einstieg im Kamin)*................5+

223 Obere Gößweinsteiner Wände, linker Teil (20 m, N)

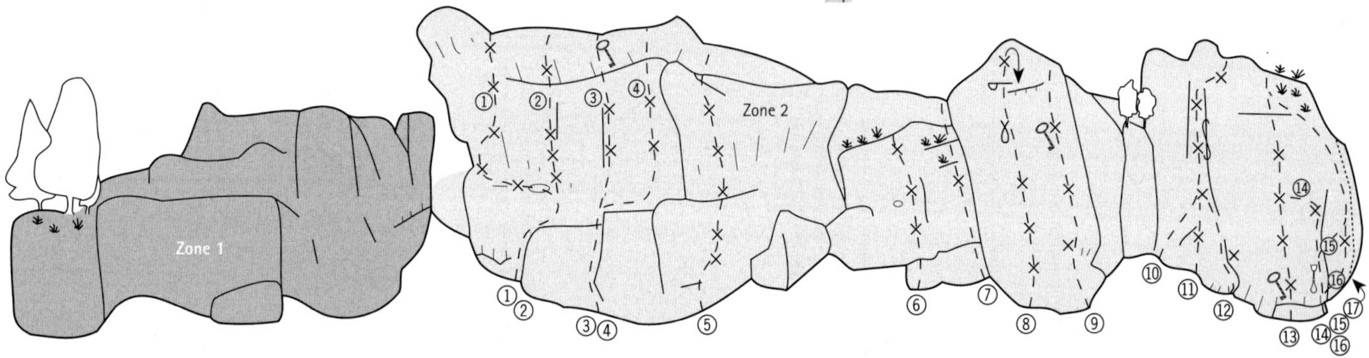

① Südostkante .... 7+
② Save our Sausages 9-
③ Kottan ermittelt .... 8+
④ C.d.I.n.V. 8
⑤ Lustgewinn 8-
⑥ Dynamo 8-
⑦ Geniesserspalte 6-
⑧ Kalauer 8
⑨ Ich war der Märchenprinz 9

⑩ LK-Riß 6-
⑪ Eisheiligen *(definierter Boulder)* 9-
⑫ Direkteinstieg 9-
⑬ Alaric .... 9+
⑭ Kleiner Muck .... 8+
⑮ Frankie goes to Frankenjura 8
⑯ Skyhook 8-
⑰ Kleiner Kamin .... 5+

Zugang:
Kurz vor Ortsende Gößweinstein (Richtung Ebermannstadt) rechts abbiegen ("An der Martinswand"); vorher parken. Links die schmale Straße kurz hoch und nach dem ersten Haus rechts in den Wald zu den Felsen.
Übersichtskarte: 2 (Seite 16); 3 (Seite 17)
Besonderes:
Zahlreiche Extremklassiker des neunten Grades, darunter der erste fränkische Neuner "Sautanz" (Kurt Albert 1981).

223 Obere Gößweinsteiner Wände, rechter Teil (20 m, N)

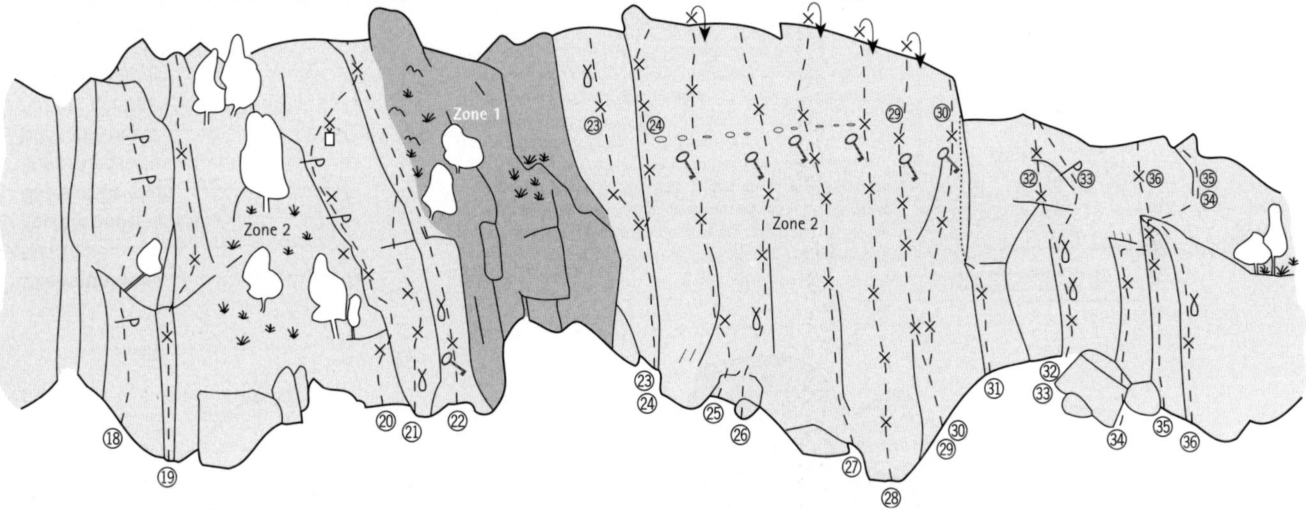

⑱ Klimbim	7-	
⑲ Zwillingsriß	5	🍺
⑳ Danzer Ged.-Weg	6-	🍺
㉑ Rotkelchen	7+	🍺
㉒ Kurze Acht	8-	🍺
㉓ Seitenstreifen	8-	
㉔ Haringer Ged.-Weg	6+	🍺
㉕ Schleimspur	9-	🍺
㉖ No Chance with Galoshkies	9-	🍺
㉗ Sautanz	9-	🍺
㉘ Katapult	9	🍺
㉙ Humbug	9-	🍺
㉚ Sprungschanze	9 /9 !	🍺
㉛ Nordverschneidung	5-	
㉜ Variante	8-	
㉝ Bunte Wand	7	🍺
㉞ Stabeler Ged.-Weg	5+	🍺
㉟ Piazriß	6	🍺
㊱ Sau Yeah	6+	

224 Untere Gößweinsteiner Wände (bis 35 m, N)

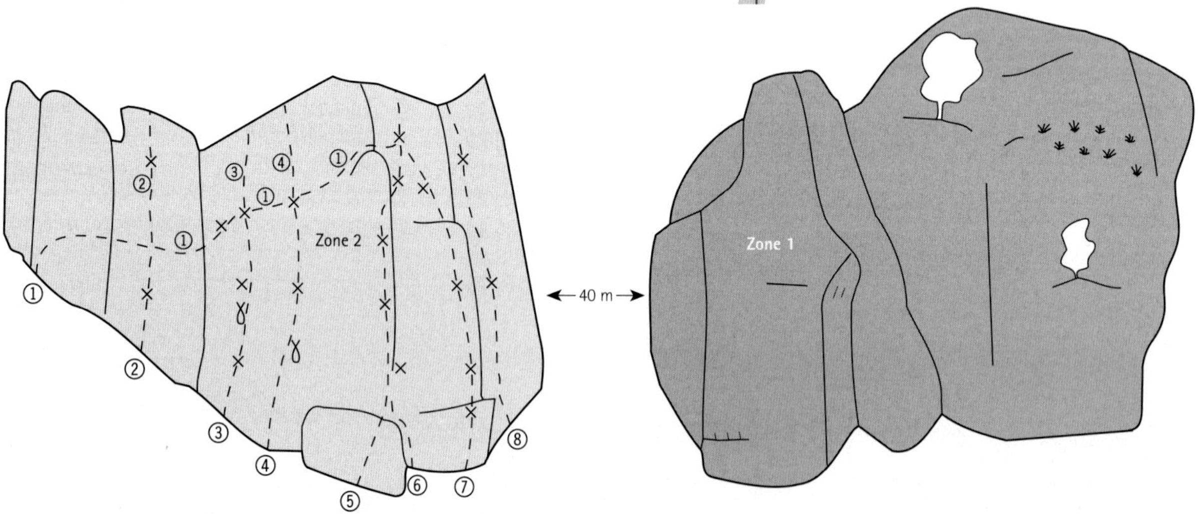

① Wiesenttalwand .... 6+
② Mei Tour 7
③ You are under Arrest 7
④ Gates of Delirium 7-
⑤ Erinnerungsweg .... 6+
⑥ Direkteinstieg 7
⑦ Auf der richtigen Seite ("1988") .... 7+
⑧ Rehbraune Augen 7-

Zugang:
Kurz vor Ortsende Gößweinstein (Richtung Ebermannstadt) rechts abbiegen ("An der Martinswand"); vorher parken. Bei der Abzweigung links noch 100 m geradeaus weiter und links einem Pfad über die Wiese in den Wald folgen. Etwas abwärts zu den Felsen (oberhalb stehen die Oberen Gößweinsteiner Wände).
Übersichtskarte: 2 (Seite 16); 3 (Seite 17)
Besonderes:
Um einen tragfähigen Kompromiß im Sinne des Zonenkonzeptes zu erzielen, mußte leider an dieser Wand auf einige der lohnendsten Routen verzichtet werden (nunmehr Zone 1).

225 Martinswand (bis 40 m, N)

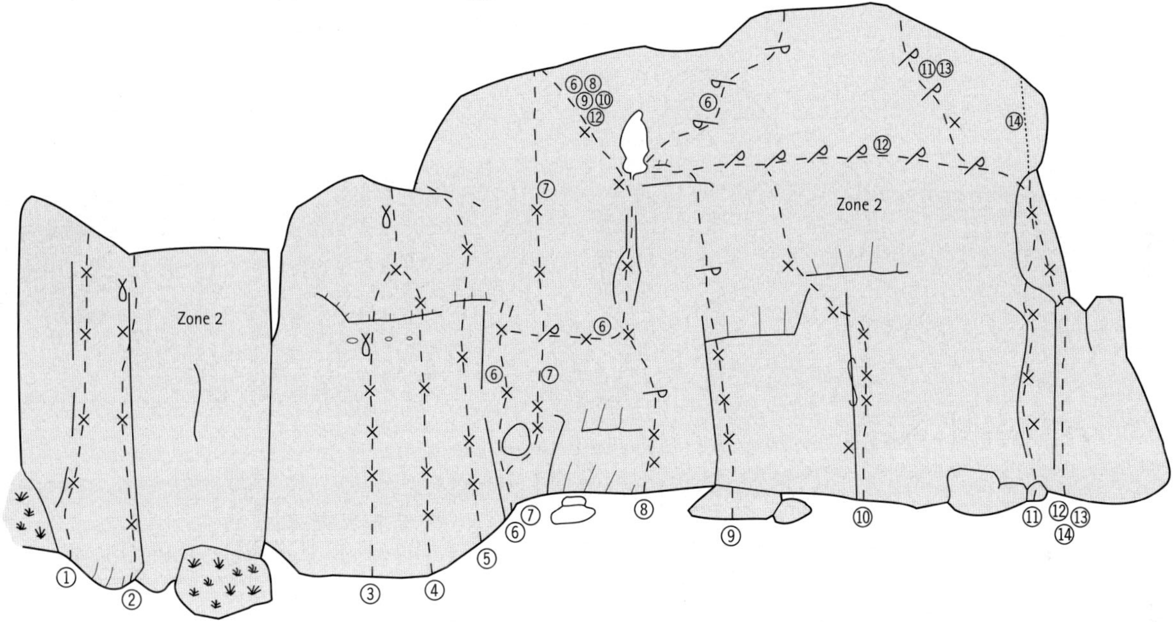

① Flotter Dreier ....7+
② Winston Groovy 8
③ 1001 Pfund Weg......................................7
④ Andi's Freuden..8-
⑤ Den süßen Mädchen................................7+
⑥ 1000 Pfund Weg (2 Ausstiege) 7-
⑦ Fernfahrer...7 a0

⑧ Martinsritt *(Ausstieg beliebig)*...........a3
⑨ Weg der Jugend *(Ausstieg beliebig)*..a2
⑩ Schwarzer Riß *(Ausstieg beliebig)*.....7
⑪ Movie de luxe..7
⑫ Gemsenweg..6+
⑬ Gonda Wyss Ged.-Weg..........................7-
⑭ Nordwestkante...5+

Zugang:
Kurz vor Ortsende Gößweinstein (Richtung Ebermannstadt) rechts abbiegen ("An der Martinswand"); vorher parken. Bei der Abzweigung links noch 100 m geradeaus weiter und links einem Pfad über die Wiese in den Wald folgen. Etwas abwärts zu den Unteren Gößweinsteiner Wänden und unter ihnen vorbei weiter zur Martinswand.
Übersichtskarte: 2 (Seite 16); 3 (Seite 17)
Besonderes:
Sehr unterschiedliche Felsqualität. Der "Schwarze Riß" ist oft naß.

226 Schwalbenstein

Bergseite (20 m, S)

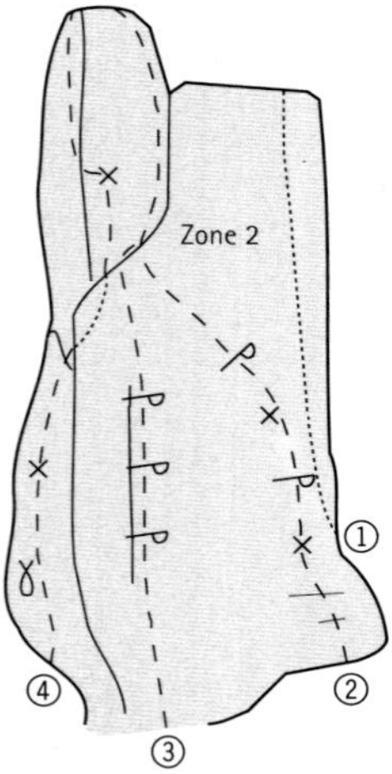

Talseite (20-35 m, W und N)

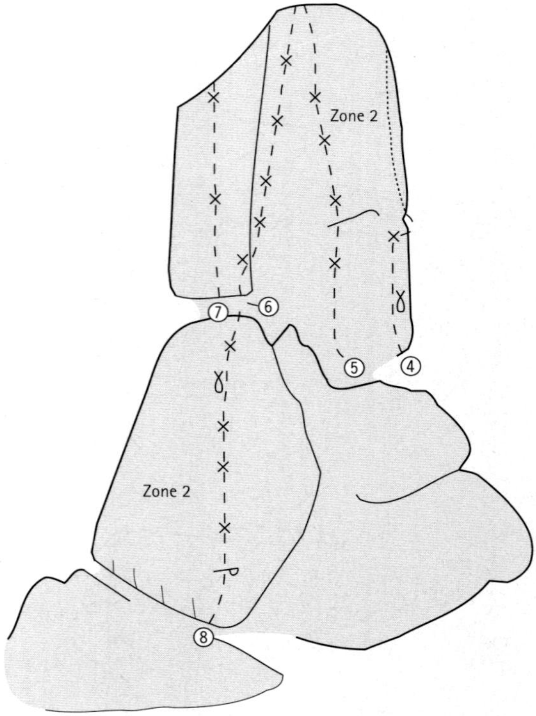

① Alte Talseite 4
② Südwand .... 5+
③ Bordsteinschwalbe 8-
④ Berglustweg 6-
⑤ Sachsendiplom 8
⑥ Aktion Schokoladenpudding 8
⑦ Mauersegler .... 8+
⑧ Legebohrer 8-

Zugang:

Kurz vor Ortsende Gößweinstein (Richtung Ebermannstadt) rechts abbiegen ("An der Martinswand"); vorher parken. Bei der Abzweigung links noch 100 m geradeaus weiter und links einem Pfad über die Wiese in den Wald folgen. Etwas abwärts zu den Unteren Gößweinsteiner Wänden und unter ihnen vorbei weiter zur Martinswand. Rechts von ihrem rechten Wanende steht der Schwalbenstein.

Übersichtskarte: 2 (Seite 16); 3 (Seite 17)

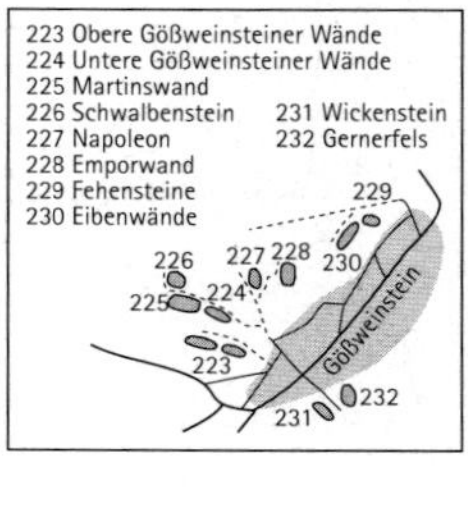

227 **Napoleon**, Westseite (20-30 m) ☼ Gößweinstein

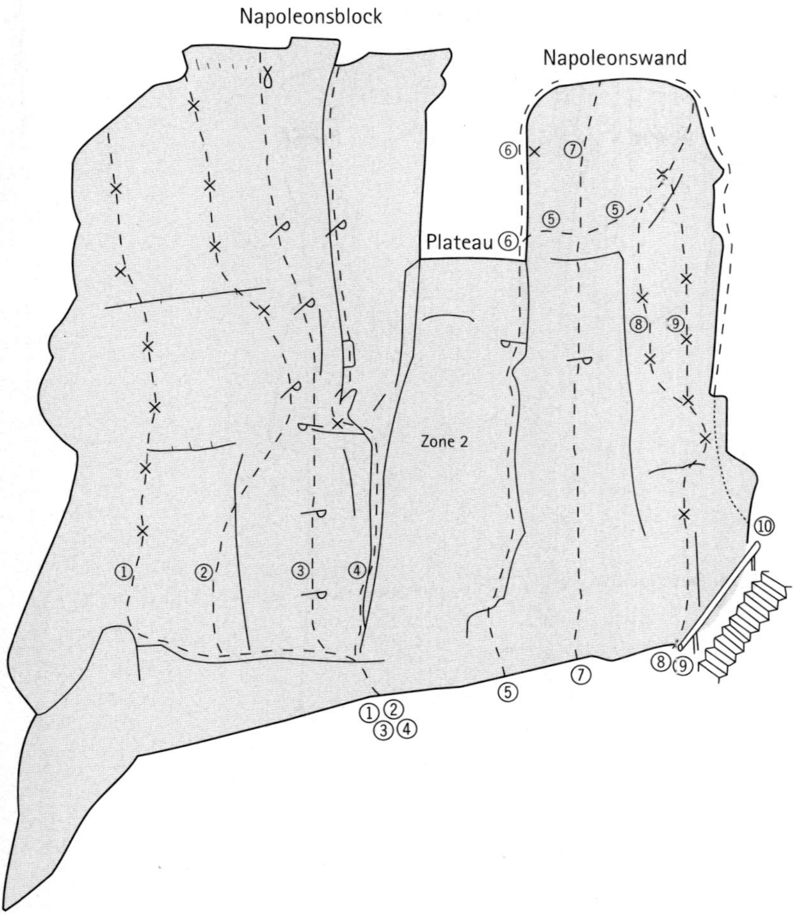

① Membrane .... 8+
② Freundschaftsweg 7
③ Albert Engelhardt Ged.-Weg .... 7+
④ Westriß 5
⑤ Westwand *(evtl. Keile)* .... 4+
⑥ Nordkante .... 5+
⑦ Sachzwang .... 6+
⑧ Südwestwand .... 6+
⑨ Variante 7-
⑩ Südkante 7

Zugang:
Kurz vor Ortsende Gößweinstein (Richtung Ebermannstadt) rechts abbiegen ("An der Martinswand"); vorher parken. Auf dem Wanderweg zur Stempfermühle in 2 min zum Napoleon.
Übersichtskarte: 2 (Seite 16); 3 (Seite 17)
Besonderes:
Viele lohnende Klassiker von leicht bis mittelschwer.

227 **Napoleon**, Ostseite (25 m)

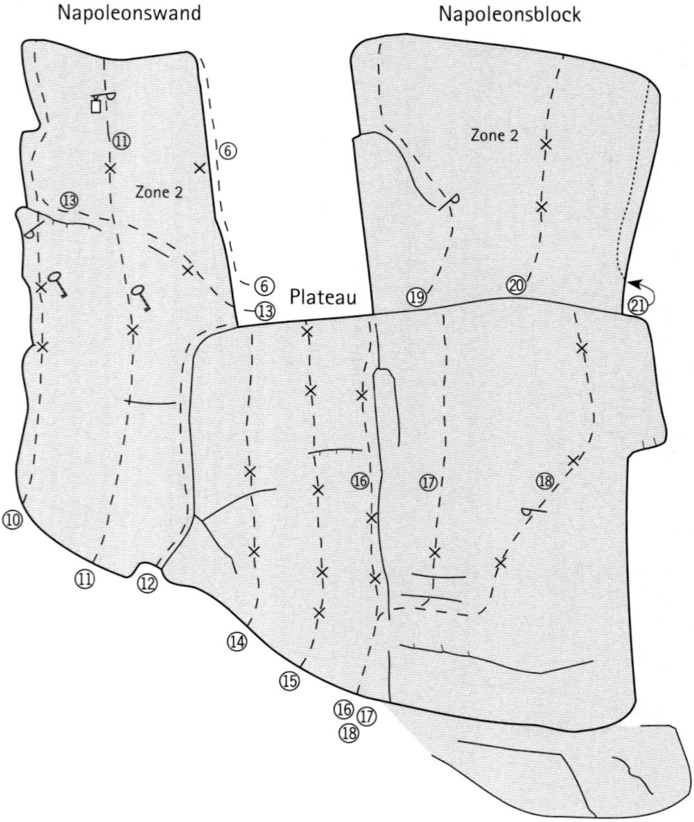

⑥ Nordkante .... 5+
⑩ Südkante 7
⑪ Direkte Ostwand 7-
⑫ Plateau Normalweg 3
⑬ Ostwand .... 4+
⑭ Osterhasenweg .... 6+
⑮ Finale .... 7+
⑯ Neuer Gemsenweg .... 5+
⑰ Schrieferweg .... 7+
⑱ Alter Gemsenweg 7
⑲ Block Ostwand .... 6+
⑳ Abseilwand 7
㉑ Nordwand 6

Zugang:
Kurz vor Ortsende Gößweinstein (Richtung Ebermannstadt) rechts abbiegen ("An der Martinswand"); vorher parken. Auf dem Wanderweg zur Stempfermühle in 2 min zum Napoleon.
Übersichtskarte: 2 (Seite 16); 3 (Seite 17)
Besonderes:
Viele lohnende Klassiker von leicht bis mittelschwer.

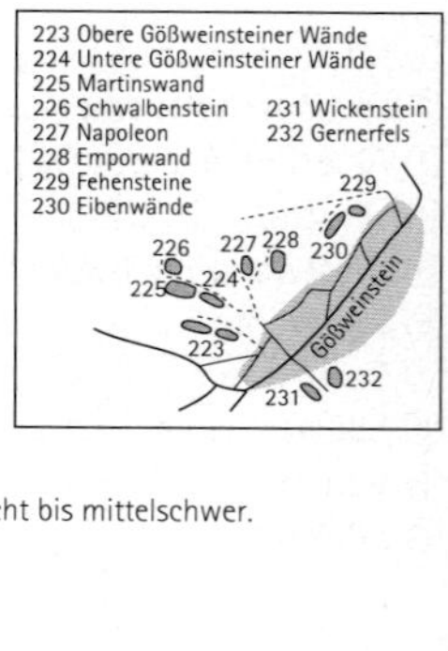

228 **Emporwand**, Westeite (25 m)

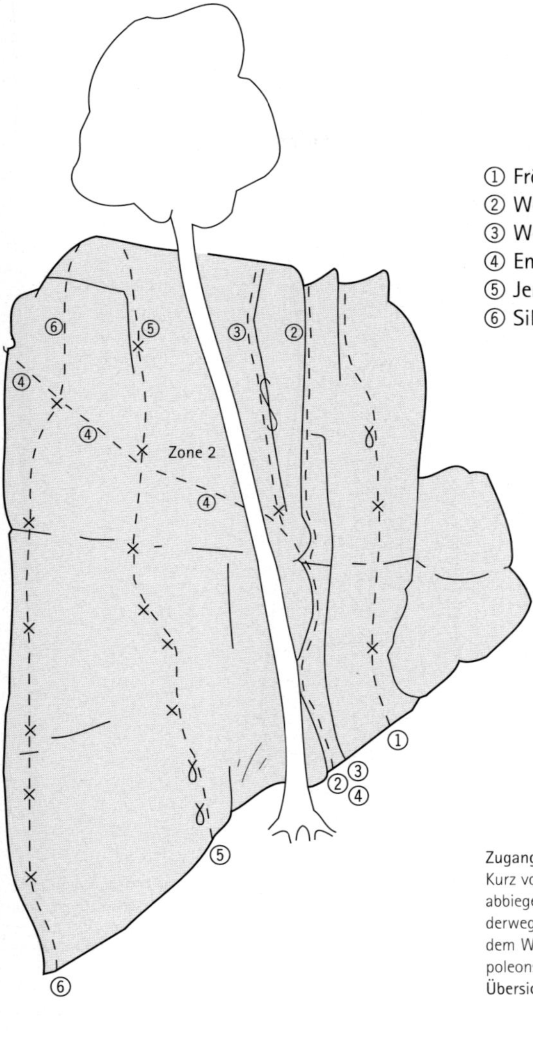

① Fröschliweg 7-
② Westkamin 5
③ Westriß 6-
④ Emporweg 6
⑤ Jericho 7-
⑥ Silberner Oskar. 7-

Zugang:
Kurz vor Ortsende Gößweinstein (Richtung Ebermannstadt) rechts abbiegen ("An der Martinswand"); vorher parken. Auf dem Wanderweg zur Stempfermühle in 2 min zum Napoleon. Von dort auf dem Wanderweg weiter zur Emporwand (sie liegt östlich des Napoleons).
Übersichtskarte: 2 (Seite 16); 3 (Seite 17)

228 Emporwand, Nord- und Osteite (25 m) — Gößweinstein

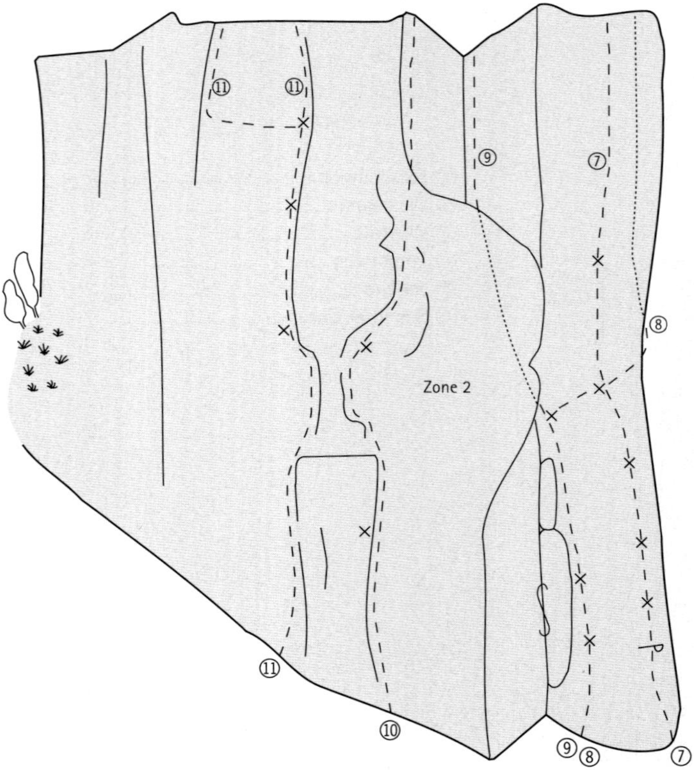

⑦ 1984 .... 7+
⑧ Choleravariante 6
⑨ Emporkamin 6-
⑩ Handschuhfach .... 5+
⑪ Salamanderweg (2 Ausstiege) 6

Zugang:
Kurz vor Ortsende Gößweinstein (Richtung Ebermannstadt) rechts abbiegen ("An der Martinswand"); vorher parken. Auf dem Wanderweg zur Stempfermühle in 2 min zum Napoleon. Von dort auf dem Wanderweg weiter zur Emporwand (sie liegt östlich des Napoleons).
Übersichtskarte: 2 (Seite 16); 3 (Seite 17)

229 Fehensteine

Westseite (17 m)

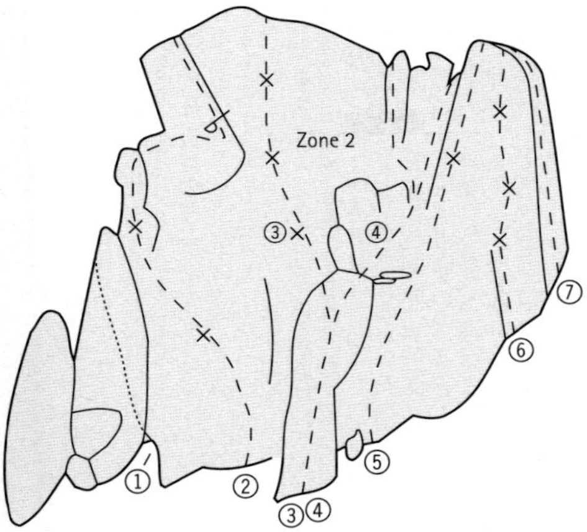

① Schlupfkamin (Durchschlupf) 4-
② Hick Hack..6
③ Husarenstreich 6
④ Westseite 2
⑤ Bahnhof Gößweinstein 5-
⑥ Rue de Inge 6-
⑦ Bergseite 4
⑧ Lippe...6+
⑨ Der grüne Heinrich..................................6
⑩ Pensionistenquergang.............................6-
⑪ Sabberlott..8
⑫ Dornröschenpfeiler..................................6
⑬ Flechtenkamin...3
⑭ Biologenriß..6

Zugang:
Parken in der Badangerstraße (östliches Ortsende Gößweinstein). Bei der Pension Stempferhof auf Wanderweg in Richtung Stempfermühle, bis bei einer gelben Bank links der Pfad zu den Felsen abzweigt.
Übersichtskarte: 2 (Seite 13); 3 (Seite 17)
Besonderes:
Das Klettern im Naturschutzgebiet Eibenwald ist nur möglich, weil im Einvernehmen mit den Behörden ein Zonierungskonzept erarbeitet wurde. Dieses sieht für das gesamte Gebiet ein *Erstbegehungsverbot* vor, d.h. etwaigen Zuwiderhandlungen wird durch sofortiges Enrfernen der Haken begegnet. Abgesehen davon sollte jeder im Interesse unseres Sports die abgemachten Regeln einhalten!

Ostseite (17 m)

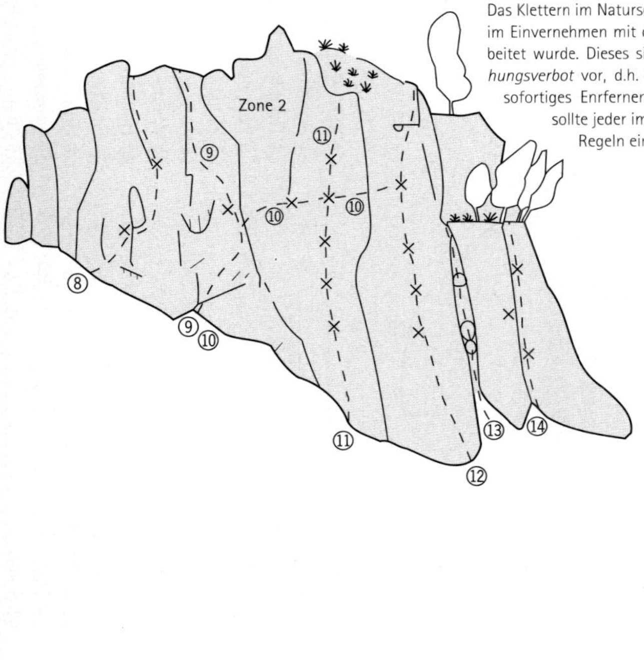

230 Eibenwände, linker Teil (17 m, NW)

Gnom

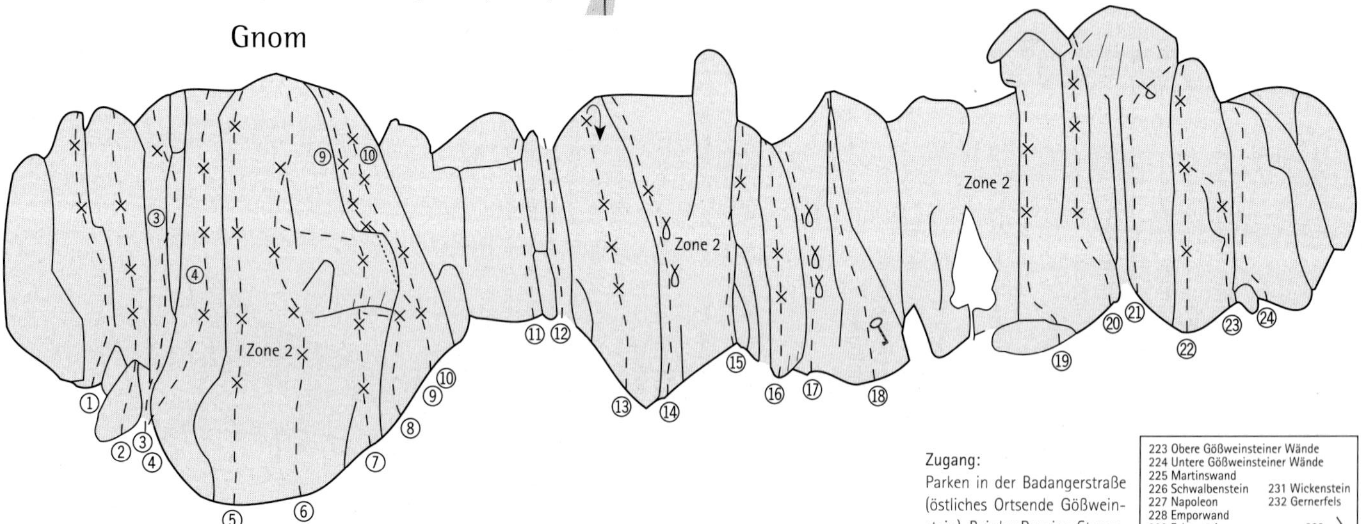

① Langer Riß 5-
② Halb so wild 7-
③ Simpelkamin ..... 3+
④ Kalte Zeiten ..... 7+
⑤ Nonplusultra 8
⑥ Superfly ..... 7+
⑦ Direkter Einstieg 7
⑧ Nußknacker 7
⑨ Linke Westwand 5
⑩ Rechte Westwand 6
⑪ Castor ..... 4+
⑫ Pollux ..... 4+
⑬ Kaffeepause ..... 6+
⑭ Hobbitkante ..... 4+
⑮ Trouble with Terry 4
⑯ Weg durch den Pelz ..... 6+
⑰ Rippe 5-
⑱ Zerrer 8-
⑲ Wichtelriß 6
⑳ Hallodri 6
㉑ Grattlerkamin 5-
㉒ Grattlerkante ..... 7+
㉓ Elfenweg 6
㉔ Elfenverschneidung 4

Zugang:
Parken in der Badangerstraße (östliches Ortsende Gößweinstein). Bei der Pension Stempferhof auf Wanderweg in Richtung Stempfermühle, bis bei einer gelben Bank links der Pfad zu den Felsen abzweigt.
Übersichtskarte: 2 (Seite 16); 3 (Seite 17)

Besonderes:
Das Klettern im Naturschutzgebiet Eibenwald ist nur möglich, weil im Einvernehmen mit den Behörden ein Zonierungskonzept erarbeitet wurde. Dieses sieht für das gesamte Gebiet ein *Erstbegehungsverbot* vor, d.h. etwaigen Zuwiderhandlungen wird durch sofortiges Enrfernen der Haken begegnet! Abgesehen davon sollte jeder im Interesse unseres Sports die abgemachten Regeln einhalten!

230 Eibenwände, mittlerer Teil (10-20 m, NW)

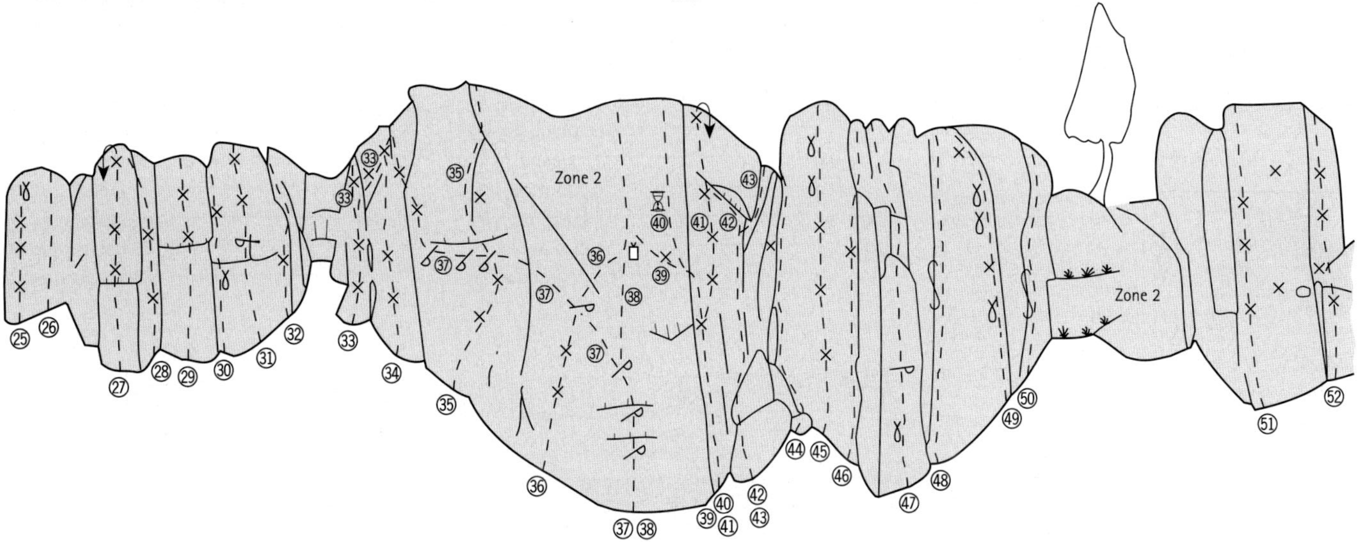

- ㉕ Wahnsinn bei Nacht 7
- ㉖ Schwachsinn bei Tag 6
- ㉗ Frustle .... 6+
- ㉘ Rheumatikerriß 5
- ㉙ Flocky 7-
- ㉚ Knieschnackler .... 6+
- ㉛ Hupfauf 7
- ㉜ Ischiasverschneidung 4
- ㉝ Bahnhofsweg (2 Ausstiege) 6
- ㉞ Projekt
- ㉟ Ramba Zamba 8-
- ㊱ Meisterwerk 9-
- ㊲ Via mala .... 7+
- ㊳ Via mala direkt .... 7+
- ㊴ Via Bella .... 4+
- ㊵ Nebelkante 4
- ㊶ Schlawiner 6-
- ㊷ Dachl 6-
- ㊸ Gößweinsteiner Kamin 4-
- ㊹ Jungfernriß 6-
- ㊺ Halve Hahn 8-
- ㊻ Graue Verschneidung 6
- ㊼ Odin 7
- ㊽ Gerader Riß .... 4+
- ㊾ Schwarze Kante 5
- ㊿ Diagonalriß 5
- (51) Kurzer Riß 6
- (52) Weg der Knoblauchbrüder .... 6+

230 Eibenwände, rechter Teil (15-23 m, NW)

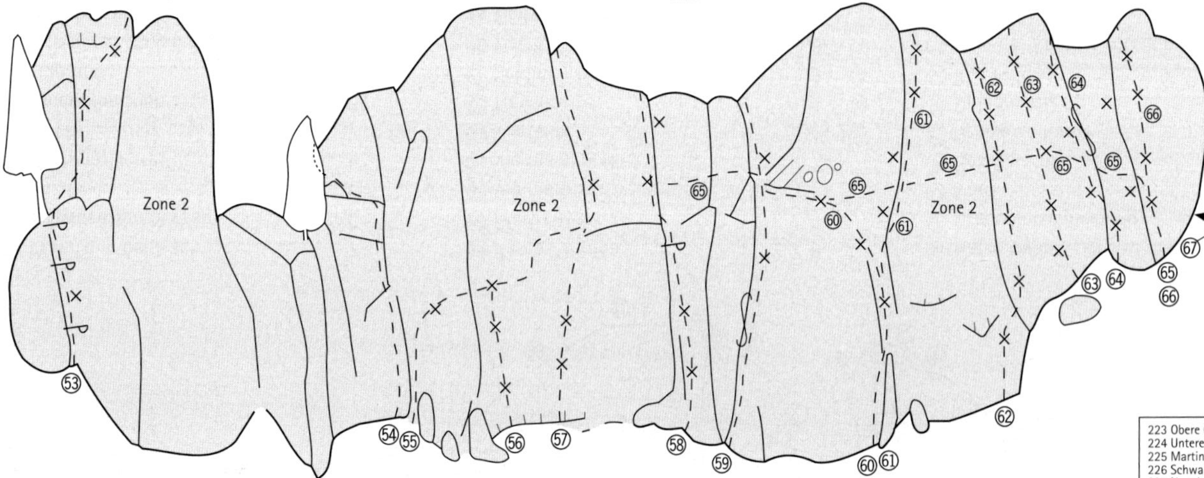

53	Rentnersteig	6	
54	Schwartenriß *(Keile)*	5+	
55	Philosophenweg	6+	🍺
56	Frostfinger	7+	
57	?	8	🍺
58	Bayernverschneidung	6	
59	Direkte Bayernwand	6	
60	Bayernwand	6	
61	Sepplriß	7-	
62	Schlendrian	7-	🍺
63	Volle Lotte	7+	🍺
64	Hansdampf	6+	
65	Charivari	6 a0	
66	Steinbeißer	7-	🍺
67	Weißwurstkamin	6-	

Zugang:
Parken in der Badangerstraße (östliches Ortsende Gößweinstein). Bei der Pension Stempferhof auf Wanderweg in Richtung Stempfermühle, bis bei einer gelben Bank links der Pfad zu den Felsen abzweigt.

Übersichtskarte: 2 (Seite 16); 3 (Seite 17)

Besonderes:
Das Klettern im Naturschutzgebiet Eibenwald ist nur möglich, weil im Einvernehmen mit den Behörden ein Zonierungskonzept erarbeitet wurde. Dieses sieht für das gesamte Gebiet ein *Erstbegehungsverbot* vor, d.h. etwaigen Zuwiderhandlungen wird durch sofortiges Enrfernen der Haken begegnet! Abgesehen davon sollte jeder im Interesse unseres Sports die abgemachten Regeln einhalten!

231 Wickenstein (16 m, NO)

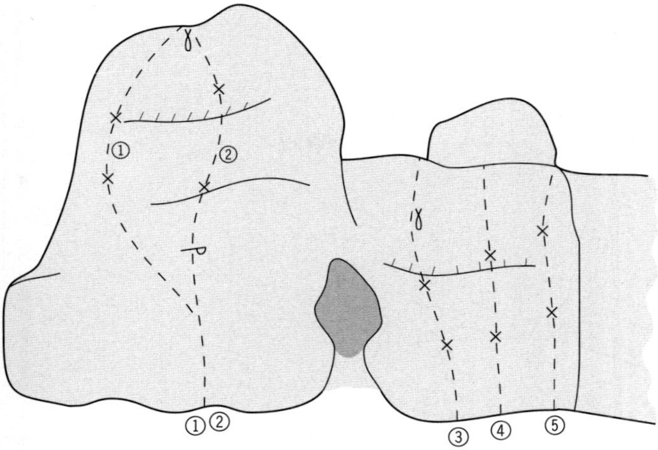

① Feuer der Leidenschaft............................7+
② Feuer, das Leiden schafft.......................8-
③ Martin's Nachlaß......................................8
④ Projekt
⑤ Kooschützkys Rammelstrecke..............7

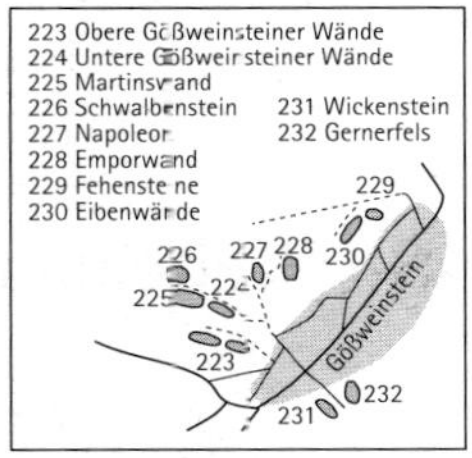

Zugang:
Gegenüber dem Parkplatz beim Friedhof (Nähe Basilika) die Straße "Am Kreuzberg" hochlaufen. Bei der Abzweigung zur Theaterhöhle diesem Weg rechts folgen und nach wenigen Metern (kurz hinter einem Maschendrahtzaun) rechts auf einem Trampelpfad 150 m weiter zu den Felsen.
Übersichtskarte: 2 (Seite 16); 3 (Seite 17)
Besonderes:
Bitte rücksichtsvoll gegenüber den Anliegern verhalten! Keinesfalls deren Privatgrundstücke betreten und keinen Lärm verursachen!
Letzte Meldung: Stefan Löw hat eine sehr lohnende Route rechts der „Supernase" begangen: „Top Ten" (9)

232 Gernerfels (17 m, W)

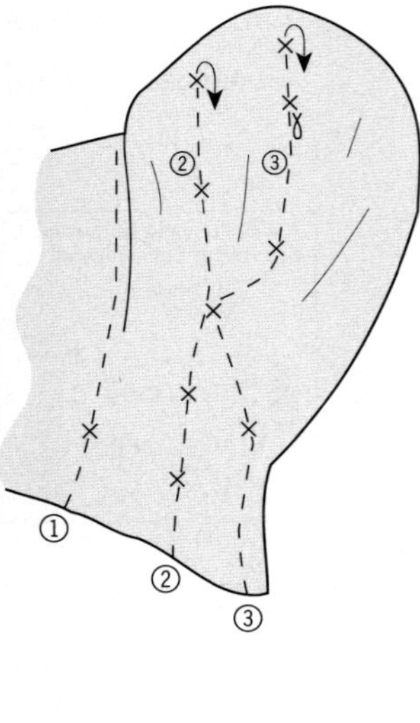

① ?..6-
② Albatros..8-
③ Supernase...8

233 Bärenstein (10 m, NO)

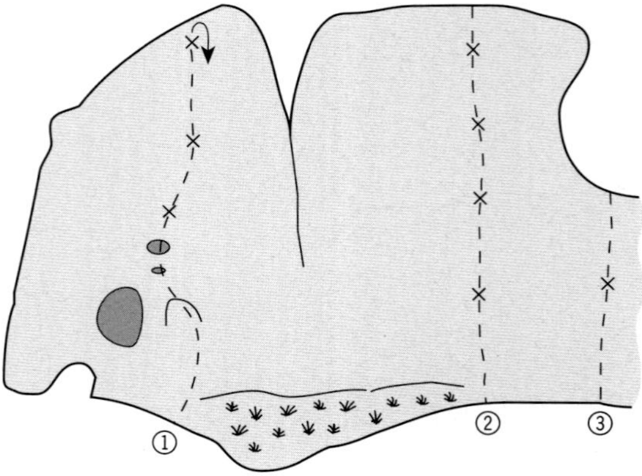

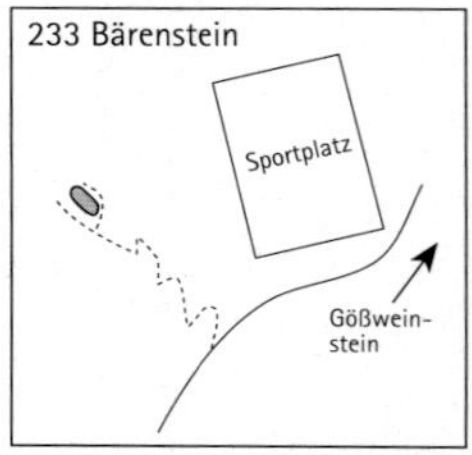

① Jederzeit Sicherheit 7-
② Running up that Hill .... 7+
③ Nackt im Wind .... 5+

Zugang:
Im westlichen Teil von Gößweinstein bei der Tankstelle die Straße "Am Bärenstein" hochfahren und spätestens bei der Abzweigung "Zum Bärenstein" parken. Hier rechts hoch, beim linken Tor des Sportplatzes links und bald wieder rechts auf Stufen zum Felsen.
Übersichtskarte: 2 (Seite 16); 3 (Seite 17)
Besonderes:
Schöner, löchriger Jurafels

234 Breitenberg Nordwand (17 m)

Zugang:
Von Gößweinstein in Richtung Stadelhofen und 300 m nach der Abzweigung links parken ("Rundweg Breitenberg"). Auf dem Rundweg parallel zur Straße wieder erst in nördlicher, dann in östlicher Richtung und nach 650 m rechts hoch in den Wald zu den Felsen
Übersichtskarte: 3 (Seite 17)

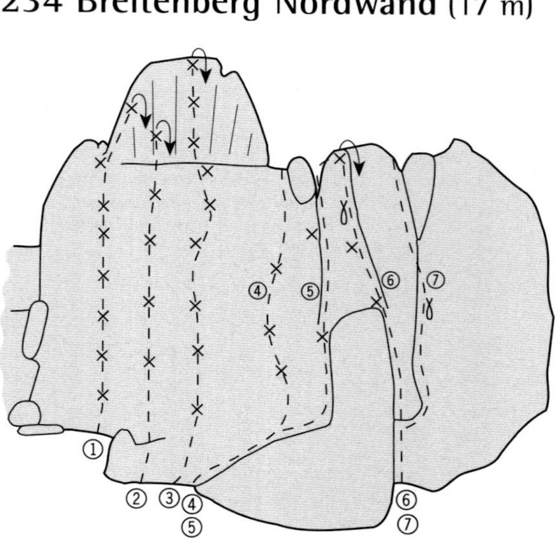

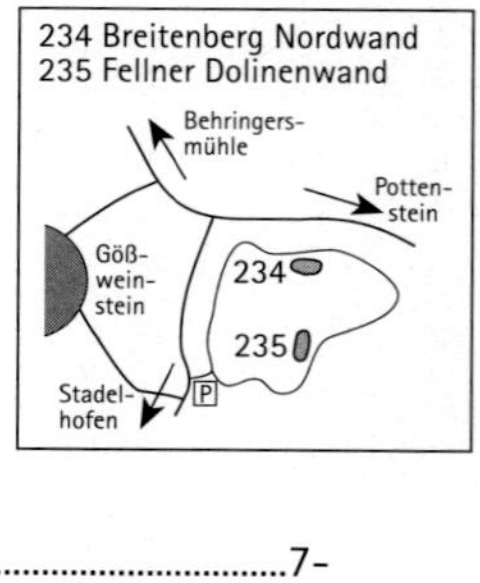

① Margot Engelhardt Ged.-Weg 7
② ? .... 8/8+
③ Verlassen des Weges verboten .... 8/8+
④ Weißbär 7
⑤ Baldauf 7-
⑥ Kampfsau .... 7+
⑦ Projekt

235 Fellner Dolinenwand (15 m, O)

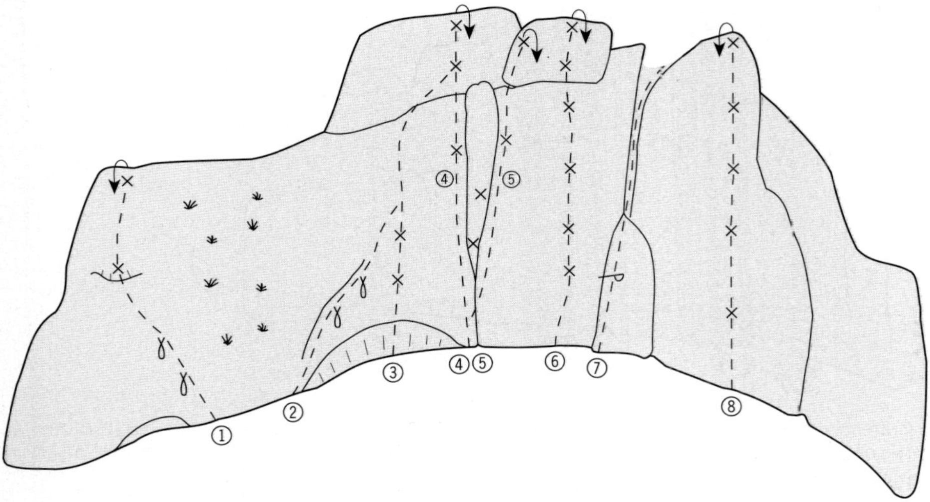

① Falscher Höhleneingang........................5
② Auf leisen Sohlen..................................6-
③ ?...7
④ Linker Spion 7
⑤ Rechter Spion 7
⑥ Weg des Paukers.....................................7
⑦ Schöner Dreier...3
⑧ Direkter Dolinenpfeiler...........................6

Zugang:
Von Gößweinstein in Richtung Stadelhofen und 300 m nach der Abzweigung links parken ("Rundweg Breitenberg"). Dem Rundweg nach rechts (östiich) folgen. Nach 300 m steht die Wand 30 m oberhalb des Weges.
Übersichtskarte: 3 (Seite 17)
Besonderes:
Sehr schöne, typisch fränkische Wandkletterei.

236 Parkplatzwandl (8 m, N)

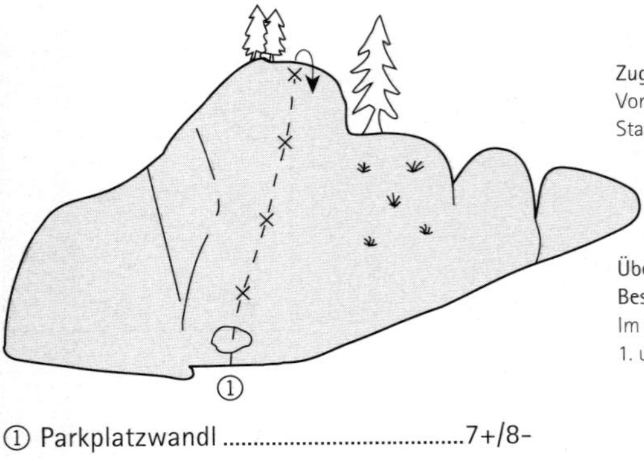

Zugang:
Von Gößweinstein in Richtung Stadelhofen und nach 1 km am Wanderparkplatz parken. Rechts oberhalb steht die Wand.

Übersichtskarte: 3 (Seite 17)
Besonderes:
Im September 1998 fehlten der 1. und der 2. Haken!

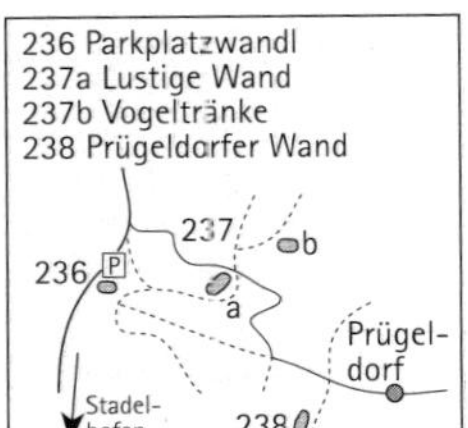

① Parkplatzwandl ....7+/8-

237a Lustige Wand (12 m, SO)

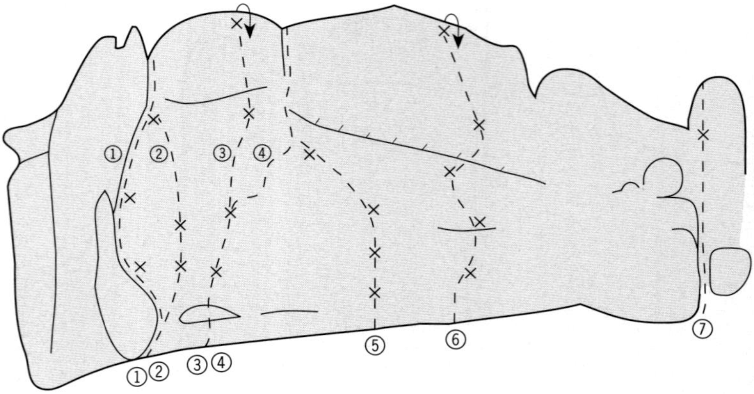

① Gräfenberger Lindenbräu ....5+
② Hetzelsdorfer Bier ....6+
③ Hohenschwärzer.......................................6+
④ Dietzhofer...6+
⑤ ?...7
⑥ Hundshaupter Lager 7
⑦ Unterzaunsbacher ....5+

Zugang:
Von Gößweinstein in Richtung Stadelhofen und nach 1 km am Wanderparkplatz parken. Auf schmaler Forststraße in Richtung Prügeldorf. Nach 350 m beim Pavillon rechts. Nach 30 m steht die Lustige Wand rechts des Weges.
Geht man beim Pavillon links und gleich wieder rechts, so gelangt man zur Vogeltränke.
Übersichtskarte: 3 (Seite 17)
Besonderes:
Schöne fränkische Wandklettereien mit fränkischen Namen.

237b Vogeltränke (12 m, N)

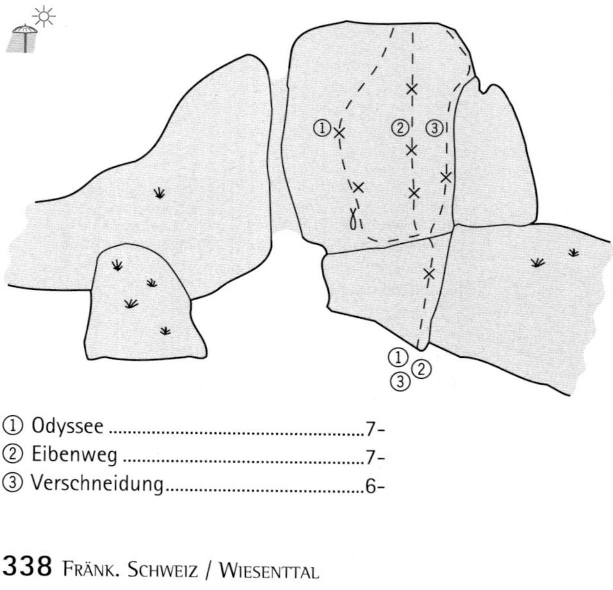

① Odyssee 7-
② Eibenweg 7-
③ Verschneidung...6-

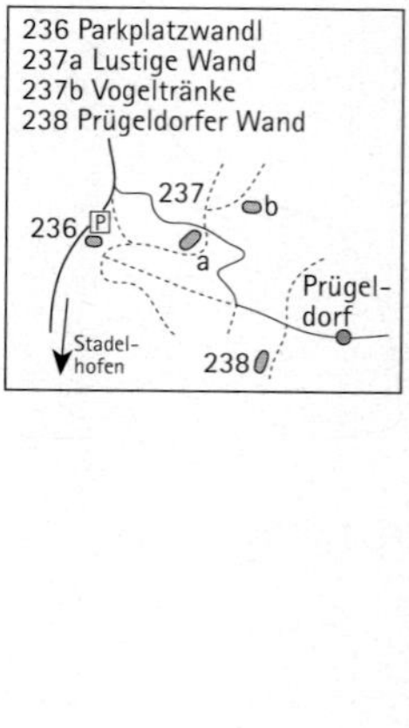

238 Prügeldorfer Wand (8 m, O)

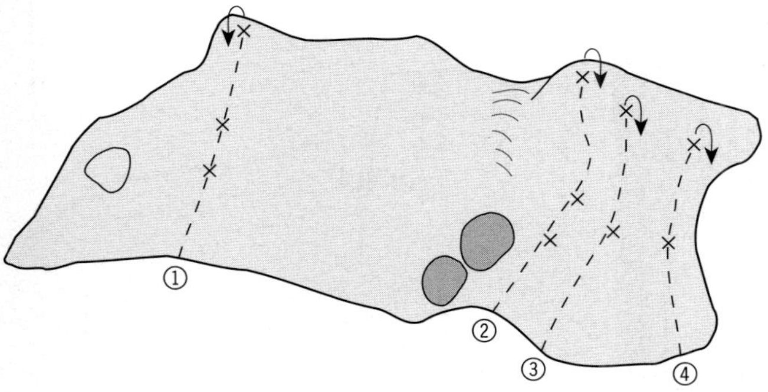

Ganz rechts:

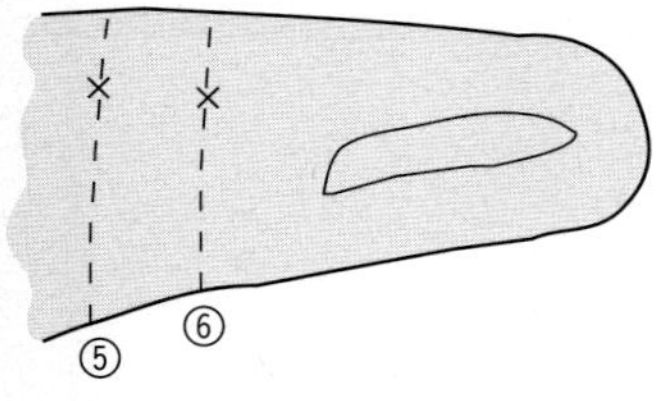

Zugang:

a) Von Gößweinstein in Richtung Stadelhofen und nach 1 km am Wanderparkplatz parken. Auf schmaler Forststraße in Richtung Prügeldorf. Am Pavillon vorbei (rechts steht die Lustige Wand) und weiter, bis man aus dem Wald herauskommt. Noch 100 m weiter und rechts über Wiese in den Wald laufen. Nach weiteren 200 m erscheint die Wand.

b) Parken in Prügeldorf. Auf schmaler Straße in östliche Richtung und 100 m vor dem Waldrand nach links über Wiese in den Wald laufen. Nach weiteren 200 m erscheint die Wand.

Übersichtskarte: 3 (Seite 17)

① The Fox on the Hill 6-
② ? 7
③ Highlight .... 7+/8-
④ Äxit .... 7/7+
⑤ ? 5
⑥ ? 5

239 Vordere Stadelhofener Wände (20 m, 0)

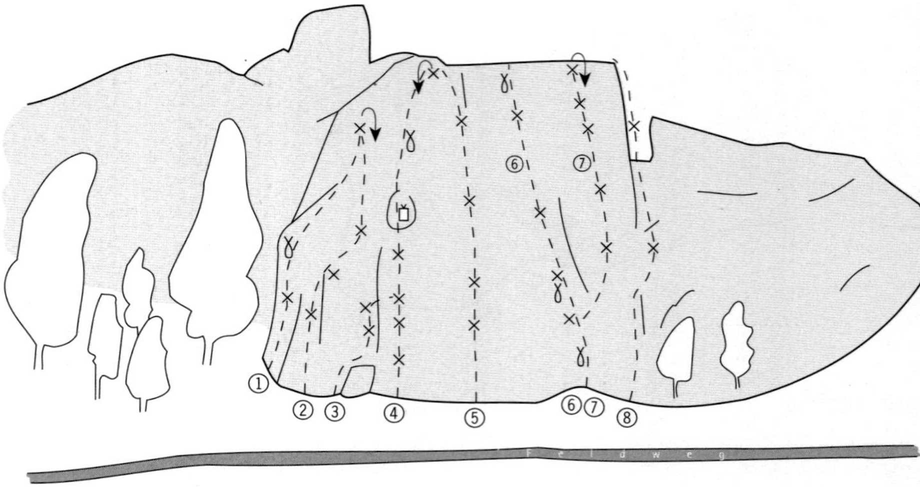

① Sumpfwurzweg 6
② ? .... 7+
③ Küchenschellenweg .... 6+
④ Rumpel di Pumpel 7
⑤ Ein Fall für Lasix Long .... 7+
⑥ Schlüsselblumenweg 7
⑦ In Birra Veritas 8-
⑧ Waldvögelein .... 4+

Zugang:
Parken am östlichen Ortsende von Stadelhofen. Auf der Straße noch 200 m in Richtung Siegmannsbrunn und links auf einen Feldweg abbiegen. Bei einer Scheune wieder links zu den Vorderen Stadelhofener Wänden. Die Hinteren Stadelhofener Wände liegen nördlich von ihnen hinter der bewaldeten Anhöhe und sind über einen Pfad in 2-3 min zu erreichen.
Übersichtskarte: 3 (Seite 17)
Besonderes:
Bitte nicht mit dem Auto in den Feldweg fahren, sondern in Stadelhofen parken (es freut sich der Bauer, wenn der Weg zu seinem Acker in der Nähe dieses beliebten Massivs nicht von 20-30 Kletterautos versperrt wird).

240 Hintere Stadelhofener Wände (19 m, N)

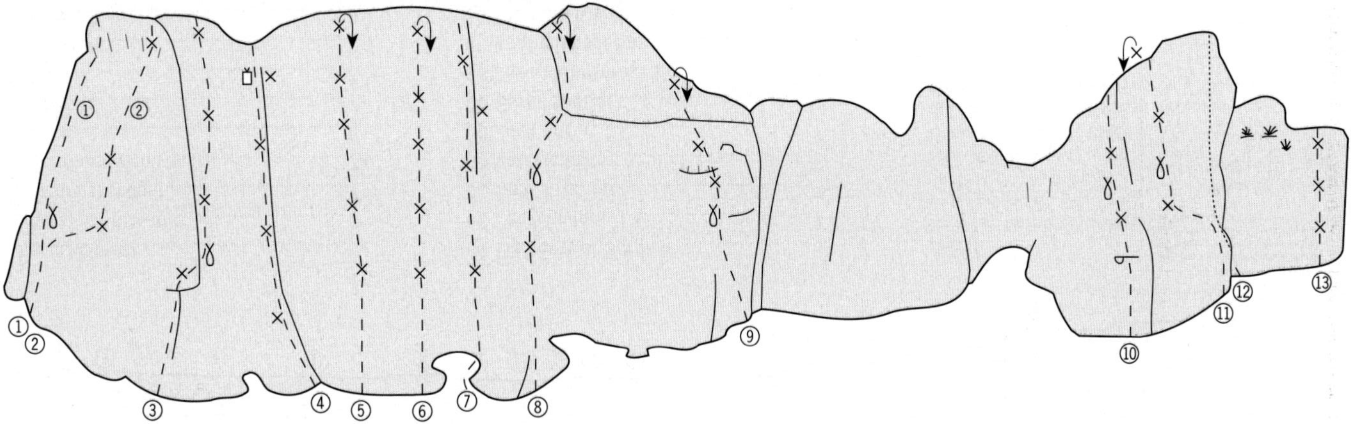

Ganz rechts:

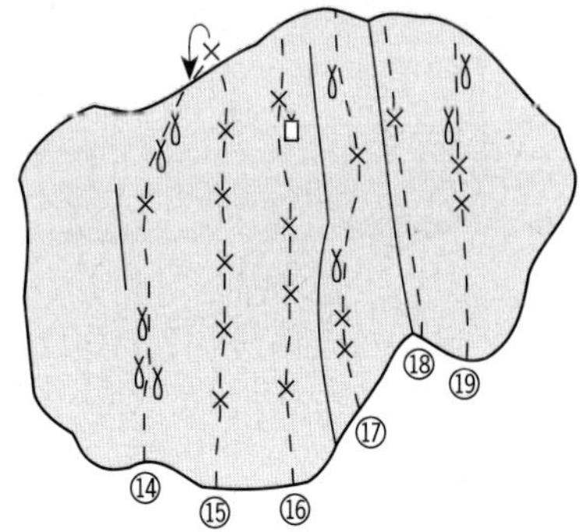

① R 1a 5
② Helmut Czernecki Ged.-Weg 6-
③ Hit 100 C 7
④ Reini Förster Ged.-Weg 7
⑤ Woodcocks in Time .... 7+
⑥ ? 7
⑦ Riß 7
⑧ R 2 = Zu spät .... 6+
⑨ R 3 = Rechts außen .... 5+
⑩ Nordwand 5
⑪ Nordwestwand 5-
⑫ Südwestkante 6
⑬ Zebulon 7
⑭ Elliweg .... 5+
⑮ Strahlentod 7
⑯ Bobeck .... 7+
⑰ R 3a 6
⑱ Kamin 4
⑲ Rechte Kaminwand 7-

241 Stadelhofener Dunkelkammer (5-10 m, S und O)

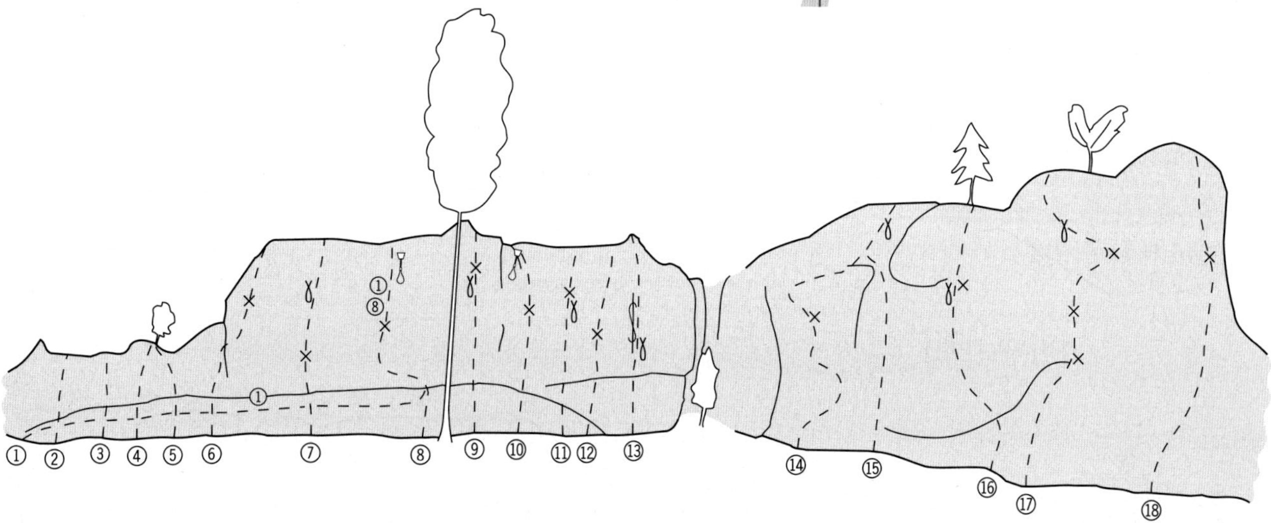

① Muskelprotz	9	⑩ Elements of Surprise	8-
② Music and Magic	7	⑪ Cecil Taylor	7+
③ Henry Thredgill	7	⑫ Jazz, Jazz, Jazz	7-/7
④ Birth and Rebirth	7+	⑬ Vaterschaft	6
⑤ Fuck	6+	⑭ Zuck net	7-
⑥ Rova	7-	⑮ Gundi spezial	7-
⑦ Babel	8-	⑯ Zielbildungsprozeß	7+
⑧ Muskulus	7	⑰ Kaumeier spezial	8-
⑨ Power Play	8	⑱ The long March	7

Zugang:
Parken am östlichen Ortsende von Stadelhofen. Auf der Straße noch 200 m in Richtung Siegmannsbrunn und links auf einen Feldweg abbiegen. Bei Garagen rechts abbiegen und 400 m am Waldrand entlang, dann links hoch in den Wald zu den Felsen.
Übersichtskarte: 3 (Seite 17)

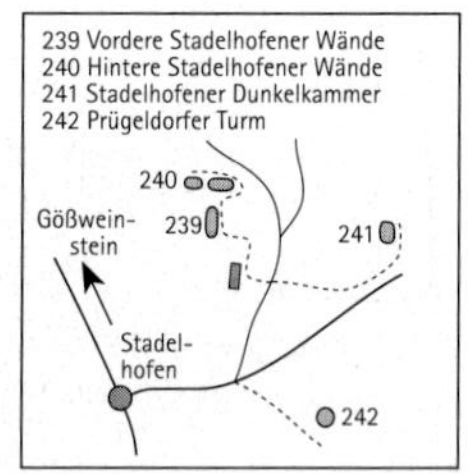

242 Prügeldorfer Turm (10 m, O)

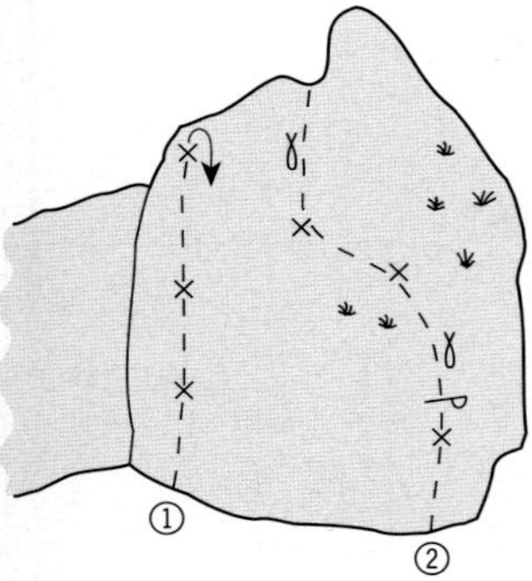

① Tagträumer 7-
② Ostwand 5

Zugang:
Parken in Stadelhofen. Vom Ortsende auf der Straße 200 m in Richtung Sachsendorf, dann rechts auf Feldweg zum Prügeldorfer Turm.
Übersichtskarte: 3 (Seite 17)

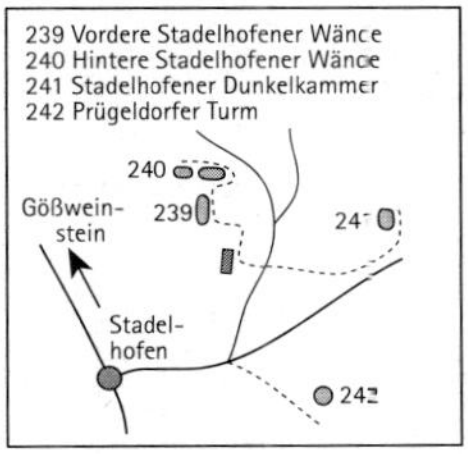

243 Östliche Förstelsteinkette (bis 10 m, W)

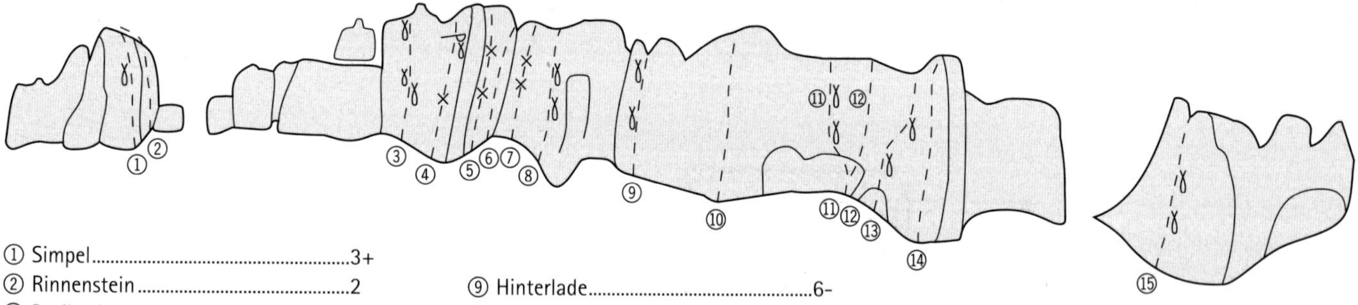

① Simpel 3+
② Rinnenstein 2
③ Pusikuchen 6
④ Hoppala 6
⑤ ? 6+
⑥ ? *(Keile)* 5
⑦ ? 6
⑧ Schrumpel 5+
⑨ Hinterlade 6-
⑩ ? 2+
⑪ Irrgarten 4
⑫ Rechter Irrgarten 3
⑬ Schlingel 4-
⑭ Angel's have fallen 6+
⑮ Schindluder 6-

Zugang:
Von Stadelhofen in Richtung Allersdorf. Bei einer Schneise für eine Stromleitung ist links im Wald die östliche Förstelsteinkette.
Übersichtskarte: 3 (Seite 17)

244 Rabenleite (12 m, NO)

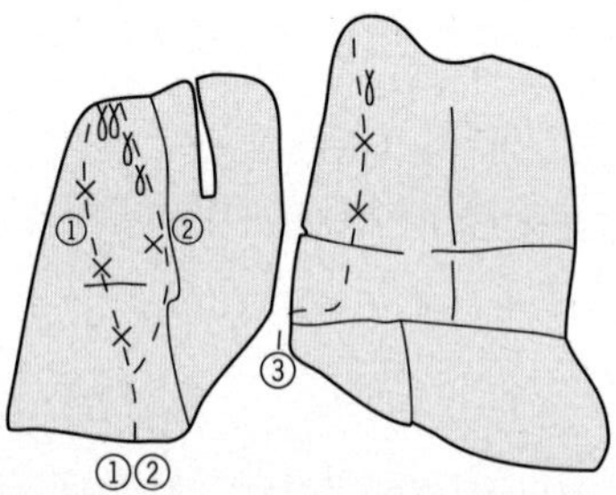

① ? 7-
② ? 7-
③ ? 7+

Zugang:
Parken in Allersdorf. Ein Sträßchenführt in westlicher Richtung zu einem einzelnen Haus fast im Wald. Dort geht man am Zaun entlang vorbei und gelangt zu den Felsen.
Übersichtskarte: 3 (Seite 17)

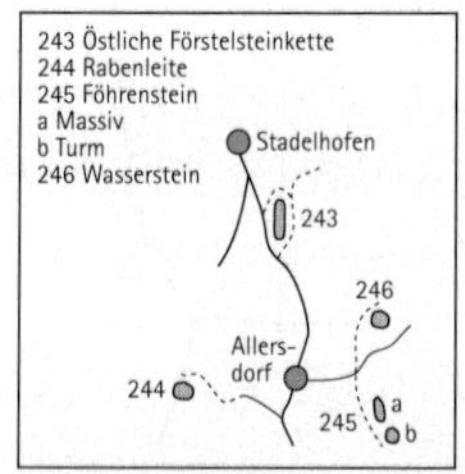

245a Föhrenstein, Massiv (20 m, W)

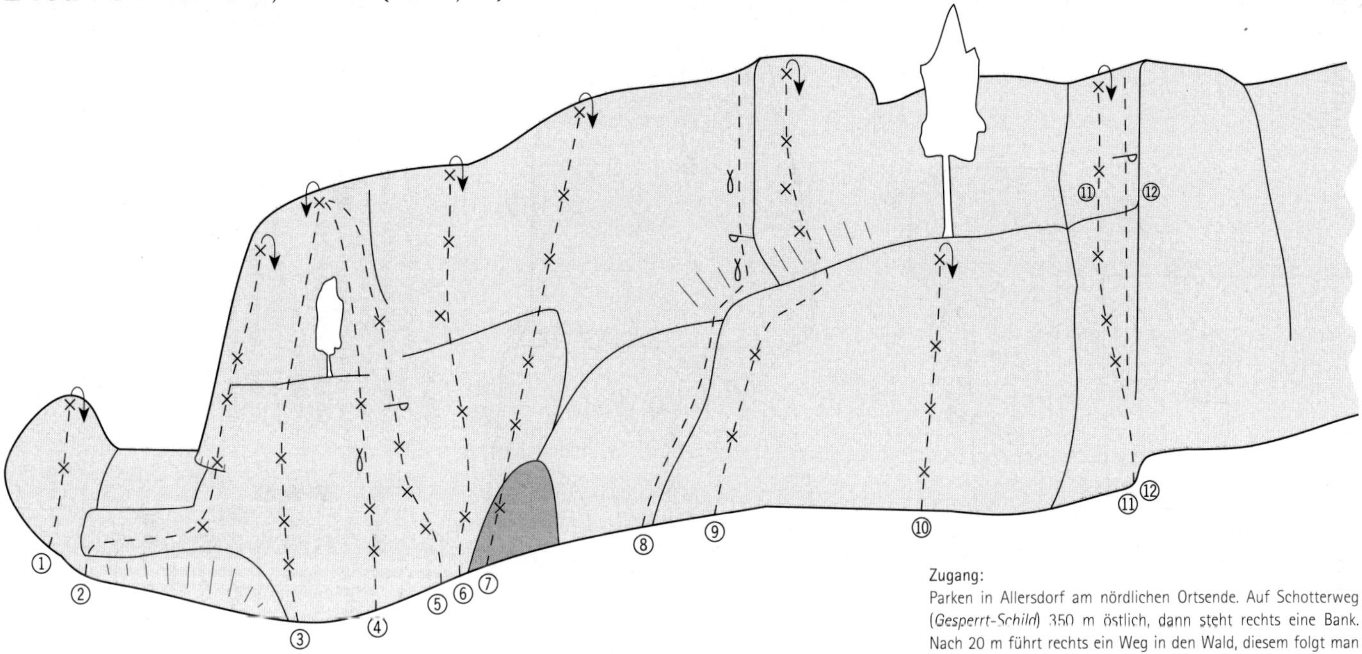

① Mikro .... 6+
② Schwalbe .... 7+
③ Luftsprung 9-
④ Skorpion 9
⑤ Steinschlag .... 7+
⑥ Lila Pause 8
⑦ Biokurve .... 8+
⑧ Projekt ? *(grausiger Riß)*
⑨ Samurai 8
⑩ Top Tour 8-/8
⑪ Mistral 7-
⑫ ? 6

Zugang:
Parken in Allersdorf am nördlichen Ortsende. Auf Schotterweg (*Gesperrt-Schild*) 350 m östlich, dann steht rechts eine Bank. Nach 20 m führt rechts ein Weg in den Wald, diesem folgt man zum Massiv (100 m) und zum Turm (200 m).
Übersichtskarte: 3 (Seite 17)
Besonderes:
An der Rückseite des Föhrenstein-Massivs (ca. 500 m weiter links) gibt es noch 2 neue Routen: „Sweet, soft and lazy" (8-) und „Undercover" (8+).
Falls auch in Zukunft manche Kletterer mit dem Auto hinter fahren, dem Bauern sein Holz klauen, in seine Lagerhalle scheißen und nachts mit lauter Musik durchs Dorf fahren, wird man hier wohl auch bald nicht mehr klettern dürfen!

245b Föhrenstein, Turm

Bergseite (10-14 m, N und W)

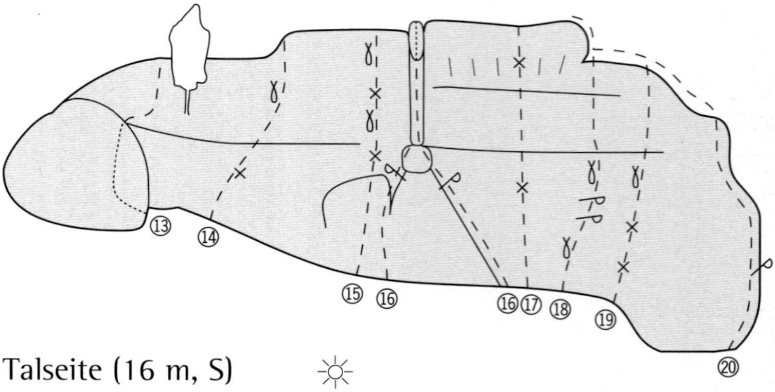

Talseite (16 m, S)

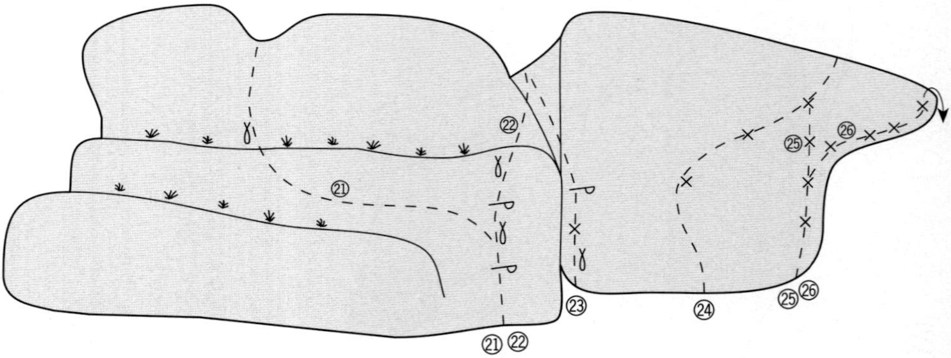

⑬ Vorblockweg 3
⑭ Linke Bergseite...7-
⑮ Direkte Bergseite.......................................6+
⑯ Kaminweg (2 Einstiege möglich).........3
⑰ Lascher Hänger...7-
⑱ Linke Nordwand..5+
⑲ Rechte Nordwand......................................5-
⑳ Westkante *(Schlingen und Keile)*........4 a0
㉑ Südquerung...5
㉒ Südwand..6-
㉓ Südriß...5 a0
㉔ Perpendikel..7
㉕ Projekt
㉖ Projekt

Zugang:
Parken in Allersdorf am nördlichen Ortsende. Auf Schotterweg (*Gesperrt-Schild*) 350 m östlich, dann steht rechts eine Bank. Nach 20 m führt rechts ein Weg in den Wald, diesem folgt man zum Massiv (100 m) und zum Turm (200 m).
Übersichtskarte: 3 (Seite 17)
Besonderes:
Falls auch in Zukunft manche Kletterer mit dem Auto hinter fahren, dem Bauern sein Holz klauen, in seine Lagerhalle scheißen und nachts mit lauter Musik durchs Dorf fahren, wird man hier wohl auch bald nicht mehr klettern dürfen. Wenn sich alle Besucher entsprechend zivilisiert verhalten hingegen schon!

246 Wasserstein

Nordwand (25 m)

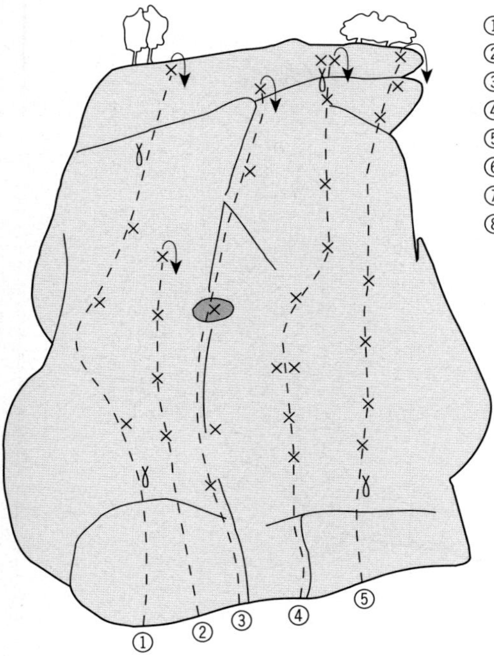

① ? 8
② Projekt
③ ? 9-
④ Headcrash* .... 10/10+
⑤ Inline Performance 9
⑥ ? 5
⑦ Misery 10-
⑧ Hot Spot .... 9+/10-

* nach Griffausbruch evtl. schwerer

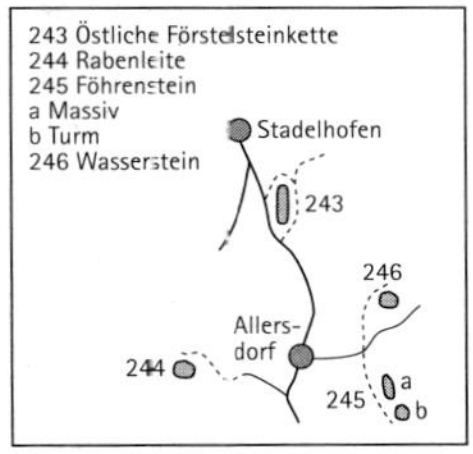

Ostwand (12 m)

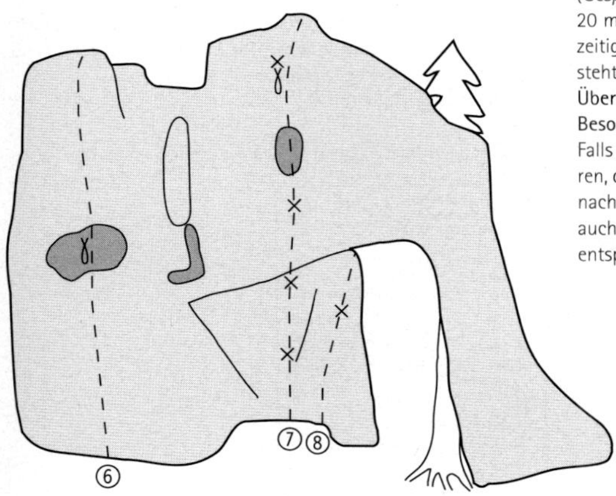

Zugang:
Parken in Allersdorf am nördlichen Ortsende. Auf Schotterweg (*Gesperrt-Schild*) 350 m östlich, dann steht rechts eine Bank. Nach 20 m führt rechts ein Weg in den Wald zum Föhrenstein. Gleichzeitig zweigt links eine Fuhre ab, welcher man folgt. Nach 200 m steht rechts oberhalb der Wasserstein.
Übersichtskarte: 3 (Seite 17)
Besonderes:
Falls auch in Zukunft manche Kletterer mit dem Auto hinter fahren, dem Bauern sein Holz klauen, in seine Lagerhalle scheißen und nachts mit lauter Musik durchs Dorf fahren, wird man hier wohl auch bald nicht mehr klettern dürfen. Wenn sich alle Besucher entsprechend zivilisiert verhalten hingegen schon!

247 Dornröschenwand (30 m, N)

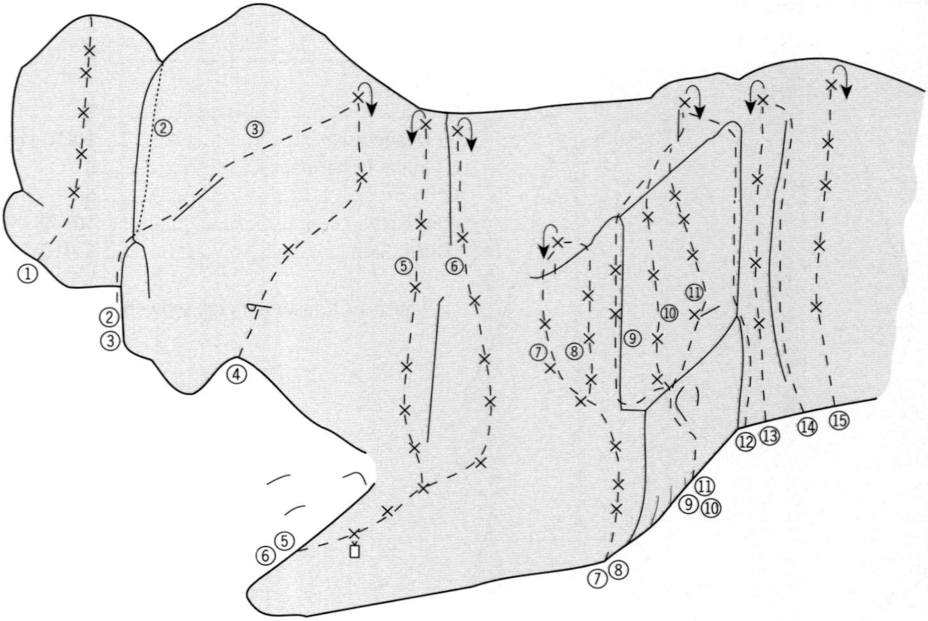

① Kalte Finger 7
② Nordostkamin 4
③ Es werde Licht 5-
④ Die Schuppe 7-
⑤ Anschlag .... 7+
⑥ Gebrüder Grimmig .... 8+
⑦ Märchenprinz .... 8+/9-
⑧ Schneeflittchen 9-
⑨ Fichtentrick .... 7+
⑩ Rauchende Finger .... 8+/9-
⑪ Die Wampe 8-
⑫ Linker Streich *(Keile)* .... 6+
⑬ ? 6
⑭ Rechter Streich *(Keile)* .... 6+
⑮ Mamma mia .... 6+

Zugang:
Von Behringersmühle in Richtung Tüchersfeld, am Ortsende parken. Auf der Straße noch etwas talaufwärts und am Beginn der ersten Leitplanke nach dem Ortsausgangsschild (300 m danach) rechts im Wald hoch zu den Felsen. Die Märchenwand steht rechts oberhalb der Dornröschenwand.
Übersichtskarte: 3 (Seite 17)
Besonderes:
Die schattigen Nordwände sind ideal für heiße Sommertage.

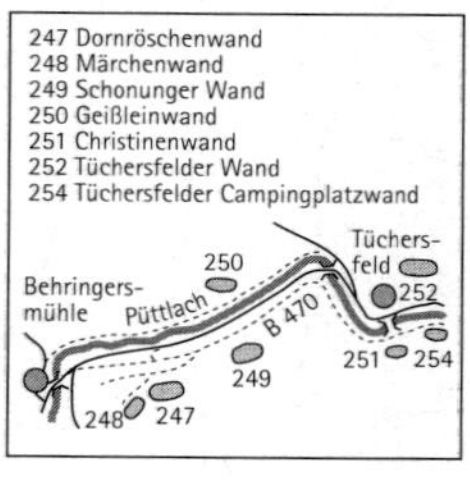

248 Märchenwand (20 m, NW)

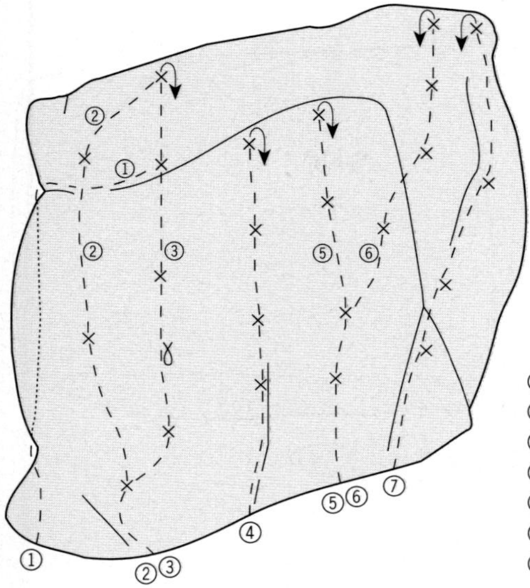

① Bumerang 7
② ? ....7+
③ Nikolaus ....7+
④ Steig nicht aus 7-
⑤ Alter Knabe 7
⑥ Körbers Wahn 8-
⑦ Letz Fetz ....7+

249 Schonunger Wand (25 m, O und N)

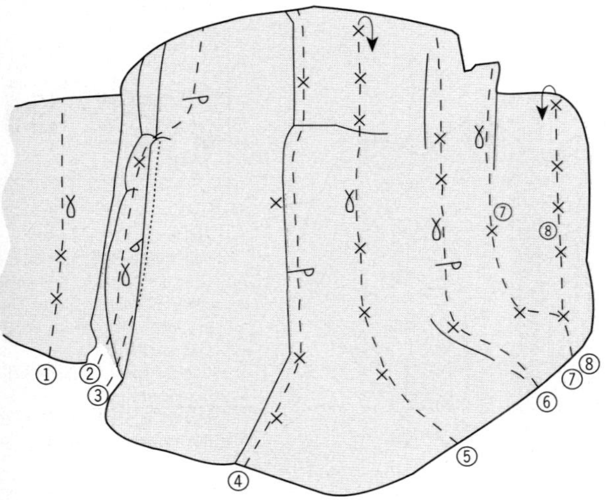

Zugang:
Von Behringersmühle in Richtung Tüchersfeld, am Ortsende parken. Auf der Straße noch etwas talaufwärts und am Beginn der ersten Leitplanke nach dem Ortsausgangsschild (300 m danach) rechts im Wald hoch zum Wanderweg unterhalb der Dornröschenwand. Auf diesem Weg noch 400 m talaufwärts zur Schonunger Wand.
Übersichtskarte: 3 (Seite 17)
Besonderes:
Die schattige Nordostwand ist ideal für heiße Sommertage.

① Fränkisches Abenteuer 7-
② Pfeiler 6
③ Alter Weg ....6+
④ Seidel Ged.-Weg 7
⑤ Schwebebahn 8
⑥ Beppi's Traum 8
⑦ Erbschleicher ....7+
⑧ Deckel und Topf ....8+

250 Geißleinwand (23 m, SW)

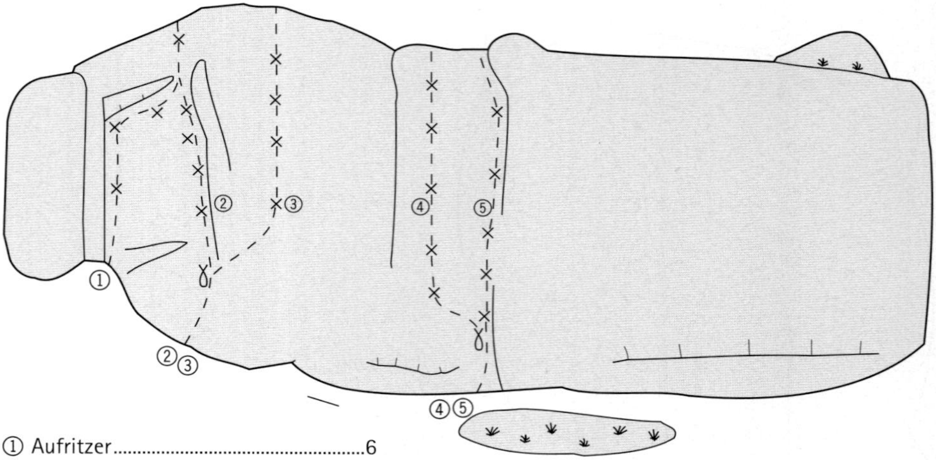

① Aufritzer 6
② Raunzender Kröterich 7
③ Stehversuche .... 7+
④ Schwarzer Wolf 8 a0
⑤ Südriß 8 a0

Zugang:
Von Tüchersfeld auf dem Wanderweg nach Behringersmühle am orographisch rechten Hang in 5 min zu den Felsen.
Übersichtskarte: 3 (Seite 17)

251 Christinenwand (16 m, N)

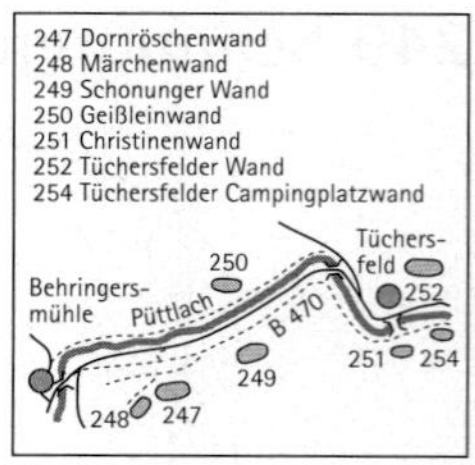

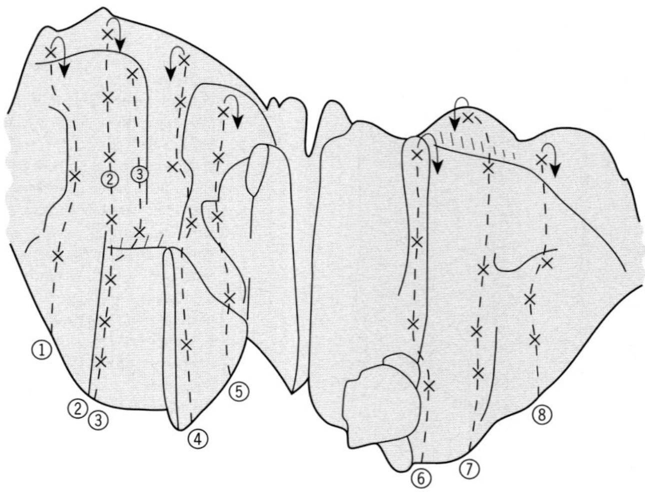

Zugang:
Von Tüchersfeld auf Brücke über die Püttlach. Bei einem Tisch mit Bänken Stiegen hinauf und nach 50 m rechts hoch zur Wand.
Übersichtskarte: 3 (Seite 17)
Besonderes:
Kleingriffige Wandkletterei in den schwereren Routen

① Candle in the wind 6
② Mayday 9-/9
③ Projekt
④ Requiescat in pace 7-
⑤ King Head Pub .... 6+
⑥ Verbotene Früchte 6-
⑦ Carpe Diem 8
⑧ Oh Captain, mein .... 8+

252 Tüchersfelder Wand (35 m, S) ☼ ☂ Püttlachtal

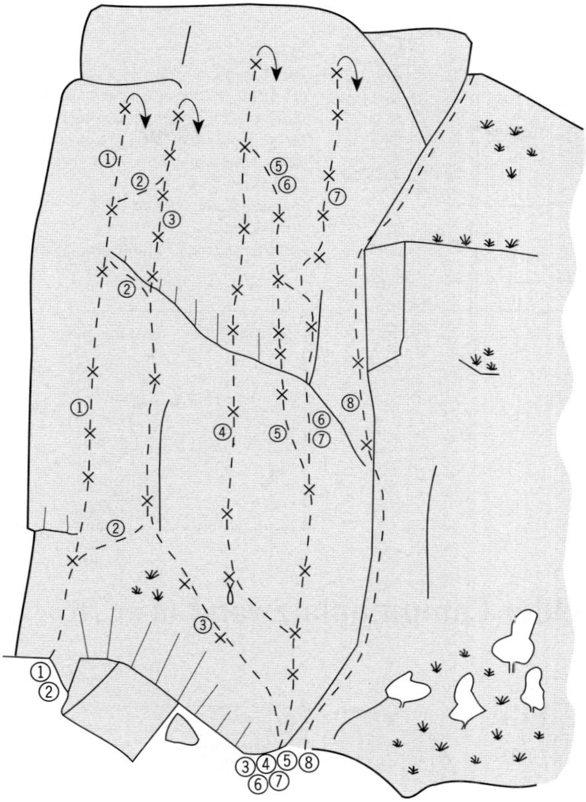

① Ruckzuck 8
② Marathon 85 .... 8+
③ Abschneider .... 8+
④ Dauerbrenner 9-
⑤ Durchzug 8
⑥ Ost mit West 8-
⑦ Hardcore Biking 9
⑧ Alter Weg 5

Zugang:
Am östlichen Ortsausgang von Tüchersfeld parken. Die Wand steht gegenüber vom Campingplatz.
Übersichtskarte: 3 (Seite 17)

253 Pferdsloch (5 m, O)

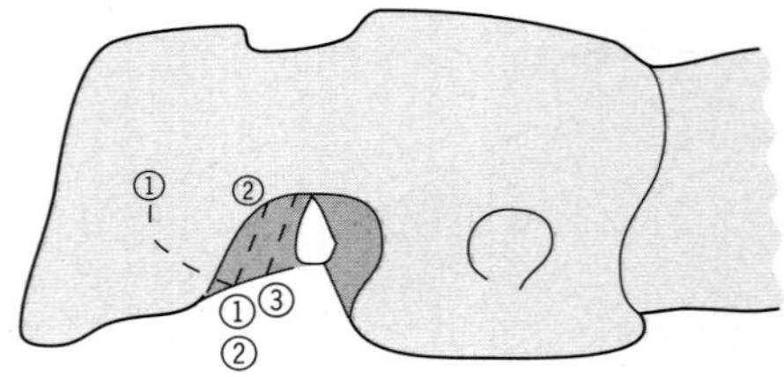

① Höhlenmensch ....7b+ Fb
② ?..6c+ Fb
③ Homo sapiens ....7b Fb

Zugang:
Zwischen Oberailsfeld und Pottenstein parken in Kleinlesau. Auf der Straße 250 m in Richtung Pottenstein. In der Kurve zweigt rechts ein Wanderweg ab nach Tüchersfeld (Grünpunkt). Nach 300 m kommt eine Bank mit einer Abzweigung; hier geradeaus weiter. Nach weiteren 100 m (2. Abzweigung) nach rechts auf Pfad zu den Felsen.
Übersichtskarte: 3 (Seite 17)
Besonderes:
Bewertungen nach Fontainebleau-Skala

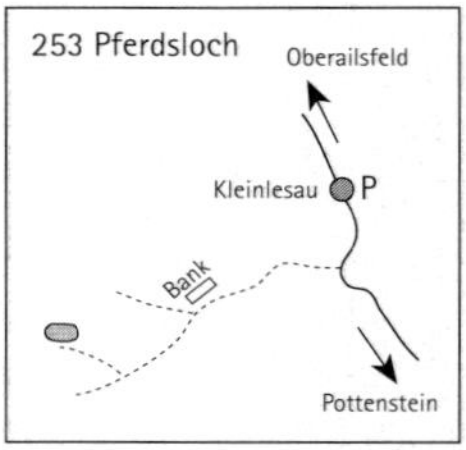

254 Tüchersfelder Campingplatzwand (8 m, N)

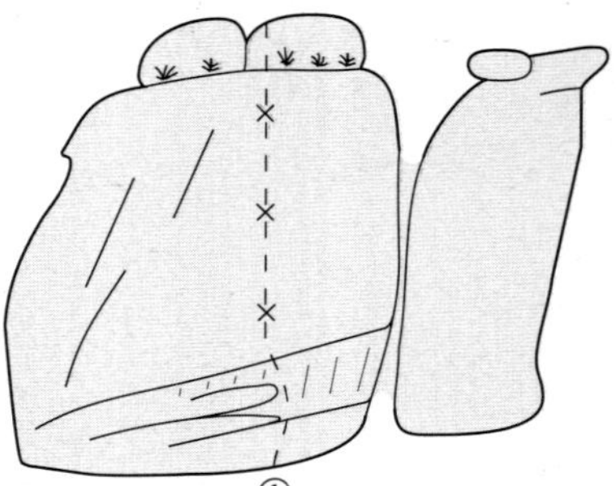

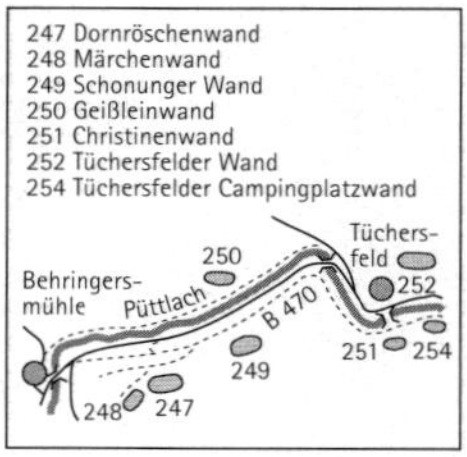

① Campingplatzwand 8-

Zugang:
Am östlichen Ortsausgang von Tüchersfeld parken. Direkt am Campingplatz steht die Campingplatzwand.
Übersichtskarte: 3 (Seite 17)

Bild Seite 353: Martin Joisten in der „Rauhfaser" (10-) an der Glawe-Wand

255 Schloßbergwände (bis 15 m, N)

255a Pfeiler

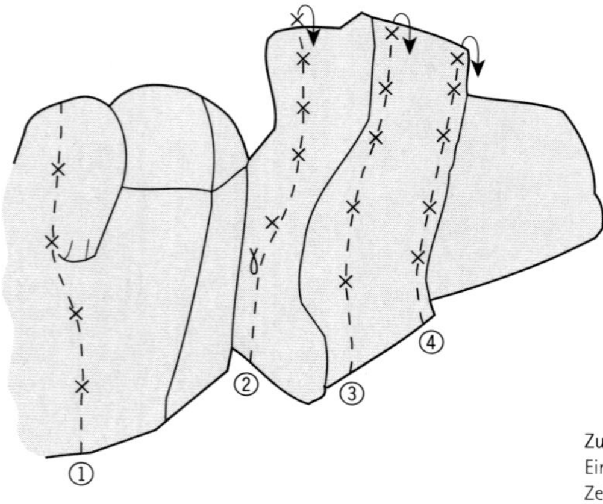

255b Schloßbergwächter

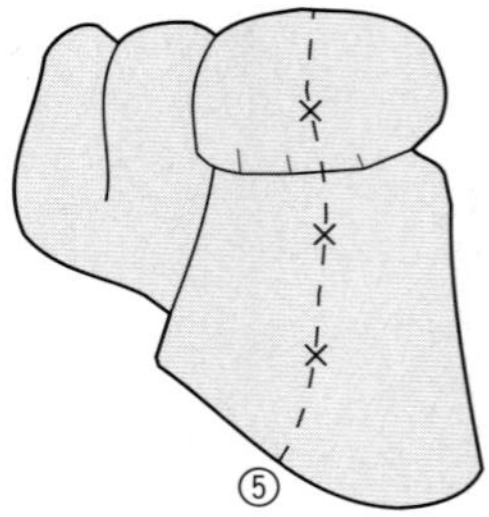

Zugang:
Einige 100 m talabwärts vom Zeltplatz an der Bärenschlucht ist ein Parkplatz, gegenüber steht die Püttlacher Wand. Zu den Schloßbergwänden gelangt man, indem man auf gutem Weg auf der orographisch linken Talseite einige min talabwärts geht, bis links oben im Wald die Felsen sichtbar sind. Zur Mäusewand steigt man am Turm rechts etwas auf und geht sodann steil hinab zu den Einstiegen.
Übersichtskarte: 3 (Seite 17)

255 Schloßbergwände
a Pfeiler
b Schloßbergwächter
c Turm
256 Mäusewand
257 Püttlacher Wand

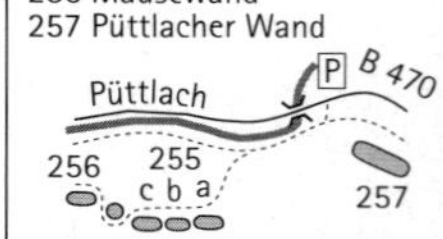

255c Turm

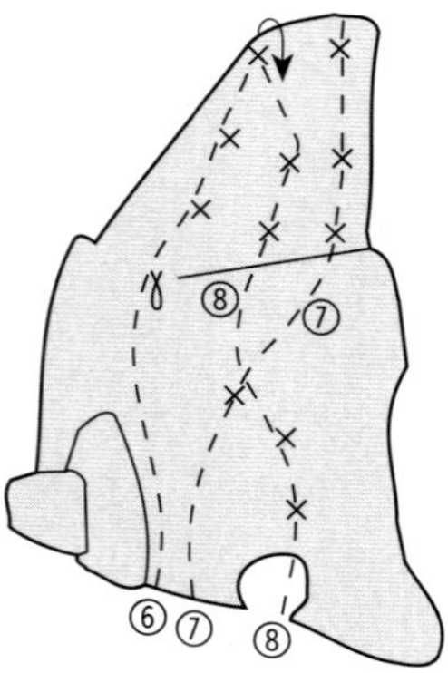

① Hitzefrei 7
② Gedenkweg 7-
③ Schläger 7
④ Blitz und Donner 8-
⑤ Auf nach Schmilka 7-
⑥ Sommersprossen 7-
⑦ Auf nach Texas .... 7+
⑧ Amused to death .... 8+

256 Mäusewand (14 m, N)

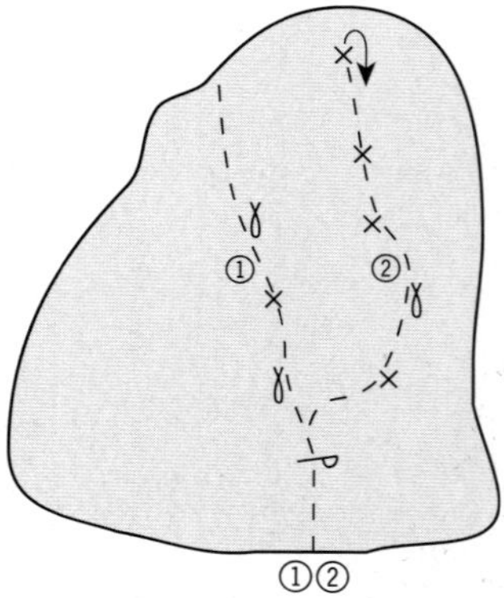

① Linke Mäusewand 7-
② RechteMäusewand .... 8+

257 Püttlacher Wand, linker Teil (25 m, N)

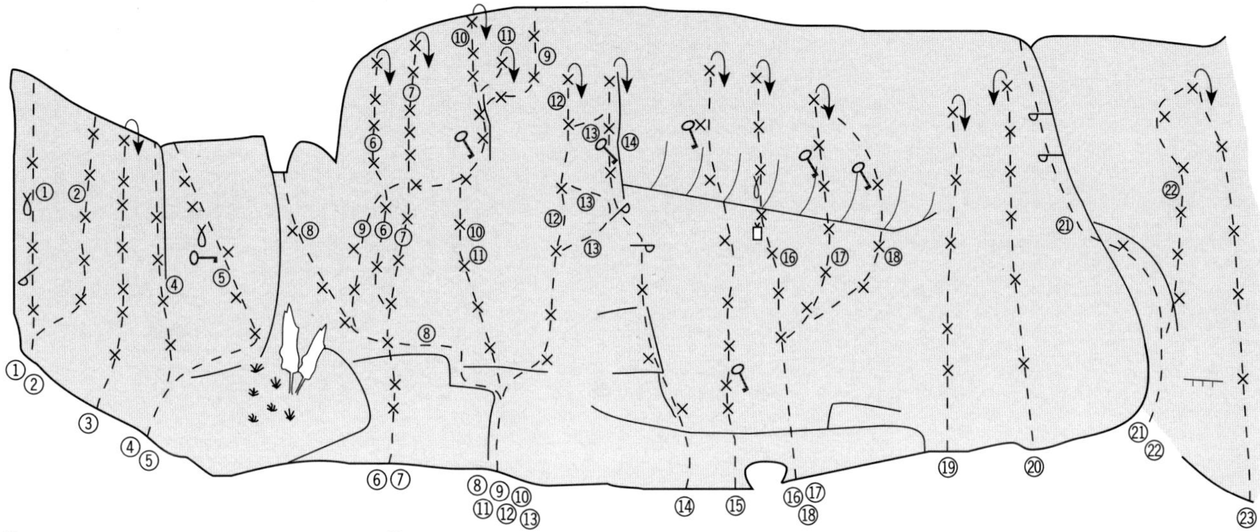

① Bärenschluchtkante 7
② Schneckentango .... 7+
③ Dompteur .... 7+
④ Gefrierfach 8-
⑤ Löwenschreck 8
⑥ Smör .... 8+/9-
⑦ Smörebröd 9
⑧ Linker Ausstieg 6-
⑨ Ehmann Ged.-Weg .... 5+ a2
⑩ The End 9
⑪ Das Geschenk 9
⑫ Riesenslalom direkt 10
⑬ Riesenslalom .... 9+
⑭ Treibjagd (Kurt Stör Ged.-Weg) 9
⑮ Anfang und Ende 9-
⑯ Variante .... 8+
⑰ Graue Eminenz 9
⑱ Weggeschnappt 9-/9
⑲ Cool bleim, Chef 8-
⑳ Abseitsfalle 8-
㉑ Alter Weg .... 5+
㉒ Ikebana 8
㉓ Frankenschocker 9-

Zugang:
Einige 100 m talabwärts vom Zeltplatz an der Bärenschlucht ist ein Parkplatz, gegenüber steht die Püttlacher Wand. Man gelangt auch von der Bärenschlucht über einen guten Wanderweg auf der orographisch linken Talseite zur Püttlacher Wand (vorbei an Erinnerungswand, Püttlachkamin, Teufelskrallenturm, Frankenjoggerturm und Piazwand.

Übersichtskarte: 3 (Seite 17)

Besonderes:
Schattiges Eldorado für extreme Routen. Meist überhängende Ausdauerkletterei.

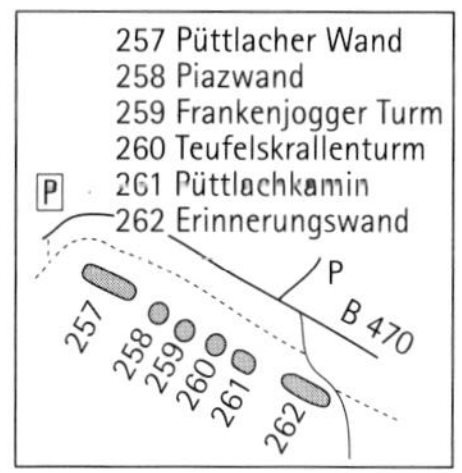

257 Püttlacher Wand, rechter Teil (28 m, N) Püttlachtal

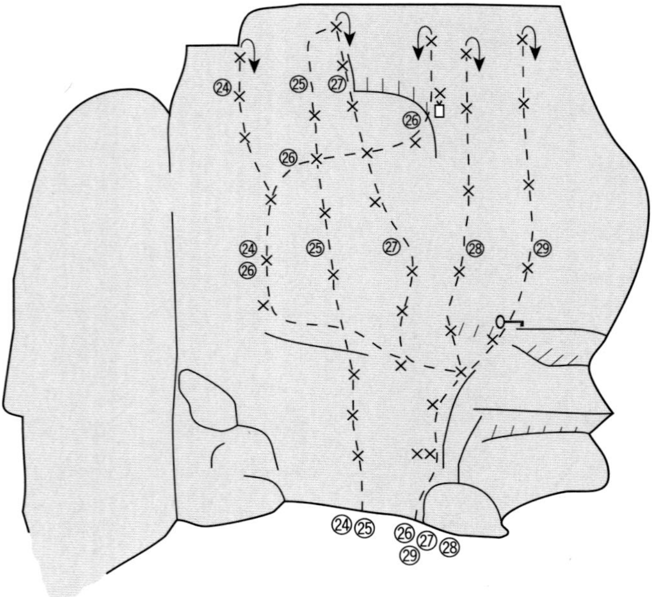

- ㉔ Red Bull 8-/8
- ㉕ Intensivstation .... 9/9+
- ㉖ Schütze Ged.-Weg .... 8+
- ㉗ K. B. .... 8+
- ㉘ Station 53 8
- ㉙ Tiramisu 9-

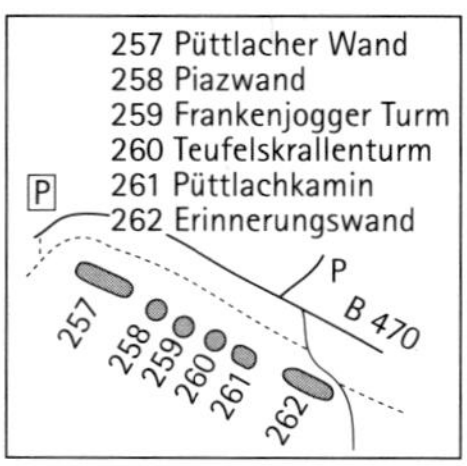

Zugang:
Einige 100 m talabwärts vom Zeltplatz an der Bärenschlucht ist ein Parkplatz, gegenüber steht die Püttlacher Wand. Man gelangt auch von der Bärenschlucht über einen guten Wanderweg auf der orographisch linken Talseite zur Püttlacher Wand (vorbei an Erinnerungswand, Püttlachkamin, Teufelskrallenturm, Frankenjoggerturm und Piazwand.
Übersichtskarte: 3 (Seite 17)
Besonderes:
Schattiges Eldorado für vorwiegend extreme Routen. Meist überhängende Ausdauerkletterei.

Bild Seite 357: Ines Bischoff klettert den „Bärentöter“ (9+) an den Bärenschluchtwänden

258 Piazwand (22 m, NO)

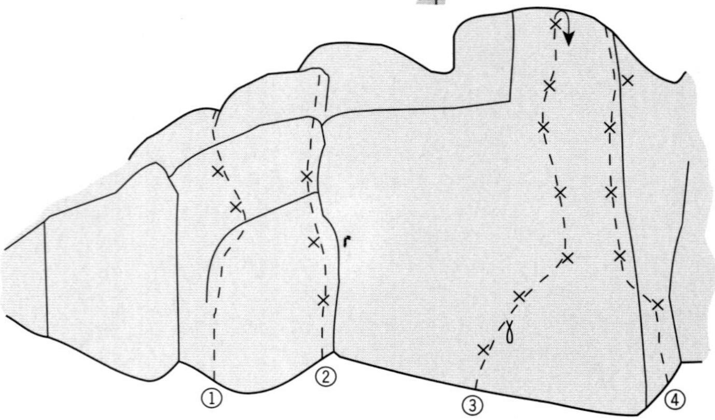

① Sven Glückspilz 8
② Piazweg 6-
③ Durststrecke ....7+
④ Goldgräber..7

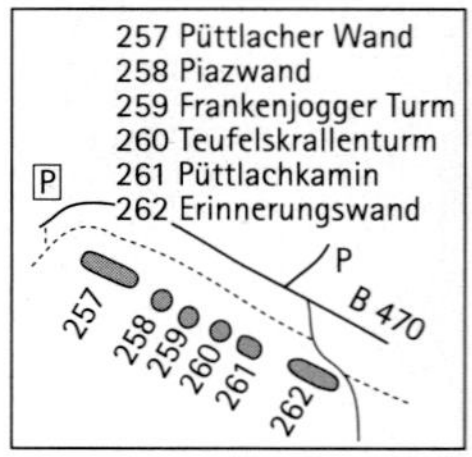

259 Frankenjoggerturm (20 m, N)

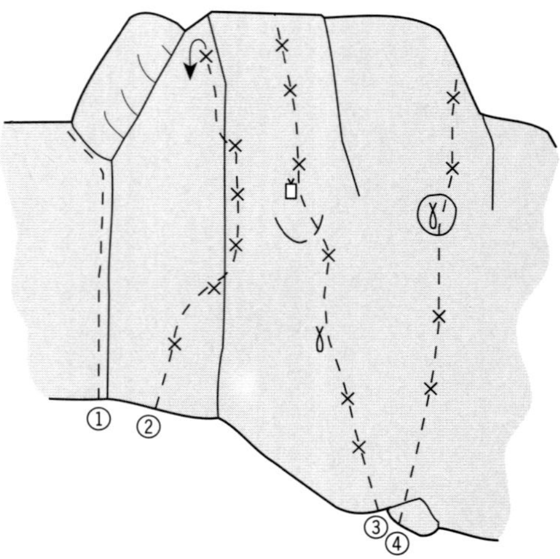

Zugang:
Einige 100 m talabwärts vom Zeltplatz an der Bärenschlucht ist ein Parkplatz, gegenüber steht die Püttlacher Wand. Von dort auf Wanderweg kurz talaufwärts zu Piazwand und Frankenjoggerturm.
Man gelangt auch von der Bärenschlucht über einen guten Wanderweg auf der orographisch linken Talseite zu den Felsen (vorbei an Erinnerungswand, Püttlachkamin und Teufelskrallenturm).
Übersichtskarte: 3 (Seite 17)

① Dachlkamin 4
② Im Gegenlicht...8+
③ Engelhardt Ged.-Weg.............................8-
④ Noicherlzuzzerl 7-

Bild Seite 359: Ute Sandner in „Big Wall" (9-) an der Pottensteiner Wand

260 Teufelskrallenturm (25 m, N)

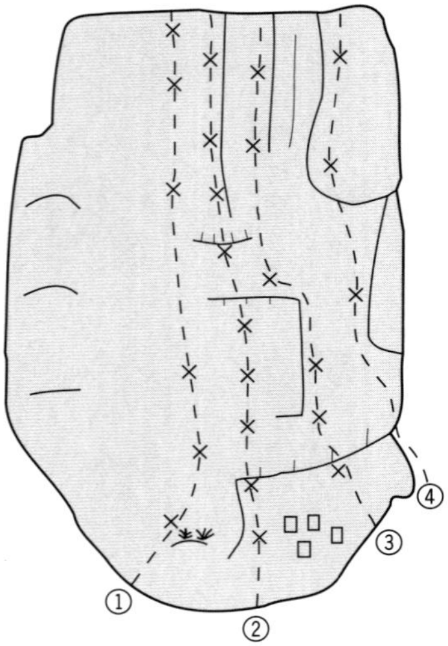

Zugang:
Einige 100 m talabwärts vom Zeltplatz an der Bärenschlucht ist ein Parkplatz, gegenüber steht die Püttlacher Wand. Von dort auf Wanderweg kurz talaufwärts (vorbei an Piazwand und Frankenjoggerturm) zu Teufelskrallenturm und Püttlachkamin.
Man gelangt auch von der Bärenschlucht über einen guten Wanderweg auf der orographisch linken Talseite zu den Felsen (vorbei an der Erinnerungswand)
Übersichtskarte: 3 (Seite 17)

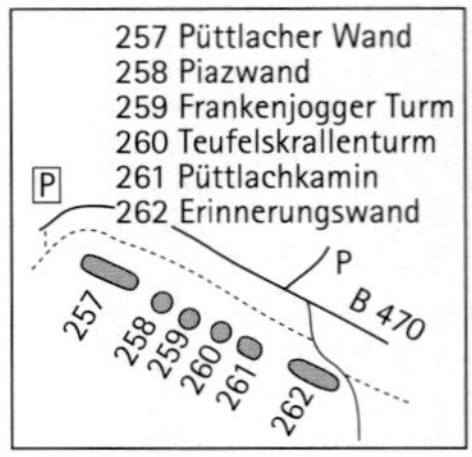

① Zigeunerweg .... 7+
② Hospital 9-
③ Talseite 8-
④ Nordwestkante .... 6+

261 Püttlachkamin (20 m, N)

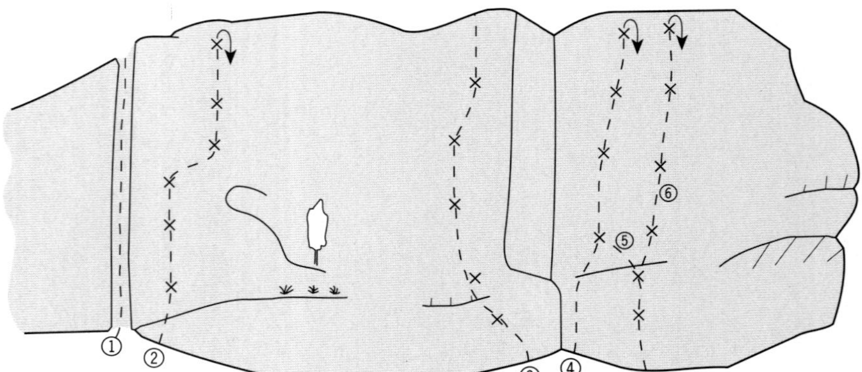

① Püttlachkamin 3
② Projekt
③ Radarfalle 7-
④ Schwarzer Streifen 7-
⑤ Direkter Einstieg 8-
⑥ Lärm macht krank 8-

262 Erinnerungswand (25 m, N)

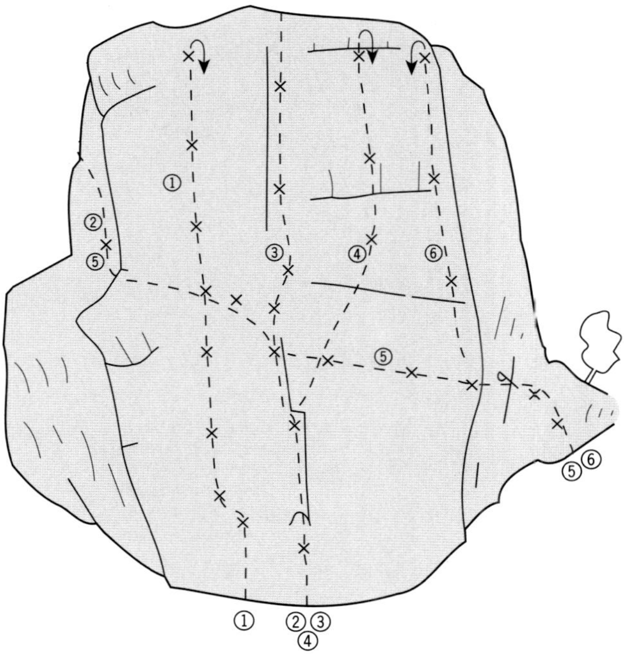

① Projekt
② Emil Freund Ged.-Weg .... 8+
③ Peacemaker .... 9+
④ Kretin .... 9+
⑤ Fürther Quergang 8
⑥ City Cobra 9-
⑦ Bisamratte (*kein Topo*) .... 7b Fb

Zugang:
Die Erinnerungswand befindet sich direkt gegenüber vom Bärenschluchtzeltplatz bei der Bushaltestelle.
Übersichtskarte: 3 (Seite17)
Besonders:
Zugang zu ⑦ (Bisamratte):
Links der Erinnerungswand auf Weg in den Wald und kurz den Hang hoch zum Boulder.

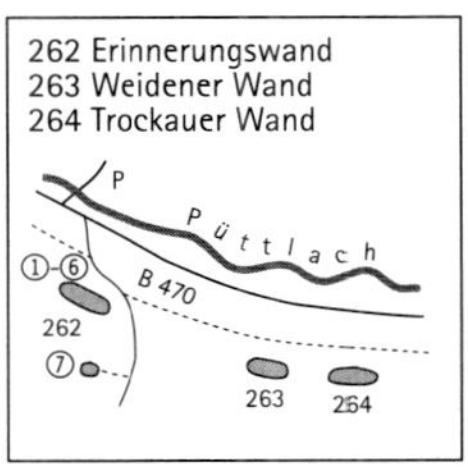

263 Weidener Wand (20 m, N)

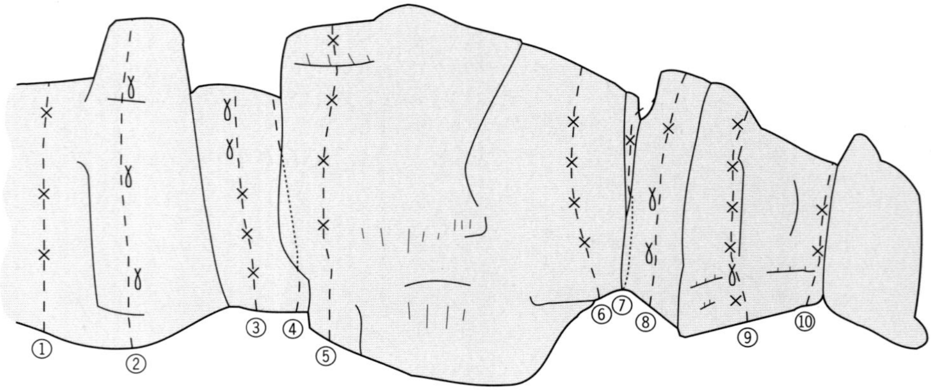

① Der Bär ist los 7-
② Abendstimmung 7-
③ Gilgamesch 8
④ Enger Kamin 4-
⑤ Alles Balletti .... 7+
⑥ Weißer Streifen 8-
⑦ Christlkamin 4
⑧ Patzer .... 6+
⑨ Kleine Helden 8
⑩ Nordriß 5

Zugang:
Direkt gegenüber vom Bärenschluchtzeltplatz bei der Bushaltestelle befindet sich die Erinnerungswand. Etwas talaufwärts folgen die Weidener Wand und die Trockauer Wand.
Übersichtskarte: 3 (Seite17)

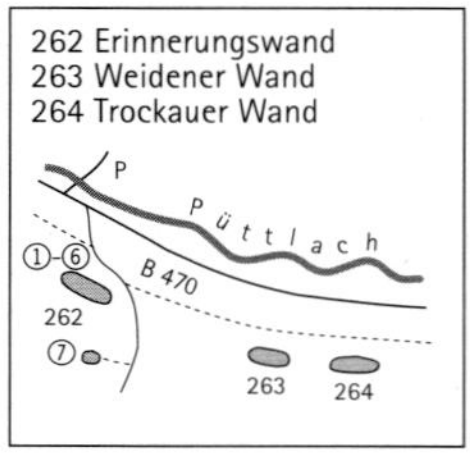

264 Trockauer Wand, rechter Teil (25 m, N)

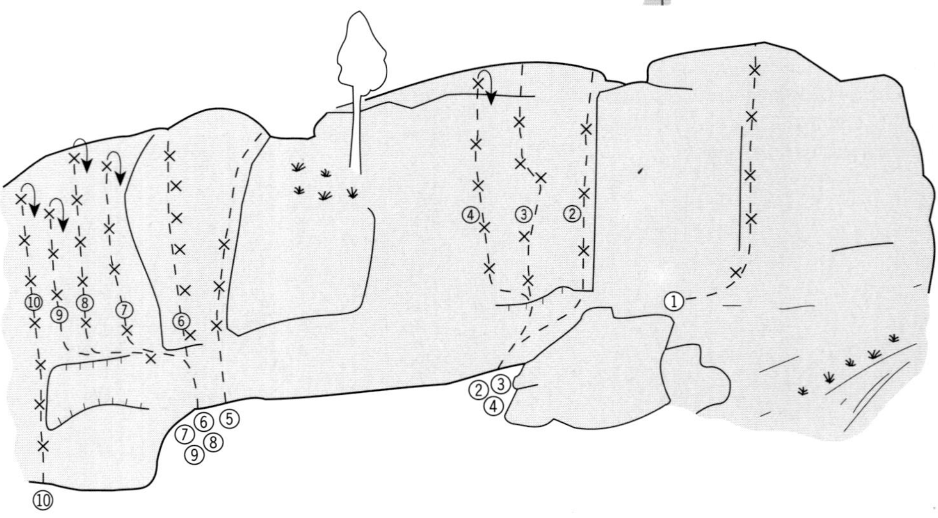

264 Trockauer Wand, linker Teil (25 m, N)

Püttlachtal

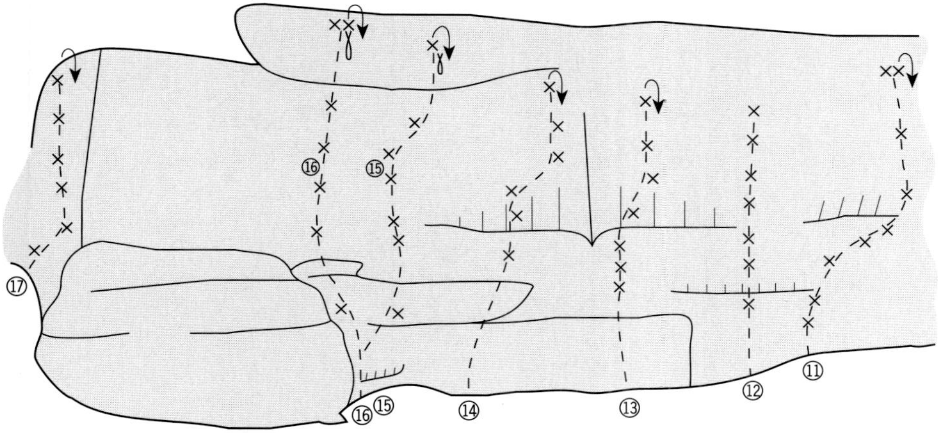

① Bärenschlucht Mantle.............................7-
② Nix für Emma 6-
③ Manganplatte..7
④ Amalgamplatte 7
⑤ Trockauer Verschneidung.......................6
⑥ Denkste...8
⑦ ?..8/8+
⑧ ?..9-
⑨ ?..8

⑩ Projekt
⑪ Projekt
⑫ Projekt
⑬ Projekt
⑭ Burnout 9-/9
⑮ Silberner Surfer......................................8
⑯ Space Balls..8+
⑰ Dunkelkammer. 8

265b Ringlerwand, Hauptmassiv (bis 18 m, SO)

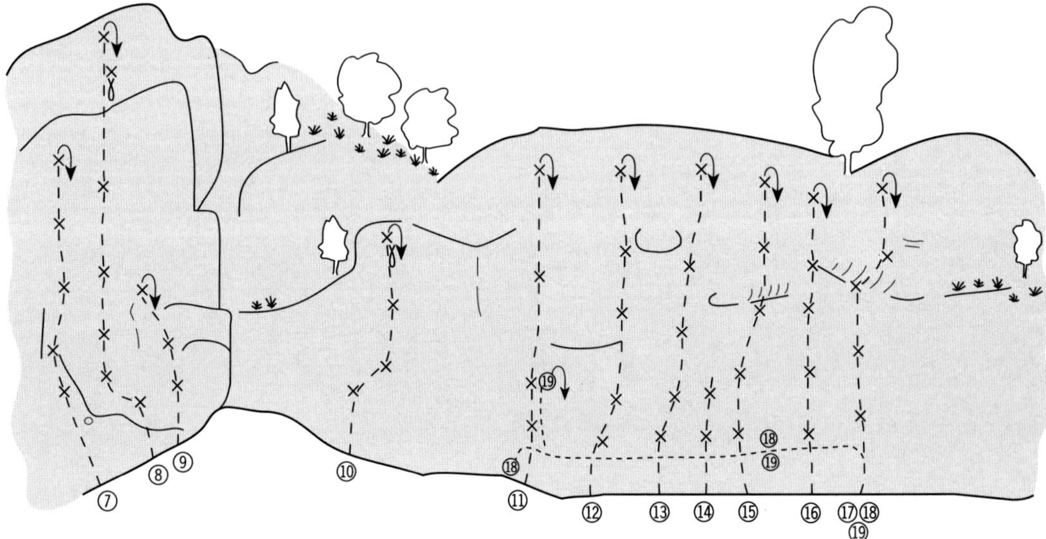

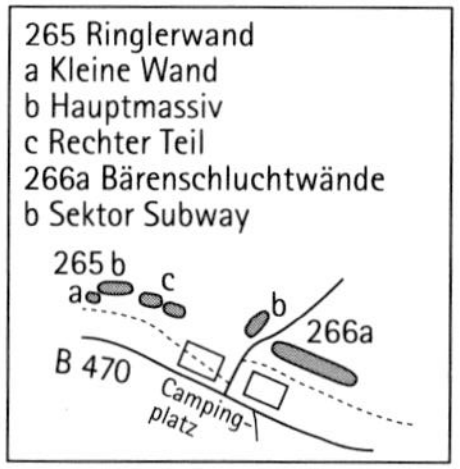

265a Kleine Wand (8m, SO)

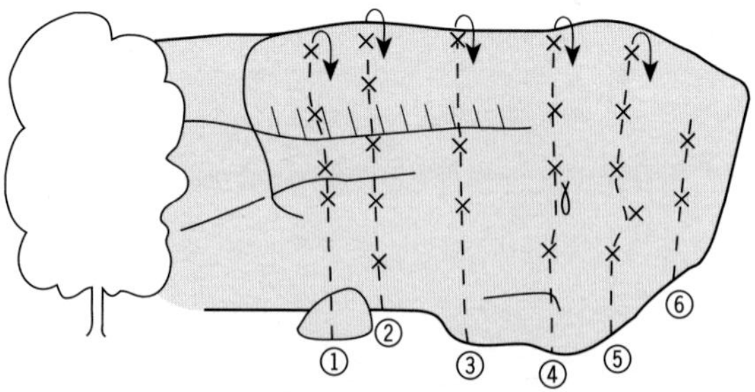

① Projekt
② Ringelnatter.......9/9+
③ Projekt
④ Projekt
⑤ Inquisition.......9+/10-
⑥ Projekt

Zugang:
Parken vor dem Campingplatz Bärenschlucht *(nicht im Campingplatz!)*. Durch den Campingplatz talabwärts laufen und auf Weg im Talgrund weiter in 5 min zur Ringlerwand. *Bitte nicht von der anderen Seite her über das Privatgrundstück hinlaufen!*
Übersichtskarte: 3 (Seite 17)
Besonderes:
Früh bis nachmittags sonnig

265c Ringlerwand, Rechter Teil (bis 18 m, SO) ☼

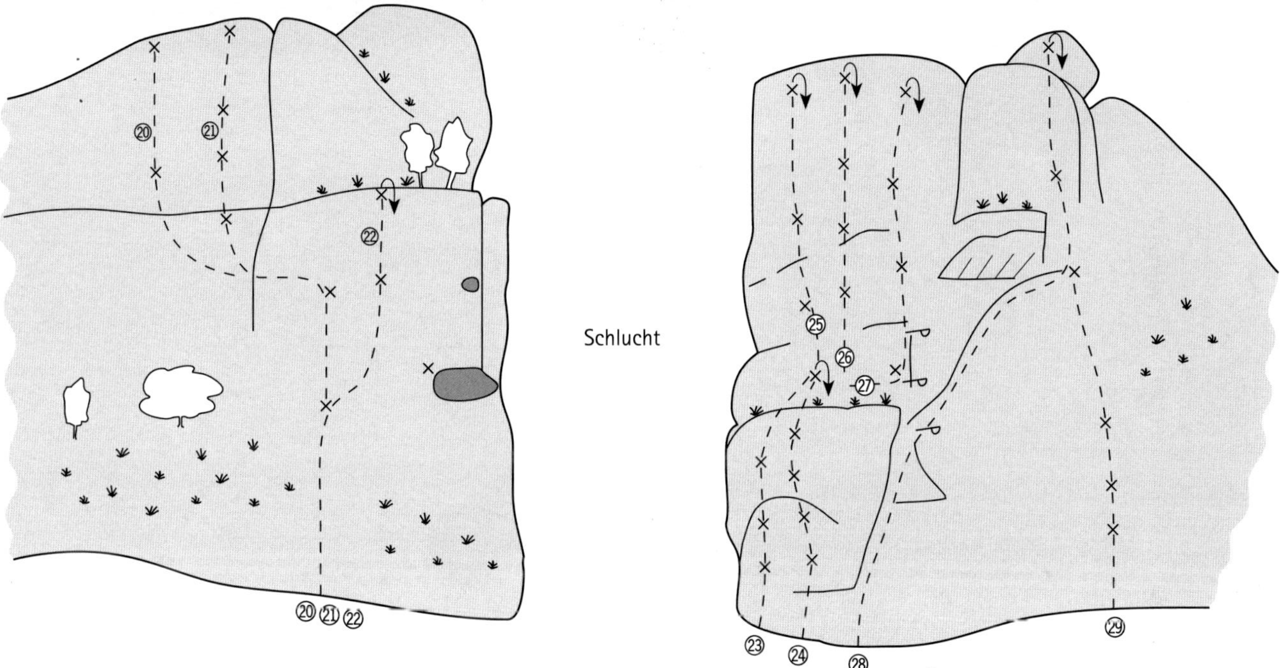

⑦ Alter Weg........6+
⑧ Schnappfix........8-
⑨ ?........6
⑩ Kleines Arschloch........8-
⑪ Civil War........9
⑫ Aero Dynamo........8
⑬ Fantastic Max........9-
⑭ Projekt

⑮ Gefühlsecht........9-
⑯ Bella........8-
⑰ Fliegende Holländer........8-
⑱ Hornhautraspel........7b Fbtr
⑲ Fingermaniküre........7c Fbtr
⑳ Projekt
㉑ Projekt

㉒ ?........7+
㉓ ?........8
㉔ ?........9-
㉕ ?........8
㉖ ?........8
㉗ ?........8-
㉘ Alter Weg........5+
㉙ Sandmann........7+

Patrick Matros im „Luftballondach“ (9) an der Schüttersmühler Wand

266a Bärenschluchtwände, linker Teil (18 m, S)

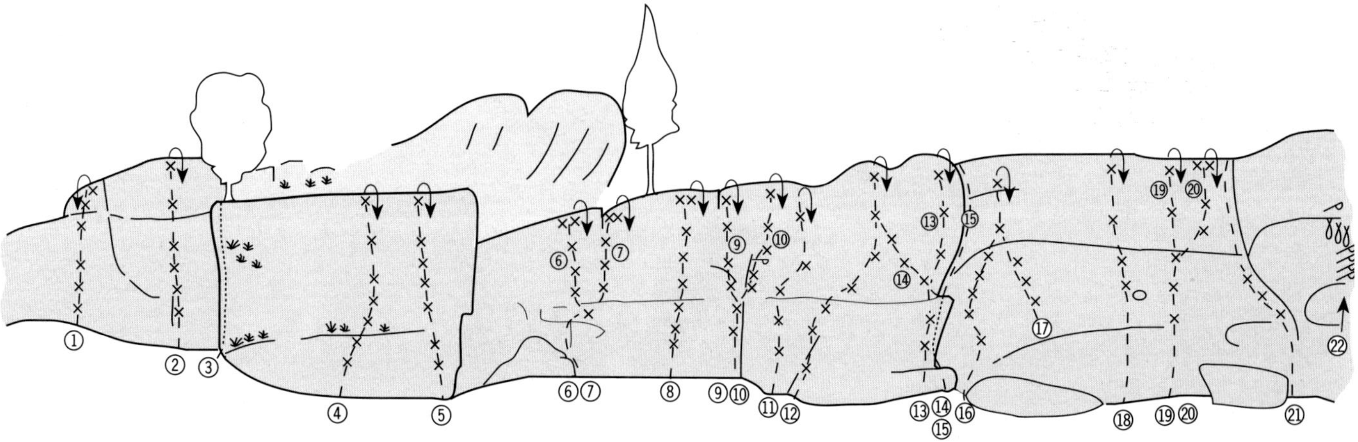

① Mai Pen Rai 7
② Tabula Rasa .... 7+/8-
③ Pony 6
④ Moni's Blackout 7
⑤ Abendspaziergang .... 8/8+
⑥ Metallica .... 9+
⑦ Center Court 10-
⑧ Desaster .... 10+
⑨ Bärentöter .... 9+
⑩ Göttner Ged.-Weg 8
⑪ Geierblick 8
⑫ Caduta Sassi 9
⑬ Roter Baron 9-
⑭ Kreuzhang .... 6+
⑮ Werner Gehlert Ged.-Weg .... 6+
⑯ Herkules .... 9/9+
⑰ Projekt
⑱ Skywalk 10-
⑲ Amboß 10-
⑳ Projekt
㉑ Bückling 9-
㉒ Püttlacher Dach a3

Zugang:
Die Bärenschluchtwände befinden sich unmittelbar über dem rechten Teil des Campingplatzes an der Bärenschlucht. Der Sektor "Subway" liegt direkt links der Straße nach Weidmannsgesees.
Übersichtskarte: 3 (Seite 17)

265 Ringlerwand
a Kleine Wand
b Hauptmassiv
c Rechter Teil
266a Bärenschluchtwände
b Sektor Subway

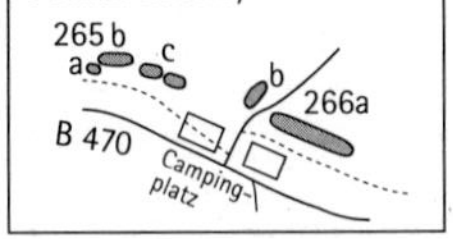

Besonderes:
Das Eldorado schlechthin für extreme, meist athletische Routen. Den Startschuss gab Wolfgang Güllich 1987 mit "Center Court" zu einer Zeit, in der noch kaum einer die Bärenschlucht eines Blickes würdigte. Heute zählt sie zu den überlaufendsten extremen Gebieten mit zahlreichen begehrten Zehnerrouten.

266a Bärenschluchtwände, rechter Teil (22 m, S)

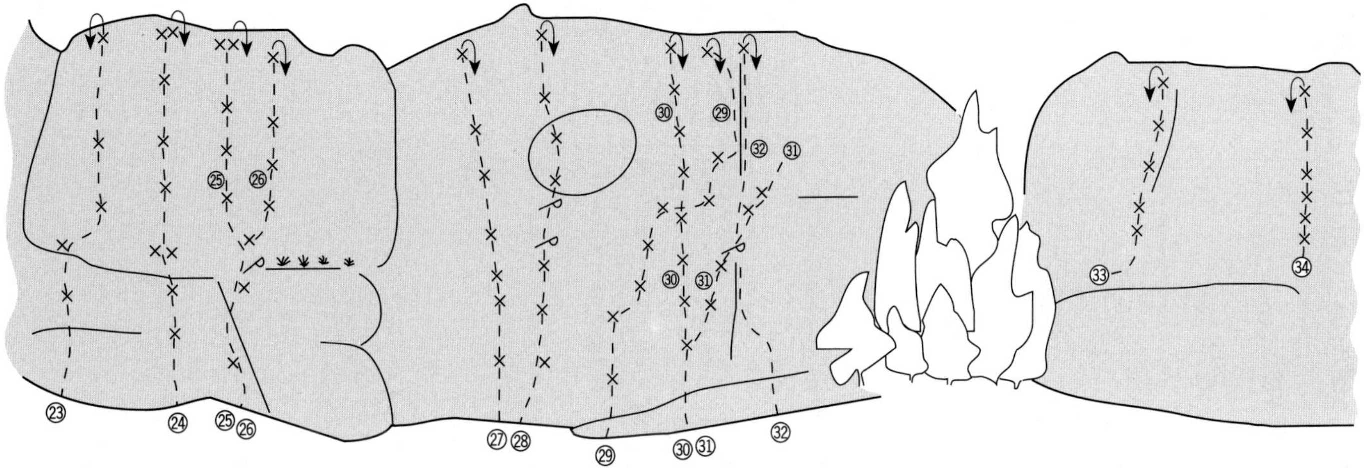

㉓ Rauchende Bolts	9	㉙ Elchkuh	9+
㉔ Pharao	10	㉚ Projekt	
㉕ Grand Slam	10-	㉛ Projekt	
㉖ Nachtwächter	9-	㉜ Alfred auf 4	a4
㉗ Drive by shooting	10+/11-	㉝ Sysiphos	10-
㉘ Im Auge des Zyklopen	9/9+	㉞ Projekt	

266b Bärenschlucht Sektor Subway (8 m, O)

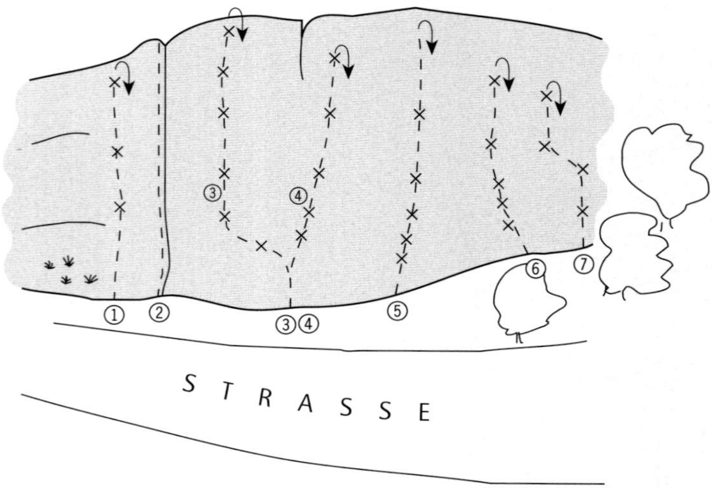

① Chantre 8-
② Hirnrissig (Keile) 7
③ Im Rausch der Tiefe .... 9+/10-
④ Small Talk .... 10+
⑤ Subway 10
⑥ Hot Knifes .... 10/10+
⑦ ? 9

Zugang:
Die Bärenschluchtwände befinden sich unmittelbar über dem rechten Teil des Campingplatzes an der Bärenschlucht. Der Sektor "Subway" liegt direkt links der Straße nach Weidmannsgesees.
Übersichtskarte: 3 (Seite 17)

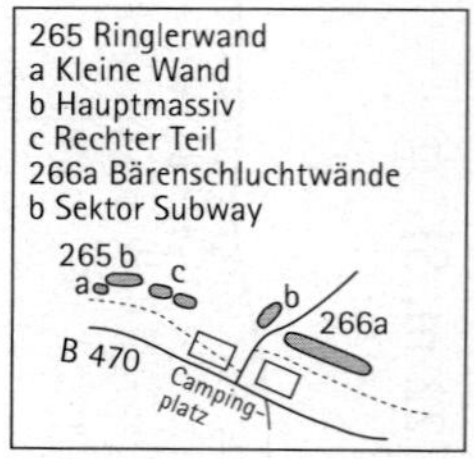

267 Universum, linker Teil (17 m, S)

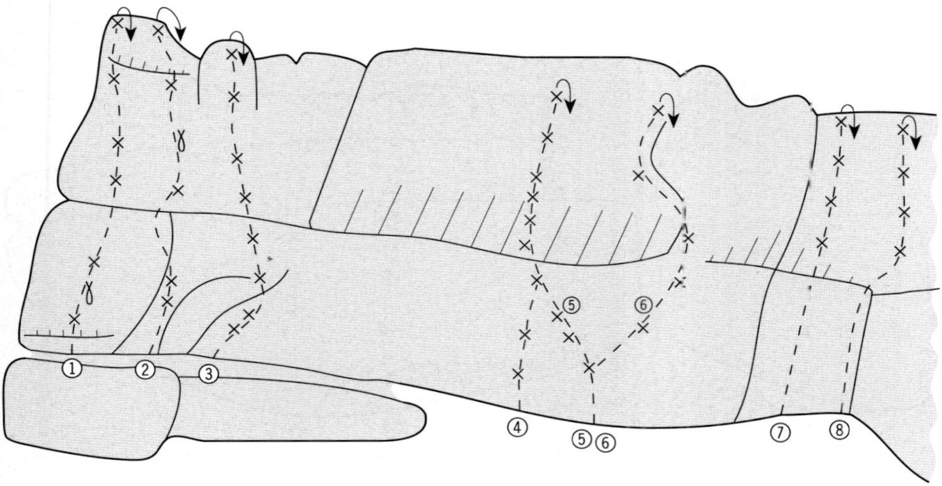

Ganz links

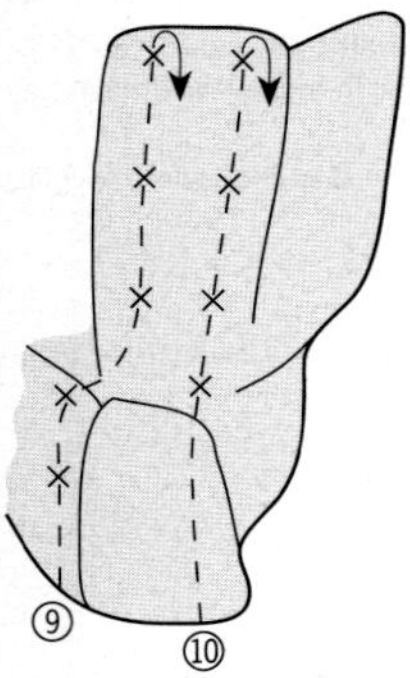

Zugang:
a) Parken gegenüber vom Klärwerk (zwischen Pottenstein und Bärenschlucht). Auf der Straße 400 m talabwärts, durch die Püttlach waten und auf der anderen Talseite in den Wald hinauf zu den Felsen.
b) Parken an der Bärenschlucht und im Talgrund (zuletzt weglos) 1 km talaufwärts zu den Felsen.

Übersichtskarte: 3 (Seite 17)

Besonderes:
50 m links der beschriebenen Routen gibt es noch eine neue Tour: „Zitterpartie" (8-).
Obwohl es sich um eine Südwand handelt, wird es durch die dichte Bewaldung kaum zu heiß.

- ① Katanka 8-
- ② Saturn 8
- ③ Roggot man 9-/9
- ④ Projekt
- ⑤ Projekt
- ⑥ Uranus *(Körperrißausstieg)* .... 9+
- ⑦ ? .... 9/9+
- ⑧ ? 9-
- ⑨ Für die Crew .... 6+
- ⑩ Extrascharf 8

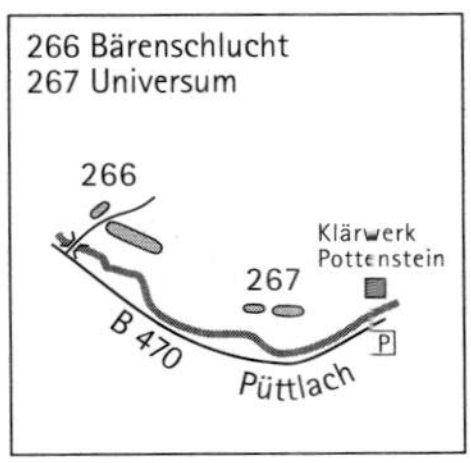

267 Universum, rechter Teil (14 m, S)

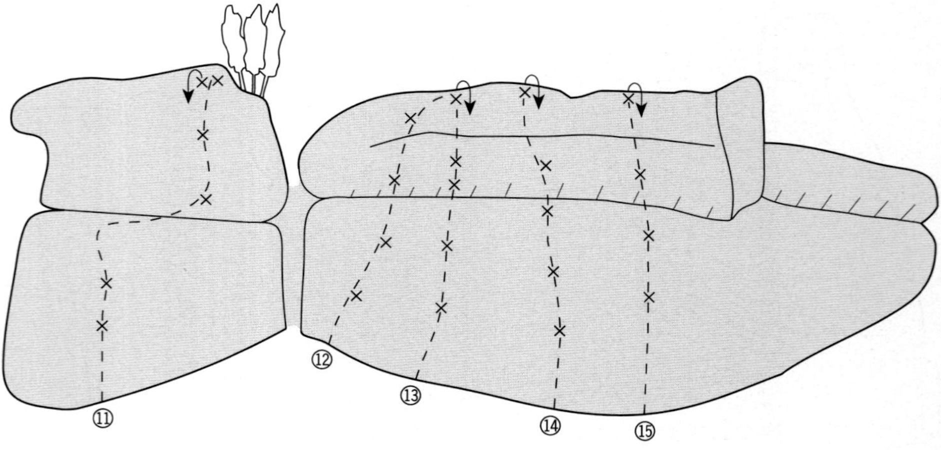

⑪ Komet 8-
⑫ Naabtal Duo .... 9+
⑬ Ozon 10-
⑭ Projekt
⑮ Projekt

Zugang:
a) Parken gegenüber vom Klärwerk (zwischen Pottenstein und Bärenschlucht). Auf der Straße 400 m talabwärts, durch die Püttlach waten und auf der anderen Talseite in den Wald hinauf zu den Felsen.
b) Parken an der Bärenschlucht und im Talgrund (zuletzt weglos) 1 km talaufwärts zu den Felsen.
Übersichtskarte: 3 (Seite 17)
Besonderes:
Obwohl es sich um eine Südwand handelt, wird es durch die dichte Bewaldung kaum zu heiß.

268 Pottensteiner Wand (40 m, N)

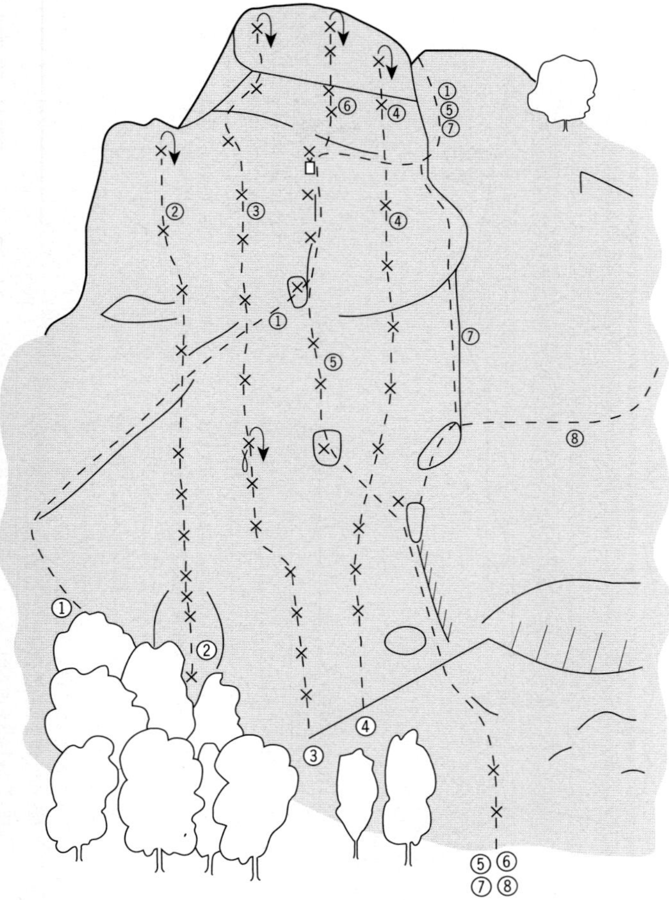

① Pottensteiner Weg ....5+ a1
② George Foreman 9
③ Big Wall *(35 m)*....................................9-
④ Zeitreise 8
⑤ Grünbauer Ged.-Weg ....6+
⑥ Direkter Ausstieg ....7+
⑦ Direkter Grünbauer Ged.-Weg.............5+ a1
⑧ Erlanger Weg ....5+ a1

Zugang:
Die Wand befindet sich direkt über den letzten Häusern von Pottenstein (Richtung Waldcafe).
Übersichtskarte: 3 (Seite 17)
Besonderes:
Wer hier klettern will, muß sich zuvor beim Gasthaus "Tuckerstuben" anmelden ! (Steinschlaggefahr für den darunter liegenden Parkplatz)

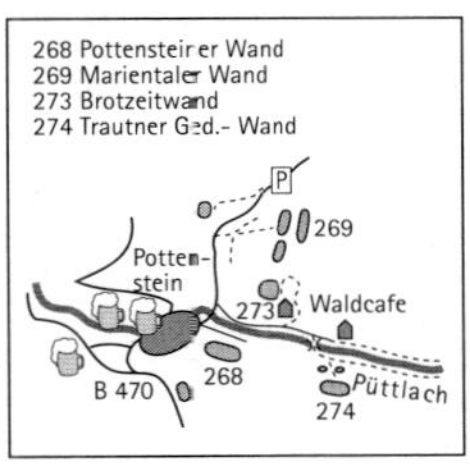

269 Marientaler Wand, unterer Teil und oben rechts (15 m, W)

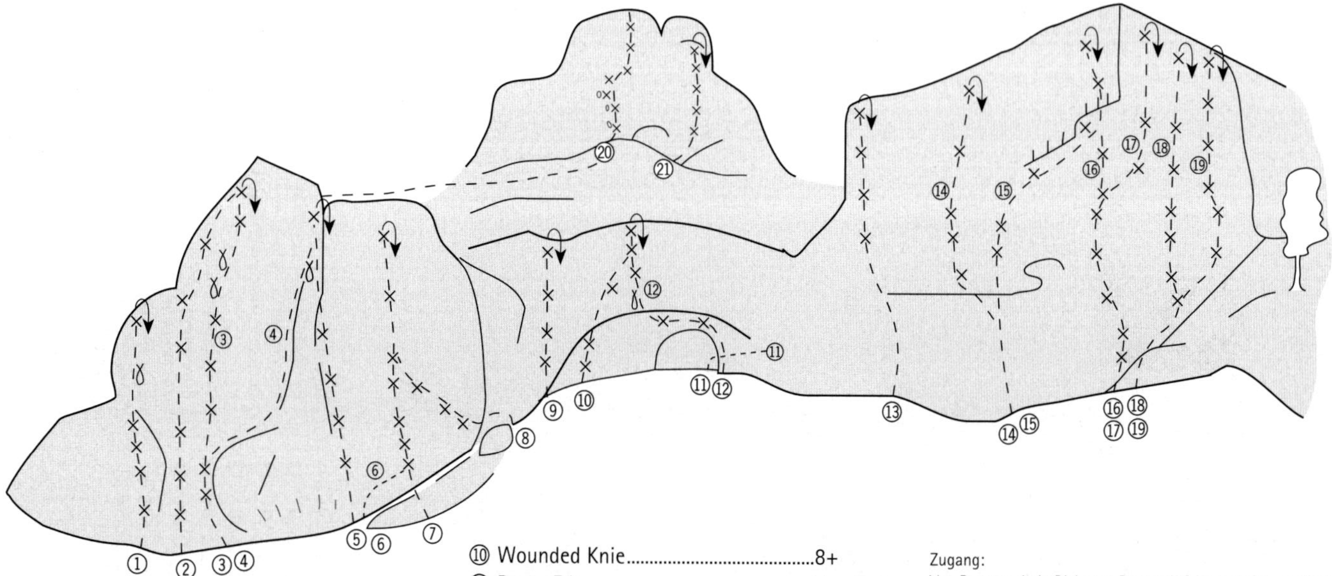

① Schweinerei	8-	
② Spoonman	9-/9	
③ VEB	7+	
④ Saubere Arbeit	7	
⑤ Dickbein	7	
⑥ Crashtest (Sitzstart)	6c+ Fb	
⑦ Airbag	8	
⑧ Schlaffsack	7	🍺
⑨ Tyson	9/9+	
⑩ Wounded Knie	8+	
⑪ Razor Edge	7c+ Fb tr	
⑫ Little big Horn	10-	🍺
⑬ ?	8-	🍺
⑭ ?	8	🍺
⑮ Left Side of Darkness	9	🍺
⑯ Verbindung	10-	
⑰ Ab durch die Mitte	9/9+	🍺
⑱ Holyfield	10-	🍺
⑲ Rechts vor links	9-	🍺
⑳ Hängt ä weng über	8	🍺
㉑ Opa Falkenstein	8-	🍺

Zugang:
Von Pottenstein in Richtung Bayreuth fahren und gegenüber vom Kleinen Schwalbenloch parken (200 m nach Ortsausgangsschild). Auf der Straße wieder kurz talabwärts und links über eine Brücke. Bei der gelben Bank führt ein Trampelpfad zu den Felsen hinauf (nicht durch die Forstfläche weiter links laufen!)

Übersichtskarte: 3 (Seite 17)

Besonderes;
In der Nähe befindet sich das etwas problematische Bouldergebiet „Timetunnel" (bei den Einheimischen erkundigen).

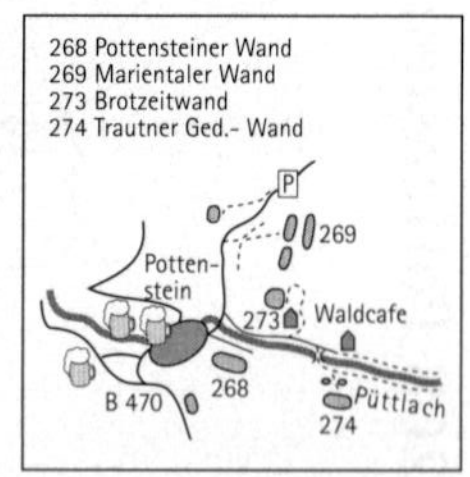

269 Marientaler Wand, oberer Teil (12 m, W)

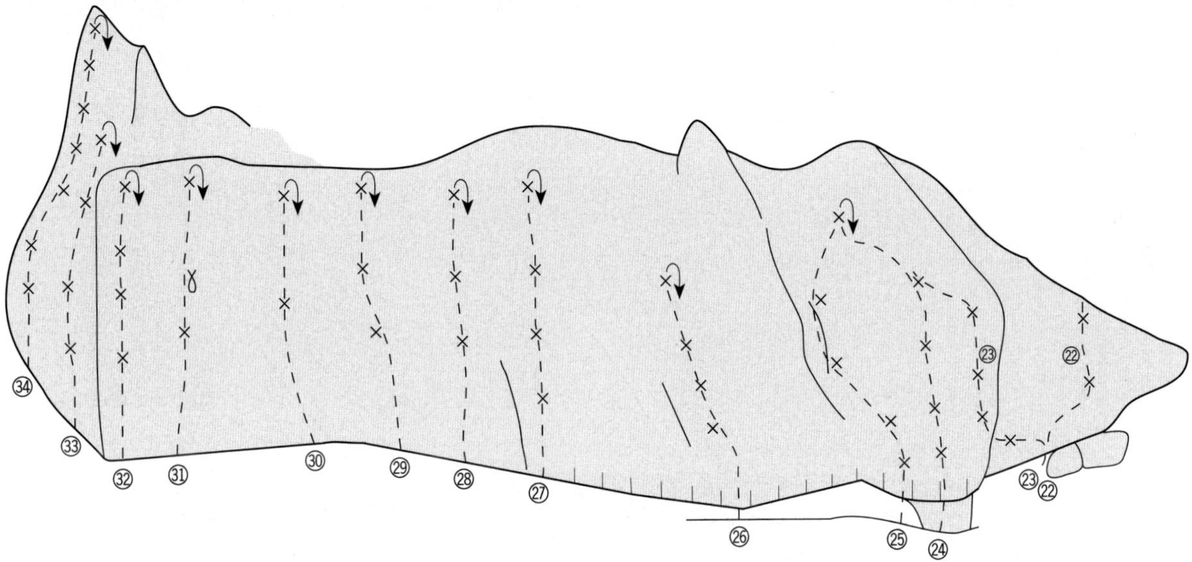

- ㉒ Gegenwind 7
- ㉓ Stromlinie 9
- ㉔ Ruptur 10-
- ㉕ Inverted Reality 9-
- ㉖ Kraftfeld .... 9/9+
- ㉗ Trittbrettfahrer .... 6+
- ㉘ Hasenfuß .... 6+
- ㉙ 500 Moik 7-
- ㉚ Beule 6-
- ㉛ Sex Minus 6-
- ㉜ Melodie und Rythmus 7-
- ㉝ Schepperwandl .... 6+
- ㉞ Geisterbahn .... 5+

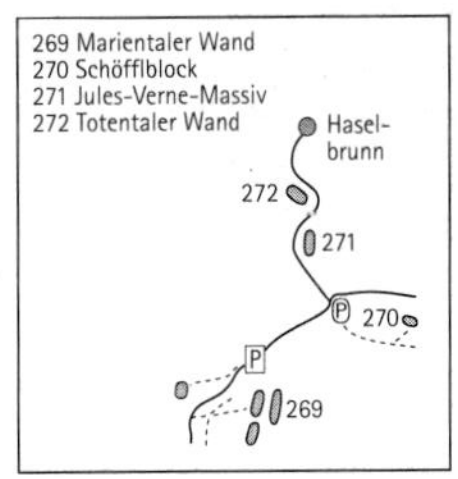

270 Schöfflblock (8 m, N)

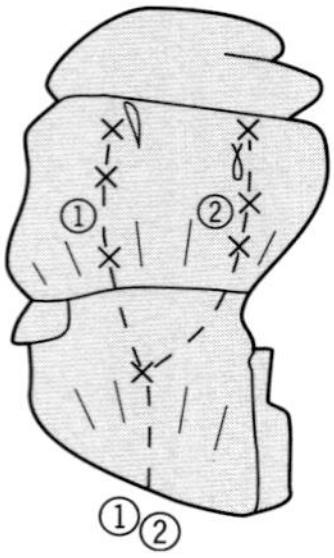

① Funk beyond the call of duty 10-
② Projekt

Zugang:
Von Pottenstein in Richtung Bayreuth fahren und bei der Abzweigung Prüllsbirkig/Mandlau an Wanderparkplatz parken. Parallel zur Straße nach Prüllsbirkig führt eine Fuhre in den Wald. Dieser folgt man, nach 120 m sieht man links Felsen, hier noch etwas weiter. Nach insgesamt 150 m zweigt links ein Pfad ab zum bereits sichtabren Block.
Übersichtskarte: 3 (Seite 17)
Besonderes:
Kurz, kleingriffig, stark überhängend. In der Nähe befindet sich der Extremboulder „Cerberus“ (8b Fb; bei Insidern erkundigen!).

271 Jules-Verne-Massiv (25 m, W)

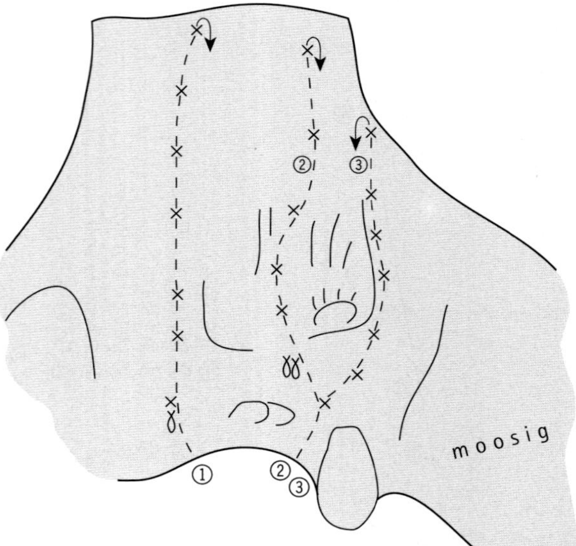

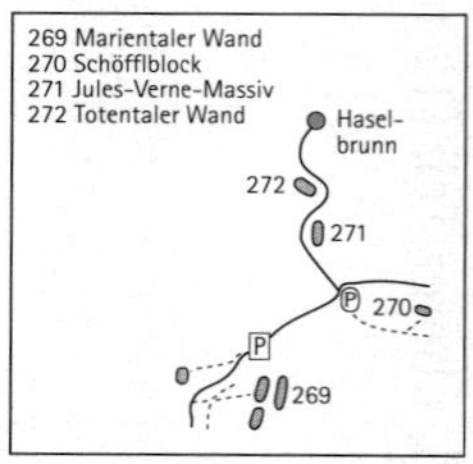

① Käpt'n Nemo 8
② Nautilus 10-/10
③ 20000 Meilen unterm Meer 9-

Zugang:
Von Pottenstein in Richtung Bayreuth fahren und bei der Abzweigung Prüllsbirkig/Mandlau an Wanderparkplatz parken. Noch 400 m die Hauptstraße talaufwärts, dann rechts 20 m hinauf zu den Felsen.
Übersichtskarte: 3 (Seite 17)

272 Totentaler Wand (16 m, NO)

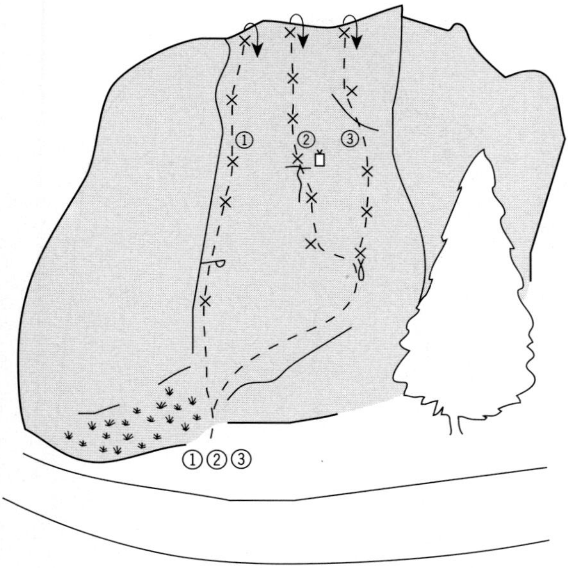

Zugang:
Von Pottenstein in Richtung Bayreuth fahren. 1,4 km nach Ortsende Pottenstein (300 m vor Haselbrunn) steht die Wand links der Straßenkurve (Parken in Haselbrunn).
Übersichtskarte: 3 (Seite 17)

① Alter Weg..6
② Casanova..8-
③ Spießer..8-

273 Brotzeitwand (15 m, O)

Zugang:
Parken in Pottenstein. Auf der Straße zum Waldcafe bis zum Sägewerk, hier sind bereits gegenüber am Südhang die Felsen sichtbar. Die Touren befinden sich in der Ostwand. Diese wird über einen Weg, der rechts an dem darunter befindlichen Haus vorbeiführt, erreicht.
Übersichtskarte: 3 (Seite 17)
Besonderes:
Die Brotzeitwand wurde als einziger Fels von der Sperrung der Trockenhänge um Pottenstein verschont.

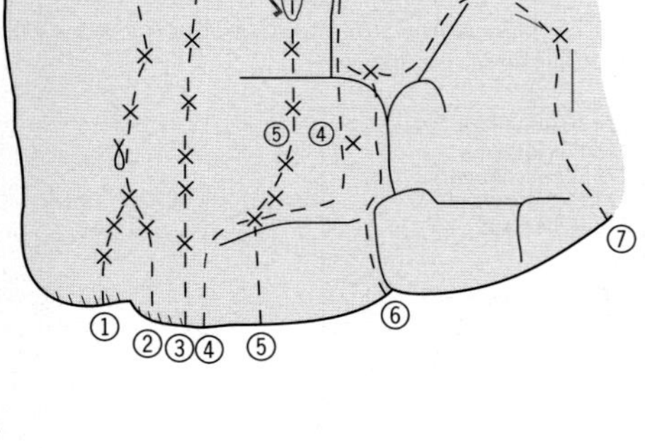

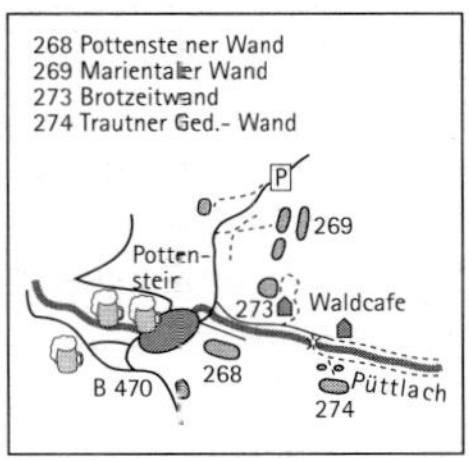

① Variante..6+
② ?...7-
③ ?...7
④ Brotzeitplatte.................................6+
⑤ ?...8-
⑥ Alter Weg..6
⑦ Einstiegsvariante.............................6-

274 Trautner Ged.-Wand (30 m, N)

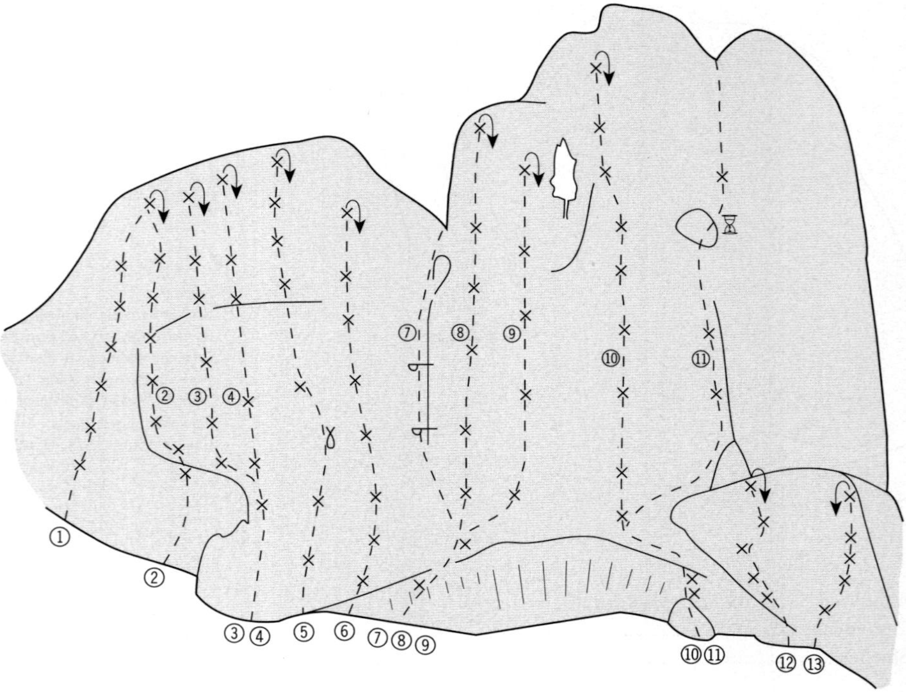

① Bis zum bitteren Ende..............................8+/9-
② König der Lüfte 9-
③ Duo 8
④ Condor..8
⑤ Non Stop...8
⑥ GoGo ....8+
⑦ Mittelverschneidung ....5+ a1
⑧ Stück für Stück ....8+
⑨ Grenzenlos (Einstieg 8+).........................7+
⑩ Mit Gott ....8+
⑪ Alter Weg...5 a1
⑫ Showdown...11-
⑬ Projekt

Zugang:

Parken in Pottenstein. Auf der Straße zum Waldcafe (besser zu Fuß, da die Straße nur für Besucher des Waldcafes offen). Am Parkplatz Waldcafe rechts auf Holzsteg über die Püttlach und rechts auf Trampelpfad 50 m zum Wanderweg (Markierung Rotkreuz). Den Weg 40 m talabwärts und beim Schild ("Waldtempel/Hasenloch") steil den Hang hinauf zur Wand.

Übersichtskarte: 3 (Seite 17)

Besonderes:

An dieser Wand hat Werner Thon 1994 mit seiner Erstbegehung "Showdown" (11-) die Fränkische um eine Tour im elften Grad bereichert.

Auch der unermüdliche Stefan Löw hat an dieser Wand viele großzügige Linien erstbegangen.

274 Trautner Ged.- Wand
275 Predigtstuhl
276 Glawe- Wand
277 Bleisteinwand
278 Hohe Nase

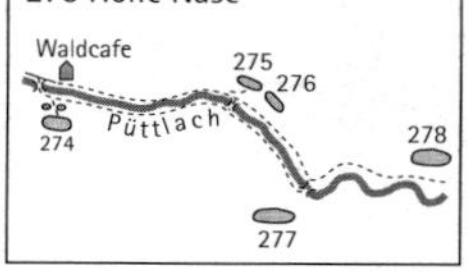

275 Predigtstuhl (14 m, S)

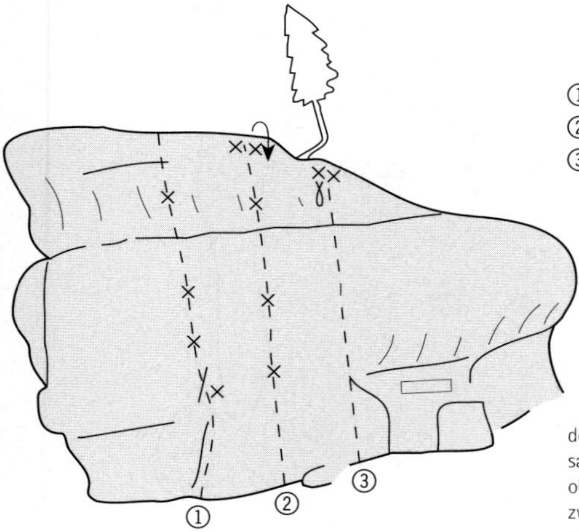

① Soulless 10-/10
② Bad Boy Club .... 9/9+
③ Projekt

Zugang:
Parken in Pottenstein. Auf der Straße zum Waldcafe (besser zu Fuß, da die Straße nur für Besucher des Waldcafes offen). Von dort auf gutem Wanderweg das Püttlachtal aufwärts. Nach insgesamt 20 min erreicht man den Predigtstuhl, der sich 50 m links oberhalb des Weges befindet (Wegweiser). 100 m nach der Abzweigung zum Predigtstuhl steht die Glawe-Wand links des Talwegs im Wald.
Übersichtskarte: 3 (Seite 17)
Besonderes:
Rechts hinten am Predigtstuhl befindet sich noch ein klassischer Spreizkamin im 2. Grad (im Topo nicht erfasst).

276 Glawe-Wand (14 m, SW)

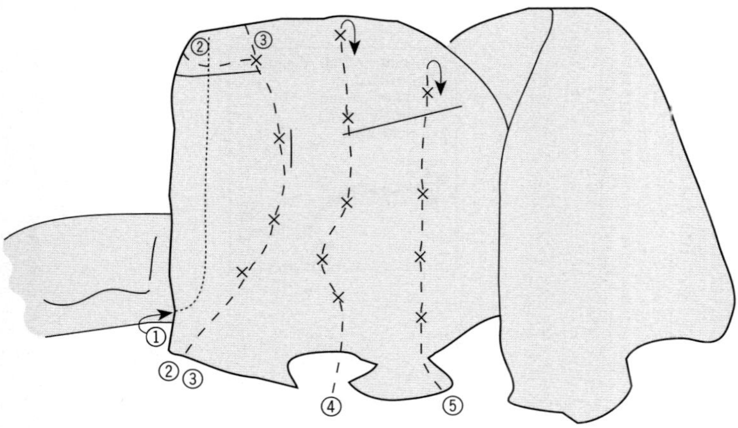

① Tapetenwechsel 9-
② Linke Wand 9-
③ Direkter Ausstieg .... 9+
④ Mikrowelle 10
⑤ Rauhfaser 10-

Besonderes:
An der Glawe-Wand findet man sehr kleingriffige, technisch anspruchsvolle Routen. Vor allem die "Mikrowelle" ist sehr "kratzig".

277 Bleisteinwand (20 m, N)

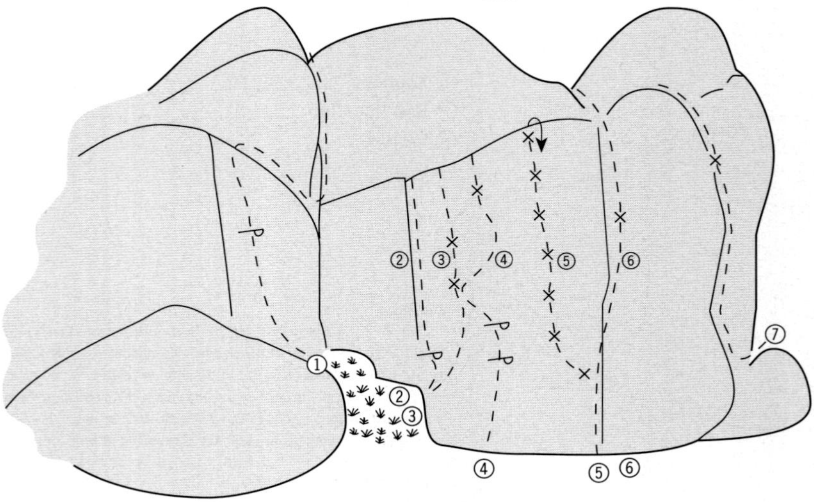

① Westwand .... 6+
② Murmel .... 6+
③ Zirkel .... 6+
④ Skorpion .... 7+
⑤ Projekt
⑥ Black Wing 7-
⑦ Hochzeitsriß *(Keile)* 6

Zugang:
Parken in Pottenstein. Auf der Straße zum Waldcafe (besser zu Fuß, da die Straße nur für Besucher des Waldcafes offen). Von dort auf gutem Wanderweg das Püttlachtal aufwärts. 1,5 km nach dem Waldcafe überquert man die Püttlach auf einer Brücke (die zweite nach dem Waldcafe). Am Nordhang hinauf zu den Felsen.
Übersichtskarte: 3 (Seite 17)

274 Trautner Ged.- Wand
275 Predigtstuhl
276 Glawe- Wand
277 Bleisteinwand
278 Hohe Nase

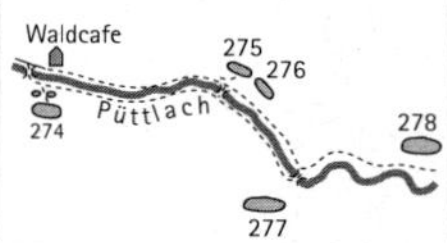

278 Hohe Nase (30 m, S)

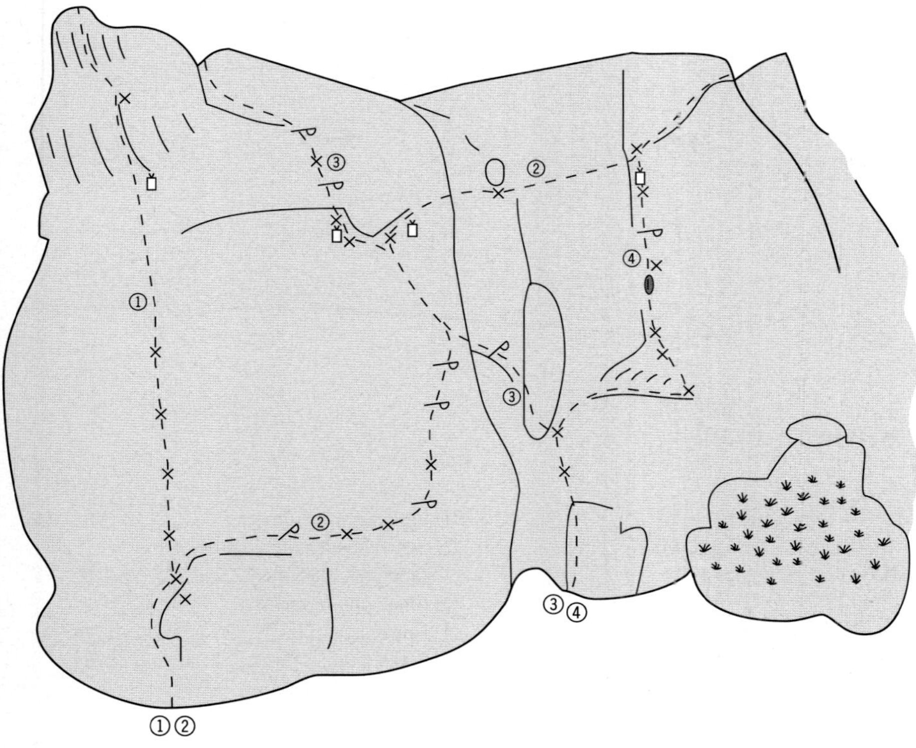

① Technoroute (Cliffs!)..............................6 a3
② Knüppelweg 8-
③ Dieter Dörrer Ged.-Weg........................6- a2
④ Alter Weg..7-

Zugang:
Parken in Pottenstein. Auf der Straße zum Waldcafe (besser zu Fuß, da die Straße nur für Besucher des Waldcafes offen). Von dort auf gutem Wanderweg das Püttlachtal aufwärts. Nach insgesamt 20 min erreicht man den Predigtstuhl, der sich 50 m links oberhalb des Weges befindet (Wegweiser). Noch 1 km im Talgrund weiter zur Hohen Nase (2 km vom Waldcafe).
Übersichtskarte: 3 (Seite 17)
Besonderes:
Großzügige Klassiker, nicht immer fester Fels.

279 Teufelwand (12 m, SW) ☼ Weihersbachtal

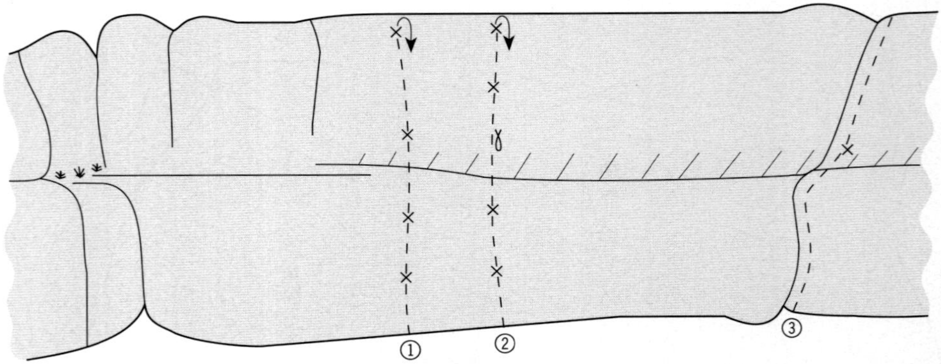

Nebenmassiv (5 m)

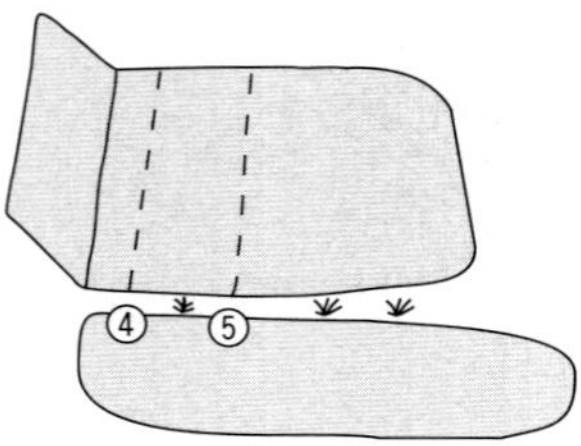

① Verloren in Irrtümern 8
② Schwebendes Medium der fallenden Illusionen 8
③ Anaconda *(Projekt)*
④ Flanke 7-
⑤ Praxis ....6+

Zugang:
Von Pottenstein in Richtung Teufelshöhle fahren und 300 m vorher parken (1200 m nach Ortsende Pottenstein). Direkt oberhalb des Parkplatzes kurz Steilhang hoch zu den Felsen.
Übersichtskarte: 3 (Seite 17)
Besonderes:
Route ③ ist momentan nicht begehbar, da ein großer, umgestürzter Baum an der Wand lehnt (direkt über der Route).

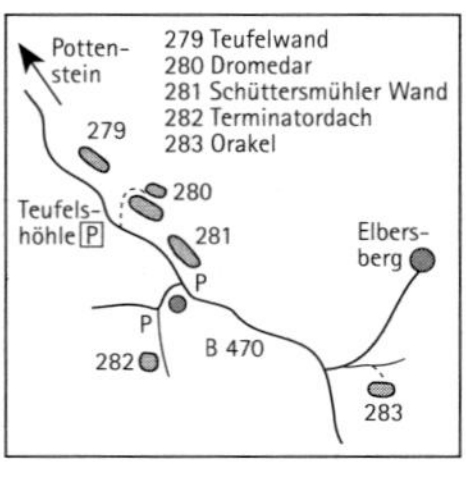

280 Dromedar

Nebenmassiv (12 m, SW)

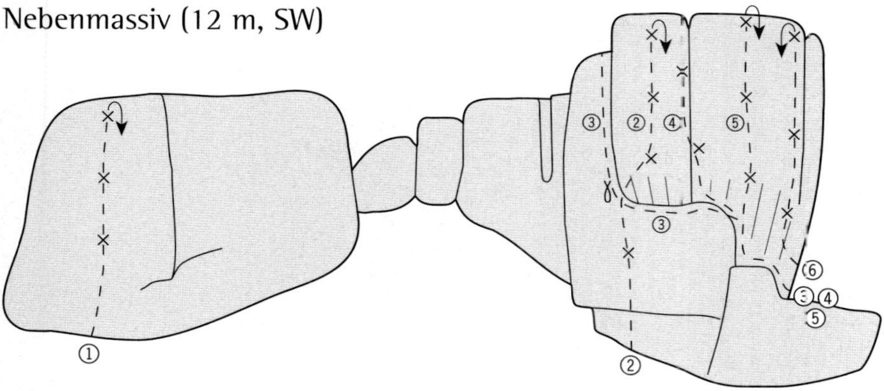

Bergseite (10-20 m, N und W)

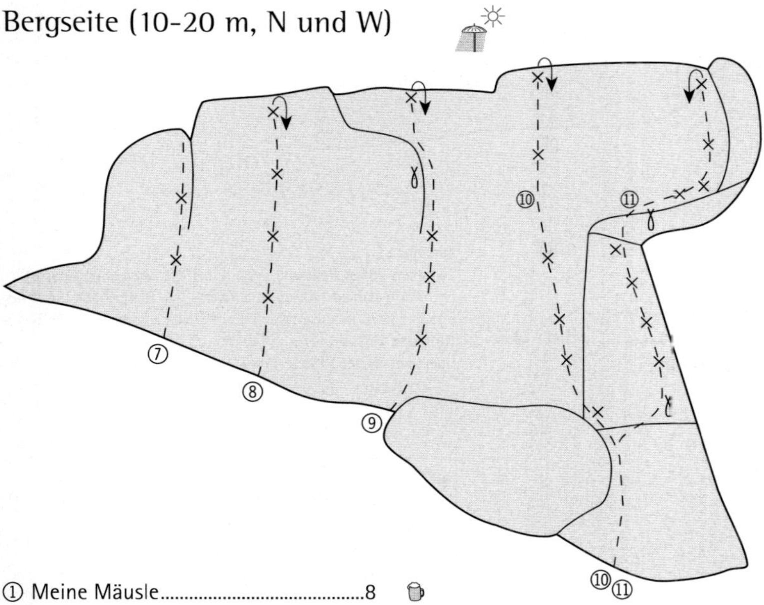

① Meine Mäusle.........8
② Projekt
③ Halt, da is a Spalt.........5+
④ Guillotine.........7
⑤ ?.........9
⑥ ?.........7/7+
⑦ ?.........8
⑧ ?.........9-
⑨ ?.........8-/8
⑩ ?.........7+/8-
⑪ Luftsprung.........a3

Zugang:
Zwischen Pottenstein und Pegnitz bei der Abzweigung nach Kirchenbirkig parken (400 m talaufwärts der Teufelshöhle). Auf der Straße 100 m talabwärts und rechts hoch zum bereits sichtbaren Turm und Massiv.
Übersichtskarte: 3 (Seite 17)

280 Dromedar, Talseite (10-20 m, SW) ☼

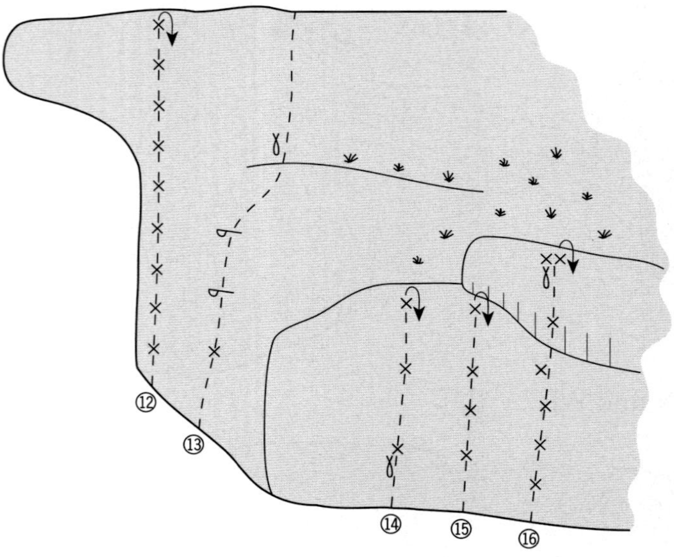

⑫ ?..8/8+
⑬ Snob..8-
⑭ Narziß..9
⑮ ?..8/8+
⑯ Knocking on Heaven's Door.................8-

Zugang:
Zwischen Pottenstein und Pegnitz bei der Abzweigung nach Kirchenbirkig parken (400 m talaufwärts der Teufelshöhle). Auf der Straße 100 m talabwärts und rechts hoch zum bereits sichtbaren Turm und Massiv.
Übersichtskarte: 3 (Seite 17)

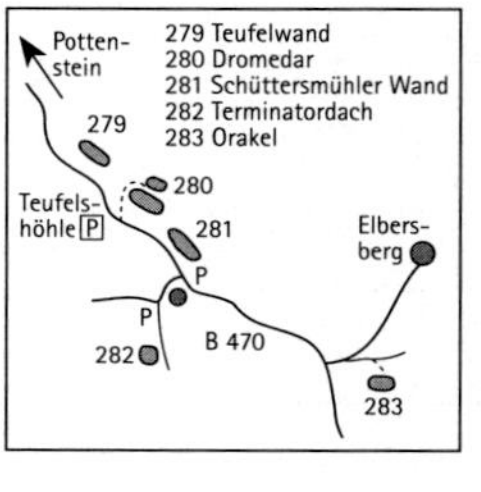

281 Schüttersmühler Wand (12 m, SW)

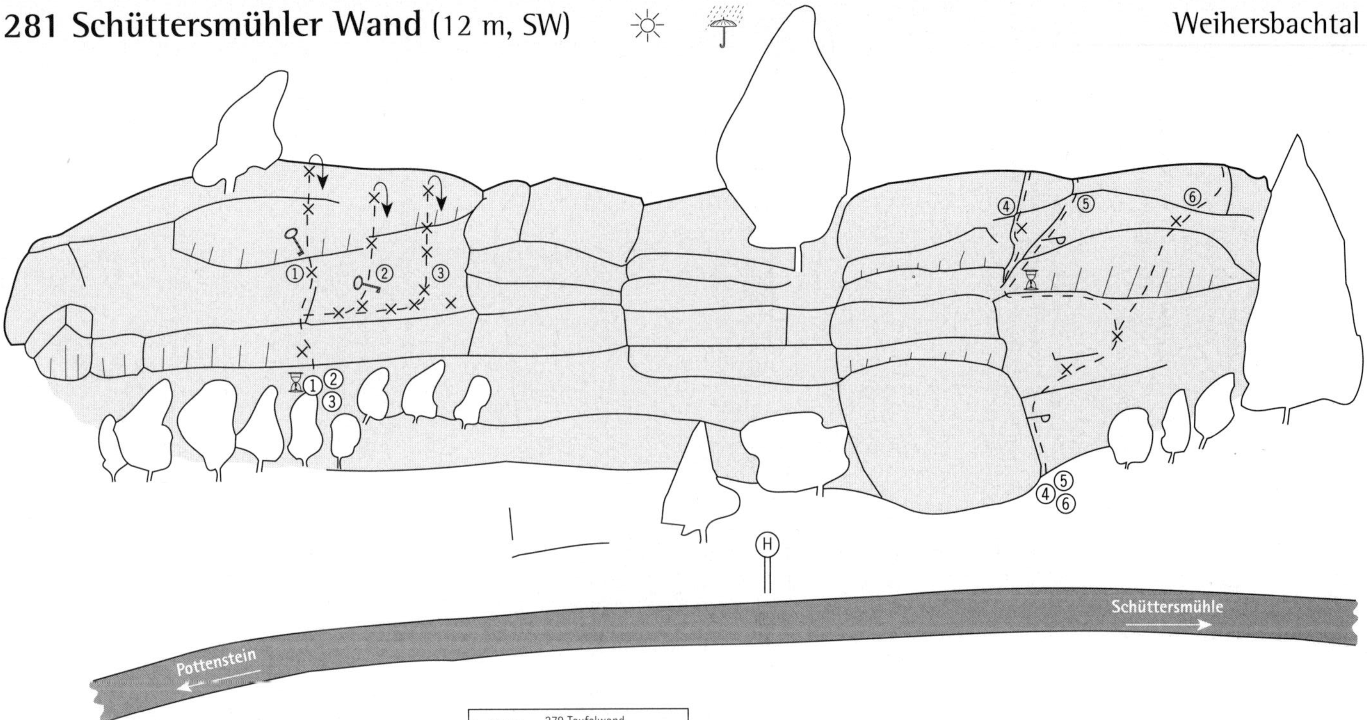

① Thriller (Friend empfehlenswert)........10-
② Killer..10
③ Projekt
④ Luftballondach..9
⑤ Rechtes Höhlendach...............................7+
⑥ Trilogie..9

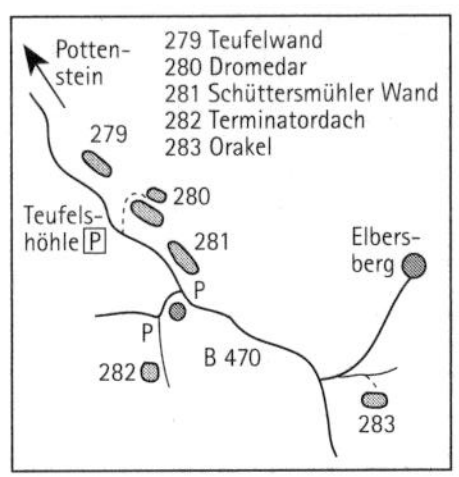

Zugang:
Zwischen Pottenstein und Pegnitz bei der Abzweigung nach Kirchenbirkig parken (400 m talaufwärts der Teufelshöhle). Die überhängende Südwestwand steht direkt über der Straße.
Übersichtskarte: 3 (Seite 17)
Besonderes:
Fantastische Extremklassiker im zehnten Grad: Thriller (Güllich 1986) und Killer (Güllich 1987). Das klassische „Luftballondach" bietet für den Frankenjura außergewöhnliche Rißdachkletterei (siehe auch die Fotos).

282 Terminatordach (7 m, O)

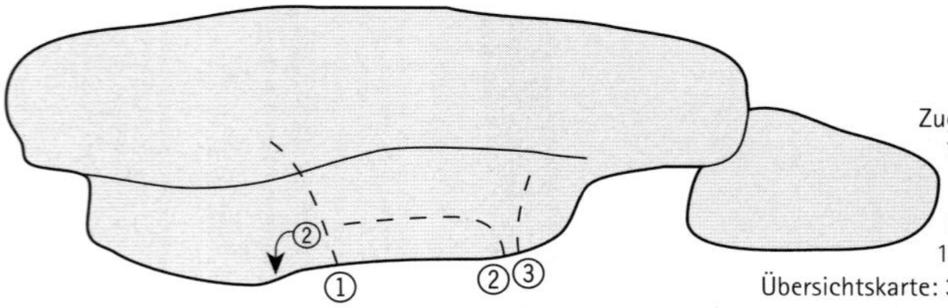

Zugang:
Von Schüttersmühle in Richtung Kirchenbirkig fahren und nach 300 m links bei Wanderparkplatz parken. Das Terminatordach befindet sich 100 m weiter nördlich direkt rechts des Weges.
Übersichtskarte: 3 (Seite 17)
Besonderes:
Athletische Dachboulder; Bewertung nach Fontainebleau-Skala. Folgt man dem Wanderweg weiter ins „Klumpertal", so kommen noch weitere Boulderblöcke. Hier ist auch der Extremboulder „Maharadscha" (8b Fb) von Markus Bock (Interessierte können sich in der einschlägigen Szene nach der genauen Lage erkundigen).

① Terminator .... 8a Fb
② Master of puppets .... 7c+ Fb
③ Schwarzwaldklinik .... 7c+ Fb

283 Orakel (10 m, N)

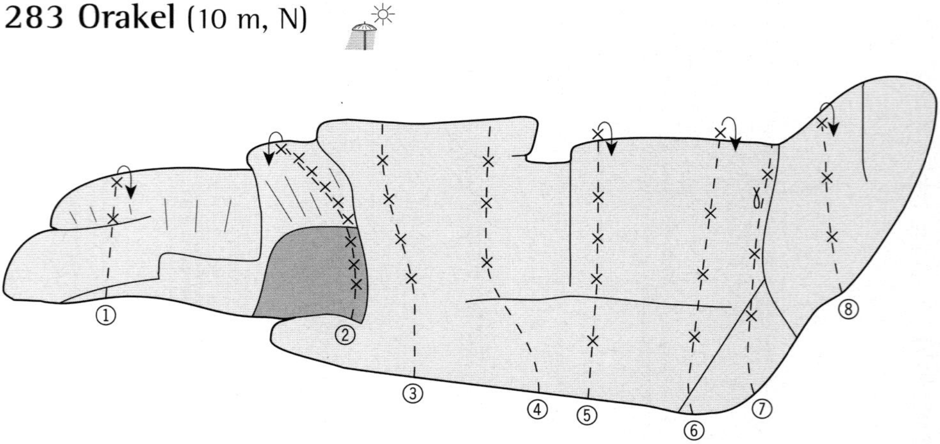

① It's so easy .... 7+/8-
② Projekt
③ Death Dealer .... 8+
④ Too stupid to sin .... 6+
⑤ Short Romance 7
⑥ Wild Flower 8-
⑦ Schlechtes Omen .... 8+
⑧ Lil' Devil 8

Zugang:
Von Schüttersmühle in Richtung Pegnitz fahren und 30 m nach der Abzweigung nach Elbersfeld parken. 50 m rechts oberhalb im Wald stehen die Felsen.
Übersichtskarte: 3 (Seite 17)

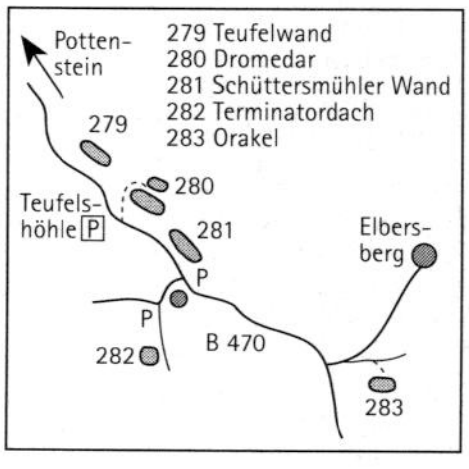

284 Wagnerfels

a Sektor Art Essemble of Chicago (10 m, 0)

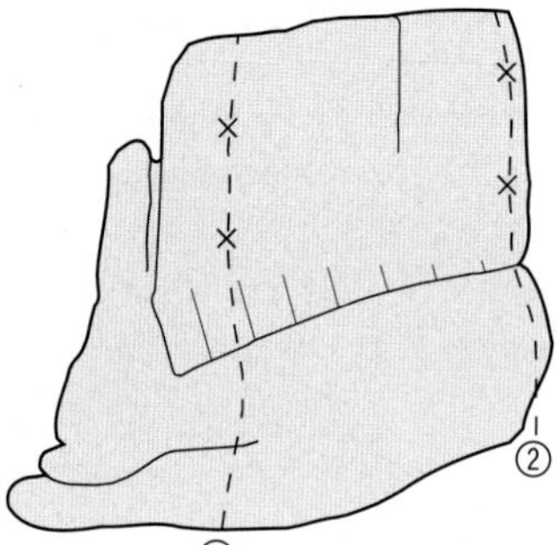

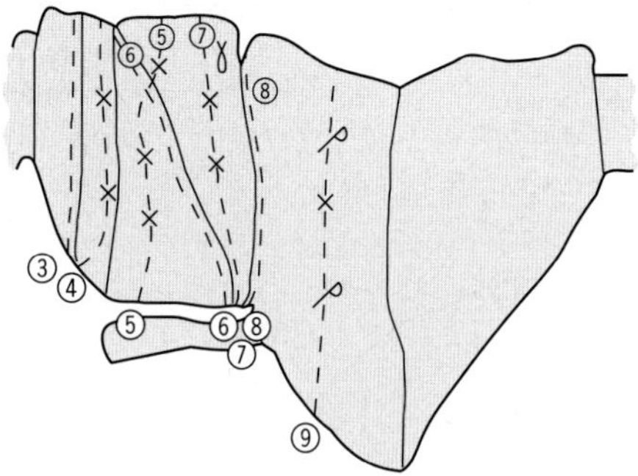

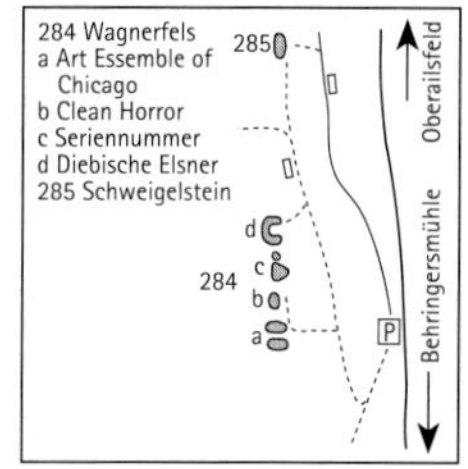

b Sektor Clean Horror (12 m, 0)

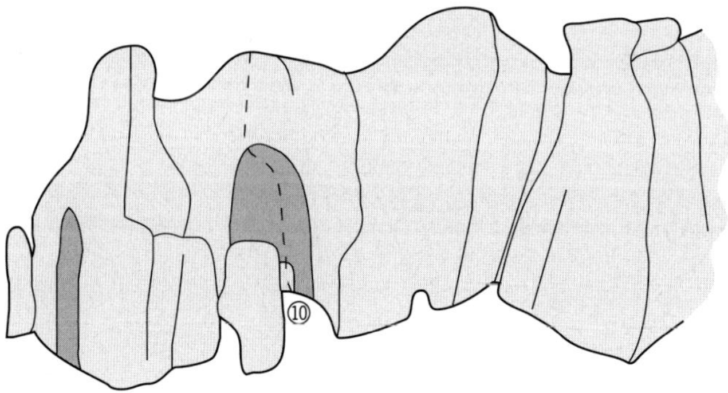

c Sektor Seriennummer (12 m, 0)

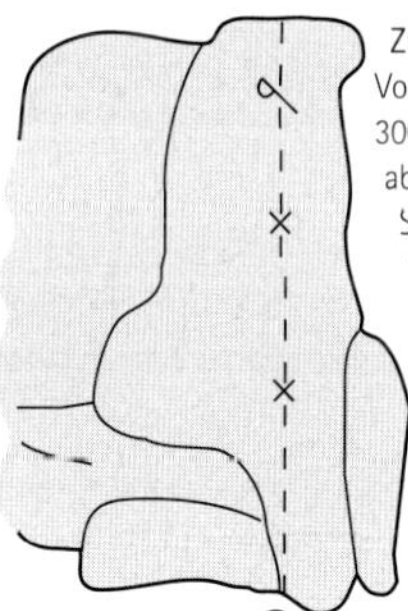

Zugang:
Von Behringersmühle in Richtung Oberailsfeld fahren und 300 m nach Ortsausgangsschild parken. Auf Weg 100 m talabwärts (Schild "Wagnerfelsen") und scharf rechts (wieder Schild), nach 100 m links durch den Wald hoch zum Sektor "Art Essemble of Chicago".

Zum Sektor "Diebische Elsner" folgt man dem Weg bis kurz vor der Bank und steigt dann links hoch zum Felsen.

Übersichtskarte: 2 (Seite 16); 3 (Seite 17)

284d Wagnerfels, Sektor Diebische Elsner (25 m, O)

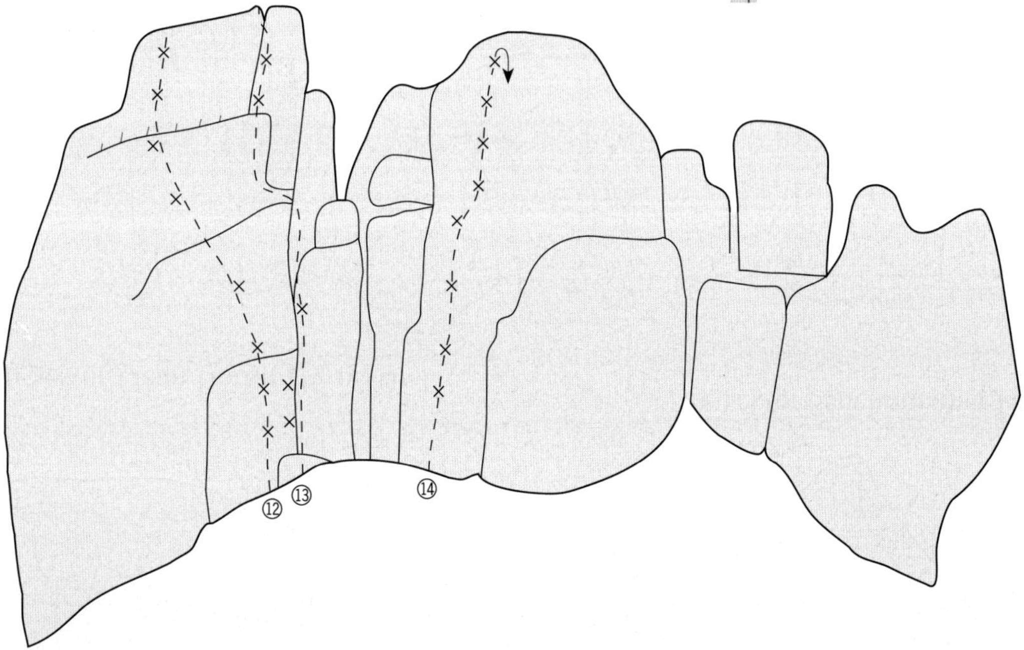

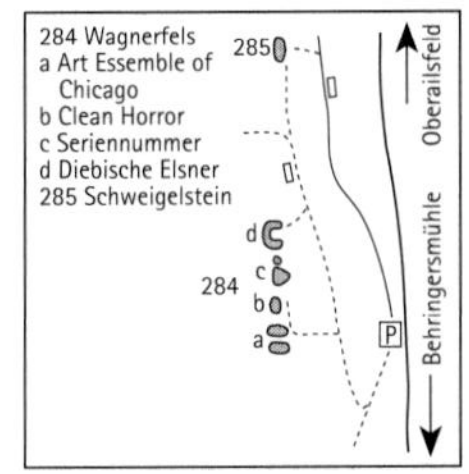

① Daumenschraube .... 8+
② Dreckskante 7
③ Raggel 7-
④ Roscoe Mitchell 8
⑤ Malachi Favrof Maghostus 8
⑥ Hosen voll .... 6+
⑦ Lester Bowie .... 8+
⑧ Famoudou Don Moye 5
⑨ Joseph Jarman .... 7+
⑩ Clean Horror *(Keile)* .... 7+ !
⑪ Seriennummer 8-
⑫ Engpaß .... 8+
⑬ Diebische Elsner 7
⑭ Hotline .... 8+/9-

Zugang:
Von Behringersmühle in Richtung Oberailsfeld fahren und 300 m nach Ortsausgangsschild parken. Auf Weg 100 m talabwärts (Schild "Wagnerfelsen") und scharf rechts (wieder Schild), nach 100 m links durch den Wald hoch zum Sektor "Art Essemble of Chicago".
Zum Sektor "Diebische Elsner" folgt man dem Weg bis kurz vor der Bank und steigt dann links hoch zum Felsen.
Übersichtskarte: 2 (Seite 16); 3 (Seite 17)

285 Schweigelstein (20 m, O) Ailsbachtal

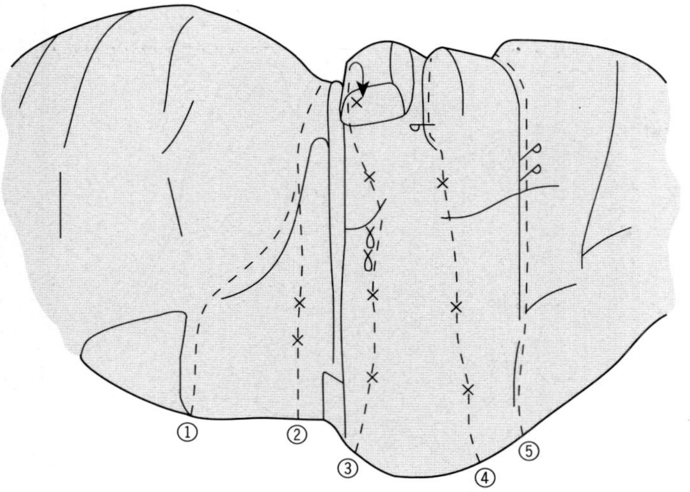

① Shit fuck ... 7
② KS 90 ... 8-
③ Schwarze Piste ... 7+
④ Wundertüte ... 7
⑤ Elefant im Porzellanladen ... 6-

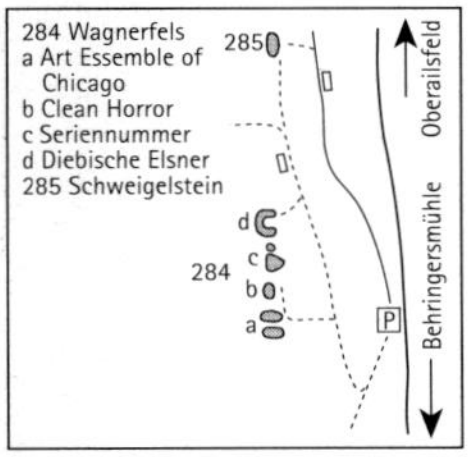

Zugang:
Von Behringersmühle in Richtung Oberailsfeld fahren und 300 m nach Ortsausgangsschild parken. Auf Forstweg nördlich (talaufwärts), nach 280 m steht rechts eine Bank. 30 m danach links hoch in den Wald zum Felsen.
Man gelangt auch von der Bank unterhalb des Wagnerfelsens zum Schweigelstein, indem man auf etwas verwachsenem Weg rechts haltend den Hang 100 m talaufwärts quert.
Übersichtskarte: 2 (Seite 16); 3 (Seite 17)

286 Steinerne Welt (16 m, NW)

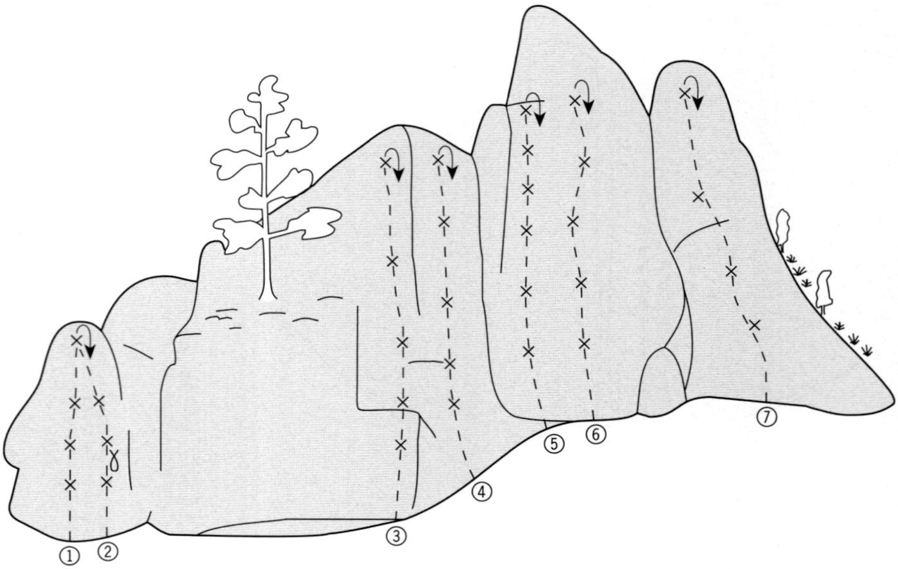

① Bilch 8-
② Klettermaxl...8
③ Dioxin..7+
④ Kneif..8-
⑤ Kunterbunt 8
⑥ Tumor..8+
⑦ Mikrobe 8-

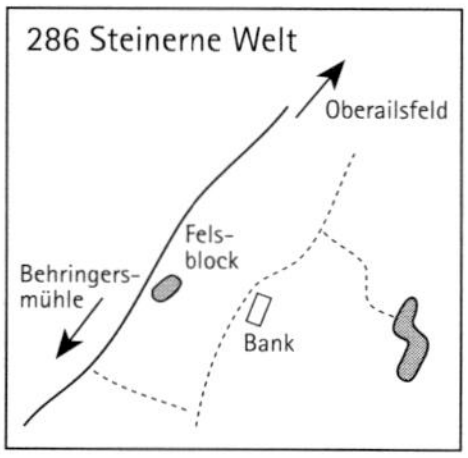

Zugang:
3,0 km nach Ortsschild Behringersmühle (in Richtung Oberailsfeld) parken. 200 m weiter talaufwärts und vor Felsklotz rechts herunter und auf stark verwachsener Fuhre über den Bach zum Waldrand. Einige Meter in den Wald zum markierten Wanderweg (Blaukreuz) und diesem 150 m talaufwärts folgen. Nach einer Bank rechts den Hang hoch zu den Felsen.
Übersichtskarte: 2 (Seite 16); 3 (Seite 17)
Besonderes:
Die Routen sind manchmal etwas mehlig.

287 Oberailsfelder Boulderblock (7 m, W)

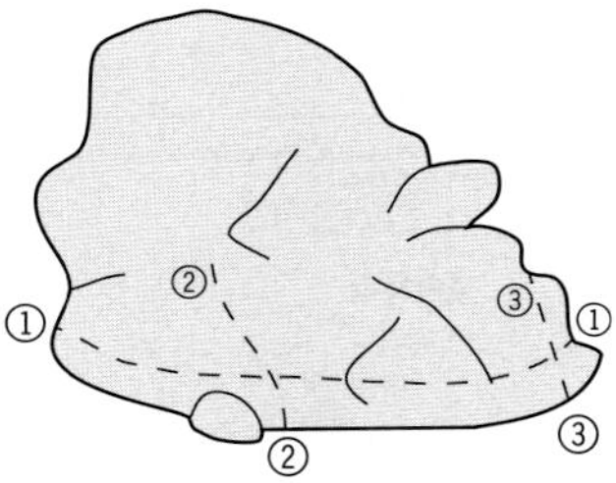

Zugang:
Parken in Oberailsfeld. Auf markiertem Wanderweg (Blaukreuz/ Gelbstrich) 300 m talaufwärts, bei hölzernem Sonnenschirm 10 m links hoch zu dem Felsen.
Übersichtskarte: 3 (Seite 17)
Besonderes:
Bewertungen nach Fontainebleau-Skala

① Quergang (Vorblockband wegdefiniert) 7a Fbtr
② ?..7b Fb
③ Das kleine Arschloch ....7b Fb

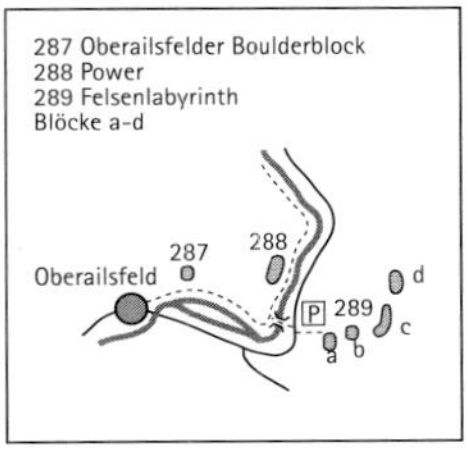

287 Power (8 m, O)

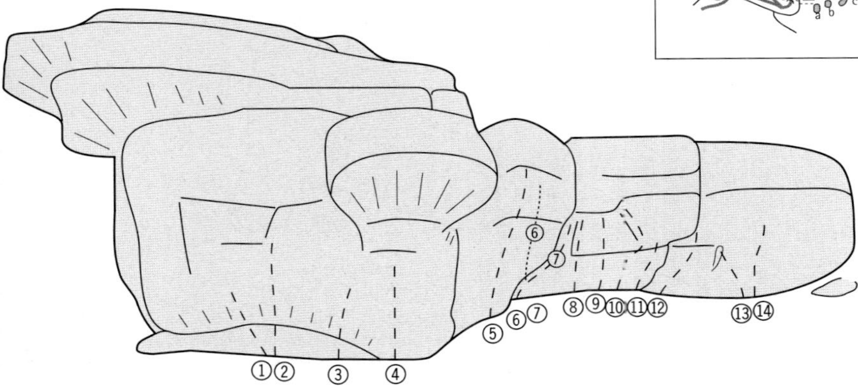

① Finger mit Auge ....7a+ Fb
② Sikkamenia...7b+ Fb
③ Kleine Kakerlake ....7a Fb
④ Zeckenbiß ....7b Fb
⑤ El Naso ....7b (+) Fb
⑥ Seppboulder...7a+ Fb
⑦ ?...7b+ Fb
⑧ Kante..7a Fb
⑨ Yogi ....7a+ Fb
⑩ Schrägriß ....7a+ Fb
⑪ Kraftwerk...7a+ Fb
⑫ ?...6c+ Fb
⑬ ?...7a+ Fb
⑭ (ohne Henkel, nur mit den kleinen Leisten direkt)...........................7c Fb

Zugang:
Etwas talaufwärts der Einmündung der Straße von Pfaffenberg ist ein Parkplatz rechts der Straße, hier parken. Man kann bereits das Massiv auf der anderen Seite des Baches erkennen. Etwas talabwärts führt ein Wanderweg über den Ailsbach und wieder talaufwärts zu den Felsen.
Übersichtskarte: 3 (Seite 17)
Besonderes:
Bitte nicht durch das Privatgrundstück bei der Brücke laufen! Es ist geplant, einen Übergang direkt vom Parkplatz aus zu schaffen.
Bewertungen nach Fontainebleau-Skala.

289 Felsenlabyrinth

Block b

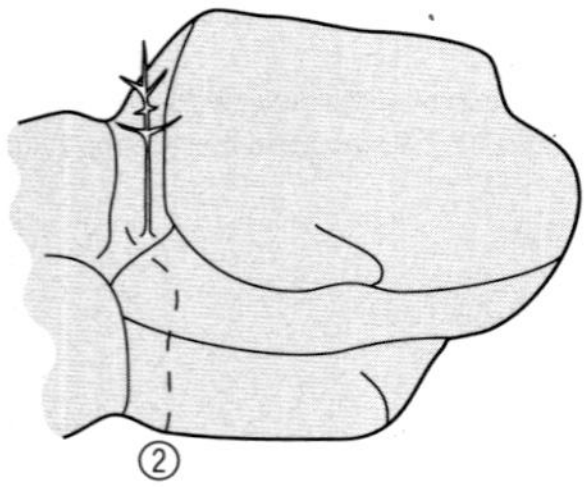

Block a

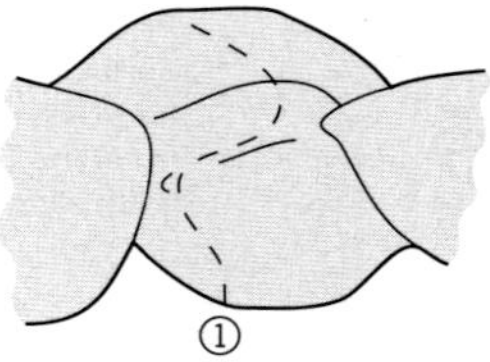

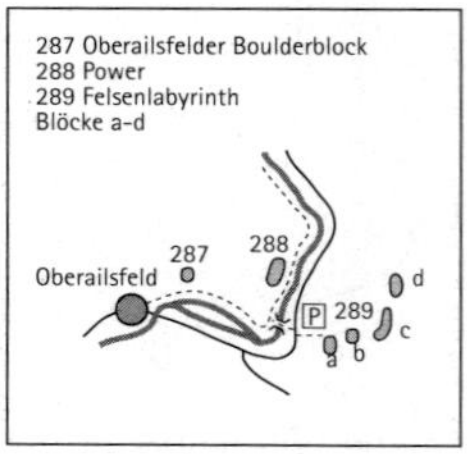

Block c

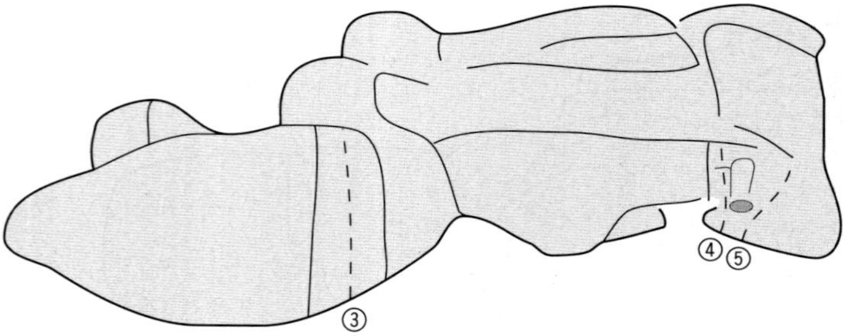

Block d

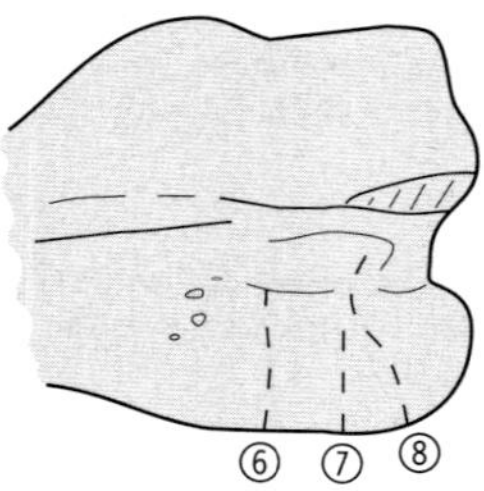

Zugang:
Etwas talaufwärts der Einmündung der Straße von Pfaffenberg ist ein Parkplatz rechts der Straße, hier parken. Rechts über dem Parkplatz sieht man einen überhängenden Felsen. Links davon befinden sich einige Blöcke. Der obere von ihnen ist Block a („Angst im Gnack"). Hier ist der Durchschlupf zu den anderen Blöcken.
Übersichtskarte: 3 (Seite 17)
Besonderes:
Bewertungen nach Fontainebleau-Skala

① Angst im Gnack .... 6c+ Fb
② Bleaussard .... 7b+ Fb
③ ? .... 5a Fb
④ über den Riß .... 6c+ Fb
⑤ Macht des Schwungs (über Sloper) ... 7b Fb
⑥ ? .... 6c Fb
⑦ Grimper (mit Pfeil) .... 7c Fb
⑧ Turbo .... 7a+ Fb

290 Schlupflochfels

Nordostwand (18 m)

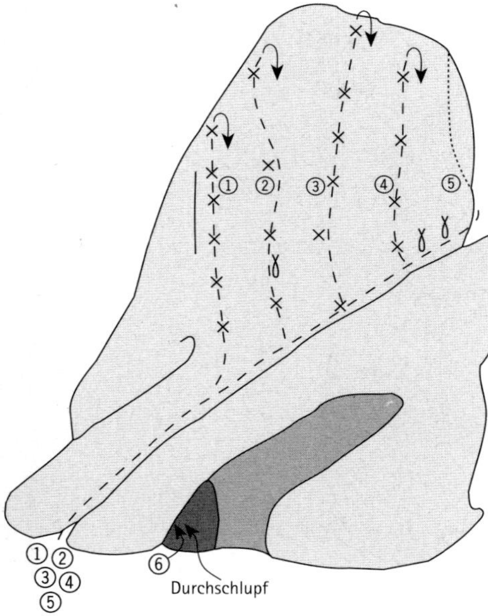

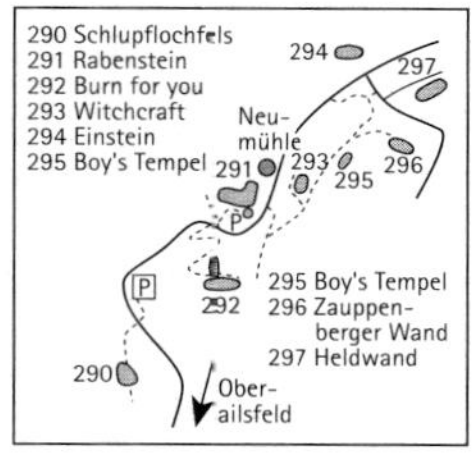

Bergseite (11 m, W)

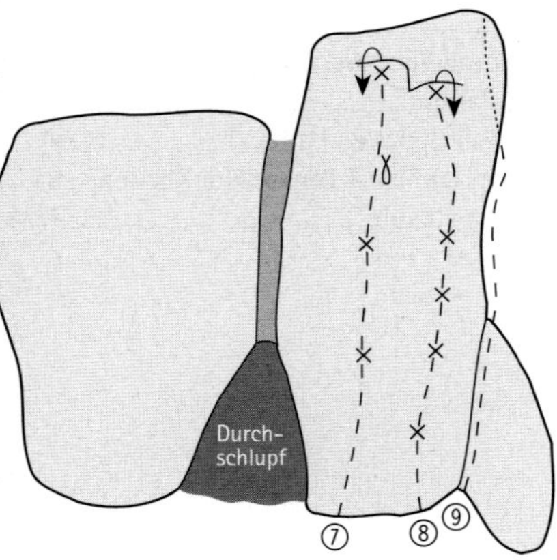

① ? .... 6+
② Sinn des Lebens 8-/8
③ Rennstrecke 8
④ Höhere Gewalt .... 7+
⑤ Rampenweg .... 5+
⑥ Boulderquergang .... 7b+ Fb
⑦ Hintertür 7-
⑧ Slapstick 7
⑨ Ende mit Schrecken *(Keile)* .... 5+

Zugang:
Von Oberailsfeld in Richtung Kirchahorn fahren und bei großen Überhängen parken. 30 m talabwärts, über Holzbrücke und auf der anderen Talseite weitere 130 m talabwärts zum Felsen mit Durchschlupf.
Übersichtskarte: 3 (Seite 17)
Besonderes:
Schöne Wandklettereien

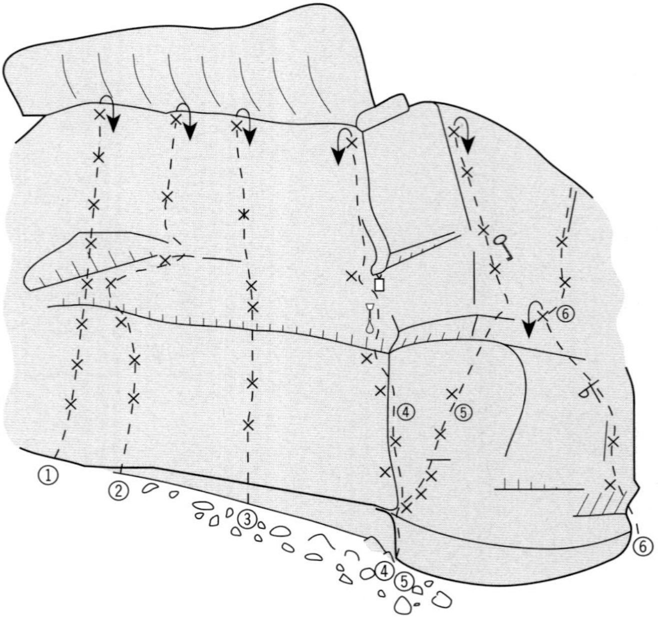

Rabensteinwächter (8 m)

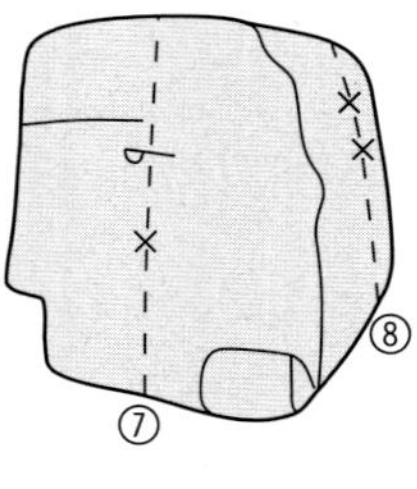

① Projekt
② Rezession 93 8
③ ? .... 8+
④ Nürnberger Weg 7-
⑤ Solarium 9-
⑥ Stein Ged.Weg (1. SL 7) 8-
⑦ Don Camillo e Peppone di Massone ... 8+
⑧ Südostkante .... 7/7+

291 Rabenstein, Ostwand (20 m)

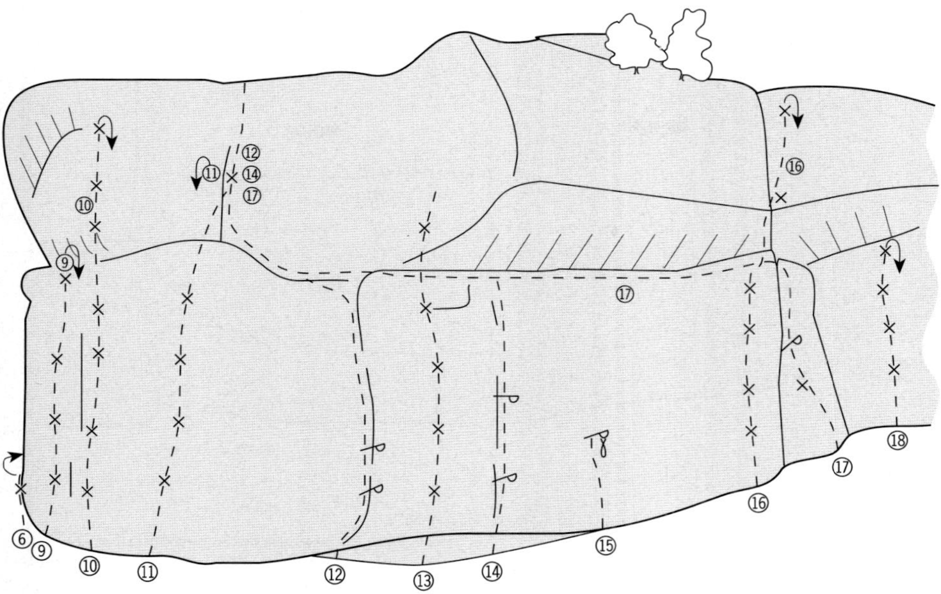

⑥ Stein Ged.Weg (1. SL 7) 8-
⑨ Windiges Eck .... 8+
⑩ Auf dem Weg in ein neues Jahrtausend 9-
⑪ ? .... 8+/9-
⑫ Direkteinstieg 6 a1
⑬ Projekt
⑭ Kochvariante 6 a2
⑮ Projekt
⑯ WoGü-Kante .... 8+
⑰ Bayreuther Weg 6 a1
⑱ ? 8

Zugang:
Mächtige Wand zwischen Oberailsfeld und Kirchahorn, auf der die Burg Rabenstein steht. Unterhalb ist eine Parkbucht. Dort auf Weg in den Wald und gleich nach rechts über Schotter zu den Einstiegen. *Vorsicht wegen tiefem Loch beim Wandfuß (Unfallgefahr!).* Dem Rabenstein vorgelagert ist ein kleiner Turm, der Rabensteinwächter.
Übersichtskarte: 3 (Seite 17)
Besonderes:
Unmittelbar an der rechten Begrenzung der Wand bzw. unterhalb befindet sich Privatgelände. *Dieses sollte keinesfalls betreten werden!*

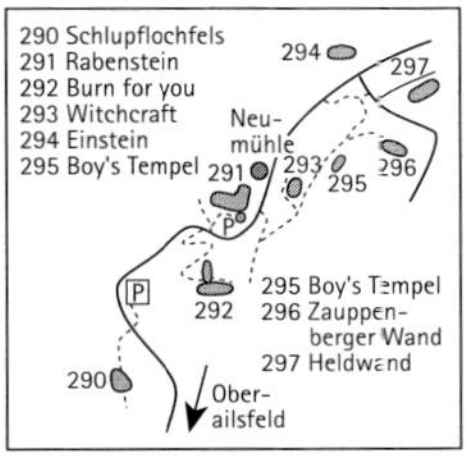

292 Burn for you (15 m, N)

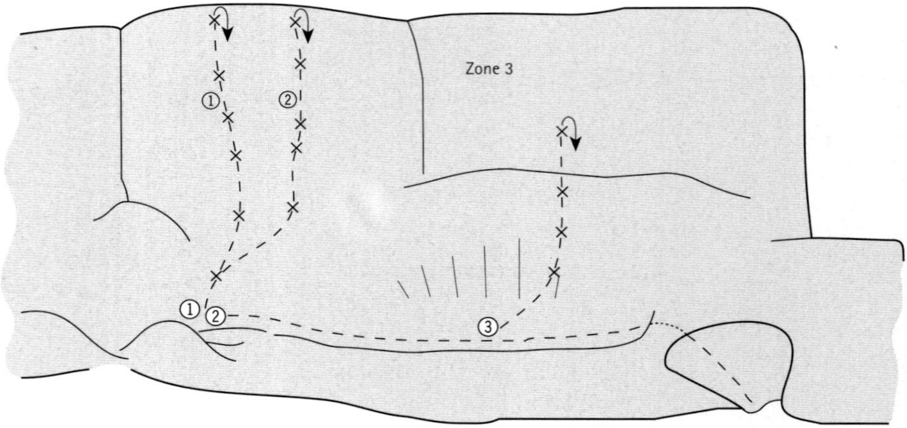

① Burn for you 11-
② Projekt
③ Pouliche 9-

Zugang:
An der Parkbucht unterhalb der Burg Rabenstein parken. Auf der Straße kurz talabwärts und auf Brücke über den Ailsbach. Man sieht bereits den Weg, der den Hang zu den Felsen hochzieht und den Durchschlupf auf die andere Seite. Auf dieser befinden sich die Routen.
Übersichtskarte: 3 (Seite 17)
Besonderes:
Michael Ordnung konnte hier 1993 die Fränkische um eine weitere Route im elften Grad bereichern (Burn for you).

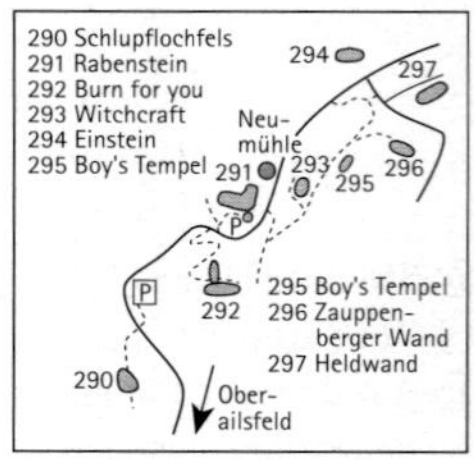

293 Witchcraft (14 m, W)

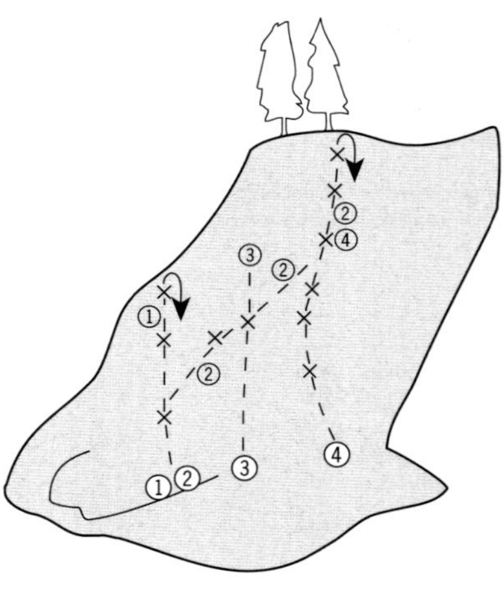

Zugang:
Beim Gasthof Neumühle in der Parkbucht parken (nicht beim Gasthof!). Gegenüber ist die Wand gut sichtbar. Nun auf keinen Fall direkt zur Wand laufen ! *(Privatgrundstück)*. Auf der Straße kurz talabwärts und links über Steg und auf Wanderweg (viele Markierungen) den Berg hinauf. Bei einer Gabelung scharf links (Blaukreuz) und weiter bis auf die Höhe. Kurz nach einer Bank (links) steht rechts ein Felsblock. Hier nach links zu Felsköpfen und auf Trampelpfad steil hinab zu den Einstiegen.

① Rosenkrieg 9
② Sodom 10-
③ Projekt
④ Witchcraft 10-

294 Einstein (15 m, S)

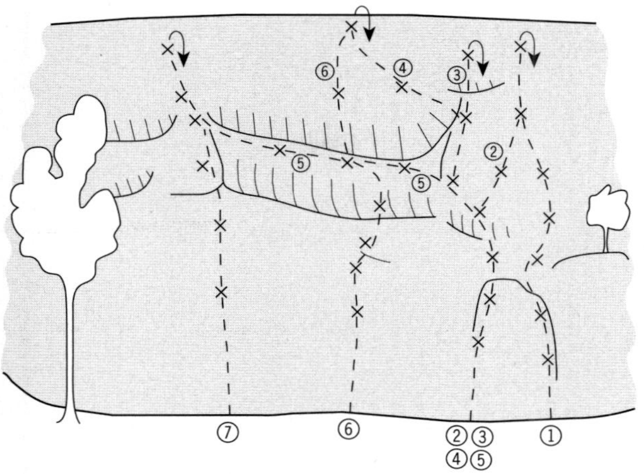

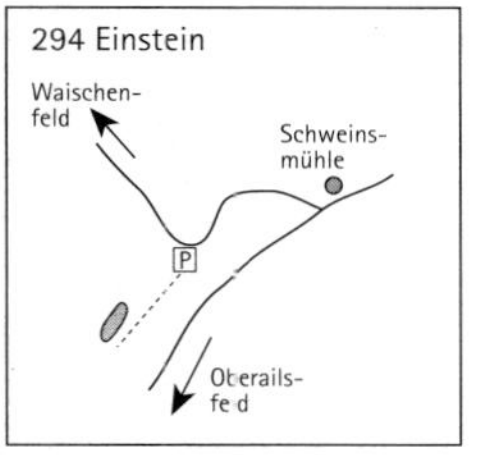

① Alles ist relativ 8-
② Albert (Projekt)
③ Urknall ....8+/9-
④ Gott würfelt nicht (Projekt)
⑤ Der neue Einstein (Projekt)
⑥ Antigravitation (Projekt)
⑦ (Projekt)

Zugang:
Bei Schweinsmühle führt eine Straße aus dem Ailsbachtal nach Waischenfeld. Ihr folgt man bis zu einem Parkplatz bei einer Rechtskurve, hier parken. Nun dem Wanderweg zur Sophienhöhle folgen, der in 2 min zu dem Felsmassiv (10 m oberhalb des Weges) führt.
Übersichtskarte: 3 (Seite 17)
Besonderes:
Im Frühjahr ist der Fels lange naß und somit nicht bekletterbar.

295 Boy's Tempel (5 m, W)

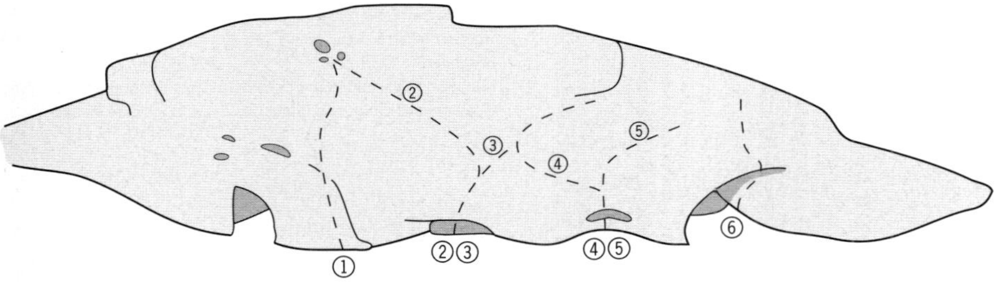

① ?..7a Fb
② Tempel ....7c Fb
③ Kombination ....7c Fb
④ ?..7b Fb
⑤ Dummy ....7b Fb
⑥ Dach ....7b Fb

Zugang:
Von Oberailsfeld nach Kirchahorn, an der Sophienhöhle noch vorbei und die nächste Abzweigung rechts (parken). Etwas oberhalb steht die Heldwand. Die kleine Straße nach Zauppenberg wieder überqueren und dem Wanderweg (talabwärts) folgen. Er trifft auf einen weiteren Weg, dem man links (bergauf) folgt. Nach 5 min steht der Fels neben dem Weg.
Übersichtskarte: 3 (Seite 17)
Besonderes:
Bewertungen nach Fontainebleau-Skala

296 Zauppenberger Wand (22 m, N)

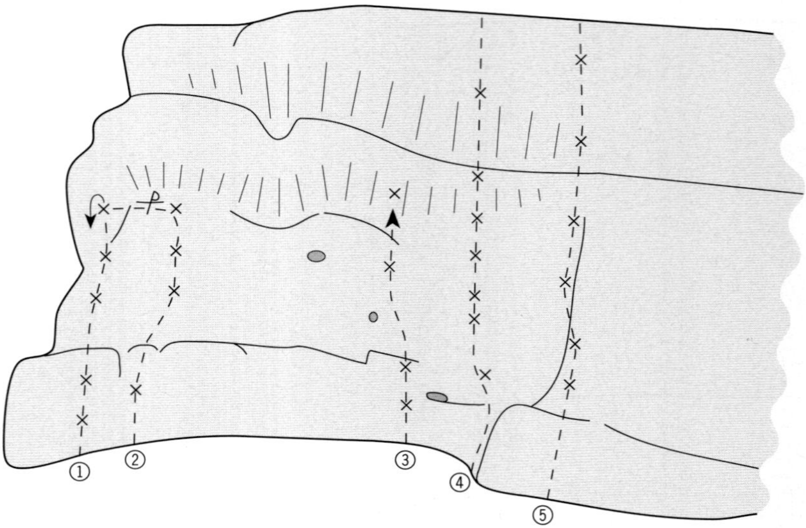

① ?...7
② ?...7
③ Projekt
④ Projekt
⑤ ?...8+

Zugang:
Von Oberailsfeld nach Kirchahorn, an der Sophienhöhle noch vorbei und die nächste Abzweigung rechts (parken). Etwas oberhalb steht die Heldwand. Die kleine Straße nach Zauppenberg wieder überqueren und dem Wanderweg (talabwärts) folgen. Er trifft auf einen weiteren Weg, dem man links (bergauf) folgt. Nach 3-4 min zweigt bei einer Bank scharf links ein Pfad ab, der zur weit überhängenden Wand führt.
Übersichtskarte: 3 (Seite 17)
Besonderes:
Die beeindruckende Wand beherbergt Zukunftsprojekte. Allerding ist auch noch einiges an losem Gestein und Sand an den Felsen.

297 Heldwand (25 m, NW)

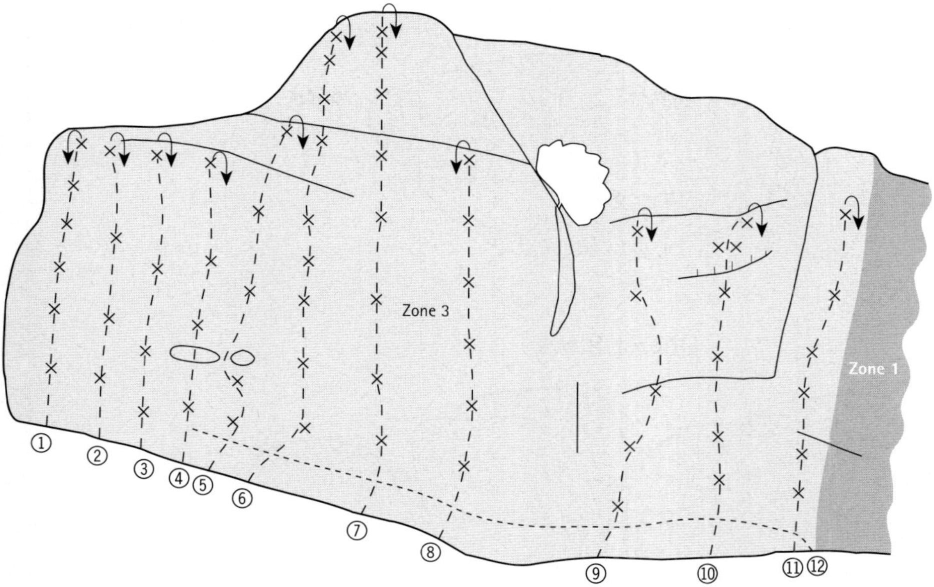

① ?...8+
② Hansdampf...8
③ Club der toten Dichter...8+/9-
④ Tapferes Schneiderlein...8
⑤ Held Bräu...8
⑥ Lonestar...9-
⑦ Götz von Berlichingen...9-
⑧ Gunther Priem U 42...9-/9
⑨ ?...8-
⑩ Lord Helmchen...8/8+
⑪ ?...7-
⑫ Quergang...9

Zugang:
Von Oberailsfeld nach Kirchahorn, an der Sophienhöhle noch vorbei und die nächste Abzweigung rechts (parken). Links auf Weg zu den Felsen.
Übersichtskarte: 3 (Seite 17)
Besonderes:
Typisch fränkischer Loch- und Leistenspaß.

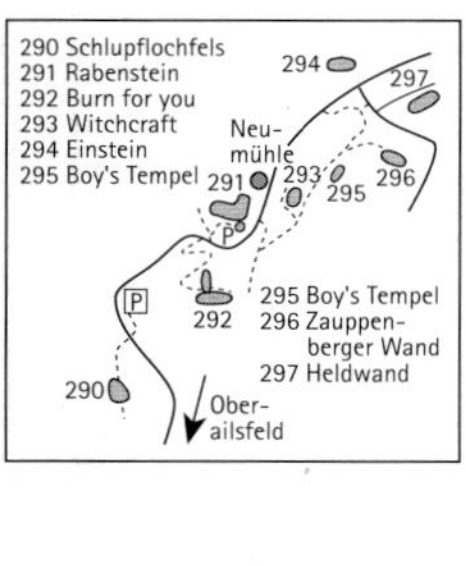

298 Hulk-Blöcke

Unterer Block

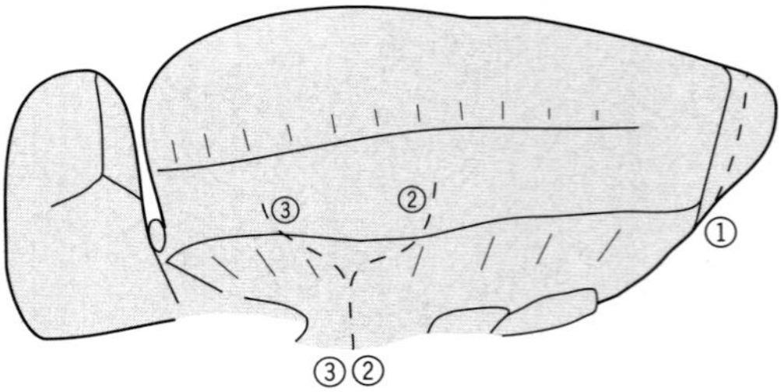

Oberer Block

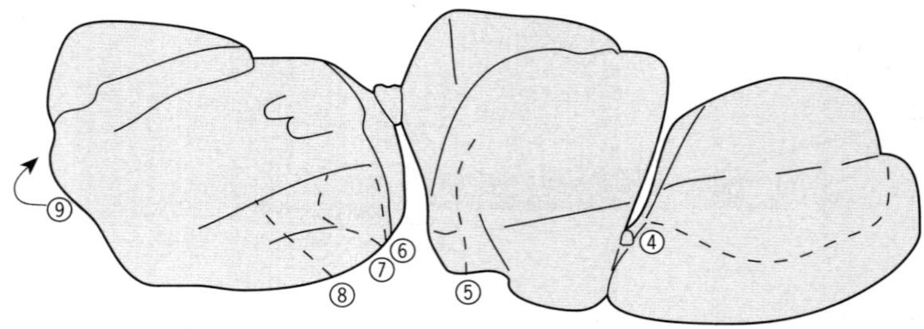

① Moosbüffel .... 7a+ Fb
② Rechtes Dach .... 7b+ Fb
③ Linkes Dach .... 7c+ Fb
④ Quergang .... 7a+ Fbtr
⑤ Platte .... 7c Fb
⑥ ? .... 6c+ Fb
⑦ Hulk .... 7c (+) Fb
⑧ Violation .... 8a+ Fb
⑨ Ösiboulder .... 7a+ Fb

Zugang:
Von Oberailsfeld nach Kirchahorn, an der Sophienhöhle noch vorbei und die nächste Abzweigung rechts (parken). Links auf Fuhre 200 m talaufwärts. Wo sich die Fuhre gabelt, zweigt rechts ein Pfad ab, der zu den Felsen führt.
Übersichtskarte: 3 (Seite 17)
Besonderes:
Bewertungen anch Fontainebleau-Skala. Beeindruckend ist die Kreation von Klemens Loskot „Violation“ (hier kann man gut sehen, an was für Griffen sich manche Leute im Dach noch festhalten können).

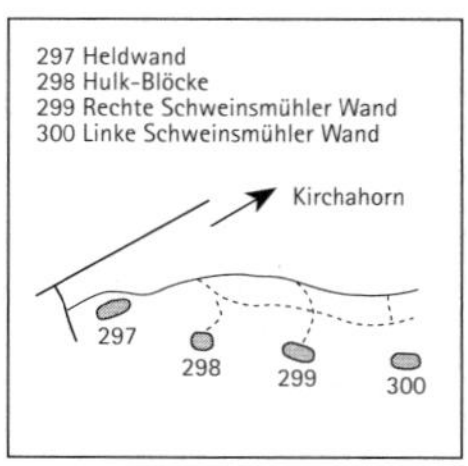

299 Rechte Schweinsmühler Wand (14 m, W)

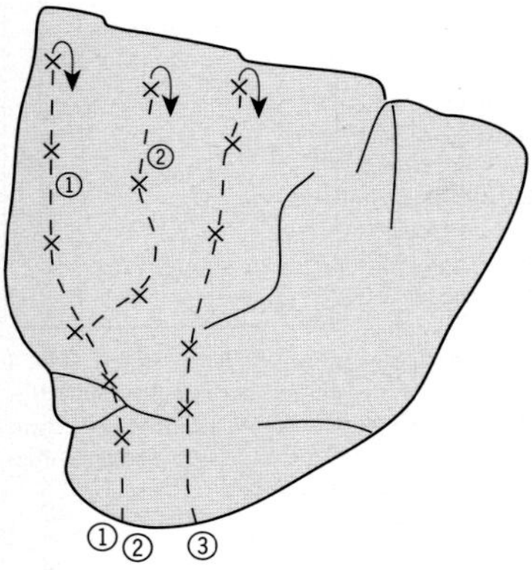

① Linker Weg ....8+
② Projekt
③ Rechter Weg ....7+

Zugang:
Von Oberailsfeld nach Kirchahorn, an der Sophienhöhle noch vorbei und die nächste Abzweigung rechts (parken). Links auf Fuhre 200 m talaufwärts. Wo sich die Fuhre gabelt, folgt man dem linken Ast. Nach 100 m steht links ein Jagdsitz. Nach weiteren 50 m führt rechts ein Pfad den Hang hinauf zur Rechten Schweinsmühler Wand. Links von ihr steht die Schweinsmühler Boulderwand mit einigen leichteren Bouldern (Namen z.T. angeschrieben).
Geht man auf der Fuhre noch 200 m weiter und dann nach rechts in den Wald und steil den Hang hinauf, so gelangt man zur Linken Schweinsmühler Wand.
Übersichtskarte: 3 (Seite 17)
Besonderes:
An der Linken Schweinsmühler Wand findet man recht glatte Plattenkletterei vor.

300 Linke Schweinsmühler Wand (18 m, W)

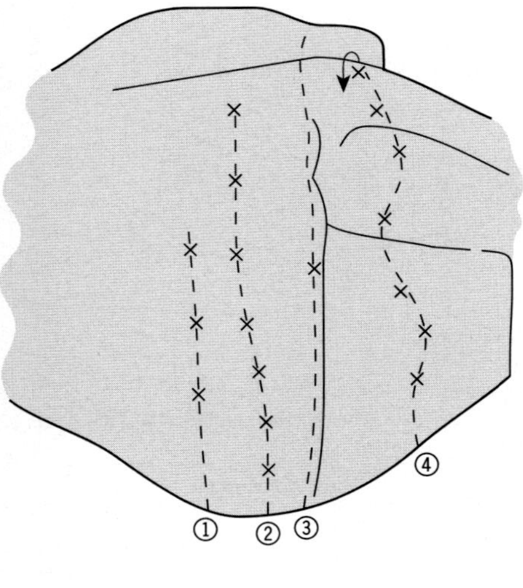

① Projekt
② Boulder mit Reibung 8
③ Riß 6
④ Platte 7

301 Hardcore-Wändchen (7 m, S)

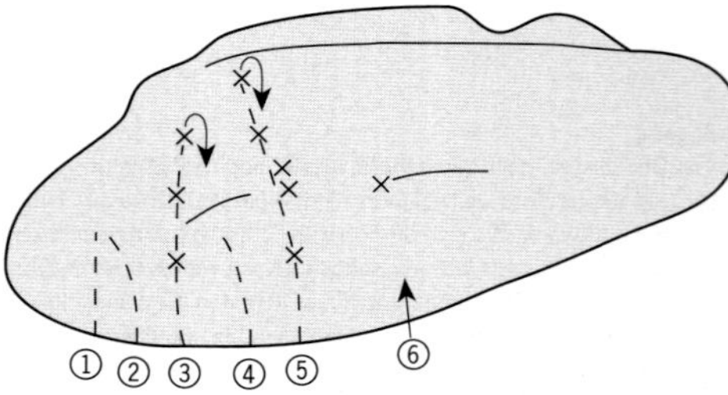

① Ill Communication.................................7c Fb
② Superman ....8a Fb
③ The Pain strikes...................................9/9+
als Boulder mit Sitzstart bis Henkel:
Stick it ....7c+ Fb
④ Brutal horizontal ....7b Fb
⑤ Desperate Fool......................................10-
⑥ Projekt

Rechts von ⑥ gibt es weitere (definierte) Boulder.

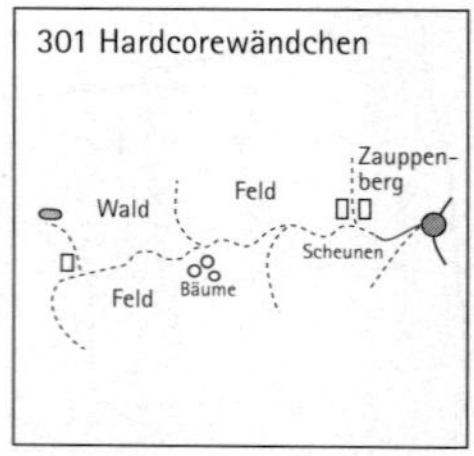

Zugang:
Die Straße macht in Zauppenberg (vom Ailsbachtal kommend) eine Linkskurve, hier rechts abbiegen und parken. Die Straße wird zum Feldweg, dem man (an einigen Abzweigungen vorbei) folgt. Man kommt an eine Stelle, an der rechts Wald ist und links einige Bäume stehen, hier geradeaus weiter. Wo links das Feld aufhört und rechts nur noch Wald ist, steht rechts eine Futterkrippe. Hier geht man schräg rechts hinter und auf Steigspuren durch etwas lichteren Wald zu einer Kuppe. Nun den Hang absteigen (Gestrüpp) und in kleiner Linkskurve zum Felsen.
Übersichtskarte: 3 (Seite 17)
Besonderes:
Parken in Zauppenberg! Es hat schon etlichen Ärger gegeben. Auf keinen Fall den Feldweg weiter hinterfahren (auch wenn es noch kein Gesperrt-Schild gibt), da es dann keine vernünftigen Parkmöglichkeiten mehr gibt und den Bauern zwangsläufig der Weg verstellt wird! Bei gemütlichem Tempo sind es gerade mal 10 min Gehzeit. Das sollte wohl einer Sperrung wegen genervten Anliegern vorzuziehen sein!

302 Rockpalast (5 m, S)

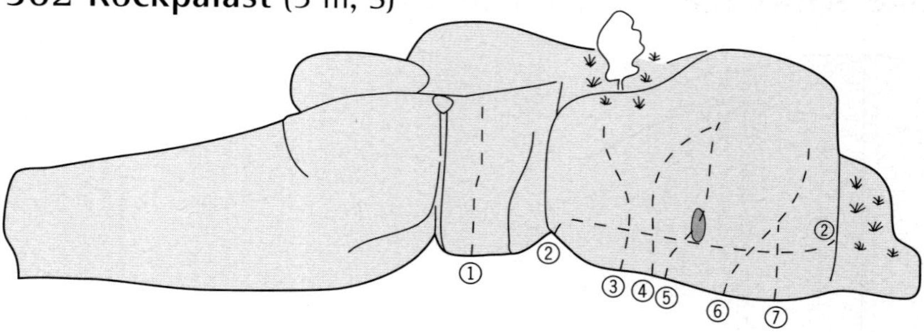

Zugang:
Parken in Zauppenberg. Auf der Straße 600 m in Richtung Pfaffenberg laufen, in einer Mulde zweigt ein Feldweg rechts ab zu den Felsen (bei der Abzweigung keine vernünftigen Parkmöglichkeiten).

① ?..7a Fb
② Quergang ....7b+ Fb
③ ?..7b Fb
④ ? (benutzt Griffe von ③ mit) ....7c+ Fb
⑤ ?..6c+ Fb
⑥ ?..7b(+) Fb
⑦ ?..7b+ Fb

Übersichtskarte:
3 (Seite 17)
Besonderes:
Bewertungen nach Fontainbleau-Skala. Weiter links des Weges ist noch ein weiterer Block, an dem aber nicht mehr gebouldert werden kann, nachdem Holz zum Trocknen davor aufgeschlichtet wurde.

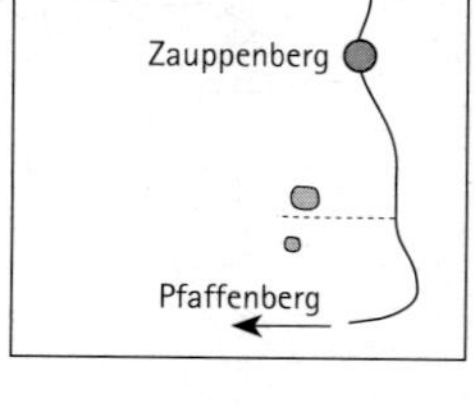

303 Aschenbrenner Wand (35 m, SW) ☼ Oberes Wiesenttal

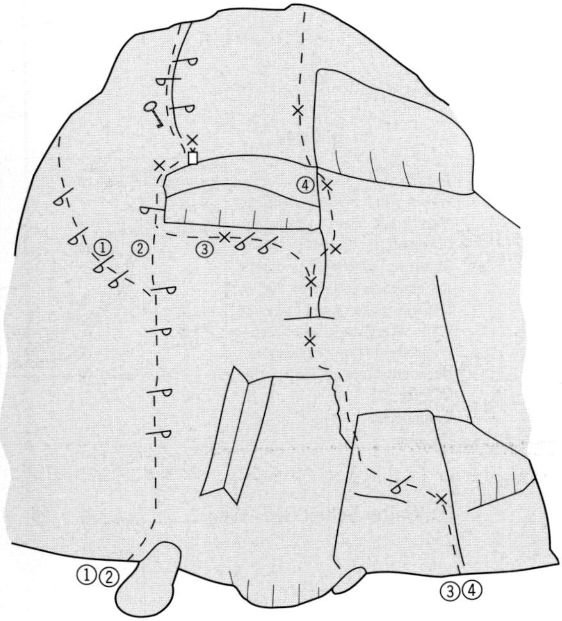

① Gemeinschaftsweg 6 a2
② Direttissima 6 a2
③ Aschenbrenner Ged.-Weg 8-
④ Schlemmerriß .... 7+

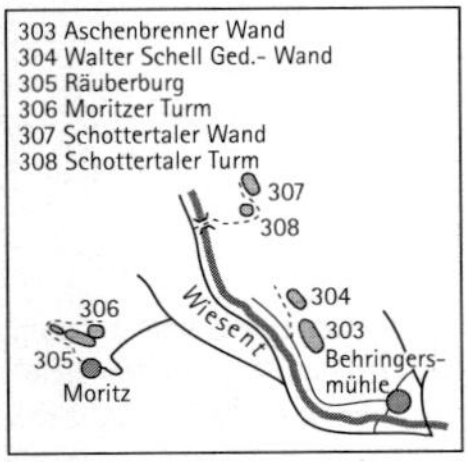

Zugang:

Parken in Behringersmühle. Man folgt dem Wegweiser "Wiesentfels, Schottersmühle, Doos und Rabeneck" und geht auf einem Schotterweg 700 m talaufwärts zur Aschenbrenner Wand.

Übersichtskarte: 2 (Seite 16); 3 (Seite 17)

Besonderes:

Wen etwas alpines Gelände am Anfang nicht stört, dem sei der "Aschenbrenner Ged.-Weg" empfohlen. Hier handelt es sich um eine großzügige klassische Route mit interessanter Schlüsselstelle fast am Schluß.

304 Walter Schell Ged.-Wand (23 m, SW) Oberes Wiesenttal

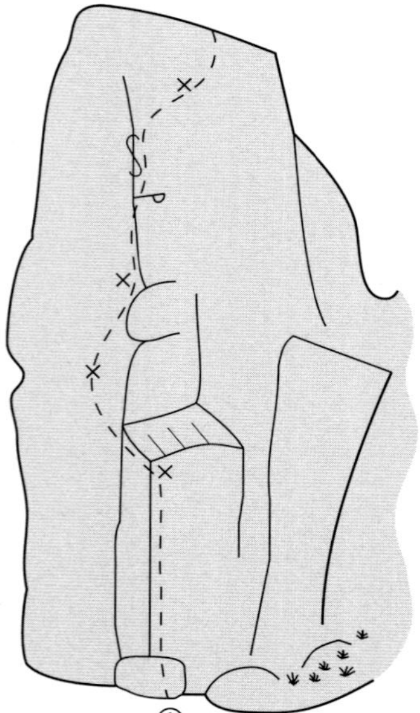

Zugang:
Parken in Behringersmühle. Man folgt dem Wegweiser "Wiesentfels, Schottersmühle, Doos und Rabeneck" und geht auf einem Schotterweg 700 m talaufwärts zur Aschenbrenner Wand. Die Walter Schell Ged.-Wand steht 60 m links von ihr.
Übersichtskarte: 2 (Seite 16); 3 (Seite 17)
Besonderes:
Klassiker

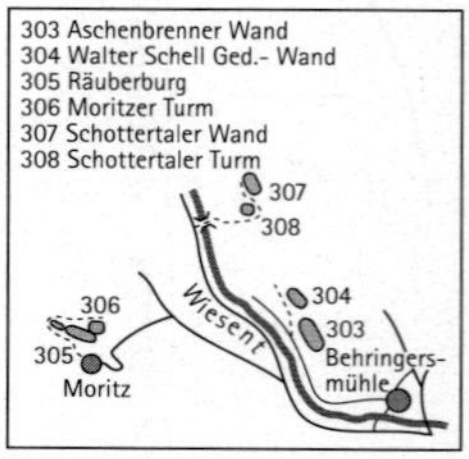

① Walter Schell Ged.-Weg 6

305 Räuberburg (14 m, SO)

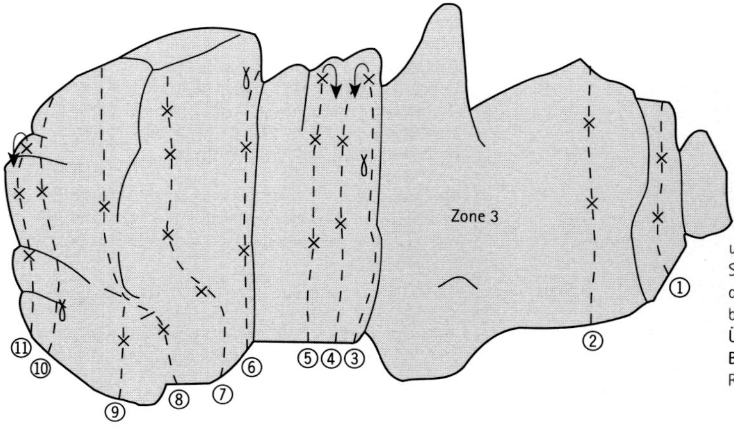

Zugang:
In Moritz ganz hoch bis zum Gasthaus "Zum Pfaffenstein" und parken. Rechts an einer Scheune vorbei und auf Wanderweg nach 100 m zur Räuberburg.
Übersichtskarte: 2 (Seite 16)
Besonderes:
Rechts der Wand gilt Zone 1!

305 Räuberburg

Ganz links:

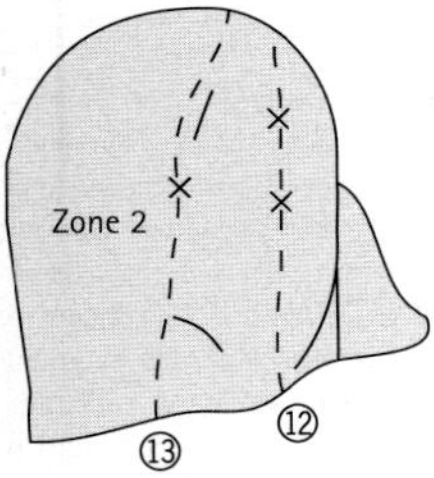

① ?...8-/8
② ?...7+/8-
③ Rechte Verschne dung 5
④ ?...5+
⑤ Ohne Moos nix los ....5+
⑥ Linke Verschneid ung.............................5+
⑦ Tierisches Gerät.......................................8
⑧ Etappenziel...7-
⑨ Direkteinstieg 7-
⑩ Doppeldecker ....6+
⑪ ?...7+
⑫ ?...8
⑬ ?...7-

306 Moritzer Turm (25 m, N)

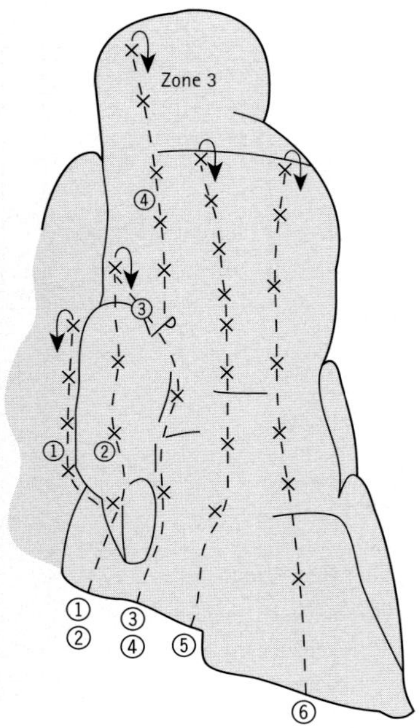

Zugang:
In Moritz ganz hoch bis zum Gasthaus "Zum Pfaffenstein" und parken. Rechts an einer Scheune vorbei und auf Wanderweg nach 100 m zur Räuberburg. Zum Moritzer Turm gelangt man, indem man an der Räuberburg rechts vorbei absteigt.
Übersichtskarte: 2 (Seite 16)
Besonderes:
Links und rechts des Moritzer Turms gilt Zone 1!

① Kleiner Fuchs 8
② Exil 7-
③ Michl Mörtel Ged.-Weg..........................6+
④ Projekt
⑤ High Gravity Day ....9/9+
⑥ Freischwimmer...8+

307 Schottertaler Wand (28 m, SW)

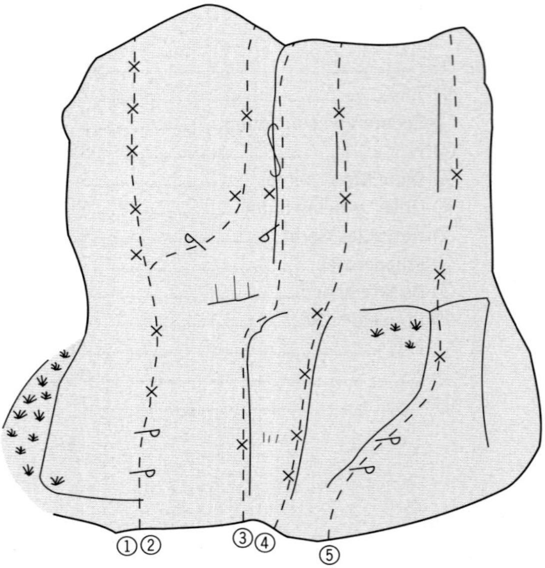

Zugang:
2 km talaufwärts von Behringersmühle beim Parkplatz neben der Holzbrücke parken. Über die Wiesent und auf der anderen Seite auf markiertem Steig (schwer zu erkennen: 3 weiße Striche an den Bäumen) senkrecht den Hang hoch; zuletzt nach links queren und am Schottertaler Turm vorbei zur Schottertaler Wand.
Übersichtskarte: 2 (Seite 16)
Besonderes:
Teilweise alpiner Charakter.

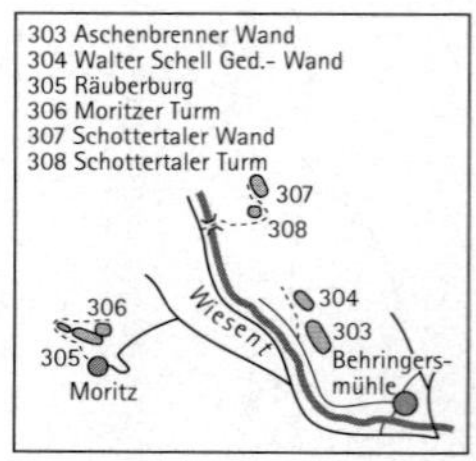

308 Schottertaler Turm (10 m, NO)

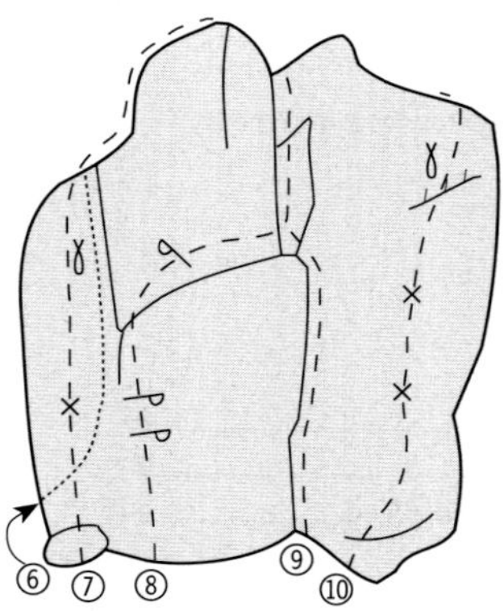

① Tiergarten 7-
② Schneckenkante 7-
③ Alter Weg .... 5+
④ Roland Lindner Ged.-Weg 7-
⑤ Neufundland 6
⑥ Südostkamin 5-
⑦ Ribisel 7-
⑧ Variante 6
⑨ Nordostkamin 2
⑩ Buttermilli, a Rat .... 7+

309 Gelber Turm (bis 28 m, N und W)

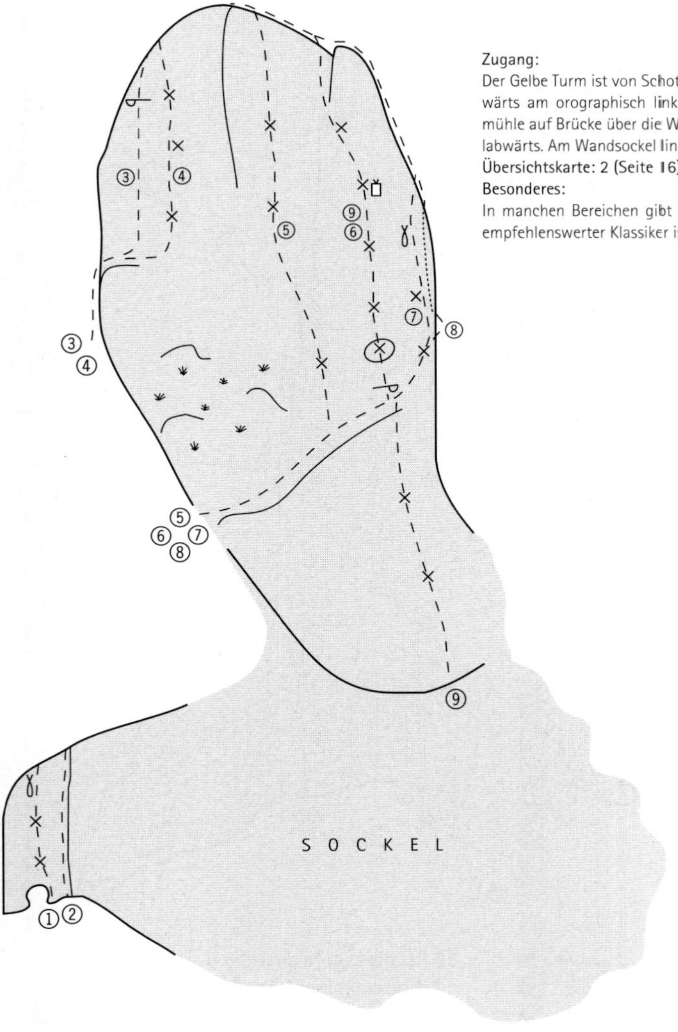

Zugang:
Der Gelbe Turm ist von Schottersmühle bereits gut sichtbar (talabwärts am orographisch linken Hang). Vom Gasthaus Schottersmühle auf Brücke über die Wiesent und 250 m auf gutem Weg talabwärts. Am Wandsockel links hoch zu den Einstiegen.
Übersichtskarte: 2 (Seite 16)
Besonderes:
In manchen Bereichen gibt es ein paar lockere Blöcke. Ein recht empfehlenswerter Klassiker ist die Direkte Talseite.

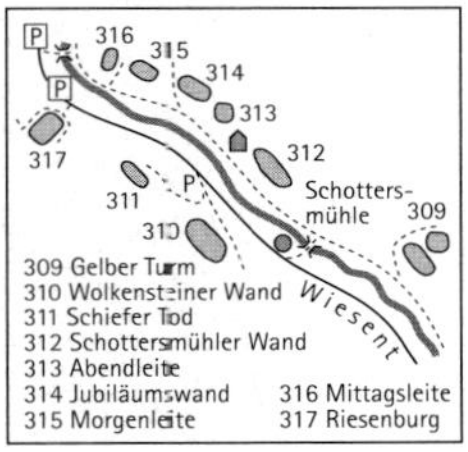

① Das Teil ... 7-
② Nix für ungut *(Keile)* ... 5+
③ Verschneidung ... 5
④ Minigolfkrise ... 7
⑤ Trockenes Loch ... 8-
⑥ Talseite ... 6+
⑦ Scharfe Schnitte ... 7-
⑧ Dickes Ende *(Keile)* ... 6+
⑨ Direkte Talseite ... 6+

310 Wolkensteiner Wand (45 m, NO) Oberes Wiesenttal

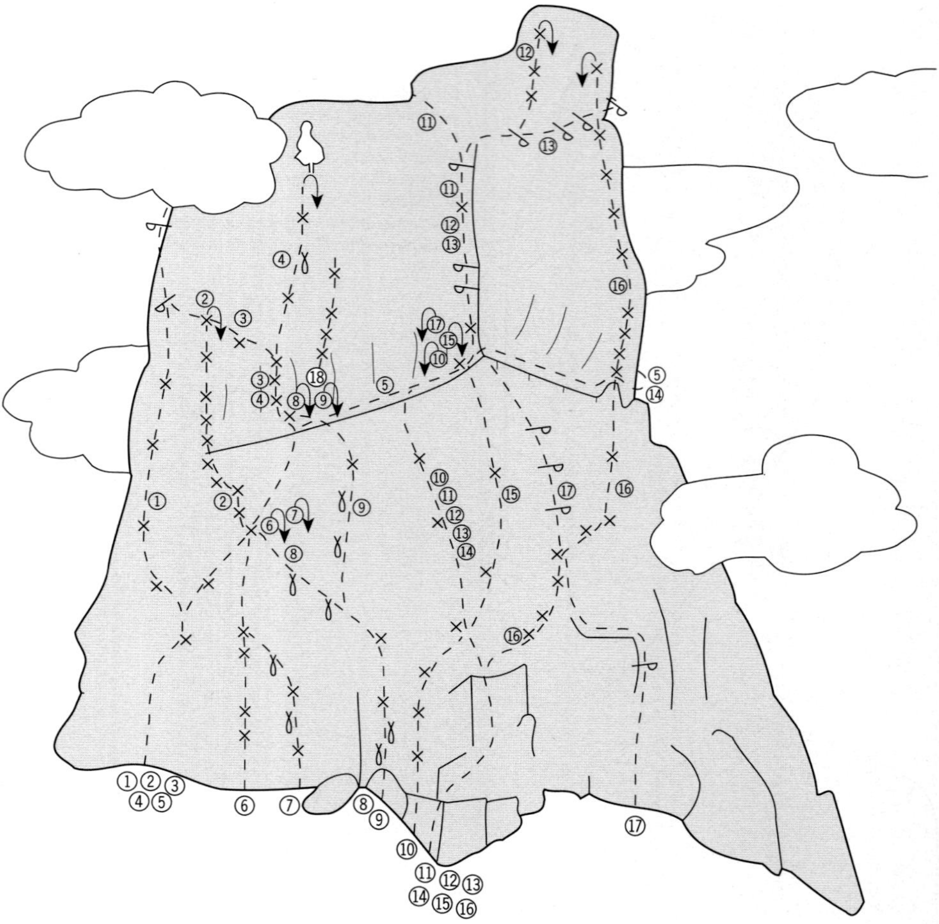

① Hans Sachs Ged.-Weg .... 7+
② Wolkenschloß 8
③ Linker Gipfelausstieg 9-
④ Über den Wolken 9-
⑤ Linker Weg 6-
⑥ Wuppdich 7
⑦ Schubs mich 6
⑧ Siglvariante .... 6+
⑨ ? 7
⑩ ? 6
⑪ Rechter Gipfelausstieg = Wolkensteiner Überhang 9
⑫ Höher geht's nimmer 9
⑬ Variante a2
⑭ Rechter Weg 5
⑮ Oberförster Pudlich 7-
⑯ Trapez (1. Seillänge 8) 9-/9
⑰ Rosthakenweg 7-
⑱ Projekt

311 Schiefer Tod (30 m, N)

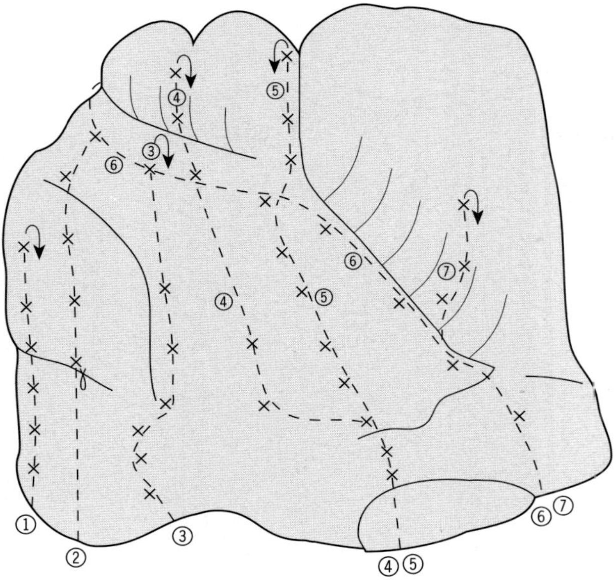

① Leichenschmaus .... 8+
② Projekt
③ Gelber Blaser 9-
④ Projekt
⑤ Totenbrett 9
⑥ Schiefer Tod 7-
⑦ Projekt

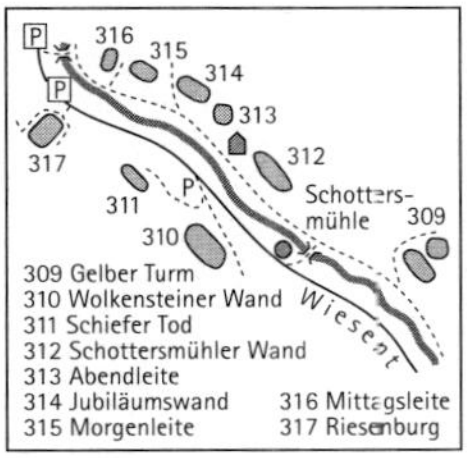

Zugang:
400 m talaufwärts der Schottermühle befindet sich eine Parkbucht (direkt gegenüber steht die Schottersmühler Wand). Hier zweigt eine Forststraße ab, die sich nach einer Schranke gabelt. Der rechte Ast führt zum "Schiefen Tod" (er steht am Ende der Fuhre). Der linke Ast führt zur Wolkensteiner Wand.
Übersichtskarte: 2 (Seite 16)
Besonderes:
Besondere Highlights sind an der Wolkensteiner Wand die ausgesetzten Gipfelausstiege im neunten Grad.
Bei der Route "Schiefer Tod" handelt es sich um einen beeindruckenden Klassiker. In der letzten Zeit wurde das beeindruckende Potential dieser Wand entdeckt, wovon die neu entstandenen Routen des nimmermüden Erstbegehers Stefan Löw sowie die offenen Projekte zeugen.

312 Schottersmühler Wand (27 m, SW) ☼ Oberes Wiesenttal

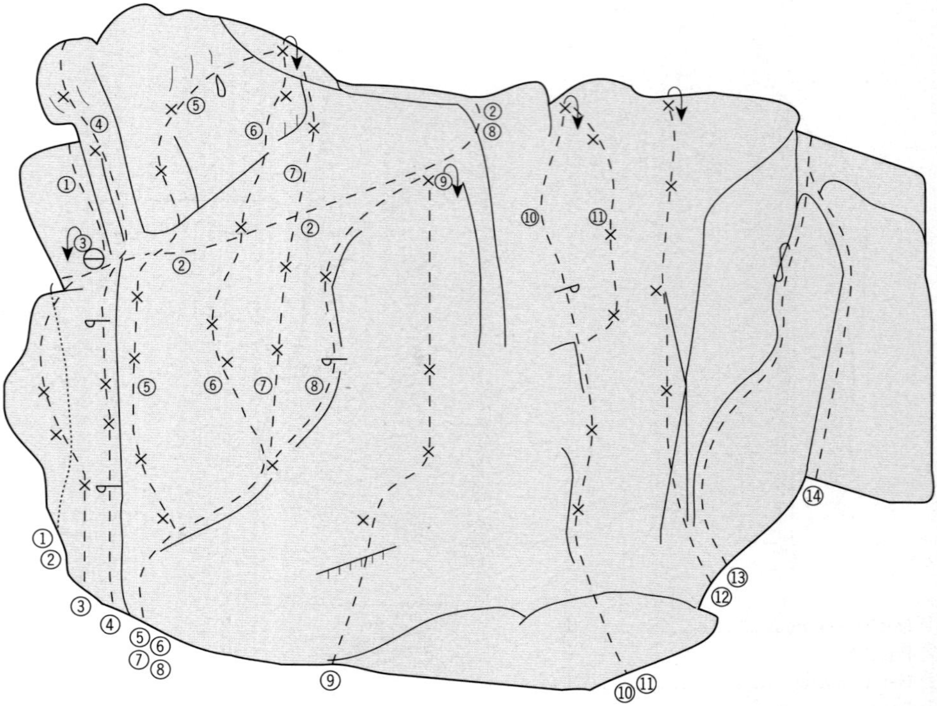

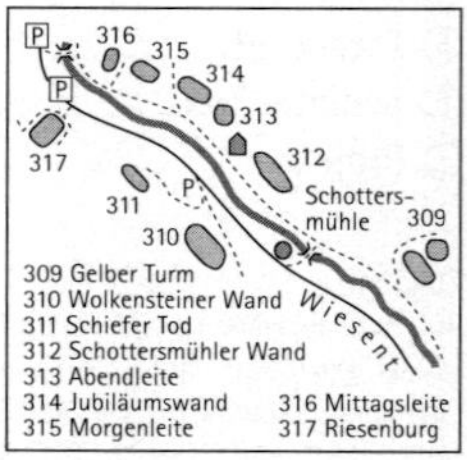

① Mittagsweg .... 5+
② Morgenweg .... 5+
③ Stockduster 7
④ Buhldach .... 7+
⑤ Brockhaus 7
⑥ Geier Sturzflug 7
⑦ Variante 7
⑧ Alter Weg 5
⑨ Go, Heini, go .... 6+ !
⑩ Schiefer Oskar 7-
⑪ ? 8-
⑫ Teufelskrallenweg 7
⑬ Schwupp di Wupp *(Keile)* .... 6+
⑭ Südverschneidung *(Keile)* 5

Zugang:
a) Beim Gasthof Schottersmühle (Parken nur für Gäste!) über den Fluß und 500 m talaufwärts zur Wand
b) Beim Pumphäuschen (1 km talaufwärts von Schottersmühle, Parkplatz) über die Wiesent und 500 m talabwärts zur Schottersmühler Wand.
Übersichtskarte: 2 (Seite 16)
Besonderes:
Griffiger, guter Fels; Wandkletterei.

313 Abendleite, Westwand (16 m)

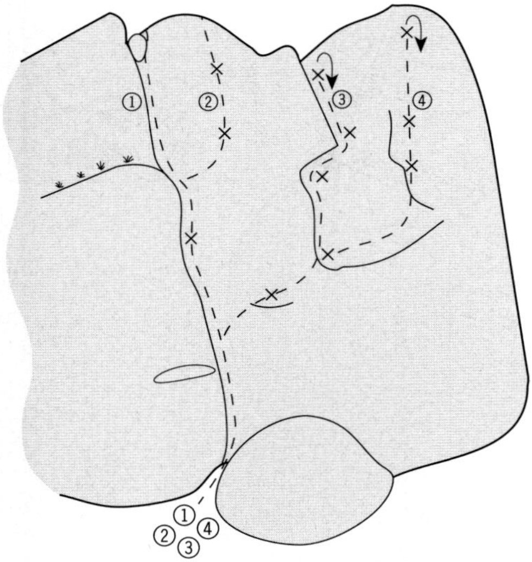

Südwand (14 m)

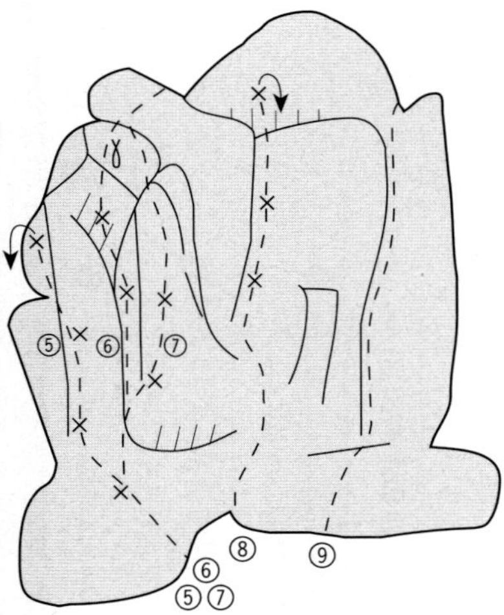

① Straßnerpfeiler .... 5+
② Direkter Pfeiler 7-
③ Tarantel .... 7+
④ Schöner Weg 6
⑤ Pfeilerriß 7
⑥ Südverschneidung .... 6+
⑦ Südkante .... 6+
⑧ Piazriß .... 5+
⑨ Rißverschneidung *(Keile)* .... 4+

Zugang:
Parken 1 km talaufwärts von Schottersmühle beim Pumphäuschen. Über die Wiesent und 400 m talabwärts zur Abendleite, die kurz oberhalb des Wanderwegs steht.
Von der Schottersmühler Wand geht man auf dem Wanderweg 100 m talaufwärts zur Abendleite.
Übersichtskarte: 2 (Seite 16)

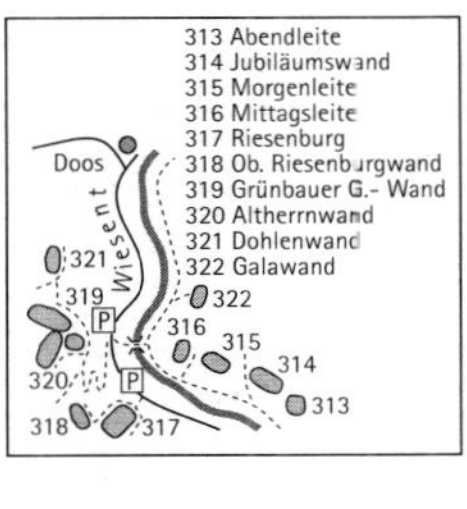

314 Jubiläumswand (25 m, SW) ☼

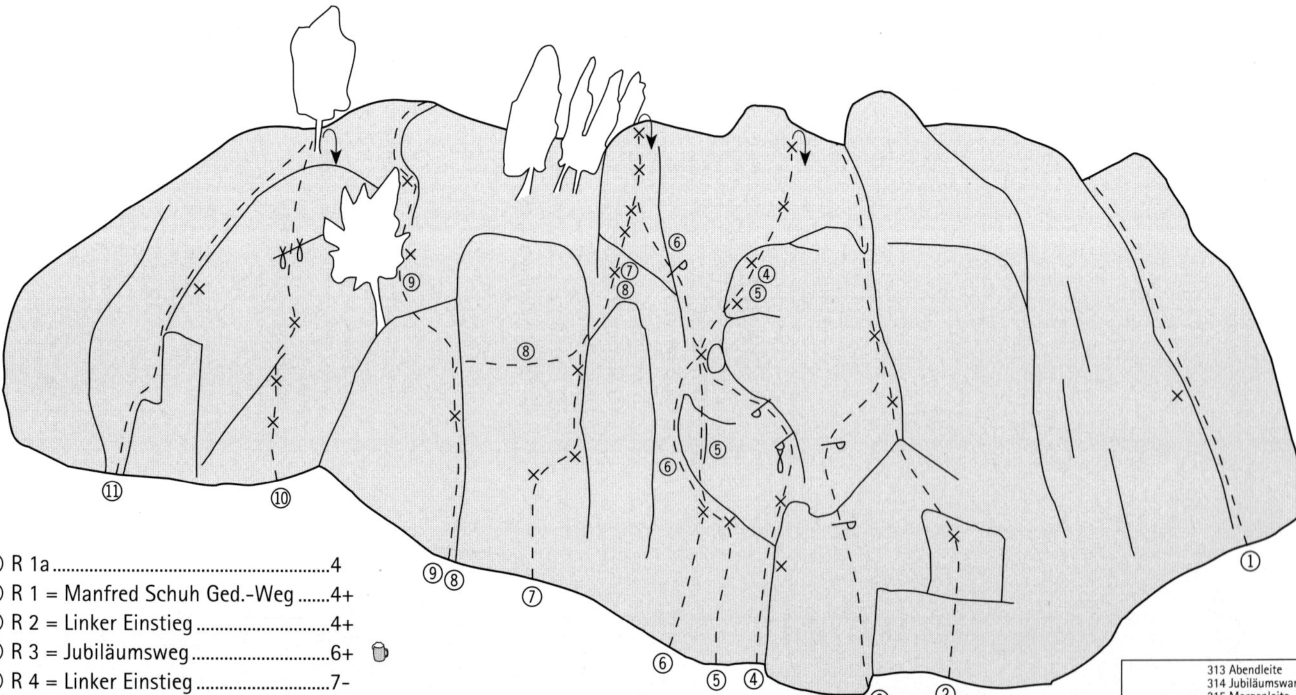

① R 1a 4
② R 1 = Manfred Schuh Ged.-Weg .... 4+
③ R 2 = Linker Einstieg .... 4+
④ R 3 = Jubiläumsweg .... 6+
⑤ R 4 = Linker Einstieg 7-
⑥ R 5 7
⑦ R 6 = P. und M.-Weg .... 6+
⑧ R 7 *(Keile)* .... 6+
⑨ R 8 6
⑩ R 9 7
⑪ R 10 3

Zugang:
Parken beim Pumphäuschen 1 km talaufwärts von Schottersmühle. Über die Wiesent und 300 m talabwärts zur Abzweigung nach Köttweinsdorf. Rechts aufwärts zu den Felsen.
Übersichtskarte: 2 (Seite 16)

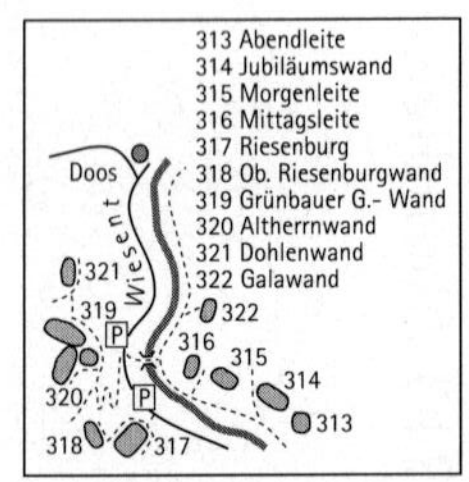

315 Morgenleite (25 m, SW) ☼

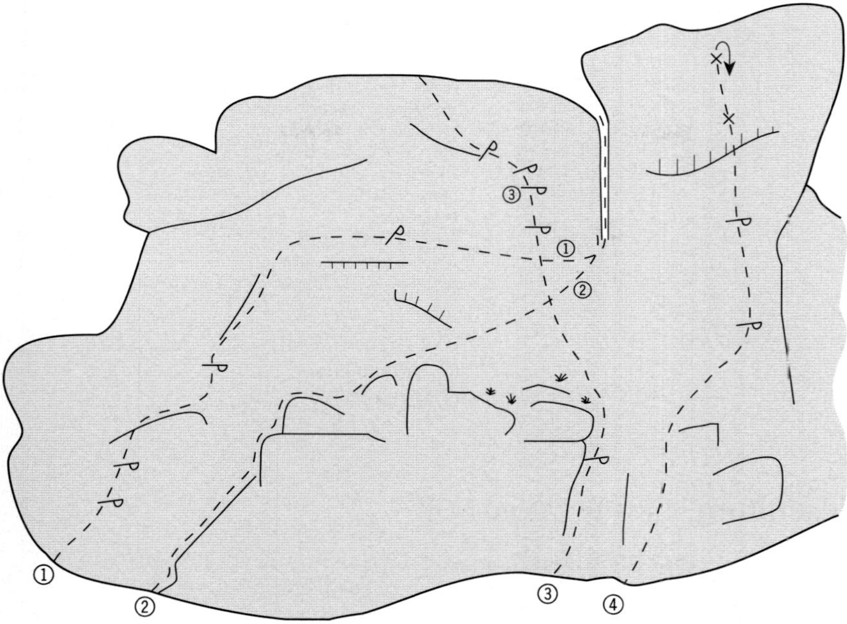

Nebenmassiv

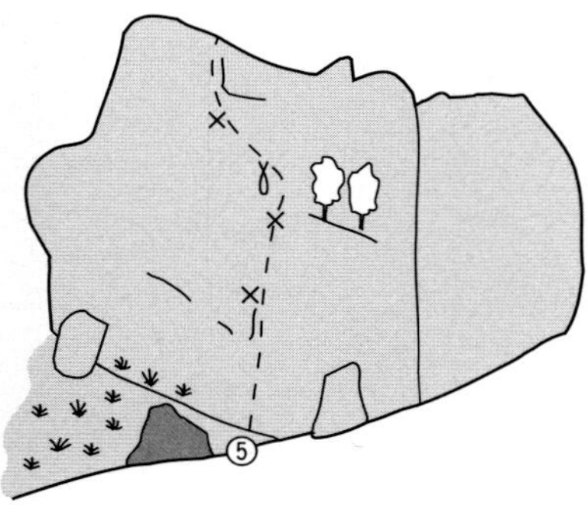

① ML-Weg 7-
② Schiefer Riß 6
③ Schlaumeier 7
④ Gut drauf 6 a2
⑤ Orgasmus 8

Zugang:
Parken 1 km talaufwärts von Schottersmühle beim Pumphäuschen. Über die Wiesent, 200 m talabwärts und links hinauf zur Morgenleite. Links vom Hauptmassiv steht das Nebenmassiv.
Übersichtskarte: 2 (Seite 16)
Besonderes:
Am Hauptmassiv haben die Touren recht alpinen Charakter.

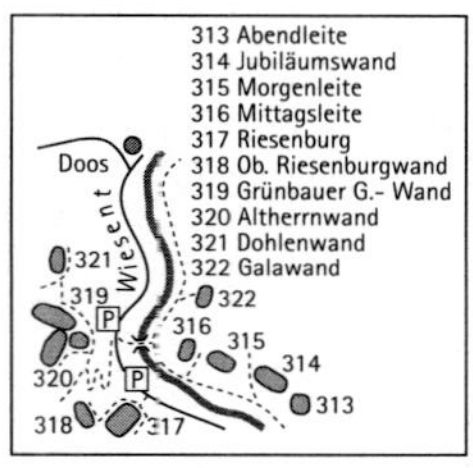

316 Mittagsleite (12 m, O)

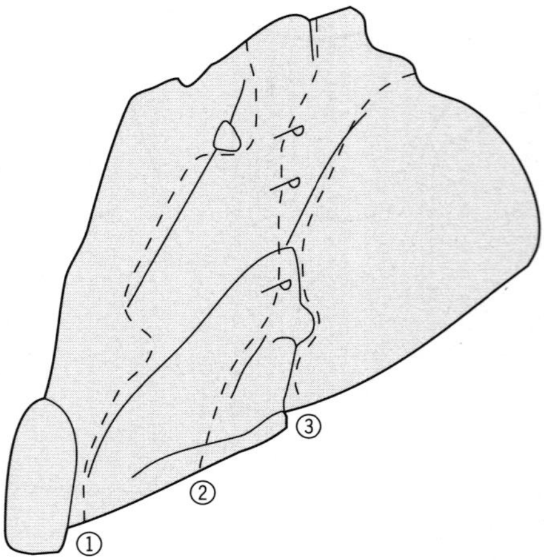

Zugang:
Parken 1 km talaufwärts von Schottersmühle beim Pumphäuschen. Über die Wiesent und 120 m talabwärts, dann links hoch zur Wand.
Übersichtskarte: 2 (Seite 16)

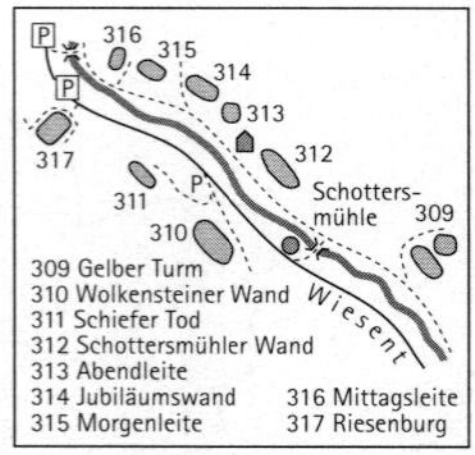

Besonderes:
Auch Route ② ist ziemlich schlecht gesichert (wenige, dafür rostige Haken); besser sichert man gleich mit Keilen.

① Zick Zack *(Keile)*......................................6
② Betthupferla..6
③ Ostriß *(Keile)*..5

317 Riesenburg, Talseite (22 m, NO)

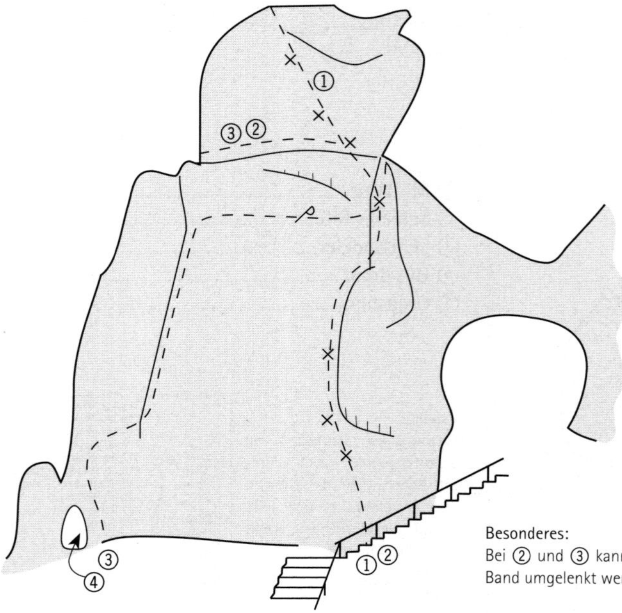

Besonderes:
Bei ② und ③ kann auch am Band umgelenkt werden.

① Projekt
② Primatenweg..7
③ Alte Nordwand..5
④ Durchschlupf zur Südostseite

317 Riesenburg, Südostseite (22 m)

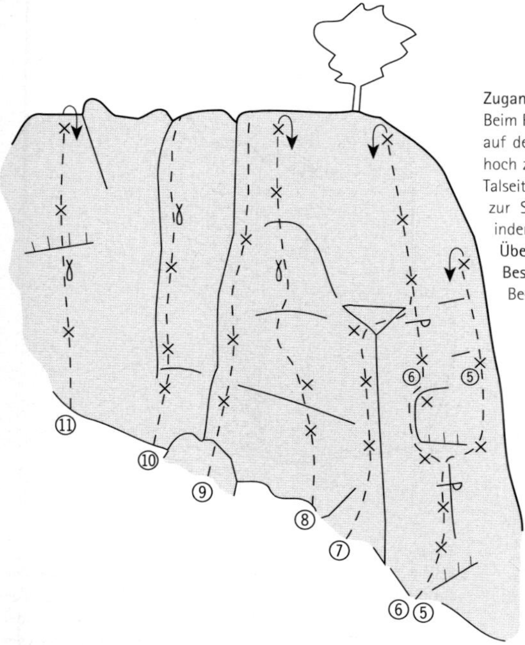

Zugang:
Beim Parkplatz 700 m talaufwärts der Schottersmühle parken und auf der orographisch rechten Talseite einen Weg mit Treppchen hoch zu einem Felsentor. Dieses befindet sich im rechten Teil der Talseite der Riesenburg. An deren linken Ende ist der Durchschlupf zur Südostseite. Zur Nordwestwand (Bergseite) gelangt man, indem man die Treppen weiter hochgeht.
Übersichtskarte: 2 (Seite 16)
Besonderes:
Beeindruckende Höhlengrotte

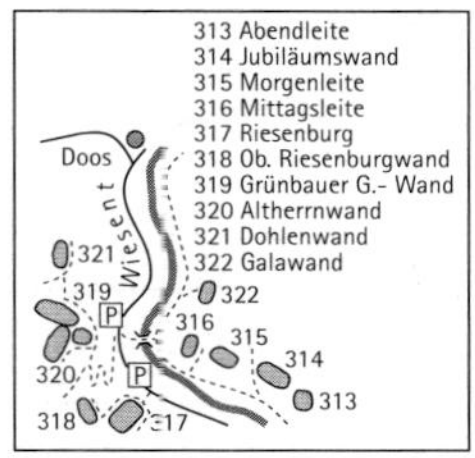

⑤ Nordostkante 6
⑥ Nordostkante direkt 7
⑦ Ostwand 5
⑧ Platte .... 6+
⑨ Ostwandriß 6-
⑩ Alfons Kwak Ged.-Weg 6
⑪ ? .... 7+
⑫ Nena 6

Nordwestwand (20 m)

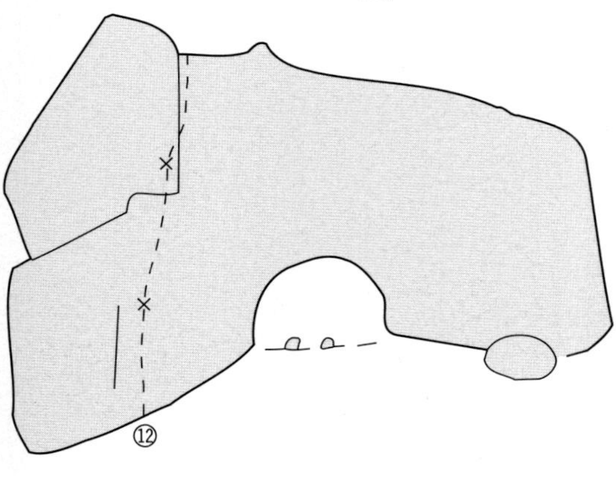

318 Obere Riesenburgwand (16 m, NO) Oberes Wiesenttal

Linker Wandteil	Rechter Wandteil

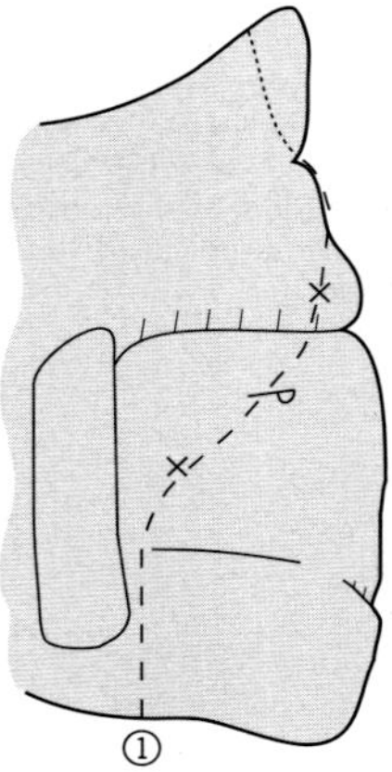

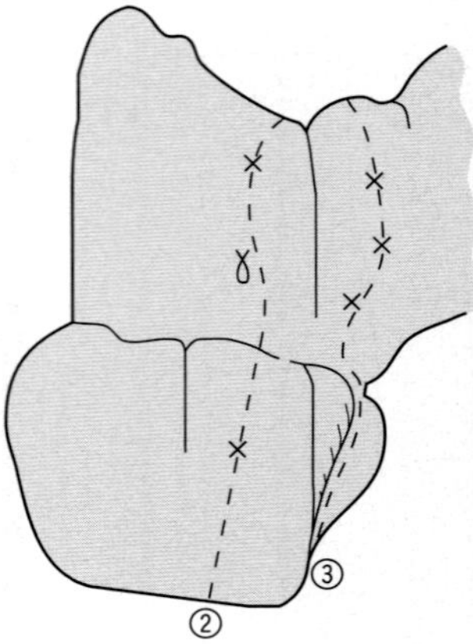

① Jasmin .... 6+
② Querschläger 6
③ Pic Ass 7-

Zugang:
Beim Parkplatz 700 m talaufwärts der Schottersmühle parken und auf der orographisch rechten Talseite einen Weg mit Treppchen hoch zu einem Felsentor. Dieses befindet sich im rechten Teil der Talseite der Riesenburg. Die Treppen weiter hochgehen und an der Nordwestwand (Bergseite) der Riesenburg vorbei noch 100 m weiter (talaufwärts) zur Oberen Riesenburgwand.
Übersichtskarte: 2 (Seite 16)

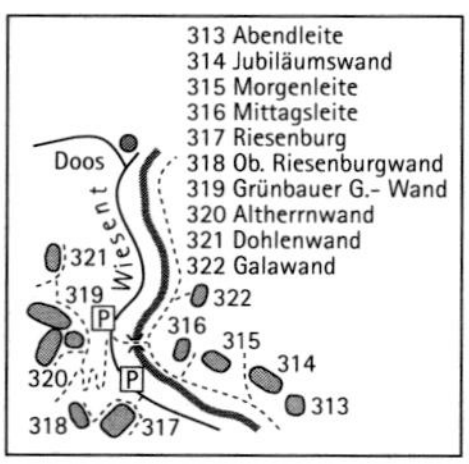

319 Grünbauer Ged.-Wand (30 m, NO) Oberes Wiesenttal

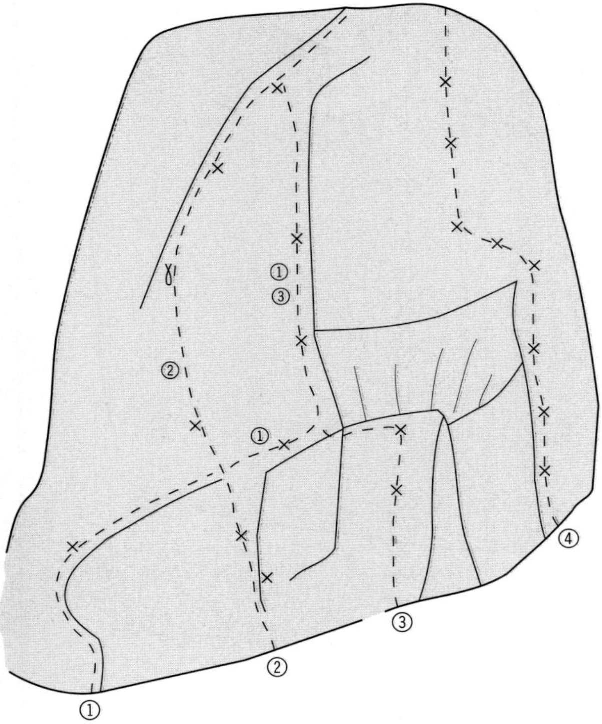

① Variante 6
② Susan 7
③ Große Verschneidung .... 6+
④ A.L.-Weg .... 6+

Zugang:
Parken 1 km talaufwärts von Schottersmühle beim Pumphäuschen. Auf der Straße 40 m talabwärts und rechts dem Weg nach Engelhardtsberg folgen bis zur 4. Spitzkehre. Nun rechts aufwärts bis zum "Moosigen Turm". Rechts an ihm vorbei zur Grünbauer Ged.-Wand.
Übersichtskarte: 2 (Seite 16)
Besonderes:
Lange Touren im sechsten und siebten Grad.

320 Altherrnwand (40 m, O)

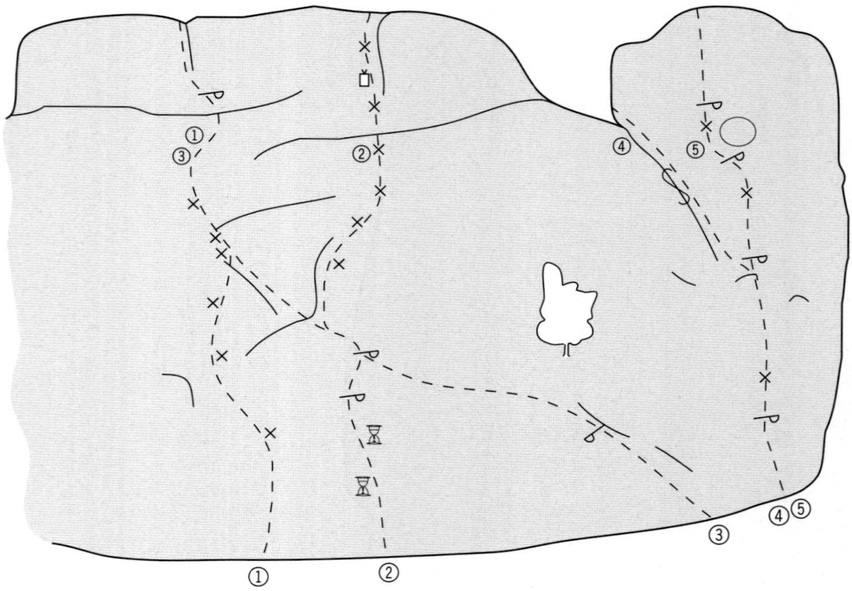

① Linke Variante 6-
② Altherrnweg 6-
③ Diagonalweg .... 6+
④ Schartenweg 6-
⑤ Pfeilerweg .... 6+

Zugang:
Parken 1 km talaufwärts von Schottersmühle beim Pumphäuschen. Auf der Straße 40 m talabwärts und rechts dem Weg nach Engelhardtsberg folgen bis zur 4. Spitzkehre. Nun rechts aufwärts bis zum "Moosigen Turm". Links an ihm vorbei zur Altherrnwand (diese ist die Ostflanke der Grünbauer Ged.-Wand).
Übersichtskarte: 2 (Seite 16)
Besonderes:
Lange Touren im sechsten Grad, griffiger Fels.

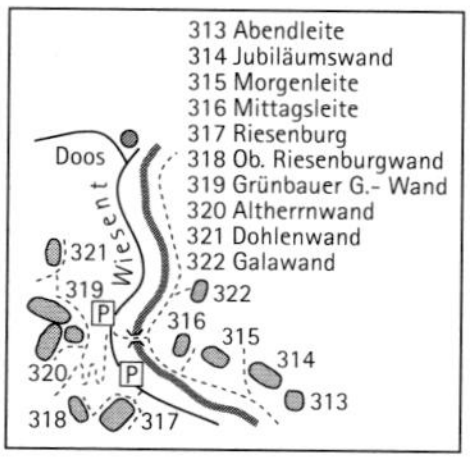

321 Dohlenwand (27 m, O)

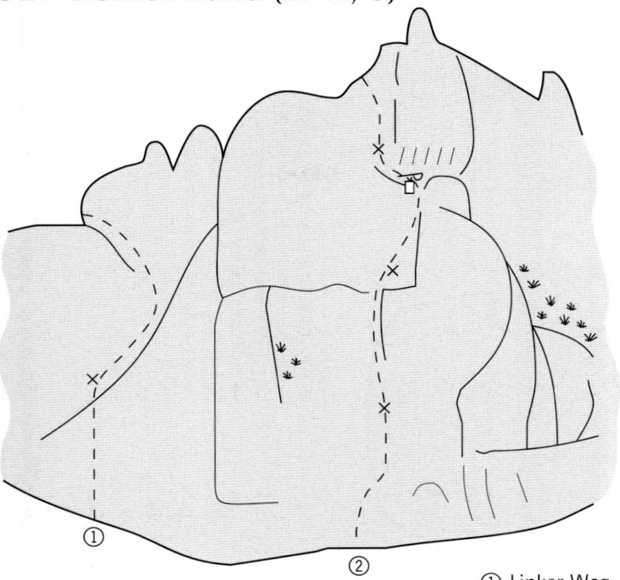

Zugang:
Parken 1 km talaufwärts von Schottersmühle beim Pumphäuschen. Auf der Straße 40 m talabwärts und rechts dem Weg nach Engelhardtsberg folgen bis zur 4. Spitzkehre. Nun rechts aufwärts bis zum "Moosigen Turm". Rechts an ihm vorbei zur Grünbauer Ged.-Wand. Von dort auf Steigspuren 50 m durch den Wald zu einem Weg, der in 1 min zum Felsen führt.
Übersichtskarte: 2 (Seite 16)

Sperrung:
Vom 1.2. bis 30.6. wegen Vogelschutz!

① Linker Weg 6-
② Alter Weg..6+

322 Galawand (23 m, NW)

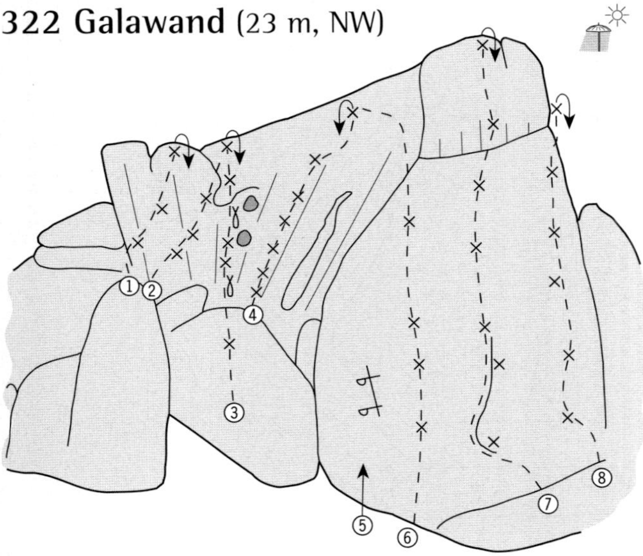

Zugang:
Parken 1 km talaufwärts von Schottersmühle beim Pumphäuschen. Auf Brücke über die Wiesent und 100 m talaufwärts zur Wand mit mächtigem Höhlendach im linken Wandteil.
Übersichtskarte: 2 (Seite 16)
Besonderes:
Das beeindruckende Dach mit den athletischen Routen ① bis ③ ist leider oft naß.

① ?...8-
② Body Counts.......................................9+/10-
③ Hinter'm Horizont (geht's weiter).......9-
④ Härte 10..10
⑤ Technoroute..a1
⑥ Seven 7
⑦ Margot Engelhardt Ged.-Weg 9-
⑧ Gala 8

323 Sonnwendwand, linker Teil (25 m, W)

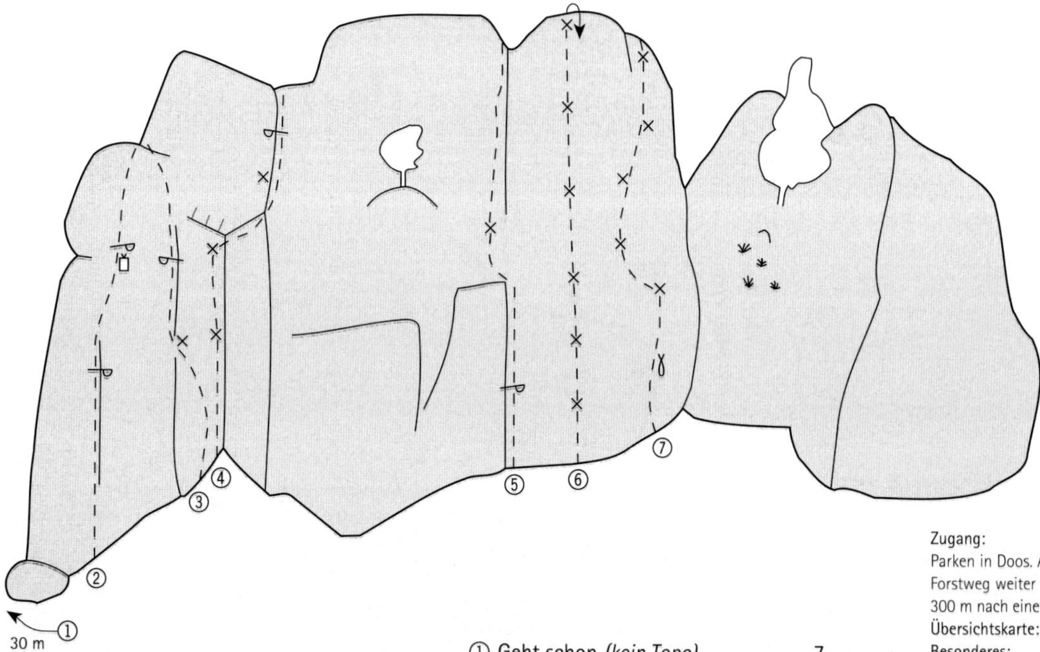

① Geht schon *(kein Topo)* 7
② Sonnwendpfeiler 6-
③ Alter Weg .... 5+ a1
④ Sonnwendweg 6
⑤ Edelweißriß .... 5+
⑥ Optifast .... 9+
⑦ Wende 9

Zugang:
Parken in Doos. Auf Brücke über die Wiesent und links auf einem Forstweg weiter talaufwärts und die nächste Abzweigung rechts. 300 m nach einer Linksschleife stehen rechts oben die Felsen.
Übersichtskarte: 2 (Seite 16)
Besonderes:
Gut gesicherte Touren (viele Bühlerhaken); manche sind etwas mehlig.

323 **Sonnwendwand**, rechter Teil (16 m, W) ☼

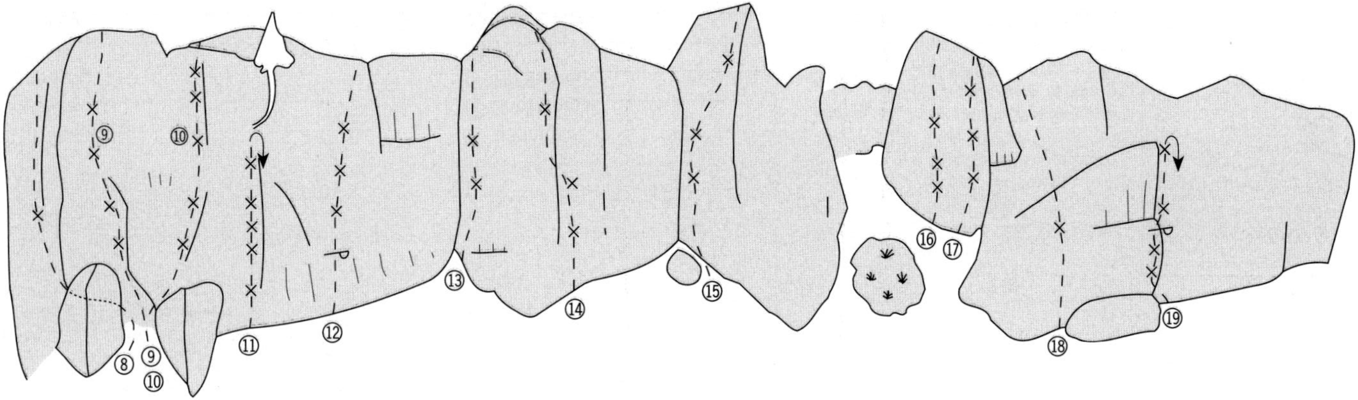

⑧	R 1	6
⑨	R 2	6+
⑩	R 3	6
⑪	R 4	8
⑫	R 5	8-
⑬	R 6	6
⑭	R 7	6
⑮	R 8	6+
⑯	R 9	6
⑰	R 10	6
⑱	R 11	4+
⑲	R 12	6-

324 Neppwand (16 m, W)

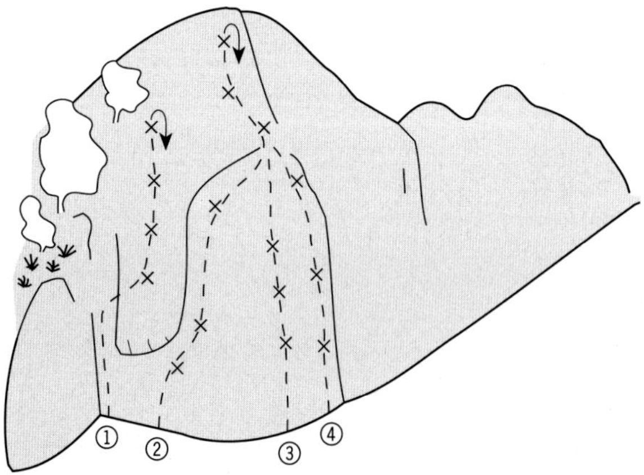

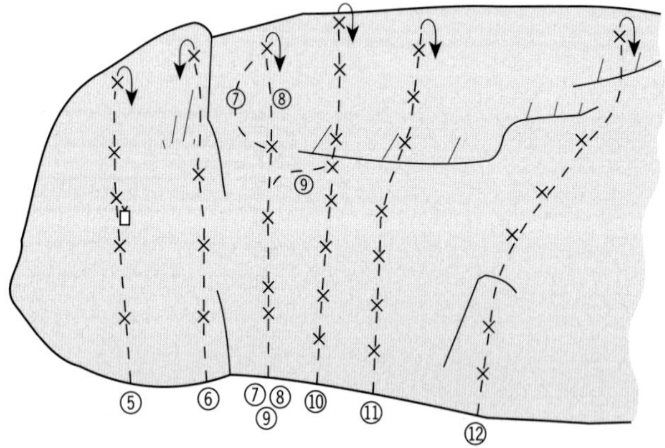

Zugang:
Parken in Doos. Kurz ins Aufseßtal hinein, dann rechts einem Wanderweg folgen (Wegweiser: "Gösseldorf"). Nach 5 min sieht man rechts oberhalb des Weges die Nepp-Wand. Links von ihr (fast am Weg) steht die Werner Brösel Ged.-Wand. 100 m weiter steht links des Weges der Berglerturm.
Übersichtskarte: 2 (Seite 16)

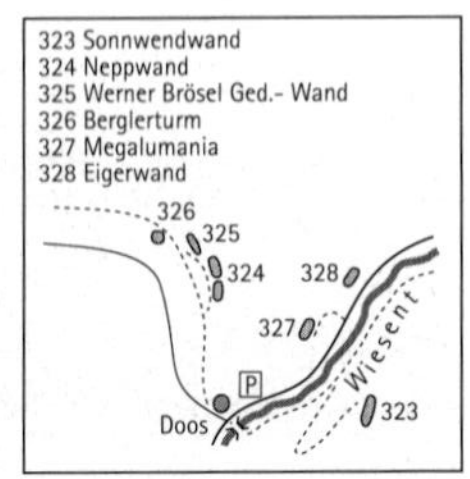

① Trampolin 8-
② Chita .... 7+
③ Projekt
④ Eieiei 7
⑤ Knopf .... 7+
⑥ Angsthase 7-
⑦ Variante 7-
⑧ Snowdonia 8-
⑨ Hit and run 9-/9
⑩ ? .... 9+
⑪ Flex Control 10-
⑫ Durchs wilde Kurdistan 9-

325 Werner Brösel Ged.-Wand (11 m, W)

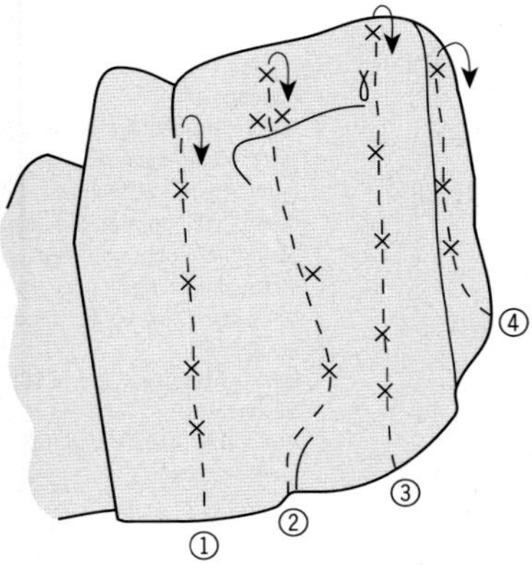

① Horex ....8+
② Beinhart 9-
③ Eiskalt ....8+
④ Bölkstoff..6

326 Berglerturm (14 m, N)

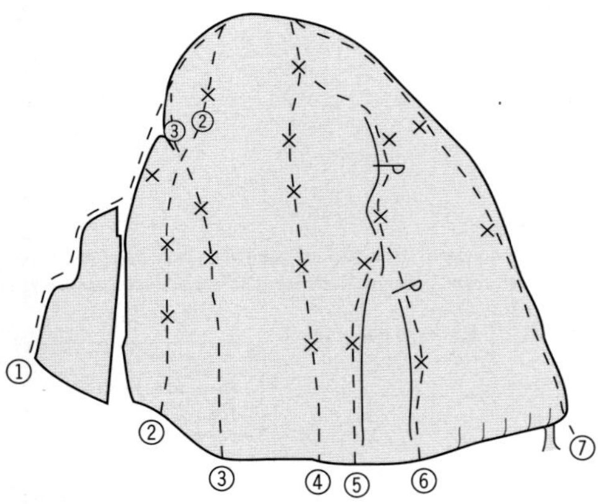

Zugang:
Parken in Doos. Kurz ins Aufseßtal hinein, dann rechts einem Wanderweg folgen (Wegweiser: "Gösseldorf"). Nach 5 min sieht man rechts oberhalb des Weges die Nepp-Wand. Links von ihr (fast am Weg) steht die Werner Brösel Ged.-Wand. 100 m weiter steht links des Weges der Berglerturm.
Übersichtskarte: 2 (Seite 16)

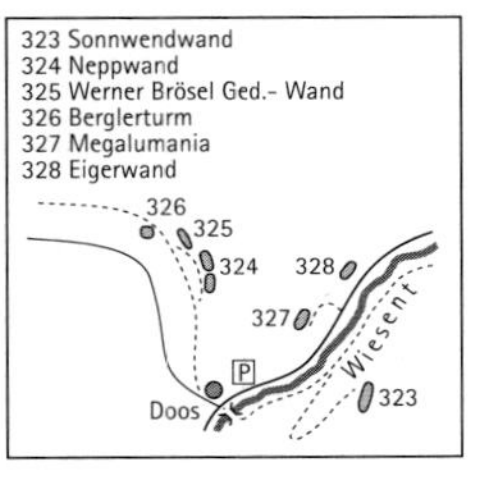

① Bergseite 4
② Neue Bergseite..7/7+
③ Nordkante..7-
④ ?..8+
⑤ Nordwestwand 7
⑥ Variante...7
⑦ Talseite 4

327 Megalumania (12 m, SO)

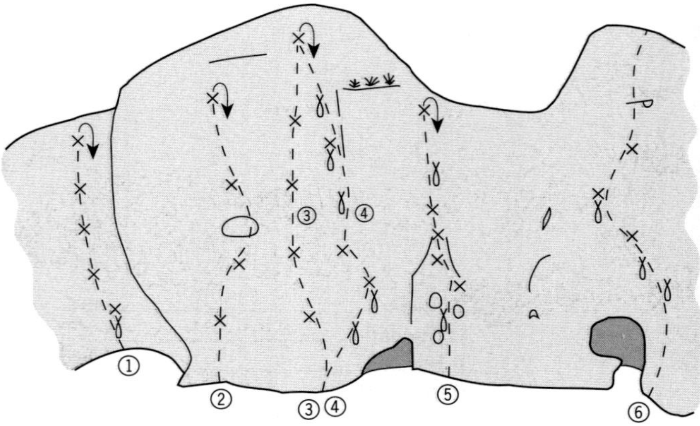

Zugang:
Parken in Doos. Auf der Straße talaufwärts; nach 400 m beginnt eine Leitplanke. Bei ihrem Ende links im Wald eine Steilrinne hoch und fast an ihrem Ende nach links auf schmalen Steig. Über Bänder zur Wand.
Übersichtskarte: 2 (Seite 16)
Besonderes:
Athletische Dach- und Überhangklettereien.

① ?....................7+
② Adler-Route 10-
③ Jump in the Fire....................8+/9-
④ Megalumania....................8
⑤ ?....................9
⑥ ? *(wg Griffausbruch evtl. schwerer)*....9-

328 Eigerwand (20 m, SO)

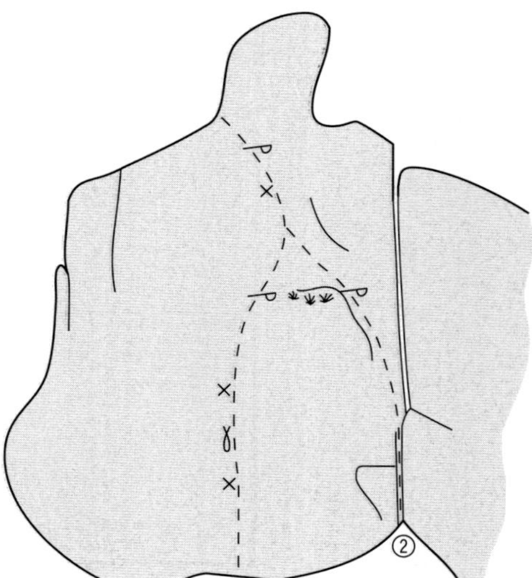

Zugang:
Die Eigerwand steht 600 m talaufwärts von Doos am orographisch rechten Hang; 30 m oberhalb eines Blocks, der direkt an der Straße liegt.
Übersichtskarte: 2 (Seite 16)

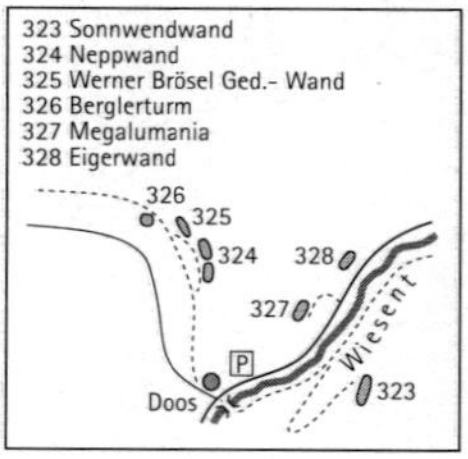

① Drehorgel....................6+
② Alter Weg....................6

329 Leykauf Ged.-Wand (20 m, NW)

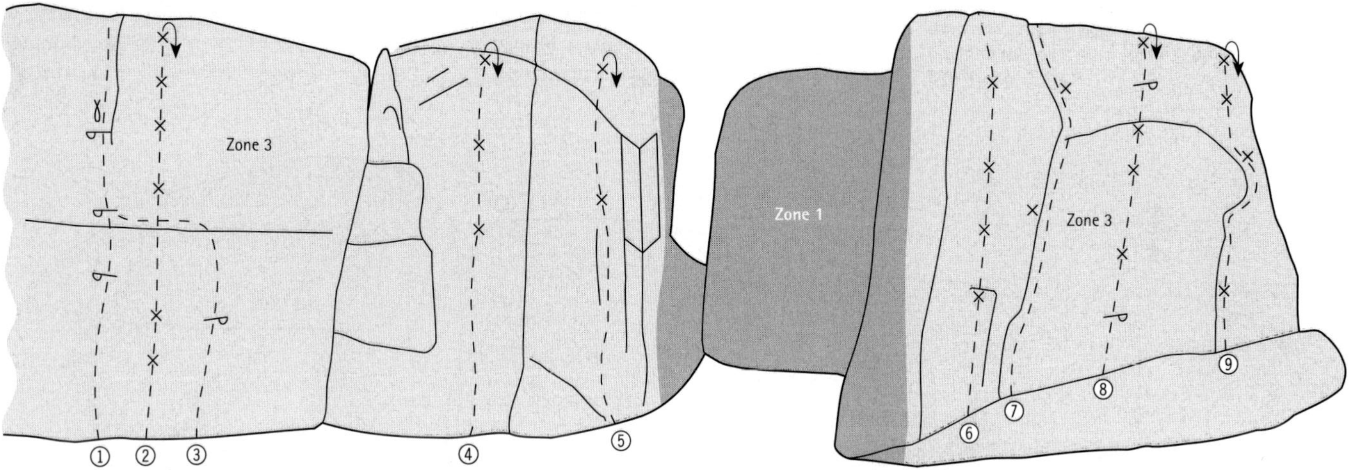

① Direkter Einstieg .... 6+
② ? .... 8+/9-
③ ? .... 6+
④ Frankenjogger's Schultüte 7-
⑤ Moralix 6-
⑥ Alptraum 7-
⑦ Leykauf Ged.-Weg .... 5+
⑧ Rote Gefahr 8-
⑨ ? .... 6+

Zugang:

Die Leykauf Ged.-Wand liegt gegenüber der Schwarzen Wand am orographisch linken Hang. Da der Steg gesperrt ist, muß man von Doos aus in 15 min auf Weg im Talgrund bis zum Wasserwerk laufen. Dort geht man rechts aufwärts in den Wald zu den Felsen.

Übersichtskarte: 2 (Seite 16)

Besonderes:

Riß- und Wandklettereien

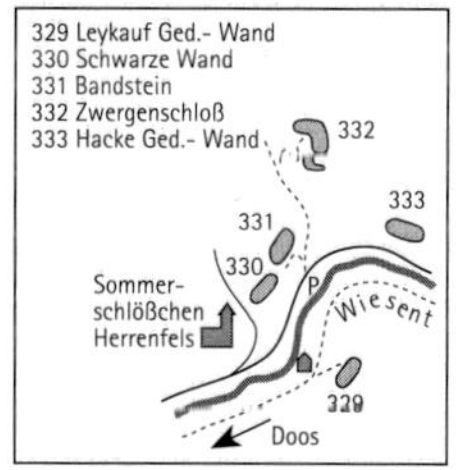

330 Schwarze Wand (bis 30 m, SO)

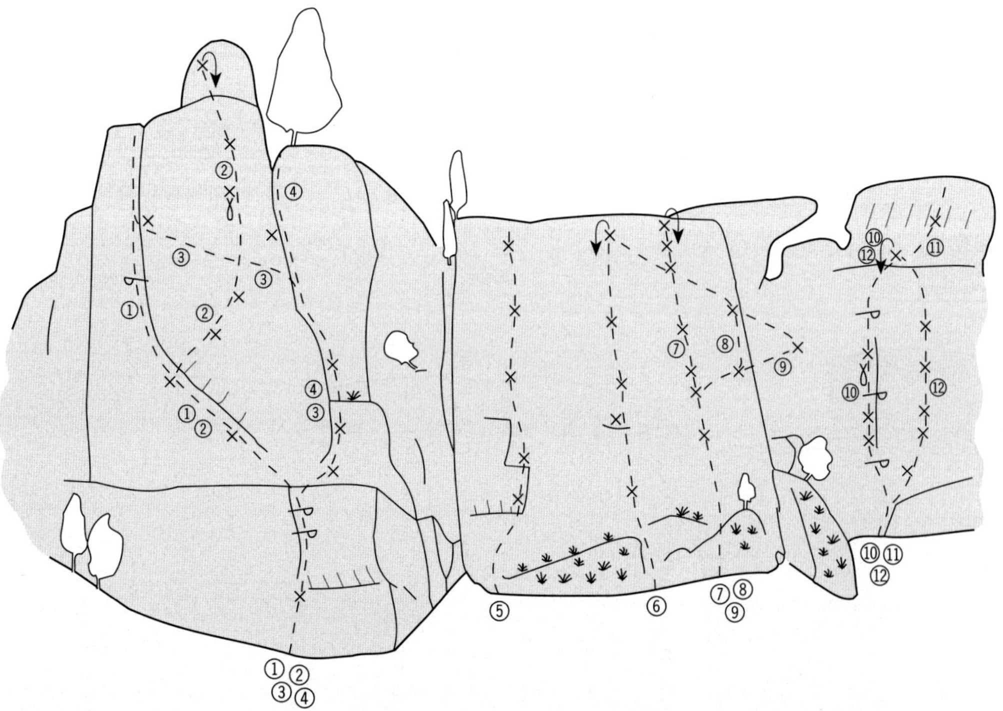

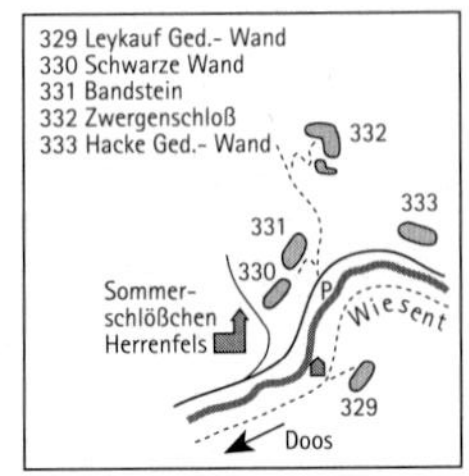

① Peitsche 7+
② Rockpalast 9-
③ Meier Ged.-Weg 7
④ Direkter Ausstieg 7+
⑤ Schwarze Magie 8+
⑥ Sysiphos 8-
⑦ Schmittchen Schleicher 7+
⑧ Schwarze Wand 6+
⑨ Originalvariante 6+
⑩ Teamwork 1. SL 8
⑪ Teamwork 2. SL a2
⑫ ? 8

Zugang:
Die Schwarze Wand steht zwischen Doos und Waischenfeld rechts vom "Sommerschlößchen Herrenfels" (Parkplatz).
Übersichtskarte: 2 (Seite 16)

Besonderes:
Wunderschöner schwarzer Plattenkalk

331 Bandstein (bis 35 m, SO)

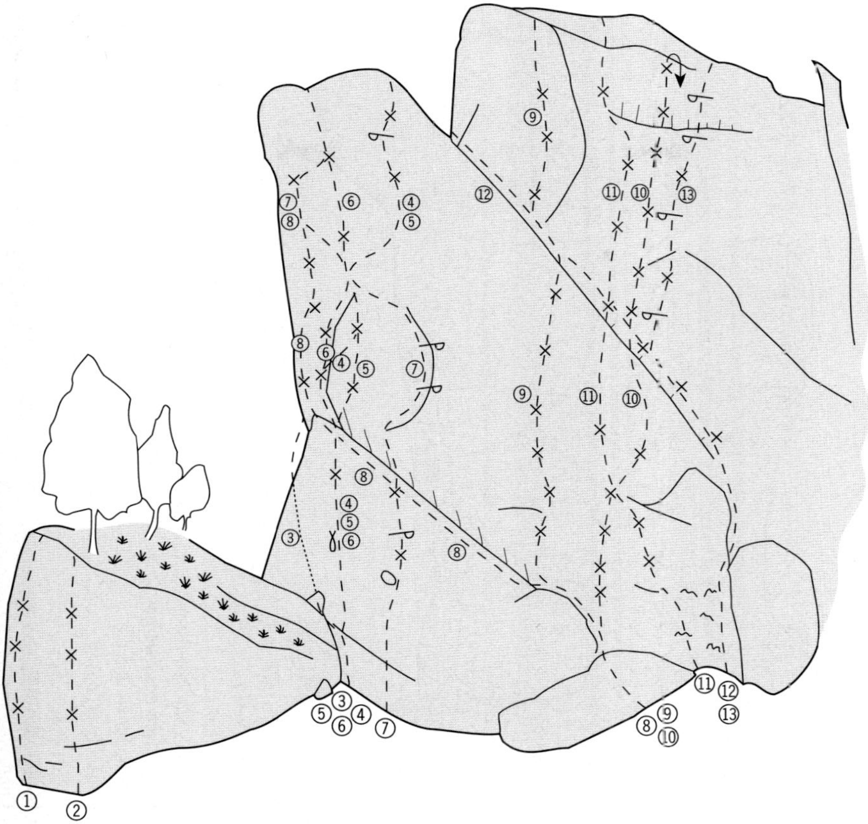

① Standbein 7-
② Lehrling .... 7+
③ Prinz Ged.-Weg 5
④ Achterbahn .... 8+
⑤ Tippex .... 8+
⑥ Herbstmanöver 8-
⑦ Halbmondweg .... 7+
⑧ Schwab Ged.-Weg 6 a2
⑨ Jonathan .... 8+
⑩ Intuition 9-
⑪ Sigmund Freud Ged.-Weg .... 8+
⑫ Eichhorn Ged.-Weg 7-
⑬ Direktausstieg .... 7+

Zugang:
Rechts vom "Sommerschlößchen Herrenfels" steht die Schwarze Wand (Parkplatz). Noch 100 m talaufwärts steht der mächtige Bandstein.
Übersichtskarte: 2 (Seite 16)
Besonderes:
Phantastische Klassiker des siebten und achten Grades. Auch hier zeichnete Martin Grulich für perfekt eingerichtet Linien in bestem Fels verantwortlich. Ein absolutes Muß: die Route "Jonathan".

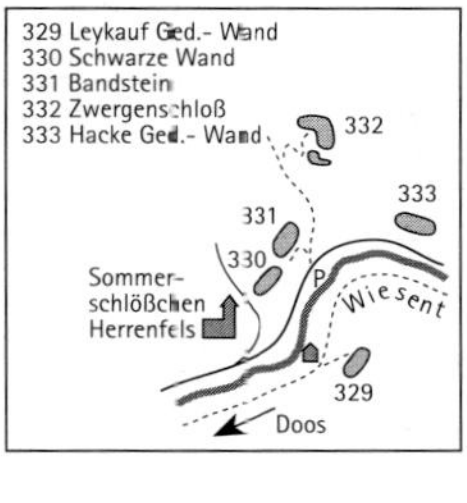

332 Zwergenschloß (20 m, SW)

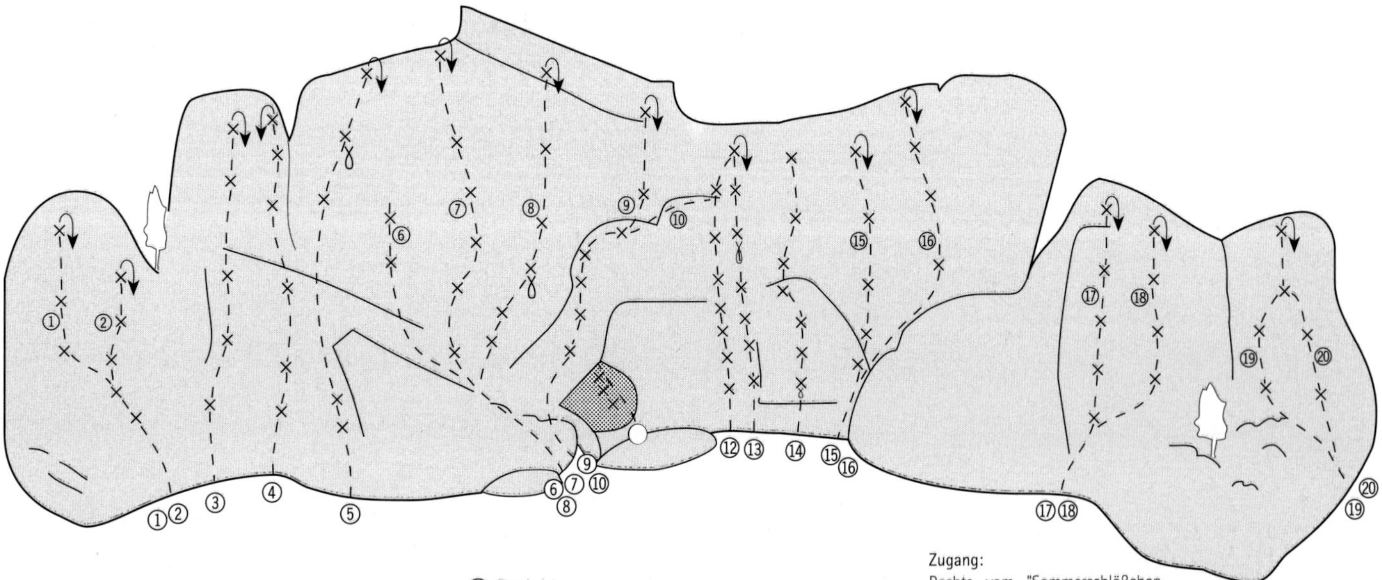

① Flucht nach oben 6-
② Schrollverschneidung 5+
③ Reise durch Mittelerden 8-/8
④ Uschi, mach kein' Quatsch 7
⑤ Fox on the Run 8+
⑥ Projekt
⑦ A Chorus Line 10-
⑧ Linie 1 10
⑨ Starlight Express 9
⑩ Star Trek 9+
⑪ Projekt
⑫ Projekt
⑬ Delicate News 10
⑭ Power Play 11-
⑮ Ich hab's wollen wissen 9-
⑯ Im 27. Jahr des Zwerges 7+/8-
⑰ Rotkäppchen und die sieben Zwergnasen 7-
⑱ ? 7
⑲ Magnesiapower 6
⑳ Chalk with me 5+

Zugang:
Rechts vom "Sommerschlößchen Herrenfels" steht die Schwarze Wand (Parkplatz). Noch 100 m talaufwärts und rechts vom Bandstein in ein Trockental. In diesem etwa 700 m auf ausgewaschenem Weg talaufwärts, dann einen steilen Hang rechts hoch und auf Pfad und Stiegen zu den Felsen.
Übersichtskarte: 2 (Seite 16)

Besonderes:
Die Jugendgruppe der DAV-Sektion Bayreuth hat hier einen Zustiegsweg mit Treppenstufen angelegt.

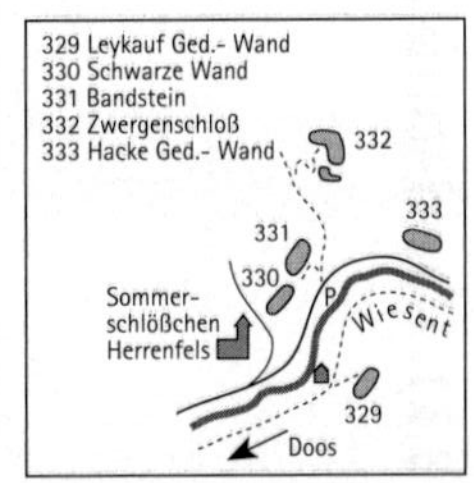

333 Hacke Ged.-Wand (18 m, S) ☼

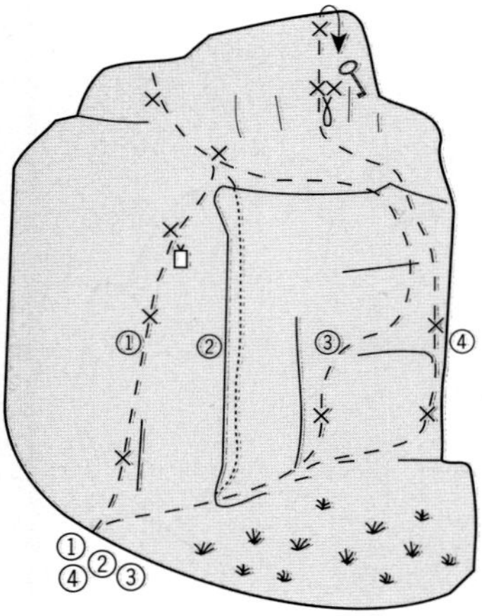

Zugang:
Rechts vom "Sommerschlößchen Herrenfels" steht die Schwarze Wand (Parkplatz). Noch 100 m talaufwärts steht der mächtige Bandstein. Von dort noch 550 m talaufwärts zur Wand links der Straße.
Man kann auch bei Rabeneck parken und talabwärts zu den Felsen laufen.
Übersichtskarte: 2 (Seite 16); 3 (Seite 17)

① Muffensause 6-
② Kamin 5
③ Hacke Ged.-Weg 5
④ S' mou gei 8

334 Alitzstein ☼

Südwestseite (12 m) Talseite (15 m, SO)

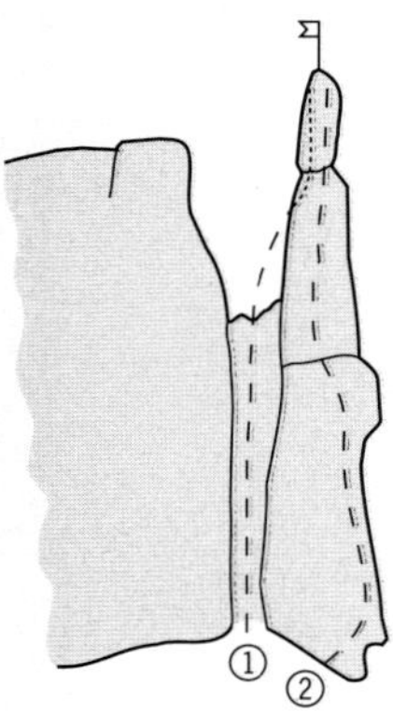

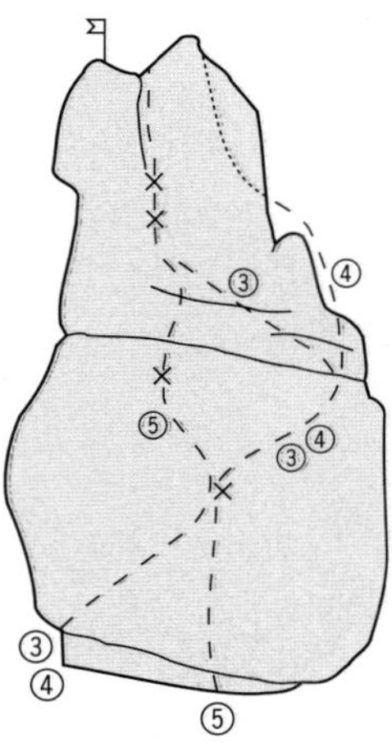

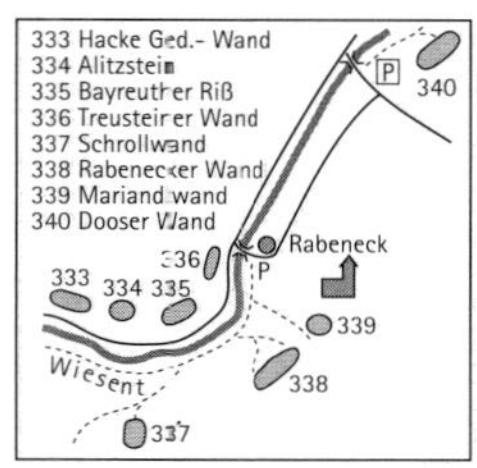

① Bergseite ....4+
② Südwestkante 7-
③ Talseite 7
④ Tal-Berg-Variante 5
⑤ Direkte Talseite 7

Zugang:
Rechts vom "Sommerschlößchen Herrenfels" steht die Schwarze Wand (Parkplatz). Noch 100 m talaufwärts steht der mächtige Bandstein. Von dort noch 550 m talaufwärts zur Hacke Ged.-Wand (links der Straße) und noch 100 m weiter. Im Wald links hoch zum Alitzstein (Steigspuren). Man kann auch bei Rabeneck parken und talabwärts zu den Felsen laufen.
Übersichtskarte: 2 (Seite 16); 3 (Seite 17)

335 Bayreuther Riß (18 m, S) ☼

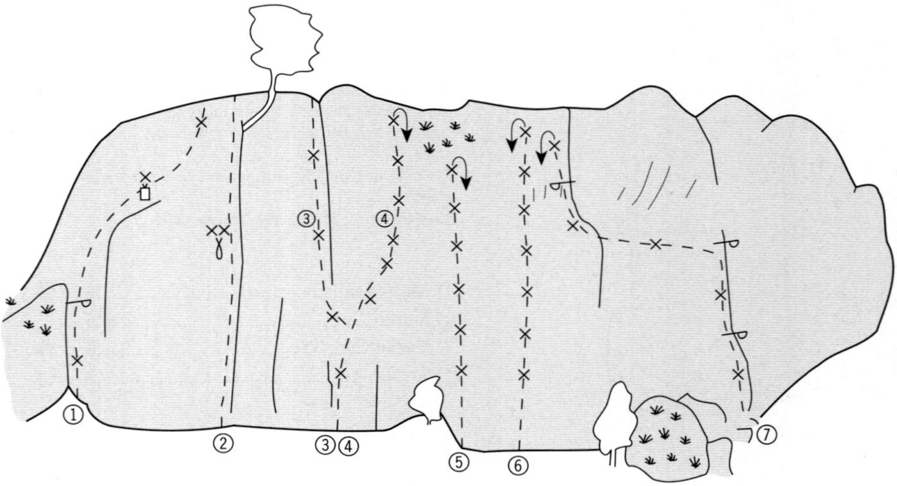

① Osterhasenweg.......................................7
② Neutron (Keile).......................................8+
③ Bayreuther Riß 6
④ Just in time 9-
⑤ The shield...9
⑥ Projekt
⑦ Jasterweg...9-

Zugang:
Parken bei Rabeneck. Auf der Straße talabwärts und bei der markanten Rechtskurve rechts hoch zur Wand.
Übersichtskarte: 2 (Seite 16); 3 (Seite 17)

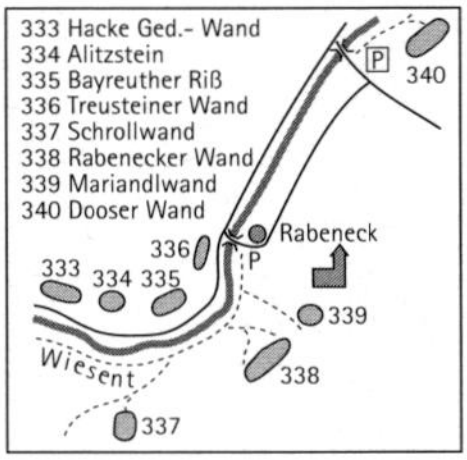

336 Treusteiner Wand (25 m, O)

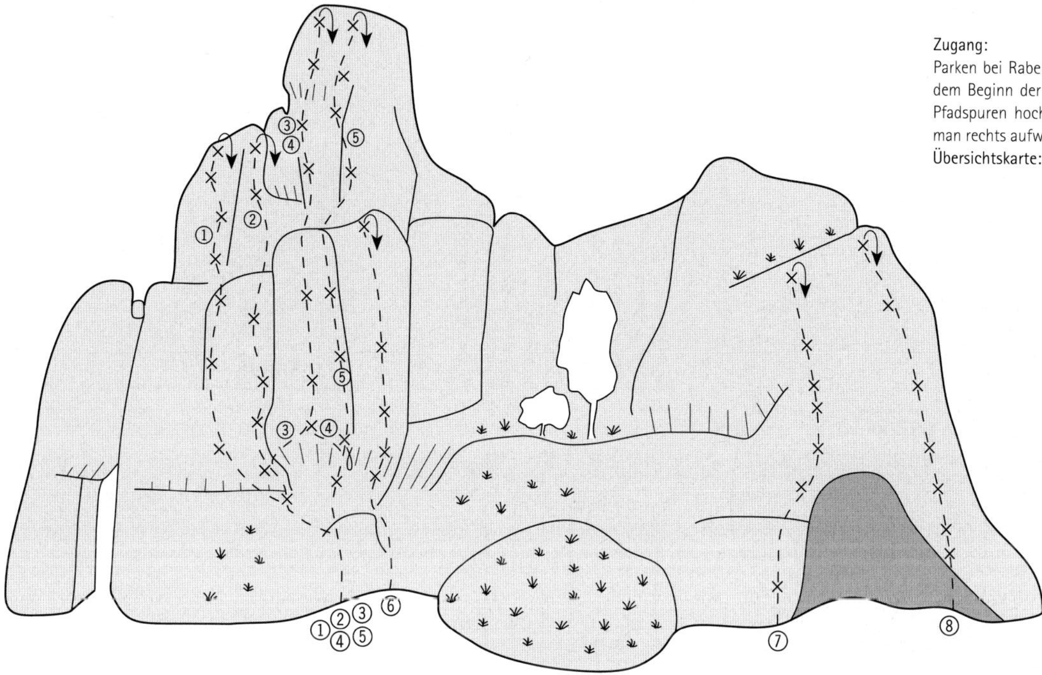

Zugang:
Parken bei Rabeneck. Auf der Straße talabwärts bis 20 m hinter dem Beginn der Leitplanke. Am orographisch rechten Hang auf Pfadspuren hoch zur Wand. Auch vom Bayreuther Riß gelangt man rechts aufwärts zur Treusteiner Wand.
Übersichtskarte: 2 (Seite 16); 3 (Seite 17)

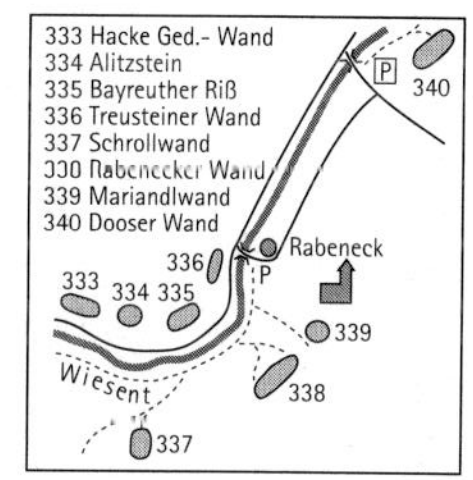

① Back to the beginning .... 7+
② Treusteiner Weg 7-
③ Schmetterlingseffekt .... 9+
④ Schmetterlingsvariante 9-
⑤ Durchriß .... 8+
⑥ Powerschleicher 9-/9
⑦ Fränkische Sulz'n 8
⑧ Chaosprinzip 9-/9

337 Schrollwand (bis 20 m, O und N)

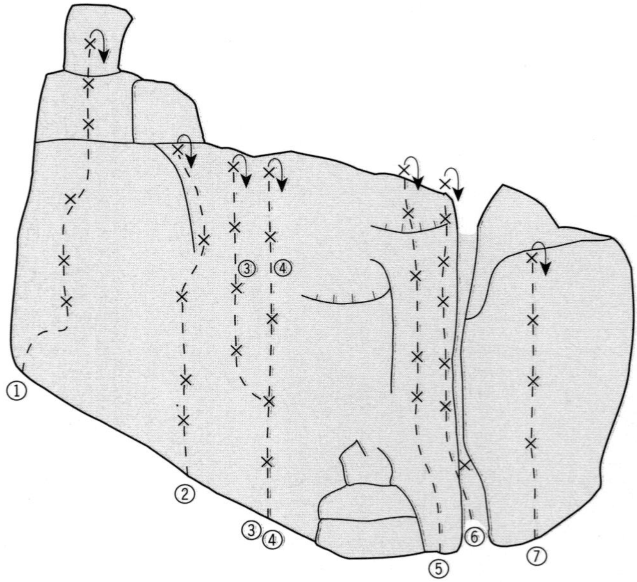

① Kinetische Kette 8-
② Schrollperstein 9
③ Projekt
④ Kurz vor acht 8
⑤ Recycler .... 6+
⑥ Pipeline .... 7+
⑦ Raven's Corner 9-

Zugang:
Parken in Rabeneck und auf Fußweg am orographisch linken Hang talabwärts und unter der Rabenecker Wand vorbei. Bei Abzweigung links (Schild: "Köttweinsdorf") und leicht ansteigend zu den Felsen (5 min).

Übersichtskarte: 2 (Seite 16); 3 (Seite 17)

Besonderes:
Die Jugendgruppe der DAV-Sektion Bayreuth hat auch hier (wie im Zwergenschloß) im Rahmen einer Umweltbaustelle einen befestigten Zustiegsweg angelegt, um der Erosion entgegen zu wirken.

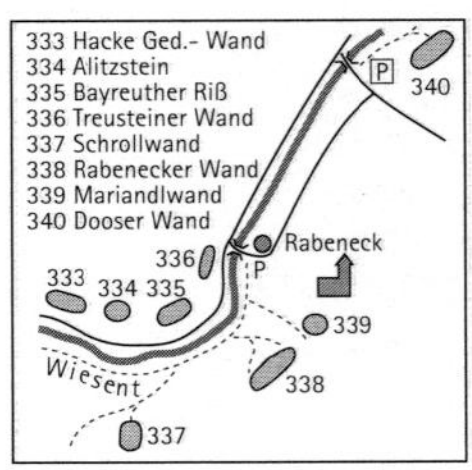

338 Rabenecker Wand (bis 35 m, NW)

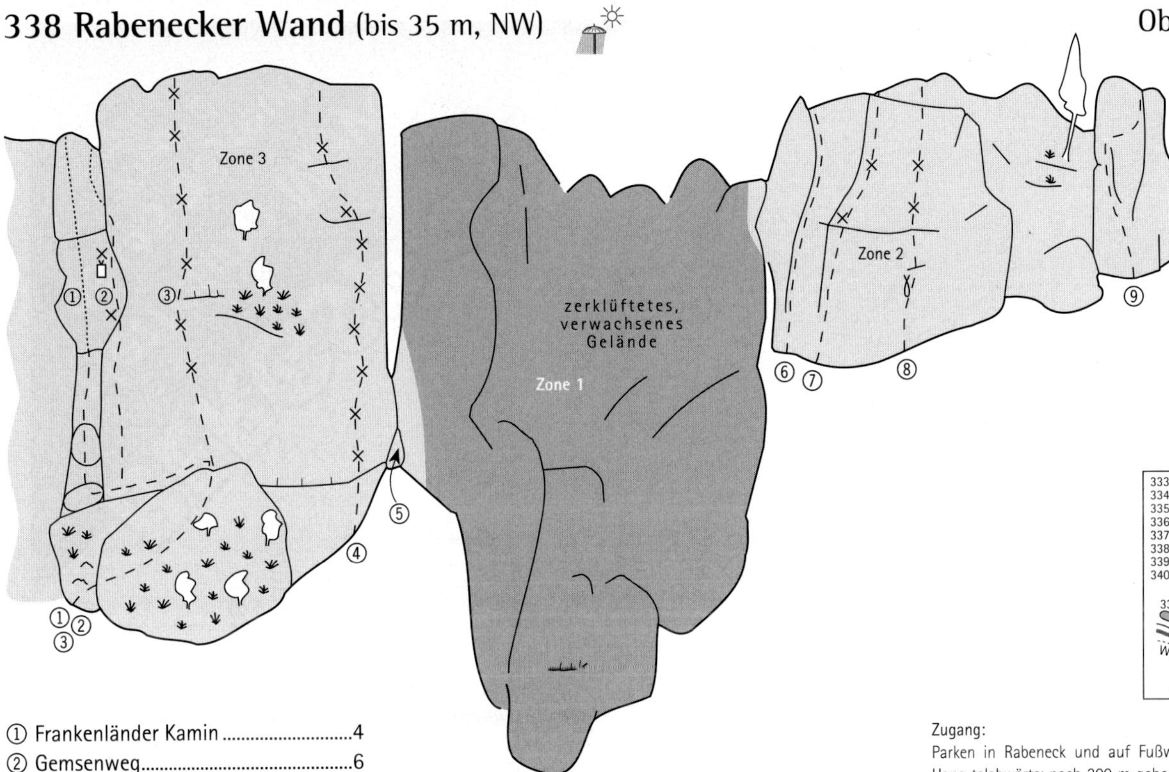

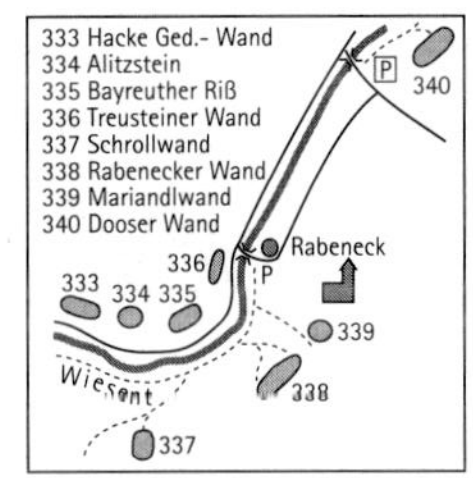

① Frankenländer Kamin 4
② Gemsenweg 6
③ Hollereidulljöh 7
④ Direkter Hansenweg 7
⑤ Tor der Tränen 3
⑥ Linker Riß .... 5+
⑦ Rechter Riß 6
⑧ Schwester Afrika .... 7+
⑨ Seitenscheitel 7

Zugang:
Parken in Rabeneck und auf Fußweg am orographisch linken Hang talabwärts; nach 200 m gehen links zwei Pfade hoch zum linken und rechten Wandteil.
Übersichtskarte: 2 (Seite 16); 3 (Seite 17)
Besonderes;
Die Routen ③ und ④ sind gut gesichert, für alle anderen Wege sind Klemmkeile empfehlenswert. Links vom Hauptmassiv befindet sich noch ein überhängendes Nebenmassiv mit ersten Projekten.

339 Mariandlwand (20 m; N)

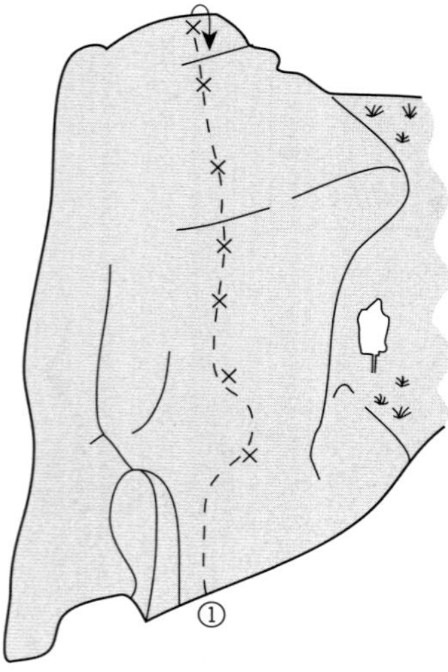

① Neuer Mariandlweg 8-

Zugang:
Parken in Rabeneck und auf Fußweg am orographisch linken Hang talabwärts. 100 m nach der Abzweigung „Burg Rabeneck" steht links eine Bank. Die Wand ist oben am Hang bereits sichtbar. Steil hinauf zur (rechts oben stehenden) Nordwand.
Übersichtskarte: 2 (Seite 16); 3 (Seite 17)

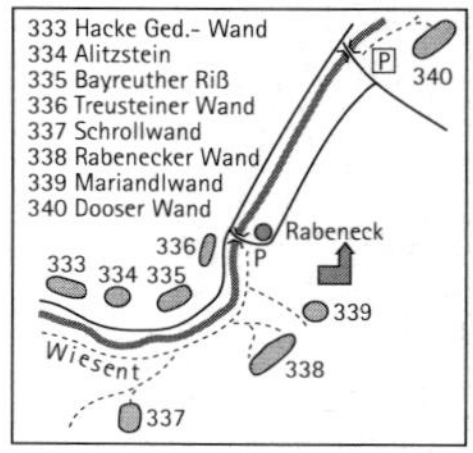

340 Dooser Wand (30 m, NW)

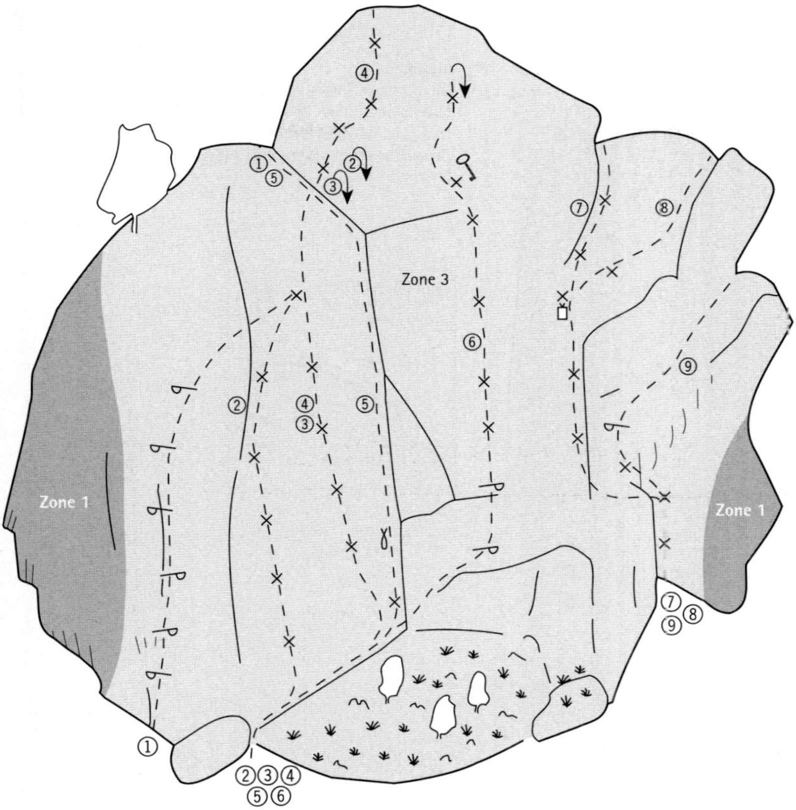

① Heinz Engelbrecht Ged.-Weg 8-
② Zoff .... 7+
③ Siebter Sinn .... 7+
④ Bülter's Erben 8-
⑤ Nordwestwand 6-
⑥ Das letzte Hemd .... 8+
⑦ Westkante, linker Ausstieg .... 6+
⑧ Westkante, rechter Ausstieg 6
⑨ Alter Weg .... 5+

Zugang:
1 km talaufwärts von Rabeneck gegenüber vom Gasthof Krems parken. Auf der orographisch linken Talseite auf Schotterweg talaufwärts und bei markantem Überhang rechts hoch zur Wand.
Übersichtskarte: 2 (Seite 16); 3 (Seite 17)
Besonderes:
Großzügige Linien in gutem, manchmal wasserzerfressenem Fels.

341 Gockerlwand (16 m, S)

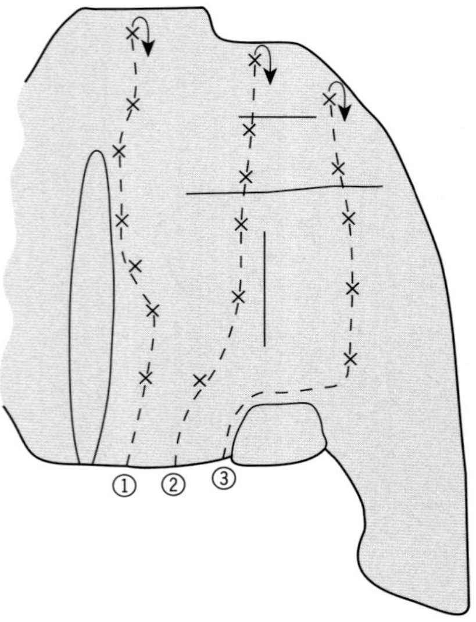

Zugang:
Gut sichtbare Südwand links der Straße vom Gasthof Krems zur Pulvermühle, kleine Parkbucht unterhalb. Durch Buschwerk gelangt man in 3 min zu den Felsen.
Übersichtskarte: 2 (Seite 16); 3 (Seite 17)

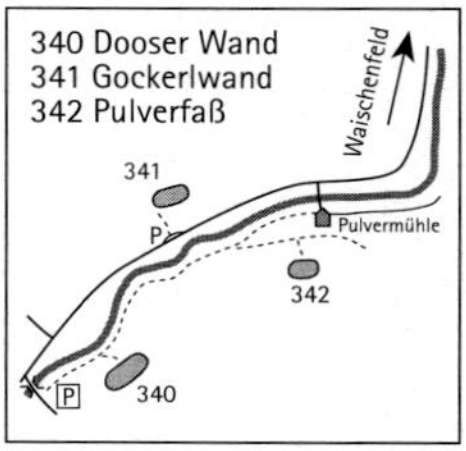

① Wilde Kreatur .... 8+
② Gute Vorgabe, Herr Kaplan 8
③ Nutz den Tag .... 8+

342 Pulverfaß (16 m, S)

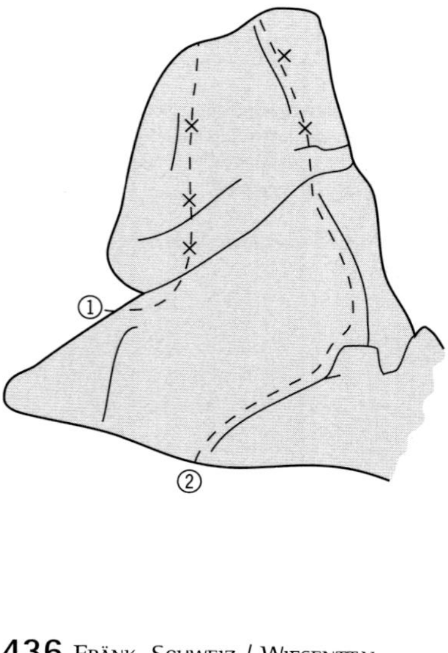

Zugang:
Parken bei der Pulvermühle (Parkplatz direkt an der Hauptstraße). Über die Wiesent und auf einem Schotterweg kurz talabwärs, bis scharf links eine Fuhre abzweigt. Dieser folgt man, bis man rechts oben die Wand erblickt.
Übersichtskarte: 2 (Seite 16); 3 (Seite 17)

① ? 8-
② Verschossenes Pulver 8-

343 Freistein (20 m, W)

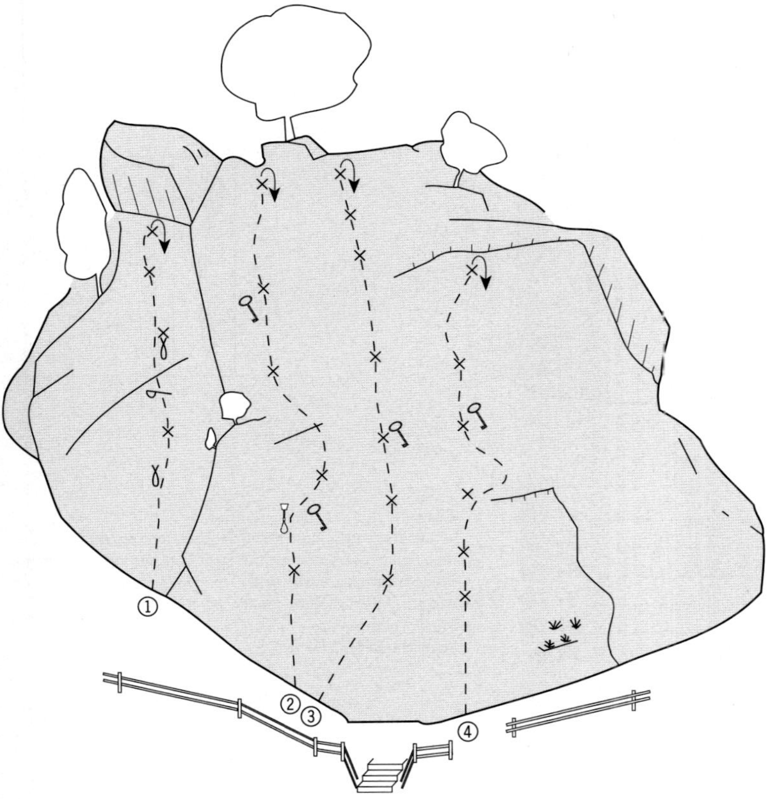

① Halluzination 8-
② Startbahn West .... 8+
③ Break Free 9-
④ Unter Geiern 9-

Zugang:
In Waischenfeld in Richtung Kirchahorn/A9 fahren und kurz nach dem Ortsausgangsschild parken. Links über eine Treppe zum Freistein.
Übersichtskarte: 3 (Seite 17)
Besonderes:
Am Freistein herrscht kleingriffige Plattenkletterei vor.

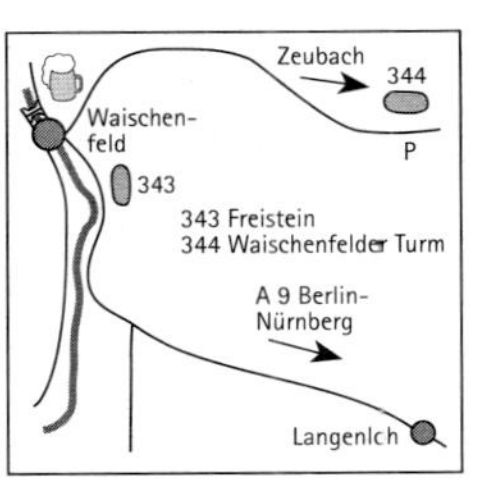

344 Waischenfelder Turm (15 m, S) ☼ Oberes Wiesenttal

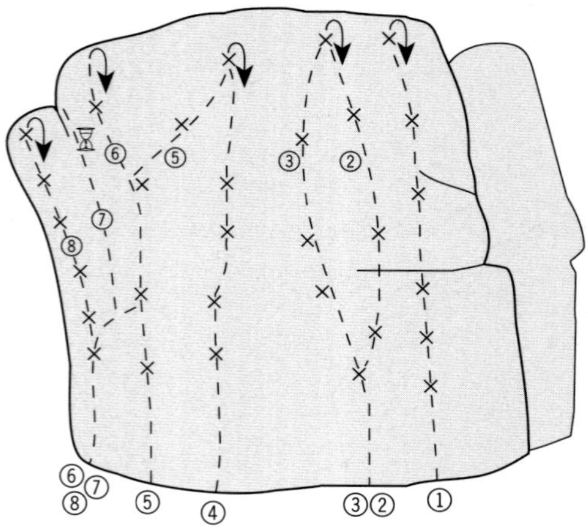

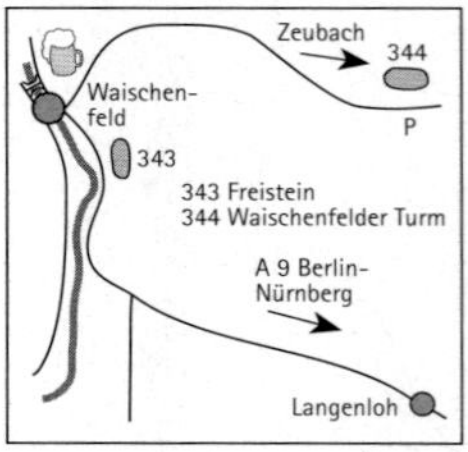

① Alptraum..8-
② Niemandsland ....8+
③ ?...9+
④ ?...9
⑤ Jahrgang 41 9-
⑥ ?...8+/9-
⑦ Variante...6+
⑧ Direktausstieg..8

Zugang:
Von Waischenfeld in Richtung Zeubach fahren. 500 m vor Zeubach (1 km nach Waischenfeld) steht links der Straße die freistehende Felsgruppe. Etwas weiter rechts vom Hauptmassiv befindet sich die Waischenfelder Boulderwand (Bewertungen dort nach Fontainebleau-Skala.
Übersichtskarte: 3 (Seite 17)

Waischenfelder Boulderwand (15 m, S)

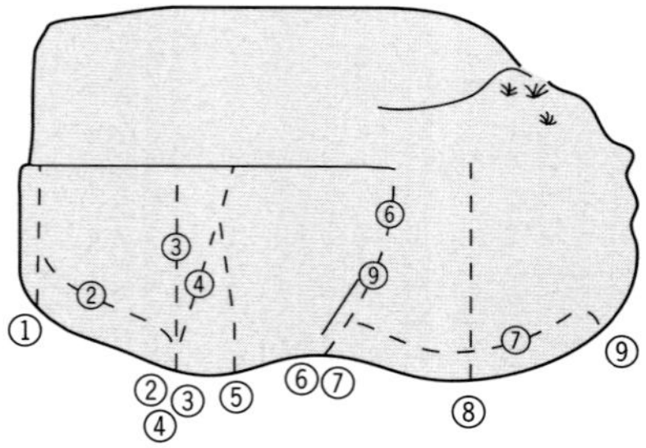

① ?...6c+ Fb
② Traverse ....7b Fbtr
③ Don't look back ....7a+ Fb
④ Beasty boy ....7b+ Fb
⑤ Radamahada ....8a Fb
⑥ Rampino...7c Fb
⑦ Tanz des Armlahmens ....7c(+) Fbtr
⑧ Matalego..7b+ Fb
⑨ Coxa distorta ....8a+ Fbtr

345 Nankendorfer Block (18 m, W)

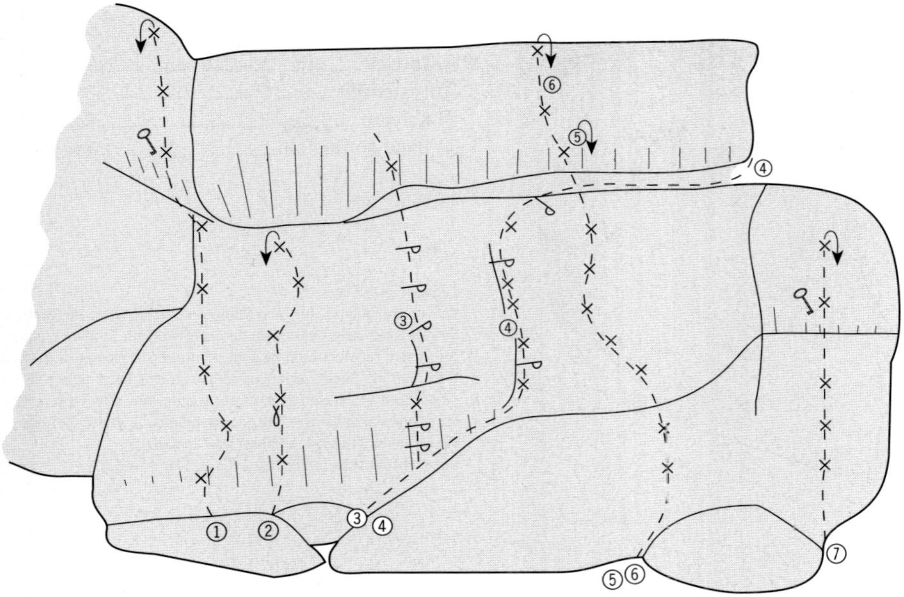

① Grabscher...9+
② Drachentöter..9-/9
③ Projekt
④ Nankendorfer Weg.................................7+/8-
⑤ Occupismus, nein danke........................9-
⑥ Projekt
⑦ Schablone...8+

Zugang:
Der Nankendorfer Block steht am nördlichen Ortsausgang von Nankendorf oberhalb der Straße.
Übersichtskarte: 2 (Seite 16); 3 (Seite 17)
Besonderes:
100 m weiter talaufwärts befindet sich hinter einem vorgelagerten Felsen ein kleiner Boulderblock mit einem Quergang.

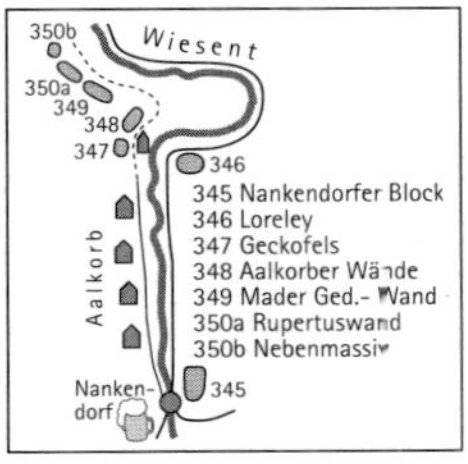

346 Loreley (16 m, S) ☼

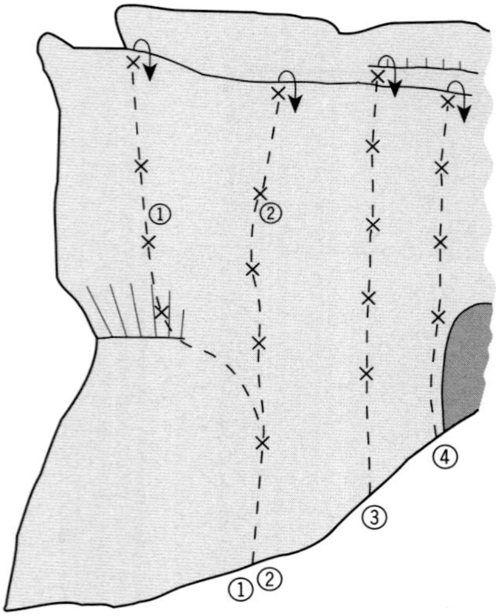

① Loreley 9
② Fastenzeit 8
③ Kalypso .... 8+
④ Band on the Run .... 7+

Zugang:
Von Nankendorf in Richtung Plankenfels fahren. Vor der großen Straßenkurve zieht der Vorbau der Loreley bis zur Straße herunter. An seinem rechten Rand gelangt man auf Steigspuren hoch zur Wand (30 m). Direkt nach dem Vorbau ist eine bescheidene Parkmöglichkeit (1 PKW). Einige Meter weiter vorn sind weitere bescheidene Parkmöglichkeiten *(Feldwege nicht zuparken!)*. Ansonsten empfiehlt es sich, in Nankendorf zu parken.
Übersichtskarte: 2 (Seite 16); 3 (Seite 17)

347 Geckofels (25 m, SO) ☼

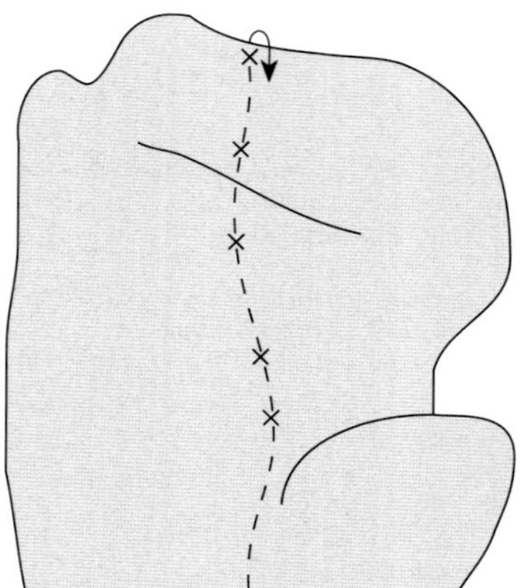

Südwand (12 m)

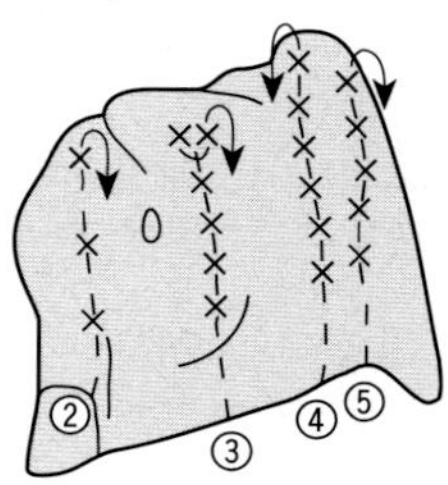

① Pepi 7
② Projekt
③ Projekt
④ Rosenstolz .... 8+/9-
⑤ Harvest of thorns 8-

Zugang:
In Nankendorf nach Aalkorb abbiegen. Am Ende der Ortschaft parken. Zu Fuß weiter talaufwärts, nach 300 m befindet sich links des Weges der Geko-Fels; links oben die Südwand (Steigspuren).
Übersichtskarte: 2 (Seite 16); 3 (Seite 17)

348 Aalkorber Wände („Freudenhaus“; 10-18 m, SO)

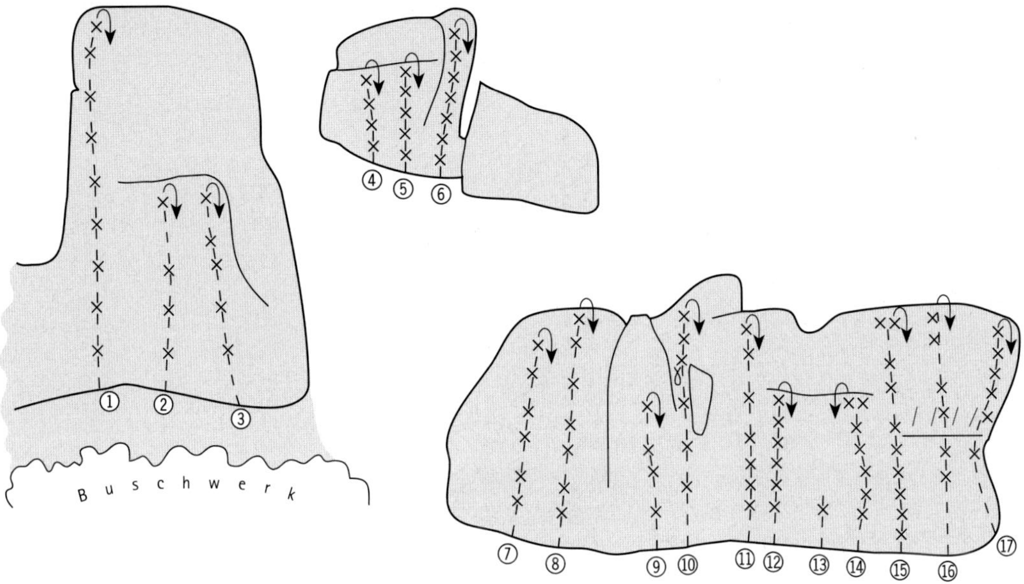

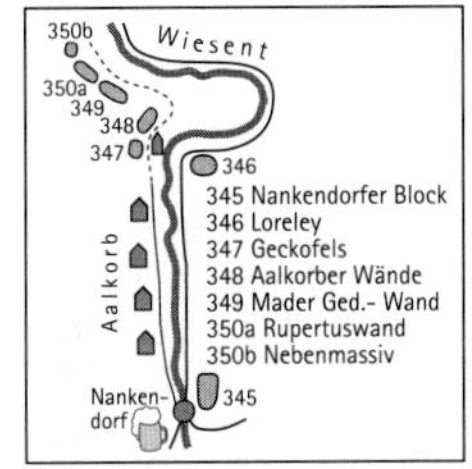

① Bandage 9-
② Früchte des Zorns 9
③ Projekt
④ Puffreis .... 9/9+
⑤ Projekt
⑥ Rote Pumps 7
⑦ Via Rammler 7-
⑧ Vorspiel 7
⑨ Schönheitsideal .... 6+
⑩ Venusfalle 6
⑪ Ejakulation 8
⑫ 80 C .... 7+
⑬ Projekt
⑭ Die Geigerin .... 7+
⑮ Emanuelle 7
⑯ Golden Shower Queen .... 8+
⑰ Brüllender Schlappschwanz .... 8+

Zugang:
In Nankendorf nach Aalkorb abbiegen. Am Ende der Ortschaft parken. Zu Fuß weiter talaufwärts, nach 300 m befindet sich links des Weges der Geko-Fels. Kurz danach stehen links des Weges die Aalkorber Wände.
Übersichtskarte: 2 (Seite 16); 3 (Seite 17)
Besonderes:
Meist handelt es sich um leicht überhängende Kletterei an löchrigem Fels; etwas übertrieben abgesichert.

349 Mader Ged.-Wand (25 m, N)

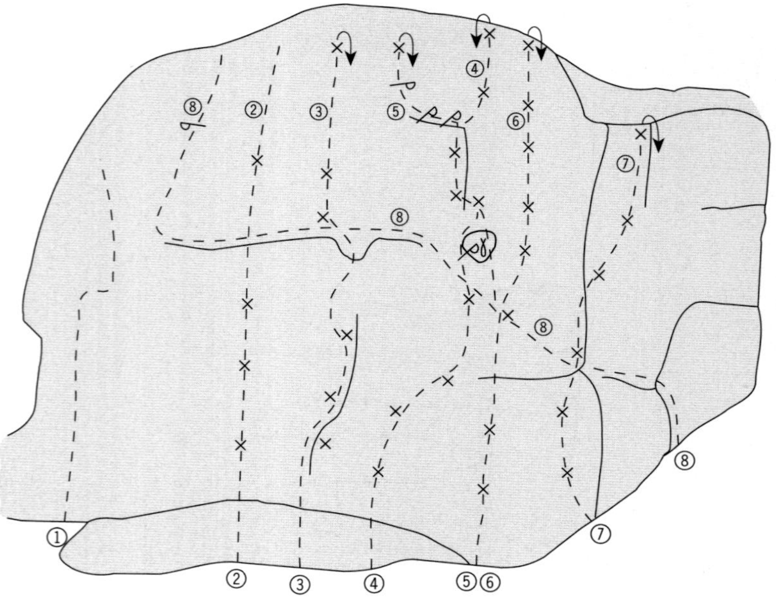

① Projekt
② Projekt
③ Eisbär 9-
④ Zock .... 9/9+
⑤ Karl Reinwald Ged.-Weg 9-
⑥ Stalingrad 9-
⑦ Tempo 60 8
⑧ Mader Ged.-Weg 5 a1

Zugang:
In Nankendorf nach Aalkorb abbiegen. Am Ende der Ortschaft parken. Zu Fuß weiter talaufwärts, nach 300 m befindet sich links des Weges der Geko-Fels. 700 m nach dem Ortsende von Aalkorb steht links oben im Wald die Mader Ged.-Wand und rechts davon die Rupertuswand.
Übersichtskarte: 2 (Seite 16); 3 (Seite 17)

350a Rupertuswand (12 m, N)

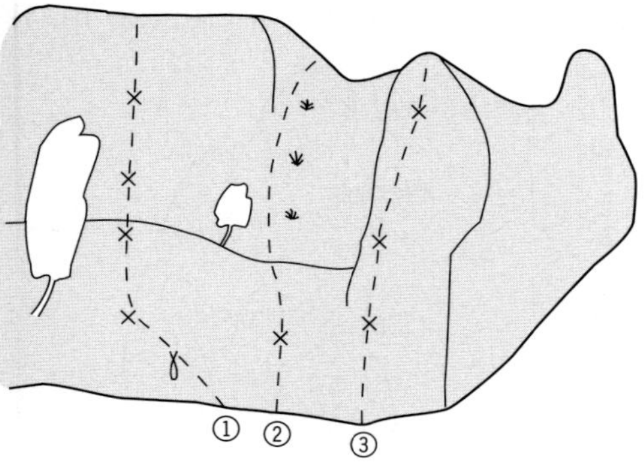

① ?
② Bleichgesicht *(Projekt)*
③ Regenzeit *(Keile)*....................................9-

Zugang:
In Nankendorf nach Aalkorb abbiegen. Am Ende der Ortschaft parken. Zu Fuß weiter talaufwärts, nach 300 m steht links des Weges der Geko-Fels. 700 m nach dem Ortsende von Aalkorb steht links oben im Wald die Mader Ged.-Wand und rechts davon die Rupertuswand. Zum Nebenmassiv geht man den Schotterweg noch 100 m weiter, dann scharf links auf Pfad hoch zu den Felsen.
Übersichtskarte: 2 (Seite 16); 3 (Seite 17)

350b Nebenmassiv (bis 15 m, N)

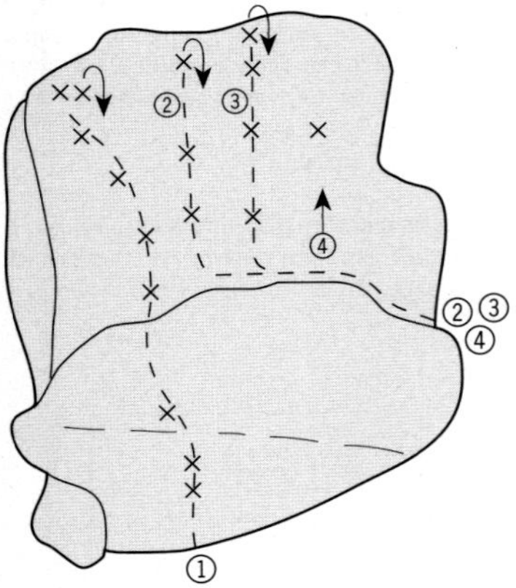

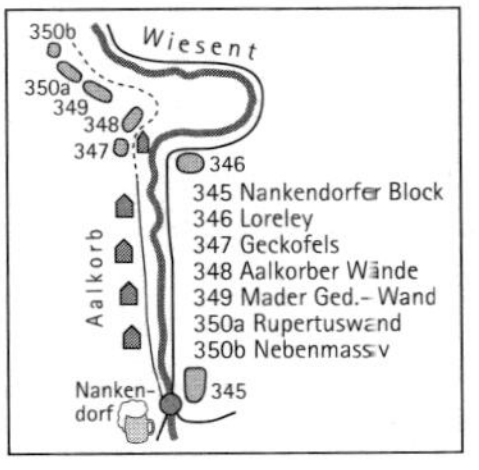

① Die Feine für Kleine 8
② ?...8
③ ?...8
④ Projekt

351a Plankenstein Ostseite (20 m)

351 b Sonnwendstein

Plankenstein Talseite (20 m, W)

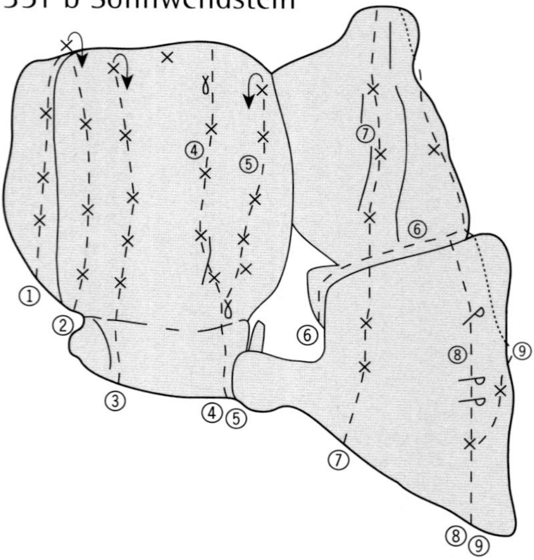

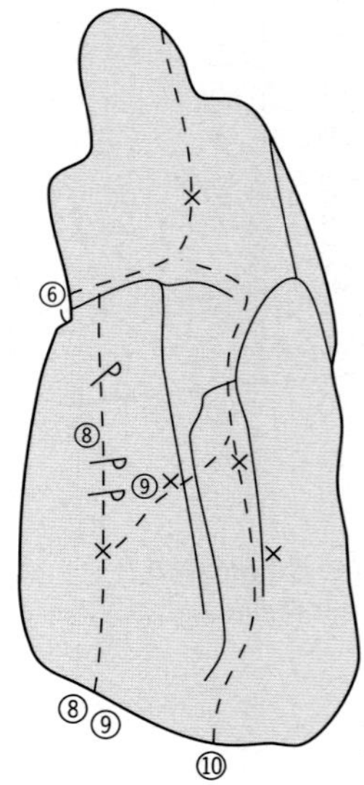

① Tagträumer 8
② Projekt
③ Projekt
④ Bewegungslehreseminar 9-/9
⑤ Projekt
⑥ Sonnwendschleife 6-
⑦ Ostwand 8
⑧ Zeitvertreib 7
⑨ Alte Talseite 7-
⑩ Rechte Talseite 6-

Zugang:
Auf der Straße von Plankenfels nach Bayreuth links abbiegen zum Ortsteil Plankenstein. Immer den Schildern „Plankenstein" folgen und parken, bevor die Straße in eine Fuhre übergeht. Dieser folgt man fast bis zum Aussichtspunkt. Kurz vorher geht rechts der Weg zu den Felsen hinab.
Übersichtskarte: 2 (Seite 16); 3 (Seite 17)
Besonderes:
Man findet lohnende Klassiker neben modernen Routen vor sowie noch einiges an Potential (siehe auch die Projekte). Oberhalb ist ein schöner Aussichtspunkt.

351 c Mittl. Sonnwendstein (9 m, N)

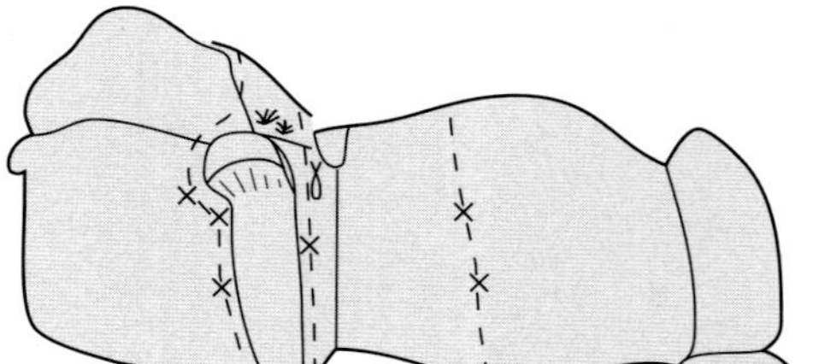

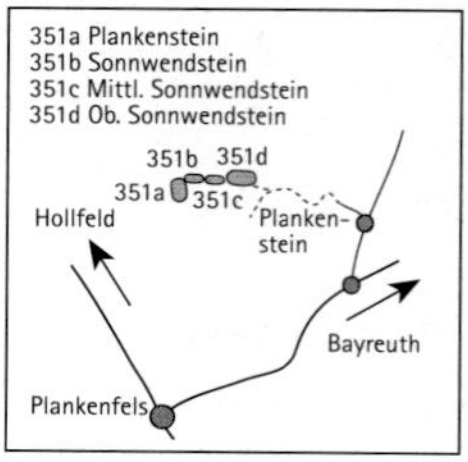

① Verschneidung 6-
② Mittlerer Weg .... 6+
③ Platte .... 7+

351d Oberer Sonnwendstein Nordwand (30 m) Oberes Wiesenttal

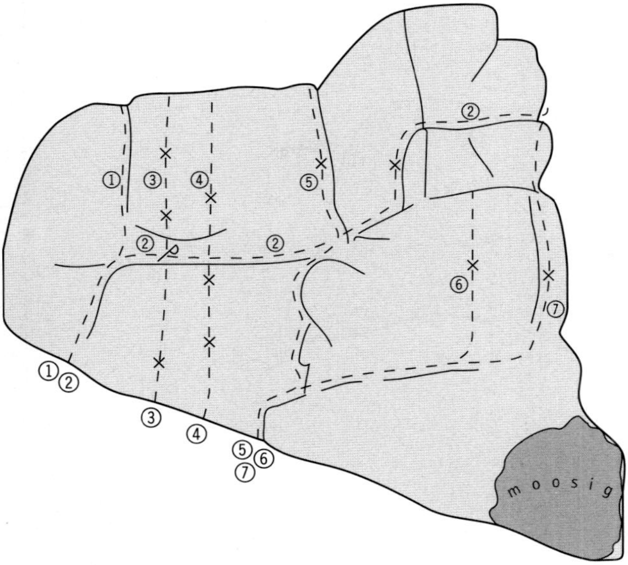

Westwand (12 m)

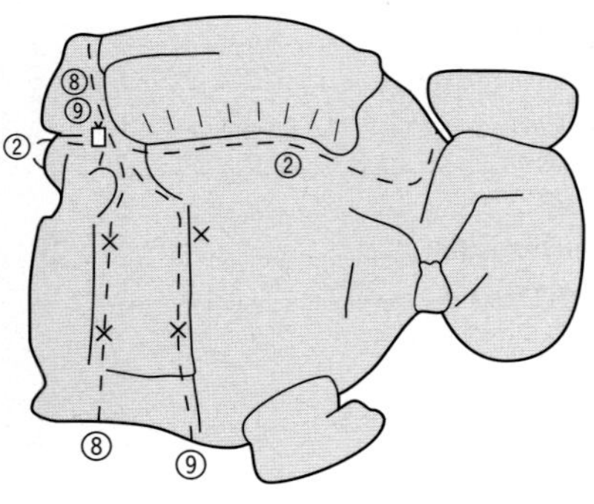

① Linker Weg ....6- !
② Adolf Göttner Ged.-Weg 7-
③ Projekt
④ Affengeil ....7+ !
⑤ Bamberger Riß 6-
⑥ Projekt
⑦ Nordkante..5+ a1
⑧ Linker Westriß...6+
⑨ Rechter Westriß...7-

352 Annastein

Bergseite (10 m, N)

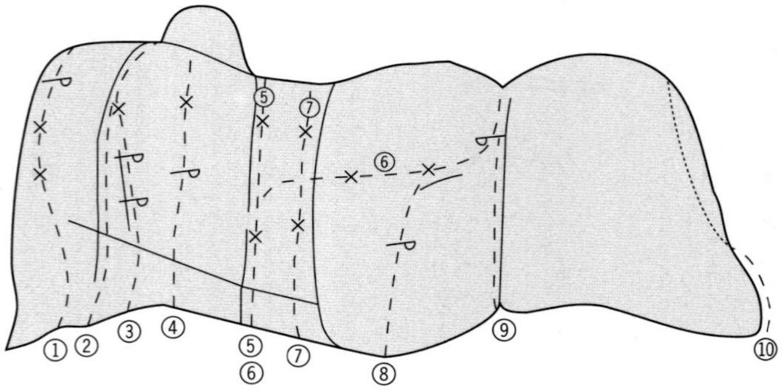

Talseite (14 m, S)

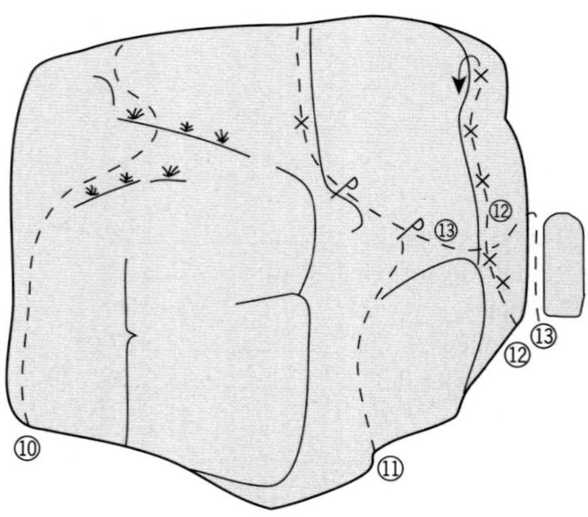

① Nordwand.......7-
② Nordriß.......6-
③ ?.......7
④ Death Trap.......9-
⑤ Nordrißspur.......7-
⑥ Schinderquergang.......6+ a2
⑦ Leponex.......8
⑧ Direkter Einstieg.......5 a1
⑨ Westriß.......5
⑩ Südwand.......3
⑪ Südriß.......5
⑫ Komödienstadl.......7
⑬ Ostwand.......5

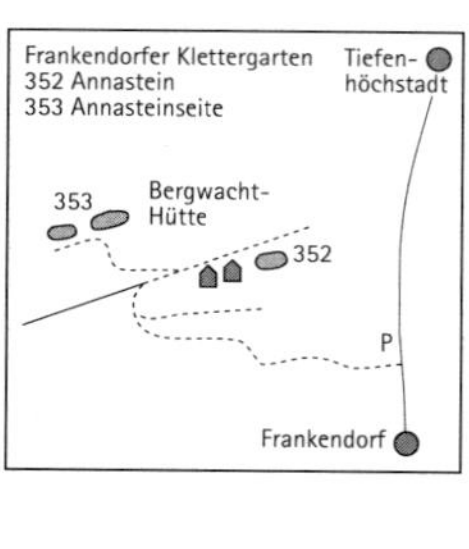

Zugang:
Von Frankendorf in Richtung Teuchatz fahren und bei km 4,5 links parken. Hinter der Brücke mit Holzgeländer links einen Weg hoch, der vorbei an der Anna-Quelle zur Bergwacht-Hütte führt. Der Annastein befindet sich hinter ihr am Weg.
Die Annasteinseite befindet sich 100 m oberhalb des Felsblocks, der 20 m unterhalb der Hütte links des Weges liegt. Von der Hütte auf Pfad hinauf zu den Felsen.
Übersichtskarte: 4 (Seite 18)
Besonderes:
Es werden die für den Sportkletterer lohnenden Massive beschrieben. Es existieren noch mehr Felsen mit z. T. noch technischen Routen. Sonniges Gebiet, für die Bamberger Gebiete typische Plattenkletterei.

353 Annasteinseite

Linker Teil (10 m, O)

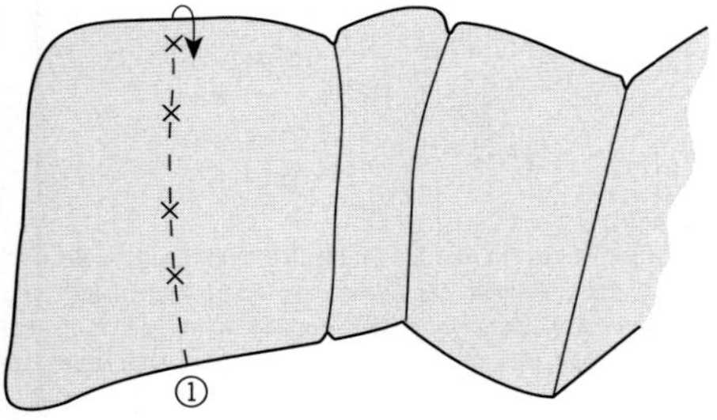

① Fallobst 9-
② ? 9-
③ ? .... 7+
④ ? .... 6+
⑤ ? .... 6+
⑥ ? 6-

Rechter Teil (10 m, S)

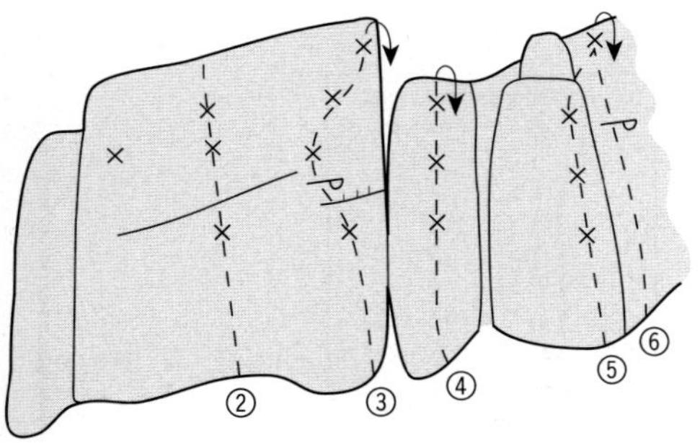

354 Herzogenreuther Wand

Talseite (16 m, S)

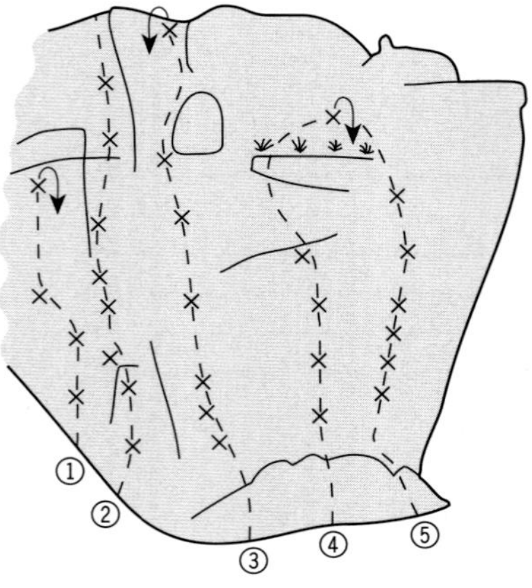

Zugang:
Parken in Tiefenellern. Auf der Straße 200 m in Richtung Neudorf und bei der Linkskurve geradeaus einer Fuhre folgen (Richtung Herzogenreuth). Immer am Bach entlang weiter bis zu einem Pumphäuschen. Hier links den Steilhang hinauf zu dem Felsen (ca. 10 min).
Übersichtskarte: 4 (Seite 18)
Besonderes:
Klassisches Massiv, das seit der Erschließung neuer, lohnender Routen wieder öfter besucht wird.

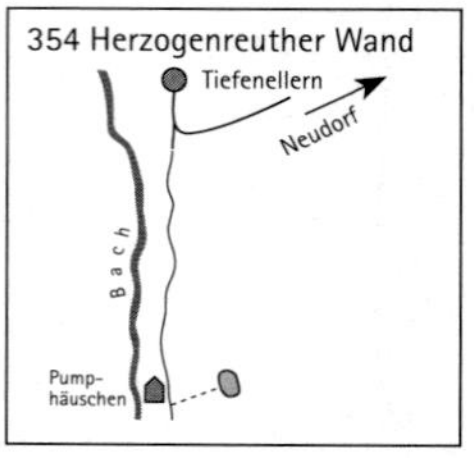

Ostwand (14 m)

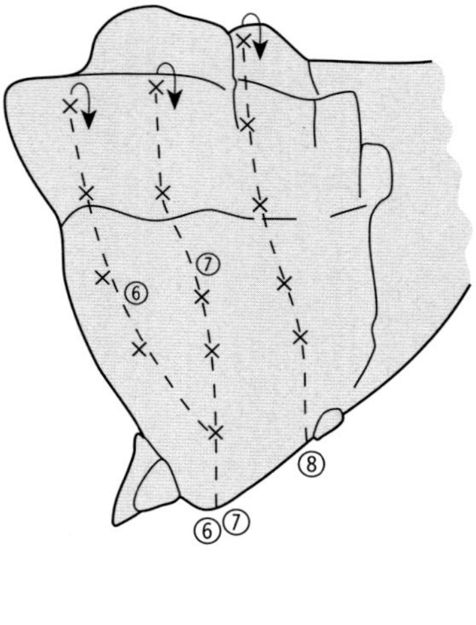

① Azania	8	
② Weg des Daniels	6+	
③ Weg der Freundschaft	7+	
④ R 3	7	
⑤ R 4	9-/9	
⑥ Zimba Balooba	9	
⑦ Mandela	9-	
⑧ R 5	7-	

355 Eulenwand (10-15 m, S)

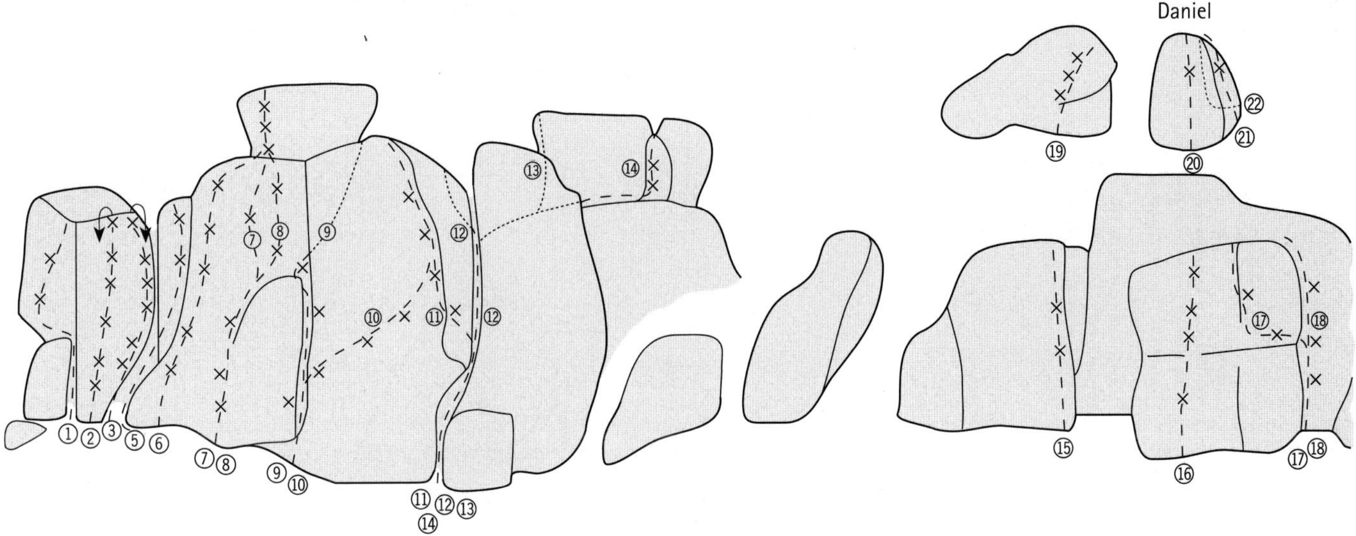

①	R 1	3+
②	R 1a	8
③	R 1b	6-
④	R 2	2
⑤	R 3	3
⑥	R 3a	6+
⑦	?	7
⑧	R 4	7-
⑨	R 4a	5+
⑩	R 5	6
⑪	R 6	5
⑫	R 7	4
⑬	R 7a	4
⑭	R 7b	5+
⑮	R 8	3+
⑯	R 9	5
⑰	R 10	5
⑱	R 11	5
⑲	?	5+
⑳	Daniel Südwand	3
㉑	Daniel Ostwand	3
㉒	Daniel Bergseite	5

Zugang:
Von Tiefenellern auf kurvenreicher Strecke in Richtung Neudorf, bis ein Weg rechts von der Straße zu den bereits sichtbaren Felsen abzweigt (bei der Abzweigung parken).
Übersichtskarte: 4 (Seite 18)

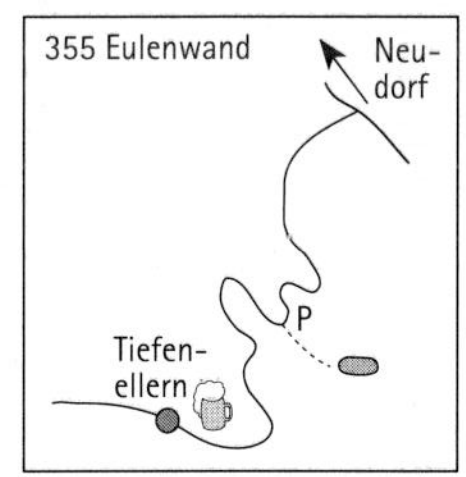

356 Würgauer Nadel (14 m, W)

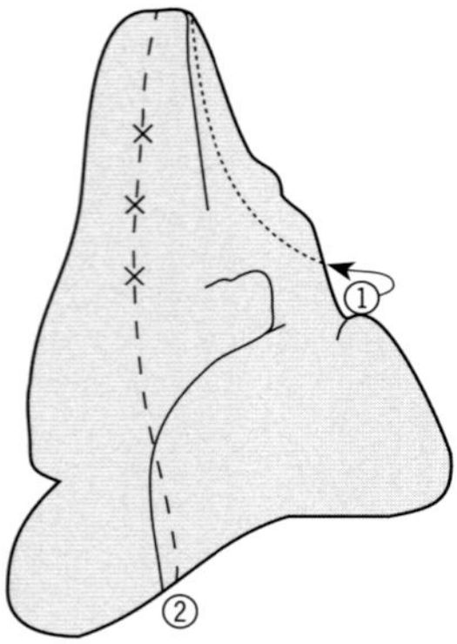

Zugang:
Von Würgau auf der B 22 in Richtung Bayreuth fahren und 1,1 km nach dem Ortsende in scharfer Rechtskurve parken. Links auf Waldweg zu den Felsen. Lage der einzelnen Türme und Massive siehe Detailskizze.
Übersichtskarte: 4 (Seite 18)
Besonderes:
Großes Gebiet mit abwechslungsreichen Klettereien bis zum 9. Grad; zahlreiche Klassiker. Auch hier findet man den für die meisten Bamberger Gebiete typischen kompakten Plattenkalk.

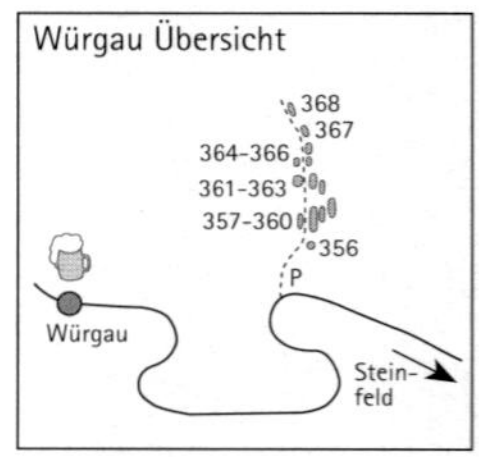

357 Würgauer Wand (22 m, W)

Bamberger Turm

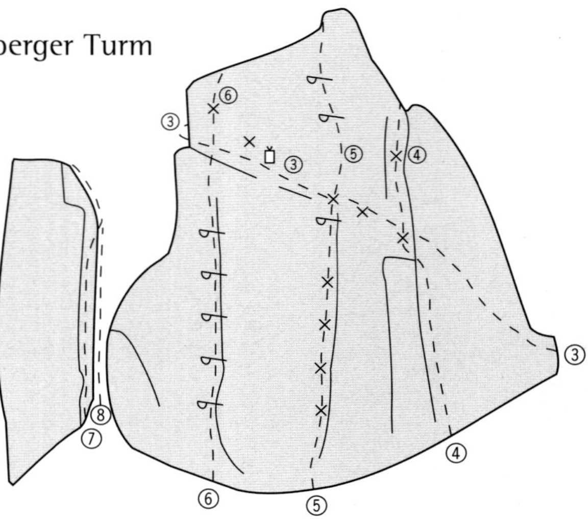

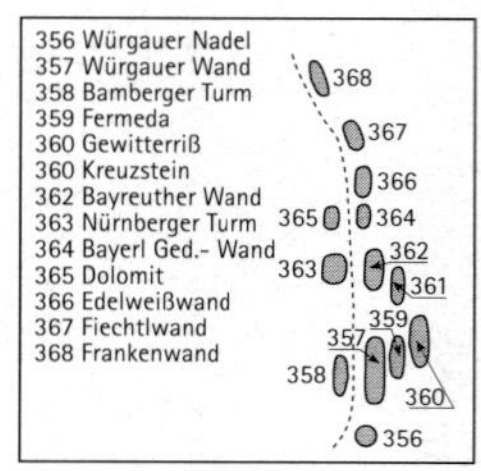

① Bergseite 3
② Talseite .... 5+
③ Alte Westwand 6-
④ Lot 6-
⑤ Metamorphose .... 8+
⑥ Johannisriß 8-
⑦ Bergseite .... 4+
⑧ Nordostkante .... 5+

358 Bamberger Turm

Bergseite (12 m, O)

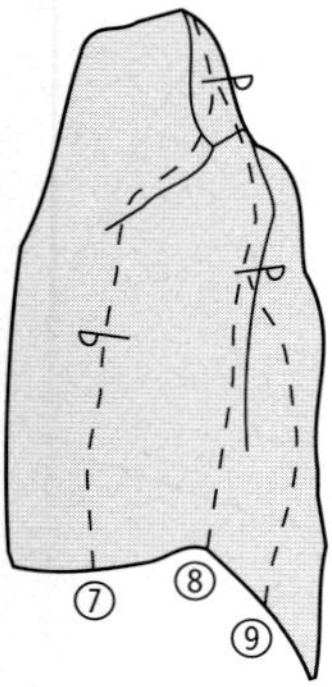

Talseite (16 m, W)

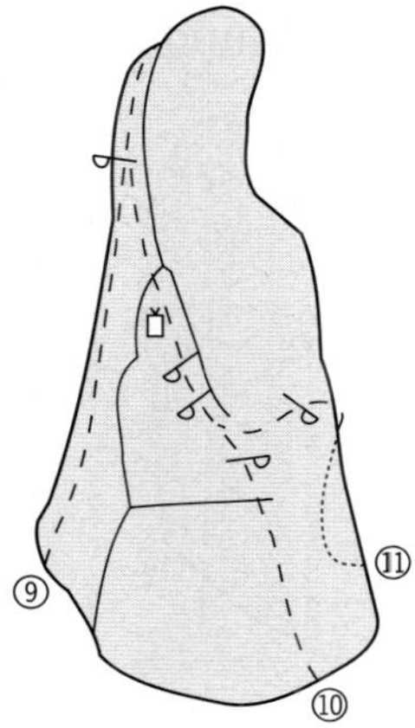

360 Gewitterriß

(14 m, W und N)

359 Fermeda (16 m, W)

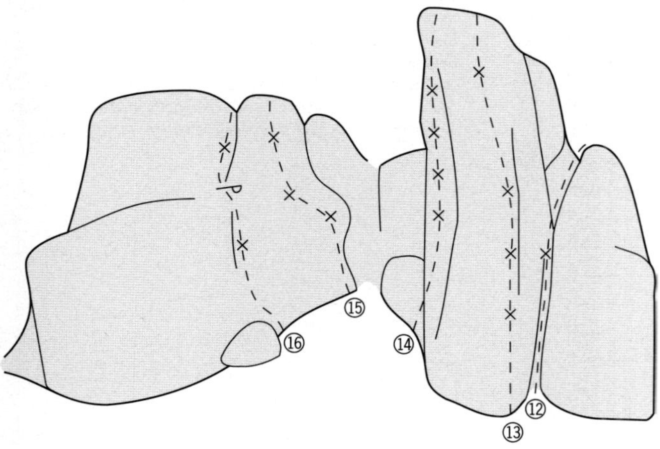

⑦ Bergseite .... 4+
⑧ Nordostkante .... 5+
⑨ Nordwand .... 4+
⑩ Franz Walczock Ged.-Weg 6
⑪ Einstiegsvariante 6

⑫ Trenkerkamin 4-
⑬ Nordkante .... 6+
⑭ Geisterkante 7
⑮ Badewannenweg 6
⑯ Gewitterriß 6-

361 Kreuzstein und 362 Bayreuther Wand

Kreuzstein (14 m, W)

Bayreuther Wand (17 m, W und S)

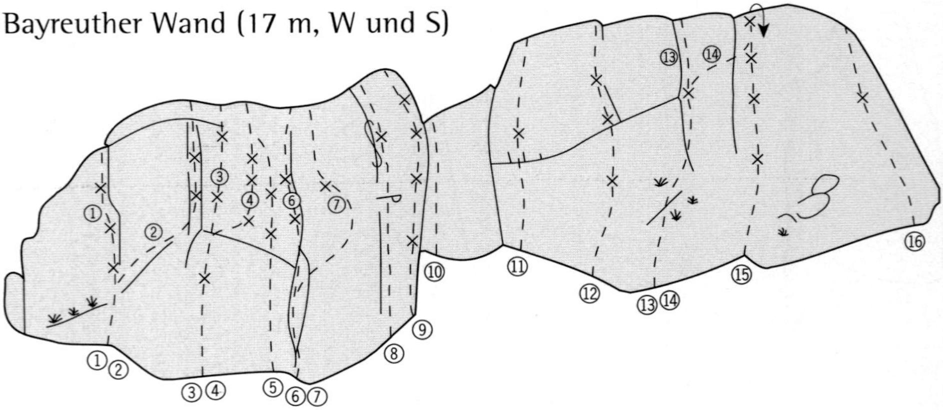

① V.M:-Weg 6-
② Schlichtriß 5-
③ Pfeilerkante 6-
④ Bayreuther Weg .... 6+
⑤ ? 7-
⑥ Dachlriß 5
⑦ Bamberger Weg .... 6+
⑧ Südriß 5
⑨ ? 7-
⑩ Kamin 4
⑪ ? 4
⑫ Dachl 6
⑬ Neuer Kamin 4
⑭ Alte Westwand 6-
⑮ Gino Solda Ged.-Weg 6
⑯ Eseltreiberweg 4

Zugang:
Von Würgau auf der B 22 in Richtung Bayreuth fahren und 1,1 km nach dem Ortsende in scharfer Rechtskurve parken. Links auf Waldweg zu den Felsen. Lage der einzelnen Türme und Massive siehe Detailskizze.
Übersichtskarte: 4 (Seite 18)
Besonderes:
Großes Gebiet mit abwechslungsreichen Klettereien bis zum 9. Grad; zahlreiche Klassiker. Auch hier findet man den für die meisten Bamberger Gebiete typischen kompakten Plattenkalk.

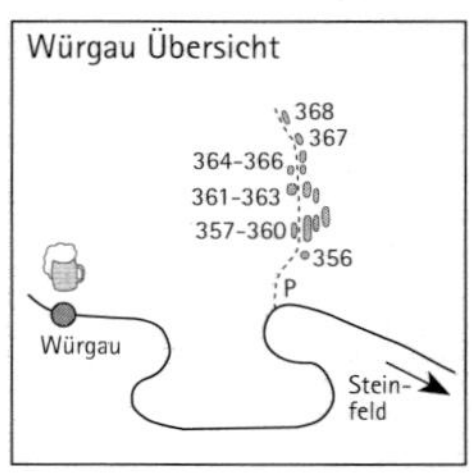

363 Nürnberger Turm (18-35 m)

Südwestseite

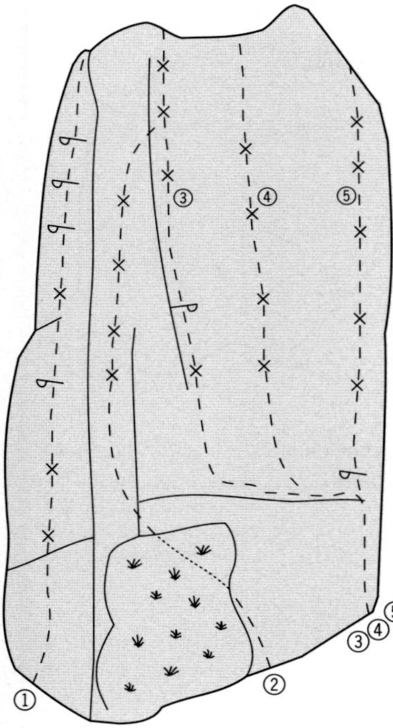

Nordostseite

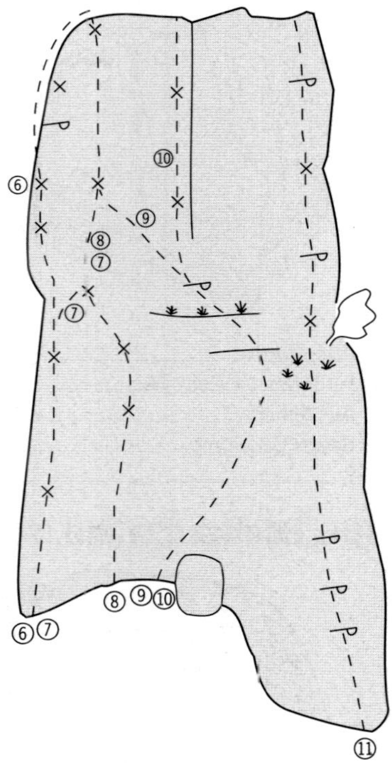

① Talseite .... 6+
② Südriß .... 6+
③ Naturfreunderiß 7-
④ Hammerschlag 9-
⑤ Zieglerkante 8
⑥ Mondscheinkante 9-
⑦ Mondscheinvariante 7
⑧ Glattwand 7
⑨ Nordostkante .... 6+
⑩ Nordriß 5
⑪ Volker Frank Ged.-Weg .... 7+

Besonderes:
Sehr schöne Klassiker; Risse und Platten

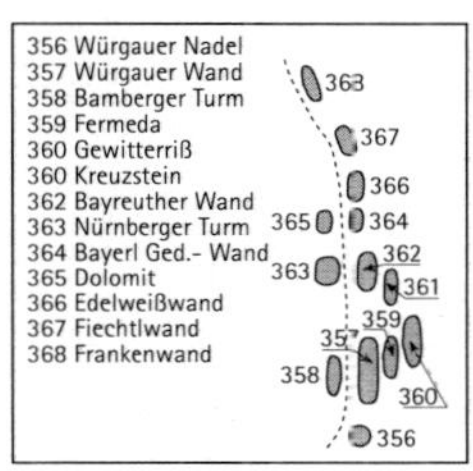

364 Bayerl Ged.-Wand

(11 m, W und N)

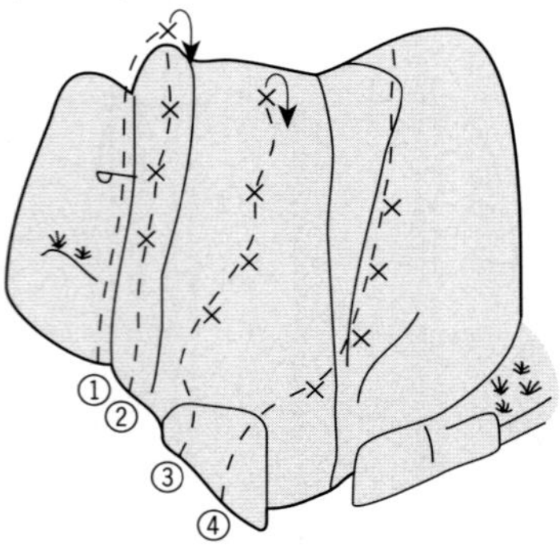

① Alter Weg 5
② Ferdl Dassler Ged.-Weg 7
③ Auf Anhieb .... 8+
④ Bayerl Ged.-Weg 7
⑤ ? .... 7+/8-

365 Dolomit — Würgau

(11 m, SW)

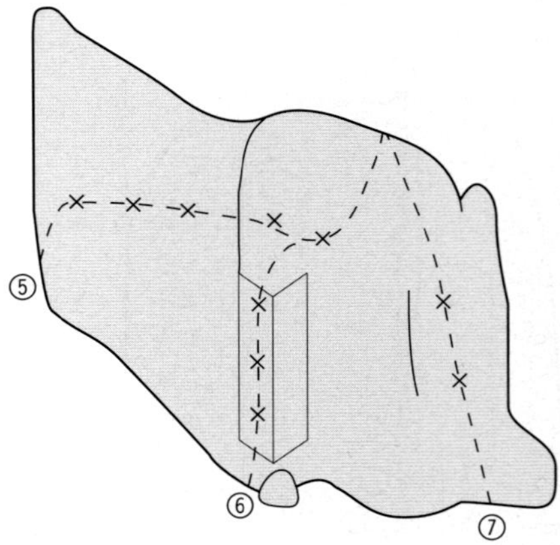

⑥ Südverschneidung .... 5+ a1
⑦ Marderkante .... 5+

366 Edelweißwand (26 m, W)

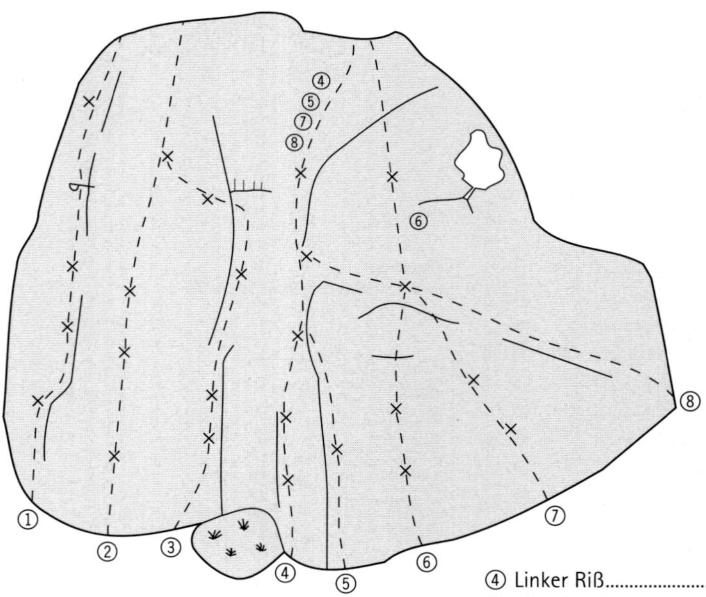

① Nordwestriß .... 5+
② ? .... 7+
③ Efeuriß 6
④ Linker Riß .... 7+
⑤ Weg der Jugend 7
⑥ Direkte Südwestkante .... 7+
⑦ Südwestkante 7-
⑧ Edelweißweg .... 5+

367 Fiechtlwand (26 m, W) ☼

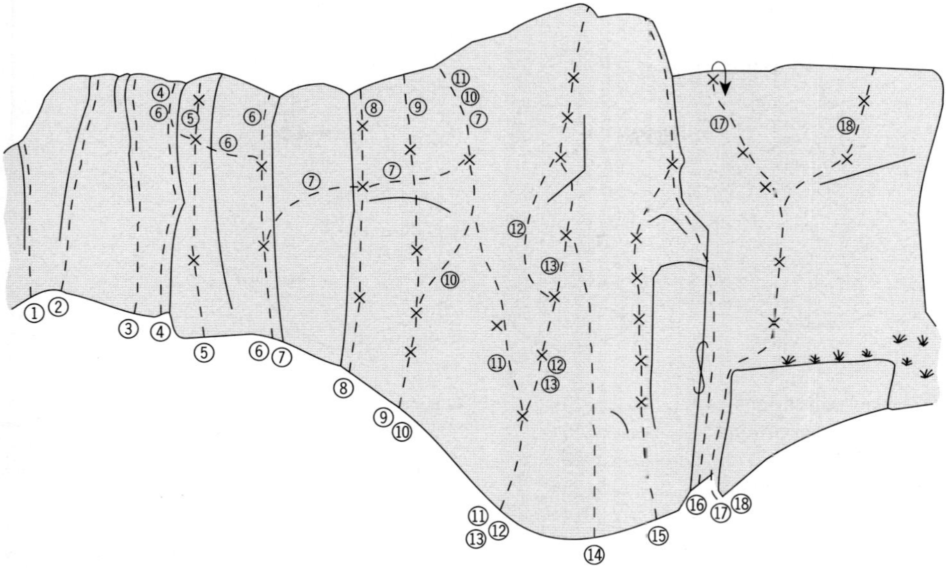

1. Vierter Riß *(Keile)* 4
2. Dritter Riß *(Keile)* .... 4+
3. Zweiter Riß *(Keile)* 4
4. Erster Riß *(Keile)* 5
5. Pfeilerweg 7-
6. Würgauer Winkel (2 Ausstiege) .... 5+
7. Fiechtl Ged.-Weg 6-
8. Südwestriß .... 4+
9. Direkter Neuer Weg .... 7+
10. Neuer Weg 6-
11. Vogelvariante .... 6+
12. Salzburger Weg original 7-
13. Salzburger Weg direkt .... 7+
14. ? 9
15. Dülferkante 6
16. Südriß *(besser Keile)* 5
17. Linker Ausstieg 6
18. Pachtner Ged.-Weg 6

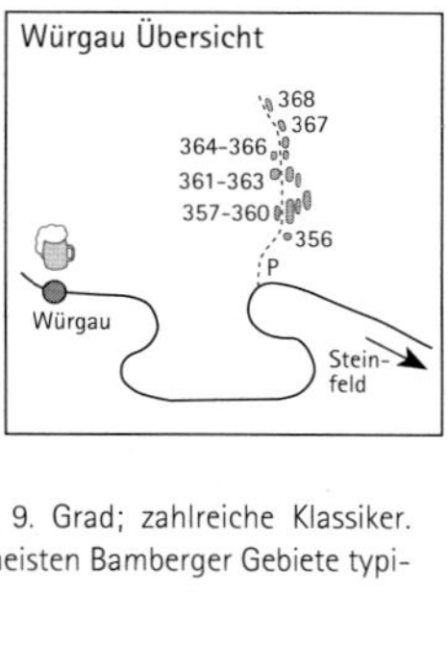

Zugang:
Von Würgau auf der B 22 in Richtung Bayreuth fahren und 1,1 km nach dem Ortsende in scharfer Rechtskurve parken. Links auf Waldweg zu den Felsen. Lage der einzelnen Türme und Massive siehe Detailskizze.
Übersichtskarte: 4 (Seite 18)
Besonderes:
Großes Gebiet mit abwechslungsreichen Klettereien bis zum 9. Grad; zahlreiche Klassiker. Auch hier findet man den für die meisten Bamberger Gebiete typischen kompakten Plattenkalk.

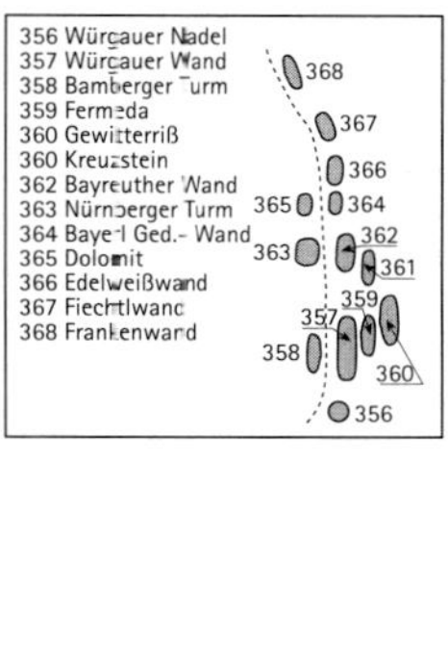

368 Frankenwand (15 m, W)

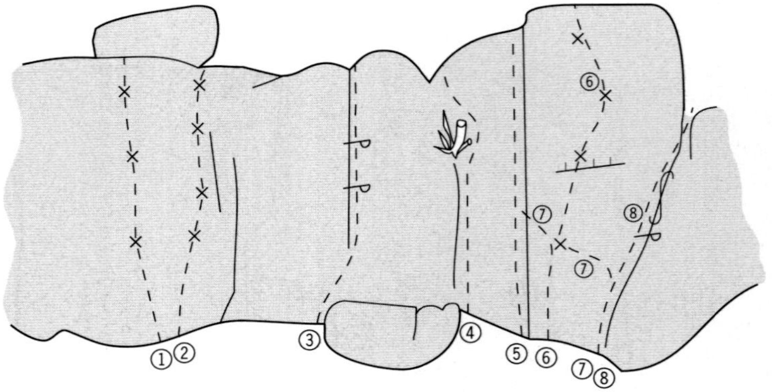

① Linke Frankenwand ....6+
② Rechte Frankenwand ....5+
③ Grasriß 5
④ Kleine Verschneidung ....5+
⑤ Frankenkamin 4
⑥ Pfad der Tugend 7
⑦ Variante ....4+
⑧ Deppn-Riß ....4+

Zugang:
Von Würgau auf der B 22 in Richtung Bayreuth fahren und 1,1 km nach dem Ortsende in scharfer Rechtskurve parken. Links auf Waldweg zu den Felsen. Lage der einzelnen Türme und Massive siehe Detailskizze.
Übersichtskarte: 4 (Seite 18)
Besonderes:
Großes Gebiet mit abwechslungsreichen Klettereien bis zum 9. Grad; zahlreiche Klassiker. Auch hier findet man den für die meisten Bamberger Gebiete typischen kompakten Plattenkalk.

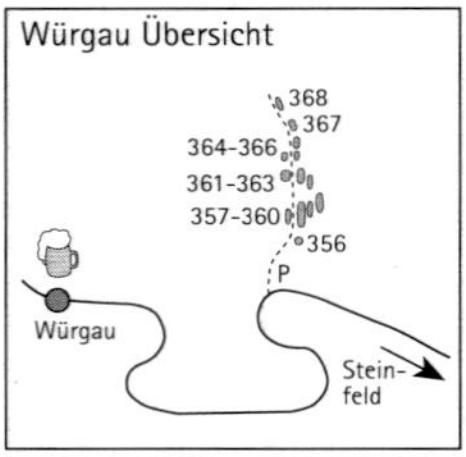

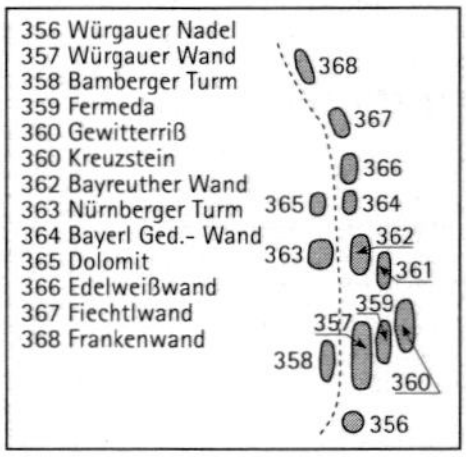

369 Steinfelder Turm und Wand, (15-20 m, W) ☼

a Steinfelder Wand

b Steinfelder Turm   c Jurawand

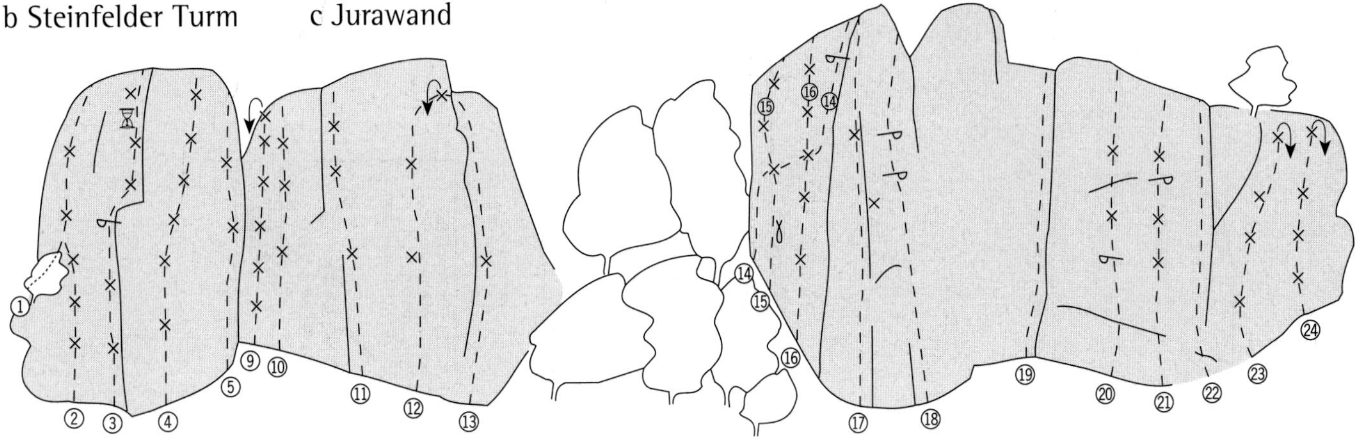

St. Turm Bergseite (10 m, O)

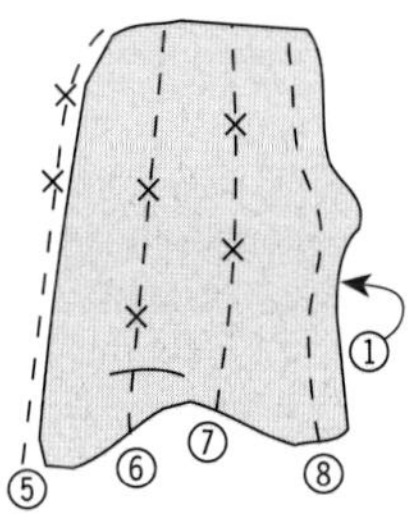

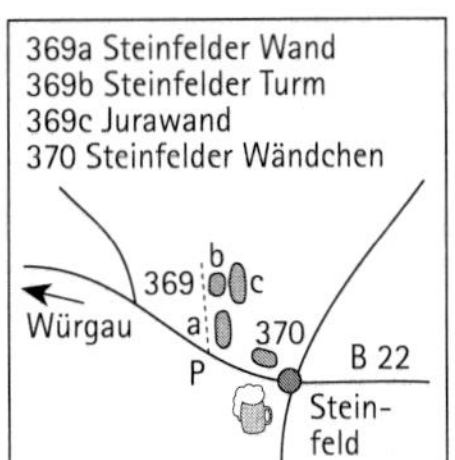

① Nordostwand 7-
② Direkteinstieg 7
③ Nordwestkante 7
④ Westwand .... 7+
⑤ Südwestkante 6-
⑥ Linke Südwand 5
⑦ Rechte Südwand .... 6+
⑧ Südostkante .... 4+
⑨ ? .... 8/8+
⑩ Simplexallogarithmus .... 7+
⑪ Linker Riß 6
⑫ Fallstudie 8
⑬ Rechter Riß *(besser Keile)* 6
⑭ R 1 6
⑮ R 1a 7
⑯ R 1b .... 6+
⑰ R 2 6
⑱ R 3 6
⑲ R 4 4
⑳ R 7 6
㉑ ? .... 6+
㉒ R 5 .... 5+
㉓ Klimbim 8-
㉔ Agulär .... 7+

Zugang:
Die Felsen befinden sich 500 m westlich von Steinfeld oberhalb eines Feldwegs (gut sichtbar)
Übersichtskarte: 4 (Seite 18)
Besonderes:
Schöne Genußtouren in griffigem Fels

370 Steinfelder Wändchen (8 m, SW) Oberstes Wiesenttal

(= Tzamistasmi)

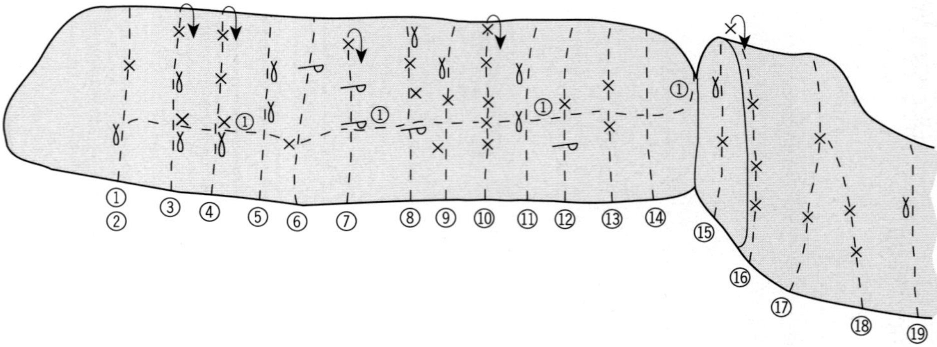

① Horizontalissimo .... 6+
② Hänsel und Gretel 6
③ Hut 6
④ Ätsch .... 6+
⑤ Friend (4) schaft .... 6+
⑥ Ameisenweg 6
⑦ Gulliver .... 6+
⑧ Momo 7-
⑨ Zufall .... 6+
⑩ 3 D .... 6+
⑪ Rumpelstilzchen .... 6+
⑫ Kleine Lena 7-
⑬ Papi ohne Zeit 7
⑭ Butterfly 6
⑮ Take off .... 5+
⑯ MM 7
⑰ Nix .... 6+
⑱ Güllepumpe 6
⑲ Witz 6-

Zugang:
Die Felsen stehen am westlichen Ortsausgang von Steinfeld über dem Parkplatz.
Übersichtskarte: 4 (Seite 18)
Besonderes:
Kurze, aber hübsche Routen in recht griffigem Fels. Unterhalb von Horizontalissimo existieren noch zwei definierte Quergänge: der untere ist im 5. Grad, der obere im 8. Grad.

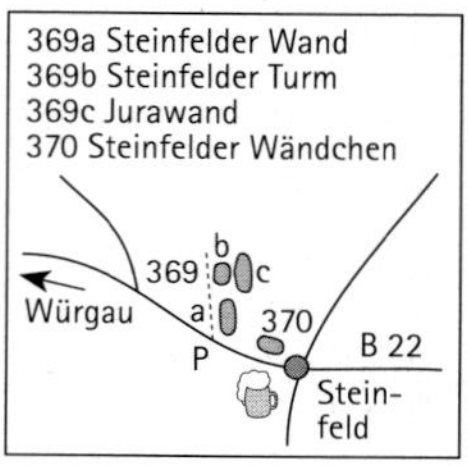

371 Treunitzer Wand (15 m, O)

372 Treunitzer Pfeiler (18 m, N)

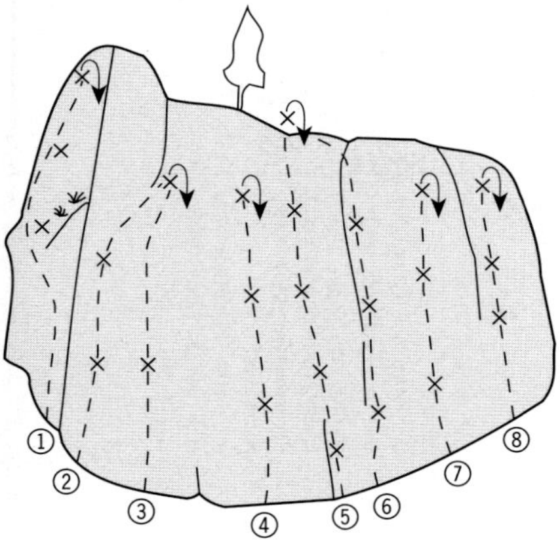

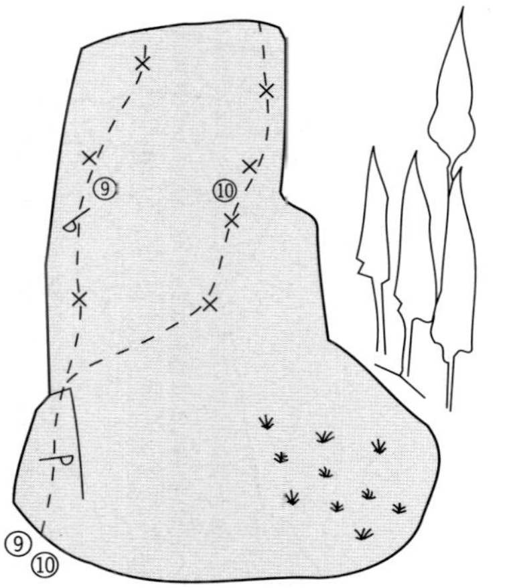

① Quellenweg 5-
② Kantenweg 4-
③ Nur Mut 5
④ Na Bravo 6
⑤ Zeiselweg .... 5+
⑥ Riß 5
⑦ Nischenweg .... 5+
⑧ Lichtmeßweg 4
⑨ Rasenmäher .... 7+
⑩ Flug in die Nacht .... 7+

Zugang:
1 km nordwestlich von Treunitz mündet von Norden her das Paradiestal. Gegenüber über die Wiesent und parken. Direkt links steht die Treunitzer Wand. Den Treunitzer Pfeiler erreicht man, indem man dem Weg wenige min talabwärts folgt.

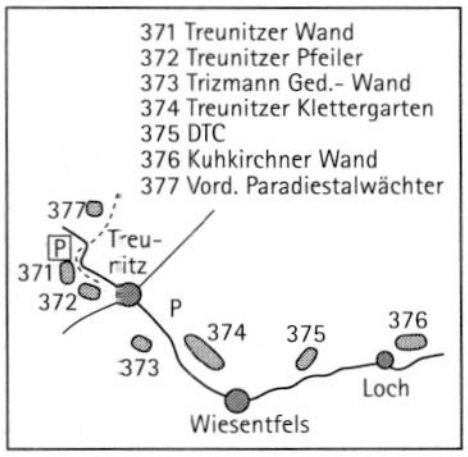

Übersichtskarte: 4 (Seite 18)
Besonderes:
Die Treunitzer Wand ist ein ideales Anfängergebiet; vor allem, seitdem sie mit Bühlerhaken saniert wurde.

373 Trizmann Ged.-Wand (15 m, NO)

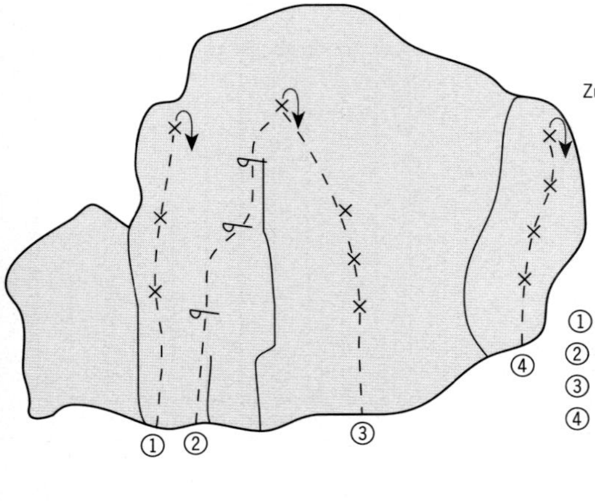

Zugang:
Die Trizmann Ged.-Wand befindet sich 300 m talabwärts von Treunitz am orographisch rechten Ufer. Parken 150 m talabwärts von Treunitz bei Wieseneinfahrt. Über Brücke zur bereits sichtbaren Wand.
Übersichtskarte: 4 (Seite 18)

① Neuer Weg 7
② Trizmann Ged.-Weg 6
③ Kurzes Glück 7-
④ Polizei im Rücken 8-

374 Treunitzer Klettergarten (8-16 m, SW) ☼

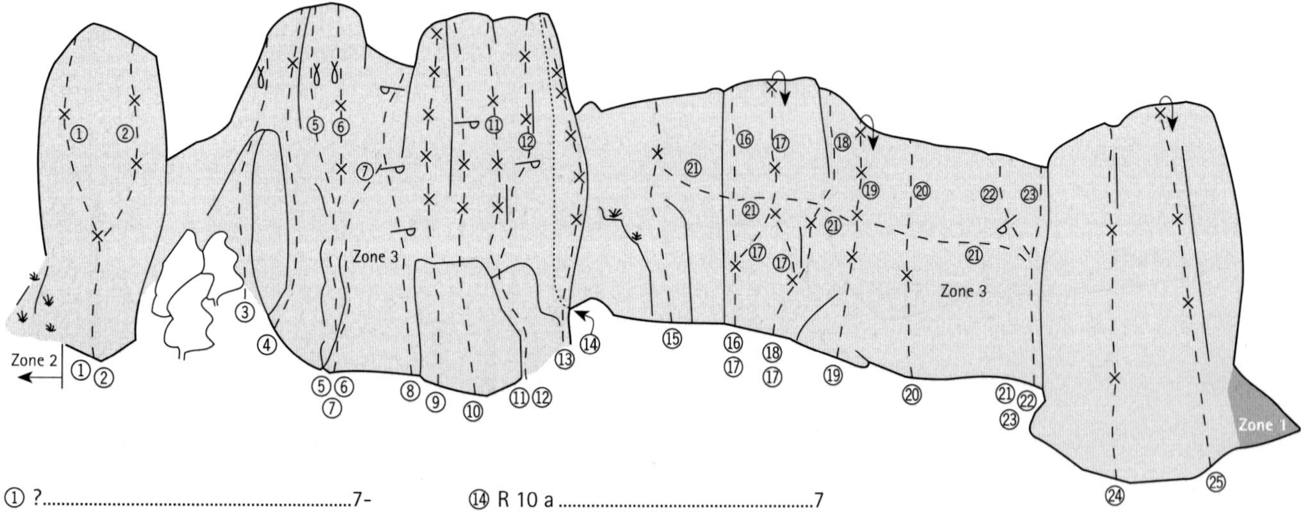

① ?......7-
② R 3......7
③ Variante......6-
④ R 4b......6-
⑤ R 4c......6
⑥ R 4......6-
⑦ R 5......4
⑧ R 6......6-
⑨ R 7......6+
⑩ R 8......6-
⑪ Air of December......6
⑫ R 9......6-
⑬ R 10......8-
⑭ R 10 a......7
⑮ R 11......6-
⑯ R 11 a......5-
⑰ R 11 b (2 Einstiege möglich)......7-
⑱ R 12......6+
⑲ Zehentanz......6+
⑳ Duell......9-
㉑ Querulant......6+
㉒ R 13 a......4+
㉓ R 13......3+
㉔ Märchenprinz......7
㉕ R 14......6

Zugang:
Die Felsen stehen zwischen Treunitz und Wiesentfels oberhalb der Straße. 100 m talaufwärts ist eine Parkbucht.
Übersichtskarte: 4 (Seite 18)

Besonderes:
Am linken Wandende sind noch einige kurze, leichte Wege (nicht erfaßt).

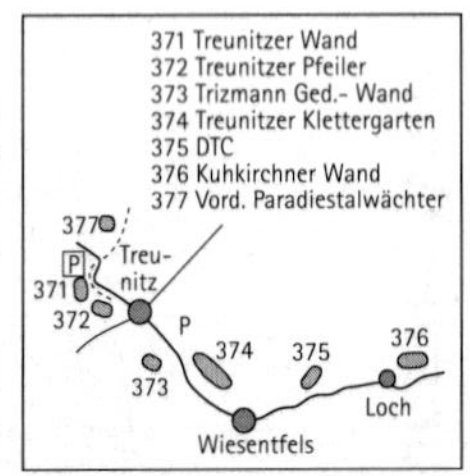

375 DTC (10 m, SO)

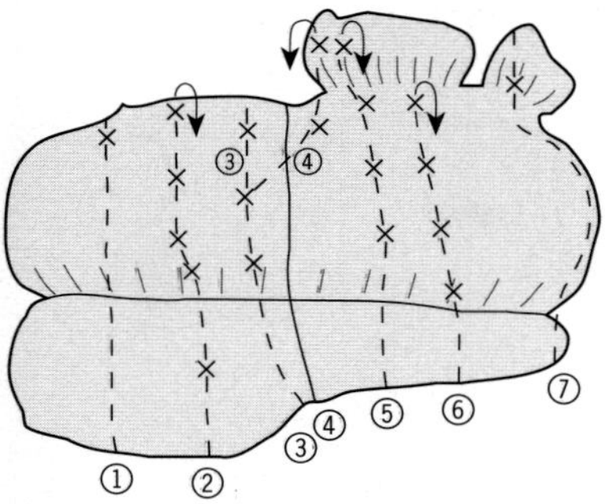

Zugang:
Der Felsen befindet sich zwischen Wiesentfels und Loch auf der orographisch linken Seite des Tales. Parken in Wiesentfels. Auf Fußweg an der Straße entlang in 10 min zu den Felsen.
Übersichtskarte: 4 (Seite 18)
Besonderes:
Links der Wand bestehen noch einige Bouldermöglichkeiten.

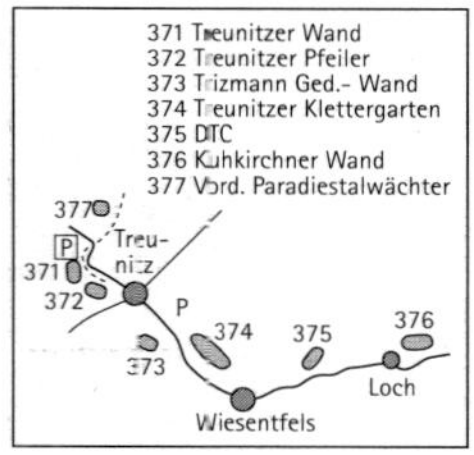

① Projekt
② Fighting for fitter Levels........................8+/9-
③ OHA..7+
④ Klemmer..7+
⑤ Double Trouble...................................8-
⑥ ?...8
⑦ Projekt

376 Kuhkirchner Wand (18 m, S)

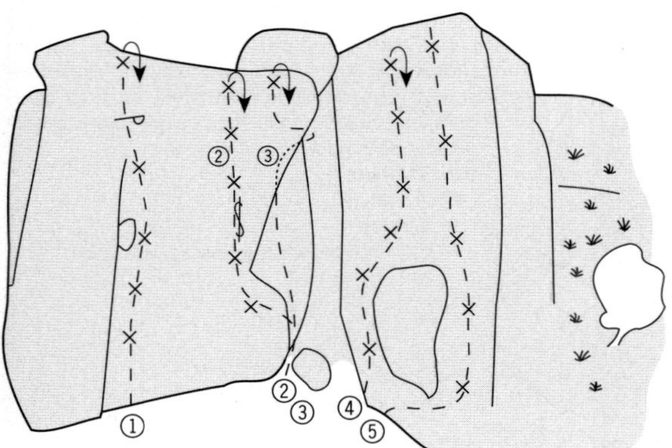

① Heinzin 8-
② Flug nach Delhi...................................8-
③ Total kaputt *(Keile)*..............................4
④ ?...6-
⑤ Arschlochsweg 7-

Zugang:
Die Wand steht direkt nach dem östlichen Ortsende von Loch an der Straße.
Übersichtskarte: 4 (Seite 18)

377 Vorderer Paradiestalwächter (9 m, O)

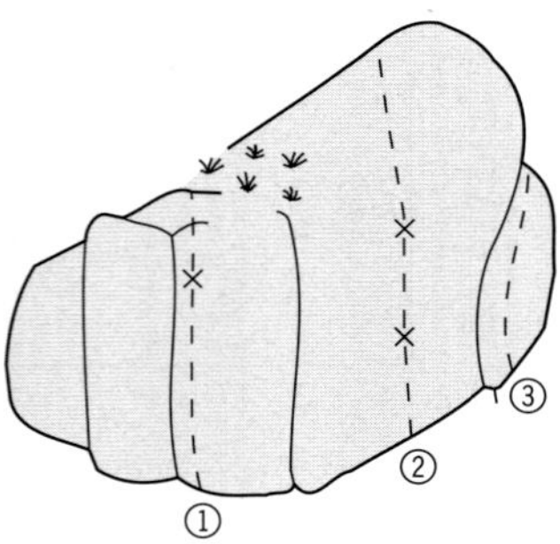

① Verschneidung 5
② Nordwand 5
③ Nordkamin 5

378 Dachstein (8 m, S)

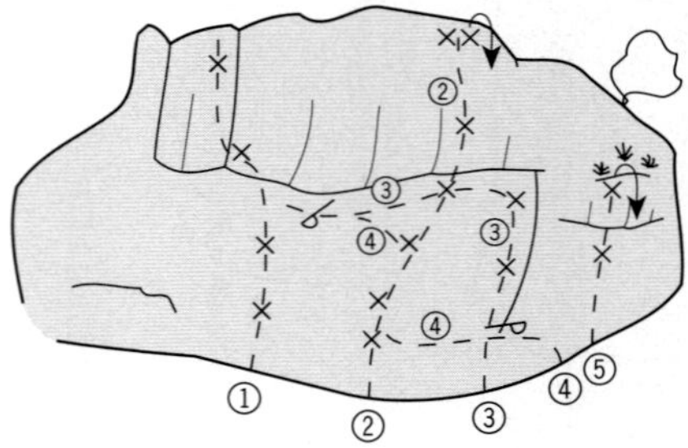

① Fleischwolf .... 9+
② Moksha 9-
③ Franz Walczock Ged.-Weg .... 8+/9-
④ Gangsta's Paradise .... 9+/10-
⑤ Weichei 9-

379 Gelbe Wand (14 m, W)

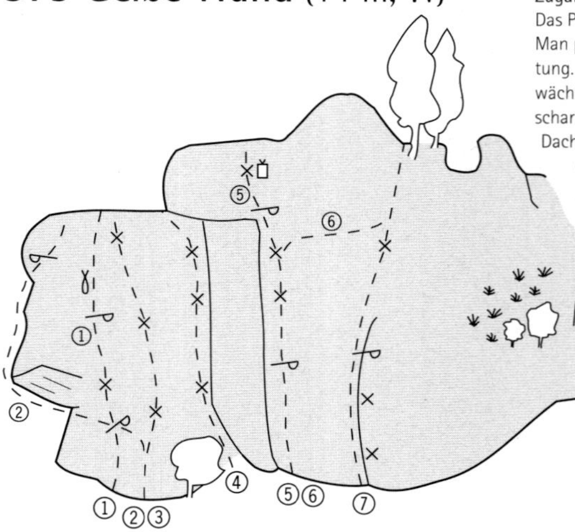

Zugang:
Das Paradiestal mündet 1 km westlich von Treunitz ins Wiesenttal. Man parkt am Eingang des Tales und folgt ihm in nördlicher Richtung. Nach wenigen min erreicht man den Vorderen Paradiestalwächter. Im weiteren Verlauf macht das Tal nach ca. 1 km eine scharfe Linksbiegung. Kurz danach steht rechts im Talgrund der Dachstein (nicht verwechseln mit den Felsen, die zuvor rechts oben im Wald zu sehen sind!). Nach weiteren 200 m gelangt man zur Gelben Wand.
Übersichtskarte:
4 (Seite 18)
Besonderes:
In idyllischer Landschaft gelegenes Klettergebiet

① Tschernobyl .... 7+
② Hollfelder Weg 6-
③ Höhlenweg 7-
④ Silberweg 5
⑤ Felsteufelweg .... 5+ a1
⑥ Gelber Weg 4
⑦ Parallelrisse 6

380 Wüstenstein (28 m, W)

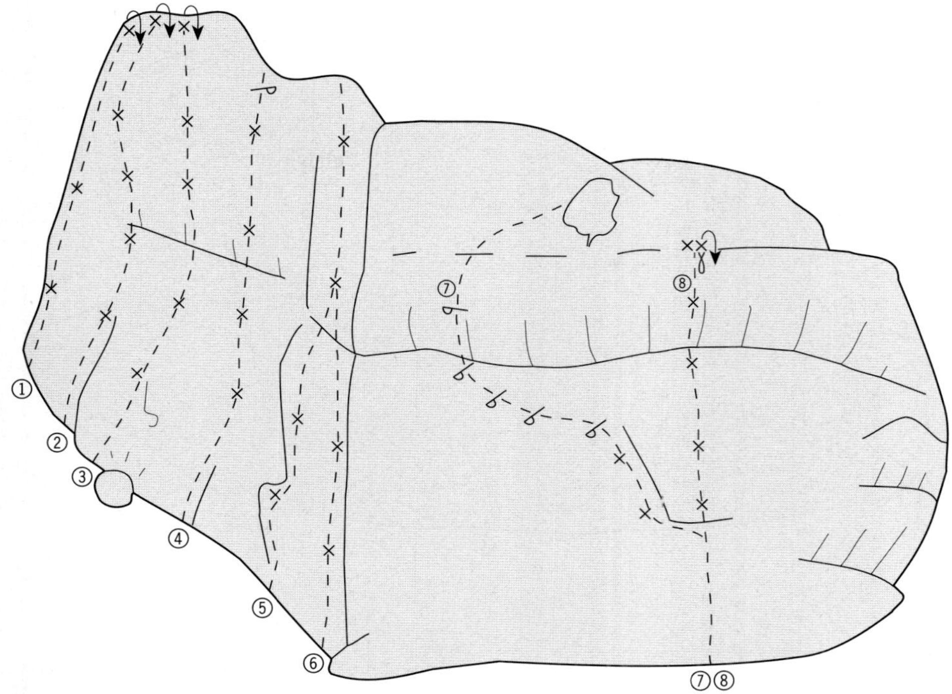

① ?..8+
② Nikotin Corner...9-
③ Sahara..9
④ Oase..9-/9
⑤ Schwarze Wand..9
⑥ Projekt
⑦ Simon Müller Ged.-Weg.............................a3
⑧ Fata Morgana...9-

Zugang:
a) Man parkt am Eingang des Paradiestales (1 km westlich von Treunitz) und folgt ihm in nördlicher Richtung. Nach wenigen min erreicht man den Vorderen Paradiestalwächter. Im weiteren Verlauf macht das Tal nach ca. 1 km eine scharfe Linksbiegung. Kurz danach steht rechts im Talgrund der Dachstein. Nach weiteren 200 m gelangt man zur Gelben Wand. Von ihr noch knapp 2 km weiter, bis man rechts oben den Wüstenstein sieht. Im Wald hoch zu den Einstiegen.
b) Von Wölkendorf in Richtung Steinfeld fahren und kurz vor der Unterführung (B 505) bei Gesperrt-Schild parken. Auf Schotterweg unter der Autobahn durch und danach rechts abbiegen ins Paradiestal. Man läuft es ca. 700 m hinab bis zu einer Rechtsbiegung, hinter der ein rötlicher Block steht. Direkt in der Biegung links hoch zu den Felsen.
Übersichtskarte:
4 (Seite 18)
Besonderes:
In idyllischer Landschaft gelegenes Klettergebiet. Man findet hier phantastische Routen im 9. Grad.

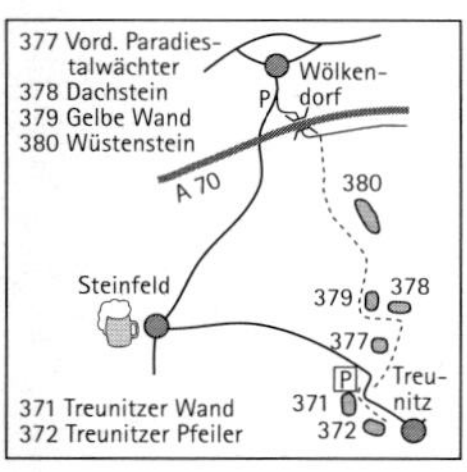

381 Dohlenstein (18 m, W)

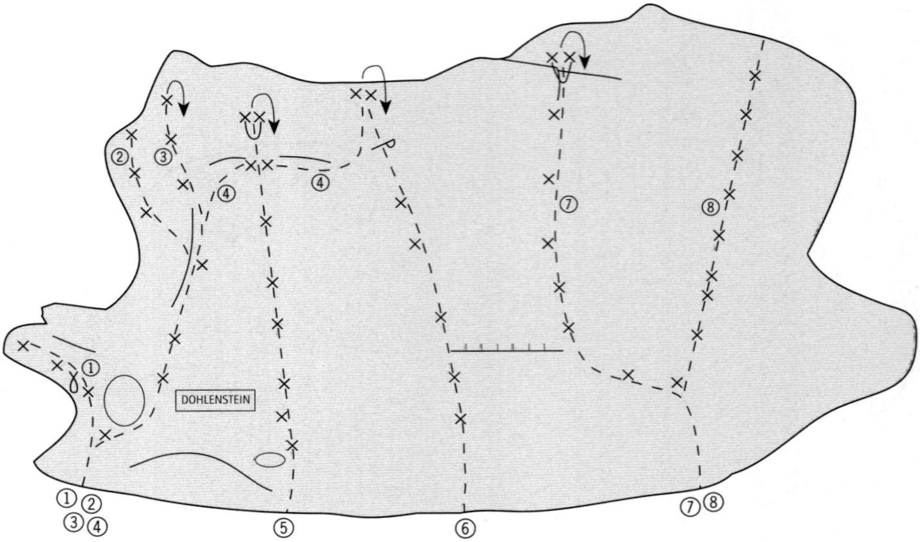

① Nase 9-
② Downtown .... 7+
③ Galway Guzzler 8-
④ Kombination 8
⑤ Gebr. Seidel-Route .... 9+
⑥ Projekt
⑦ Projekt
⑧ Projekt

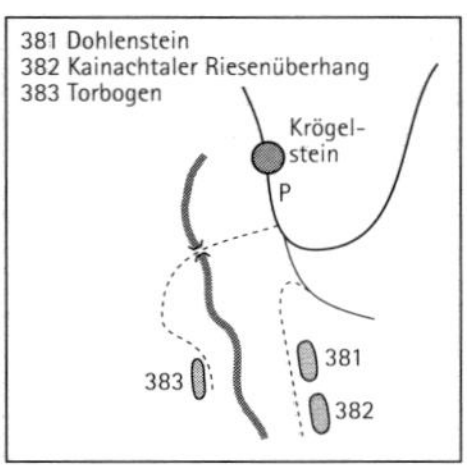

Zugang:
Von Freienfels nach Krögelstein und rechts abbiegen in das Kaiserbachtal. Am Ortsende nach dem Hühnerstall parken (Durchfahrt nicht versperren!).
a) zu Dohlenstein/Kainachtaler Riesenüberhang:
Am Waldrand entlang in das Kaiserbachtal laufen. Nach 100 m steht links des Weges der Dohlenstein, rechts davon befindet sich der Kainachtaler Riesenüberhang.
b) zum Torbogen:
Beim Wegweiser "Kaiserbachtal" rechts über die Wiese und auf der Holzbrücke über den Bach. Auf Pfad kurz im Wald den Hang hoch und links in den Wald zu den Felsen.
Übersichtskarte: 4 (Seite 18)
Besonderes:
Am Kainachtaler Riesenüberhang sind zwei lohnende Routen im 10. Grad: "Lila Eule" (Carsten Seidel 1993) und "Back to Nature" (altes Güllich-Projekt; 1. Begehung durch Guido Köstermeyer 1994).
Die Route "Down Under" am Torbogen dürfte wohl einer der originellsten Wege der Fränkischen sein. Athletische Dachkletterei (Ausdauer)

382 Kainachtaler Riesenüberhang (17 m, W) Krögelstein

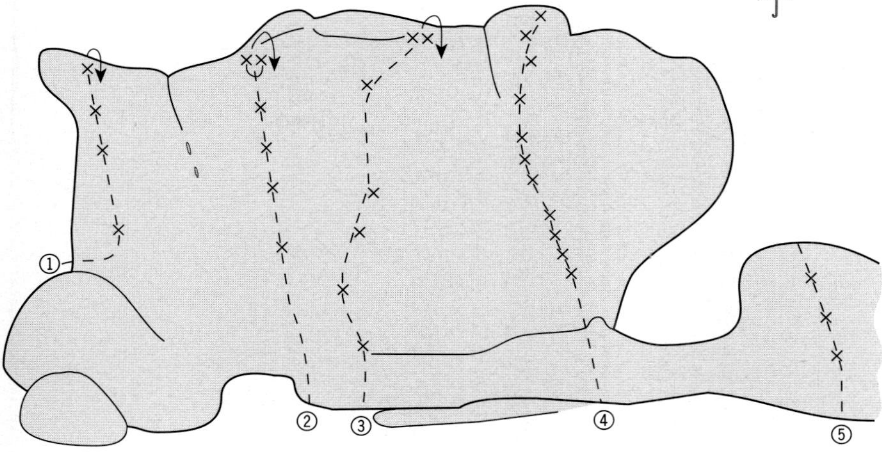

① ?..8+
② Projekt
③ Lila Eule..10/10+
④ Back to Nature..10+
⑤ Nordlicht..8-

383 Torbogen (8 m, O)

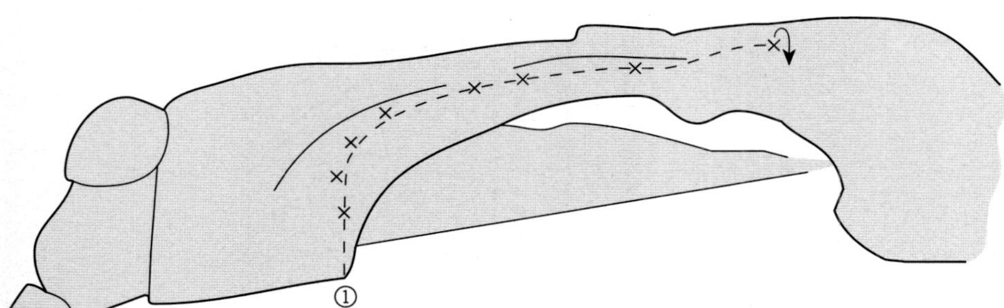

① Down Under..9+

384 Kuhleutner Wand (16 m, SO) ☼ Krögelstein

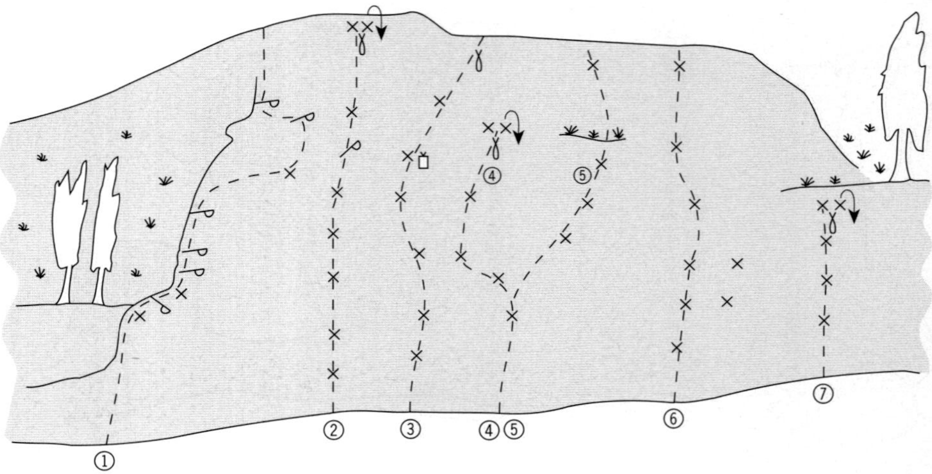

① Alter Weg ..... 6+
② John F. Kennedy ..... 9/9+
③ Marathon Man 9-
④ Mambo's Freude ..... 7+
⑤ Salsa 8
⑥ Projekt
⑦ Labskaus 9

Zugang:
Von Wonsees nach Zedersitz und links in Richtung Feulersdorf. Ca. 700 m nach Zedersitz steht auf der Hochfläche ein einzelner Baum, dort parken. Links den anfangs gepflasterten Feldweg entlang und bei der 2. Abzweigung einen weiteren Feldweg nach links (Schild: "Treunitz/Krögelstein") ins Tal hinab bis zu seinem Ende. Dort folgt man links dem Wanderweg am Waldrand entlang ca. 300 m in Richtung Krögelstein und gelangt zu den Felsen.
Übersichtskarte: 4 (Seite 18)
Besonderes:
Die Wand ist ideal mit dem Fahrrad zu erreichen.

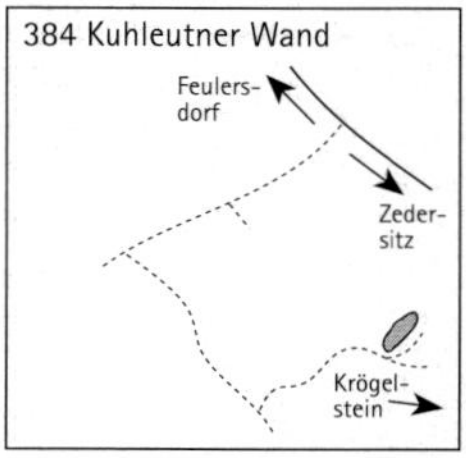

385 Burglesauer Block (17 m, SW)

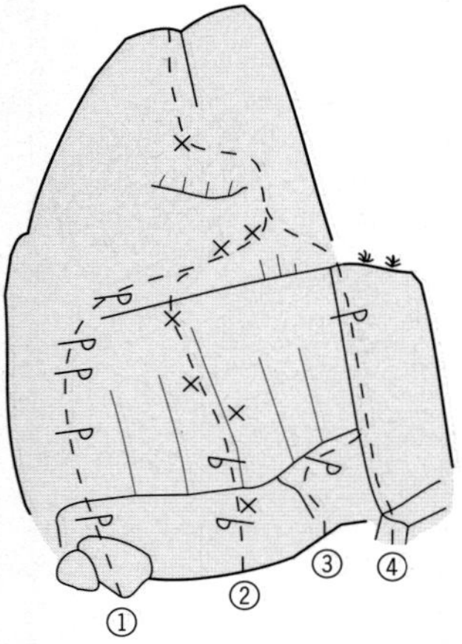

Zugang:
In Burglesau bei der Schulbushaltestelle rechts hoch und der kurvigen Straße fast bis zur Hochfläche folgen; in der letzten scharfen Rechtskurve parken (Blau/weiß/blau-Markierung an einem Baum). Wenige Meter zurück und rechts einem Weg in den Wald folgen (Markierung Blau/gelb/blau). Nach 500 m führt bei der 2. kleinen Lichtung ein Pfad links zu den Felsen. Gegenüber vom Burglesauer Block steht der Gipfelstürmerblock mit einigen Routen im 3. bis 5. Grad.
Übersichtskarte: 4 (Seite 18)

① Hummelweg 8-
② Fliegendach 8
③ Himmelfahrtsweg 7-
④ Direktvariante 7-

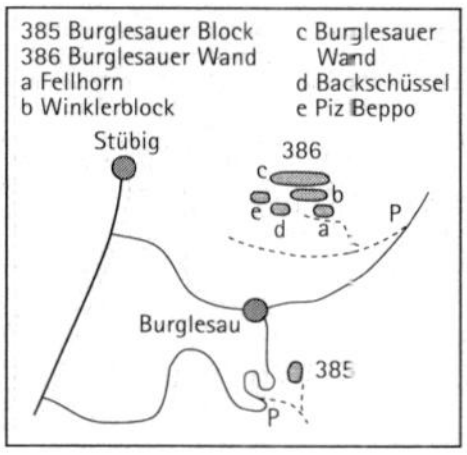

386 Burglesauer Wand (10-18 m, S; Standpunkt vor dem Fellhorn) ☼

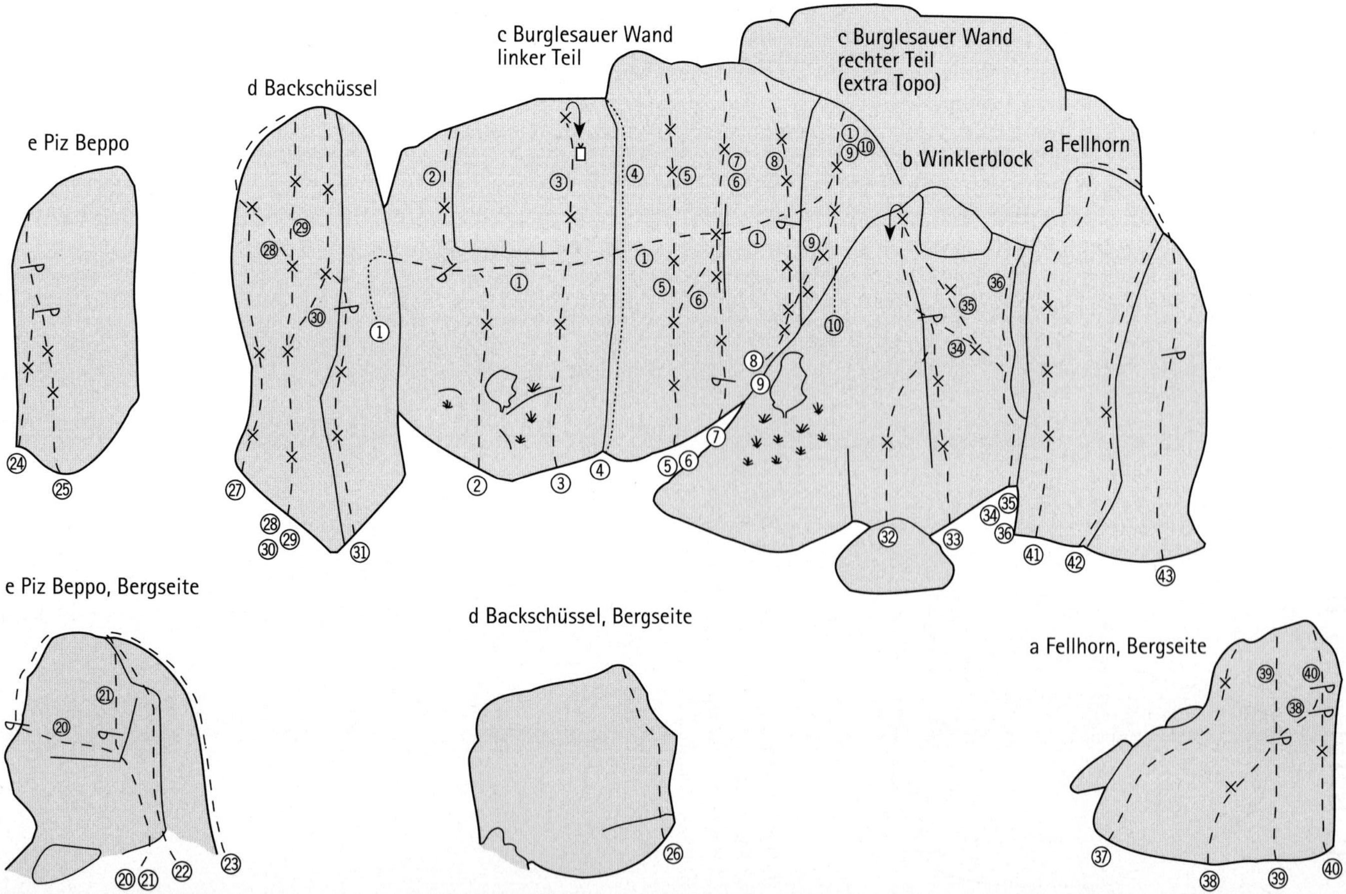

386c Burglesauer Wand, rechter Teil

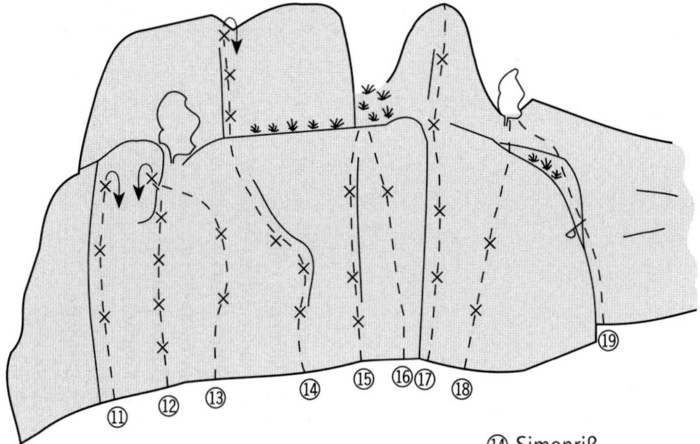

Zugang:
Durch Burglesau immer geradeaus durch fahren und den Berg hoch, bis links ein Schotterweg abzweigt (Wegweiser "Bergwachthütte"). Hier parken und einige min in Richtung Bergwacht laufen, dann rechts hoch zu den Felsen (Wegweiser). Für Durstige befindet sich am Weg eine Quelle.
Übersichtskarte: 4 (Seite 18)
Besonderes:
Viele leichte und mittelschwere Wege in hellem Plattenkalk am sonnigen Südhang.

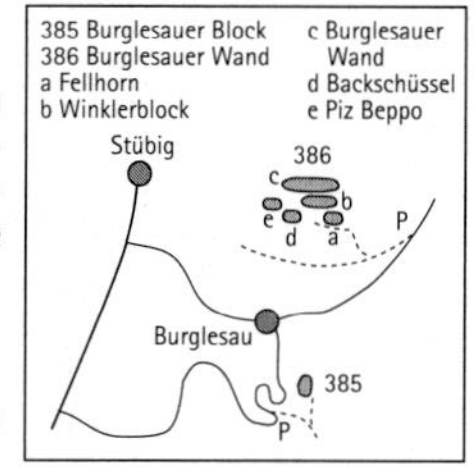

① Margarethenband 5
② Direkte ....6+
③ Heefnärweg 7
④ Bernhofer Kamin ....2+
⑤ Simon Müller Ged.-Weg ....6+
⑥ Margarethenwand 6
⑦ Direkteinstieg ....7+
⑧ Ansbacher Verschneidung 6-
⑨ Dülferkante ....5+
⑩ Direkteinstieg 7
⑪ Stecklriß ....6+
⑫ KingKong ....8+
⑬ Bamberger Weg ....7+
⑭ Simonriß ....6+
⑮ Dieter Truckenbrodt Ged.-Weg ....7+
⑯ ? 7-
⑰ Zwillingsriß 5
⑱ Herbstplatte ....8+
⑲ Geburtstagsweg 4
⑳ Bitter Ged.-Weg 6-
㉑ Nordwand 6-
㉒ Nordwestkante 4
㉓ Westwand 4
㉔ Trasse 3a 7
㉕ Schweinfurter Weg 7
㉖ Nordwestkante 2
㉗ Südwestkante ....5+
㉘ Talwand 7
㉙ Direkter Ausstieg *(brüchig)* 8-
㉚ Rechte Talwand 7
㉛ Direkte Talkante ....7+
㉜ Texas ....8+
㉝ Südkante 7-
㉞ Ostwand 4
㉟ Ostwandplatte 6-
㊱ Gerade Ostwand ....2+
㊲ Nordwand ....3+
㊳ Schiefe Wand 7-
㊴ Ameisenplatte 8-
㊵ Südwestkante 7-
㊶ Linke Südwand 8
㊷ Südriß 5-
㊸ Rechte Südwand 7-

387 Großer Stübiger Turm, Talseite (35 m, NW)

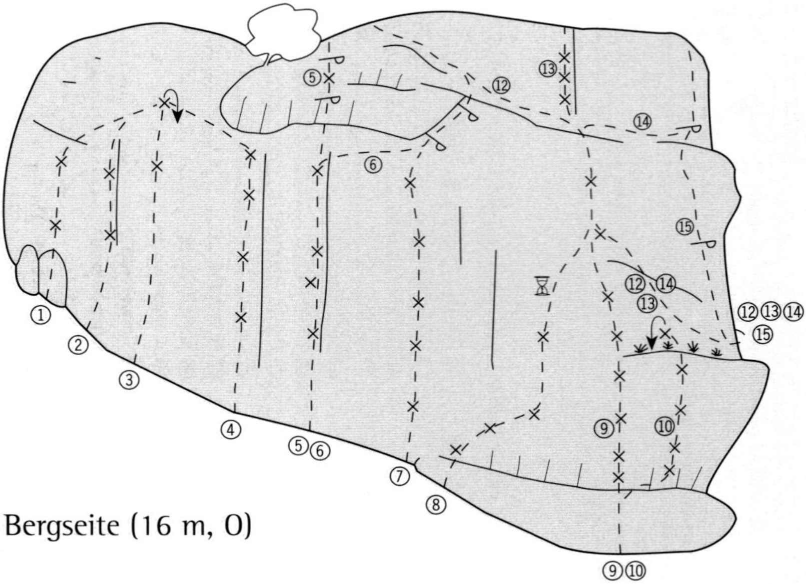

Bergseite (16 m, O)

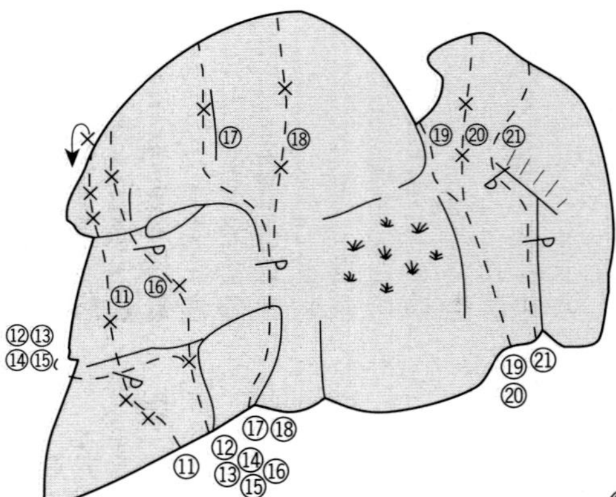

① Popel Popeye 7
② Freiflugriß .... 6+
③ Vajoletweg 6-
④ Handriß 6
⑤ Direktausstieg a1
⑥ Nordostwand 7-
⑦ Leider nur 8 8
⑧ Nicklausroute .... 9+
⑨ Direkter BB-Weg 9-
⑩ ? 9
⑪ Traumprinzessin 8
⑫ Dülferweg original 6
⑬ Frankenländer Ausstieg 9-
⑭ Scheri Kraus Variante 6
⑮ Direktausstieg 6
⑯ Südwestkante 7
⑰ Knochriß .... 5+
⑱ Crazy Climb .... 7+
⑲ Bergseite 3
⑳ Variante 7-/7
㉑ Schneck Ged.-Weg 6

388 Kleiner Stübiger Turm, Talseite (35 m, NW)

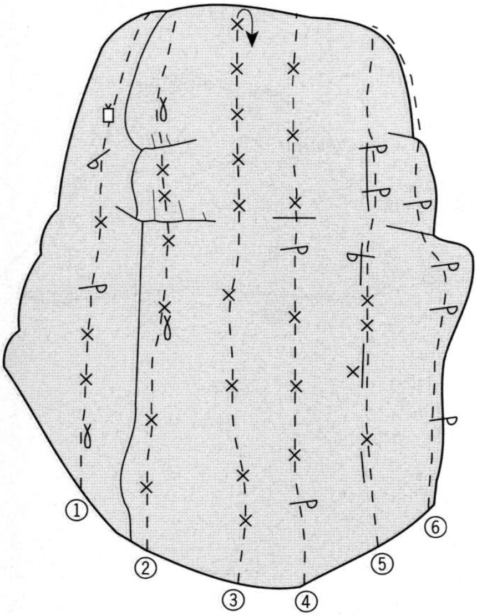

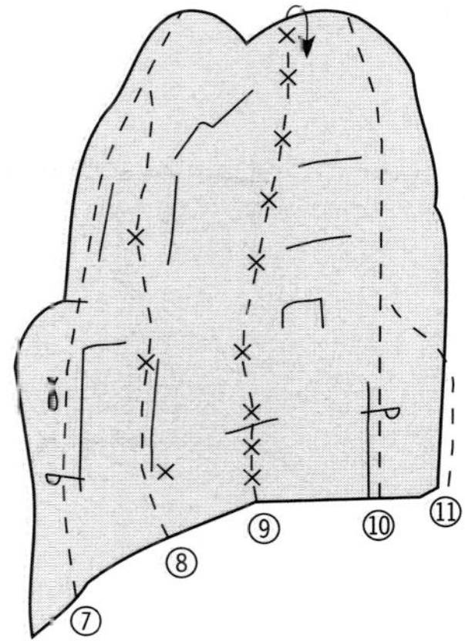

① Dornröschen .... 8+
② Leichte 10 .... 8+
③ N'djamijami .... 8+
④ Happy End 8-
⑤ Welzenbach Ged.-Weg 7
⑥ Direkter Paul Preuß Ged.-Weg .... 6+
⑦ Karl Groß Ged.-Weg 6-
⑧ Alpenvereinsweg 6-
⑨ Flechtmöschen 9-
⑩ Direkter Einstieg 7-
⑪ Nordostkante 4

Zugang:
Parken am Ortseingang von Stübig. Rechts (von Scheßlitz kommend) gepflasterten Feldweg hochgehen und bei einer Gabelung dem linken Weg in den Wald folgen. Dort führt nach einigen 100 m rechts ein Weg zu den Felsen (15 min von Stübig).
Übersichtskarte: 4 (Seite 18)

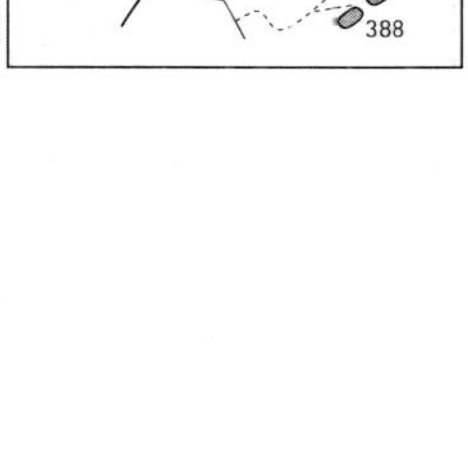

389a Katzenbuckel, Westwandmassive (12 m) ☼ Stübig

Linker Teil

Mittlerer Teil

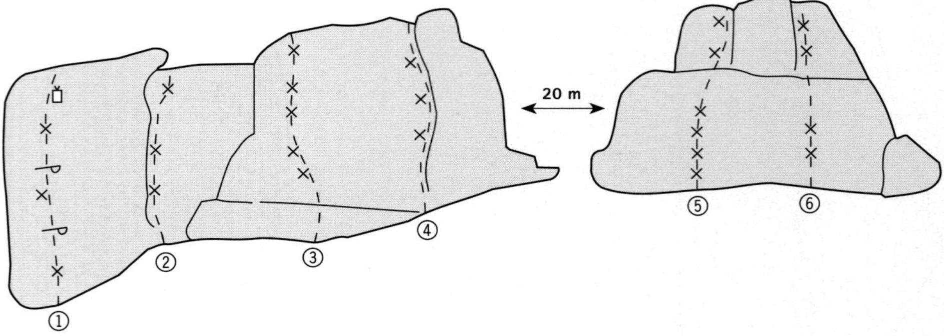

Rechter Teil

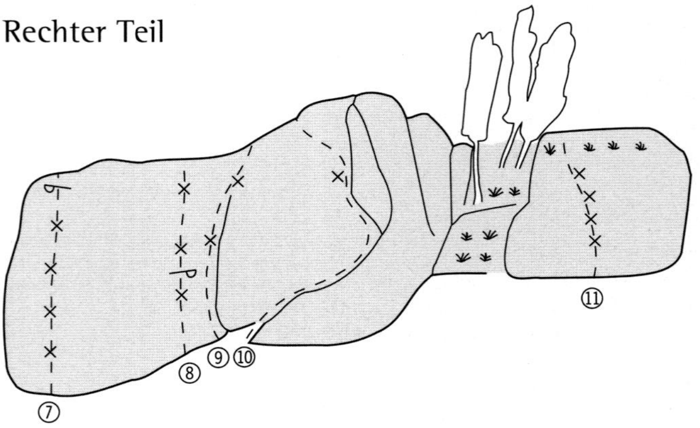

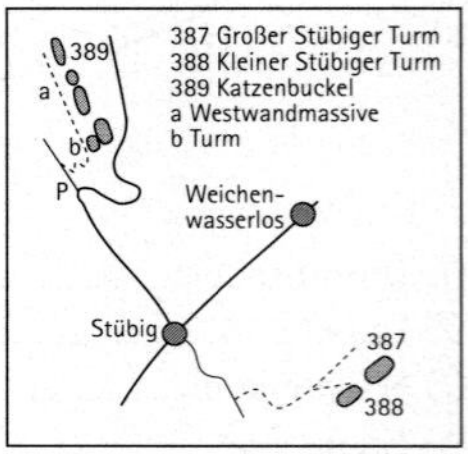

Zugang:
Von Stübig in Richtung Dörnwasserlos fahren und nach 1 km in einer scharfen Rechtskurve links abbiegen und parken. Kurz rechts hoch über Stufen zu den Felsen.
Übersichtskarte: 4 (Seite 18)
Besonderes:
An den westseitig gelegenen Felsen wird es nachmittags schön warm und sonnig. Viele leichte bis mittelschwere Touren.

① R 7 .... 9/9+
② R 6 .... 5 a1
③ R 5a *(ohne künstl. Griffe 8)*.......... 7+
④ R 5 5
⑤ R 4a 6
⑥ R 4 6-
⑦ R 1 6-
⑧ R 2 6
⑨ R 3 .... 4+
⑩ R 3a 4
⑪ R 3b 7

389b Katzenbuckel, Turm ☼

Hauptturm, Talseite (16 m, W)

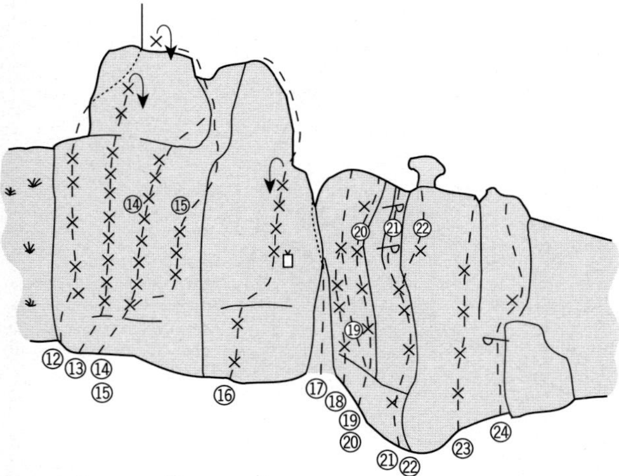

Nebenmassiv

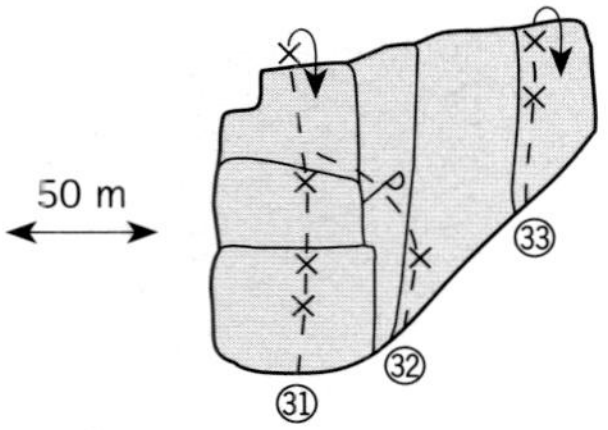

Hauptturm, Bergseite

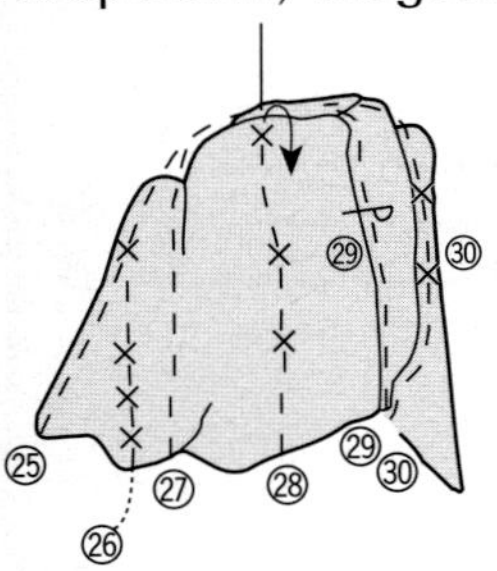

⑫ Linke Talseite .... 6+
⑬ Die Sucht der Träumer .... 7+
⑭ Karl Reinwald Ged.-Weg 7
⑮ Alte Talseite 6-
⑯ Brüchige Talseite 5
⑰ Talkamin 2
⑱ Up and away .... 8+
⑲ Westwand *(2. H von ⑳ einhängen)* 8-
⑳ Unentwegtenriß 7-
㉑ Südwestkante linker Ausstieg 7
㉒ Südwestkante .... 6+
㉓ Linke Südwand 6-
㉔ Rechte Südwand .... 4+
㉕ Südkante 3
㉖ Neue Ostwand .... 7+
㉗ Ostwand .... 3+
㉘ Kurze Ostwand .... 6+
㉙ Nordostkante .... 5+
㉚ Nordwand 5
㉛ R 1 5
㉜ R 2 5
㉝ R 3 5

390 Alpenvereinswand (25 m, S)

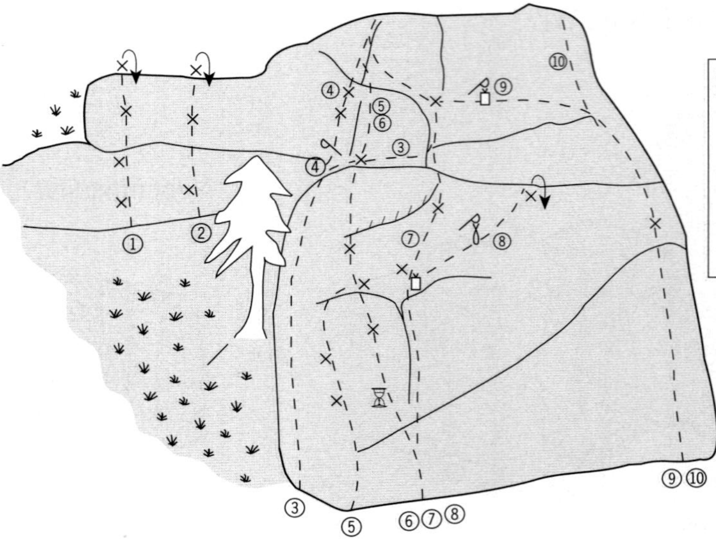

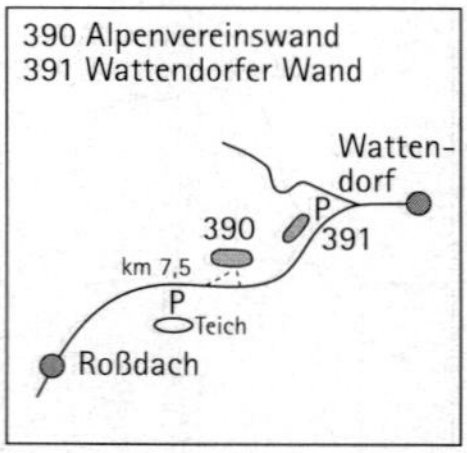

Zugang:
Parken 1,4 km talaufwärts vom Ortsende von Roßdach. Zwischen Leitungsmast Nr. 29 und 30 hochsteigen zur Wand.
Übersichtskarte: 4 (Seite 18)
Besonderes:
Klassisches Genußgebiet

① Mangled .... 8+
② Auterpa taxifolia 7-
③ Südwestkante .... 4+
④ Hard Rock 8-
⑤ Pfeilerweg .... 6+
⑥ Elefantenweg 7
⑦ Riß-Dachl-Weg .... 6+
⑧ ? 7-
⑨ Alter Weg .... 3+
⑩ Gerade Südostkante .... 3+

391 Wattendorfer Wand (10 m, SO)

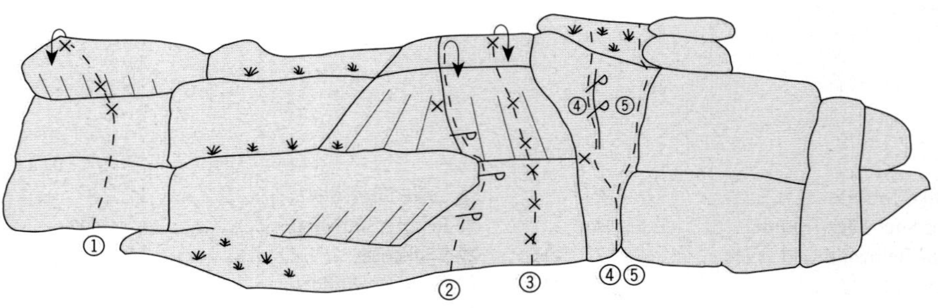

① Gummibär 8
② Wattendorfer Dach 9-
③ Flippo .... 8+
④ Riß 5 a1
⑤ Verschneidung 4

Zugang:
Von Stübig nach Wattendorf fahren und kurz vor Wattendorf links in Richtung Staffelstein abbiegen und gleich wieder links auf Parkplatz (vorher ist bereits die Wand links der Straße sichtbar). Auf der Straße zurück zur Wand.
Übersichtskarte: 4 (Seite 18)
Besonderes:
Die schweren Wege sind kurz und überhängend.

392 Ziegenfelder Wände ("Klinge")

Linker Wandteil (20 m, SO)

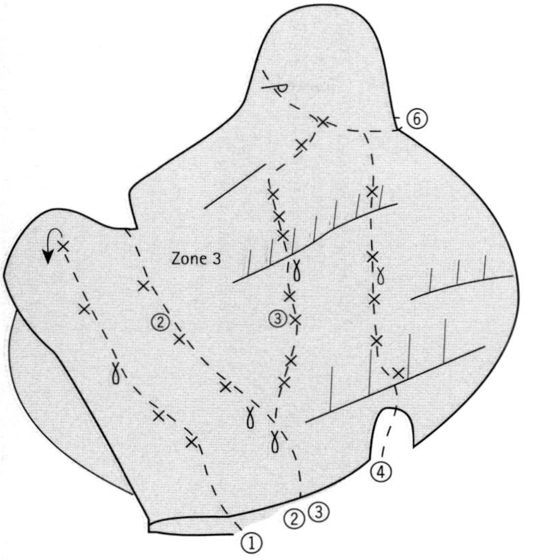

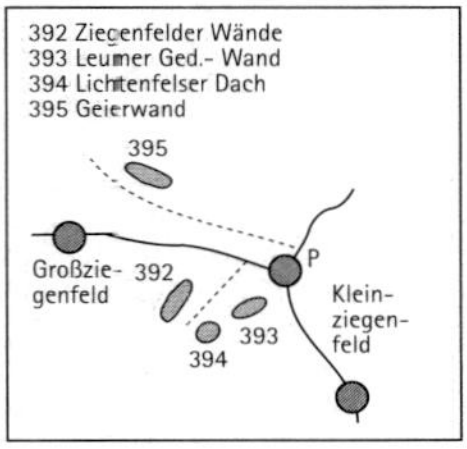

① Projekt
② Headline .... 9+
③ Space Invader (Weg der Arbeit) .... 10+/11-
④ Raise the Roof .... 10+
⑥ Großziegenfelder Weg 6

Zugang:
In Kleinziegenfeld abbiegen in Richtung Großziegenfeld und nach 100 m parken. Man folgt links einem Weg in ein Tälchen hinauf. Links oben im Wald steht die Leumer Ged.-Wand und etwas weiter oben das Lichtenfelser Dach. Gegenüber von ihm geht rechts ein Pfad zu den freistehenden Ziegenfelder Wänden.
Übersichtskarte: 4 (Seite 18)
Besonderes:
Mit der freien Begehung des ehemals technischen "Weg der Arbeit" hat Werner Thon eine Toproute an der Grenze zwischen zehntem und elften Grad geschaffen.
Die neue Kreation von Martin Elsässer „Raise the Roof" erhielt den Bewertungsvorschlag 10+. Nach allem, was man bisher weiß, dürfte diese Einstufung nicht zu hoch gegriffen sein. Genaues wird man erfahren, wenn die Route einige Wiederholungen bekommen hat.

392 Ziegenfelder Wände, rechter Teil ("Klinge"; 20 m, SO) ☼

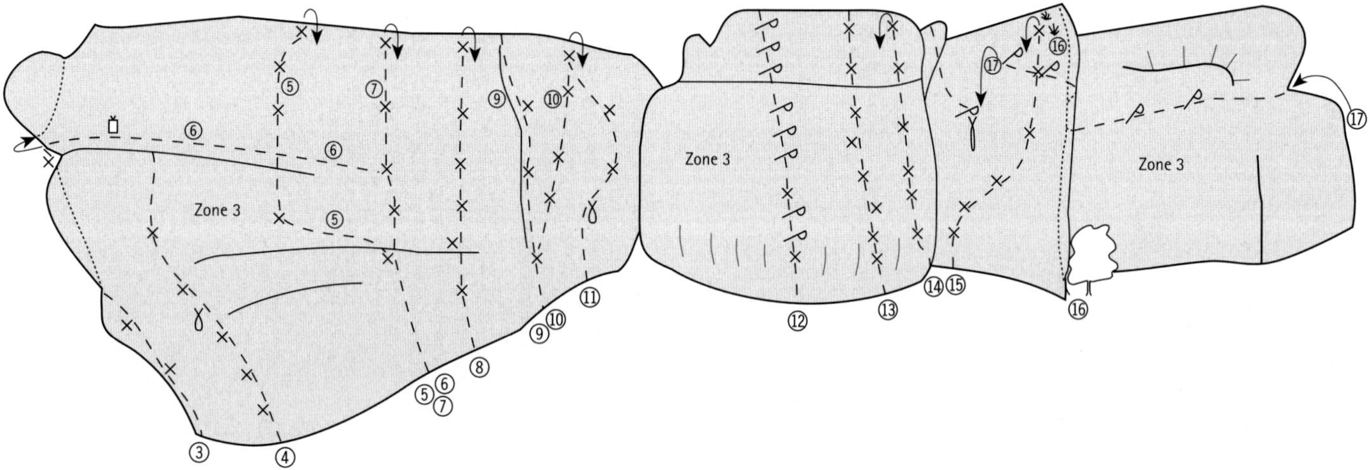

③ Space Invader (Weg der Arbeit) .... 10+/11-
④ Raise the roof .... 10+
⑤ Rasierklinge 9-/9
⑥ Großziegenfelder Weg 6
⑦ Saus und Braus 7
⑧ Basic Instinct 7
⑨ Gemeinschaftsweg 6
⑩ Stoneball 7-
⑪ More Balance than Power 7-
⑫ Herbstweg 5 a2
⑬ Projekt
⑭ Chicken Modul 9-/9
⑮ Knack und back 9-
⑯ Kamintaucher 3
⑰ Leo Maduschka Ged.-Weg 5 a2

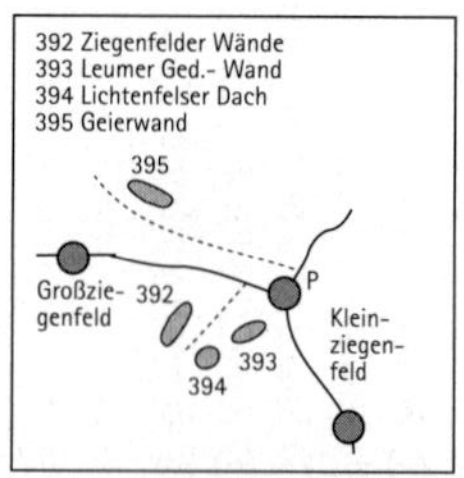

Zugang:
In Kleinziegenfeld abbiegen in Richtung Großziegenfeld und nach 100 m parken. Man folgt links einem Weg in ein Tälchen hinauf. Links oben im Wald steht die Leumer Ged.-Wand und etwas weiter oben das Lichtenfelser Dach. Gegenüber von ihm geht rechts ein Pfad zu den freistehenden Ziegenfelder Wänden.

Übersichtskarte: 4 (Seite 18)

Besonderes:
Mit der freien Begehung des ehemals technischen "Weg der Arbeit" hat Werner Thon eine Toproute an der Grenze zwischen zehntem und elften Grad geschaffen.

Die neue Kreation von Martin Elsässer „Raise the Roof" erhielt den Bewertungsvorschlag 10+. Nach allem, was man bisher weiß, dürfte diese Einstufung nicht zu hoch gegriffen sein. Genaues wird man erfahren, wenn die Route einige Wiederholungen bekommen hat.

393 Leumer Ged.-Wand (12 m, N)

Ziegenfelder Tal

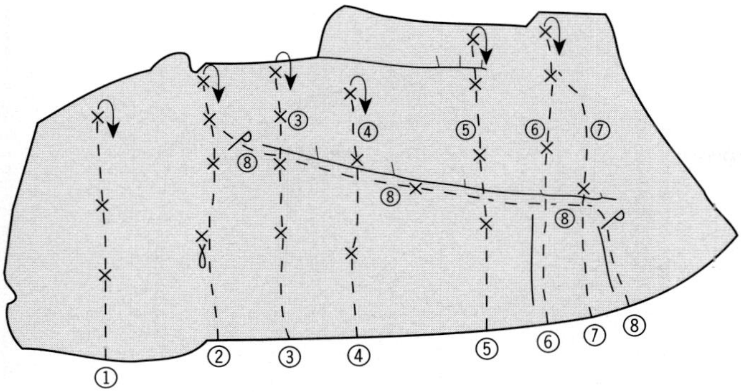

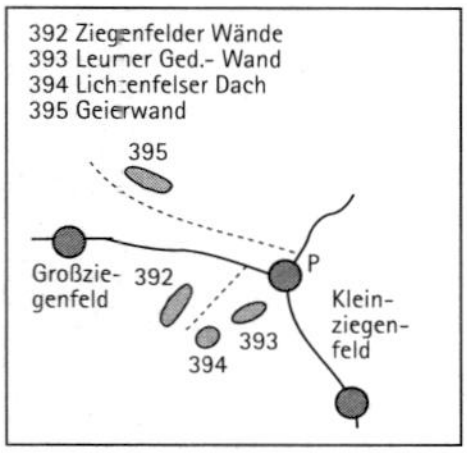

① Kalte Platte 7
② Third Kind of Blue..............................9-
③ Zitterfinger.......................................8-
④ Heiße Tasse 8
⑤ Exit ....7+
⑥ Close to the Edge 7-
⑦ Motivation Leck ....7+
⑧ Leumer Ged.-Weg 8-

394 Lichtenfelser Dach (15 m, N umd O)

Zugang:
In Kleinziegenfeld abbiegen in Richtung Großziegenfeld und nach 100 m parken. Man folgt links einem Weg in ein Tälchen hinauf. Links oben im Wald steht die Leumer Ged.-Wand und etwas weiter oben das Lichtenfelser Dach.
Übersichtskarte: 4 (Seite 18)

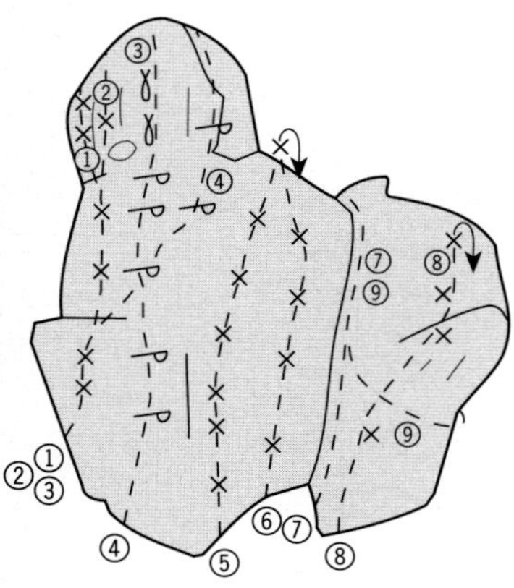

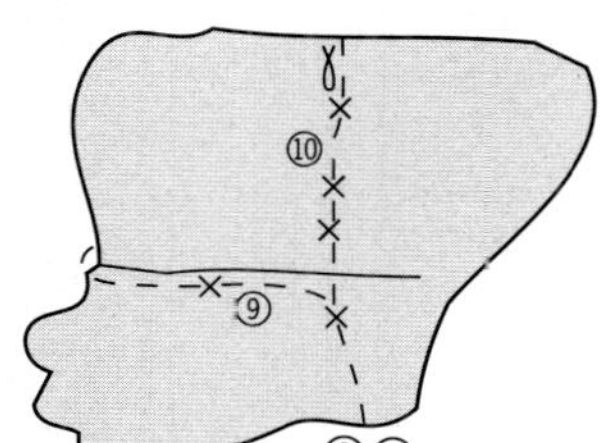

① Projekt
② Projekt
③ Lichtenfelser Dach (Peters G.-Weg)...9-
④ Ricardo Cassin Ged.-Weg.......................8-
⑤ Coburger Weg (Haringer Ged.-Weg)..7+
⑥ Löchel Geröchel 8-
⑦ Kamin...5
⑧ ?..8+
⑨ Martin Meier Ged.-Weg 5 a2
⑩ Ugo Tizzoni Ged.-Weg 9-

395 Geierwand (12 m, S)

Ziegenfelder Tal

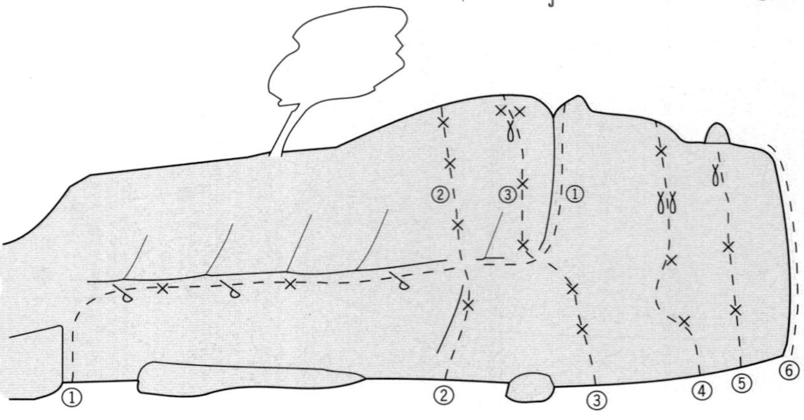

① Alter Weg 7
② Geierwalli 8-
③ Schlafmütze 7
④ Fingerbrecher 7
⑤ Nick spezial 7
⑥ Für Lisa .... 4+

Zugang:
Von Kleinziegenfeld in Richtung Weihersmühle, an der Abzweigung nach Großziegenfeld noch vorbei, 100 m danach links und parken. Das kleine Tal 500 m hinein laufen und rechts hoch zur Geierwand.
Übersichtskarte: 4 (Seite 18)

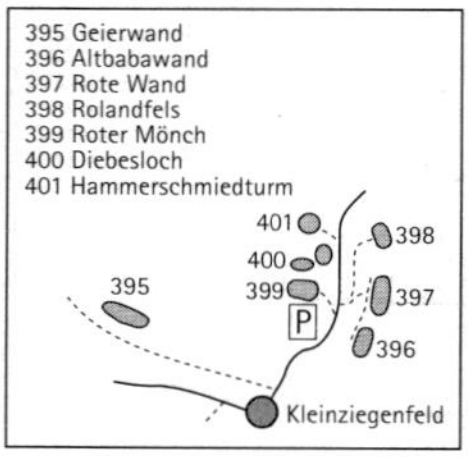

396 Altbabawand (26 m, W)

Nebenmassiv

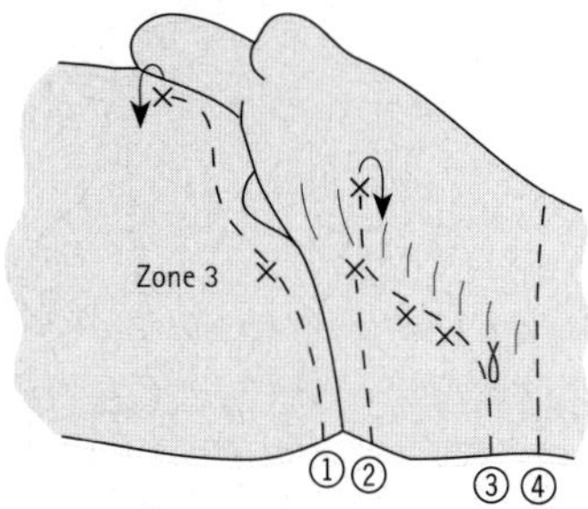

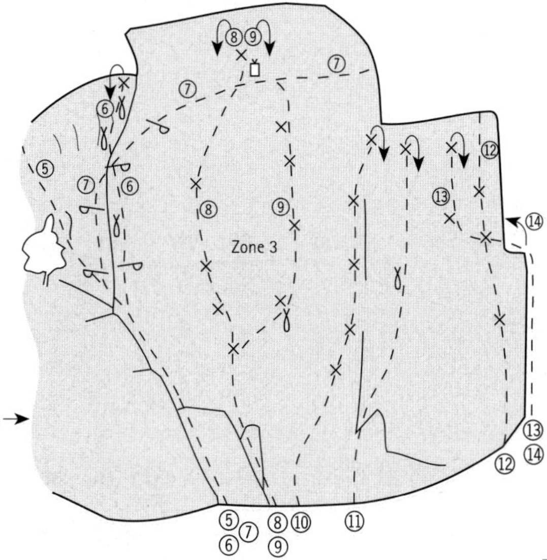

Südseite (17 m)

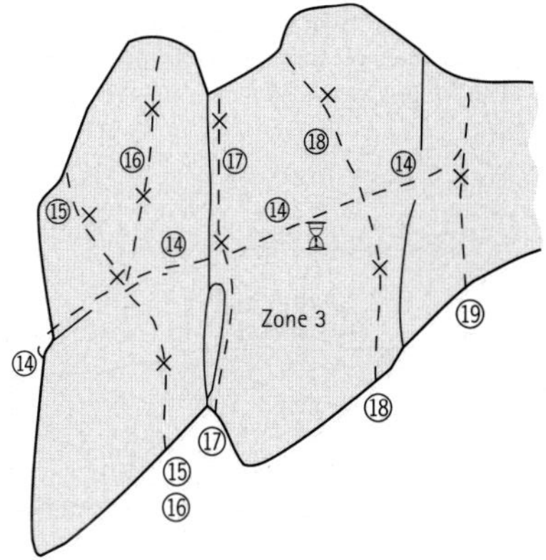

1. Fiechtl Ged.-Weg 4
2. Direkter Einstieg 8
3. Rebitsch Ged.-Weg 8
4. White Power ..... 6+
5. Rampenweg 3
6. Direkter Ausstieg ..... 6+
7. Altbabaquerung 7-
8. Coburger Weg ..... 8+
9. After Eight 10-
10. Natz Bramslinger ..... 6+
11. Spätlese ..... 6+
12. Hosenscheißer 7
13. Bamberger Weg 7-
14. Kulmbacher Weg ..... 5+
15. Nova 6
16. For you ..... 7+
17. AV-Kamin 4
18. Way of Schwuchtel 7-
19. ? ..... 5+

Zugang:
Von Kleinziegenfeld 500 m talabwärts (nördlich) und links der Straße parken. Auf Brücke über den Bach und hoch zu den Felsen. Rechts steht die Altbabawand, links davon die mächtige Rote Wand.
Übersichtskarte: 4 (Seite 18)

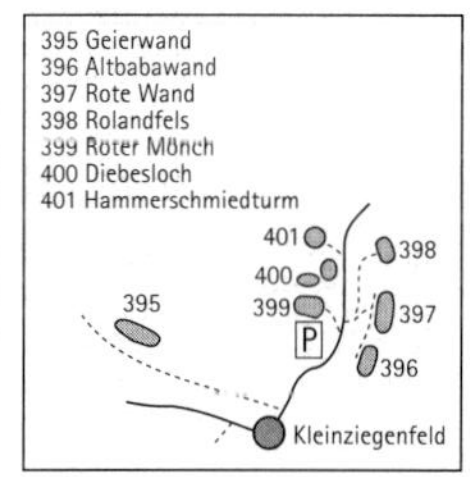

397 Rote Wand (bis 40 m, W)

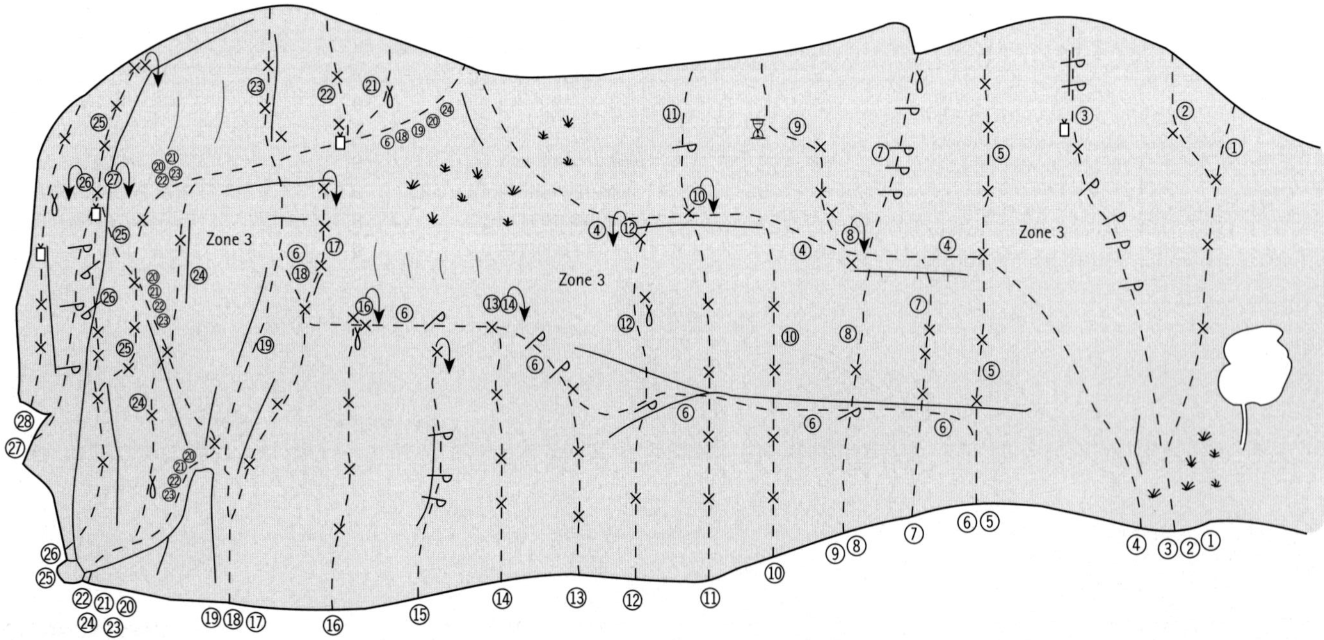

Zugang:
Von Kleinziegenfeld 500 m talabwärts (nördlich) und links der Straße parken. Auf Brücke über den Bach und hoch zu den Felsen. Rechts steht die Altbabawand, links davon die mächtige Rote Wand.
Übersichtskarte: 4 (Seite 18)
Besonderes:
Sehr große Auswahl an lohnenden mittelschweren Routen

① Reinhard Karl Ged.-Weg .... 5+
② Variante 6-
③ Knupper Ged.-Weg 7
④ Gipfelstürmerweg .... 3+
⑤ Voice of Miles Davis 8-
⑥ FBB-Querung 7-
⑦ Direkter Gipfelstürmer (1. SL 6+) 8
⑧ Patoffelheld 7
⑨ Direktausstieg 8
⑩ WAA .... 7+
⑪ Magnum Opus .... 7+
⑫ John Lennon 8-
⑬ In Liebe für Gundi 7-
⑭ Blutblase .... 8+
⑮ Schauervariante 7
⑯ Brothers in Arms 8
⑰ Direkter Coburger Weg .... 6+
⑱ Coburger Weg (Direkter FBB-Weg) ... 7-
⑲ Rotwandvariante 6-
⑳ Alte Rotwand 6-
㉑ Rotwand, rechter Ausstieg 7-
㉒ Rotwand, mittlerer Ausstieg 6
㉓ Rotwand, linker Ausstieg .... 8+
㉔ Supercrack of Ziegenfeld .... 7+
㉕ Sachsendreier 8
㉖ Stößerkante .... 7+
㉗ Grufty .... 7+
㉘ Willi Merkel Ged.-Weg 7-

398 Rolandfels (27 m, SW)

Kleinziegenfelder Tal

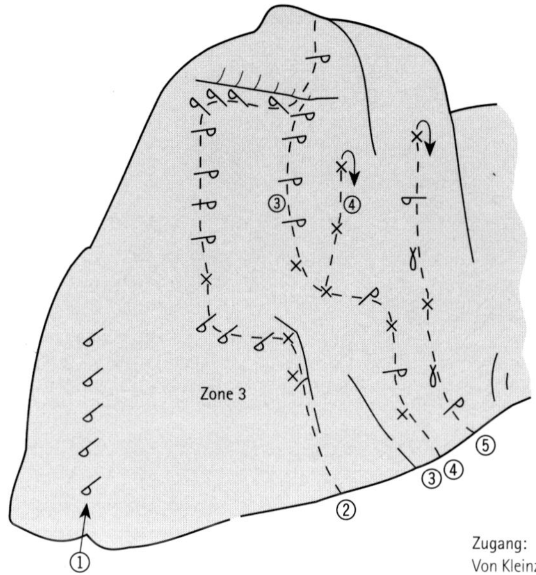

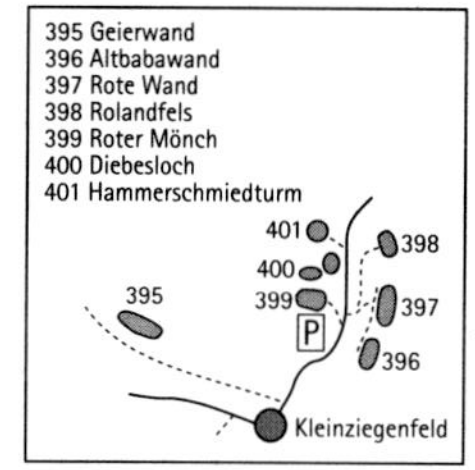

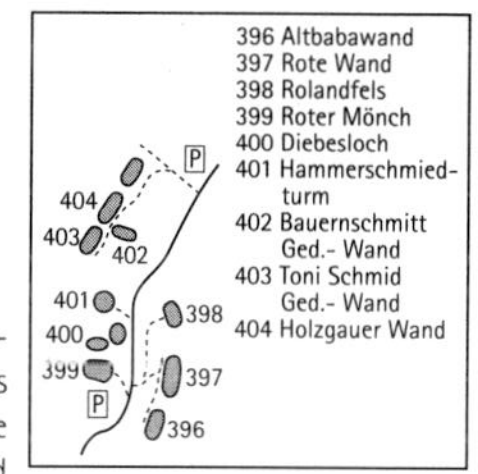

① Problemweg *(alte Haken)* .... 5+ a2
② Hofer Weg 8
③ Nick Kneupp Ged.-Weg 6 a2
④ ? 9-
⑤ Jojo .... 7+

Zugang:
Von Kleinziegenfeld 500 m talabwärts (nördlich) und links der Straße parken. Auf Brücke über den Bach. Oben im Wald steht rechts die Altbabawand, links davon die mächtige Rote Wand. Zum Rolandfels steigt man nicht gleich hoch, sondern geht nach der Brücke einige 100 m talabwärts und dann rechts hoch zu den Einstiegen.
Übersichtskarte: 4 (Seite 18)

Besonderes:
Zweifelhafte Felsqualität; Ausnahme: Jojo. Weiter rechts steht ein „Rondell" mit Projekten.

399 Roter Mönch

Tal- und Südseite (12-28 m)

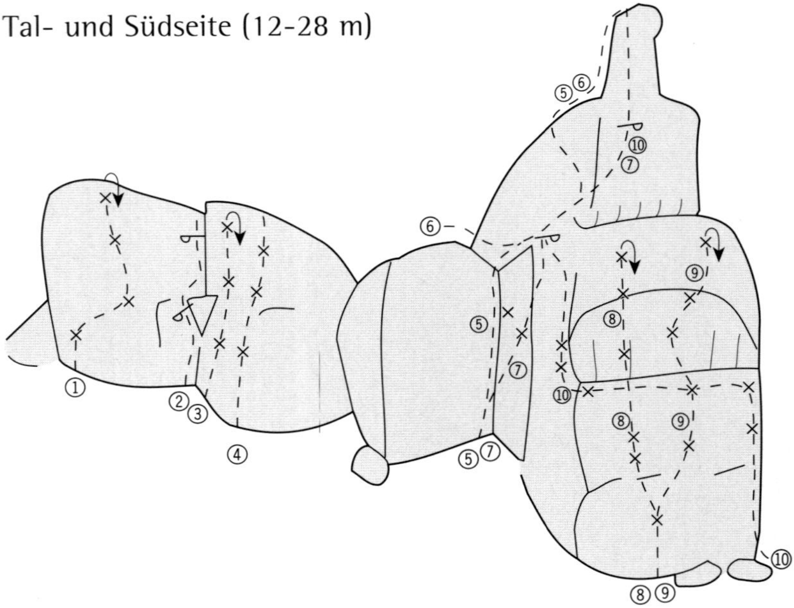

① Der Name der Rose 8
② Emilio Comici Ged.-Weg 6
③ Grisv 7-/7
④ Löchlesweg...6+
⑤ Kulmbacher Weg 4
⑥ Bergseite...3
⑦ Karl Hetz Ged.-Weg.................................6+
⑧ ?...8+
⑨ Freundschaftsweg (Kuttenbrunzer)....8-
⑩ Klosterweg..6+

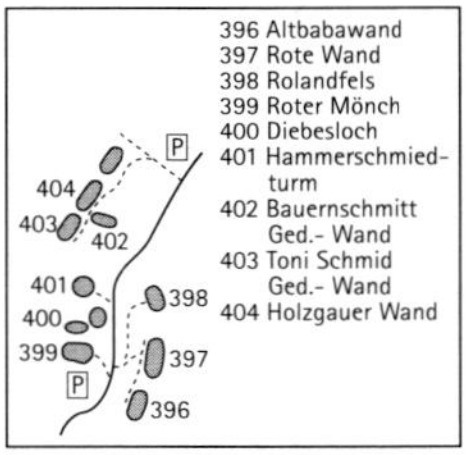

Zugang:
Von Kleinziegenfeld 500 m talabwärts (nördlich) und links der Straße parken. Links hoch zu den Felsen.
Übersichtskarte: 4 (Seite 18)

Bild Seite 483: Melanie Wilde klettert „Mephisto“ (9-) an der Toni Schmid Ged.-Wand

399 Roter Mönch

Nordseite (28 m)

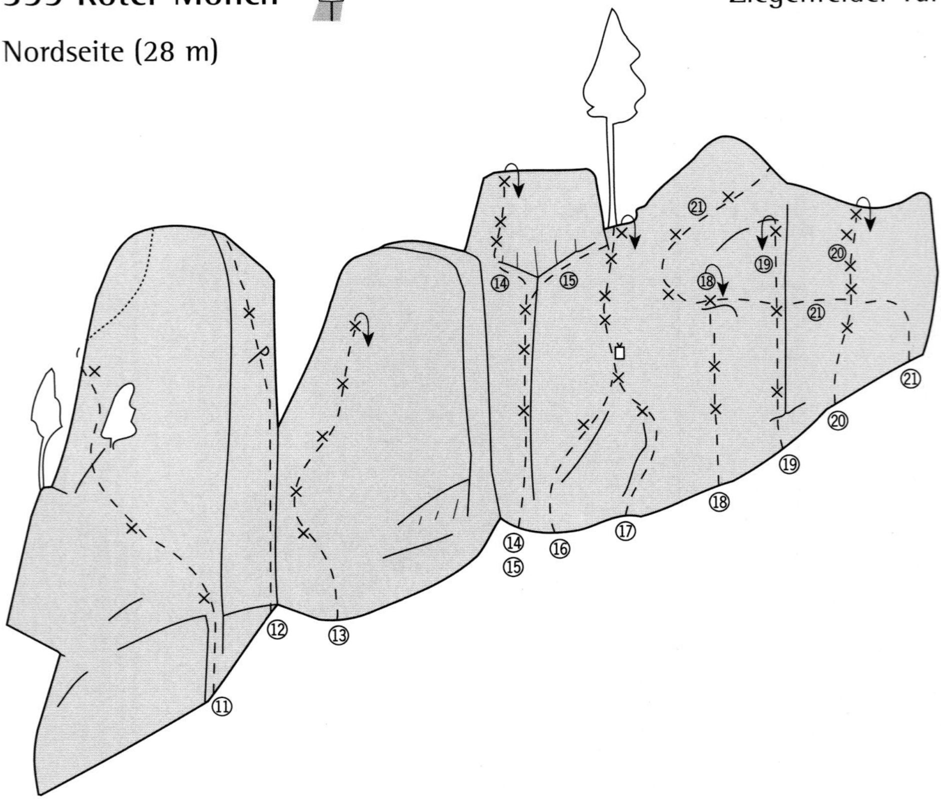

- ⑪ Talweg 6-
- ⑫ Ki now rauf Weg..5
- ⑬ Luja sog i, mei Manna mog i.................7+
- ⑭ Enzianriß..5+
- ⑮ Verbindungsweg ....6+
- ⑯ Adlersteig...6+
- ⑰ Einstiegsvariante ....6+
- ⑱ Spitzentanz 7-
- ⑲ Baumdirettissima ....6+
- ⑳ Der Mönch und die geile Nonne..........7+
- ㉑ Edelweißsteig 6-

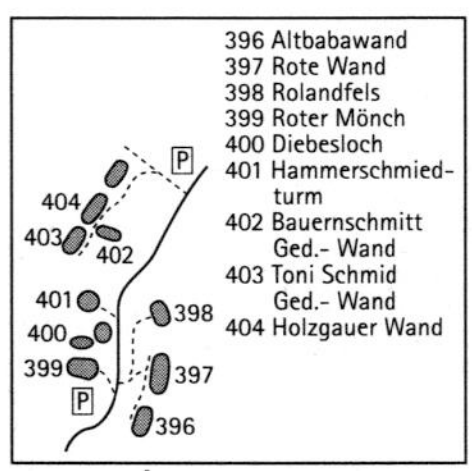

Bild Seite 485: Melanie Wilde im „Coburger Weg“ (8+) an der Altbabawand

400 Diebesloch, unteres Massiv (14 m, O) — Ziegenfelder Tal

Zugang:
Von Kleinziegenfeld 500 m talabwärts (nördlich) und links der Straße parken. Links oben steht der Rote Mönch. Noch 200 m talabwärts zu den Felsen direkt an der Straße.
Übersichtskarte: 4 (Seite 18)

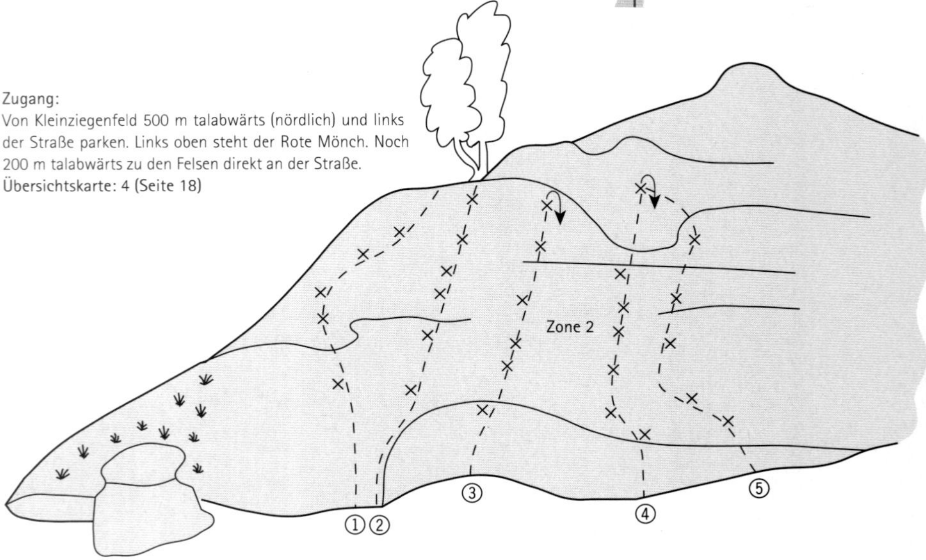

Oberes Massiv (12 m, N)

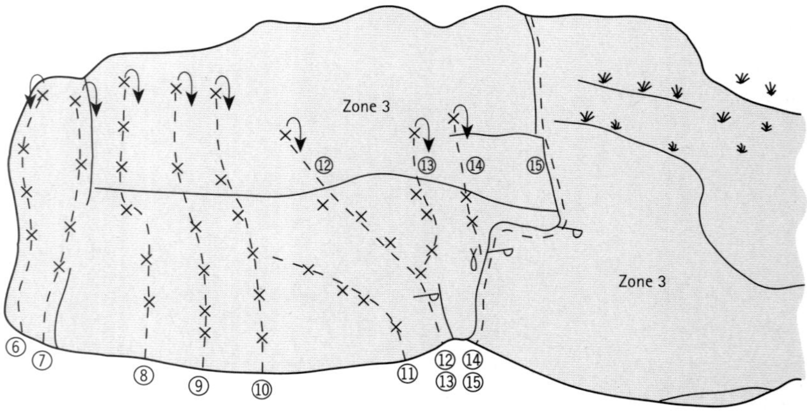

① Stonehenge .... 8+
② Liebesspiele .... 7+
③ ? 8-
④ Kleine Mary .... 7+
⑤ Enterprise one 7-
⑥ Jazzy Grooves .... 7+
⑦ Tales of Mystery and Imagination 7
⑧ Blutspur 8-
⑨ Sledge Hammer 9-
⑩ Beavis and Butthead 9-/9
⑪ King Louis 9-/9
⑫ Quergang .... 7+
⑬ Franken Pranken 8-
⑭ Last Innocence 8-
⑮ ? 6

401 Hammerschmiedturm (30 m, S und O) Ziegenfelder Tal

Sperrung:
Vom 1.2. bis 30.6. wegen Vogelschutz

① Vajoletweg 6 a2
② Reise zum Regenbogen..........................8-
③ Südostwand 6
④ Girglweg..7-
⑤ Höhlenweg 9-
⑥ Projekt
⑦ Cross Roads...6+
⑧ Pachtner Ged.-Weg 7
⑨ Schlingenklauweg ....5+
⑩ Hochlandweg...5+

Zugang:
Von Kleinziegenfeld 500 m talabwärts (nördlich) und links der Straße parken. Auf der Straße noch 300 m talabwärts und links hoch zum gut sichtbaren Felsen.
Übersichtskarte: 4 (Seite 18)
Besonderes:
Interessante Touren in mittleren Schwierigkeitsgraden, etwas alpin.

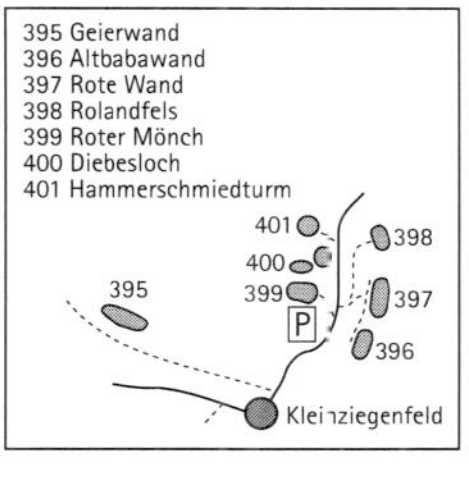

403 Toni Schmid Ged.-Wand (23 m, SO)

404 Holzgauer Wand (ganz links)

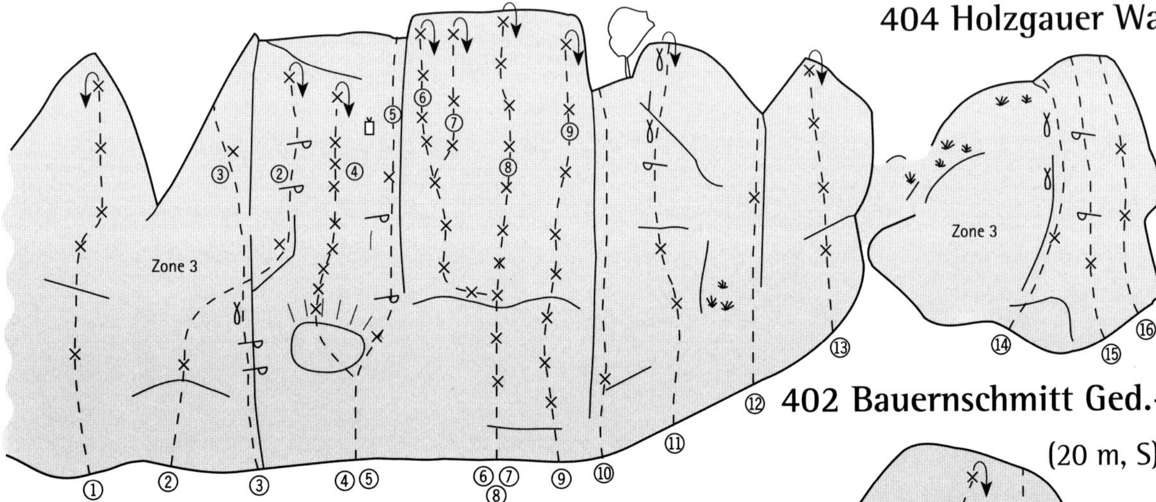

402 Bauernschmitt Ged.-Wand

(20 m, S)

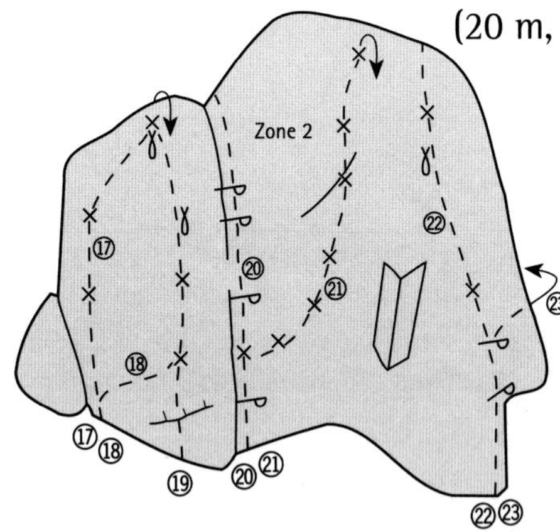

① Projekt
② Schleifentrick .... 8+
③ Neuer Riß .... 6+
④ Projekt
⑤ Höhlenweg .... 7+
⑥ Mephisto 9-
⑦ Hang loose .... 8+/9-
⑧ Red skies over paradise 10-
⑨ Mambo Cavallero 9-
⑩ Vergessener Riß 7-
⑪ Gundi's Wunsch .... 7+
⑫ Familienriß 4

⑬ Henkel Geplänkel 7
⑭ Adios a la Pasada .... 7+
⑮ Trane .... 7+
⑯ Gasp 7
⑰ Krise 7
⑱ Back to the Beginning 8-
⑲ Direkter Einstieg 9-
⑳ Dülferriß 6- a1
㉑ Baumarkttour .... 9/9+
㉒ Macker 8
㉓ Bauernschmitt Ged.-Weg 6 a1

Zugang:
Parken 1 km talabwärts von Kleinziegenfeld links der Straße. Kurz auf Weg in den Wald und nicht direkt hoch zur Luisenwand, sondern links haltend weiter zur langgestreckten Holzgauer Wand. An ihr linkes Ende schließt sich die Toni Schmid Ged.-Wand an. Rechts unterhalb von ihr steht die Bauernschmitt Ged.-Wand.
Übersichtskarte: 4 (Seite 18)

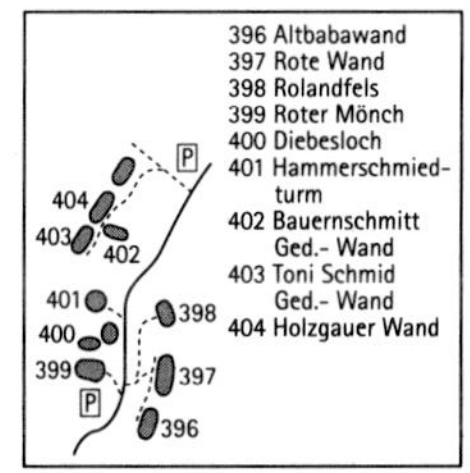

404 Holzgauer Wand, linker Teil (24 m, SO)

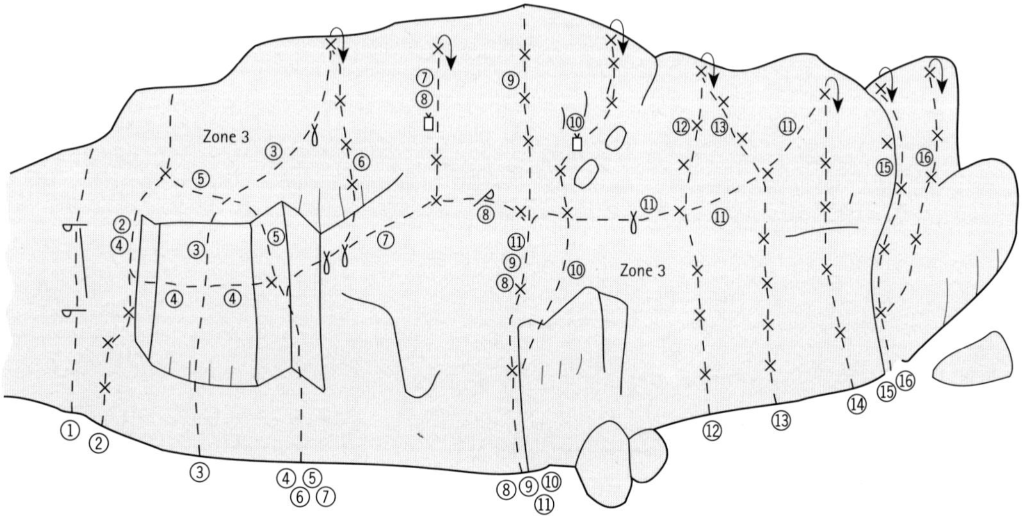

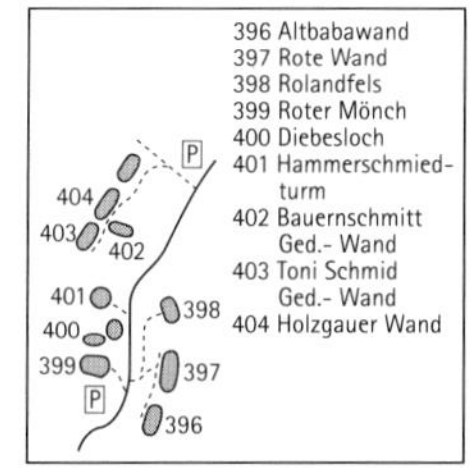

① Linke Verschneidung 6
② Holzgauer Verschneidung .... 5+
③ Angst im Nacken (Haken fehlen) .... 7+ !
④ Alte Südwand .... 5+
⑤ Variante 6
⑥ Direktausstieg 8-
⑦ Variante 7-
⑧ Dohlenweg 7-
⑨ Variante 9-
⑩ Höhlenweg .... 7+
⑪ Klöpfel Ged.-Weg 7
⑫ V.l.g.m. 8
⑬ Ostwand 8-
⑭ Für Charles Mingus 8-
⑮ Ostriß 6-
⑯ Variante 8-

Zugang:
Parken 1 km talabwärts von Kleinziegenfeld links der Straße. Kurz auf Weg in den Wald und nicht direkt hoch zur Luisenwand, sondern links haltend weiter zur langgestreckten Holzgauer Wand. An ihr linkes Ende schließt sich die Toni Schmid Ged.-Wand an. Rechts unterhalb von ihr steht die Bauernschmitt Ged.-Wand.

Übersichtskarte: 4 (Seite 18)

Besonderes:
Letzte Meldung: An der weiter rechts gelegenen Luisenwand werden soeben neue Routen eingerichtet. Hierbei handelt es sich vor allem um leicht, gut gesicherte Wege (werden in der nächsten Auflage erfasst).

404 **Holzgauer Wand**, rechter Teil (25 m, SO)

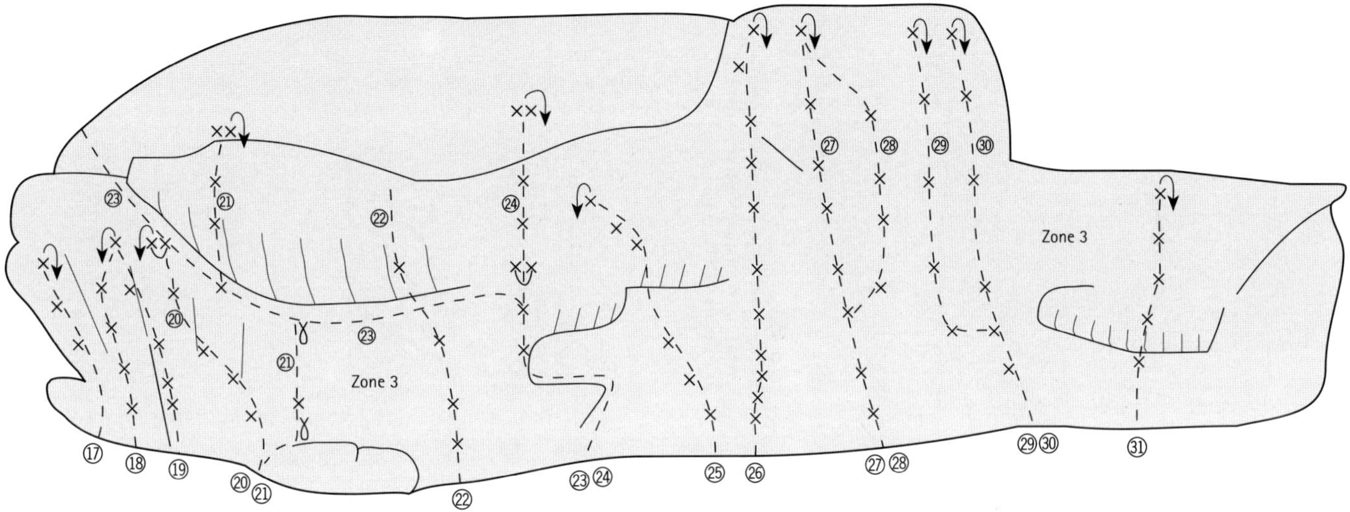

⑰ Milchstraße	9+	
⑱ Snatch away	10-	
⑲ Max und Moritz	10	
⑳ Blow Job	10-	
㉑ Plastikfieber	10-/10	🍺
㉒ Projekt		
㉓ Holzgauer Dach	8	
㉔ Casablanca	10-	🍺
㉕ Lancelot	10-	🍺
㉖ Highlander	10-	🍺
㉗ Nikita	10-	🍺
㉘ Desmos	10+	🍺
㉙ Projekt		
㉚ Nimue	9-	🍺
㉛ Copa Banana	9-	

Besonderes:
Der rechte Wandteil der Holzgauer Wand hat sich zu einem Paradies für Leute, die den zehnten Grad beherrschen entwickelt.

405 Weihersmühler Wand (20 m, S) ☼ Ziegenfelder Tal

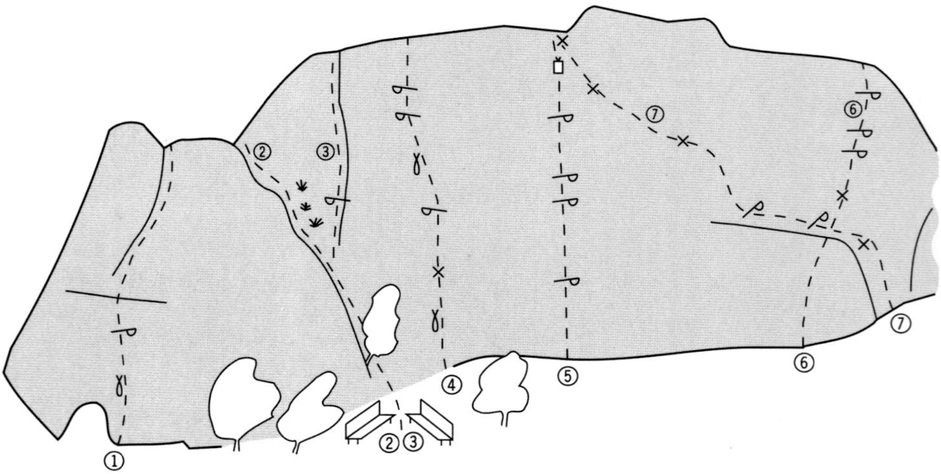

① Dornenweg .... 5+ a1
② Rampe 2
③ Narrenriß 7-
④ Weihersmühler Weg .... 7+
⑤ Solidaritätsweg 7
⑥ Muffensausen 8-
⑦ Franz Fischer Ged.-Weg 7-

Zugang:
Am nördlichen Ausgang von Weihersmühle über den Weismain und am Fluß entlang 100 m weiter zur Wand.
Übersichtskarte: 4 (Seite 18)

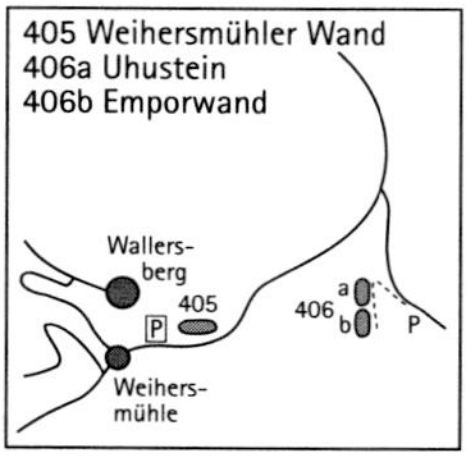

406b Emporwand (22 m, 0) Ziegenfelder Tal

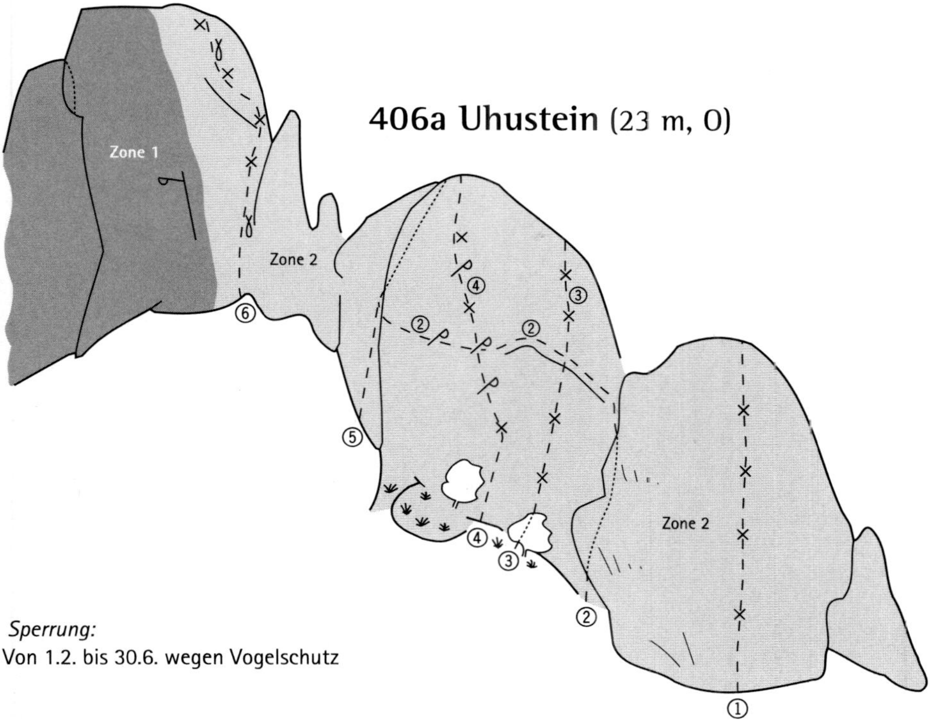

Sperrung:
Von 1.2. bis 30.6. wegen Vogelschutz

① Schlechte Karten ....7+
② Weidener Steig...6-
③ Klerryfax...8
④ Human Nature 9
⑤ Kamin..4
⑥ Neuer Weg ....6+

Zugang:
Von Weihersmühle talabwärts fahren und nach 1,3 km rechts hoch Richtung Weiden; nach 400 m parken und rechts steilen Hang hoch zu den Felsen.
Übersichtskarte: 4 (Seite 18)
Besonderes:
Senkrechte Wandkletterei; schöne Linien.

Bilder auf den Seiten 494/495: Martin Elsässer klettert „Raise the Roof" (1. Begehung; Bewertungsvorschlag 10+) an den Ziegenfelder Wänden

407 Krassacher Türme Nordseite (15 m)

Unterer Turm

Oberer Turm

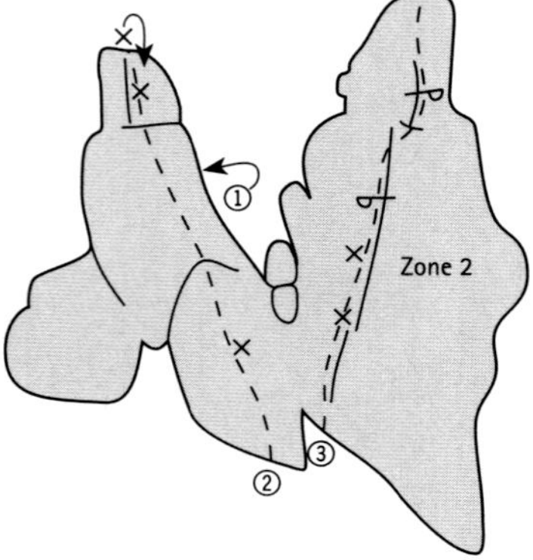

Zugang:
Von Weismain nach Neudorf und dort beim Feuerwehrhaus parken. Auf Feldweg 800 m nach Süden und dort, wo er nahe an den Wald herankommt noch ein Stück am Waldrand entlang und auf Steigspuren rechts absteigen zu den Felsen. Man kommt zuerst zu den Krassacher Türmen. Die Lage der weiteren Massive ist leicht der Skizze zu entnehmen.
Übersichtskarte: 4 (Seite 18)
Besonderes:
Das Bärental ist ein typisches klassisches Klettergebiet mit eindeutigem Schwerpunkt bei leichten und mittelschweren Routen.

Oberer Turm Talseite (18 m, W)

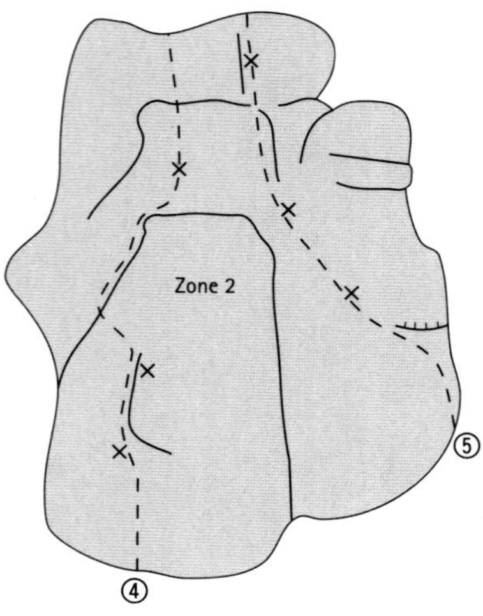

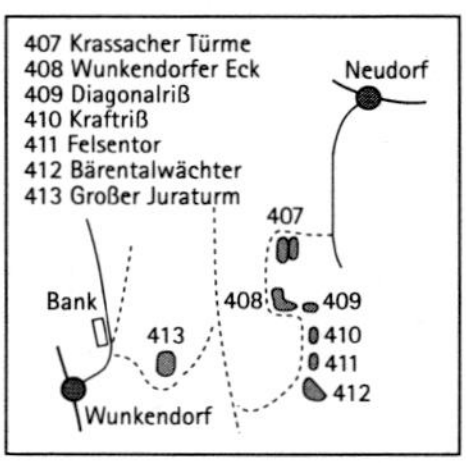

① Bergseite..2
② Nordwestkante..3
③ Nordriß..7+
④ Westwand...6
⑤ Rampe..6

408 Wunkendorfer Eck (bis 20 m, S und W)

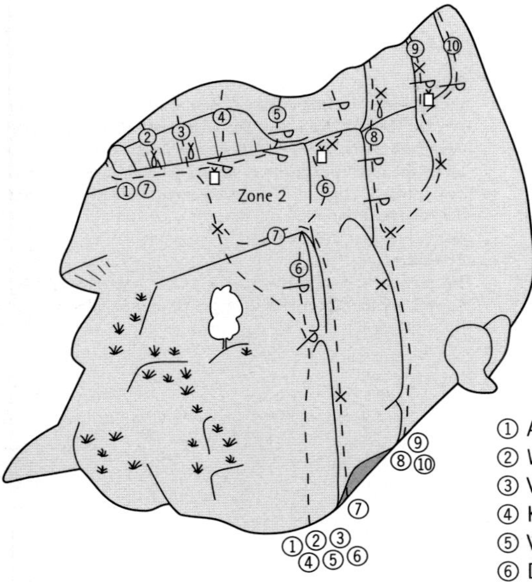

① Alte Westwand .... 5+
② Warmer Kaffee .... 6+
③ Veni Vidi Vici 7
④ Kalter Kaffee 5 a3
⑤ Variante .... 6+
⑥ Direkte Westwand .... 6+
⑦ Rißkamin 5
⑧ Südriß .... 7+
⑨ Makalu 7-
⑩ Variante .... 6+ a1

409 Diagonalriß (16 m, S)

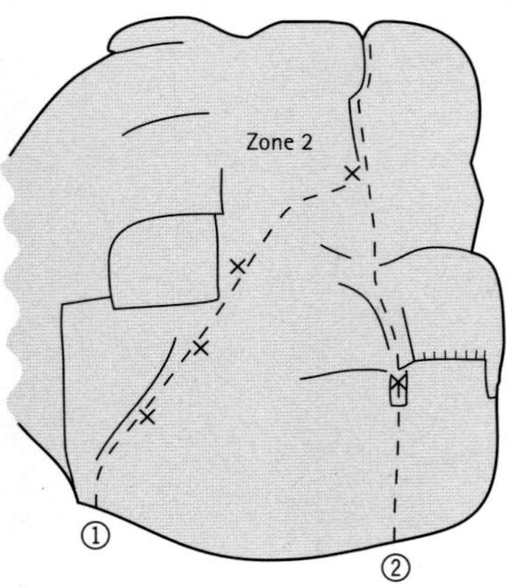

① Diagonalweg 5-
② Südwand .... 5+

410 Kraftriß (15 m, W)

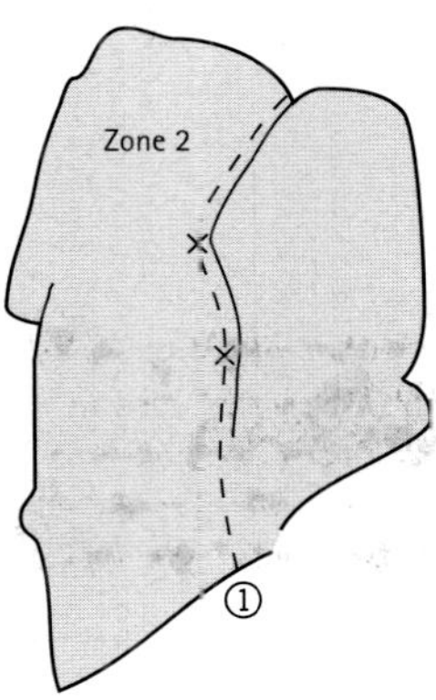

① Kraftriß 6-

411 Felsentor Bergseite (10 m, O)

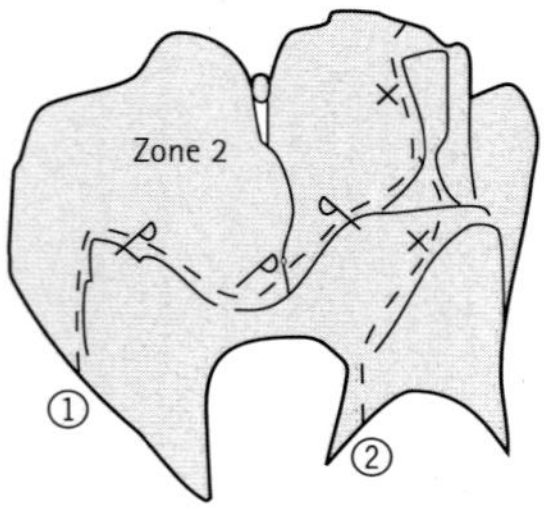

Zugang:
Von Weismain nach Neudorf und dort beim Feuerwehrhaus parken. Auf Feldweg 800 m nach Süden und dort, wo er nahe an den Wald herankommt noch ein Stück am Waldrand entlang und auf Steigspuren rechts absteigen zu den Felsen. Man kommt zuerst zu den Krassacher Türmen. Die Lage der weiteren Massive ist leicht der Skizze zu entnehmen.
Übersichtskarte: 4 (Seite 18)
Besonderes:
Das Bärental ist ein typisches klassisches Klettergebiet mit eindeutigem Schwerpunkt bei leichten und mittelschweren Routen.

Talseite (16 m, W)

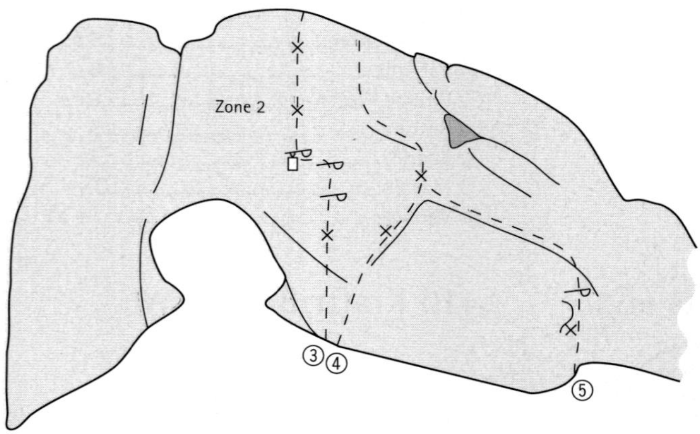

① Felsentorweg .... 6+
② Elefantenrüssel... 4
③ Hanni Kerschbaum Ged.-Weg 7
④ Westwand.. 4-
⑤ Felsentorquergang .... 6+

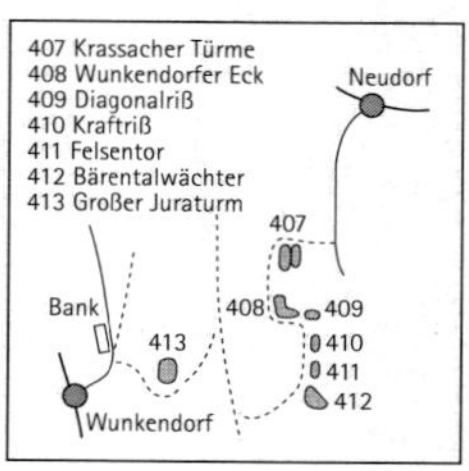

412 Bärentalwächter Nordwestseite (25 m)

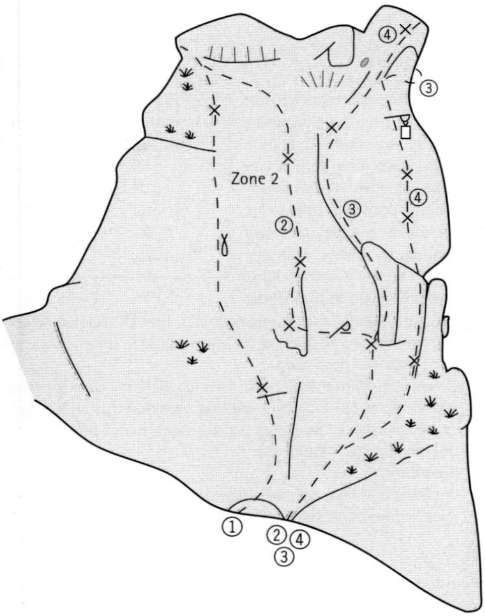

① Dreckfingerweg 6
② Klötzer Ged.-Weg 7-
③ Westverschneidung 6-
④ Neue Südwand .... 7+
⑤ Alte Südwand 6 a1
⑥ Langer Weg .... 5+
⑦ Sergio Albertini direkt .... 7+
⑧ Sergio Albertini Ged.-Weg .... 6+
⑨ Ostriß (oben verwachsen) .... 5+

Südostseite (25 m)

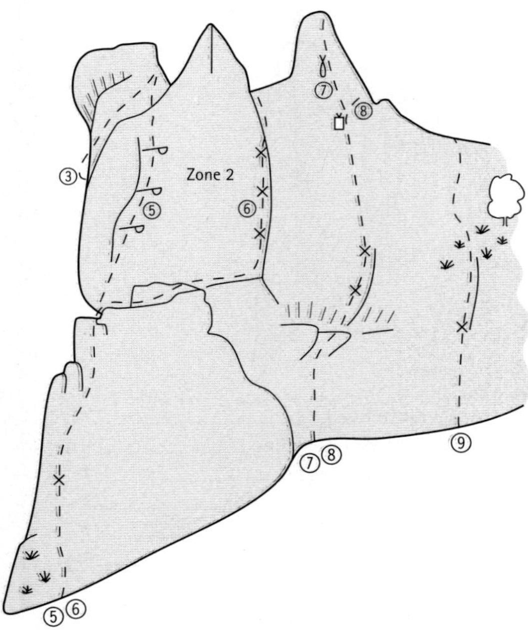

413 Großer Juraturm

Nordseite (20 m)

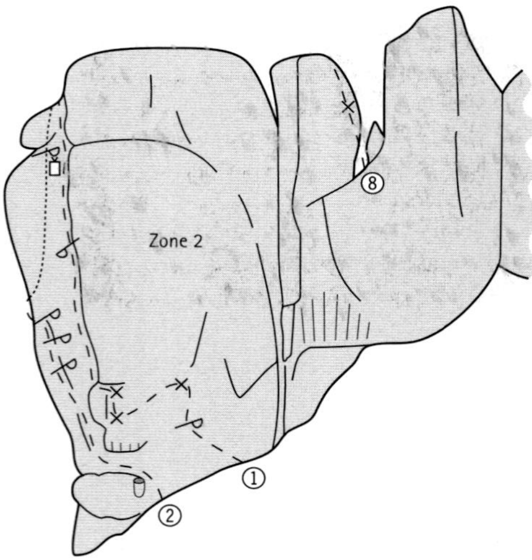

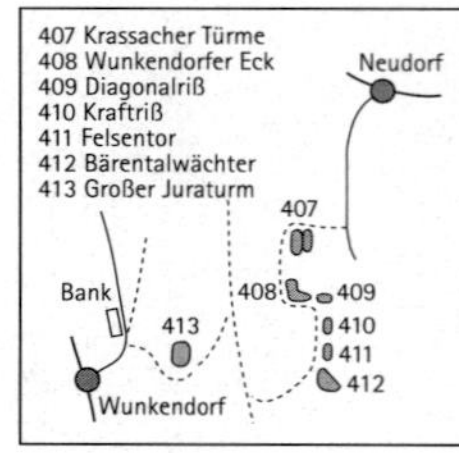

Zugang:
a) Von Weismain nach Neudorf und dort beim Feuerwehrhaus parken. Auf Feldweg 800 m nach Süden und dort, wo er nahe an den Wald herankommt noch ein Stück am Waldrand entlang und auf Steigspuren rechts absteigen zu den Felsen. Vorbei an Krassacher Türmen, Wunkendorfer Eck und Felsentor zum Bärentalwächter. Hier absteigen zu einem Wanderweg und diesem auf die andere Talseite folgen. Kurz den Hang empor zu den Felsen.
b) Parken in Wunkendorf und in östlicher Richtung einer Schotterstraße folgen. Bei einer Bank mit Wegweisern rechts in den Wald, ca. 100 m nach rechts queren und absteigen zu den Felsen.
Übersichtskarte: 4 (Seite 18)
Besonderes:
Das Bärental ist ein typisches klassisches Klettergebiet mit eindeutigem Schwerpunkt bei leichten und mittelschweren Routen.

Talseite (22 m, O)

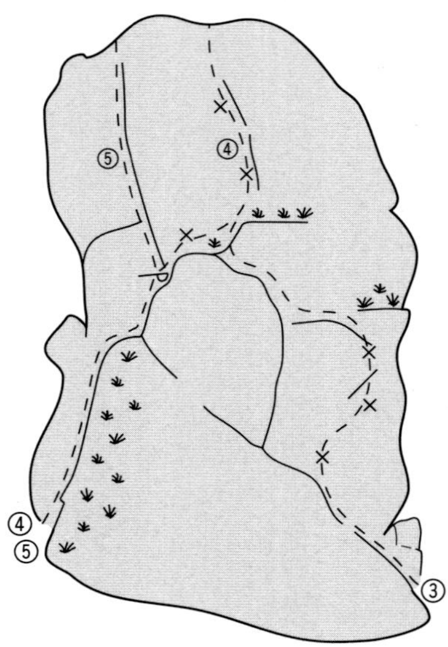

Südseite (15 m)

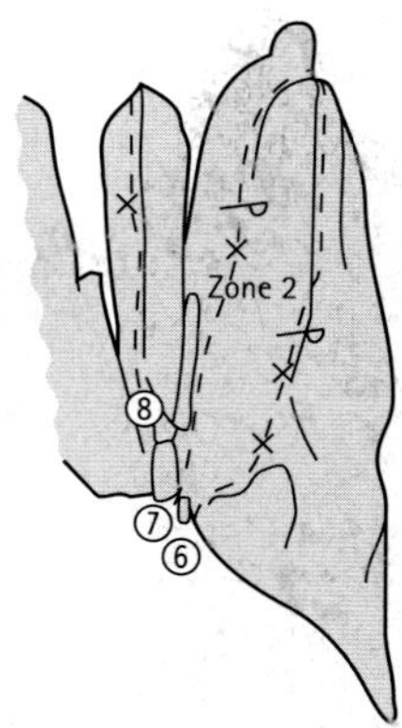

① Klosterweg .... 7+
② Nordverschneidung 6 a1
③ Direkte Talwand 7
④ Talriß 7
⑤ Südostriß 7
⑥ Südkante 5 a1
⑦ Tölzer Weg 5
⑧ Kamin 4

414 Regenwand (9 m, S)

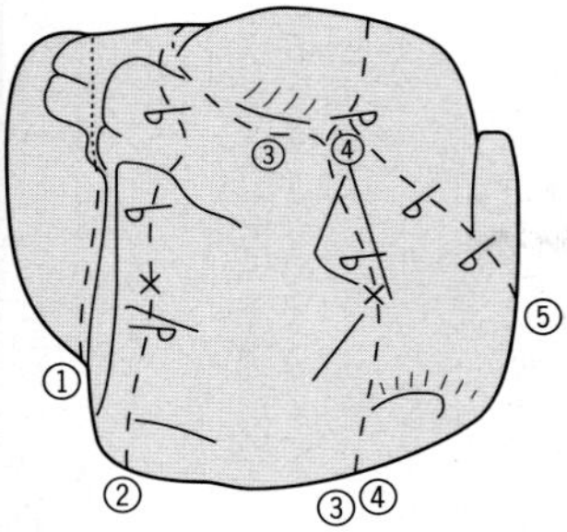

Zugang:
Parken in Niesten. Am Ortsende zweigt in einer Haarnadelkurve der Weg zum Klettergebiet ab. In das Tal hinein und nach 300 m links hoch zum rechten Ende der Niestener Wand. Folgt man dem Pfad unterhalb der Wand in Richtung Niesten, so gelangt man zur Sonnenwand. Steigt man auf zu einem Wanderweg, der oberhalb der Felsen verläuft, so gelangt man in 2 min zur Regenwand. Diese kann man auch erreichen, indem man von Niesten in Richtung Görau fährt, bei der Abzweigung zur Burgruine parkt und von dort zum Aussichtspunkt geht.
Übersichtskarte: 4 (Seite 18)
Besonderes:
Meist leichtere Routen in sonnigen Südwänden

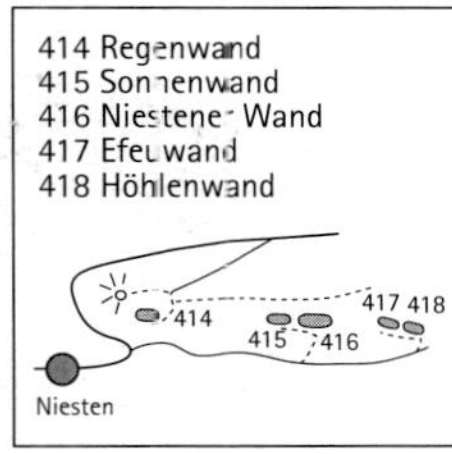

① Burgkamin .... 4+
② Hakenleiter 6 a2
③ Querung 6 a1
④ Ritterriß 6 a2
⑤ Stachelbeerweg 5 a0

415 Sonnenwand (10 m, S)

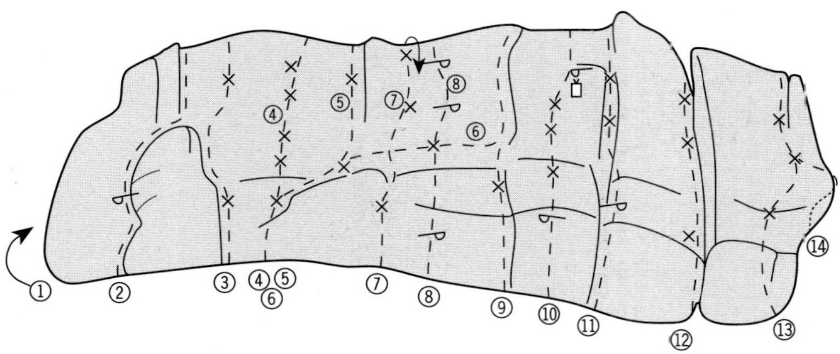

① Rauhe Spur .... 4+
② Baumstumpfweg 3
③ Zillertalerweg 5
④ Way of Wombel 7
⑤ Wanne 6-
⑥ Saenger Ged.-Weg 4
⑦ Direkte Wanne 7-
⑧ Luc 7
⑨ Direkter Saenger Ged.-Weg .... 5+
⑩ Schmankerl 7-
⑪ Sonnenriß 5
⑫ Knochenriß .... 5+
⑬ Hedwig's Alptraum 7
⑭ Fensterkante 6

416 Niestener Wand (12 m, S) ☼

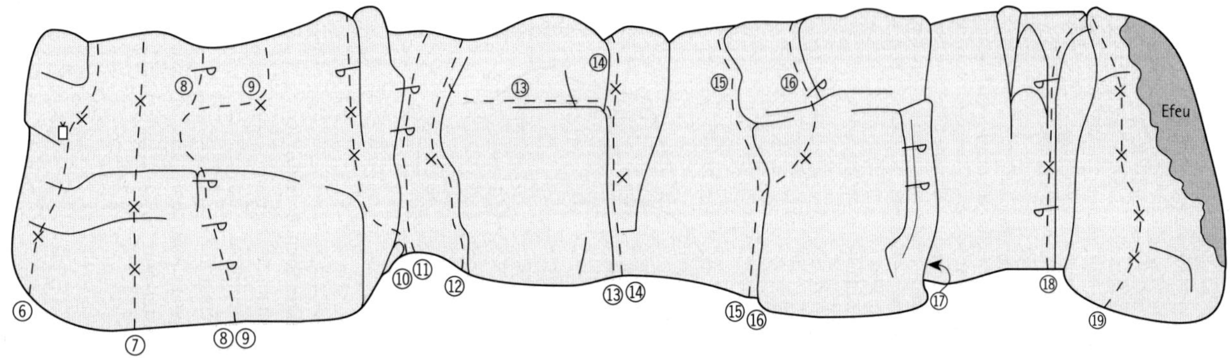

Linker Wandteil

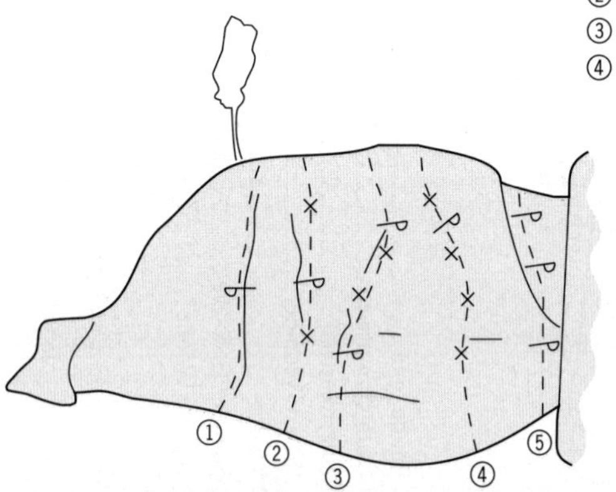

① Dachl .... 6+
② Lop 7
③ Dachziegelweg .... 6+
④ Tiroler Weg 7-

⑤ Verschneidung 4
⑥ Südwestkante 5-
⑦ Elaine 6-
⑧ Direktausstieg 6
⑨ Dieter Crukowski Ged.-Weg 6
⑩ Niestener Pfeiler 7
⑪ Feuerweg 6
⑫ Wacholderweg .... 5+
⑬ Niestenquerung 5
⑭ Johannisriß .... 5+
⑮ Schlucht *(Schlingen mitnehmen!)* .... 5+ !
⑯ Damoklesschwert 6-
⑰ ? 7-
⑱ Meisenweg .... 5+
⑲ S-Kurve (Opa-Weg) .... 6+

417 Efeuwand (10 m, S)

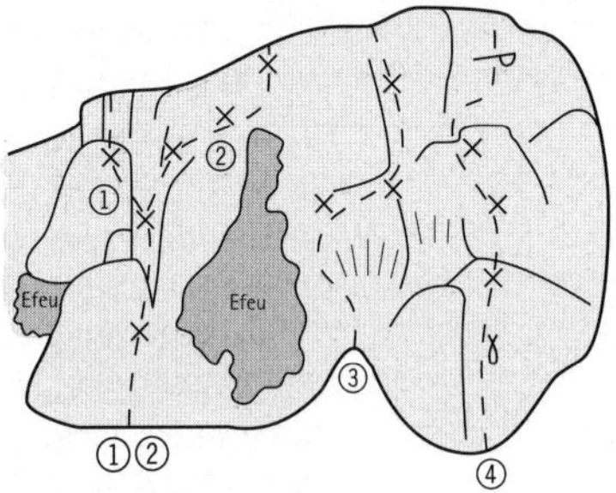

① Efeuwandweg ..... 3+
② Efeuwandstürmer ..... 4+
③ Efeuwandverschneidung ..... 6+
④ Direkte Efeukante ..... 5+

Zugang:
Parken in Niesten. Am Ortsende zweigt in einer Haarnadelkurve der Weg zum Klettergebiet ab. In das Tal hinein und nach 300 m links hoch zum rechten Ende der Niestener Wand. Folgt man dem Pfad unterhalb der Wand in Richtung Niesten, so gelangt man zur Sonnenwand. Die Efeuwand und die Höhlenwand stehen 300 m talaufwärts der Niestener Wand am gleichen Hang. Man erreicht sie besser, indem man dem Weg im Talgrund bei der Abzweigung zur Niestener Wand noch 300 m folgt. Dann führt ein Pfad kurz nach links zu den Felsen.
Übersichtskarte: 4 (Seite 18)
Besonderes:
Meist leichtere Routen in sonnigen Südwänden

418 Höhlenwand (10 m, S)

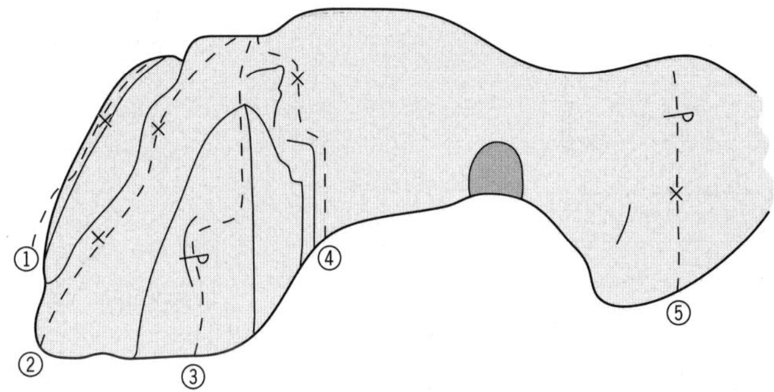

① Südkante 4-
② Südrampe ..... 4+
③ Südgrat 4-
④ Südverschneidung ..... 4+
⑤ Rosenweg 3

414 Regenwand
415 Sonnenwand
416 Niestener Wand
417 Efeuwand
418 Höhlenwand

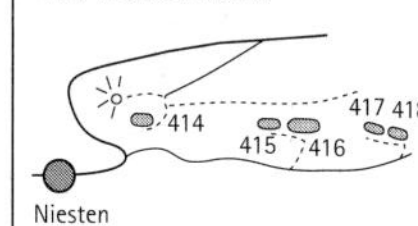

419 Staffelfels (bis 20 m, W)

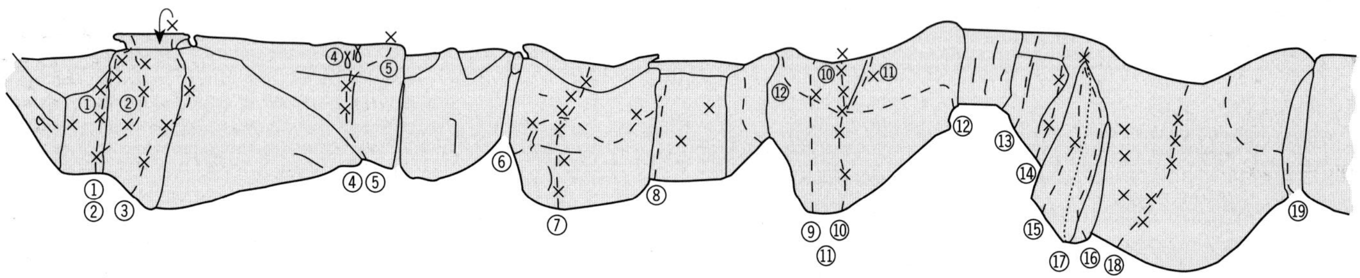

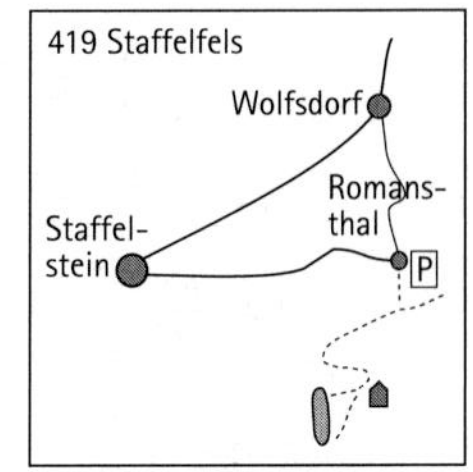

Sperrung:
Eigentlich ist der Staffelfels gesperrt (Naturschutzgebiet), es besteht jedoch eine Ausnahmeregelung für die hier beschriebenen Routen. *Keine anderen Wege klettern, keine Neutouren!*
⑲ "Die Unbenannte" ist in der Zeit von 1.1. bis 30.6. gesperrt.
Der Übersicht halber sind die Haken in den gesperrten Routen im Topo eingezeichnet, nicht jedoch deren Routenverlauf.

① Lichtenfelse Weg 6
② Baby Cacke Walk 7-
③ Nordkante .... 7+
④ Direktausstieg 6
⑤ Hans Walschleb Ged.-Weg .... 4+
⑥ Volker Wirth Ged.-Weg 7-
⑦ Höhlen-Direttissima .... 7+
⑧ Neustadter Weg 4
⑨ Unvollendete 9-
⑩ Klausenweg 8-
⑪ Rechter Ausstieg .... 6+
⑫ Querkeles-Quergang 6-
⑬ Dreierweg 3
⑭ Kamin bergseits 5
⑮ Wand am Turm 4
⑯ Talkante 3
⑰ Kamin talseits 3
⑱ Räuschlesweg 8-
⑲ Die Unbenannte (vom 1.1. bis 30.6. gesperrt) .... 4+

Zugang:
Von Staffelstein über Romansthal zum Parkplatz. Auf ausgeschildertem Weg zum Gipfel. Durch eine der Schluchten absteigen zum Wandfuß.
Übersichtskarte: 4 (Seite 18)
Besonderes:
Naturschutzgebiet

Register